학교긍정심리학 2

긍정적 학교환경 조성과 긍정심리의 교육적 적용

학교긍정심리학 2

긍정적 학교환경 조성과 긍정심리의 교육적 적용

Michael J. Furlong · Rich Gilman · E. Scott Huebner 편저
김광수 · 김경집 · 하요상 · 양곤성 · 기경희 · 한선녀 공역

Handbook of
Positive Psychology
in Schools (2nd Edition)

학지사

Handbook of Positive Psychology in Schools, Second Edition
by Michael J. Furlong, Rich Gilman and E. Scott Huebner

역자 서문

최근 삶을 더욱 가치 있게 하는 주제에 대해 탐구하는 새로운 접근으로 대두된 긍정심리학은 기존의 심리학에서 목표로 했던 문제나 증상의 제거에만 멈추지 않고, 그 사람이 어떤 출발선상에 있는지와 상관없이 문제나 증상의 제거를 넘어 그 사람을 그 이상의 상태로 변화시켜 행복한 삶으로 이끄는 것을 목표로 하고 있다. 긍정심리학은 태어나서 죽는 순간까지 그리고 삶의 모든 순간에 있어서, 삶에서 잘되는 것(what goes right)과 삶을 가장 살 만한 가치가 있게 만드는 것, 요컨대 인간이면 누구나 갈망하는 진정한 행복에 대해 과학적으로 탐구하는 학문이다.

오늘날 우리 사회에서 학교는 교육적 제도로서 아동, 청소년 그리고 젊은 이들의 삶에 가장 중요한 영향을 미치는 기관이 되었다. 그런데 공식적 교육기관인 학교는 학생들의 건강한 심신상의 발달을 촉진해야 하는 본래의 기대와는 달리 많은 어려움과 문제를 드러내고 있다. 오늘날 학교교육 현장에서는 심각한 학업 스트레스, 학교폭력, 학교 부적응, 자살, 우울증, 인터넷 · 스마트폰 중독 등 학생들의 정신건강 문제가 증대되고 있다. 이뿐만 아니라 교사들의 정신건강 문제, 즉 다양한 고통으로 인한 휴직과 면직, 스트레스와 소진 및 감정노동 현상의 증가는 학교 문제를 넘어 사회문제가 되고 있다.

인간의 성장과 발달을 통한 행복 추구를 지향하는 학교가 이렇게 어려움을 겪는 이유를 여러 가지로 분석해 볼 수 있지만, 학교교육이 그 본질과 가치에 충실하지 못하고 교육의 비본질적 특성, 즉 학교 밖의 사회적 요구나 기대에 따라 결정된 교육과정의 수행과 평가에 치우쳐 단지 사회적 성취를 위한 길, 다시 말해 입시 위주의 교육으로 전락한 데 가장 중요한 이유가 있다는 지적을 피할 수 없을 것이다. 이러한 학교교육은 학생들의 내적 욕구, 기대, 특성은 무시하고 간과한 채 오직 학교 밖 사회의 요구나 기대에 따라 이미 결정된 교육과정 내용을 이해 · 습득시키는 것만을 일차적 목표로 삼고, 그 외의 것들은 무시하거나 우선순위에서 밀어내 왔다.

오늘날 우리 학교교육의 현상에 대해서 교육학자 장상호는 이것이 '교육의 비본질성'에 몰두하고 있는 학교의 모습이라고 지적하며, 학교가 교육이라는 이름하에 실제로는 교육 이외의 요구, 즉 사회적 요구나 목적의 수행을 대행하는 데 치우쳐 있음을 비판한 바 있다. 이러한 지적은 학교가 교육의 본질과 가치를 바로 이해하고 이를 제대로 수행하는 기관이 될 때, 오늘날 학교교육 현상과 더불어 나타나는 여러 가지 문제, 즉 학생들이 겪고 있는 다양한 정신건강 문제와 교사들의 소진 및 정신건강 문제가 극복되고 바람직한 교육적 성과가 나타날 수 있음을 시사한다.

오늘날 우리의 학교교육이 안고 있는 다양한 부작용을 극복하고 교육의 본질과 가치를 추구하는 방향으로 나아가야 한다는 필요성에 대해서 학부모, 교사, 학생, 교육 관련 당국을 비롯해 우리나라 국민이라면 누구나 이를 공감하고 절실히 바라고 있다. 이러한 우리의 바람과 기대에 하나의 도전이자 기회로 다가오는 것이 인간의 행복에 대한 경험과학적 탐구를 시작한 긍정심리학 운동이다.

긍정심리학은 개인, 집단 그리고 사회의 성장과 번영을 촉진하는 것을 목표로 한다. 이를 위해 타당한 연구 주제를 확장함으로써 기존의 심리학을 보완하려는 입장을 취하고 있다. 긍정심리학은 심리학 내의 연구에서 무엇이 삶을 가치 있게 만드는지에 대한 의식적인 논쟁을 자극하고, 괜찮은 삶 혹은 좋은 삶(good life)이 무엇인지를 이해하고 설명하며, 이러한 삶을 살 수 있는 방안을 탐구한다. 심리학적으로 좋은 삶과 관련하여 긍정심리학은 긍정적인 주관적 경험(예: 행복, 삶의 만족, 성취, 몰입), 긍정적인 개인적 특성(예: 성품, 흥미, 가치), 긍정적인 대인관계(예: 우정, 결혼, 동료애) 그리고 긍정적인 집단 및 기관(예: 가족, 학교, 기업, 지역사회) 등의 주제 영역을 제시하고 있다.

긍정심리학은 집단 및 기관이 긍정적인 특성을 지녔을 때 구성원들 간에 긍정적인 대인관계 특성이 나타나고 발전할 수 있으며, 이것은 구성원들의 긍정적인 주관적 경험과 긍정적인 심리특성의 발달 또한 가능하게 한다고 본다. 즉, 사람들이 긍정적인 기관에 속하여 긍정적인 대인관계를 맺고 긍정적인 특성을 나타내고 발전시키며 긍정적인 경험을 하게 될 때 최상의 기능을 발휘하며 좋은 삶, 행복한 삶을 살고 있는 것이라고 본다.

이 책은 궁극적으로 인간의 행복과 안녕에 대한 과학적 탐구를 하는 긍정심리학 관점에서, 지금까지 학교교육이 학생들의 강점을 확인하고 길러 주는 것은 소홀히 하면서 오히려 학생의 약점을 확인하고 이를 개선하려는 데에 치중한 결과, 학생들의 잠재력을 최대화하는 데 실패하였다는 진단을 출발점으로 삼고 있다.

이 책은 학생들의 안녕과 행복 그리고 그들의 강점과 잠재력 등 긍정적 심리자산을 증진시킴으로써 그러한 증진이 질병이나 부적응, 문제행동, 학습부진 등의 부정적인 결과를 어떻게 예방하고 조절하는지를 밝혀내기 위한 학문적 · 실증적 노력을 보여 주며, 아동 · 청소년 기반 긍정심리 구념들이 어떻게 연구되고 있고, 세계 여러 나라에서 어떻게 실천 · 증진되고 있는지를 소개한다.

학교 장면의 아동 · 청소년 대상 긍정심리에 대한 기초연구, 측정 이슈, 발달적 고려, 관련 개입에 대한 더 많은 연구를 자극하는 데 이 책을 활용할 수 있다. 그리고 이러한 노력은 법적 기관, 예산 지원기관과 학교교육 이해 당사자들이 최적의 아동 · 청소년 발달 증진을 위해 교육환경과 내용을 창조하는 목표를 구축함에 있어 새로운 대안과 통합된 관점을 갖도록 자극한다.

긍정심리학 연구를 학교 장면에서 실행하고 적용하여 학생들의 학업 성취와 안녕 및 건강을 증진하려는 목적으로 구성된 이 책은 특히 학생이 가지고 있거나 학생 속에 잠재해 있는 재능과 강점들, 긍정적 심리적 특성과 자산에 초점을 두고 이를 발견 · 격려 · 강화하여 학생들의 주관적이고 심리적인 안녕감과 인지적 · 학업적 능력을 증진하려는 목표하에 구성되고 집필되었다. 이 책의 구체적 구성내용을 살펴보면 다음과 같다.

학교긍정심리학의 이론적 토대를 다루고 있는 제1부에서는 학교긍정심리학의 개념적 구조를 살펴보고, 학교긍정심리학의 가장 중핵 개념으로 작동하는 상호활성화 개념과 모형 및 이와 관련된 실제 연구 내용을 제시한다. '다양한 긍정심리 구성요인의 상호작용 결과로 나타나는 긍정 정신건강의 상조적인 효과'를 뜻하는 상호활성화 개념과 모형은 학생들의 긍정심리, 강점, 재능, 자산들이 개인의 특성에 맞게 상호 연합 · 통합되어 작동할 때 안녕감, 성취, 회복탄력성 등의 증진을 어떻게 가져오는지에 대해 경험과학적으로 탐구하는 것으로, 학교긍정심리학 연구의 핵심 관점이 되고 있다.

제2부에서는 학생들이 건강하고 행복한 삶을 살기 위해 필요한 긍정적 심리특성과 자산들에 대해서 각 장별로 하나씩 다루고 있다. 희망, 낙관성, 감사, 공감, 정서조절, 학업적 자기효능감, 긍정적 동기화, 성취 정서, 창의성, 학생 참여, 삶의 만족 등의 주제가 다루어지며, 각 주제의 개념, 중요성, 연구 현황 및 이러한 특성을 증진시키는 과제 등을 다루고 있다.

제3부에서는 학생들의 건강한 발달, 안녕, 성취, 행복을 촉진하기 위해서 필요한 환경적 · 맥락적 교육 요인과 자산들에 대해서 다루고 있다. 구체적으로 몰입하는 학습자를 기르기 위한 최적의 학습 환경, 긍정적 발달을 촉진하기 위한 의미 있는 활동 참여, 학교에서의 긍정적 적응을 위한 또래관계 조성, 긍정적 학급 환경 조성, 사회정서학습을 통한 학교 회복탄력성 구축, 긍정적 학교 풍토 조성을 위한 연구와 적용, 학교 풍토 증진을 위한 학생참여 촉진 전략, 긍정심리 증진을 위한 학교규칙, 학생의 학교 만족도 증진 방안, 학생의 회복탄력성과 행복 증진을 위한 학교 기반 개입 프로그램 보급의

혁신적 모델 등의 주제들을 다루고 있다.

제4부에서는 학교긍정심리학의 국제적 적용 사례들을 다루고 있다. 호주의 긍정교육 사례, 영국교육의 긍정심리 개입 사례, 중국 학교의 긍정심리 개입 사례, 이탈리아의 학교 기반 정서지능 연구와 실천 사례, 포르투갈의 학생 희망 연구 사례, 그리고 내면적 · 외현적 문제에 대한 미국 학교의 긍정심리학 개입 사례 등을 제시하고 있다. 이러한 국제적 적용 사례들은 학교긍정심리학 연구와 적용이 어떠한 효과를 가져오고 있으며, 우리의 학교교육에 어떻게 연구 · 적용될 수 있을 것인지에 대한 다양한 통찰과 시사점을 제시해 준다.

마지막으로 제5부에서는 학교긍정심리학 연구와 실천에 대한 전망과 과제를 다루고 있다. 학교교사와 학부모, 학교관리자, 상담가, 자문자, 교육행정가들이 긍정심리학 정보와 지식을 가지고 있는 것이 학생들의 학업적 수행과 안녕감 증진에 매우 필수적인 요소가 되고 있음을 지적하며 교사 양성과정과 현직교사 연수과정에 학교긍정심리학 지식, 정보, 프로그램 제시 및 이의 실행을 위한 교육정책과 훈련 및 실행 촉진 모델 개발과 적용의 필요성을 강조하고 있다. 그리고 성공적 실행 모델의 제시와 더불어 지식과 실천 간의 괴리를 극복하기 위해 긍정심리학 최신 연구들을 학교교사, 학부모, 관리자, 교육행정가 및 관련 기관이나 담당자들에게 전파 · 보급하기 위한 체계(종합 및 이행 체계, 지원 체계, 전달 체계 등)를 구축할 필요가 있음을 강조하고 있다. 무엇보다도 학교, 지역사회, 시 · 군 · 구 및 국가의 정책 및 리더십의 중요성과 재원 확보 문제, 교육 현장의 피드백에 의해 수정 · 보완 · 발전되는 정교한 연구 진행의 필요성 등을 제시하면서, 우리 자녀들의 행복을 위한 이러한 헌신이야말로 지속적으로 추구되어야 할 위대한 가치임을 강조하고 있다.

이 책은 원저『Handbook of positive psychology in schools(2nd Edition)』의 내용이 비교적 방대한 관계로 1, 2권으로 나누어서 번역 출간하게 되었

다. 이미 제1부 '이론적 토대'와 제2부 '긍정적 심리특성' 부분을 합하여 『학교긍정심리학 1: 학생의 긍정적 심리특성과 발달』이라는 제목으로 출간하였으며, 이번에는 원저의 제3부 '맥락적 교육 요인과 자산', 제4부 '학교 기반 해외 적용 사례', 제5부 '학교긍정심리학의 미래와 전망' 부분을 모아서 『학교긍정심리학 2: 긍정적 학교환경 조성과 긍정심리의 교육적 적용』이라는 제목으로 출간하게 되었다.

미래의 행복한 교사를 꿈꾸는 예비교사들, 교육 현장에서 많은 고통과 소진을 경험하면서도 우리 다음 세대의 주역인 아동 · 청소년들과 함께 더불어 성장하며 의미 있고 아름다운 행복을 만들어 내고자 참교육을 탐구하고 실천하는 학교교사들, 다양한 교육적 지식과 문제의식을 갖고 있지만 현실과는 분리된 느낌을 극복하고자 미래의 교육이 나아갈 방향과 가치를 명확하게 하고 이를 위해 경험과학적이고 체계적인 연구를 시도하고 있는 대학원생, 연구자, 교수, 학자들 그리고 교육실천과 정책에 보다 나은 방향과 철학과 가치를 분명히 하고 좋은 리더십을 발휘해야 할 위치에 있거나 이를 추구하는 사람들, 교육 관련 행정 · 재정 · 입법 관계자들과 다양한 교육기관 종사자 및 자녀들의 행복과 건강한 교육을 모색하는 학부모들에게 도움이 되리라 생각하여 이 책의 탐독을 권한다.

이 책은 한 번 읽고 제쳐 두는 책이 아니라 교육을 생각하면서 연구하고 성찰하며 행복한 삶과 교육을 위한 정책, 방안, 아이디어, 프로그램을 창조 · 개발 · 실행하는 데 자극이 되고 촉매가 되는 책으로 활용될 수 있을 것이다. 무엇보다 이 책은 교육전공, 심리전공, 상담교육 및 교육복지 전공, 교육과 연계 통합되는 여러 전공의 학부나 대학원 과정의 강의 교재로 활용될 수 있으며, 각 장에 있는 풍부한 참고문헌과 추천자료는 논문을 작성하고 연구 활동을 하는 데 도움을 줄 수 있을 것이다.

아무쪼록 긍정심리학에 기반을 둔 학교교육 연구와 개입이 우리 교육의 문제, 증상, 부작용, 고통과 같은 부정적 현상들을 극복하는 데 기여할 수 있기를 기대한다. 이뿐만 아니라 더 나아가 학생들의 변화와 발달 가능성, 잠재력을 바라보면서 학생들의 긍정적 심리특성, 강점, 회복탄력성, 인성 및 창의성 계발에 기여하고, 결과적으로 다음 세대와 우리 모두의 안녕과 성취와 행복 증진에 기여할 수 있기를 기대한다. 그리고 이 책이 우리의 학교교육 및 다양한 교육 현장에서 건강한 자아, 건강한 관계, 건강한 공동체 형성을 꿈꾸며 행복한 학생, 행복한 교사, 행복한 학교를 꿈꾸는 모든 사람에게 자극과 격려와 도전이 될 수 있기를 기대한다.

이 책이 연구서적의 특성을 가지고 있기에 번역 과정에서 다소 매끄럽지 않아 아쉬운 부분도 있지만, 앞으로 번역진의 계속된 노력과 함께 독자들의 피드백을 잘 반영하여 수정이나 보완이 필요한 부분은 더 충실히 다듬어 나갈 것을 약속드린다. 끝으로 출간의 시대적 필요성과 중요성을 인지하고 이를 추진해 주신 학지사 김진환 사장님과 편집과 출간의 실제 과정을 도와주신 편집부의 황미나 선생님께 감사드린다.

긍정심리연구모임

역자 대표 김광수

편저자 서문

아동 · 청소년이 학업에 있어 능동적 행위자(active agents)가 될 수 있도록 촉진하는 요인들을 이해하는 일은 매우 중요하다. 긍정심리학은 학생의 학교활동참여도와 주체적 능동성을 길러 주는 요인들을 밝힐 수 있는 유용한 체계이다. 이 획기적인 편람의 두 번째 판인 이 책은 긍정심리학의 최근 연구들을 소개한다. 명망 있는 연구자들이 제공한 이 연구들은 근래 가장 주목받는 주요 주제들에 관한 기술적인 지식들(descriptive knowledge)을 풍부하게 제공한다. 주요 주제는 다음과 같다.

- 긍정적 감정, 긍정적 특질, 긍정적 기관들이 어떻게 학교 내 성취와 건강한 사회적 · 정서적 발달을 고취하는가
- 특정 긍정심리 구인들은 학생과 학교 그리고 학교 기반 공공 지원사업과 어떤 연관이 있는가
- 교육정책 수립에 긍정심리학을 어떻게 적용할 수 있는가

이번 2판은 긍정심리학이 계속적으로 성장하기 위해 오랜 기간 요구되었던 주요 연구 주제들을 제시한다. 그리고 2판에는 세계 여러 나라에서 적용되었던 긍정심리학의 사례들이 새롭게 포함되었다.

차례

제3부 맥락적 교육 요인과 자산

제4부 학교 기반 해외 적용 사례

제5부 학교긍정심리학의 미래와 전망

학교긍정심리학 1권 차례

학교긍정심리학 1
-학생의 긍정적 심리특성과 발달-

제3부

맥락적 교육 요인과 자산

제14장

학교에서의 몰입: 몰입하는 학습자를 기르고 최적의 학습 환경 가꾸기

1. 서론

지금까지 공립학교는 줄곧 지루하고 따분한 곳으로 인식되어 왔다(Goodlad, 1984; Steinberg, Brown, & Dornbusch, 1996). 2009년 고등학생을 대상으로 몰입을 조사한 결과, 응답자의 2/3(66%)는 학교가 매일 지루하다고 답했고, 약 1/6(17%)은 매시간 지루하다고 답했다(Yazzie-Mintz, 2010). 학생들이 학교에 참여하지 않는 주된 이유는 교실에서 느끼는 지루함과 무관심 때문이며(Pekrun, Goetz, Daniels, Stupnisky, & Perry, 2010), 이에 대해 교사들은 수십 년 동안 고민해 왔다(Pickens, 2007; Singh, Granville, & Dika, 2002; Theobald, 2006). 여러 연구에서 학교 이탈과 높은 상관을 보이는 변인으로 잦은 결석과 중퇴, 약물 남용, 범죄를 꼽았다(Conner & Pope, 2014; Henry, Knight, & Thornberry, 2011). 이처럼 학생들에게 만연된 학교 이탈은 국가적이자 국제적인 문제이며, OECD 국가(경제협력개발기구에 속하는 국가) 중 28개 국가에서는 학생의 20~25%가 낮은 참여도와 낮은 소속감을 나타냈다(Willms, 2003).

학교는 많은 학생에게 의미 있고 매력 있는 경험을 제공하려고 오랜 시간 분투해 왔다. 그러나 공립학교에 다니는 다수의 학생들은 대규모 익명적 교육 시스템 속에서 스스로를 수동적인 참여자로 인식하고 있다(Larson & Richards, 1991). 따라서 참여와 학습의 즐거움을 촉진하는 것은 교육자, 연구자, 정책 입안자, 그 외 미국 공립학교 관계자들의 주요 관심사가 되고 있다.

질병보다는 최적의 건강과 기능에 초점을 둔 긍정심리학이 학교를 더욱 건강하게 발전시킬 수 있을까? 최적의 경험 또는 몰입의 개념은 긍정심리학의 이론적 초석이 되어 왔다(Seligman & Csikszentmihalyi, 2000). 이 장은 몰입 이론에 뿌리를 둔 최적의 학습 경험을 어떻게 학생들의 학교 참여에 직접적이고 의미 있게 적용할 것인가에 초점을 둔다. 지난 20년간 이 주제에 영향을 준 다양한 연구를 개관하되, 특히 학생의 몰입과 성취에 영향을 미칠 수 있는 인지적 · 환경적 요인에 중점을 둔다. 또한 최적의 경험과 학습 몰입을 촉진할 수 있는 몇 가지 환경 요건을 강조하면서 이와 관련된 새로운 연구 방향을 제시하고자 한다.

2. 학습 몰입

Csikszentmihalyi(1990)와 동료들은 다양한 배경을 지닌 사람을 대상으로 절정(peak) 경험에 대해 인터뷰함으로써 인간의 삶에서 가장 의미 있고 만족스러운 순간의 현상적 특성을 규명했다. 암벽등반가와 체스선수부터 과학자와 예술가에 이르기까지 다양한 활동에서의 절정 경험(optimal experience)은 종종 유사한 조건 속에서 나타난다. 이때는 강렬한 집중을 보이고, 산만해질 에너지가 없을 만큼 활동에 빠져들며, 인식과 활동이 융합되고, 통제력을 느끼며, 자의식이 사라지고, 정상적인 시간 감각이 축소되어 시간이 날아가듯 빠르게 느껴진다. 이후에 Csikszentmihalyi는 상당한 심리적 · 정신적

에너지가 소모됨에도 불구하고, 숙련되고 성공적인 활동이 매우 편하고 수월하게 이루어지는 경험을 기술하기 위해서 '몰입(flow)'이라는 용어를 제시했다. 후속 연구에서는 몰입 경험이 특정한 과제의 특성에 의해 증진됨을 밝혔다. 특히 최고의 몰입 활동의 경우 목표가 명확하고 목표달성과 관련된 피드백이 즉각적으로 주어진다. 또한 자기목적적인 특성을 지니기 때문에 활동 자체를 목적으로 하며, 간혹 절정 경험을 위해 위험을 무릅쓰기도 한다. 몰입 경험을 일으키는 가장 중요한 조건은 도전 수준과 개인의 기술 수준의 조화이다. 몰입 경험은 전형적으로 도전 수준과 개인의 기술이 균형을 이룰 때 높게 나타나므로 도전적 목표를 추구하면서 자신의 한계까지 기술력을 높여야 한다. 높고 낮은 도전과 기술의 다양한 조합은 분명하게 구별되는 심리적 상태를 보여 주는데(Strati, Shernoff, & Kacker, 2012 참조), 이를 다음과 같이 4가지로 분류할 수 있다.

- 냉담(apathy): 낮은 기술과 낮은 도전의 결합
- 이완(relaxation): 높은 기술과 낮은 도전의 결합
- 불안(anxiety): 낮은 기술과 높은 도전의 결합
- 몰입(flow): 높은 기술과 높은 도전의 결합

이러한 심리 상태의 구체적인 예시로, 중급 수준으로 스키를 타는 한 여성이 도전에 앞서 스키 리프트에 줄을 서서 기다리며 자신의 냉담을 자각할 수 있다. 한동안 경사면이 낮은 산에서 자신이 높은 기술을 가졌음을 발견하고 풍경을 감상하며 이완을 느낀다. 그녀의 능력에 비해 너무 가파르고 울퉁불퉁하거나 얼음이 많은 경사면을 만났을 때는 안전하게 내려갈 때까지 불안이 자리 잡는다. 그녀는 상당히 도전적이지만 지나치지는 않은, 자신이 좋아하는 경사면에서 스키를 탈 때, 시간이 멈춘 듯 즐겁고 리드미컬한 절정 경험에 빠져들게 된다. 스키어들이 최고의 장소에서 스키를 타기 위해 시간,

돈, 에너지를 투자하는 주된 이유는 전적으로 몰입 경험의 유쾌함 때문이다(Csikszentmihalyi, 1990).

몰입 경험은 육체적인 과제만큼이나 정신적인 과제에도 나타난다. 손을 뗄 수 없을 정도로 좋은 소설에 흠뻑 빠져 본 사람은 그 현상을 이해한다. 최근 신경과학 실험에서는 독자가 소설에 온전히 몰두했을 때의 뇌를 살펴본 결과, 주의 집중에 필요한 영역만 활성화되는 것이 아니라 감정과 정서를 통제하는 영역도 최고로 활성화되었다(Thomson & Vedansom, 2012). 반면, 책을 많이 읽어 온 독자가 아동 도서를 읽으면서 몰입에 빠지기는 어렵다. 지리적 · 역사적 배경을 이해하거나 등장인물들의 동기를 추론하거나 또는 중요한 사건의 비밀을 푸는 것처럼 보다 복잡한 소설은 더 높은 수준의 독서 능력을 요구할 뿐 아니라, 모든 능력을 온전히 발휘하도록 자극한다. 이와 같이 몰입과 도전 및 기술 간의 균형이 관련되어 있음은 수많은 상황에서 경험적으로 지지되었다(Csikszentmihalyi & Csikszentmihalyi, 1988).

몰입이론은 본질적으로 학습과 관련된다. 새로운 기술을 배울 때는 기초적 과제일지라도 그 도전 수준은 시작하는 학생의 능력을 넘어설 수 있다. 〈반짝 반짝 작은 별〉도 처음 피아노를 치는 사람에게는 매우 어려울 수 있다. 따라서 몰입하려면 도전에 맞게 기술 수준을 높여야 한다. Vygotsky(1978)의 근접 발달 영역(zone of proximal development)[1]과 같이, 대부분의 학습은 이미

---

1) 근접 발달 영역(zone of proximal development: ZPD): 아동이 타인의 도움 없이 스스로 문제를 해결할 수 있는 실제적 발달 수준과 또래나 성인이 도움을 주면 문제를 해결할 수 있는 잠재적 발달 수준 사이의 이론적인 영역을 뜻한다. 러시아의 심리학자 Vygotsky는 지능검사가 아동의 잠재능력의 측정과 거리가 멀기 때문에 발달 가능성을 고려하여 평가하고 교육하는 것이 바람직하다는 것을 강조하기 위하여 사용했다. 만일 아동이 혼자서 독립적으로도 충분히 수행할 수 있는 과제를 교사가 제시하면 아동은 쉽게 싫증을 낼 수 있을 것이며, 이와 달리 누군가의 도움으로도 수행할 수 없는 과제를 제공한다면 아동은 과제를 회피할 가능성이 높다. 따라서 아동이 적절한 인지적 갈등 속에서 약간의 도움으로 과제를 수행할 수 있도록 하고, 궁극적으로는 혼자서 그것을 해결함으로써 성취감을 맛보도록 하는 것이 중요한데, 이러한 측면에서 아동의 근접 발달 영역을 고려하는 것은 매우 의미가 있다(『특수교육학 용어사전』, 2009, 국립특수교육원). —역자 주

습득한 수준보다 한 단계 위의 수준에서 일어난다. 피아노의 경우 곡을 익힐 때까지 충분한 연습이 필요하다. 일단 비교적 쉬운 곡으로 편하게 연주한다(이완 상태 유발). 기술의 향상을 일으키는 더 높은 도전 수준의 새로운 곡만이 새로운 학습 사이클을 재시작하게 할 수 있다. 따라서 피아니스트는 더 높은 수준의 어려운 곡들을 늘려 감으로써 발전해 간다. 몰입은 수석 피아니스트가 대단한 평정심과 기술로 모차르트 협주곡을 연주할 때처럼 가장 높은 도전 수준에서 최고점에 이를 때 경험할 수 있게 된다. Fullagar, Knight, 그리고 Sovern(2013)은 음악에서 거쳐야 하는 도전과 기술의 균형이 최적 경험과 일관되게 관련됨을 밝혔다. 도전 수준과 기술 수준의 균형은 동기를 높이고, 능력을 향상시키며, 성장을 촉진하고, 학생의 역량을 넓혀 준다(Csikszentmihalyi, Abuhamdeh, & Nakamura, 2005; Fullagar et al., 2013).

또한 학습에 적용할 수 있는 몰입의 특성은 몰입 경험이 매우 즐겁기 때문에 다시 반복하게 되는 경향이 있다는 점이다. 이러한 심리적 선택(psychological selection) 과정은 생활 속에서 특정 관심, 목표, 그리고 재능을 발달시키는 데 결정적인 역할을 한다(Delle Fave & Massimini, 2003).

3. 몰입과 학습 참여의 측정

지난 25년간 몰입에 대한 연구는 주로 경험표집법(Experience Sampling Method: ESM)을 통해 이루어져 왔다(Hektner, Schmidt, & Csikszentmihalyi, 2007). 응답자들은 하루에 무작위로 신호를 보내는 호출장치(전통적으로는 손목시계였고, 최근에는 스마트폰과 호출기)를 가지고 다니면서 간단한 질문에 답한다. 질문에는 그날 신호를 받은 순간에 하고 있던 활동에 관련된 인지, 정서, 그리고 동기의 질에 대한 개방형 질문과 점수화된 질문이 포함된다. 예시 질문으로 "신호가 울렸을 때 하고 있던 활동을 즐겼나요?" "얼마나 잘 집중했나요?" "활동이 재미있었나요?"가 있다. 덧붙여, 해당 활동의 도전 수준과 응답자의 활동 기술을 평정하도록 한다. 경험표집법은 주관적 경험의 순간을 포착하도록 반복하여 요청하므로 본래 1회성 조사와 인터뷰가 지닌 횟수와 측정 오차의 문제를 개선하였다. 신뢰도와 타당도에 관한 경험표집법 관련 정보는 Hektner와 동료들(2007)의 연구를 참고하면 된다.

몰입이론에 기초하여, 학생 참여(student engagement)는 높은 집중(concentration), 흥미(interest), 그리고 즐거움(enjoyment)이 동시에 나타나는 현상으로 개념화되어 왔다(Shernoff, 2010b). 몰입에서 가장 중요한 집중(Csikszentmihalyi, 2010)은 인지적 과정과 학문적 수행의 깊이가 있는(Corno & Mandinach, 1983) 의미 있는 학습과 관련된다(Montessori, 1967). 흥미는 집중과 직결되고, 내재적 동기를 반영하며, 지속적으로 참여하려는 욕구를 자극함으로써 학업 성취를 높인다(Hidi, 1990; Schiefele, Krapp, & Winteler, 1992). 즐거움은 능력의 발휘, 창의적 성취, 그리고 학업과 관련된 긍정적 감정이다(Csikszentmihalyi, Rathunde, & Whalen, 1993; Nakamura, 1988). 이 개념에 따르면 집중, 흥미, 그리고 즐거움의 3가지 요소가 동시에 자극될 때 학생 참여는 최고에 이른다. 몰입이론이 예견한 대로 학생 참여는 학급에서 냉담(낮은 도전과 낮은 기술), 불안(높은 도전과 낮은 기술), 이완(낮은 도전과 높은 기술)에 비해 평균보다 높은 수준의 도전과 기술이 지각되는 경험을 할 때 가장 높았다(Shernoff, Csikszentmihalyi, Schneider, & Shernoff, 2003).

4. 몰입이론과 경험표집법의 시사점

미국 공립학교에 경험표집법을 적용한 연구에서 초기에는 학교에 있는 동안 학생들의 몰입 경험이 드물다는 것을 강조하였다(Csikszentmihalyi & Larson, 1984). 고등학생은 평균적으로 교실 밖 활동에 비해 교실 내 활동에 대한 참여도, 집중도, 흥미 수준이 낮으며, 즐거움은 더욱 낮다. 또한 학생들은 교실에 있는 시간 중 40%의 시간 동안 학업과 관련 없는 주제에 대해 생각하는 것으로 나타났다(Shernoff, 2010b). 대체로 이러한 연구들은 가장 결핍된 것, 즉 보다 큰 즐거움, 동기, 그리고 학습 과정에서의 활동 기회를 제공하기 위해 대안적인 접근이 필요함을 시사하고 있다(Bassi & Delle Fave, 2004; Shernoff et al., 2003).

5. 학생 참여에 영향을 미치는 인지적 · 환경적 요인

1) 몰입에 영향을 미치는 인지적 요인

수업 내용이 도전적이고 자신과 관련된다고 여길 때, 정신 집중, 주의 집중, 그리고 참여와 같은 모든 몰입의 특성이 더 높게 나타난다. 학생들 자신이 활동이나 주제에 대해 적극적이고, 통제력을 발휘하며, 숙련되어 있을 때, 보다 큰 즐거움, 동기, 자존감, 그리고 참여가 나타나는 것으로 나타났다(Shernoff, 2010b; Shernoff et al., 2003). 몰입이론과 일치하는 이러한 결과들은 학생들이 의미 있는 탐구를 하는 지적이고 활발한 과정에 더 잘 참여한다고 제안한다(Newmann, Wehlage, & Lamborn, 1992). 또한 능력과 자율성에 대한 자각이 학생 참여에 기여하는데, 이는 수많은 동기 연구에서 제안한 바와 같이 자기 효능감과 자기 가치 인식의 증가로 인한 결과이다(Schunk, Pintrich, & Meece, 2008).

2) 몰입과 학습목표

학습목표지향(learning goal orientation) 특성은 학생들이 학습 활동에 참여하는 목표를 반영한다. 숙달목표지향(mastery goal orientation)은 자신이 정한 수준이나 개선을 위해 과제를 숙달하는 데 초점을 둔다. 그와 달리, 수행목표지향(performance goal orientation)은 타인이 어떻게 평가하는가에 따라 능력이나 역량을 보여 주는 데 초점을 둔다(Ames, 1992; Elliott & Dweck, 1988). 학생의 목표지향은 학업 참여에 결정적인 요소로 자각된다(Martin, Marsh, Debus, & Malmberg, 2008).

Sharifah, Habibah, Samsilah, 그리고 Sidek(2011)은 학습목표의 잠재력이 말레이시아 고등학생들의 몰입에 미치는 영향을 조사했다. 연구 결과, 숙달목표는 몰입 경험에 유의미하게 기여한 반면, 수행목표는 그러지 못했다. 수행목표의 인식이 학습에 도움이 될 수는 있다. 그러나 연구자들은 학생들의 학습 과제 참여를 높이는 주요 요소로 숙달목표의 고취를 강조했다.

3) 학급 및 학습 환경의 영향

학생 참여는 수업 방법이나 학습 환경과 같은 환경적 학급 요인에 의해 유의미한 영향을 받는 것으로 보인다. 예를 들어, 학생들은 강의를 듣거나 TV나 비디오를 시청하는 것보다 그룹을 지어 개인적 작업을 할 때 더 많이 참여한다. 전반적으로 활동 기회를 제공하고 학생의 기술을 드러내는 방식으로 수업 방법을 적용할 때 더 열심히 참여하는 것으로 보고되었다(Shernoff, Knauth, & Makris, 2000).

더 최근의 연구들은 수업 방법의 중요성을 새롭게 입증해 준다. 예를 들어, 두 고등학교의 7개 교실에서 다양한 학습 주제에 대한 상호작용을 비디오로 녹화하고 경험표집 자료를 수집한 결과, 가장 높은 수준의 참여 중 일부가 소크라테스식 문답법을 포함한 강의 방식일 때 나타났다. 반면에, 가장 낮은 수준의 참여 중 일부는 높은 수준의 대화가 특징적인 대그룹 토론에서 나타났다(Shernoff, Tonks, Anderson, & Dortch, 2011; Shernoff, Tonks, &

Anderson, 2014). 연구 결과, 학생 참여에 있어서 규칙, 활동 목적, 그리고 학급 환경의 질과 같은 보다 특별하게 입증된 방법적 특성들이 주된 수업 방법보다도 더 크게 영향을 미치는 것으로 나타났다. 한 가지 구체적인 예로, 교사가 자주 질문하는 '상호작용하는 발표' 방식은 학생에게 질문하지 않는 '강의' 방식보다 일반적으로 더 참여적이다. 또 다른 최근 연구는 특히 정해진 수업 방법에서 교사가 학생에게 보내는 학습목표에 대한 메시지(수행목표지향 또는 숙달목표지향)가 수업 방법 자체보다 학생들의 참여에 더 크게 작용함을 밝혔다(Zaleski, 2012).

구성주의 학급에서는 상호 교수, 협력 학습, 그리고 지지적인 학급 환경과 같은 원칙들이 학생의 경험을 만들어 간다고 믿는다(Zhang, Scardamalia, Reeve, & Messina, 2009). 이에 Shernoff와 동료들(2011, 2013)은 학습 환경의 개념을 참여의 변화를 예측하는 요소 전체로 확장하였다. 그들은 학습동기를 촉진하는 고등학교 환경의 특성을 밝히기 위하여 관찰 도구를 활용한 경험표집 자료를 수집했다. 참여가 높은 최적 학습 환경의 주요 특징은 **환경적 복잡성**(environmental complexity; 또는 환경적 도전)과 환경적 지지의 동시적 연합이었다. 환경적 도전은 수업 활동이 중요하고 목표가 명확한 특성을 지닌다. 환경적 지지는 동기유발(예를 들어, 학습자의 자율성과 인지 능력의 지지), 수행에 대한 피드백의 유효성, 그리고 교사 및 교우들 간 긍정적 관계 형성의 특성을 지닌다. 그러므로 학생은 자신이 중요한 활동을 하고 명확한 목표를 지녔다고 믿을 때 흥미를 갖게 된다. 그리고 열중하는 학급 분위기 속에서 보다 나은 상호작용을 한다. 추가적으로 수행에 대한 피드백이 정서적이면서도 적기에 주어져서 학생의 목표 도달을 지지할 때, 학생은 학습을 신나고 재미있다고 느낀다.

4) 참여와 교육적 성과

청소년 대상의 일부 연구들은 학습 활동에서의 경험의 질이 학습 성과에 장·단기간에 걸쳐 어떻게 영향을 미치는지 보여 준다. 먼저, 단기간의 성과로, 최근의 연구에서 학생의 배경 특성을 통제했을 때 같은 학년도에 보고된 성적과 학교 참여 간에 유의미한 정적 상관이 나타났다(Shernoff & Schmidt, 2008). 다른 연구에서는 재능 계발을 위한 과제를 수행할 때 성취도가 높은 청소년이 성취도가 낮은 청소년보다 더 잘 몰입하는 것으로 나타났다(Csikszentmihalyi et al., 1993; Nakamura, 1988).

참여와 관련한 종단연구를 위해서 연구자들은 고등학교 시절에 경험표집법 연구에 참여했던 대학생을 모아 인터뷰했다(Shernoff & Hoogstra, 2001). 학업 수행을 포함하여 학생의 여러 특성을 측정한 결과, 고등학생 때의 참여 정도가 과학에 대한 지속적인 학습동기를 잘 예측했다. 고등학교 과학 시간에 느낀 즐거움과 흥미가 대학에서 과학과 관련된 전공을 선택하도록 영향을 주었다. 이뿐만 아니라, 고등학교에서의 수학과 과학 수업 참여 정도는 그 밖의 다양한 개인적 특성에 비해 학점에 가장 강한 영향을 주었다. 예를 들어, 고등학생 때 성적보다 더 강하게 영향을 미치는 것으로 나타났다. 이러한 결과는 자발적인 학교 학습 참여가 학생의 지적 전문성 발달에 중요한 장기적 효과가 있음을 보여 준다.

5) 학교 참여 및 최적 학습 환경의 개념적 모델

경험표집법 연구에 의하면, 의미 있는 학생 참여를 나타내는 2가지의 분리된 과정으로 ① 학업 집중도(academic intensity)와 ② 긍정적 정서 반응(positive emotional response)을 들 수 있다. ① 학업 집중도는 고도의 집중과 기술 연마 노력을 반영한다(예: 학생들이 매우 도전적이고 열심히 집중하는 수학 시간에 시험을 보거나 과제를 완료하는 것). ② 긍정적 정서 반응은 내재적 관심을 뒷받침하는 자발적인 즐거움과 지속적인 동기를 반영한다(예: 비디오 시청, 예술 수업 참여, 또는 학생들이 재미있어 하는 활동). 몰입 개념은 일과 놀이의 두 측면이 결합된 참여와 일치한다. 연구자들은 일과 놀이의 두 과정이 학습 과정에서 최적 참여의 중요한 부분임을 밝혔으나, 학교 수업에서 두 가지가 함께 작용하는 경우는 드물다(Csikszentmihalyi & Schneider, 2000; Rathunde, 1993).

참여의 두 측면을 결합할 수 있는 활동과 환경은 컴퓨터 수업 시간의 개인 작업이나 과학 수업 시간의 그룹 실험 활동에서 흔히 나타나는데, 이는 가장 중요하면서도 의미 있는 참여(meaningful engagement) 기회를 제공하기 때문이다(Shernoff et al., 2011). 따라서 최적의 학습 환경은 학생들이 의미 있게 참여했다고 말할 수 있는 환경으로서, 다음과 같은 특성을 지닌다(Shernoff, 2010b).

- 도전적이며 학생 자신과 관련되어 있고 학생에게 자신감과 통제감을 주는 활동을 포함한다.
- 분명한 집중과 즐거움을 제공한다.
- 미래를 위해 기술과 흥미의 기초를 다질 뿐 아니라 짧은 기간 동안 내재적인 만족을 준다.
- 지성과 감성을 모두 포함한다.
- 일과 놀이를 모두 포함한다.

6. 참여를 높이는 교육적 환경

지금까지의 연구를 보면 전통적인 미국 공립학교에서 몰입 또는 참여가 적었지만 예외는 존재한다. 지난 10년 이상 연구자들은 최적의 학습 환경을 촉진하는 방안에 대한 통찰을 얻어 왔고, 그 방안에 따르면 몰입과 높은 참여를 경험하는 일은 예외적이기보다 일반적이었다. 최적의 학습 환경을 조성하고 유지하는 교육 환경에 대한 최근 연구인 몬테소리 중학교와 체계적인 방과 후 학교 프로그램에 대한 연구를 개관하고자 한다.

1) 몬테소리 중학교

Rathunde와 Csikszentmihalyi(2005a, 2005b)는 학생들의 경험의 질을 측정하는 대규모 연구를 수행했다. 참여자(n=290)는 몬테소리 중학교 학생과 인구통계학적으로 일치하는 비교집단인 공립중학교 학생이다. 공립중학교 학생은 청소년과 사회적 발달에 대한 Sloan 연구(Sloan Study of Youth and Social Development: SSYSD; Csikszentmihalyi & Schneider, 2000 참조)에 참여했던 학생이다. 이미 SSYSD 연구에서 전통적인 공립중학교에서의 참여에 대해서는 기술해 왔기 때문에 여기에서는 몬테소리 중학교에 대해 기술하는 데 초점을 둔다.

도전과 정서적 지지를 통해 학생 참여를 촉진하기 위한 최적의 환경을 마련하기 위해서 몬테소리 철학은 '준비된 환경'의 창조를 강조한다. 준비된 환경은 학습 활동에 대한 자발적인 집중을 높이기 위해 자유와 높은 요구(high demands)를 통합한다(Rathunde & Csikszentmihalyi, 2005a). 몬테소리 학생들의 경우 의미 있는 참여를 나타내 주는 내적 동기와 활동의 중요성을 모두 높게 보고했다(Rathunde & Csikszentmihalyi, 2005a). 반면에, 공립학교 학생들은 활동의 중요성은 높게 보고했지만 내적 동기는 낮았고, 수행목표지향을 연상시키는 조합이 두드러졌다.

더 최근의 경험표집법 연구에서 Rathunde(2013)는 몬테소리 활동인 아침 30분 자연 산책이 학생들의 주의 집중과 정신 집중에 긍정적인 영향을 가져

옴을 밝혔다. 산책의 단기 효과는 산책 후 곧바로 응답한 질문지에 의해 확인되었고, 경험표집법으로 수업을 마친 후 남아 있는 효과를 확인했다(거의 4일에 걸쳐 2,500회의 신호를 보냄). 연구 결과, 산책에 매료된 학생은 자연 산책 이후 산만함과 정신적인 피로가 더 적었고, 산책 이후 학교에서 거의 4시간까지 향상된 집중을 유지하는 것으로 나타났다.

2) 체계적인 방과 후 학교 프로그램

정규 학급과 대조적으로 청소년의 경우 풍부한 학문적 활동을 포함한 특별 활동, 운동, 그리고 예술 활동은 높은 수준의 도전, 즐거움, 내적 동기, 자주성, 그리고 학업 수행과 관련되어 왔다(Mahoney, Larson, & Eccles, 2005). 그러나 방과 후 학교 프로그램의 참여 관련 요인들이 이러한 성과를 가져오는지에 대해 명쾌하게 입증한 연구는 거의 없다. 따라서 최근에는 방과 후 학교 프로그램에 참여한 중학생의 경험과 인식이 방과 후 학교 프로그램 참여와 사회정서적 발달 및 학업 성과의 관계를 매개하는지에 대해 연구하였다(Shernoff, 2010a). 1년 이상 방과 후 학교 프로그램에 참여한 중학생을 대상으로 한 조사 연구에서 특히 참여와 몰입은 사회적 능력의 발달(목표 설정과 계획, 갈등 해결, 불일치, 팀워크, 그리고 조망 수용)과 성취(수학과 영어 성적)의 매개 역할을 하는 것으로 나타났다.

연구 결과는 프로그램에 참여하는 동안 참여와 몰입이 프로그램 참여와 사회적 능력 사이에 긍정적 연관성의 일부를 유의미하게 설명한다는 것을 보여 주었다. 또한 방과 후 학교 프로그램에 더 많이 참여한 학생은 방과 후 학교에서의 경험이 학교 외 다른 장소에서의 경험에 비해 더 도전적이고 중요하다고 느꼈으며, 학기 말 수학과 영어 성적이 더 향상되기도 하였다. 학생들이 이러한 프로그램에 참여하는 총시간은 학생 참여 또는 긍정적 성과에 유의미한 효과가 없었다. 따라서 학업 수행과 같은 긍정적 성과를 더 강하게 예측하는 것은 대체로 프로그램 경험의 양(quantity)보다는 질(quality)일 수 있다.

7. 학생 참여 연구의 새로운 방향

1) 컴퓨터 및 비디오 게임과 몰입

지난 20년 동안 교육용 비디오 게임 분야에서의 학생 참여 연구는 크게 성장해 왔고, 점차 교육용 비디오 게임의 인기가 높아지면서 학습동기 유발의 증진에 활용되어 왔다(Abrantes & Gouveia, 2012; Roberts, Foehr, & Rideout, 2005; Scoresby & Shelton, 2007). 몰입이론은 가상적 학습 환경에서 몰두를 통해 이루어지는 학습을 탐구하기 위한 이론적 기초가 되었다. 이러한 경험의 정서적 구성이 몰입과 닮았기 때문이다. 가상현실에 접속하여 빠져 있는 동안의 존재감이나 몰입감은 성공적인 게임 수행에 필수적인 내용과 기술의 효율적인 촉진이나 깊이 있는 학습으로 나타났다(Abrantes & Gouveia, 2012; Johnson, Vilhjalmsson, & Marsella, 2005; Liu, Chen, & Huang, 2011; Procci, Singer, Levy, & Bowers, 2012; Van Eck, 2006).

Coller, Shernoff, 그리고 Strati(2011)는 기계공학과 대학생을 지도할 때 비디오 게임을 적용한 접근이 참여와 학습에 미치는 영향을 조사했다. Coller가 개발한 EduTorcs라는 비디오 게임은 상업용 자동차 경주 게임과 유사하다. 연구 결과, 비디오 게임 접근을 활용한 학생은 유의미하게 더 많은 참여, 내적 동기, 그리고 긍정적 정서를 경험했다. 이 연구는 참여자의 숙제와 실습 시간 동안 경험표집법으로 측정했으며, 전통적인 방법(교재로 문제를 해결하는 상황)을 활용한 통제집단과 비교하였다. 이후의 연구에서 비디오 게임을 활용한 학생은 수행평가에서 상당히 더 큰 학습적 이익을 얻었는데, 통제

집단에 비해 거의 1표준편차만큼 더 높은 점수를 나타냈다(Shernoff & Coller, 2013). 이러한 학습 성과는 결국 게임으로 숙제하고 실습하는 과정이 학생의 향상된 경험과 연결된다는 것을 보여 준다. 이 연구에서는 학습 경험이 일에 더 가까운지, 놀이에 더 가까운지, 둘 다인지, 둘 다 아닌지를 경험표집법으로 측정하였다. 보고된 참여 수준, 기술의 사용, 그리고 게임 경험을 놀이와 일 모두로 인식하는 것(몰입 경험과 의미 있는 참여의 지표)이 학습 성과를 예측하는 것으로 나타났다.

2) 참여를 촉진하는 교사의 역할

교사는 학생의 참여와 몰입에 확실히 영향을 미친다. 전통적으로 교수와 학습을 분리하여 연구하지만(Kunter et al., 2008; Shuell, 1993), 실제로 교사와 학생은 학급에서 함께 상호작용을 만들어 내기 때문에 결국 교사와 학생의 동기 모두 영향력이 있다(Turner & Warzon, 2009). Pianta, Hamre, 그리고 Allen(2012)에 따르면, 교사와 학생 간 상호작용의 종류와 질은 학생 참여를 이해하는 기초가 된다.

Shernoff와 동료들(2011)의 연구에 따르면, 교사의 학습 환경 조성, 특히 긍정적 관계와 학생의 동기를 지원하는 환경 조성은 학생 참여 촉진을 두드러지게 하는 직접적인 학급 경영 기술이다. 교사의 유머 감각과 손을 사용하는 활동 같은 특별한 교수 행동은 상호작용을 포함한 높은 참여와 관련된다. 낮은 참여와 관련된 교수 행동에는 과제 읽기와 같은 기초적인 수업 활동과 수업 시간에 숙제를 하도록 허락하는 것이 포함된다. 그러나 이러한 결과가 일반화되려면 앞으로 더 많은 연구가 필요하다.

Turner와 Meyer(Turner & Meyer, 2004; Turner et al., 1998)는 숙련된 교사가 학생 참여를 높이기 위해서 도전과 지원의 최적 수준에 이르는 방법에 대해서 풍부하게 개념화된 그림을 제공했다. 예를 들어, 최적으로 참여하는 교사는 학생이 지닌 문제를 더 적게 관리하되, 그러한 문제에 대해 학생이 충분히 도전하도록 만든다. 그리고 그러한 교사는 학생들이 문제를 독립적으로 해결하도록 지원한다. 또한 그들은 더 고차원적 수준의 개념적 이해를 위해서 피드백과 정서적 지지의 격려(열의를 전하고, 유머 감각을 발휘)가 결합된 질문을 던진다.

Şentürk(2011)는 터키의 영어 교육 과정에서 몰입 경험에 대한 교사와 학생의 인식을 조사했다. 연구 결과, 교사가 최적의 도전 수준과 필요한 지원을 제공하는 과제를 개발함으로써 학생의 몰입 경험을 용이하게 했다. 예를 들어, 도전적인 과제를 설정하고 어휘와 문법 지식이 부족한 학생이 자신을 표현하도록 지원하는 것은 직접적으로 더 많은 몰입 경험에 이르게 했다.

8. 교사 몰입

대부분의 참여 연구는 학생 몰입에 초점을 두었지만, 교사 몰입 연구 또한 중요하다. 교사 몰입이 중요한 이유는 교사의 소진을 줄일 수 있기 때문이다. 미국 공립학교 교사의 소진 비율은 25%로 추산되는데(Kaufman & Ring, 2011), 경력 5년 미만 초임 교사의 소진 비율은 50%로 추산된다(Hughes, 2012). 교사들은 이직의 첫 번째 이유로 직무 불만족을 자주 꼽는다(Hughes, 2012). 그러므로 교사 몰입을 이끄는 조건을 이해하는 것은 중요하다. 그 중요성의 또 다른 이유는 정기적으로 몰입을 경험하는 교사가 담당 학생의 필요에 부합하는 기술을 꾸준히 향상시키기 때문이다(Smith, 2009).

실제로 어떤 조건에서 교사가 몰입을 경험하게 될까? Basom과 Frase(2004)의 보고에 따르면, 학생들은 학생의 몰입이 교사의 몰입과 열정에 좌우된다고 주장하는 것처럼, 교사들은 교사의 몰입감이 학생의 몰입에서 비롯된다고 종종 주장한다. Smith(2009)는 차별화된 교수법(교사와 학생 간의 가깝고 개별화된 상호작용을 요하는 교수법의 한 종류)을 적용하는 교사가 더 높은 수준의 몰입을 경험할 가능성이 더 크다는 것을 밝혔다. 특히 교사가 학생의 흥미와 능력에 기초한 차이를 평가한 후 이러한 차이를 교수법에 적용할 때, 각 학생에게 제공된 학습은 풀어야 할 퍼즐처럼 몰입과 예술성을 불어넣는다. Smith(2009)는 연구된 몰입의 9가지 영역(① 도전-기술의 균형, ② 활동과 인식의 통합, ③ 명확한 목표, ④ 분명한 피드백, ⑤ 총집중 ⑥ 통제감, ⑦ 자의식의 상실, ⑧ 시간의 변환, ⑨ 자동 경험)이 모두 개별 학습과 긍정적으로 관련됨을 밝혔다. Smith는 교사가 자신의 학생이 학습할 수 있는 최고의 방법을 고려할수록 가르치는 일에 더 잘 몰입할 수 있다고 결론지었다.

몰입할 때 교사는 학생들과 연결된 느낌을 보고한다. 교사는 좋은 눈 맞춤을 유지하고 학생들이 경청하고 있음을 느낀다. 한 연구에서 16개 음악 학교 178명의 음악 교사와 605명의 학생을 대상으로 교사의 몰입 경험이 학생에게 전이될 수 있다는 가설을 검증했다(Bakker, 2005). 연구 결과, 학생의 몰입과 교사의 몰입은 실제로 긍정적으로 관련되었다. 교사가 몰입을 경험할수록 학생도 몰입을 더 잘 경험했다. 이때 학급의 역동은 '집단 몰입(group flow)'으로 경험될 수 있다(Custodero, 2005; Shernoff & Csikszentmihalyi, 2009). 대체로 학생의 몰입과 교사의 몰입은 높게 상호작용하는 것으로 보인다.

9. 학생 참여 촉진을 위한 시사점

몰입은 학생 참여 및 학습과 연관되어 있기 때문에 몰입에 대한 분석으로부터 학생 참여 촉진을 실천하기 위한 시사점을 얻을 수 있다. 몰입은 교실에서의 학생 참여를 개념화하는 유용한 모델이다. 미국 공립학교에서 참여나 몰입이 높게 나타나지는 않았지만, 학생의 인식과 목표지향, 교수법, 학습 환경, 그리고 교사의 행동과 같은 요인들 모두 학생 참여에 영향을 미친다. 활용 가능한 대부분의 연구는 다음과 같은 견해로 수렴되는 경향이 있다. 최적의 학습 환경은 재미있고 도전적이며 동시에 중요한 학습을 위한 환경적 도전과 환경적 지지의 결합이라는 것이다(Rathunde & Csikszentmihalyi, 2005a; Shernoff, 2013; Turner & Meyer, 2004). 교사가 학생의 자율성과 내적 동기를 지지하면서 소속감을 느끼도록 또래 및 교사와의 상호작용 기회를 제공할 때, 최적의 학습 환경에 도달할 수 있다. 그러한 환경에서 교사는 도전적이고 학습 주제와 관련성이 높으며 학생들에게 자신감과 통제감을 느끼게 해 주는 활동을 제공할 수 있다. 그러한 활동은 정확한 집중뿐 아니라 즐거움을 유발한다. 활동 기회와 기술 습득 또한 중요하다.

최적의 학습 환경 조성의 생생한 사례로 일부 혁신적인 학교 모델이 있다. 이러한 학교 모델을 살펴보면 학생의 자연스러운 학습 동기를 지원하기 위해서 특히 관계적 지지를 중요하게 여긴다(몬테소리 학교와 그 외 실험적으로 지원된 모델을 살피기 위해 Shernoff, 2012 참조). 전통적인 공립학교에서 학생을 위해 체계화된 방과 후 학교 프로그램은 학생 참여와 발달 구축에 매우 효과적일 수 있다(Mahoney et al., 2005; Shernoff, 2010a). 이제 막 싹튼 연구에서는 가상의 학습 공간에 학습자를 '빠져들게(envelop)' 할 수 있는 새로운 기술이 극도로 몰입을 유발하고 학습을 증진시킬 수 있다고 본다(Pearce, 2005; Scoresby & Shelton, 2007). 마지막으로 교사가 각 학생의 흥미, 능력, 그리고 기술을 이해하고 가르칠 때 학생이 더 많은 몰입을 경험한다. 교사의 몰입은 전이될 수 있어서 학생 몰입과 교차되고 학생 몰입을 자극하는 잠재력을 지닌다(Bakker, 2005; Basom & Frase, 2004).

몰입 모델의 사용으로, 연구자들은 학습자의 높은 참여와 최적의 학습 환경을 만들어 내기 위해서는 좁게 정의된 교육적 '성과'에 대한 선입견에서 벗어나 환경적, 교수법적, 발달적, 대인관계적 요인 등 다양한 요인에 주목할 필요가 있음을 발견했다. 또한 최적의 학습 환경은 이러한 요인들을 지원하기 위해 계획적으로 고안되어야 한다(Shernoff, 2013).

참고문헌

Abrantes, S., & Gouveia, L. (2012). Using games for primary school: Assessing its use with flow experience. In M. M. Cruz-Cunha (Ed.), *Handbook of research on serious games as educational, business and research tools* (pp. 769-781). Hershey, PA: Information Science Reference.

Ames, C. (1992). Classrooms: Goals, structures, and student motivation. *Journal of Educational Psychology, 84,* 261-271. doi:10.1037/0022-0663.84.3.261

Bakker, A. B. (2005). Flow among music teachers and their students: The crossover of peak experiences. *Journal of Vocational Behavior, 66,* 26-44. doi.org/10.1016/j.jvb.2003.11.001

Basom, M. R., & Frase, L. (2004). Creating optimal work environments: Exploring teacher flow experiences. *Mentoring and Tutoring, 12,* 241-258. doi:10.1080/1361126042000239965

Bassi, M., & Delle Fave, A. (2004). Adolescence and the changing context of optimal experience in time: Italy 1986-2000. *Journal of Happiness Studies, 5,* 155-179. doi:10.1023/B:JOHS.0000035914.66037.b5

Coller, B. D., Shernoff, D. J., & Strati, A. D. (2011). Measuring engagement as students learn dynamic systems & control with a video game. *Advances in Engineering Education, 2*(3), 1-32.

Conner, J., & Pope, D. (2014). Student engagement in high-performing schools: Relationships to mental and physical health. In D. Shernoff & J. Bempechat (Eds.), *Engaging youth in schools: Evidence-based models to guide future innovations.* New York, NY: NSSE Yearbook by Teachers College Record.

Corno, L., & Mandinach, E. B. (1983). The role of cognitive engagement in classroom learning and motivation. *Educational Psychologist, 18,* 88-108. doi:10.1080/00461528309529266

Csikszentmihalyi, M. (1990). *Flow: The psychology of optimal experience.* New York, NY: Harper Perennial.

Csikszentmihalyi, M., Abuhamdeh, S., & Nakamura, J. (2005). Flow. In A. J. Elliott &

C. S. Dweck (Eds.), *Handbook of competence and motivation* (pp. 598-608). New York, NY: Guilford.

Csikszentmihalyi, M., & Csikszentmihalyi, I. S. (Eds.). (1988). *Optimal experience: Psychological studies of flow in consciousness.* New York, NY: Cambridge University Press.

Csikszentmihalyi, M., & Larson, R. (1984). *Being adolescent: Conflict and growth in the teenage years.* New York, NY: Basic Books.

Csikszentmihalyi, M., Rathunde, K., & Whalen, S. (1993). *Talented teenagers: The roots of success and failure.* New York, NY: Cambridge University Press.

Csikszentmihalyi, M., & Schneider, B. (2000). *Becoming adult: How teenagers prepare for the world of work.* New York, NY: Basic Books.

Custodero, L. A. (2005). Observable indicators of flow experience: A developmental perspective on musical engagement in young children from infancy to school age. *Music Education Research, 7,* 185-209. doi:10.1080/14613800500169431

Delle Fave, A., & Massimini, F. (2003). Optimal experience in work and leisure among teachers and physicians: Individual and bio-cultural implications. *Leisure Studies, 22,* 323-342. doi:10.1080/02614360310001594122

Elliott, E. S., & Dweck, C. S. (1988). Goals: An approach to motivation and achievement. *Journal of Personality & Social Psychology, 54,* 5-12.

Fullagar, C. J., Knight, P. A., & Sovern, H. S. (2013). Challenge/skill balance, flow, and performance anxiety. *Applied Psychology: An International Review, 62,* 236-259. doi:10.1111/j.146-0597.2012.00494

Goodlad, J. I. (1984). *A place called school: Prospects for the future.* New York, NY: McGraw-Hill.

Hektner, J. M., Schmidt, J. A., & Csikszentmihalyi, M. (2007). *Experience sampling method: Measuring the quality of everyday life.* Thousand Oaks, CA: Sage.

Henry, K. L., Knight, K. E., & Thornberry, T. P. (2011). School disengagement as a predictor of dropout, delinquency, and problem substance use during adolescence and early adulthood. *Journal of Youth and Adolescence, 41,* 156-166. doi:10.1007/s10964-011-9665-3

Hidi, S. (1990). Interest and its contribution as a mental resource for learning. *Review of Educational Research, 60,* 549-571. doi:10.3102/00346543060004549

Hughes, G. D. (2012). Teacher retention: Teacher characteristics, school characteristics, organizational characteristics, and teacher efficacy. *Journal of Educational Research, 105,* 245-255. http://dx.doi.org/10.1080/00220671.2011.584922

Johnson, W. L., Vilhjalmsson, H., & Marsella, S. (2005). Serious games for language learning: How much game, how much AI? In C. Looi & G. McCalla (Eds.), *Proceeding of the 2005 conference on artificial intelligence in education: Supporting learning through intelligent and socially informed technology* (pp. 306-313). Amsterdam, Netherlands: IOS Press Amsterdam.

Kaufman, R. C., & Ring, M. (2011). Pathways to leadership and professional development. *Teaching Exceptional Children, 43,* 52-60.

Kunter, M., Tsai, Y.-M., Klusmann, U., Brunner, M., Krauss, S., & Baumert, J. (2008). Students' and mathematics teachers' perceptions of teacher enthusiasm and instruction. *Learning and Instruction, 18,* 468-482. doi:10.1016/j.learninstruc.2008.06.008

Larson, R. W., & Richards, M. H. (1991). Boredom in the middle school years: Blaming schools versus blaming students. *American Journal of Education, 99,* 418-443.

Liu, C. C., Chen, Y. B., & Huang, C. W. (2011). The effect of simulation games on the learning of computational problem solving. *Computer and Education, 57,* 1907-1918. doi:10.1016/j.compedu.2011.04.002

Mahoney, J. L., Larson, R. W., & Eccles, J. S. (Eds.). (2005). *Organized activities as contexts of development: Extracurricular activities, after-school and community programs.* Mahwah, NJ: Erlbaum.

Martin, A. J., Marsh, H. W., Debus, R. L., & Malmberg, L. E. (2008). Performance and mastery orientation of high school and university/college students—a Rasch perspective. *Educational and Psychological Measurement, 68,* 464-487. doi:10.1177/0013164407308478

Montessori, M. (1967). *The absorbent mind* (1st ed.). New York, NY: Holt, Rinehart, and Winston.

Nakamura, J. (1988). Optimal experience and the uses of talent. In M. Csikszentmihalyi & I. S. Csikszentmihalyi (Eds.), *Optimal experience:*

Psychological studies of flow in consciousness (pp. 319–326). New York, NY: Cambridge University Press.

Newmann, F. M., Wehlage, G. G., & Lamborn, S. D. (1992). The significance and sources of student engagement. In F. M. Newmann (Ed.), *Student engagement and achievement in American secondary schools* (pp. 11–39). New York, NY: Teachers College Press.

Pearce, J. M. (2005). *Engaging the learner: How can the flow experience support e-learning?* Paper presented at the E-Learn 2005 Conference, Vancouver, British Columbia, Canada.

Pekrun, R., Goetz, T., Daniels, L. M., Stupnisky, R. H., & Perry, R. P. (2010). Boredom in achievement settings: Exploring control-value antecedents and performance outcomes of a neglected emotion. *Journal of Educational Psychology, 102,* 531–549. doi:10.1037/a0019243

Pianta, R. C., Hamre, B. K., & Allen, J. P. (2012). Teacher-student relationships and engagement: Conceptualizing, measuring, and improving the capacity of classroom interactions. In S. L. Christenson, A. L. Reschly, & C. Wylie (Eds.), *Handbook of research on student engagement* (pp. 365–386). New York, NY: Springer Science.

Pickens, M. T. (2007). *Teacher and students perspectives on motivation within the high school science classroom.* Unpublished doctoral dissertation, Auburn University, Auburn, Alabama.

Procci, K., Singer, A. R., Levy, K. R., & Bowers, C. (2012). Measuring the flow experience of gamers: An evaluation of the DFS-2. *Computers in Human Behavior, 28,* 2306–2312. doi:10.1016/j.chb.2012.06.039

Rathunde, K. (1993). Undivided interest and the growth of talent: A longitudinal study of adolescents. *Journal of Youth and Adolescence, 22,* 385–405. doi:10.1007/BF01537720

Rathunde, K. (2013). Understanding the context for optimal school experience: Contributions from Montessori education. In D. Shernoff & J. Bempechat (Eds.), *Engaging youth in schools: Evidence-based models to guide future innovations.* New York, NY: NSSE Yearbook by Teachers College Record.

Rathunde, K., & Csikszentmihalyi, M. (2005a). Middle school students, motivation and quality of experience: A comparison of Montessori and traditional school environments. *American Journal of Education, 111,* 341-371. doi:10.1086/428885

Rathunde, K., & Csikszentmihalyi, M. (2005b). The social context of middle school: Teachers, friends, and activities in Montessori and traditional school environments. *Elementary School Journal, 106,* 59-79. doi:10.1086/496907

Roberts, D. F., Foehr, U. G., & Rideout, V. (2005). *Generation M: Media in the lives of 8-18-year-olds.* Menlo Park, CA: Kaiser Family Foundation.

Schiefele, U., Krapp, A., & Winteler, A. (1992). Interest as a predictor of academic achievement: A meta-analysis of research. In K. A. Renninger, S. Hidi, & A. Krapp (Eds.), *The role of interest in learning and development* (pp. 183-212). Hillsdale, NJ: Erlbaum.

Schunk, D. H., Pintrich, P. R., & Meece, J. L. (Eds.). (2008). *Motivation in education: Theory, research, and applications* (3rd ed.). Upper Saddle River, NJ: Merrill Prentice Hall.

Scoresby, J., & Shelton, B. E. (2007). *Visual perspectives within educational computer games: Effects on presence and flow within virtual learning environments.* Paper presented at the annual meeting of the American Educational Research Association, Chicago, IL.

Seligman, M. E. P., & Csikszentmihalyi, M. (2000). Positive psychology: An introduction. *American Psychologist, 55,* 5-14. doi:10.1037/0003-066X.55.1.5

Şentürk, B. A. (2012). Teachers' and students' perception of flow in speaking activities. *Journal of Managerial Economics and Business, 8*(16), 284-306.

Sharifah, M. S. M., Habibah, E., Samsilah, R., & Sidek, M. N. (2011). Can mastery and performance goals predict learning flow among secondary school students? *International Journal of Humanities and Social Science, 1*(11), 93-98.

Shernoff, D. J. (2010a). Engagement in after-school programs as a predictor of social competence and academic performance. *American Journal of Community Psychology, 45,* 325-337. doi:10.1007/s10464-010-9314-0

Shernoff, D. J. (2010b). *The experience of student engagement in high school classrooms: Influences and effects on longterm outcomes.* Saarbruken,

Germany: Lambert Academic Publishing.

Shernoff, D. J. (2012). Engagement and positive youth development: Creating optimal learning environments. In K. R. Harris, S. Graham, & T. Urdan (Eds.), *The APA educational psychology handbook.* (Vol. 3, pp. 195–220). Washington, DC: American Psychological Association.

Shernoff, D. J. (2013). *Optimal learning environments to promote student engagement.* New York, NY: Springer.

Shernoff, D. J., & Coller, B. D. (2013, April). *A quasi-experimental comparison of learning and performance in engineering education via video game versus traditional methods.* Paper presented at the annual meeting of the American Educational Research Association, San Francisco, CA.

Shernoff, D. J., & Csikszentmihalyi, M. (2009). Flow in schools: Cultivating engaged learners and optimal learning environments. In R. Gilman, E. S. Heubner, & M. J. Furlong (Eds.), *Handbook of positive psychology in schools* (pp. 131–145). New York, NY: Routledge.

Shernoff, D. J., Csikszentmihalyi, M., Schneider, B., & Shernoff, E. S. (2003). Student engagement in high school classrooms from the perspective of flow theory. *School Psychology Quarterly, 18,* 158–176. doi:10.1521/scpq.18.2.158.21860

Shernoff, D. J., & Hoogstra, L. (2001). Continuing motivation beyond the high school classroom. *New Directions for Child and Adolescent Development, 93,* 73–87. doi:10.1002/cd.26

Shernoff, D. J., Knauth, S., & Makris, E. (2000). The quality of classroom experiences. In M. Csikszentmihalyi & B. Schneider (Eds.), *Becoming adult: How teenagers prepare for the world of work* (pp. 141–164). New York, NY: Basic Books.

Shernoff, D. J., & Schmidt, J. A. (2008). Further evidence of an engagement-achievement paradox among U.S. high school students. *Journal of Youth and Adolescence, 37,* 564–580. doi:10.1007/s10964-007-9241-z

Shernoff, D. J., Tonks, S., & Anderson, B. G. (2014). The impact of the learning environment on student engagement in high school classrooms. In D. J. Shernoff & J. Bempechat (Eds.), *Engaging youth in schools: Evidence-*

based models to guide future innovations. New York, NY: NSSE Yearbook by Teachers College Record.

Shernoff, D. J., Tonks, S., Anderson, B., & Dortch, C. (2011). *Linking instructional practices with student engagement from moment to moment in high school classrooms.* Paper presented at the Annual Meeting of the American Educational Research Association, New Orleans, LA.

Shuell, T. J. (1993). Toward an integrated theory of teaching and learning. *Educational Psychologist, 28,* 291-311. doi:10.1207/s15326985ep2804_1

Singh, K., Granville, M., & Dika, S. (2002). Mathematics and science achievement: Effects of motivation, interest, and academic engagement. *Journal of Educational Research, 95,* 323-333. doi:10.1080/00220670209596607

Smith, M. P. (2009). *Differentiated instruction and teacher flow.* Unpublished doctoral dissertation, Saint Mary's University of Minnesota.

Steinberg, L., Brown, B. B., & Dornbusch, S. M. (1996). *Beyond the classroom: Why school reform has failed and what parents need to do.* New York, NY: Simon & Schuster.

Strati, A. D., Shernoff, D. J., & Kackar, H. Z. (2012). Flow. In R. Levesque (Ed.), *Encyclopedia of adolescence* (pp. 1050-1059). New York, NY: Springer.

Theobald, M. (2006). *Increasing student motivation: Strategies for middle and high school teachers.* Thousand Oaks, CA: Corwin.

Thompson, H., & Vedantam, S. (2012). A lively mind: Your brain on Jane Austen. *NPR: National Public Radio Website.* Retrieved from http://www.npr.org/blogs/health/2012/10/09/162401053/a-lively-mind-your-brain-on-jane-austen

Turner, J. C., & Meyer, D. K. (2004). A classroom perspective on the principle of moderate challenge in mathematics. *Journal of Educational Research, 97,* 311-318. doi:10.3200/JOER.97.6.311-318

Turner, J. C., Meyer, D. K., Cox, K. E., Logan, C., DiCintio, M., & Thomas, C. T. (1998). Creating contexts for involvement in mathematics. *Journal of Educational Psychology, 90,* 730-745. doi:10.1037/0022-0663.90.4.730

Turner, J. C., & Warzon, K. B. (2009). *Pathways to teacher motivation: The outcomes of teacher-student interaction.* Paper presented at the annual meeting of the American Educational Research Association, San Diego, CA.

Van Eck, R. (2006). Digital game-based learning: It's not just the digital natives who are restless. *Educase Review, 41,* 16-30.

Vygotsky, L. S. (1978). *Mind in society: The development of higher mental processes.* Cambridge, MA: Harvard University Press.

Willms, J. D. (2003). *Student engagement at school: A sense of belonging and participation. Results from PISA 2000.* Paris, France: OECD.

Yazzie-Mintz, E. (2010). *Charting the path from engagement to achievement: A report of the 2009 High School Survey of Student Engagement.* Bloomington, IN: Center for Evaluation & Education Policy.

Zaleski, D. J. (2012). *The influence of momentary classroom goal structures on student engagement and achievement in high school science.* Unpublished doctoral dissertation. Northern Illinois University, DeKalb, IL.

Zhang, J., Scardamalia, M., Reeve, R., & Messina, R. (2009). Designs for collective cognitive responsibility in knowledge-building communities. *Journal of the Learning Sciences, 18,* 7-44. doi:10.1080/10508400802581676

요약: 몰입

- 최적 경험 또는 몰입 경험은 학습에서 학생 참여를 특징짓는 데 사용될 수 있다. 특히 가장 중요한 현상학적인 요소인 집중, 즐거움, 흥미는 의미 있는 학습의 기초가 된다. 몰입이론이 예측한 것처럼 고등학생의 경우 활동의 수준을 높게 인식하고 자신의 기술도 높게 평가할 때 참여가 크게 향상되었다.
- 공립학교에서는 학생 참여도가 매우 낮게 나타난다. 그러나 자각 요인(높은 도전과 기술, 관련성, 통제감), 숙달 학습목표, 교수 방법 요인(활동 유형과 교수 행동 특성), 그리고 학생의 학업 능력이나 성취와 같은 특정 조건은 학생의 참여도를 높일 수 있다.
- 참여를 증진시키는 최적 학습 환경의 주요 특징은 환경적 복잡성, 또는 환경적 도전과 환경적 지원의 동시적 결합이다. 환경적 도전은 학습자의 기술 수준, 명확

한 목표, 지각된 과제의 중요성, 개념적 이해와 언어 기술의 구축, 그리고 평가를 통한 수행 기회를 고려한 충분히 복잡한 과제 수행을 특징으로 한다. 환경적 지원은 동기유발을 위한 교사 및 또래와의 긍정적 관계, 건설적인 수행 피드백, 그리고 활동과 상호작용의 기회로 특징지어진다.

- 최근의 연구는 최적의 학습 환경과 환경적 복잡성을 몬테소리 학교, 질 높은 방과 후 학교 프로그램, 그리고 복잡한 학습 과제에 몰두하게 하는 교육적 비디오 게임의 사례로 보여 주었다. 그러한 환경에서의 높은 참여는 학습 향상과 학업 성취, 더 강해진 대인관계, 그리고 사회적 능력과 같은 많은 긍정적이고 발달적이며 학업적인 성과와 관련된다.
- 교사의 몰입과 학생의 몰입은 서로 상호작용한다.
- 최적의 학습 환경을 만들려면 환경적, 교수 방법적, 발달적, 대인관계적 요인과 같이 요인의 다양성에 주목할 필요가 있다. 최적의 학습 환경은 이러한 요인들을 고루 지원하기 위해 계획적으로 고안되어야 한다.

몰입 추천자료

Csikszentmihalyi, M., Abuhamdeh, S., & Nakamura, J. (2005). Flow. In A. J. Eliot & C. S. Dweck (Eds.), *Handbook of competence and motivation* (pp. 598-608). New York, NY: Guilford.

몰입이 동기 및 능력 발달과 관련됨을 개관하고 관련 연구의 요약을 추가하였다.

Hektner, J. M., Schmidt, J. A., & Csikszentmihalyi, M. (2007). *Experience sampling method: Measuring the quality of everyday life*. Thousand Oaks, CA: Sage.

이 책은 경험표집법의 신뢰도, 타당도 정보와 실제적 적용의 이론적 기초를 기술하였다. 또한 질문지부터 자료 분석에 이르기까지 경험표집법을 수행하기 위한 논리적 정보를 제공하며, 교육에서의 경험표집법에 대한 내용도 포함하고 있다.

Shernoff, D. J. (2012). Engagement and positive youth development: Creating optimal learning environments. In K. R. Harris, S. Graham, & T. Urdan

(Eds.), *The APA educational psychology handbook* (Vol. 3, pp. 195-220). Washington, DC: American Psychological Association.

개념적으로 몰입이론에 기초하여 참여에 대한 연구를 개관하고 참여에 영향을 미치는 요소를 강조하였다.

Shernoff, D. J. (2013). *Optimal learning environment to promote student engagement*. New York, NY: Springer.

이 책은 다양한 조망으로 학생 참여를 촉진하는 최적의 학습 환경을 개념화하고 분석하여 학생 참여가 학습과 발달에 결정적임을 강조하였다. 긍정심리학과 몰입 연구를 바탕으로 참여를 학습 경험으로 개념화하고, 학교가 청소년의 참여를 최대화할 수 있는 방법을 설명하였다.

Shernoff, D. J., & Bempechat, J. (Eds.). (2014). *Engaging youth in school: Evidence-based models to guide future innovations*. New York, NY: NSSE Yearbook by Teachers College Record.

이 책은 아동 · 청소년을 위한 최적의 학습 환경의 다양성을 의도적으로 선택하고 강조하였다. 참여의 영향력에 대한 연구를 근거로 제공할 뿐 아니라, 더 중요한 것은 교육자와 정책 입안자가 최대한 유용하게 활용하도록 이러한 입증된 환경이 어떻게 작동하는지 풍부하고 자세하게 기술하였다는 점이다.

제15장
의미 있는 활동 참여와 긍정적 학생 발달

1. 서론

청소년들이 그들의 여가 시간을 어떻게 사용할지 결정할 때, 대부분은 적어도 하나의 구조화되고 조직화된 활동(예: 스포츠, 공연 예술, 학술 클럽, 봉사 활동 또는 교회 청소년 모임)을 선택한다. 스포츠는 가장 일반적으로 보고되는 활동이고, 그다음이 공연 예술이다(Eccles & Barber, 1999; Feldman & Matjasko, 2007; Zill, Nord, & Loomis, 1995). 자발적인 공동체 봉사 활동에도 전체 청소년의 1/3~1/2 정도가 참여하고 있다(Youniss et al., 2002). 여학생들은 더 여러 형태의 활동에 참여하는 경향이 있는 반면, 남학생들은 대부분이 스포츠를 즐기는 경향을 보였다(Eccles & Barber, 1999; Feldman & Matjasko, 2007; Mahoney & Cairns, 1997). 청소년들의 일상생활에서 특별 활동이 널리 퍼져 있는 것을 고려해 볼 때, 성공적인 발달과 건강한 적응에서의 특별 활동의 역할을 이해하는 것은 매우 중요하다.

학교 및 지역사회 기반 활동 참여가 성취, 자존감, 역경을 극복할 수 있는 능력, 다른 사람들을 도우려는 의지, 리더십 자질, 신체 건강, 교육 및 직업 능력과 시민 참여를 포함한 건강한 결과를 촉진한다는 증거를 볼 때, 의미 있는 활동 참여가 성공적인 발달에 매우 중요함을 알 수 있다(Eccles & Barber, 1999; Eccles & Gootman, 2002; Holland & Andre, 1987; Larson, 2000; Mahoney & Vest, 2012; Marsh & Kleitman, 2002; Youniss & Yates, 1997). 활동 참여는 학생들의 위험 요인을 감소시키는 데 도움이 될 수 있지만, 그렇다고 하여 문제가 없는 것이 완전한 준비와 같지는 않다는 것을 Pittman은 우리에게 상기시켜 준다(Pittman, Irby, Tolman, Yohalem, & Ferber, 2002). Lerner(2001)가 언급한 대로 긍정적 발달은 단지 비행이나 물질 남용을 피하는 것 이상이다. 학생들에게는 정체성 문제를 해결하고, 자율성을 향상시키며, 성인이 되면 맡게 될 일이나 역할에 필요한 교육 및 기타 경험을 습득할 수 있는 기회를 얻는 것이 필요하다. 이 장은 청소년의 활동 참여가 발달 과업 성취에 어떠한 역할을 하는가에 초점을 맞추어 다음의 내용을 다루고자 한다. 첫째, 의미 있는 활동을 운영하기 위한 개념적 접근 방식에 대한 개요를 제시한다. 둘째, 청소년의 심리적, 학문적, 심리사회적 발달에 있어서 체계화되고 조직화된 활동의 역할을 검증한다. 이 분야에 대한 기존 연구의 강점과 한계를 간략하게 살펴보고, 추후 연구를 위한 제안으로 결론을 맺는다.

2. 의미 있는 활동은 어떻게 정의되고 연구되었나

의미 있는 활동에 참여하는 역할에 대한 북미 연구는 대부분 조직적으로 성인이 감독하는 활동에 초점을 맞추고 있다. 여기에서 '의미'는 주로 참가자 자체의 심리적 의미에 관한 것이 아니라, 활동 자체의 구조화라는 측면에서 정의되었다는 점에 유의해야 한다. 이 장에서는 이러한 초점을 유지하면서 다음과 같은 맥락에서 특별 활동 참여에 관한 연구를 이끌어 낸다.

- 학교(예: 학술 모임, 봉사 모임, 학생회, 연극과 음악, 그리고 애교심과 관련된 활동들)
- 학교 안팎의 조직화된 스포츠 프로그램
- 공동체에서의 봉사와 신앙 기반 활동
- YMCA, Boys and Girls Club,[1] Girls Inc., 4-H centers,[2] 그리고 이러한 기관에서 조직된 지역사회 기반 활동
- 지역사회 기반 음악, 연극, 예술 활동

초기에는 활동에 참여한 사람들과 참여하지 않은 사람들 간에 여가 활동의 유익을 비교했다. 그러나 활동 참여에 대한 평가는 이러한 이분법적 비교를 넘어서고 있다. 활동 참여는 다방면으로 이루어지므로, 참여의 복잡한 성격을 포착하기 위해서는 몇 가지 차원이 필요하다(Bonhert, Fredricks, & Randell, 2010). 활동의 이점에 대한 증거가 늘어남에 따라 연구는 활동 참여의 양과 활동 참여의 내용에 대한 질문에 집중하기 시작하여, 참여가 언제 그리고 왜 긍정적 결과를 낳는지를 설명하기 시작했다. 활동 참여의 양은 활동의 수 또는 범위, 지속 기간 및 인지된 강도의 관점에서 결정된다. 청소년에게 주어진 발달상의 유익은 선택한 활동의 범위, 참여 빈도 및 일관성, 그리고 참여 횟수에 따라 달라질 수 있다(Feldman Farb & Matjasko, 2012). 내용과 과정의 측면에서, 활동 참여가 발달에 미치는 근본적인 영향과 관련하여 인과적 메커니즘을 조사하기 위해 참여자의 경험의 질에 초점을 맞춘 연구도 있다. 특정 활동 내용이 특정 발달 성과에 어떻게 영향을 미칠 수 있는지 알아보기에 앞서 활동의 양과 관련된 일반적 특성을 간략하게 요약하고자 한다.

---

1) 아동 · 청소년에게 방과 후 프로그램을 제공하기 위해 1860년에 시작된 전국적인 청소년 단체—역자 주

2) 1904년에 G. C. Adams에 의해 조지아주에 설립된 청소년 단체—역자 주

1) 활동의 범위

수치화된 방법(metric)과 활동 내용 척도를 결합한 접근법은 절충주의적 참여 정도를 나타내는 광범위한 지표(breadth index)이다. 폭넓은 활동에 참여함으로써 청소년은 다양한 활동 내용을 경험할 기회를 가지며, 잠재적으로 더 많은 발달 경험(Hansen, Larson, & Dworkin, 2003)과 다양한 또래집단(Eccles & Barber, 1999; Fredricks & Eccles, 2005)을 접할 수 있다. 활동의 범위(breadth of activities)는 활동의 내용 또는 활동의 총 횟수를 사용하여 조사할 수 있으며, 참여 프로파일 생성을 위해 분산법 및 군집분석 방법이 사용되기도 한다.

음악, 미술, 스포츠, 리더십 및 지역사회 봉사와 같은 광범위한 활동 영역에 참여한 정도가 수리적 · 언어적 능력을 통제한 후에도 더 높은 학교 애착, 성적, 출석 가능성 및 더 오랜 기간의 교육을 예측했다(Barber & Eccles, 1997; Barber, Stone, & Eccles, 2005, 2010; Fredricks & Eccles, 2006a, 2006b). 청소년 초기와 중기의 활동 범위가 넓을 때, 후기의 시민 의식 발달과 학업 지향성이 높게 나타났다(Denault & Poulin, 2009). 전반적으로 다양한 여가 활동에 참여하는 청소년들은 긍정적인 사회적 및 학업적 성과를 나타낸다(Bonhert et al., 2010).

최근 연구자들은 활동의 폭을 조사할 때 참여의 양상(patterns)이나 프로필(profiles), 즉 학생들이 여러 활동을 결합하는 방식을 고려하는 인간 중심의 접근 방식을 취할 것을 촉구한다(Bonhert et al., 2010; Feldman & Matjasko, 2007; Feldman Farb & Matjasko, 2012). 예를 들어, 일부 학생들은 한두 팀의 스포츠팀에서 활동하는 반면, 다른 학생들은 학술 모임에서 시간을 보내고, 또 다른 학생들은 또 다른 활동들의 조합에 참여한다. Feldman과 Matjasko(2007)는 전 미국을 대표하는 ADD Health의 데이터를 사용하여 여러 가지 활동에 참여하는 것이 참여의 가장 일반적인 형태임을 확인했으며, 43%의 학생들이 한 가지 이상의 활동에 참여하고, 하나 이상의 스포츠 활동에 참여하는 것이 가장 보편적임을 발견했다. 스포츠와 비스포츠로 구성된 활동에 참여하는 청소년들은 단일 활동이나 어떠한 활동에도 참여하지 않는 청소년들보다 더 높은 사회적 자아개념과 자존감을 나타냈다(Blomfield & Barber, 2009).

2) 활동의 양

일반적으로, 청소년들의 활동 참여 빈도(frequency of activity participation)와 다양한 발달적 성과 간에는 긍정적인 관계가 있다(Feldman & Matjasko, 2005). 또한 다양한 활동의 수는 특정 발달 성과의 이전 수준이 통제되는 경우에도 더 나은 발달 성과를 예측했다(Barber & Eccles, 1997). 참여의 안정성 또는 지속 기간에 대한 연구는 수년에 걸친 기간 동안의 꾸준한 참여가 긍정적인 발달을 예측한다는 증거를 제시한다. 긍정적인 발달 성과에는 청소년들의 낮은 외로움(Randall & Bonhert, 2009), 높은 성적, 심리적 탄력성, 그리고 학교 소속감(Darling, 2005; Eccles, Barber, Stone, & Hunt, 2003), 스포츠가 아닌 학교 클럽 참여의 지속 기간(Fredricks & Eccles, 2006a) 및 높은 교육적 성취 등이 포함된다(Mahoney, Cairns, & Farmer, 2003).

이러한 일관되고 긍정적인 성과에도 불구하고, 일부 학자들과 아동 권리 보호 단체들은 조직된 활동에 너무 많이 참여하는 것은 청소년들로부터 창의성을 발휘할 시간을 빼앗고 부모의 압박감을 증가시킨다는 우려를 제기했다(이러한 염려에 대한 상세한 응답은 Mahoney, Harris, & Eccles, 2006 참조). 그러나 실제로 참여의 강도(intensity) 또는 참여한 총 시간을 조사한 연구에 따르면, 활동 참여 강도가 더 높은 학생의 경우 성취도가 더 높고 학교와의 유대가 좋으며 더 나은 학교생활을 하는 등(Cooper, Valentine, Nye, & Lindsay, 1999; Mahoney et al., 2006) 더 긍정적인 성과를 보고했다(Bonhert et al., 2010). 일부 연구에서 참여 수준이 높을수록 유익이 감소하는 것으로 나타났지만(Cooper et al., 1999; Fredricks, 2012; Zill et al., 1995), 그렇더라도 최상위 수준의 참가자의 경우 전혀 참여하지 않은 학생들보다 발달상의 이점이 있었다. 전반적으로, 다양한 인구 통계학적 배경과 경제적 배경을 가진 청소년들의 경우 조직적인 활동 참여 시간이 길수록 긍정적 발달 성과들도 증가했다(Bonhert et al., 2010; Mahoney & Vest, 2012).

3) 학생 참여

출석이나 참여만을 연구하는 것은 활동과 긍정적인 성과 사이의 관련성을 이해하기에 충분하지 않을 수 있다. 이러한 양적 접근법은 학생의 참여를 고려하지 않는다. 참여는 집중력, 즐거움, 숙련을 위한 노력, 흥미 같은 높은 참여와 지루함, 수동성, 무관심과 부주의함으로 특징지어지는 낮은 참여와 같이 활동 상황에 따라 다를 수 있다(Larson, 2000). 참여는 다차원 구조이며, 경험표집법(Experience Sampling Method: ESM), 관찰법, 자기 보고식 설문지 및 교사/리더 보고서와 같은 다양한 방법을 사용하여 인지적, 행동적, 정서적인 관점에서 측정할 수 있다(Bonhert et al., 2010).

3. 개인의 심리적 발달을 위한 자산으로서의 활동

청소년들이 지루하고 동기부여가 되어 있지 않을 경우(Larson, 2000) 그들은 무엇인가에 참여할 필요가 있다. 의미 있는 활동은 개인의 정체성, 재능 및 열정을 탐구하고 표현하며 개인이 중요하다는 느낌을 얻는 장을 제공한다(Csikszentmihalyi & Kleiber, 1991; Eccles & Gootman, 2002; Kleiber, 1999). 청소년들의 활동 선택은 자기신념의 핵심적인 측면을 반영하고, 선택한 활동에 참여하는 것은 청소년이 자신에 대해 생각하는 방식과 행동하는 방식을 강화하고 여기에 힘을 쏟게 한다. 이러한 과정에서 정체성, 신체상, 주도성, 삶의 만족 및 품행을 포함한 다양한 영역에서의 긍정적 발달이 촉진된다. 이와 같은 영역에 대한 각각의 검증 결과는 다음과 같다.

1) 자기 시스템

자신의 정체성을 표현하고 개선할 수 있는 기회를 갖는 것은 청소년기의 사회정서적 발달의 주요 측면이며, 활동 참여는 그러한 일에 의미 있고 건설적인 영향을 미친다. 학교, 직장, 교회와 같은 환경은 청소년기 삶의 다른 영역에 비해 엄격하게 구조화되어 있어서 다른 영역에서의 활동에 비해 정체성을 탐색하고 표현하는 자유를 덜 제공한다. 따라서 특별 활동에 자발적으로 참여하는 것은 청소년이 개인적인 표현력을 발휘할 수 있는 기회를 제공하며 '나는 누구인가?'에 대해 타인과 소통할 기회를 제공한다(Barber, Stone, Hunt, & Eccles, 2005; Coatsworth et al., 2005). Eccles와 동료들(1983)은 이러한 활동의 질을 도달 가치(value), 또는 개인이 가장 되고 싶은 종류의 사람임을 나타내는 활동의 가치로 언급한다. 이러한 생각을 뒷받침하기 위해 Coatsworth와 동료들(2005)은 청소년들의 경우 스포츠, 공연 예술, 종교 및 이타적인 활동과 같은 광범위한 활동에 참여하는 것을 '자기 정의(self-defining)'로 여긴다고 보고했다. 이러한 활동 경험에 대한 개인적인 표현이 더욱 풍부해질수록 비행은 줄어들고(Palen & Coatsworth, 2007), 활동 참여와 청소년의 건강 간의 관계에 대한 설명력도 높아진다(Coatsworth, Palen, Sharpe, & Ferrer-Wreder, 2006). 따라서 청소년의 자기조망과 활동이 일치할수록 참여로 인한 잠재적 유익은 커진다.

활동 참여는 개인의 정체성을 강화하는 것 외에도 여가 환경, 동료 문화, 그리고 지역사회에 적합한 다양한 사회적 정체성을 탐구하는 기회를 제공한다. 청소년은 활동에 참여할 때 개인의 감각 외에도 자기 자신에 대한 사회적 감각을 발달시킨다(Stone & Brown, 1998; Youniss & Smollar, 1985). 특정 활동 유형에 참여하는 것은 청소년이 활동 기반 또래 문화에 자신을 연결시킬 수 있는 기회를 제공한다. 자신의 정체성은 해당 활동에 담겨 있는 의미에 영향을 받는다(Eccles et al., 2003). 이러한 연관성을 조사한 결과, 고등학생의 사회적 정체성과 특정 활동 사이에 명확한 연관성이 발견되었으며, 고등학생 자신의 정체성과 활동 간의 일관성 정도가 심리적 · 학문적 기능을 예측하는 것으로 나타났다(Eccles et al., 2005; Eccles & Barber, 1999). 자원 봉사와 같은 의미 있는 시민 활동은 지역사회를 기반으로 사회적 정체성을 탐구하면서 지역사회에 기여하도록 한다(Youniss & Yates, 1997). 또한 자기개념 중 친사회적 가치를 유지하는 능력에 대해서 사회 문제를 다루는 경험을 통합할 수 있는 기반을 제공한다(Horn, 2012).

활동 참여로 얻을 수 있는 다양한 정체성 탐구 경험은 청소년들로 하여금 자기개념을 개발하고 개선할 수 있는 기회를 제공한다. 자기개념은 여러 영역(학문적, 사회적, 신체적 및 행동적 수행)을 통한 개인의 지각 또는 지식 구조를 말하며, 경험을 통해 형성된다(Harter, 1999). 청소년들에게 가장 유익한 것처럼 보이는(Blomfield & Barber, 2009) 스포츠와 비스포츠가 결합된 활동에 참여하는 것은, 청소년기의 긍정적인 자기개념과 일관성 있게 연관되어 있다(Blomfield & Barber, 2009; Eccles & Barber, 1999; Fredricks & Eccles, 2006b; Marsh, 1992). 활동 참여는 인내심과 목표 설정 능력과 같은 보다 구체적인 발달 경험과 함께 자신의 정체성을 탐구하고 반영할 수 있는 기회를 제공한다. 인내심과 목표 설정 능력은 활동 참여가 보다 긍정적인 자기개념과 연결되게 하는 잠재적인 메커니즘의 일부이다(Blomfield & Barber, 2011).

2) 신체상

신체상 또한 의미 있는 활동 참여에 의해 긍정적인 영향을 받는다. 활동 참여의 일부 측면은 서구 사회가 여성의 몸을 대상화하고 상품화하는 경향을 막는 데 도움이 되고(Fredrickson & Roberts, 1997), 여성들이 자신의 몸에 대해 기능보다는 미적 매력을 기준으로 타인이 보고 평가할 대상으로 여기는 방향으로 사회화되는 정도를 줄인다. 신체의 기능적 측면에 더 많은 가치를 가지고 더 많이 투자할수록 남성과 여성 모두가 신체의 기능과 형태에 만족하게 된다(Abbott & Barber, 2010). 기능에 초점을 맞춘 특별 활동은 청소년, 특히 여자 청소년들의 건강한 신체상 발달에 긍정적 영향을 미친다. 스포츠에 참여하는 소녀들은 참여하지 않는 소녀들보다 자신의 기능적인 신체에 대해 더 가치 있게 여기고, 더 많이 투자하며, 더 크게 만족하는 것으로 나타났다(Abbott & Barber, 2011). 또한 미적이지 않은 스포츠에 참여한 소녀가 미적인 스포츠(춤 또는 체조)에 참여한 소녀보다 몸의 기능적 차원에 대해 더 큰 투자와 만족을 보고하는 것은 스포츠의 유형에 따라 차이가 있음을 나타낸다. Brady(2005)는 스포츠 프로그램이 여성에게 건강한 메시지를 전하여 외모와 여성성보다는 신체적 기술과 잠재력에 기초한 신체상과 정체성을 갖도록 장려할 수 있다고 보았다.

스포츠는 남성 참여자들에게도 남성적인 문화적 고정관념과 근육질의 신체상을 강화시킨다. 남성은 신체의 기능적 측면에 초점을 맞추도록 사회화되어 있으므로 스포츠 및 신체 활동에 참여함으로써 이 과정을 강화할 수 있다. 스포츠나 신체 활동에 참여하는 남자 청소년들은 그렇지 않은 청소년보다 일반적으로 더 높은 신체 만족도를 보고하고(Frost & McKelvie, 2005), 특히 어깨와 가슴 그리고 상체의 근력에 대해 더 높은 신체 만족도를 보고한다(Aşçi, Gőkmen, Tiryaki, & Aşçi, 1997).

3) 주도성

Larson(2000)은 특정 유형의 조직화된 활동에 참여하는 것이 주도성

(initiative) 발달에 필수적이라고 말했다. 주도성은 일정 기간 동안의 계획, 시간 관리, 문제 해결 및 비상 상황 대처 사고와 같은 기술을 사용하여 특정 목표를 달성할 수 있는 역량으로 정의된다(Larson, Hansen, & Walker, 2005). 그러나 청소년들은 이러한 기술의 사용을 요구하는 활동에 참여할 기회가 거의 없다. 체계화된 의미 있는 활동은 청소년들이 내적으로 동기 부여되어 자발적으로 자기주도적인 관심, 통제, 자기 훈련, 의사결정 기술을 확립할 수 있는 대안적 환경을 제공한다(Crean, 2012; Kleiber, 1999; Larson, 2000). 예를 들어, 왜 농구를 가장 좋아하는지 물었을 때, 한 소년은 "더 많은 기술과 더 강한 팀워크 그리고 정신 집중이 요구되기 때문이에요."라고 답했다(Abbott & Barber, 2007). 도전 및 기술 향상과 같은 주도성 발달을 촉진시키는 활동은 즐겁게 목표를 추구하도록 만들기도 한다.

구조화된 활동은 청소년들에게 학교 수업이나 친구들과 어울리는 활동보다 주도성의 발달을 촉진시키는 더 많은 경험을 제공한다(Abbott & Barber, 2007; Hansen et al., 2003; Larson, Hansen, & Moneta, 2006). Larson과 동료들은 청소년들이 특히 예술과 스포츠 활동에 참여할 때 다른 조직화된 활동에 참여하는 것보다 더 많이 주도성을 연습할 수 있다고 보고했다. 그러나 모든 조직화된 활동은 주요 교실 수업보다 주도성을 행사할 수 있는 더 많은 기회를 제공한다.

4) 위험 감수 및 문제행동

활동 참여는 청소년기의 더 낮은 수준의 비행 및 문제 행동과 관련이 있다(Davis & Menard, 2013; Mahoney, Larson, Eccles, & Lord, 2005). Feldman과 Matjasko(2005)는 종합적인 개관을 통해 활동 참여의 보호적 역할에 대한 근거를 평가하고, 활동 참여와 더 적은 비행의 관련성을 밝힌 수많은 연구를 강조했다. Mahoney(2000)는 고등학교 시기 특별 활동 참여의 확대가 특히 고위험군 청소년의 형사 범죄율 감소와 중요한 연관성이 있음을 보고했다.

약물 사용 방지를 위한 특별 활동 참여의 근거는 비행에 대한 근거들보다 불분명하다. 지역사회 봉사 활동의 참여는 청소년기(Eccles & Barber, 1999; Youniss, McLellan, Su, & Yates, 1999)와 초기 성인기(Barber, Eccles, & Stone, 2001)의 더 낮은 음주율과 약물 사용률을 예측했다. 또한 활동 참여는 일반적으로 마리화나 및 기타 마약의 더 적은 사용뿐 아니라 더 적은 흡연과 음주를 예측한다(Darling, 2005; Mahoney et al., 2006; Rawana & Ames, 2012; Zill et al., 1995). 그러나 모든 유형의 활동이 똑같이 보호적이지만은 않다. 예를 들어, 일부 연구에서는 스포츠 참여가 더 많은 약물 사용을 예측하는 것으로 나타났다(Barber et al., 2001; Fauth, Roth, & Brooks-Gunn, 2007). 스포츠와 음주의 관련성은 적어도 부분적으로는 음주를 좋아하는 다른 참여자와의 유대 때문일 수 있다(Blomfield & Barber, 2008; Eccles & Barber, 1999).

4. 학업 성취를 위한 발달 자산으로서의 활동

스포츠 및 공연 예술과 같이 학교가 후원하는 활동은 학업 발달 목표를 지원하거나 저해할 수 있는 중요한 요소이다(Barber et al., 2001). 학생은 학교 활동 참여를 통해 학교라는 더 큰 사회와 연결되고(Entwisle, 1990), 개인적인 능력, 효능감, 학업 성취 면에서 긍정적인 영향을 얻는 것으로 나타났다(Holland & Andre, 1987; Marsh & Kleitman, 2002). 활동 참여가 더 높은 학문적 관심(Broh, 2002; Darling, Cadwell, & Smith, 2005; Guest & Schneider, 2003; Marsh, 1992; Videon, 2002)과 자퇴 가능성 감소(Mahoney, 2000; Mahoney & Cairns, 1997; Zill et al., 1995)에 긍정적으로 관련된다는 연구가 지속적으로 보고되어 왔다. 또한 학교 기반 활동들은 정규 교실 활동이 제공하지 않는 주도성 연습, 정체성 작업, 그리고 참여를 포함함으로써(Dworkin, Larson, &

Hansen, 2003; Larson, 2000; Larson et al., 2006), 학교에 대한 유대감을 증진시킬 수 있는 기회(Feldman & Matjasko, 2005; Knifsend & Graham, 2012)를 제공한다. 따라서 활동 참여가 학업 성취와 교육 성과를 예측하는 것은 당연하다.

1) 학교 유대감과 참여

학교 소속감은 개인적이고 사회적인 다양한 요인으로 인해 나타날 수 있지만, 특히 학업 성취도가 뛰어나지 않은 청소년들의 경우 특별 활동이 학교 애착에 영향을 미칠 가능성이 큰 것으로 나타났다(Eccles et al., 2003). 특별 활동에 참여하는 것은 사회적 관계, 능력 및 자율성에 대한 청소년의 발달적 요구를 충족시키는 학교 상황에서 유대감을 촉진할 수 있다. 참여도가 높은 청소년은 활동 참여가 거의 없는 또래보다 더 큰 학교 만족도와 소속감을 나타낸다(Darling et al., 2005; Gilman, 2001). Blomfield와 Barber(2010)에 따르면, 활동 참여자의 88%는 활동 참여가 학교를 더 즐겁게 했는지 물었을 때 "학교에서 일반적으로 경험하는 시험 스트레스에서 벗어나게 된다. 그래서 학교에 있을 때 더 평온해진다." "계속 공부에만 집중하지 않고 휴식을 취할 수 있다." 그리고 "수용받는 느낌이 들어서 더 즐겁다."와 같이 분명하게 답했다. 활동 참여는 또한 학교 공동체의 귀중한 구성원으로서의 정체성에 기여한다. 결국 학교에 대한 강한 애착은 학업과 관련된 학교 과제의 다른 측면을 내면화하도록 촉진할 수 있다. 이러한 아이디어를 뒷받침하기 위해 활동 참여와 더 높은 성취 및 동기 사이의 관계를 기술하는 연구들이 이루어져 왔다(Barber et al., 2001; Cooper et al., 1999; Darling et al., 2005; Knifsend & Graham, 2012; Mahoney & Cairns, 1997; Mahoney et al., 2003; Marsh & Kleitman, 2002).

2) 학업적 성취

스포츠, 공연 예술, 봉사 및 학술 모임과 같은 활동에 참여하는 학생들이 참여하지 않은 또래보다 우수한 성적을 얻는 등 조직적인 활동 참여는 학업적 성취와 긍정적인 관계가 있는 것으로 나타났다(Broh, 2002; Eccles et al., 2003; Fredricks & Eccles, 2006b; Guest & Schneider, 2003; Marsh & Kleitman, 2003; Metsäpelto & Pulkkinen, 2012). 이러한 관계는 일반적으로 가족 배경, 사전 성취도, 표준화된 적성 검사 점수 등 주요 변수가 통제되는 경우에도 유지되었다. 일부 연구자들은 미국에서 스포츠 참여를 통해 얻는 두드러진 유익에 대해 기술한 바 있다(예: Barber et al., 2001; Mahoney & Cairns, 1997; Marsh & Kleitman, 2002). 예를 들어, 미국 교육 종단 설문 조사(National Educational Longitudinal Survey: NELS) 데이터에서 스포츠 참여는 수많은 긍정적인 학업 지표와 관련이 있었고(Marsh & Kleitman, 2002, 2003), 학생이 참여한 스포츠 팀의 수 또한 대학에서의 더 높은 출석률과 성적을 예측했다. 즉, 스포츠 참여도가 높을수록 더 많은 유익을 얻는 것으로 나타났다. 또한 활동 참여의 범위와 강도는 수학 시험 점수, 더 높은 성적 평점, 그리고 고등학생 시기의 성적과 긍정적인 관계가 있었다(Fredricks, 2012).

3) 교육 및 직업적 성취

전통적인 사회학 분야의 오랜 연구는 청소년의 특별 활동과 미래의 교육 성취, 직업 및 소득 간의 긴밀한 관계에 초점을 맞추고 있다(Hanks & Eckland, 1976; Holland & Andre, 1987; Otto, 1975; Otto & Alwin, 1977). 스포츠와 학교 기반 리더십 및 정신 수련 활동, 그리고 학술 모임의 참여가 21세 때 대학 입학 가능성을 높이는 것으로 나타났다(Eccles et al., 2003). Beal과 Crockett(2010)은 고등학생과 성인의 교육적 성취에 있어서 교육과 직업적 열망 사이의 연관성이 특별 활동 참여에 의해 부분적으로 중재됨을 보고했다. 특별 활동과 봉사 활동에 참여하는 것이 초기 성인기의 더 나은 직업, 정치 및 다양한 자원 봉사 활동에 대한 더욱 적극적인 참여, 그리고 정신건강의 향상과 관련이 있었다(Barber et al., 2001; Marsh, 1992; Youniss et al., 1999).

5. 사회성 발달의 촉진자로서의 활동 참여

앞에서 언급한 바와 같이 활동 참여가 개인 및 학업적 발달의 중요한 자산임을 나타내는 증거들이 증가하고 있다. 그러나 대인관계 및 사회적 관계의 발달을 위한 활동의 중요성에 대해서는 알려진 바가 거의 없다. 활동 참여가 성인과의 긍정적인 관계 및 친사회적인 또래들과의 우정과 긍정적인 관련이 있다는 증거가 축적되고 있다. 이러한 두 사회적 관계에 대하여 간략하게 검토하고자 한다.

1) 성인 리더의 역할

구조화된 특별 활동은 청소년들에게 코치 및 지도자 역할을 하는 교사 또는 상담자 같은 성인들과 돈독한 관계를 제공한다. 코치, 모임 지도자, 그리고 활동과 관련된 성인들은 참가자들에게 많은 시간과 주의를 기울여 교사, 멘토, 그리고 문제해결사로서의 역할을 한다(Youniss & Yates, 1997). 이러한 관계는 청소년기에 다양한 사회적 발달의 기회를 제공하고, 성인과 청소년 간의 지원 체제를 구축하며, 청소년들이 성인이 후원하는 문화에 참여하여 긍정적 인식을 갖도록 해 준다(예: Eccles et al., 2003). 방과 후 활동에서 유능하면서도 지지적인 성인과 만나는 것은 심리적 안녕감에 영향을 미친다(Mahoney, Schweder, & Stattin, 2002).

구조화된 활동의 핵심적 특징은 활동 중에 성인들이 제공하는 안내 및 지도 감독이다. 그러나 성인 지도자가 제공하는 지도 및 지원의 양은 청소년의 능력이 증가함에 따라 점차 감소해야 한다(Vygotsky, 1978).

Larson, Walker, 그리고 Pearce(2005)는 성인 중심 및 청소년 중심 활동의 이점과 한계를 비교했다. 성인이 이끄는 활동은 청소년이 특정 기술이나 지식의 기초를 습득해야 하는 활동에 더 유용하다(예를 들어, 공연 예술 및 스포츠). 그러나 성인 지도자가 참가자의 역량과 무관하게 너무 과하거나 적게 지도할 경우 참가자는 활동에 관심을 잃거나 아예 포기할 수도 있다(Dworkin & Larson, 2006).

청소년 주도 활동(예를 들어, 학생 협의위원회, 항의 집회)에서는 청소년들이 더 높은 수준의 의사 결정과 계획에 참여하도록 권장된다(Larson et al., 2005). 성인 지도자가 이러한 활동을 감독할지라도 청소년은 자신의 진보와 학습에 스스로 책임을 지고 그 결과로서 권한 부여와 소유 의식을 경험하게 된다. 그러나 청소년은 집중력을 유지하고 장기적인 목표를 추진하는 데 필요한 기술이 부족할 수 있다. 따라서 청소년 주도 및 성인 주도 활동이 유익하고 촉진적인 활동이 되려면, 참여하는 성인은 모두 적응적으로 감독하고 안내하면서 청소년을 지원하는 동시에, 청소년들로 하여금 자신이 추구하는 방향을 잘 유지하면서 자신의 능력과 한계를 탐구할 수 있도록 해야 한다(Larson et al., 2005; Larson et al., 2005).

2) 우정 네트워크와 또래집단

조직화된 활동 참여는 청소년의 주요 발달 과제인 또래와의 의미 있는 관계 형성을 촉진시킨다. 많은 조직화된 활동에서 또래집단과의 관계는 학업에서의 성공을 장려하고 위험 행동은 피하도록 독려한다(예: Barber et al., 2005). 스포츠, 모임, 공연 예술 또는 봉사 활동에 참여하는 것은 친사회적인 또래들과 함께 기회와 도전을 가지도록 돕고 우정을 강화한다. 이러한 활동에서 다른 참여자들과 많은 시간을 보낸다면, 그러한 또래 모임의 집단적 행동이 각 구성원의 행동에 영향을 미칠 수 있다. 따라서 활동 참여와 관련된 행동 차이의 일부는 또래집단의 행동 기대와 영향의 결과인 것으로 보인다(Barber et al., 2010; Eccles et al., 2003; Fredricks & Eccles, 2005; Mahoney, 2000).

한편, 우정 네트워크의 특성과 활동 참여 간에 유의미한 관계가 있음이 발견되었다(Barber et al., 2005; Blomfield & Barber, 2008; Fredricks & Eccles, 2005). 일반적으로 특별 활동에 열심히 참여하는 청소년은 참여하지 않는 청소년에 비해 학구적인 친구를 많이 사귀고, 수업에 들어오지 않거나 마약을 사용하는 친구는 적게 사귄다(Eccles & Barber, 1999). 청소년들이 더 학구적이고 덜 위험한 친구들을 사귀는 것은 다른 긍정적인 결과를 예측한다(Fredricks & Eccles, 2005).

반대로, 위험한 행동에 참여하거나 위험한 행동을 부추기는 청소년들이 많이 포함된 또래집단의 구성원이 되는 것은 위험한 행동에의 참여를 증가시키고, 고등학교를 졸업하고 대학에 진학할 가능성은 감소시킨다. Patterson, Dishion, 그리고 Yoerger(2000)는 일탈한 또래와의 관계가 위험한 성행위, 약물 남용 및 범죄와 같은 보다 위험한 형태의 일탈과 관련이 있음을 발견했다. 이러한 역동은 어떠한 활동이 긍정적인 또래관계 또는 문제적 또래관계를 어떻게 촉진시키는가에 대해 이해하는 것이 중요함을 나타낸다(Blomfield & Barber, 2008; Denault & Poulin, 2012).

3) 취약계층 청소년

활동 참여와 관련된 수많은 혜택에도 불구하고 많은 청소년은 여전히 그러한 활동과 프로그램에서 동떨어져 있다. 불우한 환경(낮은 사회경제적 지위, 소수민족)의 청소년들은 더 좋은 배경의 또래들과 비교했을 때 특별 활동에 참여할 가능성이 훨씬 적다(Blomfield & Barber, 2011; Bouffard et al., 2006; Dearing et al., 2009). 이 청소년들은 수많은 제약 때문에 활동 참여가 어렵고, 활동 비용이 불참의 주원인이 되기도 한다. 미국 내 조사에서 백인 부모의 62%가 특별 활동에 참여할 여유가 있다고 보고한 반면, 소수민족 부모 중에는 39%만이 그렇다고 응답하였다(Duffett & Johnson, 2004). 어려운 환경에 처한 청소년들은 종종 자신의 개인적 활동 참여 욕구보다는 우선적으로 가족에 대한 책임을 지니고 있다(Perkins et al., 2007). 활동 접근성은 어려운 환경에 처한 청소년이 활동에 참여하는 데 있어 주요 장벽으로 부각되었으며(Eccles & Gootman, 2002), 빈곤한 학생이 많은 학교는 풍요로운 지역의 학교보다 특별 활동을 더 적게 제공한다(Stearns & Glennie, 2010).

어려운 환경에 처한 청소년의 참여가 불균형적으로 낮은 것은, 이러한 청소년들이 활동 참여를 통해 가장 많은 것을 얻을 수 있기 때문에 더욱 우려된다. 의미 있는 활동 참여에 대한 연구의 대부분은 중산층 청소년을 대상으로 이루어졌지만, 환경이 어려운 집단을 포함하여 이루어진 연구들은 활동 참여와 긍정적인 지표 간의 연관성이 어려운 환경의 청소년에게서 가장 강력하다는 사실을 나타내고 있다(Blomfield & Barber, 2011; Mahoney & Cairns, 2007; Marsh, 1992; Marsh & Kleitman, 2002). 연구 결과, 학생의 발달 경험과 자기개념 및 학교의 사회경제적 지위 간의 관련성이 검증되었다(Blomfield & Barber, 2011). 어려운 환경에 있는 학교의 청소년은 더 나은 환경에 있는 학교의 청소년보다 불참률이 높았다. 활동 참여 속에서 청소년에게 부여된 발달 경험은 모든 청소년의 자기가치, 사회적 자기개념, 그리고 학업적 자기개념을 긍정적으로 예측하는 것으로 나타났다. 이러한 연관성은 열악한 학교의 청소년들에게 훨씬 강하게 나타났다. 특별 활동이 제공할 수 있는 풍부한 발달적 환경을 다른 곳에서는 제공할 수 없기 때문에 특별 활동이 청소년에게 특히 중요하다. 따라서 취약계층 청소년의 참여 장벽을 줄이거나 제거하는 방법을 결정하는 것이 가장 중요하다.

6. 방법론적 문제

지금까지 요약된 연구는 활동 참여와 긍정적인 청소년 발달 사이의 통계적 연관성을 기술하고 있다. 그러나 이러한 데이터에서 이끌어 낼 수 있는 인과관계적 추론은 매우 제한적이다. 조직화된 활동에 참여함으로써 얻을 수 있는 유익에 대한 증거가 증가하는 것은 고무적이지만 유의할 점이 있다. 종종 활동에 참여한 연구 대상의 특성에 기인한 효과가 어느 정도인지를 모르기 때문에 '선택 효과'의 문제가 생긴다(다양한 유형의 조직화된 활동에의 참여를 예측하는 청소년, 가족, 지역사회의 특성에 대한 자세한 논의는 Barber et al., 2010 참조). (잠재적으로 유익한 경험에 대하여 연구하는 학자들뿐 아니라) 활동의 효과에 관심이 있는 학자들은 활동 참여가 긍정적인 적응의 원인이 아니라, 기존의 긍정적인 특성과 발달적 자산의 결과 또는 표식이라고 지적했다(Mahoney, 2000). 동기가 부여되고 유능하며 사회적으로 혜택을 받은 청소년의 경우 활동에 참여할 기회를 선택하고 지속적인 참여를 선택할 가능성이 더 큰 것은 분명하다. 그렇다면 무엇이 특별 활동 참여자들에게 좋은 결과를 가져다주는 것일까?

활동: 웰빙의 지표인가, 촉진자인가

선택 효과 문제의 중요성은 실질적인 우려와 기본적인 이론 및 방법론적 문제와 관련이 있다. 연구에서 명백한 효과를 해석할 때, 활동의 효과를 과대평가하지 않는 것이 중요하다. 특별 활동 참여에 관한 문헌에서 참가자들 간에는 수많은 차이점이 분명히 존재한다. 성별, 민족성, 사회경제적 배경 및 이전 참여 경험과 같은 특성은 학교 기반 활동의 참여에 영향을 미치는 것으로 나타났다(Videon, 2002). 더 많은 '심리적 특성'(예: 동기부여, 자기개념,

적성, 성격, 자신의 가족 환경에 대한 긍정적 느낌)이 청소년이 선택하는 여가 활동과 그 지속 여부를 예측하는 것으로 나타났다(예: Persson, Kerr, & Stattin, 2004). 이미 상당한 자산을 지닌 청소년은 활동 유무에 상관없이 긍정적인 결과를 경험할 것이다. 따라서 자산이 풍부한 청소년들의 참여로 인한 긍정적 발달을 신뢰해서는 안 된다. 또한 활동 참여를 예측하는 동일한 요소 중 일부는 긍정적인 결과(예: 부모의 지원 및 참여)를 예측한다.

이러한 이론적이고 실제적인 도전은 자원과 위험 요소가 '발달적 제약'과 관련된 '패키지'를 발생시키는 경향에 의해 더욱 복잡해진다(Cairns, 1996). 이러한 현상은 사교육을 하고 있는 지적이고 지지적인 가정, 학업 몰입을 격려하는 또래관계, 학교 수학 모임의 건설적 경험, 성취에 근거한 긍정적인 정체성을 가지고 있는 유리한 배경의 학생 사례를 통해 알 수 있다. 그러한 발달적 자산은 독립적이지 않기 때문에 많은 연구자와 이론가는 발달을 '유기적으로' 보아야 한다고 주장했다. 즉, 하나의 자산은 그 관계 및 다른 자산, 그리고 위기 시스템과의 양방향 과정의 맥락에서만 효과가 있는 것으로 볼 수 있다(Barber et al., 2005, 2010; Bronfenbrenner, 1979; Cairns, 1996; Mahoney, 2000).

이러한 방법론적 문제를 다루고 활동 참여와 청소년의 발달적 성과 간의 인과관계를 조사하는 1가지 방법은 활동 참여의 변화가 청소년의 발달적 성과의 변화를 예측하는지를 조사하는 종단적 연구를 수행하는 것이다. 그러나 이러한 접근 방식은 선택 효과 문제를 제거하지는 못한다. 여러 공변량을 포함하는 통계 기법인 경향점수 매칭은 활동 참여를 '치료' 조건으로 취급함으로써 최근 이 분야에서 사용되어 왔다(O'Connor & Jose, 2012). 따라서 선택효과 문제를 줄이기 위해 관련 지표의 범위에서 비참가자들과 참가자들을 대조시킨다. 더 설득력 있는 방법은 활동 참여를 실험적으로 변경하고 이러한 변화가 청소년 발달을 증진시키는지의 여부를 살펴보는 것이다(Bronfenbrenner, 1979). 그러한 실험은 이 장에서 설명한 많은 조직화된 활동

(예: 스포츠, 밴드 및 학생 협의위원회)을 위해 수행되지 못했다. 그러한 활동은 오랫동안 대부분의 학교 특별 교과 과정의 일부였으므로 조작이나 무선 배치에 적합하지 않다. 그러나 특히 지역사회 봉사 및 교차 연령 개인 교습 영역에서 참여 기회는 평가 연구에서 초점을 맞추는 부분이었으며, 고무적인 결과들이 있었다(예: Cohen, Kulik, & Kulik, 1982; Philliber & Allen, 1992).

7. 결론

의미 있는 활동의 유익한 효과에 대한 증거는 계속 증가하고 있다. 청소년들이 활동을 통해 얻는 경험의 질을 결정할 때 고려해야 할 주요 특성에 대해 많은 것을 배웠다. Larson(2000)은 자발적인 활동의 중요성을 강조하면서 참가자들이 주도권을 잡는 것과 관련된 기술을 배울 수 있도록 시간이 지남에 따라 합의된 참여를 하도록 요구했다. Eccles와 Gootman(2002)은 국가 연구위원회가 후원한 청소년을 위한 지역사회 기반 활동에 대한 보고서에서 이러한 기준과 함께 다음과 같은 특징을 추가했다.

- 청소년들이 살고 있는 지역사회와 조직에 정말로 중요한 일을 할 수 있는 기회(예: 봉사 활동과 리더십 활동)
- 매우 구체적인 인지적, 사회적, 문화적 기술을 배울 기회
- 가족이 아닌 성인들과 친밀한 사회적 관계를 형성할 기회
- 명확하고 일관성 있게 긍정적인 사회적 규범과 규칙을 강화하기
- 청소년의 성숙과 전문성을 존중하고 청소년들과 친사회적 공동체 기관과의 강한 결속을 촉진하는 연습하기

Hansen과 Larson(2007)은 활동 참여에서의 발달 경험, 활동에 소비된 시

간, 리더십 역할에의 참여, 어른과 청소년의 비율 등을 명확히 밝혔다. 추후의 연구에서는 어떤 활동의 이점과 다른 활동의 비효과성을 설명하려고 시도할 때 이러한 속성을 더 고려할 필요가 있다. 우리는 이러한 참여 측면에 대한 포괄적인 연구가 성공적인 청소년 활동 참여의 중요성에 대한 우리의 이해를 더욱 향상시킬 것으로 기대한다.

참고문헌

Abbott, B. D., & Barber, B. L. (2007). Not just idle time: Adolescents' developmental experiences provided by structured and unstructured leisure activities. *The Australian Educational and Developmental Psychologist, 24,* 59-81.

Abbott, B. D., & Barber, B. L. (2010). Embodied image: Gender differences in functional and aesthetic body image among Australian adolescents. *Body Image, 7,* 22-31. doi:10.1016/j.bodyim.2009.10.004

Abbott, B. D., & Barber, B. L. (2011). Differences in functional and aesthetic body image between sedentary girls and girls involved in sports and physical activity: Does sport type make a difference? *Psychology of Sport & Exercise, 12,* 333-342. doi:10.1016/j.psychsport.2010.10.005

Aşi, F. H., Gökmen, H., Tiryaki, G., & Aşçi, A. (1997). Self-concept and body image of Turkish high school male athletes and nonathletes. *Adolescence, 32*(128), 959-968.

Barber, B. L., & Eccles, J. S. (1997, April). *Student council, volunteering, basketball, or marching band: What kind of extracurricular involvement matters?* Paper presented at the biennial meeting of the Society for Research on Child Development, Washington, DC.

Barber, B. L., Eccles, J. S., & Stone, M. R. (2001). Whatever happened to the Jock, the Brain, and the Princess? Young adult pathways linked to adolescent activity involvement and social identity. *Journal of Adolescent Research, 16,* 429–455. doi:10.1177/0743558401165002

Barber, B. L., Stone, M. R., & Eccles, J. S. (2005). Adolescent participation in orgainzed activities. In K. Moore & L. H. Lippman (Eds.), *Conceptualizing and measuring indicators of positive development: What do children need to flourish?* (pp. 133–146). New York, NY: Springer. doi:10.1007/0-387-23823-9_9

Barber, B. L., Stone, M. R., & Eccles, J. S. (2010). Protect, prepare, support, and engage: The roles of school-based extracurricular activities in students' development. In J. Meece & J. Eccles (Eds.), *Handbook of research on schools, schooling, and human development* (pp. 366–378). New York, NY: Routledge.

Barber, B. L., Stone, M. R., Hunt, J., & Eccles, J. S. (2005). Benefits of activity participation: The roles of identity affirmation and peer group norm sharing. In J. L. Mahoney, R. W. Larson, & J. S. Eccles (Eds.), *Organized activities as contexts of development: Extracurricular activities, after-school and community programs* (pp. 185–210). Mahwah, NJ: Erlbaum.

Beal, S. J., & Crockett, L. J. (2010). Adolescents' occupational educational aspirations and expectations: Links to high school activities and adult educational attainment. *Developmental Psychology, 46,* 258–265. doi:10.1037/a0017416

Blomfield, C. J., & Barber, B. L. (2008, March). *Risks linked to Australian adolescents' extracurricular activity participation: Is the relationship mediated by peer attributes?* Paper presented at the biennial meeting of the Society for Research on Adolescence, Chicago, IL.

Blomfield, C. J., & Barber, B. L. (2009). Performing on the stage, the field, or both? Extracurricular activity participation and Australian adolescent self-concept. *Journal of Adolescence, 32,* 733–739. doi:10.1016/j.adolescence.2009.01.003

Blomfield, C. J., & Barber, B. L. (2010). Australian adolescents' extracurricular activity participation and positive development: Is the relationship mediated by peer attributes? *Australian Journal of Educational & Developmental*

Psychology, 10, 114-128.

Blomfield, C. J., & Barber, B. L. (2011). Developmental experiences during extracurricular activities and Australian adolescents' self-concept: Particularly important for youth from disadvantaged schools. *Journal of Youth & Adolescence, 40,* 582-594. doi:10.1007/s10964-010-9563-0

Bonhert, A., Fredricks, J., & Randell, E. (2010). Capturing unique dimensions of youth organised activity involvement: Theoretical and methodological considerations. *Review of Educational Research, 80,* 576-610. doi:10.3102/0034654310364533

Bouffard, S. M., Wimer, C., Caronongan, P., Little, P. M. D., Dearing, E., & Simpkins, S. D. (2006). Demographic differences in patterns of youth out-of-school time activity participation. *Journal of Youth Development, 1*(1), 24-39.

Brady, M. (2005). *Letting girls play: Using sport to create safe spaces and build social assets.* New York, NY: Population Council.

Broh, B. A. (2002). Linking extracurricular programming to academic achievement: Who benefits and why? *Sociology of Education, 75,* 69-91. doi:10.2307/3090254

Bronfenbrenner, U. (1979). *The ecology of human development: Experiments by nature and design.* Cambridge, MA: Harvard University Press.

Cairns, R. B. (1996). Socialization and sociogenesis. In D. Magnusson (Ed.), *The lifespan development of individuals: Behavioral, neurobiological, and psychosocial perspectives: A synthesis* (pp. 277-295). New York, NY: Cambridge University Press.

Coatsworth, J. D., Palen, L. A., Sharpe, E. H., & Ferrer-Wreder, L. (2006). Self-defining activities, expressive identity, and adolescent wellness. *Applied Developmental Science, 10,* 157-170. doi:10.1207/s1532480xads1003_5

Coatsworth, J. D., Sharp, E. H., Palen, L. A., Darling, N., Cumsille, P., & Marta, E. (2005). Exploring adolescent self-defining leisure activities and identity experiences across three countries. *International Journal of Behavioral Development, 29,* 361-370. doi:10.1080/01650250500166972

Cohen, P. A., Kulik, J. A., & Kulik, C.-L. C. (1982). Education outcomes of tutoring: A meta-analysis of findings. *American Educational Research Journal,*

19, 237–248. doi:10.3102/00028312019002237

Cooper, H., Valentine, J. C., Nye, B., & Lindsay, J. J. (1999). Relationship between five after-school activities and academic achievement. *Journal of Education Psychology, 91*, 369–378. doi:10.1037//0022-0663.91.2.369

Crean, H. F. (2012). Youth activity involvement, neighborhood adult support, individual decision making skills, and early adolescent delinquent behaviors: Testing a conceptual model. *Journal of Applied Developmental Psychology, 33*, 175–188. doi:10.1016/j.appdev.2012.04.003

Csikszentmihalyi, M., & Kleiber, D. A. (1991). Leisure and self-actualization. In B. L. Driver, P. J. Brown, & G. L. Peterson (Eds.), *Benefits of leisure* (pp. 91-102). State College, PA: Venture.

Darling, N. (2005). Participation in extracurricular activities and adolescent adjustment: Cross-sectional and longitudinal findings. *Journal of Youth and Adolescence, 34*, 493–505. doi:10.1007/s10964-005-7266-8

Darling, N., Cadwell, L. L., & Smith, R. (2005). Participation in school-based extracurricular activities and adolescent adjustment. *Journal of Leisure Research, 37*, 51–76.

Davis, B. S., & Menard, S. (2013). Long-term impact of youth sports participation on illegal behavior. *Social Science Journal, 50*, 34–44. doi:10.1016/j.soscij.2012.09.010

Dearing, E., Wimer, C., Simpkins, S. D., Lund, T., Bouffard, S., & Caronongan, P. (2009). Do neighborhood and home contexts help explain why low-income children miss opportunities to participate in activities outside of school? *Developmental Psychology, 45*, 1545–1562. doi:10.1037/a0017359

Denault, A.-S., & Poulin, F. (2009). Intensity and breadth of participation in organised activities during the adolescent years: Multiple associations with youth outcomes. *Journal of Youth & Adolescence, 38*, 1199–1213. doi:10.1007/s10964-009-9437-5

Denault, A.-S., & Poulin, F. (2012). Peer group deviancy in organized activities and youths' problem behaviours. *Canadian Journal of Behavioral Science, 44*, 83–92. doi:10.1037/a0025705

Duffett, A., & Johnson, J. (2004). *All work and no play?* Washington, DC: Public

Agenda.

Dworkin, J. B., & Larson, R. (2006). Adolescents' negative experiences in organized youth activities. *Journal of Youth Development, 1*(3), 1-19.

Dworkin, J. B., Larson, R., & Hansen, D. (2003). Adolescents' accounts of growth experiences in youth activities. *Journal of Youth and Adolescence, 32,* 17-26.

Eccles (Parsons), J., Adler, T. F., Futterman, R., Goff, S. B., Kaczala, C. M., Meece, J. L., & Midgley, C. (1983). Expectations, values and academic behaviors. In J. T. Spence (Ed.), *Perspective on achievement and achievement motivation* (pp. 75-146). San Francisco, CA: W. H. Freeman.

Eccles, J. S., & Barber, B. L. (1999). Student council, volunteering, basketball, or marching band: What kind of extracurricular involvement matters? *Journal of Adolescent Research, 14,* 10-43. doi:10.1177/0743558499141003

Eccles, J. S., Barber, B. L., Stone, M., & Hunt, J. (2003). Extracurricular activities and adolescent development. *Journal of Social Issues, 59,* 865-890. doi:10.1046/j.0022-4537.2003.00095.x

Eccles, J. S., & Gootman, J. A. (2002). *Community programs to promote youth development.* Washington, DC: National Academy Press.

Entwisle, D. R. (1990). Schools and the adolescent. In S. Feldman & G. Elliot (Eds.), *At the threshold: The developing adolescent* (pp. 197-224). Cambridge, MA: Harvard University Press.

Fauth, R. C., Roth, J. L., & Brooks-Gunn, J. (2007). Does the neighborhood context alter the link between youth's after-school time activities and developmental outcomes? A multilevel analysis. *Developmental Psychology, 43,* 760-777. doi:10.1037/0012-1649.43.3.760

Feldman, A. M., & Matjasko, J. L. (2005). The role of school-based extracurricular activities in adolescent development: A comprehensive review and future directions. *Review of Educational Research, 75,* 159-210. doi:10.3102/00346543075002159

Feldman, A. M., & Matjasko, J. L. (2007). Profiles and portfolios of adolescent school-based extracurricular activity participation. *Journal of Adolescence, 30,* 313-322. doi:10.1016/j.adolescence.2006.03.004

Feldman Farb, A. M., & Matjasko, J. L. (2012). Recent advances in research on school-based extracurricular activities and adolescent development. *Developmental Review, 32,* 1-48. doi:10.1016/j.dr.2011.10.001

Fredricks, J. A. (2012). Extracurricular participation and academic outcomes: Testing the over-scheduling hypothesis. *Journal of Youth & Adolescence, 41,* 295-306. doi:10.1007/s10964-011-9704-0

Fredricks, J. A., & Eccles, J. S. (2005). Developmental benefits of extracurricular involvement: Do peer characteristics mediate the link between activities and youth outcomes? *Journal of Youth and Adolescence, 34,* 507-520. doi:10.1007/s10964-005-8933-5

Fredricks, J. A., & Eccles, J. S. (2006a). Extracurricular involvement and adolescent adjustment: Impact of duration, number of activities, and breadth of participation. *Applied Developmental Science, 10,* 132-146. doi:10.1207/s1532480xads1003_3

Fredricks, J. A., & Eccles, J. S. (2006b). Is extracurricular activity participation associated with beneficial outcomes? Concurrent and longitudinal relations. *Developmental Psychology, 42,* 698-713.

Fredrickson, B. L., & Roberts, T. (1997). Objectification theory: Toward understanding women's lived experiences and mental health risks. *Psychology of Women Quarterly, 21,* 173-206. doi:10.1111/j.1471-6402.1997.tb00108.x

Frost, J., & McKelvie, S. J. (2005). The relationship of self-esteem and body satisfaction to exercise activity for male and female elementary school, high school, and university students. *Athletic Insight: The Online Journal of Sport Psychology,* 7(4), Available from http://www.athleticinsight.com/Vol7Iss4/Selfesteem.htm

Gilman, R. (2001). The relationship between life satisfaction, social interest and frequency of extracurricular activities among adolescent students. *Journal of Youth and Adolescence, 30,* 749-767.

Guest, A., & Schneider, B. (2003). Adolescents' extracurricular participation in context: The mediating effects of schools, communities, & identity. *Sociology of Education, 76,* 89-109. doi:10.2307/3090271

Hanks, M. P., & Eckland, B. K. (1976). Athletics and social participation in the educational attainment process. *Sociology of Education, 49,* 271-294.

doi:10.2307/2112314

Hansen, D. M., & Larson, R. W. (2007). Amplifiers of developmental and negative experiences in organized activities: Dosage, motivation, lead roles, and adult-youth ratios. *Journal of Applied Developmental Psychology, 28,* 360-374. doi:10.1016/j.appdev.2007.04.006

Hansen, D. M., Larson, R. W., & Dworkin, J. B. (2003). What adolescents learn in organized activities: A survey of self-reported developmental experiences. *Journal of Research on Adolescence, 13,* 25-55. doi:10.1111/1532-7795.1301006

Harter, S. (1999). *The construction of the self. A developmental perspective.* New York, NY: Guilford.

Holland, A., & Andre, T. (1987). Participation in extracurricular activities in secondary school: What is known, what needs to be known? *Review of Educational Research, 57,* 437-466. doi:10.3102/00346543057004437

Horn, A. S. (2012). A cultivation of prosocial value orientation through community service: An examination of organizational context, social facilitation and duration. *Journal of Youth & Adolescence, 41,* 948-968. doi:10.1007/s10964-011-9714-y

Kleiber, D. (1999). *Leisure experience and human development: A dialectical interpretation.* New York, NY: Basic Books.

Knifsend, C. A., & Graham, S. (2012). Too much of a good thing? How breadth of extracurricular participation relates to school-related affect and academic outcomes during adolescence. *Journal of Youth and Adolescence, 41,* 379-389. doi:10.1007/s10964-011-9737-4

Larson, R., Walker, K., & Pearce, N. (2005). A comparison of youth-driven and adult-driven youth programs: Balancing inputs from youth and adults. *Journal of Community Psychology, 33,* 57-74. doi:10.1002/jcop.20035

Larson, R. W. (2000). Toward a psychology of positive youth development. *American Psychologist, 55,* 170-183. doi:10.1037/0003-066X.55.1.170

Larson, R. W., Hansen, D. M., & Moneta, G. (2006). Differing profiles of developmental experiences across types of organized youth activities. *Developmental Psychology, 42,* 849-863. doi:10.1037/0012-1649.42.5.849

Larson, R. W., Hansen, D., & Walker, K. (2005). Everybody's gotta give: Development of initiative and teamwork within a youth program. In J. L. Mahoney, R. W. Larson, & J. S. Eccles (Ed.), *Organized activities as contexts of development: Extracurricular activities, after-school and community programs* (pp. 159-183). Mahwah, NJ: Erlbaum.

Lerner, R. (2001). Promoting promotion in the development of prevention science. *Applied Developmental Science, 5,* 254-257. doi:10.1207/S1532480XADS0504_06

Mahoney, J. L. (2000). School extracurricular activity participation as a moderator in the development of antisocial patterns. *Child Development, 71,* 502-516. doi:10.1111/1467-8624.00160

Mahoney, J. L., Cairns, B. D., & Farmer, T. W. (2003). Promoting interpersonal competence and educational success through extracurricular activity participation. *Journal of Educational Psychology, 95,* 409-418. doi:10.1037/0022-0663.95.2.409

Mahoney, J. L., & Cairns, R. B. (1997). Do extracurricular activities protect against early school dropout? *Developmental Psychology, 33,* 241-253. doi:10.1037//0012-1649.33.2.241

Mahoney, J. L., Harris, A. L., & Eccles, J. S. (2006). Organized activity participation, positive youth development, and the over-scheduling hypothesis. *Social Policy Report, 20,* 3-31.

Mahoney, J. L., Larson, R. W., Eccles, J. S., & Lord, H. L. (2005). Organized activities as developmental contexts for children and adolescents. In J. L. Mahoney, R. W. Larson, & J. S. Eccles (Eds.), *Organized activities as contexts of development: Extracurricular activities, after-school and community programs* (pp. 3-22). Mahwah, NJ: Erlbaum.

Mahoney, J. L., Schweder, A. E., & Stattin, H. (2002). Structured after-school activities as a moderator of depressed mood for adolescents with detached relations to their parents. *Journal of Community Psychology, 30,* 69-86. doi:10.1002/jcop.1051

Mahoney, J. L., & Vest, A. E. (2012). The over-scheduling hypothesis revisited: Intensity of organized activity participation during adolescence and young adult outcomes. *Journal of Research on Adolescence, 22,* 409–418. doi:10.1111/j.1532-7795.2012.00808.x

Marsh, H. (1992). Extracurricular activities: Beneficial extension of the traditional curriculum or subversion of academic goals? *Journal of Educational Psychology, 84,* 553–562. doi:10.1037//0022-0663.84.4.553

Marsh, H., & Kleitman, S. (2002). Extracurricular school activities: The good, the bad, and the non-linear. *Harvard Educational Review, 72,* 464–514.

Marsh, H. W., & Kleitman, S. (2003). School athletic participation: Mostly gain with little pain. *Journal of Sport and Exercise Psychology, 25,* 205–228.

Metsäpelto, R.-L., & Pulkkinen, L. (2012). Socioemotional behaviour and school achievement in relation to extracurricular activity participation in middle childhood. *Scandinavian Journal of Educational Research, 56,* 167–182. doi:10.1080/00313831.2011.581681

O'Connor, S., & Jose, P. E. (2012). A propensity score matching study of participation in community activities: A path to positive outcomes for youth in New Zealand? *Developmental Psychology, 48,* 1563–1569. doi:10.1037/a0027597

Otto, L. B. (1975). Extracurricular activities in the educational attainment process. *Rural Sociology, 40,* 162–176.

Otto, L. B., & Alwin, D. (1977). Athletics, aspirations and attainments. *Sociology of Education, 50,* 102–113. doi:10.2307/2112373

Palen, L. A., & Coatsworth, J. D. (2007). Activity-based identity experiences and their relations to problem behavior and psychological well-being in adolescence. *Journal of Adolescence, 30,* 721–737. doi:10.1016/j.adolescence.2006.11.003

Patterson, G., Dishion, T., & Yoerger, K. (2000). Adolescent growth in new forms of problem behavior: Macro- and micro-peer dynamics. *Prevention Science, 1,* 3–13.

Perkins, D. F., Borden, L. M., Villarruel, F. A., Carlton-Hig, A., Stone, M. R., & Keith, J. G. (2007). Participation in youth programs. Why ethnic minority urban youth choose to participate—or not to participate. *Youth & Society, 38,* 420–442. doi:10.1177/0044118X06295051

Persson, A., Kerr, M., & Stattin, H. (2004). Why a leisure context is linked to normbreaking for some girls and not others: Personality characteristics and parent-child relations as explanations. *Journal of Adolescence, 27,* 583-598. doi:10.1016/j.adolescence.2004.06.008

Philliber, S., & Allen, J. P. (1992). Life options and community service: Teen Outreach program. In *Preventing adolescent pregnancy: Model programs and evaluations* (Vol. 140, pp. 139-155). Thousand Oaks, CA: Sage.

Pittman, K., Irby, M., Tolman, J., Yohalem, N., & Ferber, T. (2002). *Preventing problems, promoting development, encouraging engagement: Competing priorities or inseparable goals?* Washington, DC: The Forum of Youth Investment.

Randall, E. T., & Bonhert, A. M. (2009). Organized activity involvement, depressive symptoms, and social adjustment in adolescents: Ethnicity and socioeconomic status as moderators. *Journal of Youth & Adolescence, 38,* 1187-1198. doi:10.1007/s10964-009-9417-9

Rawana, J. S., & Ames, M. E. (2012). Projective predictors of alcohol use trajectories among Canadian aboriginal youth. *Journal of Youth & Adolescence, 41,* 229-243. doi:10.1007/s10964-011-9716-9

Stearns, E., & Glennie, E. J. (2010). Opportunities to participate: Extracurricular activities' distribution across academic correlates in high schools. *Social Science Research, 39,* 296-309. doi:10.1016/j.ssresearch.2009.08.001

Stone, M. R., & Brown, B. B. (1998). In the eye of the beholder: Adolescents' perceptions of peer crowd stereotypes. In R. Muuss (Ed.), *Adolescent behavior and society: A book of readings* (5th ed., pp. 158-169). Boston, MA: McGraw-Hill College.

Videon, T. M. (2002). Who plays and who benefits: Gender, interscholastic athletics, and academic outcomes. *Sociological Perspectives, 45,* 415-444. doi:10.1525/sop.2002.45.4.415

Vygotsky, L. S. (1978). *Mind in society: The development of higher psychological processes.* Cambridge, MA: Harvard University Press.

Youniss, J., Bales, S., Christmas-Best, V., Diversi, M., McLaughlin, M., & Silbereisen, R. (2002). Youth civic engagement in the twenty-first century.

Journal of Research on Adolescence, 12, 121-148. doi:10.1111/1532-7795.00027

Youniss, J., McLellan, J. A., Su, Y., & Yates, M. (1999). The role of community service in identity development: Normative, unconventional, and deviant orientations. *Journal of Adolescent Research, 14,* 248-261. doi:10.1177/0743558499142006

Youniss, J., & Smollar, J. (1985). *Adolescent relations with mothers, fathers, and friends.* Chicago, IL: University of Chicago Press.

Youniss, J., & Yates, M. (1997). *Community service and social responsibility in youth.* Chicago, IL: University of Chicago Press.

Zill, N., Nord, C. W., & Loomis, I. S. (1995). *Adolescent time use, risky behavior, and outcomes: An analysis of national data.* Rockville, MD: Westat.

요약: 의미 있는 활동

- 청소년기 학생들의 의미 있는 활동 참여는 매우 일반적이며, 다양한 영역에서의 긍정적 성취와 연관이 있다. 참여는 일반적으로 얼마나 많은 활동, 얼마나 많은 시간, 또는 얼마나 오래 지속해 왔는지 등과 같은 다양한 방식으로 연구되었다.
- 활동 참여는 학생 스스로 자신이 누구인지 탐색하고 표현할 풍부한 기회와 차이를 만들 기회, 그리고 시간 관리, 계획, 문제 해결, 만일의 사태를 대비하는 사고와 같은 기술을 연습할 기회를 제공한다.
- 많은 학교 기반 활동은 더 많은 학업적 성취, 더 높은 학업 목표, 더 큰 학교에 대한 유대감 및 참여, 그리고 더 낮은 학교 중퇴 가능성과 연관이 있다.
- 활동 참여는 청소년들에게 강하고 긍정적인 영향을 미칠 수 있는 성인 리더나 열성적인 또래와 사회적 공동체를 형성하도록 한다.
- 활동 참여의 개인적이고 발달적인 이점은 일반적으로 긍정적인 발달의 기회가 적은 취약계층의 청소년들에게서 현저히 나타난다.
- 선택의 문제 때문에, 긍정적인 발달 지표를 활동 참여 때문으로 귀인하는 데는 주의가 필요하다. 그러나 연구의 방법이 더욱 정교해짐에 따라 우리는 의미 있는 활동에서 나타나는 긍정적인 경험이 유익하다는 확신을 가질 수 있다.

의미 있는 활동 추천자료

Bonhert, A., Fredricks, J., & Randell, E. (2010). Capturing unique dimensions of youth organised activity involvement: Theoretical and methodological considerations. *Review of Educational Research, 80*, 576-610. doi:10.3102/0034654310364533
이 연구는 특별 활동 참여의 4가지 차원인 범위, 강도, 지속 기간, 그리고 몰입에 대한 이론적 배경과 방법적 문제를 탐색했다. 각 차원의 발달적 이점이 검증되었으며, 다양한 차원의 후속 연구를 강조하기 위한 개념적 고려사항이 논의되었다.

Eccles, J. S., Barber, B. L., Stone, M., & Hunt, J. (2003). Extracurricular activities and adolescent development. *Journal of Social Issues, 59*, 865-890. doi:10.1046/j.0022-4537.2003.00095.x
이 연구는 청소년 특별 활동 참여와 교육적 결과, 그리고 위험 행동 간의 관계를 탐구하였다. 일반적으로 친사회적 행동, 행위 예술, 팀 스포츠, 애교심과 지원 행동, 그리고 학교 클럽은 위험 행동에 대한 보호요인이며 긍정적인 교육적 성과를 촉진시킨다. 참여자의 또래 연합, 가족이 아닌 성인과의 관계, 그리고 정체성 탐색이 이러한 관계를 가능하게 하는 중재요인으로 논의되었다.

Feldman Farb, A. M., & Matjasko, J. L. (2012). Recent advances in research on school-based extracurricular activities and adolescent development. *Developmental Review, 32*, 1-48. doi:10.1016/j.dr.2011.10.001.
이 연구는 청소년의 특별 활동 참여와 발달적 성과와의 관계에 대한 가장 최근의 문헌을 개관하였다. 구체적으로 학업 성취, 물질 남용, 성적 행동, 심리적 적응, 비행에 초점을 맞추었으며, 특별 활동 참여를 긍정적인 결과들을 위한 잠재적 조절 또는 매개변인으로 탐색하였다.

제16장

마음챙김 증진

1. 정의 및 이론적 배경

1) 마음챙김의 기원

마음챙김(mindfulness)은 부처의 가르침과 그 가르침에서 발전된 동양의 종교적 전통에서 기원한 고대의 심리적 구인이다. 1970년대에 이르러서야 마음챙김은 종교 영역에서 벗어나 현대 응용 심리학의 구인으로 자리 잡기 시작하였다. Kabat-Zinn(1990)과 동료들은 마음챙김을 재정의하였는데, 그들은 마음챙김을 심각한 고통을 겪는 입원 환자의 스트레스 완화를 위한 개입의 핵심 개념으로 재구성하였다. 그들은 마음챙김은 "그것을 풍요롭게 하거나 진정성을 입증하기 위해서 동양 문화나 불교의 권위에 호소하지 않아도 학습되고 훈련될 수 있다."(p. 12)라고 주장하였다. 그 이후로 Kabat-Zinn(1994)은 마음챙김을 여러 번 재정의하였지만, 가장 많이 알려진 것은 "의도적으로, 현재 이 순간에, 비판단적인 특별한 방식으로 주의를 집중하는 의식 상태"(p. 4)라는 정의이다. Smalley와 Winston(2010)은 "자유롭고, 개방적이고, 호기심 가득한 관심을 가지고 신체적, 정서적, 정신적 경험을 관찰하는"(p. 11) 의식의 상태라는 유사한 정의를 제시하였다. 나아가 Brown, Ryan과 Creswell(2007)은 "현재 사건과 경험에 대한 수용적 관심과 알아차림"(p. 212)을 갖는 것이라고 재정의하였다. 유사한 정의들의 본질을 공고히 하고 해석하려는 노력을 기울인 Renshaw(2012)는 마음챙김의 통일된, 공통적인 핵심 요소 모델을 제시하였다. 이 구인은 명확히 구분된 3가지 하위 현상, 즉 주의집중된 인식, 수용적 태도, 그리고 의도성으로 구성된 의식의 상태를 개념화한 것이다.

2) 마음챙김의 구성요소

(1) 주의집중 알아차림

마음챙김의 첫 번째 핵심 요소는 주의집중 알아차림(attentive awareness)으로, 지금 여기에서 내 마음의 자극과 접촉이 일어나는 질과 기간을 의미한다. 자극은 ① 오감(예: 촉각, 시각, 청각, 미각, 그리고 후각), ② 3개의 신체 감각(예: 정서감각, 균형감각, 운동감각), ③ 마음의 사고 기반 활동(예: 판단과 개념화; Brown et al., 2007)의 3가지 의식적으로 기록된 정보를 통해 개념화되었다. 주의집중 알아차림의 핵심은 알아차림이 평소처럼 떠올랐다 사라지는 것이 아니라, 일정 시간 동안 지속해서 생각이 모이고 집중하는 행동을 의미한다. 주의집중 알아차림에 내재된 변화기제는 자극의 진정한 본질이나 더 광범위한 상황(자극-인간-환경) 속에서 발생할 수 있는 우발적 사건들에 대해 친밀도를 높여 가는 것이다. 이 과정은 개인에게 뿌리 깊게 박힌 습관으로 자동적으로 반응하지 않고, 더 자발적으로 반응할 수 있는 힘을 실어 준다(Brown & Ryan, 2003). 예를 들어, 검사 불안에 대해 주의를 집중하여 알아차리는 것을 반복함으로써 학생이 자신의 시험 불안이 발생하는 사건의 흐름을 이해할 뿐만 아니라 증상의 내막에 대해서도 알게 된다. 이를 통해 학생이 증상을 심화시킬 수 있는 자동 반응적인 습관에 함몰(예: 폭식하거나 부정적인 독백을 하는)되기보다는 자신의 안녕감을 증진시킬 긍정적인 방향으로 주도적인 선택(예: 이완 기술 훈련)을 할 수 있도록 도와줄 수 있다.

(2) 수용적 태도

두 번째 요소인 **수용적 태도**(receptive attitude)는 특별한 자극에 대해 알아차림이 일어나고 현재에 주의를 집중하는 반응 태도이다. 이러한 태도의 세세한 부분은 마음챙김 학자에 따라 다르게 기술되기도 한다. 하지만 호기심, 개방성, 수용, 그리고 자기 자비 등의 특질들의 조합으로 특징지을 수 있다는 데 많은 학자가 동의한다(Siegel, 2007). 지속적으로 주의집중하는 마음챙김 형태와 일반적으로 건강하지 못한 형태, 알아차림에 대한 마음챙김 접근과 일반적으로 도움이 되지 못하는 접근을 구분할 수 있어야 긍정적이고 건설적인 태도를 지향할 수 있다. 수용적 태도의 기반이 되는 변화 메커니즘은 자신의 경험에 대해 긍정적 관용의 태도를 취하는 일이다. 자신의 경험이 혐오적인 것일지라도 그 증상을 제3자의 관점에서 더 깊게 경험함으로써 그 증상으로 형성된 문제 유발 습관을 제거하게 된다(Brown & Ryan, 2003). 예를 들어, 학급에서 큰 소리로 말하고 교사를 방해하고 싶은 충동을 가진 학생에 대해 수용적 태도를 가짐으로써 그 학생이 바람직하지 않은 충동을 알아차리고 이를 자비롭게 수용하는 법을 익힐 수 있다. 결과적으로 그러한 알아차림과 자기수용은 행동 습관을 의식적으로 제거하여 학생을 곤경에서 빠져나오게 하고, 자신의 충동이 더 이상 자동적 행동으로 표출되지 않게 조절하는 힘을 부여해 준다.

(3) 의도성

주의집중 알아차림과 수용적 태도는 우연히 나타날 수도 있고, 개인 간 차이로 어떤 사람에게는 더 빈번하게 일어날 가능성이 높다. 이 개인적 차이는 마지막 핵심 요소인 의도성에 기인한다. 의도성(intentionality)은 수용적 태도로 특징지어지는 주의집중 알아차림을 자발적으로 실행하는 것을 의미하는데, 우연히 발생하여 마음에서 단순히 알아차리거나 활용하는 정도와는 다르다(Brown et al., 2007). 그래서 진정한 마음챙김은 의미 있는 개인적 노력과 불굴의 정신으로 특징지어지며, 의도를 가지고 시작하고 지속하는 것이다. 비록 의도성이 이론적으로 심리적 변화 기제와 연결되지 않을지라도 총제적인 마음챙김 구인을 포괄하는 데 있어서 주의집중 알아차림과 수용적 태도에 적절한 영향을 미친다. 시각적으로 이 관계를 보여 주기 위해서 '마음챙김 구성요소'를 제시하였는데([그림 16-1] 참조), 각 핵심 요소는 마음챙김 구인의 전체 구조를 창출하는 데 있어서 동등한 위치에 있다. 이 관점에

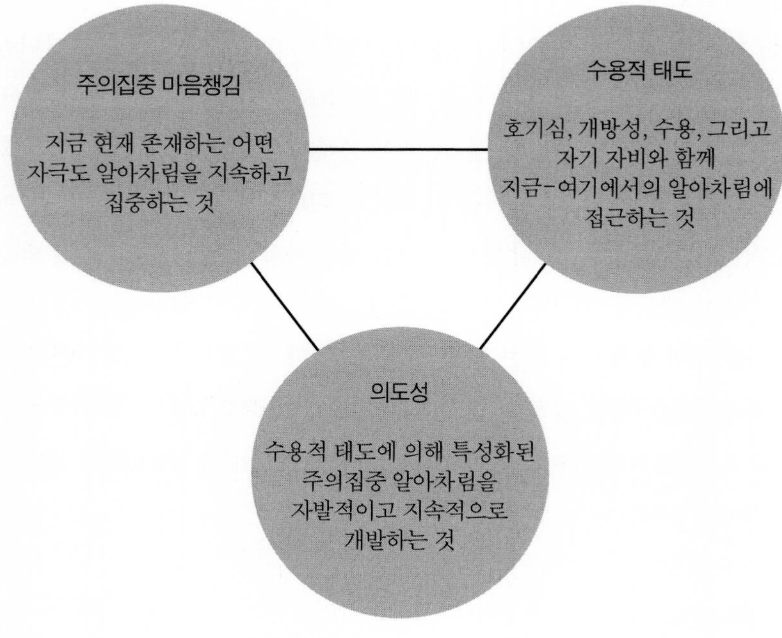

[그림 16-1] 마음챙김 핵심 구인 구성요소

서는 만일 한 요소가 없다면 마음챙김이 나타나기 어렵다. 또한 모든 요소가 존재하지만 하나가 제대로 드러나지 않으면 마음챙김은 중지된다. 만일 핵심 요소들이 빈약하게 연관되어 있다면, 순수하게 의지력만으로 마음챙김을 실행하고 유지하는 일은 학생들에게 매우 어렵고 단기적인 경험으로 그칠 가능성이 높다. 이러한 이유 때문에 마음챙김 경험이 더 습관화될 수 있도록 다양한 훈련 방법과 치료가 개발되어 왔다.

3) 마음챙김 치료

입원 환자를 대상으로 실시한 Kabat-Zinn(1990)의 마음챙김 기반 스트레스 완화 기법(Mindfulness-Based Stress Reduction: 이하 MBSR) 적용에서 시작된 마음챙김 기반 개입들(Mindfulness-Based Interventions: 이하 MBIs)은 지난 몇십 년 동안 눈에 띄게 증가하였고, 다양한 응용 정신건강 전문가(정신과 의사, 심리학자, 사회사업가, 상담자)들에 의해 보조 치료나 1차 치료의 형태로 활용되었다(Siegel, 2007). MBSR 이외에도 아동을 위한 일반적인 최신 접근 방법으로는 마음챙김 기반 인지치료(Mindfulness-Based Cognitive Therapy: 이하 MBCT), 변증법적 행동치료(Dialectical Behavior Therapy: 이하 DBT), 그리고 수용 전념치료(Acceptance and Commitment Therapy: 이하 ACT)가 있고, 이 외에도 다양한 비체계적인 치료법이 있다(Greco & Hayes, 2008). 흥미롭게도, MBSR, MBCT, DBT, 그리고 ACT와 같이 형식화된 MBI 프로그램들이 있음에도 불구하고 임상연구 문헌들을 고찰해 보면, 대부분의 아동 대상 MBI 프로그램(전문 저널의 후속 출판물을 포함하여)은 독특하거나 비표준화된 실시 요강(potocol)을 사용하고 있다(예: Huppert & Johnson, 2010). 비표준화된 MBI 프로그램 구성을 더 면밀하게 살펴보면 공식화된 명상(즉, 호흡, 걷기/움직이기, 그리고 바디스캔 연습), 마음챙김의 핵심 요소에 대한 심리교육(앞에서 제시한 정보와 유사한), 은유 기반 경험 연습(예: "마음을 걷는 데 집중하라." 혹은 "날 듯이 생각하라."; 자세한 내용과 예들은 Twohig, Hayes, & Berlin, 2008 참조) 등을 통해 아동의 마음챙김을 증진하는 핵심적인 연습들로 구성되어 있다. 지금까지 각각의 연습 유형(예: 공식적 명상 대 경험 기반 연습)과 각 유형을 구성하는 특수한 연습(호흡 명상 대 바디스캔 명상)의 상대적 효과성은 밝혀지지 않았다. 그러나 알려진 것처럼, 마음챙김이 아동의 안녕감의 다양한 측면과 긍정적인 관계가 있으며, 긍정적인 효과를 보여 준다는 것은 임상연구들을 통해 결론지을 수 있다.

2. 주요 연구 고찰

1) 아동 대상 핵심 연구

아동에게 미치는 마음챙김의 유익함과 효과는 측정 연구와 임상적/교육적 개입 연구라는 형태로 이루어졌다. 측정 연구는 고전적인 상태—특성 패러다임 범주에서 마음챙김을 개념화하려는 경향을 가진다. 특성적 마음챙김과 다양한 긍정적 · 부정적 심리적 특성과 다른 삶의 결과들(life outcomes)과의 관계를 탐구하는 것이다. 반면에, 임상적/교육적 개입 연구는 마음챙김을 '다른 기술처럼 학습될 수 있는 기술'(Smalley & Winston, 2010, p. 6)로 개념화하고 마음챙김 훈련이 개인적, 관계적, 그리고 교육적 기능을 나타내는 여러 가지 긍정적 · 부정적 지표에 미치는 효과를 탐구하였다. 흥미롭게도 이 2가지 연구 영역은 대부분 거의 교차되는 지점 없이 서로 분리되어 진행되었고, 대부분의 개입 연구는 예외적인 경우(예: Brown, West, Loverich, & Biegel, 2011)를 제외하고, 아동의 특성적 마음챙김 발달에 미치는 마음챙김 개입(MBI)의 효과를 평가하는 데 실패하였다(예: Haydicky, Wiener, Badali, Milligan, & Ducharnme, 2012). 이런 상황이 된 이유에 대한 가장 단순한 설명은 마음챙김의 응용과학에 대한 관심이 현재까지 마음챙김의 기초과학에 대한 관심보다 더 크기 때문으로 보인다. 구인 타당화와 개입 연구 간 양의 차이는 각 영역에서 도출된 결과를 고찰하는 이 장의 후반부에서 더 명료하게 살펴볼 것이다. 이 장의 뒷부분에는 아동 대상의 마음챙김 개입 연구에서 주목받는 내용을 개관할 것이다. 특히 측정 쟁점에 관련된 구인 타당화 연구에 대한 더욱 포괄적인 고찰을 제시하고자 한다.

2) 아동 · 청소년 대상 마음챙김 개입

2010년에 Burke는 최초로, 그리고 지금까지 거의 유일하게 아동 대상으로 실시된 마음챙김 기반 개입에 대하여 포괄적인 분석을 실시하였다. 발표된 연구에서 그녀는 초등학생 대상 연구 6개와 중등학생 대상 8개를 검토하였다. 4개는 학교 장면에서 실시된 연구였고, 다른 연구들은 입원 환자나 지역사회 장면에서 다양하게 이루어진 연구였다. 9개의 연구는 임상적 표집이었고, 5개는 비임상적 표집이었다. 6개의 연구는 사전-사후 집단 간 설계였는데, 4개는 대기 명단이나 치료 의지가 있는 통제집단을 보고하였고, 2개는 다른 비치료적 활동집단을 보고하였다. 앞에서 기술한 것처럼 모든 연구는 마음챙김 개입을 하였지만, 마음챙김을 증진시키기 위해 다른 처치 방법을 사용하였고, 공식적 명상(모든 치료 형태에 포함되는), 심리 교육(많은 치료 형태에 포함되는), 그리고 은유 기반 경험 훈련(몇몇 치료 형태에 포함되는)을 조합하여 구성하였다. Burke의 고찰은 마음챙김 개입이 아동 대상으로 실효성이 있고 수용할 수 있는 치료라는 것을 시사하였다. 그녀의 고찰은 사회적 타당성을 넘어서서, 마음챙김 개입이 믿을 만한 임상적인 교육적 처치로서 효용성이 있음을 제시하였는데, 즉 마음챙김 개입이 아동의 사회적(예: Napoli, Krech, & Holley, 2005), 정서적(예: Lee, Semple, Rosa, & Miller, 2008), 생리적(예: Bootzin & Stevens, 2005), 인지적(예: Bögels, Hoogstad, van

Dun, De Shutter, & Restifo, 2008), 행동적(예: Singh et al., 2007), 그리고 학문적 기능성(예: Beauchemin, Hutchins, & Patterson, 2008)의 다양한 측면에서 긍정적 효과를 나타냄을 밝히고 있다.

Burke(2010)의 최초 고찰이 발표된 이래로, 유사한 처치 방법을 사용하였지만 더 엄격한 평가 방법을 적용한 몇몇 마음챙김 개입 연구가 의학 분야, 지역사회, 그리고 교육 장면에 있는 아동을 대상으로 이루어졌다. 이러한 연구들은 높은 사회적 타당성과 넓은 범위의 임상적 효용성을 나타내면서 마음챙김 개입을 지지하는 많은 증거를 제시하였다. 예를 들어, 학습장애, 혹은 학습장애와 주의집중 과잉행동장애가 동반되거나, 불안장애로 진단된 청소년 집단(n=21) 대상 20주 마음챙김 훈련 프로그램의 효과를 고찰한 최근의 임의 통제집단 연구에서 개입에 대한 부모 평정 결과, 사회적, 외현적, 내현적 증상에서 긍정적 개선이 이루어졌다(Haydicky et al., 2012). 도시 지역의 4, 5학년 아동(n=50)을 대상으로 실시된 12주 마음챙김 개입 효과를 살펴본 최근의 임의 통제집단 연구에서는 개입 집단 학생들이 반추, 침투 사고, 정서적 각성을 포함하는 부정적 대처 경험이 뚜렷하게 감소하였다고 보고되었다(Mendelson et al., 2010). 이뿐만 아니라 이러한 높은 수준(gold-standard)의 연구 이외에도 최근의 보다 자연스러운 상황에서의(즉, 유사 실험 형태의) 탐색은 마음챙김 개입이 취학 아동에게 긍정적인 영향을 주며, 행동 조절, 주의집중, 초인지, 정서적 능력, 주관적 안녕감, 그리고 학업 성취를 촉진시킨다는 것을 보여 주고 있다(예: Flook et al., 2010; Schonert-Reichl & Lawlor, 2010).

3) 부모와 교사 대상 마음챙김 개입

최근 마음챙김 개입의 새로운 흐름은 장애 아동 혹은 비장애 아동의 부모나 교사들의 돌봄과 안녕감의 질에 미치는 마음챙김 훈련의 효과에 대해 탐구하는 것이다. 이러한 일련의 연구 중에서 몇몇 소집단, 임의 통제집단 연구에서 밝혀진 결과에 의하면 마음챙김 개입이 양육자들의 능력, 효율성, 돌보는 아동과의 관계 질이 긍정적으로 증진되었고(Coatsworth, Duncan, Greenberg, & Nix, 2010), 마음챙김, 자기 자비, 개인적 성장이 촉진되어 지각된 스트레스나 부정적 정서 증상이 완화되었으며(Benn, Akiva, Arel, & Roeser, 2012), 실질적으로 일반적인 건강 상태가 개선되는 결과가 나타났다(Ferraioli & Harris, 2012). 앞에서 살펴본 아동 대상 연구 결과에 비추어 볼 때, 양육자 초점 연구 결과는 마음챙김 훈련이 학교 기반 처치나 예방이 믿을 만한 개입이라는 것을 보여 주고 있으며, 아동이나 양육자의 다양한 형태의 심리적 스트레스를 완화시켜 주고, 심리적 안녕감을 증진시켜 줄 수 있을 것으로 보인다. 그럼에도 마음챙김 연구가 아직은 준비 단계라는 점을 고려해서, 미래 개입 분야에 대해 Greenberg와 Harris(2012)가 제시했던 요구 조건을 다시 제시한다. 이는 ① 높은 질적 증거를 제시하도록 설계하고, ② 강력한 발달적 관점을 가정하고, ③ 마음챙김 이론을 더욱 발전시키고, ④ 개입 요소들을 더욱 명료하게 기술하고, ⑤ 처치-반응 효과의 역할을 고찰하는 것이다. 실제적으로 마음챙김 기반 개입이 학교에서 '가장 좋은 실천 방안'이라는 인정을 받기 위해서는 이러한 엄격한 연구가 필요하다.

3. 측정 방법 및 쟁점

1) 특성적 마음챙김 탐구

지금까지 아동 · 청소년용 마음챙김 척도는 특성적(혹은 기질적) 마음챙김을 평정하는 도구로 개념화되었다. 주의집중 알아차림, 수용적 태도, 그리고 의도성으로 이루어진 마음챙김의 공통 핵심 요소 모델을 전제로 마음챙김이란 의식 상태를 지속적으로 경험하는 특성으로 볼 수 있다(Renshaw, 2012; [그림 16-1] 참조). 이런 방식에서는 사람들이 특정한 순간에 마음챙김을 더 많이 또는 더 적게 경험할 수 있다(즉, 상태적 마음챙김)고 여길 뿐 아니라, 일반적으로 개인적 성향에 따라 마음챙김을 더 많이 또는 더 적게 경험할 수 있다(즉, 특성적 마음챙김)고 본다. 상태와 특성의 차이를 측정하는 다른 연구 도구와 마찬가지로 마음챙김 척도도 본래 대학생과 성인 대상으로 개발된 것이다. 최근에 특성적 마음챙김에 대한 연구는 아동 · 청소년을 대상으로 성공적으로 검증되었다. 그러나 상태적 마음챙김에 대한 연구는 아직까지 미흡한 상태이다. 지금까지 청소년용 마음챙김 주의집중 알아차림 척도(Mindfulness Attention Awareness Scale; Brown et al., 2011)와 아동 · 청소년용 마음챙김 척도(Child and Adolescent Mindful Measure; Greco, Baer, & Smith, 2011), 단지 2개의 연구 도구만이 아동 · 청소년의 특성 마음챙김을 평정하기 위해서 개발되었다.

2) 마음챙김 주의집중 알아차림 척도

마음챙김 주의집중 알아차림 척도(Mindful Attention Awareness Scale: 이하 MAAS)는 본래 시간 경과에 따른 성인 개인 내, 개인 간 특성적 마음챙김의 차이를 평정하기 위해서 고안된 것이다(Brown & Ryan, 2003). MAAS의 최초 심리측정 연구에서는 대부분 백인 대학생(17~32세)과 미국 북동부 지역 성인(18~77세)을 표집 대상으로 하여 도구의 신뢰성과 구조적 타당성을 측정하였다. 연구자는 단일 요인 모델이 두 집단 모두 만족스러운 적합도를 보였으며, MAAS 총점은 단일차원의 마음챙김 특성을 보여 준다고 제시하였다. 같은 초기 연구에서 Brown과 Ryan은 변별타당성의 충분한 증거를 보고하면서 특성 마음챙김(MAAS 점수에 나타난 것처럼)은 비록 다른 안녕감(예: 자존감, 긍정적 · 부정적 정서, 자율성, 관계성) 척도와 유의미한 정적 상관을 보이고 있지만 뚜렷이 구분되는 심리적 구인으로서 정당화 검사에서 상당히 다르게 나타났다고 밝히고 있다. 끝으로, 초기 개발 연구에서 Brown과 Ryan(2003)은 MAAS는 강력한 내적 일관성(Cronbach's α=.80～.87)과 양호한 검사-재검사 신뢰도(계층 내 상관=.81)를 보고했다.

Brown과 동료들(2011)은 청소년에게 MAAS를 적용하기 위해서 모든 청소년에게 안면타당도가 부족한 것으로 추론된 문항(즉, "나는 '자율 조종석'에 앉아 비행한 다음 '내가 거기에 왜 갔을까' 의아해할 것이다")을 MAAS에서 제거하고, 나머지 14개 문항을 청소년용 MAAS(MAAS-A)으로 명명했다. 미국 중서부 지역(평균 연령 16.7세)의 주류 백인 학생(89.1%)을 표집으로 MAAS-A 검사를 실시한 결과, 단일 요인 구조를 확인하였으며, 높은 내적 일관성(Cronbach's α=.85～.88)과 수용할 만한 검사-재검사 신뢰도(계층 내 상관=.79)를 지닌 것으로 나타났다. 이 연구 결과는 변별타당도(확산타당도)와 수렴타당도에 관한 근거 또한 제공한다. MAAS-A 총점은 인지된 스트레스, 신경증, 부정적 정서, 약물 남용, 그리고 정신 병리적 증상과 유의미한 부적 상관을 보였고, 수용성, 양심, 긍정적 정서, 삶의 만족, 건강, 행복, 그리고 건강한 자기조절과는 유의미한 정적 상관을 보였다.

Brown과 동료들(2011)의 연구에 이어 Black, Sussman, Johnson, 그리고 Milam(2012)은 최근 국제 청소년 표집을 통해 MAAS의 심리측정적 근거를 확장하였고, 중국 청두의 대규모 청소년(평균 연령 16.2세)을 대상으로 검사를 실시하였다. Brown과 Ryan(2003), 그리고 Brown과 동료들(2011)에 의해 제기된 단일차원 요인 구조를 반복해서 연구한 결과, MAAS는 성별에 따른 차이가 없는 것으로 나타났다. Black과 동료들(2012)도 아동 · 청소년을 대상으로 MAAS의 강한 내적 일관성을 보고했고, 그와 유사한 특질(예: 자기통제, 사회적 자기효능감)에 반하는(against) 특성을 측정하여 변별타당도를 보고했다. 그리고 청소년을 대상으로 간편형 6문항의 타당도를 검증한 결과 단일 요인 구조를 확인했으며, 강력한 신뢰도와 함께 성별에 따른 차이도 전혀 없는 것으로 나타났다. 이 연구의 결과도 변별타당도 및 수렴타당도에 관한 근거를 제시하는데, 간편형 MAAS 점수는 우울, 지각된 스트레스, 공격성, 충동적 행동, 그리고 정신병리적 증상과는 유의미하게 부적 상관을 보였을 뿐 아니라 자기통제와는 유의미한 정적 상관을 보여 주었다.

마지막으로, Hansen, Lundh, Homman, 그리고 Wångby-Lundh(2009)은 스웨덴 청소년(평균 연령 16.2세)을 대상으로 MAAS 검사를 실시하였다. 그들의 분석은 Black과 동료들(2012)의 분석보다 덜 복잡하지만 유사한 신뢰도를 보여 주었다(Cronbach's α=.85). 더욱이 변별타당도 및 수렴타당도에 관한 근거를 나타냈는데, MAAS 총점이 자기혐오 행동과는 유의미한 부적 상관을, 자존감과는 유의미한 정적 상관을 보였다.

아동 · 청소년 마음챙김 척도

Greco와 동료들(2011)에 의해 개발된 아동 · 청소년 마음챙김 척도(Child and Adolescent Mindfulness Measure: CAMM)는 MAAS와는 달리 성인 대상 연구에 채택되지 않거나 일반화되지 않았다. 무엇보다 Greco와 동료들(2011)은 아동 · 청소년의 마음챙김을 측정하는 현재의 도구들이 양적으로 제한되어 있고 너무 복잡하거나 아동 · 청소년들과 관련 없는 언어가 포함되어 있기 때문에 완전히 새로운 아동 · 청소년 중심의 척도가 필요하다고 강조하였다. 단일차원의 특질을 측정하기 위해 의도적으로 개발된 MAAS와 달리 CAMM은 4가지 마음챙김 관련 현상을 확인하는 문항으로 구성되었다. 4가지 현상은 '지금-여기에서의 경험을 관찰하기, 현재의 순간을 알아차리는 행동하기, 판단하지 않고 행동하기, 그리고 지금-여기의 세세한 부분을 기술하기'이다. 처음 개발한 25문항을 전문가에게 검토받은 후에 미국 남부 지역 공립학교 학생(평균 연령 12.6세)을 대상으로 검사를 실시하였다. 문항을 축소하기로 결정한 후 연구자들은 단일차원 마음챙김 모델에 해당하는 통계적으로 가장 적합한 10개의 문항을 추출하였다. 초기의 4요인 가설을 기각하고 MAAS에 의해서 평정되는 단일차원 마음챙김 모델을 다시 지지하는 입장을 견지하였다. 안타깝게도 최초 연구에서의 신뢰도가 전혀 보고되지 않았다. 그러나 변별타당도의 근거가 제시되어 특성 마음챙김(CAMM 점수로 측정됨)이 유사 구인(예: 사회적 기술)과는 다른 고유성을 나타냈다. 변별타당도 및 수렴타당도의 근거도 제시되었는데, CAMM 총점이 자기보고식 신체 불만, 내재화 증상, 외현화 증상, 사고 억제, 심리적 경직성, 교사가 보고한 문제행동과는 유의미하게 부적 상관을 보였고, 자기보고식 삶의 질, 교사가 보고한 학업 능력과는 유의미하게 정적 상관을 보였다.

CAMM과 MAAS의 심리측정적 근거가 분명하지만, 다양한 국내 및 국제적 표집으로 추가적인 검증을 통해 아동·청소년의 특성 마음챙김 척도로서의 효용성을 더욱 타당화해야 한다. 더욱이 CAMM과 MAAS 모두 아동·청소년의 특성 마음챙김을 측정하고자 하지만, 둘 다 마음에 관한 서로 다른 이론적 틀(마음챙김의 다차원적 모델과 단일차원적 모델)을 기반으로 개발되었으므로, 이 두 척도의 수렴타당도를 탐색하는 연구가 더 진행될 필요가 있다. 그러나 두 척도와 연관된 연구에서 얻은 결론을 종합해 볼 때, 마음챙김은 아동·청소년에게 있어 타당하고 긍정적인 심리적 구인으로 개념화될 수 있다. 임상적 근거들은 건강하지 못한 심리적 기능성에 대한 전통적 지표들(예: 내현화 및 외현화 증상)과의 확산적 관계뿐 아니라 심리적 안녕감의 현대적 지표들(예: 삶의 만족과 행복)과의 수렴적 관계도 지지해 준다. 더욱이 이러한 결과는 일부 부정적인 심리적 특성(예: 불안과 우울)이 다른 심리적 어려움(예: 주의집중 결핍/과잉행동장애)과 일반적으로 '공존(comorbid)'하듯이 마음챙김이 아동·청소년의 안녕감을 나타내는 다른 지표들과 일반적으로 '상호활성화(covital)'하는 심리적 기능의 중요한 지표가 될 수 있음을 제시해 준다(Jones, You, & Furlong, 2012 참조).

3) 특성적 마음챙김의 개인적 편차

일반적으로 특성적 마음챙김의 구인뿐만 아니라 아동의 특성적 마음챙김의 척도를 성공적으로 타당화하기 위한 구인타당화 절차의 다음 단계는 시간 경과에 따른 개인 내, 개인 간 성향적 마음챙김의 편차를 탐색하는 것이다. 특성적 마음챙김이 측정할 가치가 있는 의미 있는 심리적 구인이라는 점을 입증하기 위해서 연구자들은 특성적 마음챙김이 개인이나 집단에 따라 각각 다르고 중요한 심리적 그리고/혹은 신체적 결과를 예측할 수 있다는 것을 보여 줄 필요가 있다. 다시 말하면, 연구자들은 '어떤 개인이나 집단이 다른 개인이나 집단보다 특성적 마음챙김을 더 많이 가지고 있으며 이렇게 특성적 마음챙김을 가지고 있다는 것이 중요한 것인가?'와 같은 질문에 대답할 수 있어야 한다. 특성적 마음챙김이 개인에 따라 다르다는 것을 입증하기 위한 1가지 방법은 명확한 성격 특성을 공유하는 개인들로 이루어진 집단의 특성을 기술하는 것이다. 이러한 접근 방법을 이용한 Brown과 Ryan(2003)은 미국에서 현재 명상 훈련을 하고 있는 소집단원들에게 그들의 현재 명상 훈련, 훈련 기간, 매일 훈련을 위해 쓰는 시간에 대해 보고하도록 하였다. 이러한 탐색을 통해 얻은 결과에서 MAAS 점수는 명상 훈련자들의 훈련 기간과 명상 훈련이 매일의 생활에서 일상화되어 있다는 믿음의 강도와 유의미하게 정적 상관이 있음을 보여 주고 있다. 지금까지 이러한 측정 연구가 아동들을 대상으로 이루어지지 않았지만 선발된 아동 집단(예: 어린 불교 신자나 요가 수행자)은 규칙적으로 마음챙김 기반 훈련에 참여하고 있다는 점을 볼 때, 이들의 결과도 분명히 비슷하게 나타날 것이다.

비슷한 신체적 · 정신적 건강 관련 장애에 대해 의학적 처치를 받고 있는 스트레스 요인을 공유하는 개인 표집 대상 연구가 이 패러다임 안에서 주로 이루어지고 있다. 예를 들어, Jedel과 동료들(2012)은 염증성 장질환을 앓는 사람의 특성적 마음챙김에 대해 연구하였는데, 마음챙김은 개인 간에 차이를 보였고, 높은 수준의 특성적 마음챙김을 가지고 있는 사람들은 불안, 우울, 그리고 인지 스트레스에서 유의미하게 낮은 점수를 얻었고 삶의 만족 점수에서 유의미하게 더 높은 점수를 보였다. 앞에서 기술한 접근과 유사하게 이 기법은 아직까지 아동이나 청소년에게 활용되지 않았는데, 왜 그런지에 대한 이유는 없었다. 더욱이나 특성적 마음챙김의 편차를 검증하는 다른 방식은 마음챙김 개입에 참여하는 집단 간에 마음챙김이 어떻게 변화되는지를 입증하는 것이다. 이 연구들은 마음챙김 개입의 참여 대상에 대한 선정이 무선적으로 이루어지고 비교통제집단도 있다면 특히 강력한 증거가 될 것이다. 이러한 접근 방법의 예가 앞에서 기술한 Brown과 동료들(2011)의 연구인데, MAAS-A를 사용한 검사-재검사 분석으로서 마음챙김 개입을 받은 청소년 정신병리 외래 환자의 임의 통제 연구와 연결되어 진행되었다. 이 연구 결과에서 참여치료집단에 배정된 아동은 8주 개입 참여 후에 MAAS-A 점수에서 유의미한 증가를 보여 주었고, 통제집단에 배정된 참가자들에게는 변화가 나타나지 않았다. 다른 청소년 마음챙김 척도 연구에 비추어 볼 때, 이 연구는 더 많은 특성적 마음챙김 개인 편차에 대한 탐색이 필요하다. 그렇지만 예비적 증거들은 청소년 특성적 마음챙김이 교육 장면에서 적용 가능성이 있는 임상적으로 믿을 만한 구인이라는 것을 보여 주고 있다.

4. 가능한 교육적 적용

학교에서 마음챙김 구인을 효과적으로 통합하기 위해서는, 예컨대 공감이라는 구인을 현재 정의하고 아동들에게 적용하는 방식과 유사하게 기술 훈련을 통해 변화를 이끌어 낼 수 있는 긍정적-심리적 특성으로 개념화해야 한다(예: Şahin, 2012). 이러한 방식은 교육자나 학교 기반 정신건강 전문가들이 임상적 기반의 측정 및 개입을 실시하여 긍정적인 심리적 특성들(예: 감사 혹은 희망)을 증진시켰던 사례들과 비슷한 방식으로 학생들의 마음챙김 증진에 기여할 것이다. 지금까지 실시해 온 연구들을 살펴볼 때, 마음챙김은 흥미 있는 결과를 가져오고(학교 전반의 정신건강 모니터링을 통해 평가된 많은 지표 중 하나로서) 전통적인 사회적 기술 훈련 교육과정에 포함된 접근으로 기능하면서 학생들과 학교에 있는 양육자들의 안녕감을 지지해 주는 작지만 보완적인 역할을 인정받고 있다.

1) 학생 지원의 다층적 틀

학교 전체 수준에서 학생들을 돕기 위해, 마음챙김과 마음챙김 개입은 학생 지원의 다층적 틀 안에서 효용성 있게 통합될 수 있다(Renshaw, 2012 참조). 대부분의 임상 연구가 마음챙김 개입을 일반적 또는 특정 수준의 독자적 훈련으로 실행했지만, 특별한 마음챙김 프로토콜에 대한 눈에 띄는 임상적 성과는 보이지 않았다. 그리고 실제 훈련에서 마음챙김 개입은 다른 증명된 처치나 개입 방법(예: 사회적 기술 훈련)과 함께 사용되어야 한다고 제시하고 있다. 이러한 혼합된 개입 접근의 예로 학교 전체의 사회정서학습(Social-Emotional Learning: SEL; Merrell, Gueldner, & Tranh, 2008) 교육과정에 마음챙김 영역을 포함시키는 일을 들 수 있다. 이뿐만 아니라 마음챙김이 아동·청소년의 심리적 안녕감의 다른 지표와 '상호활성화'하는 것을 보여 주는 신뢰할 수 있는 증거들이 있지만, 긍정적-심리적 기능성의 측면보다 더 양호하고 포괄적인 지표라는 것을 보여 주는 증거는 없다. 따라서 학교에서 활용할 때는 특성적 마음챙김이 아동의 다른 정신건강 지표들과 함께 평가되어야 한다. 그러한 통합적인 평가의 예들로 사회정서적 기능성 척도와 통합된 마음챙김 척도를 사용하여 집단 SEL 개입의 진척도 점검을 하거나, 아동의 안녕감을 평가하는 학교 전체 측정 과정 내에 간편 마음챙김 척도를 포함시킬 수도 있다. 마지막으로, 마음챙김 개입이 특수발달장애로 진단받고 특수한 정서적 · 행동적 문제를 보이는 청소년들을 대상으로 밀도 있고 개별화된 치료를 하는 데 유용할 수도 있다는 증거가 있지만(예: Singh et al., 2007), 이 분야의 연구는 아직은 많지 않고 현재 진행 중이다. 실천가들이 개별화된 마음챙김 개입을 주의 깊게 학교 기반 훈련으로 만들어 낼 필요가 있으나, 아직은 마음챙김이 독자적으로 혹은 중요한 치료 기술로 활용되지는 않고 있다.

2) 돌봄 양육자 대상 예방과 개입

학생들을 대상으로 하는 교육적 적용 이상으로 현재의 임상적 증거들을 살펴보면, 마음챙김 구인과 개입이 학교 돌봄 양육자들의 능력, 효과성, 안녕감을 지지하는 데 잠재적 유용성이 있다. 이 연구 영역이 새롭게 진행 중에 있지만, 초기 결과를 보면 부모와 교사에게 제공되는 마음챙김 개입이 아동 · 청소년과 성인 모두에게 긍정적 효과를 나타내 왔다(예: Benn et al., 2012; Coatsworth et al., 2010). Gutkin과 Conoley(1990)는 교육자와 정신건강 전문가들이 학생들을 가장 잘 지원하기 위하여 그들의 주의와 전문가적 전문성을 성인들에게 집중해야만 한다는 점에서 이러한 방식의 간접적 서비스 전달 접근을 "학교심리학의 역설"(p. 212)이라고 명명해 왔다. 서비스 제공자들은 아동을 희생하면서 '가장 우선 그리고 제일 중요하게' 성인에게 초점을 맞추어야만 한다는 주장을 전적으로 받아들이지는 않는다 하더라도 양육자들의 안녕감 증진이 아동의 안녕감을 증진시키는 가장 효과적인 접근이라는 것에는 동의한다. 그래서 학교에서 마음챙김을 활용할 때 부모-자녀 방과 후 활동의 형태나 교직원 발달 훈련의 일부로서 마음챙김 개입을 포함시킬 수 있다. 그러나 지금까지 단지 몇 개의 연구만이 돌봄 양육자 개입에 대한 탐색을 진행하였다. 이를 고려하면, 훈련자들은 학교에서 아동 기능 증진을 목적으로 부모와 교사를 대상으로 하는 개입에 부가적으로 마음챙김 개입을 추가하여 활용할 필요가 있다(예: 행동자문; Erchul & Schulte, 2009).

5. 다양성과 발달적 고려

전통적으로 대부분의 마음챙김 훈련 방법은 성인 집단을 대상으로 개발되어 왔다(예: Stahl & Goldstein, 2010). 그러나 최근에는 더 많은 마음챙김 프로그램 방법이 아동(예: Greenland, 2010)과 청소년(예: Biegel, 2009)을 대상으로 개발되고 있다. 마음챙김 훈련을 아동에게 사회적으로 타당하게 실시하기 위해서, Biegel(2009)과 Greenland(2010)는 발달적으로 적절한 언어(예: 단순하고 기억하기 쉬운 두음문자나 표현을 사용해서)로, 다양한 수업(예: 글쓰기나 직접 교수와 함께 하는 경험적 활동) 방식을 활용하여, 시간과 내용을 다양하게 하여(예: 집단 수행 혹은 개인 상담 회기에 적합하도록), 실제 삶과 아동 친화적 예들을 제시하는(예: 공통되는 학교생활 경험) 훈련 방법들을 개발해 왔다. 또한 아동을 위한 마음챙김 개입의 사회적 타당성과 효용성을 증진하기 위해서 다음과 같은 방법들이 추천되었다.

- 유추나 은유를 자주 활용하기(예: Twohig et al., 2008)
- 마음챙김을 개입 회기, 학교생활, 중요 관심 이상으로 자신의 삶에 적용하는 것을 강조하기(예: 마음챙김 글쓰기 혹은 마음챙김 인터넷 서핑; Thompson & Gauntlett-Gilbert, 2008)
- 사회적 지지를 증진하고 훈련을 유지하기 위해 외부적 동기부여가 제공되는 집단 훈련 형식 사용하기(예: Semple, Lee, & Miller, 2006)
- 마음챙김 행동을 도와주고 마음챙김 훈련을 독려하도록 부모를 모집하고 참여시키기(예: Wagner, Rathus, & Miller, 2006)
- 임상가들이 개인 마음챙김 훈련을 개발하고, 그들이 기법을 전달할 수 있게 하고, 더 유창하고 진실한 태도로 아동을 훈련하는 동안 만나게 되는 장애물을 미리 알려 주기(Thompson & Gauntlett-Gilbert, 2008)

특수 집단에 적용하기

일반적인 대상과는 달리 마음챙김 적용이 때때로 특수한 문화적 배경을 가지고 있거나 특수한 문제를 가진 특수 아동 집단에 적용될 필요가 있다. 예를 들어, 마음챙김이 고대 동방 불교 전통에 기원하고 있다는 점을 고려하면, 다양한 배경을 가진 아동이나 양육자(예: 사립 기독교 학교에 다니는 학생이나 가르치는 교사)들은 마음챙김 훈련에 내재된 종교적 의식을 경계하거나 불편함을 호소할 수도 있다. 이 상황을 민감하게 대처하기 위해 마음챙김이 고대의 종교적 개념에서 현대적이고 세속화된 응용 심리적 구인으로 성인에게도 임상적 유용성이 입증되고, 아동에게는 교육적으로 유용성이 약속되었다는 마음챙김의 역사적 발달 과정에 대한 정보를 제공하는 것이 필요하다. 더욱이나 몇몇 아동 집단은 마음챙김 훈련에 참여하거나 마음챙김 기술을 습득하는 데 어려움을 초래하는 다양한 장애 상황을 가지고 있다. 예를 들어, 이미 주의집중 통제나 정서 조절의 어려움을 가지고 있는 학생들은 그런 장애가 없는 학생에 비해 마음챙김 훈련이 더 힘들고 좌절을 불러올 수도 있다. 그러한 장애 조건의 본질이나 범위가 광범위하다면, 학교에서 마음챙김이나 마음챙김 개입을 활용하는 훈련가들은 학생이나 양육자로부터 아동에 대한 직접적인 피드백을 받아서 효과적인 행동 변화를 일으키는 핵심적인 요소(즉, 단순한 절차 단계, 지지적 환경, 개인적 동기부여, 그리고 반복)를 증진시키는 데 초점을 맞춘다면 치료적 교착 상태를 해결할 수 있을 것이다(Strayhorn, 2002 참조). 마지막으로, 마음챙김 증진에서 제일 먼저 맞닥뜨리게 되는 어려움은 주의집중 알아차림이나 수용적 태도를 의도적으로 증진하게 함으로써 어려움을 극복해 특수 요구 집단에 마음챙김 개입도 적용할 수 있을 것이다(예: 행동 충동성 또는 정서적 고통).

6. 결론

이 장에서는 마음챙김에 대한 고대의 심리적 구인에 대해 현대적 개관을 제시하였다. 이론적이고 임상적인 기반을 논의하였고, 관련 개입 기법, 현존하는 척도의 쟁점, 가능한 교육적 적용, 그리고 학교 기반 훈련에서 몇 가지 특수한 고려사항에 대해 논의하였다. 이 모든 것을 감안하면 앞부분에서 표현한 몇 가지 핵심 정서를 다시 반복하는 것으로 결론을 맺을 수 있다. 학교에서 마음챙김을 활용하는 데 관심이 있는 연구자나 실천가들의 마음에 감동을 주는 것이 특히 중요하다. 먼저, 이론적 · 임상적 증거들은 아동의 성장 및 안녕과 관련된 다른 지표와 맥을 같이하는 긍정적-심리적 특성 마음챙김을 개념화할 수 있음을 보여 주고 있다. 두 번째, 마음챙김 기반 개입은 아동이나 양육자 모두에게 다양한 측면의 안녕감을 증진시켜 줄 수 있다는 것이다. 다음으로, 마음챙김 개입은 보완적이고 보충적인 요소로서 다층적 학생 지지 체제에 통합될 수 있다. 마지막으로, 앞의 3가지 결론을 종합해 본다면, 마음챙김은 학생들의 안녕감을 위하여 적극적으로 증진시켜야 하는 긍정적-심리적 특성이라는 것이다.

참고문헌

Black, D. S., Sussman, S., Johnson, C. A., & Milam, J. (2012). Trait mindfulness helps shield decision-making from translating into health-risk behavior. *Journal of Adolescent Health, 51,* 588-592. doi:10.1016/j.jadohealth.2012.03.011

Beauchemin, J., Hutchins, T. L., & Patterson, F. (2008). Mindfulness meditation may lessen anxiety, promote social skills, and improve academic performance among adolescents with learning difficulties. *Complementary Health Practice Review, 13,* 34-45. doi:10.1177/1533210107311624

Benn, R., Akiva, T., Arel, S., & Roeser, R. W. (2012). Mindfulness training effects for parents and educators of children with special needs. *Developmental Psychology, 48,* 1476-1487. doi:10.1037/a0027537

Biegel, G. M. (2009). *The stress reduction workbook for teens.* Oakland, CA: New Harbinger.

Bögels, S., Hoogstad, B., van Dun, L., De Shutter, S., & Restifo, K. (2008). Mindfulness training for adolescents with externalising disorders and their parents. *Behavioural and Cognitive Psychotherapy, 36,* 193-209. doi:10.1017/S1352465808004190

Bootzin, R. R., & Stevens, S. J. (2005). Adolescents, substance abuse, and the treatment of insomnia and daytime sleepiness. *Clinical Psychology Review, 25,* 629-644. doi:10.1016/j.cpr.2005.04.007

Brown, K. W., & Ryan, R. M. (2003). The benefits of being present: Mindfulness and its role in psychological well-being. *Journal of Personality and Social Psychology, 84,* 822-848. doi:10.1037/0022-3514.84.4.822

Brown, K. W., Ryan, R. M., & Creswell, J. D. (2007). Mindfulness: Theoretical foundations and evidence for its salutary effects. *Psychological Inquiry, 18,* 211-237. doi:10.1080/10478400701598298

Brown, K. W., West, A. M., Loverich, T. M., & Biegel, G. M. (2011). Assessing adolescent mindfulness: Validation of an adapted Mindful Attention Awareness

Scale in adolescent normative and psychiatric populations. *Psychological Assessment, 23,* 1023–1033. doi:10.1037/a0021338

Burke, C. A. (2010). Mindfulness-based approaches with children and adolescents. *Journal of Child and Family Studies, 19,* 133–144. doi:10.1007/s10826-009-9282-x

Coatsworth, J. D., Duncan, L. G., Greenberg, M. T., & Nix, R. L. (2010). Changing parents' mindfulness, child management skills and relationships quality with their youth: Results from a randomized pilot intervention. *Journal of Child and Family Studies, 19,* 203–217. doi:10.1007/s10826-00909304-8

Erchul, W. P., & Schulte, A. C. (2009). Behavioral consultation. In A. Akin-Little, S. G. Little, M. A. Bray, & T. J. Kehle (Eds.), *Behavioral interventions in schools: Evidence-based positive strategies* (pp. 13–26). Washington, DC: American Psychological Association.

Ferraioli, S. J., & Harris, S. L. (2012). Comparative effects of mindfulness and skills-based parent training programs for parents of children with autism: Feasibility and preliminary outcome data. *Mindfulness.* Advanced online publication. doi:10.1007/s12671-012-0099-0

Flook, L., Smalley, S. L., Kitil, M. J., Galla, B. M., Greenland, K. S., Locke, J., . . . Kasari, C. (2010). Effects of mindful awareness practices on executive functions in elementary school children. *Journal of Applied School Psychology, 26,* 70–95. doi:10.1080/15377900903379125

Greco, L. A., Baer, R. A., & Smith, G. T. (2011). Assessing mindfulness in children and adolescents: Development and validation of the Child and Adolescent Mindfulness Measure (CAMM). *Psychology Assessment, 23,* 606–614. doi:10.1037/a0022819

Greco, L. A., & Hayes, S. C. (Eds.). (2008). *Acceptance and mindfulness treatments for children and adolescents.* Oakland, CA: New Harbinger.

Greenberg, M. T., & Harris, A. R. (2012). Nurturing mindfulness in children and youth: Current state of research. *Child Development Perspectives, 6,* 161–166.

Greenland, S. K. (2010). *The mindful child.* New York, NY: Free Press.

Gutkin, T. B., & Conoley, J. C. (1990). Reconceptualizing school psychology from a service delivery perspective: Implications for practice, training, and research.

Journal of School Psychology, 28, 203–223.

Hansen, E., Lundh, L., Homman, A., & Wångby-Lundh, M. (2009). Measuring mindfulness: Pilot studies with the Swedish versions of the Mindful Attention Awareness Scale and the Kentucky Inventory of Mindfulness Skills. *Cognitive Behaviour Therapy, 38,* 2–15. doi:10.1080/16506070802383230

Haydicky, J., Wiener, J., Badali, P., Milligan, K., & Ducharme, J. M. (2012). Evaluation of a mindfulness-based intervention for adolescents with learning disabilities and co-occurring ADHD and anxiety. *Mindfulness, 3,* 151–164. doi:10.1007/s12671-012-0089-2

Huppert, F. A., & Johnson, D. M. (2010). A controlled trial of mindfulness training in schools: The importance of practice for an impact on well-being. *Journal of Positive Psychology, 5,* 264–274. doi:10.1080/1743976100379418

Jedel, S., Merriman, P., Hoffman, A., Swanson, B., Fogg, L., & Keshavarzian, A. (2012). Relationship of mindfulness, quality of life, and psychiatric symptoms among patients with ulcerative colitis. *Mindfulness.* Advanced online publication. doi:10.1007/s12671-012-0128-z

Jones, C. N., You, S., & Furlong, M. J. (2012). A preliminary examination of covitality as integrated well-being in college students. *Social Indicators Research, 9,* 1–16. doi:10.1007/s11205-012-0017-9

Kabat-Zinn, J. (1990). *Full catastrophe living.* New York, NY: Bantam.

Kabat-Zinn, J. (1994). *Wherever you go, there you are.* New York, NY: Hyperion.

Lee, L., Semple, R. J., Rosa, D., & Miller, L. (2008). Mindfulness-based cognitive therapy for children: Results of a pilot study. *Journal of Cognitive Psychotherapy, 22,* 15–28. doi:10.1891/0889.8391.22.1.15

Mendelson, T., Greenberg, M. T., Dariotis, J. K., Gould, L. F., Rhoades, B. L., & Leaf, P. J. (2010). Feasibility and preliminary outcomes of a school-based mindfulness intervention for urban youth. *Journal of Abnormal Child Psychology, 38,* 985–994. doi:10.1007/s10802-010-9418-x

Merrell, K. W., Gueldner, B. A., & Tran, O. K. (2008). Social and emotional learning: A school-wide approach to intervention for socialization, friendship problems, and more. In B. Doll & J. A. Cummings (Eds.), *Transforming school mental-health services* (pp. 165–185). Thousand Oaks, CA: Corwin.

Napoli, M., Krech, P. R., & Holley, L. C. (2005). Mindfulness training for elementary school students: The Attention Academy. *Journal of Applied School Psychology, 21,* 99–109. doi:10.1300/J008v21n01_05

Renshaw, T. L. (2012). Mindfulness-based practices for crisis prevention and intervention. In S. E. Brock & S. R. Jimerson (Eds.), *Handbook of school crisis prevention and intervention* (2nd ed., pp. 401–422). Bethesda, MA: National Association of School Psychologists.

Şahin, M. (2012). An investigation into the efficiency of empathy training program on preventing bullying in primary schools. *Children and Youth Services Review, 34,* 1325–1330. doi:10.1016/j.childyouth.2012.03.013

Schonert-Reichl, K. A., & Lawlor, M. S. (2012). The effects of a mindfulness-based education program on pre- and early adolescents' well-being and social and emotional competence. *Mindfulness, 1,* 137–151. doi:10.1007/s12671-010-0011-8

Semple, R. J., Lee, J., & Miller, L. F. (2006). Mindfulness-based cognitive therapy for children. In R. A. Baer (Ed.), *Mindfulness-based treatment approaches* (pp. 143–166). Oxford, UK: Elsevier.

Siegel, D. J. (2007). *The mindful brain.* New York, NY: Norton.

Singh, N. N., Lancioni, G. E., Singh Joy, S. D., Winton, A. S. W., Sabaawi, M., Wahler, R. G., & Singh, J. (2007). Adolescents with conduct disorder can be mindful of their aggressive behavior. *Journal of Emotional and Behavioral Disorders, 15,* 56–63. doi:10.1177/10634266070150010601

Smalley, S. L., & Winston, D. (2010). *Fully present.* Philadelphia, PA: De Capo.

Stahl, B., & Goldstein, E. (2010). *A mindfulness-based stress reduction workbook.* Oakland, CA: New Harbinger.

Strayhorn, J. M. (2002). Self-control: Toward systematic training programs. *Journal of American Academy of Child and Adolescent Psychiatry, 41,* 17–27.

Thompson, M., & Gauntlett-Gilbert, J. (2008). Mindfulness with children and adolescents: Effectives clinical application. *Clinical Child Psychology and Psychiatry, 13,* 395–407. doi:10.1177/1359104508090603

Twohig, M. P., Hayes, S. C., & Berlin, K. S. (2008). Acceptance and commitment therapy for childhood externalizing disorders. In L. A. Greco & S. C. Hayes

(Eds.), *Acceptance and mindfulness treatments for children and adolescents* (pp. 163-186). Oakland, CA: New Harbinger.

Wagner, E. E., Rathus, J. H., & Miller, A. L. (2006). Mindfulness in dialectical behavior therapy (DBT) for adolescents. In R. A. Baer (Ed.), *Mindfulness-based treatment approaches* (pp. 143-166). Oxford, UK: Elsevier.

요약: 마음챙김 증진

- 마음챙김은 주의집중 알아차림, 수용적 태도, 그리고 의도성의 3개의 핵심 요소로 구성되어 있다.
- 현재 이 순간의 경험을 기꺼이 받아들이는 것뿐 아니라, 그 경험과 친밀해지는 것이 마음챙김을 기반으로 하는 변화의 2가지 주요한 메커니즘이다.
- 마음챙김 기반 개입은 공식적인 명상(호흡, 바디스캔, 걷기/움직이기), 마음챙김에 대한 심리 교육, 그리고 은유를 기반으로 하는 경험 훈련을 조합으로 구성된 처치 프로그램이다.
- 개입 연구는 마음챙김 기반이 아동 · 청소년의 사회적, 정서적, 인지적, 심리적, 행동적, 그리고 학문적 안녕감에 긍정적 효과를 나타내고 있으며, 부모와 교사들의 능력, 효율성, 심리적 안녕감과 건강에도 긍정적 효과를 주고 있다.
- 성인의 마음챙김은 상태나 특성 구인으로 측정되어 왔으나, 아동 · 청소년에 대한 현재의 연구는 청소년의 특성적 마음챙김을 측정하는 것에만 초점을 맞추면서 심리적 안녕감의 다른 지표들과 공통적으로 '상호활성화되어' 있다는 점을 부각시키고 있다. 미래의 측정 연구는 전체 집단이나 하위 집단에서 나타나는 아동 · 청소년의 특성적 마음챙김의 다양한 차이를 평가하는 데 초점을 맞추어야 한다.
- 마음챙김의 가능한 교육적 적용은 마음챙김 측정과 마음챙김 개입을 다층적 학생 지원 체계의 틀 안에서 통합하는 것뿐 아니라, 양육자의 예방과 개입 노력도 함께 진행하게 할 수 있을 것이다.
- 학교에서 마음챙김을 활용하는 실천가들에 대한 특별한 고려사항으로는 성인 대상으로 설계된 마음챙김 개입이 아동 · 청소년들에게도 사회적으로 타당하고

발달적으로 적절한 조절이 이루어지고, 마음챙김에 대해 일어날 수 있는 문화적 저항에 대해서도 적절하게 대처하며, 마음챙김 개입 프로그램에 학생들이 참여하지 못하게 하는 곤란한 상황들을 극복할 수 있는 방안을 모색하는 것이다.

• 마음챙김은 학생들이 자신의 안녕감을 증진시킬 수 있도록 스스로 배양시킬 수 있는 긍정적인 심리적 특성이다.

마음챙김 증진 추천자료

Biegel, G. M. (2009). *The stress reduction workbook for teens*. Oakland, CA: New Harbinger.

청소년에게 마음챙김 개념을 소개하고, 마음챙김과 정신건강의 연관성을 찾아보고, 그리고 마음챙김 기반 스트레스 감소 기술을 가르치는 37개의 교수 자료와 활동으로 구성되어 있는 워크북이다.

Greenland, S. K. (2010). *The mindful child*. New York, NY: Free Press.

미취학 아동, 초등학교 저학년 학생, 부모-자녀 쌍을 대상으로 하는 마음챙김 기반 개입 프로그램을 조정하고 시행해 본 실천가들의 경험을 일화적으로 기록한 내용을 담고 있다.

Schoeberlein, D. (2009). *Mindful teaching and teaching mindfulness*. Somerville, MA: Wisdom Publications.

교실에서 실시할 수 있는 교사 친화적인 마음챙김 기반 훈련들을 모아 놓은 것으로서 유치원과 초·중등 학교에서 적용할 수 있는 마음챙김 관련 내용을 소개하고 있다.

Siegel, D. J. (2007). *The mindful brain*. New York, NY: Norton.

마음챙김 기반 개입 프로그램의 기초가 되는 활동 메커니즘을 이해하는 데 있어서 신경과학의 역할에 초점을 맞춘 현대의 마음챙김 연구와 이론을 고찰하고 있다.

Smalley, S. L., & Winston, D. (2000). *Fully present*. Philadelphia, PA: De Capo.
유도 마음챙김 명상에 대한 실제적인 예와 대본을 포함하는 유아기에서 성인기까지의 마음챙김과 마음챙김 기반 개입 프로그램 분야를 현시점에서 개관하고 있다.

제17장
또래관계와 긍정적 학교 적응

1. 서론

또래관계는 아동·청소년기의 가장 중요한 문제이다. 특히 정체성이 발달하는 청소년기의 또래관계는 우정과 즐거움을 가져오고, 문제해결능력의 향상과 자기정체성 확인을 촉진하며, 정서적 지지를 제공한다. 또한 긍정적인 또래 상호작용은 협력적, 친사회적, 비공격적 행동의 기반이 되는 공감 기술과 조망수용능력을 길러 준다. 긍정적 또래관계와 학업 관련 성취 간의 정적 상관관계 역시 무수히 관찰되고 입증되어 왔다(Wentzel, 2005).

또래관계와 사회적, 학업적, 적응적 기능 간의 연관성을 고려해 볼 때, 이 장의 핵심 질문은 다음과 같다.

'그렇다면 또래 관련 활동들이 어떻게 사회적·학업적 능력을 길러 주는가?'

이를 알아보기 위해, 첫째, 우리는 또래관계, 또래활동과 학교 내 긍정적 성과들(행동조절능력, 학업 수행 등) 간의 연관성에 관한 연구들을 살펴볼 것이다. 그다음, 우리는 왜 이 연관성이 존재하는지에 대한 이유와 메커니즘에 대해 논의해 볼 것이다. 또한 학생의 또래관계가 어떻게 학업 성취에 긍정적 영향을 끼치는지를 이해할 수 있도록 도와주는 사회적 능력을 살펴볼 것이다.

우리의 논의에 대한 이해를 촉진하기 위해 생태학적 접근을 사용할 것이다. 생태학적 접근에서는 학교 관련 능력을 교실 환경의 영향과 학생의 목표설정이 반영된 맥락적 결과로 여긴다. 또래가 교실 목표와 학생의 목표달성에 어떻게 도움을 주는지에 대한 연구도 검토할 것이다. 그리고 교실, 학교 환경이 또래관계 발달에 도움을 줄 수 있는 방법에 대해 논의하고, 앞으로의 연구 방향을 제안하며 이 장을 마치려 한다.

2. 또래활동과 학교 관련 능력

그동안 학교 내 또래 관련 연구들은 전형적인 2가지 방법으로 실시되었다. 첫째는 관계적 맥락(예: 더 큰 또래집단 내 또래수용성의 정도, 특정 또래집단의 회원 수, 우정의 역동; Juvonen, Espinoza, & Knifsend, 2012; Ladd, Herald-Brown, & Kochel, 2009; Ryan & Ladd, 2012; Wentzel, 2009 참조)에 관한 연구이다. 둘째는 학습 상황과 관련된 학생 간 조직된 상호작용(예: 협력, 협동 학습; Wentzel & Watkins, 2011의 연구 참고)에 관한 연구이다. 각 방향의 또래관계 연구와 상관연구들이 앞으로 소개될 것이다.

1) 또래수용성과 사회측정적 지위

또래수용성과 또래 사회측정적 지위[1)]는 학생의 학업 동기, 학업 수행과 관련이 있다. 또래수용성, 사회측정적 지위 변인들은 전형적으로 또래집단 내 학생의 상대적인 지위와 평판을 기초로 형성된다. 이 점수는 잘 수용됨(well accepted)과 거부됨(rejected)이 양 끝을 이루는 사회적 선호도의 연속선상에서 평가된다(예: "이 친구를 얼마나 좋아하나요?"). 혹은 사회측정적 지위 집단으로 평가한다(인기 있는 지위, 거부되는 지위, 도외시되는 지위, 말썽 많은 지위, 평균적 지위; Asher & Dodge, 1986 참조).

많은 연구에서 사회측정적으로 인기 있는 아동(또래에게 '매우 좋아함'을 많이 받고 '싫어함'을 받지 않은 학생)은 학업적으로 능숙한 것으로 나타났다. 반면, 사회측정적으로 거부되는 아이(또래에게 '매우 좋아함'으로 지목받지 못하고 '싫어함'으로 평가를 많이 받은 학생)들은 학업적 어려움을 겪는 것으로 나타났다. 사회적 선호도 점수와 관련된 연구에서도 매우 비슷한 결과를 얻을 수 있었다(Cillessen & van den Berg, 2012; Wentzel, 2005 참조). 비록 또래수용성이 표준화 검사, IQ 검사 점수와 정적 상관을 가지고 있다 하더라도, 학교 성적과 관련된 이와 같은 연구들 대부분이 일관된 결과를 보였다는 것은 의미있는 일이다. 이 발견은 초등학교 나이의 아동, 청소년에게 두드러지게 나타났다. 그리고 종단연구에서도 또래수용성과 학업 성취 간의 안정된 연관성이 발견되었다. 또한 사회측정적 지위와 또래수용성은 배우고자 하는 목표 추구를 포함한 학업 동기, 학교 내 흥미도, 지각된 학업 능력과 정적 상관을 보였다.

또한 확장된 연구에서 또래수용성과 사회적 행동과의 연관성이 입증되었다. 일반적으로 평균적 또래지위를 가진 학생보다 인기 학생이 더 친사회적

1) 사회측정적 지위(sociometric status): 또래집단에서 집단원들이 서로 좋아하는지 싫어하는지를 평가해 그 집단 내의 지위를 측정하는 방법—역자 주

이고, 사람들과 어울리기 좋아하며, 덜 공격적인 경향이 있다. 그리고 거부되는 학생은 덜 순응적이고, 자신감이 낮으며, 어울리기를 좋아하지 않고, 더 공격적이며, 고립적이었다(Asher & McDonald, 2009; Card & Little, 2006). 중학교에서 또래지위는 친사회적 행동 추구(돕기, 나누기, 협력하기)와 사회적 책임감(규칙 지키기, 헌신하기)와 관련이 있다(Wentzel, 2005).

2) 또래무리, 또래집단

특정 또래무리, 또래집단(peer crowds and groups)들은 청소년을 대상으로 가장 빈번히 연구되어 온 주제이다(Brown, 1989, Brown & Dietz, 2009). 전형적 또래무리 속에는 친사회적 행동, 학업 우수 같은 긍정적인 행동과 특성을 갖는 동시에 비행 행동을 보이는 '인기인들(populars)'이 있다. 그리고 운동을 잘하는 동시에 상대적으로 술을 잘 마시는 '운동인들(jocks)'도 있다. 상대적으로 소외되는 집단인 소외인들(예: 약물 중독자, druggies)은 낮은 학업 성적, 비행 행동, 불법 행동으로 특징지어진다. 일반인들(normals)은 비행 행동을 잘 하지 않는 평균적 학생들이다. 또래집단 연구는 대부분 관찰에 근거한 기술적인 연구였다. 이 연구들은 청소년 또래들이 공유하는 독특한 가치를 확인했다. 사회측정적으로 인기 있는 학생은 전형적인 긍정적 단어들로 특징지어지는 반면, 인기인(populars) 무리는 종종 '지배적, 권력지향적, 배타적'과 같은 부정적 용어들로 기술된다(Brown, 2011).

청소년의 기능에 또래집단이 주는 영향은 민족지학적(ethnographic) 연구[2]에서 밝혀졌다. 이 연구는 또래집단이 어떻게 학생의 정체성, 자기개념, 현재 진행 중인 사회적 상호작용에 영향을 끼치는지 기술했다(Brown & Ditez, 2009). 또래집단들은 남들과 다른 생활양식을 추구하고 이를 통해 자기 정체

2) 민족지학적 연구: 문화 기술지 연구로 특정 집단의 문화적 행위를 이해하기 위해 생활 현장에서 자료를 조사, 수집, 기록하고 분석하는 연구 방법—역자 주

성을 확인하려는 학생들에게 다양한 정체성의 모델(prototypical examples of identities)을 제공한다. 또한 또래집단은 학생들의 학업 성취에 관한 태도에 영향을 준다. 어느 또래집단에 소속되어 있느냐에 따라 구성원들에게 주는 학업 활동 참여에 대한 압력이 달라진다. '운동인들'과 '인기인들' 무리는 구성원들에게 학업에 참여해야 한다는 압력을 다른 집단보다 현저히 많이 행사한다.

또래집단에 기반을 둔 우정을 통계적 과정을 통해 조사하는 연구자들은 집단 소속과 학업 동기, 수행 간의 연관성을 발견했다(Kindermann & Gest, 2009; Kindermann & Skinner, 2012). 예를 들어, 초등학교 학령기 학생들은 학교에 대한 동기적 경향성이 비슷한 또래집단을 선택하려는 경향이 있다. 학년이 올라가며 이 경향성은 더 강해지고, 또래집단 내에서 서로에 대한 유사성이 더욱 강해진다. 우정을 기반으로 한 중학교 또래집단들 또한 학년 전반에 걸친 구성원의 학업 성취 변화와 관계가 있다(Wentzel, 2009 참조).

3) 우정

또래관계는 크게 '친구를 갖는 것'과 '또래집단에 속하는 것'이라는 2가지 우정의 관점에서 연구되었다. 이 연구에서 학생들은 학교에서 가장 친한 친구를 지명했다. 이때 친구들이 상호 간 선택되었는지, 가장 친한 친구 무리인지 확인하였다. 그 결과, 친구들을 갖는 것과 더 큰 또래집단에 포함되는 것 사이에 차이점이 발견되었다. 가장 주요한 차이점을 살펴보면, 우정은 상대적으로 개인적이고 독특한 기준에 근거하여 형성된 사적이고 평등한 관계이다. 반면, 또래집단은 공식적으로 알려져 있으며, 그래서 쉽게 확인이 가능하고, 집단의 특징에 의해 평가되는 예측 가능한 특성을 지닌다. 게다가 우정은 아동 · 청소년의 전 연령에서 발견되는 양상인 반면, 또래집단은 중학교 때 발생해 고등학교 초기에 절정을 이루었다가 고등학교 후반으로 갈수록 점차 감소한다(Brown, 1989).

학교에서 친구를 갖는다는 것은 학교 내 다양한 긍정적 성과와 관련이 있다. 친구와 함께하는 아이들은 그렇지 못한 아이들보다 좀 더 협력적이고, 사회적이며, 자신감을 가지고 있다. 상호호혜적인 우정을 가진 아이들은 그렇지 못한 아이들보다 더 독립적이고, 정서적 지지를 받으며, 이타적이고, 친사회적이며, 덜 공격적이다(Newcomb & Bagwell, 1995). 게다가 학생 주변 친구들의 행동적 특징들은 학생의 친사회적 행동과 관계가 있다(Barry & Wentzel, 2006; Wentzel, Barry, & Caldwell, 2004).

친구를 갖는다는 것은 성적 및 시험 점수와도 긍정적 연관이 있다(Jones, Audley-Piotrowski, & Kiefer, 2012; Wentzel & Caldwell, 1997; Wentzel et al., 2004). 그리고 학교 관련 활동에 있어 동기와 참여의 측면에서 정적 연관성을 가진다(Kindermann & Skinner, 2012; Wentzel, 2005). 이러한 관점에서 친구와 함께 유치원에 들어간 아이들과 빠르게 친구를 사귄 아이들은 그렇지 못한 아이들보다 더 사회적이고 학업 적응이 뛰어난 것으로 나타난다(예: Ladd, 1990). 초등학생에서 중학생으로 진급하는 전환기 학생들에게서도 비슷한 결과가 나타났다(Molloy, Gest, & Rulison, 2011; Wentzel et al., 2004). 청소년기 동안 친구들은 함께 공부하고 대학 진학 계획을 세우는 과정들을 통해 학생의 학업 참여를 지원한다(예: Alvarado, Elias, & Turley, 2012; Epstein, 1983).

4) 협동적이고 협력적인 상호작용

협동적이고 협력적인 학습 구조 안에서 또래 상호작용을 살핀 다양한 연구가 있다. 유치원생부터 고등학생에 이르기까지 다양한 대상으로 실시된 많은 실험연구는 또래 간 활발한 토론, 문제해결, 정교한 피드백이 여러 선행적 인지능력(예: 문제해결, 개념적 이해)과 연관성이 있음을 입증했다(Gauvain & Perez, 2007). 단순히 아는 사람과의 협동보다는 친구와의 협동이 더 큰 인지적인 발전을 예측한다는 사실은 무척 흥미롭다. 아마 친구들은 더 잘 확립된 상호작용 패턴을 가지고 있고, 서로의 흥미와 욕구에 더 민감하며, 상대적으로 더 긍정적인 상호작용을 하기 때문일 것이다(예: Fonzi, Schneider, Tani, & Tomada, 1997; Swenson & Strough, 2008). 반면, 학급 개입 연구 결과는 분명하지 않다. 이와 같은 연구들을 검토한 결과, 비주류 학생으로, 도시에 거주하고, 어리며, 동성 친구와 짝지어 상호작용하는 것이 학업 성과에 가장(비록 보통 수준의 효과이지만) 기여한다는 사실이 드러났다(예: Rohrbeck, Ginsburg-Block, Fantuzzo, & Miller, 2003).

사회적 · 학업적 성과에 대한 협동 학습(다시 말해, 더 큰 집단에서 동료들과 과제하기)의 효과는 일반적으로 긍정적으로 보고된다(Slavin, 2011; Slavin, Hurley, & Chamberlain, 2003). 유사한 실험연구 결과에서 가장 성공적인 협동 학습 활동을 위해서는 집단 구성원 사이의 긍정적인 상호 의존성, 개별 구성원의 책임감, 학생 간 면대면 상호작용, 과제 해결에 필수적인 사회적 기술의 학습이 필요함이 밝혀졌다. 개별 집단 구성원들이 자발적으로 자신의 성장에 책임을 지면서 동시에 각 학생들이 집단의 목표를 위해 함께 작업할 때 학업 성취와 인지적 성과에서 긍정적 효과가 나타났다. 이와 더불어 내적 동기의 상승, 학교에 대한 긍정적 태도 증가, 인내심 증가, 자기효능감 증가, 자기존중감 상승 또한 보고되었다. 끝으로, 여러 능력 수준, 인종, 민족, 친사회적 행동 빈도에 따른 긍정적 집단 관계는 협동 학습 전략들과 일관된 연관성을 지닌다. 그러나 집단 구성원의 능력, 인종, 민족, 사회경제적 수준이 다를 때 인지적 학습에서 대체로 성공적이지 못했다(Cohen, 1986).

5) 또래활동 요약

또래관계, 또래 상호작용에 대한 논문들은 또래 관련 활동이 학교에서 다양한 사회 능력, 학업 능력, 친사회적인 행동 출현 빈도(예: 도움 주기, 나누기,

돌봐 주기)를 예측한다는 증거를 제공했다. 또한 상대적으로 적은 반사회적 행동 및 수업 방해 행동, 어느 정도의 학업 성공을 예측한다는 강하고 확실한 증거들을 제공했다. 이 특성들은 청소년 또래집단에서도 지지되었다(비록 예측력이 낮았지만). 협동적이고 협력적인 상호작용 또한 앞의 사회적 · 학업적 성과들과 관련이 있는 것으로 나타났다.

앞서 소개된 대부분의 연구에서 보이는 증거들은 상관연구의 결과이기 때문에 강한 인과적 추론을 이끌어 내기에는 부족하다. 또한 실험연구들은 통제가 완전하지 못한 경우가 많았다. 그러므로 긍정적인 사회적 · 학업적 성과가 긍정적인 또래 상호작용으로부터 직접적으로 습득한 사회적 기술 습득, 인지 학습의 결과로 나타나는지 확실치 않다. 혹은 긍정적인 사회적 · 학업적 성과가 긍정적 또래관계가 갖는 동기적, 사회적, 행동적 이점에서 비롯된 것인지 확실치 않다. 실제로 집단 내 또래 상호작용의 복잡한 사회적 · 동기적 측면을 설명하려고 할 때 협동 학습 형태에서 인지적 습득으로 이어지는 경로는 거의 규명되지 않았다. 그러나 어느 경우이든, 또래가 긍정적인 사회적 · 학업적 능력을 개발하는 데 강력한 영향력을 발휘한다는 가정은 어느 정도 합리적일 것이다. 다음 절에서는 이와 같은 영향이 왜, 어떻게 발생하는지에 대해 다각도로 이루어진 논의들을 살펴볼 것이다.

3. 이론적 관점

어떻게, 왜 학생들의 또래관계가 학교 관련 성취들과 긍정적 관계를 가질까? 전통적 이론들은 긍정적 또래 상호작용이 인지적 · 사회적 기능에 직접적으로 기여한다는 주장에 주목한다. 예를 들어, Piaget(예: 1965)는 상호적인 토론, 조망수용, 또래와의 다툼 해결의 경험은 문제해결을 위한 새롭고 더 복잡한 인지적 접근에 적응하도록 동기화한다고 주장했다. Piaget에 의하면,

발달이란 상대적으로 동일 나이의 동등한 또래관계에 의존한다. 동일 나이의 또래관계는 본질적으로 다툼이 있지만, 그 다툼을 상호호혜적으로 해결하는 경험을 제공할 수 있기 때문이다. 반면, Vygotsky(1978)는 능력이 뛰어난 학생들이 특정 전략을 능력이 부족한 또래들에게 가르쳐 줌으로써 또래가 친구들의 학업, 사회적 기술의 발달에 직접적으로 기여한다고 주장했다. 이 경우 주로 이질적 또래 간 상호작용이 협동적 · 협력적 교환을 통해 발달에 기여하는 것으로 본다.

이 질문들에 대한 최신 접근들은 사회적 능력의 본질이 무엇인지에 대해 고민한다. 또한 어떻게 학생들의 상호작용이 학교 내 적응과 건강 증진에 결정적인 도움을 제공하는지에 대해 고민한다. 이 관점을 충분히 설명하기 위해 우리는 개인-환경 간 적합도, 개인 목표 설정에 관한 이론적 관점에서 도출한 사회적 능력에 대한 정의에 대해 설명할 것이다. 이 정의는 학교와 학생의 또래관계 영역에 적용된다. 능력 발달을 위한 학교 기반 지지를 또래가 제공하는 방법도 그 다음에 기술하였다.

1) 개인-환경 적합도에 따른 사회적 능력

사회적 발달에 관한 문헌 중 사회적 능력은 개인 기술의 발달부터 특정 환경에 대한 적응능력에 이르기까지 다양한 관점에서 서술되어 왔다. 사회적 능력에 관한 연구에서 효과적인 행동적 상호호혜성, 사회적 문제해결 기술, 자신에 대한 긍정적 자기 믿음, 사회적 목표 성취, 긍정적 대인관계와 같은 성과들과의 연관성이 빈번하게 발견되었다(Rose-Krasnor, 1997 참조). 게다가 사회적 능력을 설명하는 많은 정의의 중심에는 다음과 같은 개념이 있다. 맥락적인 행동을 유도하는 성향 및 맥락적으로 행동을 통제하는 성향은 앞서 상술한 개인적 성과를 발달시키는 데 기여한다. 또한 이 개인적 성과들은 사회적 선에 공헌한다(Bronfenbrenner, 1989). 이런 의미에서 사회적 맥락들은 아동에게 건강한 사회성 개발의 기회를 준다. 이뿐만 아니라, 아동의 사회적 성취에 도움이 되는 적절한 한도, 한계를 습득하는 데 결정적 역할을 한다(Bronfenbrenner, 1989; Bronfenbrenner & Morris, 2006).

Ford(1992)는 맥락적 지지(contextual support)라는 차원을 구체적으로 명시함으로써 이러한 생각을 확장했다. 사회적 능력은 다음과 같은 상황에서 발달한다.

- 교실에서 무엇이 기대되고 가치 있게 여겨지는 성과인지에 대한 정보가 제공될 때
- 가치 있게 여기는 성과를 이루려는 시도에 대해 도움, 지도를 제공할 때
- 성과를 달성하려는 노력이 안전하고 위협이 없는 환경 아래 시도될 때
- 개인들이 집단 내에서 자신이 가치 있는 존재라고 느낄 때

2) 학교에서의 사회적 능력

학교 영역에서 이 관점을 적용한 연구들은 사회적 능력이 뛰어나고 잘 적응한 학생들에 대해 다면적으로 관찰, 서술해 왔다. 사회적으로 유능한 학생들은 개인적으로 가치 있게 여기는 목표는 물론, 타인에게 인정받는 목표들을 성취한다. 그리고 그들은 사회적 통합(예: 협동적 행동, 사회적 허용, 승인)을 이끄는 목표와 긍정적인 발달 성과(예: 인식된 능력, 정서적 안녕감, 자주적 결정)를 부르는 목표들을 추구한다. 이 서술들로부터 우리는 다음을 알 수 있다. "학생들이 개인적으로 그리고 사회적으로 가치 있는 목표를 추구한 결과 사회적 능력이 발달한다. 그리고 목표달성은 지속적인 심리적 · 정서적 안녕을 지원한다."

이에 더해 앞에 상술한 Ford의 맥락적 지지 차원들(특히 또래 관련 교실 활동, 또래 관련 학교 활동의 맥락적 지지 차원들)은 다음과 같은 시사점을 준다.

"학생들이 또래와 다양한 목표 성취에 대한 기대와 기준을 나눌 때, 학생들에게 목표 성취에 대한 직접적 지원과 도움을 제공할 때, 사회적으로 가치 있는 교실 활동에 집중할 수 있도록 도와주고 정서적으로 지지해 주는 학급 풍토가 조성되었을 때, 물리적 위협과 공격으로부터 보호받을 때 학생들은 적응적 목표에 몰입할 것이다." 맥락적으로 행동을 유도하는 방법 중 하나로서 또래관계는 사회적 지지라는 형태의 이점을 제공한다. 또래지지와 관련된 발견들은 다음에서 기술한다.

(1) 성취 목표, 성취 기대에 대한 의사소통

'학생이 가치 있게 생각하는 학교 관련 목표'에 대한 연구는 많지 않았다. 그러나 친사회적이고 사회적으로 책임감 있는 목표 추구는 친사회적 책임감 있는 행동 및 또래수용과 일관된 정적 연관성을 보였다(Wentzel, 2005, 2009). 몇 안 되는 연구였지만 일부 연구들은 학생들이 긍정적인 사회적 성과와 학업적 성과를 이루기 위해 노력한다고 보고했다. 사회적 성과는 재미있고, 의존적이면서도, 책임이 부과된 사회적 목표를 포함한다. 학업적 성과는 새로운 것을 배우는 동시에 높은 성적을 거둘 수 있는 과제 관련 목표들을 포함한다(Allen, 1986; Ryan, Jamison, Shin, & Thompson, 2012; Wentzel, 1989).

비록 문서화되지는 않았지만 학생들이 학업 가치와 학업 수행에 대한 기대를 서로 구체적으로 이야기한다고 가정하는 것은 논리적인 일이다(Wentzel, Baker, & Russell, 2012; Wentzel, Battle, Russell, & Looney, 2010 참조). 또래는 학업 과제에 집중해야 하는 이유에 대해 체감 가능한 조언을 제공한다(예: 왜냐하면 학업은 중요하기 때문에, 혹은 재밌기 때문에; Wentzel, 2004; Wentzel, Filisetti, & Looney, 2007). 그러므로 긍정적인 사회적 상호작용 속에서 서로 존중하고, 학업 성취를 위한 노력을 즐기는 또래집단은 학업 과제에 대해 비슷한 긍정적 의견 및 태도를 가지는 경향이 있다(Bandura, 1986).

마지막으로, 또래는 자기 능력에 대한 인식에 영향을 줌으로써 목표 및 성취 기대에 긍정적 효과를 미칠 수 있다. 이는 학업 수행의 가장 강력한 예측인자이다(Schunk & Pajares, 2009). 실험연구들은 또래가 학업 자기효능감 발달에 영향을 미치는 강력한 모델이 될 수 있다는 것을 보여 주었다(Schunk & Pajares, 2009). 특히 실패를 딛고 성공하는 자신과 비슷한 또래를 관찰하는 경험은 자기효능감 발달에 강력한 영향을 줄 수 있다. 이 모델링 효과는 서로 친밀할 때 발생할 확률이 가장 높다(Crockett, Losoff, & Petersen, 1984; Ricciardelli & Mellor, 2012).

(2) 도움, 지원 제공

도움 제공은 아마 또래 간 학업적 · 사회적 능력에 영향을 줄 수 있는 가장 명백하고 확실한 방법일 것이다. 실제로 또래와 긍정적 관계를 즐기는 학생들은 관계를 즐기지 못하는 학생보다 학업적 · 사회적 과제를 성취하는 데 있어 도움이 되는 지원과 자원들을 훨씬 많이 얻을 수 있다. 적어도 청소년기 동안 학생들은 그들의 또래를 교사와 동급 혹은 더 중요한 도움의 수단으로 여긴다(Lempers & Clark-Lempers, 1992). 또래에 대한 의존성이 커지는 이유 중 하나로 중학교 입학과 동시에 수많은 교사를 만나고, 여러 다른 교실 환경을 접하며, 새로운 교수 스타일을 겪고, 더 복잡한 시간표를 따라야 하는 데서 오는 상대적 모호함과 불확실성을 꼽을 수 있다. 이러한 모호함과 불확실성은 그들이 서로 사회적 지지를 제공하고 함께 어려움에 대처하며 학업적 도움을 나눌 필요성을 제공한다.

(3) 정서적 지지 제공

정서적 안정감과 사회적으로 연결되어 있다는 느낌은 다음 2가지를 향상시킨다고 알려져 있다. 첫째, 타인이 가치 있다고 여기는 목표 및 흥미 추구를 촉진시킨다. 둘째, 긍정적인 방법으로 사회적 집단에 이바지하고 싶다는 욕구를 향상시킨다(Connell & Wellborn, 1991). 또래가 나를 정서적으로 지지해 준다는 인식과 긍정적 학습 성과와의 관련성에 대한 문헌들은 이와 같은 생각을 지지해 준다. 또래가 지지해 주고 돌봐 준다고 인식하는 학생들은 학업 추구에 더 흥미를 느끼고 몰입하는 경향이 있다. 반면, 그러한 또래관계를 인식하지 못하는 학생들은 동기적·학업적 문제에 직면할 위험이 크다(Wentzel, Donlan, & Morrison, 2012; Wentzel et al., 2010). 이와 비슷하게 사회적으로 지지받는다는 인식은 도움, 공유, 협력과 같은 교실 내 친사회적 성과와 관련이 있다. 그리고 반사회적 형태의 행동들과 부정적 연관성을 지닌다(Wentzel, 1994).

이 발견들의 원인 중 하나는 친구가 없는 아동 혹은 사회적으로 자주 거부받는 아동은 외로움, 정서적 고통, 우울을 느낀다는 사실이다(예: Buhs & Ladd, 2001; Wentzel et al., 2004; Wentzel & Caldwell, 1997). 그 결과, 부정적 정서가 학교에 대한 부정적 태도, 낮은 학업 수행, 학교 회피, 교실 활동 참여 저조 등의 경향으로 이어진다(Buhs & Ladd, 2001; Wentzel, Weinberger, Ford, & Feldman, 1990).

(4) 안전한 환경 제공

마지막으로 주목할 점은 긍정적인 또래관계를 즐기는 학생들이 상대적으로 안전한 학교 환경을 즐기는 경향이 크다는 점이다. 또한 이들은 또래의 직접적 폭력의 대상이 되는 경향이 친구가 없는 학생보다 상대적으로 낮다(예: Schwartz, Dodge, Pettit, Bates, & The Conduct Problems Prevention Research Group, 2000). 게다가 친사회적 행동을 보이는 친구들을 가진 어린 아동은 그런 친구를 갖지 못한 아동보다 또래의 도발, 따돌림 행동에 덜 적대적이고, 덜 충동적으로 반응하는 경향을 보인다(Lamarche et al., 2006). 이뿐만 아니라, 친사회적 경향이 높은 친구를 갖는다는 것은 중학교 시기의 또래 괴롭힘 경험과 학업적 능력 간의 부정적 관계를 방지하는 역할을 한다(예: Schwartz, Gorman, Dodge, Pettit, & Bates, 2008). 이는 친사회적 친구들이 필요한 도움을 제공할 수 있으며, 또한 또래로부터의 위협을 감소시키는 효과적인 방법을 보여 주는 역할 모델을 할 수 있기 때문일 것이다.

괴롭힘이 학생의 동기, 학업 능력에 미치는 일반적 영향에 대한 연구는 드물다. 그러나 또래 괴롭힘, 배제는 정서적 스트레스를 줌으로써 학업 성취와 부적인 연관성을 가진다(Flook, Repetti, & Ulman, 2005; Rueger, Malacki, & Demaray, 2011). 그러므로 부정적인 또래 상황에서 지지적 또래를 갖는다는 것은 다양한 사회적, 동기적, 학업적 성과에 대해 직·간접적으로 긍정적 영향을 미칠 수 있다.

(5) 영향을 미치는 과정

또래지지는 '어떻게, 왜' 학교 관련 성취, 긍정적 참여와 연관성을 가질까? 여러 이론적 관점이 이 영향력의 작동 방식에 대한 통찰을 제공한다. 가장 단순한 수준에서 사회적 인지이론 또는 사회학습이론(Bandura, 1986)을 들 수 있다. 사회적 인지이론은 직접적 의사소통과 지도가 학생에게 '무엇이 기대되는 행동인지, 어떻게 다양한 과제들을 달성할지'에 대한 가치 있는 정보들을 제공한다고 말한다. 그러므로 학업 참여와 긍정적인 사회적 상호작용이 중요하다는 기대를 전달하는 또래는 주변 친구들에게 비슷한 긍정적 태도를 가지도록 이끄는 경향이 있다(Bandura, 1986). 비록 이와 같은 종류의 지지가 주로 짝이나 작은 소집단을 통해 전달되지만 더 큰 또래 집단에서도 마찬가지로 행동적 기준의 원천이 될 수 있다. 집단은 집단의 기준과 집단의 기대에 대한 학생의 충성을 감시하고 강요하며 학생을 압박한다(Brown, Bakken, Ameringer, & Mahon, 2008 참조). 그러나 또래의 행동 감시 기능은 오직 또래가 성취를 위한 어른들의 기준과 규준을 받아들일 때만 긍정적 동기 지향성을 갖도록 도울 수 있다.

모델링은 또래들이 학생의 목표와 행동 기준 수용, 학업적 수행에 영향을 주는 두 번째 사회인지 작동 원리이다(Bandura, 1986). 실제 학생들은 또래가 가진 특징에 호감을 가졌기 때문에 그 특정 행동 스타일 혹은 특정 흥미를 개발하고자 한다(Barry & Wentzel, 2006; Wentzel et al., 2004). 마지막 작동원리는 소속감과 관계 욕구이다. 이는 아동 · 청소년의 정서적 기능에 중대한 영향을 미친다. 소속감과 관계 욕구가 행동의 강력한 동기요인임을 부정하는 사람은 없다(Baumeister & Leary, 1995 참조). 관련 이론들은 강한 정서적 유대와 타인으로부터의 지지를 인식하는 일은 스트레스, 불안을 완충해 주며 정서적 안녕감에 기여한다고 제안한다(Sarason, Sarason, & Pierce, 1990). 결국 정서적 안정감, 사회적 연대감은 타인이 가치 있다고 여기는 흥미를 갖도록 돕는다. 또한 사회적 집단이 원활히 기능하도록 돕는 목표들을 추구하도록 만든다(예: Ryan & Deci, 2000).

3) 또래관계, 사회적 능력 요약

우리는 사회적 능력을 나뿐 아니라 타인에게도 긍정적 결과를 가져다주는 맥락-특수적 목표성취로 정의하였다. 우리의 사회적 능력에 대한 정의는 맥락적 지지가 이 다양한 목표들을 성취하는 데 결정적인 요소라고 설명한다. 이러한 관점에서 또래는 아동 · 청소년의 발달에 필수적인 지지(기대, 가치, 도구적 도움, 정서적 지지, 신체적 위협으로부터의 안전, 괴롭힘으로부터의 안전 등의 다양한 형태의 지지)를 제공한다. 또래가 제공하는 지지는 아동 · 청소년의 긍정적인 사회적 성과, 학업적 성과의 발달을 가능하게 할 수 있다.

교사, 교육 행정가들이 교실, 학교 환경의 주된 설계자라는 사실 또한 관심을 가져야 할 점이다. 다음으로 우리는 교사와 학교 환경이 학생들의 능력에 끼치는 잠재적인 효과에 대해 논의할 것이다.

4. 교사와 학교 환경의 역할

최근 몇 년간 환경적 요소가 학생의 또래 관련 경험에 주는 영향에 대한 연구들이 시작되었다. 교사의 믿음, 행동, 교실 조직, 학교 구조, 학교 구성요소, 학교 풍토가 학생들의 또래 상호작용, 또래관계에 영향을 미친다는 증거들이 발견되었다. 이어지는 글에서는 교사, 학급 환경, 학교 수준의 영향력에 대한 연구가 기술될 것이다.

교사와 교실

교사의 성격, 지도 습관은 수많은 또래 관련 지표와 연관성을 가진다. 학생의 소질이나 수행 능력에 대한 교사의 기대는 학생들이 그 기대를 인식하는지에 상관없이(예: Donohue, Perry, & Weinstein, 2003), 혹은 교사 자신이 그 기대를 인식하는가에 상관없이(Farmer, Irvin, Sgammato, Dadisman, & Thompson, 2009; Mikami, Griggs, Reuland, & Gregory, 2012) 또래수용, 또래거부와 연관성을 가진다. 특정 아이들에 대한 교사들의 언어적 · 비언어적 행동은 (특히 비판적일 때) 또래들이 해당 아동을 다루는 방법과 관련이 있다(Harper & McCluskey, 2003).

교사의 교수적 접근도 학생들의 또래관계에 영향력을 행사한다(Epstein, 1983; Farmer et al., 2009). 예를 들어, 학생들은 교사가 학습자 중심의 교수 방법(예: 학생들의 의사결정)을 사용할 때 교사 중심의 교수 방법(반복적 학습, 특정 규준에 의한 평가; Donohue et al., 2003)과 경쟁적 교수 방법(Mikami et al., 2012)을 사용할 때보다 반 친구들과 더 긍정적 관계를 즐긴다. 교사가 학생들을 집단화하는 방법도 또래관계의 질(Gest & Rodkin, 2011), 또래 상호작용(Luckner & Pianta, 2011)과 관련을 갖는다. 마지막으로, 과제에 대해 서로 이야기하기, 소집단 활동하기, 활동 중 움직이기를 권장받는 학급의 중·고등학생들은 학급에서 사회적으로 덜 고립되며 덜 거부당한다. 또한 더 많은 친구와의 관계를 즐기며 더 다양하고 안정된 우정을 경험한다(예: Epstein, 1983; Gest & Rodkin, 2011).

교실 내 사회적, 학업적, 민족적, 성별적 구성의 다양함 또한 우정의 역동에 영향을 주는 것으로 알려져 있다. 낮은 능력, 문제행동과 관련한 특성을 가진 교실은 긍정적이고 질 높은 또래관계를 형성하는 데 어려움이 있다(Barth, Dunlop, Dane, Lochman, & Wells, 2004). 교실 성별 구성 또한 학생들의 관계 형성에 영향을 줄 수 있다. 초등학교 연령대에서는 남자들끼리 같은 반을 형성할 경우 여자들로 형성한 것보다 더 교우관계를 발달시키는 경향이 있다(Barton & Cohen, 2004). 그리고 여자가 더 많은 교실에서는 서로 더 연결되었다고 느끼는 경향이 있다(Cappella & Neal, 2012). 또한 교실 혹은 학교가 가진 민족적 다양성의 정도가 몇몇 학생의 더 긍정적인 성과들과 관련이 있게 나타났다(Jackson, Barth, Powell, & Lochman, 2006; Urberg, Degirmencioglu, Tolson, & Halliday-Scher, 1995; Ryabov, 2011와 비교).

마지막으로 교사-학생 관계의 질 또한 이 주제와 연관성을 가진다. 예를 들어, 교사와의 관계에서 정서적 안정감을 느끼는 유치원 학생들은 더 친사회적이고, 사교적이며, 또래와 더 복잡한 놀이를 하고, 적대적 공격성을 덜 드러내며, 덜 내성적으로 행동한다(예: Howes & Hamilton, 1993). 게다가 개별 교사-학생의 정서적 관계의 질은 또래와 관련된 기능과 능력을 8년 후까지 예측한다(Hamre & Pianta, 2001). 또한 교사-학생 간 관계의 질은 학생의 학창 시절 외현적 행동 문제와 또래 선호도 간의 관계를 예측하는 것으로 나타났다(Mikami et al., 2012).

5. 학교 수준 영향

학교가 또래 상호작용, 또래관계에 영향을 미친다는 증거는 많지 않다. 그러나 학교가 경쟁적 학업 기준, 학생 사이 사회적 비교를 조장하는 평가체계를 적용할 때 학생들 사이의 상호작용에 부정적인 영향을 미친다. 높은 사회적 · 상대적 비교는 과제에 대해 숙달목표지향보다 수행목표지향성을 길러주고, 학업 자기효능감을 낮추며, 성취에 대한 열망을 낮춘다. 이 경향은 특히 낮은 능력의 학생들에게서 두드러지게 나타난다(Butler, 2005).

긍정적인 측면을 보자면, 학생의 친사회적 발달의 중요성을 강조하는 학교 전반의 정책, 프로그램이 긍정적인 또래관계를 개발시킬 수 있다(Durlak, Weissberg, Dymnicki, Taylor, & Schellinger, 2011; Gresham, Van, & Cook, 2006). 사회적 기술 훈련 프로그램들은 교사가 학생들에게 어떻게 더 효과적으로 상대방의 정서를 인식하는지, 다툼을 해결하기 위해 어떻게 협상하는지, 충동적 행동을 어떻게 조절하는지를 지도함으로써 교실 내 친사회적 행동(예: 나누기, 협동하기) 빈도를 증가시킬 수 있다(Gresham et al., 2006). 또한 이 프로그램들은 부적응적 사회적 기술의 사용을 감소시키고 보다 더 기능적인 또래관계를 형성도록 도와준다(Wilson & Lipsey, 2007).

친사회적 행동과 긍정적 또래 상호작용을 증진시키기 위한 또 다른 체계적인 노력의 예로 학교 공동체 돌봄 프로그램(Caring School Community program: 이하 CSC; 예전에 아동 발달 프로젝트, 발달 연구센터로 알려짐)을 들 수 있다. CSC 교육과정은 협동 학습, 교실 내 긍정적 행동과 사회적 규범들을 강화하도록 설계된 교실 활동들을 제공한다. 또한 인지사회 문제해결 전략, 교실 통합, 공동체 의식을 기르는 활동들도 제공한다(예: Battistich, Solomon, Kim, Watson, & Schaps, 1995; Schaps, 2005). 학생들의 행동 변화에 대한 프로그램의 효과성은 What Works Clearinghouse(2007)에 의해 인정받았다.

이와 비슷하게 교우관계 향상 기술, 사회적 문제해결 전략을 길러 주도록 설계된 학교 기반 개입인 속성 과정 프로그램(Fast Track Program; Bierman et al., 1999)은 초등 학령기 학생의 또래관계, 사회적 상호작용의 질 향상(Lavallee, Bierman, & Nix, 2005)을 가져왔다. 또한 친사회적 행동의 향상, 공격적 행동의 감소도 이끌었다(Conduct Problems Prevention Research Group, 2010).

마지막으로, 교사와 학교 행정가들은 또래 괴롭힘을 없애고 만약 괴롭힘이 발생했다면 그로 인한 부정적 효과를 완화시키는 학교 환경을 조성하는 데 가장 중요한 역할을 수행한다. 예를 들어, 안전하고 긍정적인 학교 환경을 조성함으로써 또래관계를 증진시키는 데 초점을 둔 올베우스(Olweus) 따돌림 예방 프로그램은 따돌림의 감소, 교사의 따돌림 예방 행동의 증가와 일관된 연관성을 보여 주었다(Olweus & Limber, 2009).

교사, 교실, 학교 효과 요약

문헌들은 학교에서 긍정적인 또래관계를 형성하고 유지시키는 다양한 실천들을 제공한다. 이질적 구성원들로 이루어진 교실들, 그리고 학습자 중심 지도는 긍정적인 또래 상호작용과 교우관계를 형성하게 해 준다. 따돌림, 괴롭힘 같은 부정적 또래 상호작용을 막기 위한 노력은 "그런 행동은 용납되지 않는다."라는 교사나 학교행정가의 분명한 메시지가 포함되어야 한다. 그리고 반사회적 행동이 발생했을 때 대응하는 제재, 규칙의 일관된 시행, 부정적 또래 상호작용의 부정적 결과에 대한 토론, 그런 행동을 어떻게 극복해야 할지에 대한 방법 관련 토론도 포함되어야 한다. 이와 비슷하게 학교는 또래 상호작용의 발달을 촉진할 수 있는 전략들을 수행해야 한다. 예를 들어, 사회적 가치에 대한 논의, 공감적-개인 내적 이해를 촉진하는 훈련, 학생들이 서로 돕는 행동을 권장하는 협력적 · 협동적 활동 및 교수 행위 등을 들

수 있다(Battistich et al., 1995). 마지막으로, 학생들에게 다양한 교우관계 형성 전략이나 구체적인 또래 상호작용 기술을 가르칠 수 있다(Gresham et al., 2006 참고).

6. 남아 있는 주제 및 추후 연구 방향

친구 만들기와 또래집단과 긍정적 상호작용을 확립하는 일이 학교에서 학업 능력과 사회적 능력의 발달을 촉진하고 지원해 줄 수 있는 잠재력을 가졌다는 사실이 이 장의 가정이었다(Wentzel, 2005). 그러므로 아동의 긍정적 또래관계의 발달을 촉진하는 일은 교육자들에게 가장 중요하고 핵심적인 도전이다. 그러나 또래가 언제, 어떻게 학생에게 영향력을 행사하는지에 대한 의문점들이 존재한다. 예를 들어, "또래관계가 더 강력하게 영향을 미치는 특정 시기가 있는가?"와 같은 중요한 질문이 있을 수 있다.

몇몇 연구자는 어떤 한 특정 시기의 특정한 우정보다 누적된 교우관계 경험이 발달에 더 중요하다고 주장했다(Hartup & Stevens, 1997). 발달의 관점에서 학업 성취, 사회적 성취를 위해 동기화되는 데 또래가 미치는 영향은 중 · 고등학교 시기에 가장 결정적으로 기능하는 경향이 있다. 이 시기 동안 아동은 청소년으로 성장한다. 그에 따라 또래에 대한 흥미가 높아지며, 또래와 더 많은 시간을 보내고, 또래에게 심리적 · 정서적 의존성을 보인다(Youniss & Smollar, 1989). 게다가 또래집단들, 무리들은 주로 중학교 시기에 발생하고, 고등학교 초기에 최고조에 이르며, 고등학교 말기로 갈수록 무리 형성 및 그 영향력이 줄어든다(Brown, 1989). 그러므로 학교 관련 성과들에 대한 긍정적 또래관계의 영향력을 이해하려는 노력은 학생들이 관계를 형성하는 시기에 따른 관계의 질, 관계의 형태를 민감하게 살펴서 다루어야 할 것이다.

또 다른 문제는 또래관계의 인과적 관계에 대한 의문이다. 예를 들어, "아이들은 친구를 만드는 데 필수적인 기술들을 이미 지녔기 때문에 높은 질의 교우관계를 형성하는 것인가?" 혹은 "아이들의 친사회적 기술은 그들의 교우관계의 맥락 안에서 발달하는 것인가?"와 같은 질문들이 제기될 수 있다. 경험적인 연구 결과는 이 영향에 대한 모델 학습적 설명을 지지한다. 친구나 또래의 모델이 될 만한 행동이나 모델이 되는 동기의 경향성을 목격한 다음, 아동은 이를 받아들인다(예: Wentzel et al., 2004). 또한 연구 증거들은 긍정적 또래 상호작용이 직접적으로 인지 발달과 인지 기능에 기여하며, 그 결과 사회적 · 학업적 문제해결에 영향을 준다는 이론적 제안을 지지한다(예: Piaget, 1965; Vygotsky, 1978). 그러나 이 질문들을 다룬 연구는 많지 않다. 교우관계의 본질과 우정이 변화하는 시기를 밝혀내기 위해서는 다양한 시기에 따른 친구의 특성을 평가하는 종단연구들이 요구된다.

결론적으로, 학교에서 학생들의 바른 성장, 번영이 어떻게, 왜 달성되는지에 대해 완벽히 인식하기 위해서는 학생의 사회적 상호작용과 개인적 또래관계에 대한 이해가 필요하다. 학생의 삶의 사회적 측면들은 학생의 개인적 흥미, 목표, 학업 동기, 긍정적 행동양식, 학업적 성취에 중요하고 긍정적인 영향을 줄 수 있다. 그러나 학교에서 또래의 긍정적이고 강력한 역할을 온전히 알아차리기 위해서는 긍정적 또래 상호작용과 또래관계의 발달을 증진하고 지지하는 '발달 촉진적 특성(developmentally instigating properties)' (Bronfenbrenner, 1989)이 반드시 필요하다. 교사, 학교 풍토, 학교 수준의 정책이 또래관계에 공헌하는 과정, 방법은 후속 연구가 필요한 중요한 주제이다. 또래 문화가 특히 강한 학교 혹은 협동, 협력적 학습이 강조된 학교 안에서 학생이 적응하는 데 있어서 또래관계 기술은 특히 중요할 수 있다. 이와 같은 상호작용을 온전히 이해하기 위한 노력은 충분히 가치 있는 일이다.

참고문헌

Allen, J. D. (1986). Classroom management: Students' perspectives, goals, and strategies. *American Educational Research Journal, 23,* 437-459. http://www.jstor.org/stable/1163059

Alvarado, S., Elias, L., & Turley, R. (2012). College-bound friends and college application choices: Heterogeneous effects for Latino and White students. *Social Science Research, 41,* 1451-1468. doi:10.1016/j.ssresearch.2012.05.017

Asher, S. R., & Dodge, K. A. (1986). Identifying children who are rejected by their peers. *Developmental Psychology, 22,* 444-449. doi:10.1037/0012-1649.22.4.444

Asher, S. R., & McDonald, K. L. (2009). The behavioral basis of acceptance, rejection, and perceived popularity. In K. Rubin, W. Bukowski, & B. Laursen (Eds.), *Handbook on peer relationships* (pp. 232-248). New York, NY: Guilford.

Bandura, A. (1986). *Social foundations of thought and action: A social cognitive therapy.* Englewood Cliffs, NJ: Prentice-Hall.

Barry, C., & Wentzel, K. R. (2006). The influence of middle school friendships on prosocial behavior: A longitudinal study. *Developmental Psychology, 42,* 153-163. doi:10.1037/0022-0663.96.2.195

Barth, J., Dunlap, S., Dane, H., Lochman, J., & Wells, K. (2004). Classroom environment influences on aggression, peer relations, and academic focus. *Journal of School Psychology, 42,* 115-133. doi:10.1016/j.jsp.2003.11.004

Barton, B., & Cohen, R. (2004). Classroom gender composition and children's peer relations. *Child Study Journal, 34,* 29-45.

Battistich, V., Solomon, D., Kim, D., Watson, M., & Schaps, E. (1995). Schools as communities, poverty levels of student populations, and students' attitudes, motives, and performance: A multilevel analysis. *American Educational Research Journal, 32,* 627-658. http://www.jstor.org/stable/1163326

Baumeister, R. F., & Leary, M. R. (1995). The need to belong—Desire for interpersonal attachments as a fundamental human motivation. *Psychological Bulletin, 117,* 497–529. doi:10.1037/0033-2909.117.3.497

Bierman, K., Coie, J., Dodge, K., Greenberg, M., Lochman, J., McMahon, R., & Pinderhughes, E. (1999). Initial impact of the Fast Track Prevention Trial for conduct problems: II. Classroom effect. *Journal of Consulting and Clinical Psychology, 67,* 648–657. http://psycnet.apa.org/doi/10.1037/0022-006X.67.5.631

Bronfenbrenner, U. (1989). Ecological systems theory. In R. Vasta (Ed.), *Annals of child development* (Vol. 6, pp. 187–250). Greenwich, CT: JAI.

Bronfenbrenner, U., & Morris, P. A. (2006). The bioecological model of human development. In W. Damon (Series Ed.) & R. Lerner (Vol. Ed.), *Handbook of child psychology: Vol. 1. Theoretical models of human development* (6th ed., pp. 793–828). Hoboken, NJ: Wiley.

Brown, B. B. (1989). The role of peer groups in adolescents' adjustment to secondary school. In T. J. Berndt & G. W. Ladd (Eds.), *Peer relationships in child development* (pp. 188–215). New York, NY: Wiley.

Brown, B. B. (2011). Popularity in peer group perspective: The role of status in adolescent peer systems. In A. Cillessen, D. Schwartz, & L. Mayeux (Eds.), *Popularity in the peer system* (pp. 165–192). New York, NY: Guilford.

Brown, B. B., Bakken, J. P., Ameringer, S. W., & Mahon, S. D. (2008). A comprehensive conceptualization of the peer influence process in adolescence. In M. Prinstein & K. Dodge (Eds.), *Understanding peer influence in children and adolescents* (pp. 17–44). New York, NY: Guilford.

Brown, B. B., & Dietz, E. L. (2009). Informal peer groups in middle childhood and adolescence. In K. Rubin, W. Bukowski, & B. Laursen (Eds.), *Handbook on peer relationships* (pp. 361–376). New York, NY: Guilford.

Buhs, E. S., & Ladd, G. W. (2001). Peer rejection as an antecedent of young children's school adjustment: An examination of mediating processes. *Developmental Psychology, 37,* 550–560.

Butler, R. (2005). Competence assessment, competence, and motivation between early and middle childhood. In A. Elliot & C. Dweck (Eds.), *Handbook of competence and motivation* (pp. 202–221). New York, NY: Guilford.

Cappella, E., & Neal, J. (2012). A classmate at your side: Teacher practices, peer victimization, and network connections in urban schools. *School Mental Health, 4*(2), 81-94. doi:10.1007/s12310-012-9072-2

Card, N. A., & Little, R. D. (2006). Proactive and reactive aggression in childhood and adolescence: A meta-analysis of differential relations with psychosocial adjustment. *International Journal of Behavioral Development, 30,* 466-480.

Cillessen, A., & van den Berg, Y. (2012). Popularity and school adjustment. In A. Ryan & G. Ladd (Eds.), *Peer relationships and adjustment at school* (pp. 135-164). Charlotte, NC: IAP Information Age.

Cohen, E. G. (1986). *Designing group work: Strategies for the heterogeneous classroom.* New York, NY: Teachers College Press.

Conduct Problems Prevention Research Group. (2010). The effects of a multiyear universal social-emotional learning program: The role of student and school characteristics. *Journal of Consulting and Clinical Psychology, 78,* 156-168. http://psycnet.apa.org/doi/10.1037/a0018607

Connell, J., & Wellborn, J. (1991). Competence, autonomy, and relatedness: A motivational analysis of self-system processes. In M. Gunnar & L. A. Sroufe (Eds.), *Self processes and development* (pp. 43-77). Hillsdale, NJ: Erlbaum.

Crockett, L., Losoff, M., & Petersen, A. C. (1984). Perceptions of the peer group and friendship in early adolescence. *Journal of Early Adolescence, 4,* 155-181. doi:10.1177/0272431684042004

Donohue, K., Perry, K., & Weinstein, R. (2003). Teachers' classroom practices and children's rejection by their peers. *Journal of Applied Developmental Psychology, 24,* 91-118. doi:10.1016/S0193-3973(03)00026-1

Durlak, J. A., Weissberg, R. P., Dymnicki, A. B., Taylor, R. D., & Schellinger, K. B. (2011). The impact of enhancing students' social and emotional learning: A meta-analysis of school-based universal interventions. *Child Development, 82,* 405-432. doi:10.1111/j.1467-8624.2010.01564.x

Epstein, J. L. (1983). The influence of friends on achievement and affective outcomes. In J. L. Epstein & N. Karweit (Eds.), *Friends in school* (pp. 177-200). New York, NY: Academic Press.

Farmer, T. W., Irvin, M. J., Sgammato, A. N., Dadisman, K., & Thompson, J. H.

(2009). Interpersonal competence configurations in rural Appalachian fifth graders: Academic achievement and associated adjustment factors. *Elementary School Journal, 109,* 301–321. http://dx.doi.org/10.1086%2f592309

Flook, L., Repetti, R. L., & Ullman, J. B. (2005). Classroom social experiences as predictors of academic performance. *Developmental Psychology, 41,* 319–327. doi:10.1037/0012-1649.41.2.319

Fonzi, A., Schneider, B. H., Tani, F., & Tomada, G. (1997). Predicting children's friendship status from their dyadic interaction in structured situations of potential conflict. *Child Development, 68,* 496–506. doi:10.1111/j.1467-8624.1997.tb01954.x

Ford, M. E. (1992). *Motivating humans: Goals, emotions, and personal agency beliefs.* Newbury Park, CA: Sage.

Gauvain, M., & Perez, S. M. (2007). The socialization of cognition. In J. E. Grusec & P. Hastings (Eds.), *Handbook of socialization: Theory and research* (pp. 588-613). New York, NY: Guilford.

Gest, S. D., & Rodkin, P. C. (2011). Teaching practices and elementary classroom peer ecologies. *Journal of Applied Developmental Psychology, 32,* 288–296. http://dx.doi.org/10.1016/j.appdev.2011.02.004

Gresham, F., Van, M., & Cook, C. (2006). Social-skills training for teaching replacement behaviors: Remediating acquisition in at-risk students. *Behavioral Disorders, 31,* 363–377.

Hamre, B. K., & Pianta, R. C. (2001). Early teacher-child relationships and the trajectory of children's school outcomes through eighth grade. *Child Development, 72,* 625–638. doi:10.1111/1467-8624.00301

Harper, L. V., & McCluskey, K. S. (2003). Teacher-child and child-child interactions in inclusive preschool settings: Do adults inhibit peer interactions? *Early Childhood Research Quarterly, 18,* 163–184. http://psycnet.apa.org/doi/10.1016/S0885-2006(03)00025-5

Hartup, W. W., & Stevens, N. (1997). Friendships and adaptation in the life course. *Psychological Bulletin, 121,* 355–370. http://psycnet.apa.org/doi/10.1037/0033-2909.121.3.355

Howes, C., & Hamilton, C. (1993). The changing experience of child care: Changes in teachers and in teacher-child relationships and children's social competence with peers. *Early Childhood Research Quarterly, 8,* 15-32.

Jackson, M., Barth, J., Powell, N., & Lochman, J. (2006). Classroom contextual effects of race on children's peer nominations. *Child Development, 77,* 1325-1337. doi:10.1111/j.1467-8624.2006.00937.x

Jones, M. H., Audley-Piotrowski, S., & Kiefer, S. M. (2012). Relationships among adolescents' perceptions of friends' behaviors, academic self-concept, and math performance. *Journal of Educational Psychology, 104,* 19-31. http://psycnet.apa.org/doi/10.1037/a0025596

Juvonen, J., & Espinoza, E., & Knifsend, C. (2012). The role of peer relationships in student academic and extracurricular engagement. In S. L. Christenson, A. L. Reschly, & C. Wylie (Eds.), *Handbook on student engagement* (pp. 387-401). New York, NY: Springer.

Kindermann, T. A., & Gest, S. D. (2009). Assessment of the peer group: Identifying naturally occurring social networks and capturing their effects. In K. Rubin, W. Bukowski, & B. Laursen (Eds.), *Handbook on peer relationships* (pp. 100-120). New York, NY: Guilford.

Kindermann, T. A., & Skinner, E. A. (2012). Will the real group please stand up? A "tensegrity" approach to examining the synergistic influences of peer groups and friendship networks on academic development. In A. Ryan & G. Ladd (Eds.), *Peer relationships and adjustment at school* (pp. 51-77). Charlotte, NC: IAP Information Age.

Ladd, G. W. (1990). Having friends, keeping friends, making friends, and being liked by peers in the classroom: Predictors of children's early school adjustment. *Child Development, 61,* 1081-1100.

Ladd, G. W., Herald-Brown, S. L., & Kochel, K. P. (2009). Peers and motivation. In K. R. Wentzel & A. Wigfield (Eds.), *Handbook of motivation at school* (pp. 531-547). New York, NY: Taylor Francis.

Lamarche, V., Brendgen, M., Boivin, M., Vitaro, F., Perusse, D., & Dionne, G. (2006). Do friendships and sibling relationships provide protection against peer victimization in a similar way? *Social Development, 15,* 373-393.

Lavallee, K. L., Bierman, K. L., & Nix, R. L. (2005). The impact of first-grade "friendship group" experiences on child social outcomes in the Fast Track Program. *Journal of Abnormal Child Psychology, 33,* 307–324. doi:10.1007/s10802-005-3567-3

Lempers, J. D., & Clark-Lempers, D. S. (1992). Young, middle, and late adolescents' comparisons of the functional importance of five significant relationships. *Journal of Youth and Adolescence, 21,* 53–96. doi:10.1007/BF01536983

Luckner, A. E., & Pianta, R. C. (2011). Teacher-student interactions in fifth-grade classrooms: Relations with children's peer behavior. *Journal of Applied Developmental Psychology, 32,* 257–266. http://dx.doi.org/10.1016/j.appdev.2011.02.010

Molloy, L. E., Gest, S. S., & Rulison, K. (2011). Peer influences on academic motivation: Exploring multiple methods of assessing youths' most "influential" peer relationships. *Journal of Early Adolescence, 31,* 13–40. doi:10.1177/0272431610384487

Mikami, A. Y., Griggs, M. S., Reuland, M. M., & Gregory, A. (2012). Teacher practices as predictors of children's classroom social preference. *Journal of School Psychology, 50,* 95–111. http://dx.doi.org/10.1016/j.jsp.2011.08.002

Newcomb, A. F., & Bagwell, C. L. (1995). Children's friendship relations: A meta-analytic review. *Psychological Bulletin, 117,* 306–347.

Olweus, D., & Limber, S. P. (2009). The Olweus Bullying Prevention Program: Implementation and evaluation over two decades. In S. R. Jimerson, S. M. Swearer, & D. L. Espelage (Eds.), *Handbook of bullying in schools: An international perspective* (pp. 377–402). New York, NY: Routledge.

Piaget, J. (1965). *The moral judgment of the child.* New York, NY: The Free Press (Original published 1932)

Ricciardelli, L. A., & Mellor, D. (2012). Influence of peers. In N. Rumsey & D. Harcourt (Eds.), *The Oxford handbook of the psychology of appearance* (pp. 253–272). New York, NY: Oxford University Press.

Rohrbeck, C. A., Ginsburg-Block, M. D., Fantuzzo, J. W., & Miller, T. R. (2003). Peer-assisted learning interventions with elementary school students: A meta-analytic review. *Journal of Educational Psychology, 95,* 240–257.

doi:10.1037/0022-0663.95.2.240

Rose-Krasnor, L. (1997). The nature of social competence: A theoretical review. *Social Development, 6,* 111-135. doi:10.1111/j.1467-9507.1997.tb00097.x

Rueger, S., Malecki, C., & Demaray, M. (2011). Stability of peer victimization in early adolescence: Effects of timing and duration. *Journal of School Psychology, 49,* 443-464. doi:10.1016/j.jsp.2011.04.005

Ryabov, I. (2011). Adolescent academic outcomes in school context: Network effects reexamined. *Journal of Adolescence, 34,* 915-927. doi:10.1016/j.adolescence.2010.12.004

Ryan, A., & Ladd, G. (2012). *Peer relationships and adjustment at school.* Charlotte, NC: IAP Information Age.

Ryan, A. M., Jamison, R. S., Shin, H., & Thompson, G. (2012). Social achievement goals and adjustment at school during early adolescence. In A. Ryan & G. Ladd (Eds.), *Peer relationships and adjustment at school* (pp. 165-186). Charlotte, NC: IAP Information Age.

Ryan, R. M., & Deci, E. L. (2000). Self-determination theory and the facilitation of intrinsic motivation, social development, and well-being. *American Psychologist, 55,* 68-78. http://psycnet.apa.org/doi/10.1037/0003-066X.55.1.68

Sarason, B. R., Sarason, I. G., & Pierce, G. R. (1990). Traditional views of social support and their impact on assessment. In B. R. Sarason, I. G. Sarason, & G. R. Sarason (Eds.), *Social support: An interactional view* (pp. 9-25). New York, NY: Wiley.

Schaps, E. (2005). *The role of supportive school environments in promoting academic success* (pp. 39-56). Retrieved from http://www.devstu.org

Schunk, D. H., & Pajares, F. (2009). Self-efficacy theory. In K. Wentzel & A. Wigfield (Eds.), *Handbook of motivation at school* (pp. 35-54). Mahwah, NJ: Erlbaum.

Schwartz, D., Dodge, K. A., Pettit, G. S., Bates, J. E., & The Conduct Problems Prevention Research Group. (2000). Friendship as a moderating factor in the pathway between early harsh home environment and later victimization in the peer group. *Developmental Psychology, 36,* 646-662. doi:10.1037//0012-

1649.36.5.646

Schwartz, D., Gorman, A., Dodge, K. A., Pettit, G. S., & Bates, J. E. (2008). Friendships with peers who are low or high in aggression as moderators of the link between peer victimization and declines in academic functioning. *Journal of Abnormal Child Psychology, 36,* 719–730. http://dx.doi.org/10.1007%2Fs10802-007-9200-x

Slavin, R. E. (2011). Instruction based on cooperative learning. In R. Mayer & P. Alexander (Eds.), *Handbook of research on learning and instruction* (pp. 344–360). New York, NY: Routledge.

Slavin, R. E., Hurley, E. A., & Chamberlain, A. (2003). Cooperative learning and achievement: Theory and research. In W. Reynolds & G. Miller (Eds.), *Handbook of psychology, Vol. 7: Educational psychology* (pp. 177–198). New York, NY: Wiley.

Swenson, L. M., & Strough, J. (2008). Adolescents' collaboration in the classroom: Do peer relationships or gender matter? *Psychology in the Schools, 45,* 715–728. doi:10.1002/pits.20337

Urberg, K., Degirmencioglu, S., Tolson, J., & Halliday-Scher, K. (1995). The structure of adolescent peer networks. *Developmental Psychology, 31,* 540–547. doi:10.1037/0012-1649.31.4.540

Vygotsky, L. S. (1978). *Mind in society: The development of higher psychological processes.* Cambridge, MA: Harvard University Press.

Wentzel, K. R. (1989). Adolescent classroom goals, standards for performance, and academic achievement: An interactionist perspective. *Journal of Educational Psychology, 81,* 131–142. doi:10.1037/0022-0663.81.2.131

Wentzel, K. R. (1994). Relations of social goal pursuit to social acceptance, classroom behavior, and perceived social support. *Journal of Educational Psychology, 86,* 173–182. http://psycnet.apa.org/doi/10.1037/0022-0663.86.2.173

Wentzel, K. R. (2004). Understanding classroom competence: The role of social-motivational and self-processes. In R. Kail (Ed.), *Advances in child development and behavior* (Vol. 32, pp. 213–241). New York, NY: Elsevier.

Wentzel, K. R. (2005). Peer relationships, motivation, and academic performance at school. In A. Elliot & C. Dweck (Eds.), *Handbook of competence and motivation* (pp. 279-296). New York, NY: Guilford.

Wentzel, K. R. (2009). Peer relationships and motivation at school. In K. Rubin, W. Bukowski, & B. Laursen (Eds.), *Handbook on peer relationships* (pp. 531-547). New York, NY: Guilford.

Wentzel, K. R., Baker, S. A., & Russell, S. L. (2012). Young adolescents' perceptions of teachers' and peers' goals as predictors of social and academic goal pursuit. *Applied Psychology: An International Review, 61,* 605-633. doi:10.1111/j.1464-0597.2012.00508.x

Wentzel, K. R., Barry, C., & Caldwell, K. (2004). Friendships in middle school: Influences on motivation and school adjustment. *Journal of Educational Psychology, 96,* 195-203. http://psycnet.apa.org/doi/10.1037/0022-0663.96.2.195

Wentzel, K. R., Battle, A., Russell, S. L., & Looney, L. B. (2010). Social supports from teachers and peers as predictors of academic and social motivation. *Contemporary Educational Psychology, 35,* 193-202. http://dx.doi.org/10.1016/j.cedpsych.2010.03.002

Wentzel, K. R., & Caldwell, K. (1997). Friendships, peer acceptance, and group membership: Relations to academic achievement in middle school. *Child Development, 68,* 1198-1209. doi:10.1111/j.1467-8624.1997.tb01994.x

Wentzel, K. R., Donlan, A., & Morrison, D. (2012). Peer relationships and motivation at school. In A. Ryan & G. Ladd (Eds.), *Peer relationships and adjustment at school* (pp. 79-108). Charlotte, NC: IAP Information Age.

Wentzel, K. R., Filisetti, L., & Looney, L. (2007). Adolescent prosocial behavior: The role of self-processes and contextual cues. *Child Development, 78,* 895-910. http://dx.doi.rog/10.1111/j.1467-8624.2007.01039.x

Wentzel, K. R., & Watkins, D. E. (2011). Peer relationships and learning: Implications for instruction. In R. Mayer & P. Alexander (Eds.), *Handbook of research on learning and instruction* (pp. 322-343). New York, NY: Routledge.

Wentzel, K. R., Weinberger, D. A., Ford, M. E., & Feldman, S. S. (1990). Academic achievement in preadolescence: The role of motivational, affective, and self-regulatory processes. *Journal of Applied Developmental Psychology, 11,* 179-193. http://dx.doi.org/10.1016/0193-3973(90)90004-4

What Works Clearinghouse. (2007). *Caring school community.* Retrieved from http://www.ies.ed.gov/ncee/wwc/

Wilson, S., & Lipsey, M. W. (2007). School-based interventions for aggressive and disruptive behavior: Update of a meta-analysis. *American Journal of Preventive Medicine, 33*(2, Suppl), S130-S143. http://dx.doi.org/10.1016%2Fj.amepre.2007.04.011

Youniss, J., & Smollar, J. (1989). Adolescents' interpersonal relationships in social context. In T. J. Berndt & G. Ladd (Eds.), *Peer relationships in child development* (pp. 300-316). New York, NY: Wiley.

요약: 또래관계

- 또래 관련 활동들은 학교 안에서의 다양한 사회적 능력 및 학업적 능력을 예측한다.
- 협동하고 협력하는 상호작용은 사회적 · 학업적 성과들과 연관이 있는 것으로 나타난다.
- 사회적으로 유능한 학생들은 개인적 목표뿐 아니라 타인이 가치 있다고 생각하는 목표를 성취한다. 그들은 사회적 통합(예: 협력 행동, 사회적 승인, 수용) 및 긍정적인 발달 성과(예: 인식된 능력, 자기결정감, 정서적 안녕감)를 가져오는 목표를 추구한다.
- 또래와 목표 성취에 대한 기대, 기준을 함께 나눌 때 학생은 적응적 목표 추구에 집중한다. 또한 또래는 목표달성을 위한 직접적인 조력, 도움을 제공한다. 그리고 또래는 정서적으로 서로 지지하는 풍토를 조성할 수 있다. 이 풍토는 사회적으로 가치 있는 교실 활동에 집중하도록 도와주며 신체적 위협과 공격으로부터 보호 작용을 한다.
- 이질적인 구성원으로 이루어진 교실, 학습자 중심 교수는 긍정적인 또래 상호작용과 또래관계 형성에 이바지한다.

- 교사, 학교 행정가는 따돌림, 괴롭힘과 같은 부정적 또래 상호작용을 방지하기 위해서 그런 행동이 절대 용납될 수 없다는 명백한 메시지를 전달해야 하며, 반사회적 행동이 발생했을 때 일관된 규칙의 집행이 있어야 한다. 또한 이러한 괴롭힘, 따돌림이 초래하는 부정적 결과에 대한 논의가 계속되어야 하며, 어떻게 이겨 나가야 할지 논의해야 한다.
- 학교는 친사회적 가치에 대한 빈번한 논의, 공감, 개인 내적 이해를 촉진할 훈련, 수업에서 협동적 · 협력적 활동, 학생들이 서로 돕도록 권장하는 등의 긍정적 또래 상호작용을 촉진할 전략을 수행해야 한다.
- 교육자들은 학생들에게 다양한 친구 만들기 전략, 구체적인 또래 상호작용 기술을 가르침으로써 긍정적 또래관계를 촉진할 수 있다.

또래관계 추천자료

Brown, B. B., Bakken, J. P., Ameringer, S. W., & Mahon, S. D. (2008). A comprehensive conceptualization of the peer influence process in adolescence. In M. Prinstein & K. Dodge (Eds.), *Understanding peer influence in children and adolescents* (pp. 17-44). New York, NY: Guilford.

저자들은 청소년의 또래 영향력에 관한 연구들을 검토한다. 그리고 또래가 사회적 · 학업적 성과에 미치는 광범위한 영향에 대한 포괄적인 모델을 제시한다. 저자들은 또래가 서로에게 긍정적 · 부정적 영향을 미칠 수 있는 잠재력을 지녔음을 인정한다.

Juvonen, J., Espinoza, E., & Knifsend, C. (2012). The role of peer relationships in student academic and extracurricular engagement. In S. L. Christenson, A. L. Reschly, & C. Wylie (Eds.), *Handbook on student engagement* (pp. 387-401). New York, NY: Springer.

저자들은 또래가 어떻게 학생들에게 학교 활동과 특별 활동에 참여하도록 동기화시키는지에 대해 기술한다. 이 글은 또래 지원과 또래 소속감의 효과, 친구들을 선택하는 방법들, 우정의 질(quality), 또래 지원의 유형이 학습 참여와 학교 내외의 활동 참여에 영향을 줄 수 있다고 말한다. 학교 정책에 대한 시사점도 논의된다.

Ladd, G. W., Herald-Brown, S. L., & Kochel, K. P. (2009). Peers and motivation. In K. R. Wentzel & A. Wigfield (Eds.), *Handbook of motivation at school* (pp. 531-547). New York, NY: Taylor & Francis.
저자들은 긍정 정서, 긍정행동, 학교와 관련된 인지적 성과를 동기화해 주는 또래의 역할에 대해 논의한다. 저자들은 학교 관련 성과에 학급 친구들이 미치는 영향에 대한 최근 이론과 증거들을 조사했다. 그리고 그 영향의 구체적인 메커니즘에 대해 지금까지 무엇을 알아냈는지 비판적으로 살펴본다.

Ryan, A., & Ladd, G. (2012). *Peer relationships and adjustment at school*. Charlotte, NC: IAP Information Age.
이 책은 학교 환경에서 또래가 청소년의 신념, 행동에 미치는 영향에 대한 광범위한 논제들을 다룬다. 이 글은 다양한 유형의 또래관계가 미치는 영향, 영향의 복합적 메커니즘과 진행 과정들, 발달과 성적과 관련된 주제들, 교사 및 교육 종사자들이 학교에서 긍정적인 또래관계를 촉진할 수 있는 방법들도 제시하고 있다.

Wentzel, K. R., & Watkins, D. E. (2011). Peer relationships and learning: Implications for instruction. In R. Mayer & P. Alexander (Eds.), *Handbook of research on learning and instruction* (pp. 322-343). New York, NY: Routledge.
저자들은 학생들의 또래관계가 어떻게 학업 동기 및 학업 성취와 연관되는지에 대해 다룬다. 학교에서 또래관계를 갖는 것과 학습, 지적 성과의 관련성에 관한 증거들이 검토되고, 이 관련성을 설명하는 이론적 · 개념적 모델들이 제시된다. 또한 이론과 관련 증거들을 교실 지도, 학교 기반 실천 방안들에 적용할 방법들도 논의되었다.

제18장
클래스맵 컨설테이션: 클래스맵을 활용하여 긍정적 학급 환경 조성하기

1. 서론

학급 환경은 학생들의 성공적인 학업 성취와 인성 함양에 결정적이며, 특히 학생들의 발달에 영향을 미치는 중요한 환경 요소이다. 성장기 동안 학생들은 15,000시간 이상을 학교에서 보낸다(Rutter & Maugham, 2002). 이 시간은 학생들이 부모의 관리 감독과 상호작용하면서 독립을 성취할 수 있는 기회이다. 결국 학교의 기본적인 목적은 학생들이 머무는 학교 환경에서 심리적 건강을 위한 자연적 지원을 확대하는 것이어야 한다. 건강한 학교 환경은 학생의 사회정서적 안녕감을 높여 주고, 적극적인 참여와 수행 및 정확성 증진을 강화하여 학업 성취를 극대화한다.

이 장에서는 배움과 성장을 위한 최적의 학급을 만들기 위해 고안된 적합한 틀의 하나로서 클래스맵 컨설테이션(ClassMap Consultation)을 제안하고자 한다. 종합적인 프로그램에서 복잡한 학급 환경 파악을 위해 실질적이고 신뢰할 수 있는 도구로서 클래스맵을 활용하는 것은 필수적이다. 클래스맵으로부터 얻은 정보는 문제해결 과정에 사용되어 학급에서 필수적인 환경 지원을 확립하거나 회복하면서 다양한 효과를 발휘하도록 고안한 개입 전략을 명확하게 해 준다(대안: 클래스맵으로부터 얻은 정보는 문제해결 과정에 사용되어 학급에서 필수적인 환경을 지원해 주거나 다양한 효과를 발휘하도록 고안한 개입 전략을 명확하게 해 준다).

2. 효과적인 학급 환경의 개념적 틀

효과적인 학급 환경을 위한 개념적 틀은 아동기에 역경에 직면하여 나타나는 회복탄력성에 대한 발달적 연구에 기초한다. 1955년부터 현재까지 수많은 종단연구는 빈곤, 제한된 부모 교육, 결손 가정, 비교육적인 양육, 아동학대, 아동이나 부모의 취약한 정신건강이나 부모의 정신질환과 같은 다양한 위험요인에 노출된 학생들의 발달과업을 살펴보았다(Werner, 2013). 비록 처음에는 학생의 부적응을 높이는 변인들을 밝히는 데 초점을 두었지만 연구자들은 부가적으로 더욱 흥미로운 질문, 즉 무엇이 역경에 처한 학생들의 예상치 못한 성공을 가능하게 하는가에 주목하게 되었다. 다음은 이러한 연구 사례이다.

- Kauai 종단연구(Werner & Smith, 2001)는 1955년부터 유아의 발달장애의 원인을 밝힘
- Newcastle Thousand 가족연구(Kolvin, Miller, & Fleeting, 1998)는 15년 결핍과 결핍이 범죄에 미치는 영향을 조사함
- 와이트섬 연구(Rutter, Cox, Tupling, Berger, & Yule, 1975; Rutter & Maughan, 2002)는 학생들의 정신질환 위험을 증가시키는 요인들을 조사함

• 로체스터 종단연구(Sameroff, Seifer, Baldwin, & Baldwin, 1993)는 정신질환이 있는 어머니의 자녀를 유아기부터 12학년까지 살펴봄

이 연구들과 다른 연구들을 Werner(2013)의 개관연구에서 찾을 수 있다.

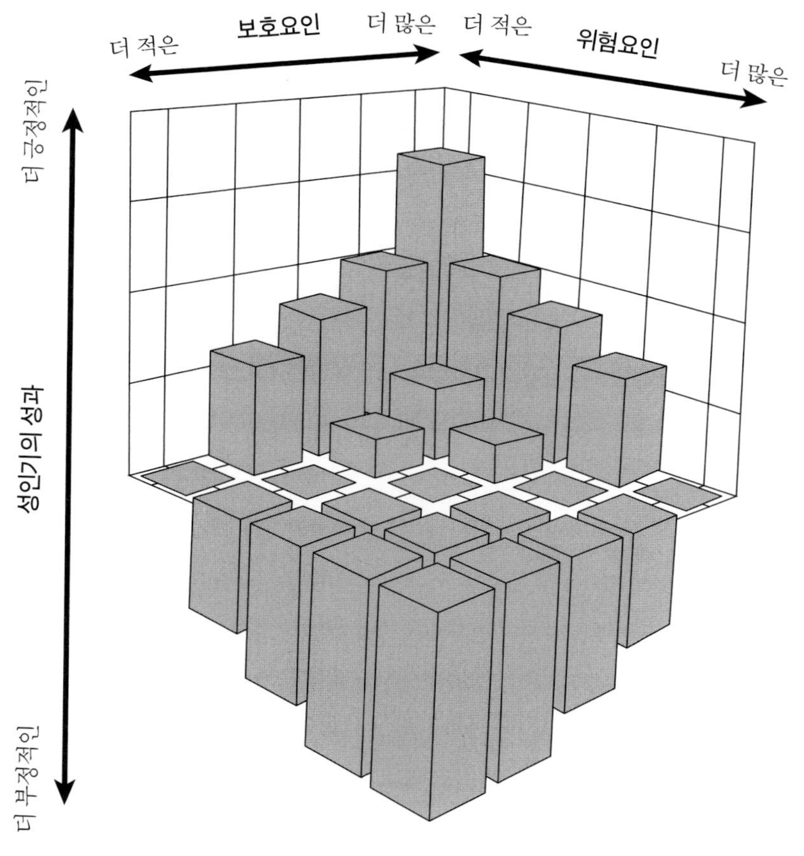

[그림 18-1] 역동적인 위험 및 보호 체계

발달적 연구들은 회복탄력성이 위험요인과 상호독립적이며 체계적이고 역동적인 구조임을 반복적으로 밝혀 왔다(Masten & Powell, 2003). [그림 18-1]은 시각적으로 이러한 상호독립성을 보여 준다. 이 시스템은 차이점

(multifinality; 아동기의 위험요인이나 보호요인이 같아도 다른 성인으로 성장할 수 있음)과 공통점(equifinality; 똑같이 발달한 성인의 아동기 위험요인이나 보호요인이 다를 수 있음)이 특징적이다. 긍정적인 성인으로 성장할 가능성은 각 하위 보호요인과 함께 증가하고, 그렇지 못할 가능성은 각 하위 위험요인과 함께 증가한다. 예컨대, 가난, 조산, 부모의 정신질환, 부모의 학대 같은 위험요인은 종종 함께 나타나며, 교육 기회, 경제적 안정, 롤모델 접촉과 같은 보호요인 역시 그러하다. 또 다른 예로, 인종 차별, 계급주의, 문화적 지배가 만연한 환경에서 차별받는 학생들은 위험요인의 영향력이 확대될 수 있으나, 확대된 가족망은 이러한 어려움에서 학생들을 보호하기 위한 방안이 될 수 있다(García Cöll et al., 1996). 학생들의 성장에 따른 단일 위험 또는 보호요인의 특정한 영향력을 구분해 내기는 어렵다(Masten & Powell, 2003).

회복탄력성의 3가지 시스템은 인간의 적응 시스템, 즉 개인의 자질, 가족의 질, 가족 외의 지지 시스템으로 구성된다. 예컨대, 초기에 긍정적이고 지지적인 보살핌을 경험한 아동·청소년은 성인기에 성공적으로 적응하므로 부모 역량은 아동기 회복탄력성의 중요한 가족요인이다(Werner, 2013). 부모 역량의 부재는 경제적 의존, 물질 남용, 역기능적 관계로 표현되는 적응의 어려움을 가져올 수 있다. 지능이 평균 또는 평균 이상이고, 낮은 정서성과 내적 귀인을 하는 학생들은 이러한 개인적 회복탄력성이 없는 학생들보다 가족 역경에 덜 취약하다. 이뿐만 아니라 부모의 효과적 보살핌을 받지 못한 학생들은 때때로 공동체에서 다른 사람으로부터 보상적 지지를 받는다. 심각한 역경에도 불구하고 성공적으로 적응하는 학생들은 거의 항상 형제들, 친척들, 돌봐 주는 사람, 교사, 또래 등과 강한 보살핌 관계를 맺는다. 사실상 고전적인 Kauai 종단연구(Werner & Johnson, 2004)에서 회복탄력성과 성공적인 적응 기술을 지닌 알코올 중독자의 자녀들은 이웃, 또래, 종교 공동체, 또는 학교의 사회적 지지에 크게 의지해 온 아동들이다. 따라서 가족 외의 보호 시스템을 강화하는 개입은 학생의 성공 기회를 확대하는 잠재력을 지닌다. 학생과 가족들이 경험한 특정 문화에 적합하게 제공되는 개입은 더욱 효과적이다(Varjas, Nastasi, Bernstein-Moore, & Jayasena, 2005).

학교는 학생의 삶에서 중요하고 변화 가능한 보호재이며 아동기 회복탄력성을 구축하는 가장 중요한 공동체 지지 시스템들을 대표한다(Wentzel, 2009; Werner, 2013). 유년기의 어려움에도 불구하고 잘 성장한 성인의 절반 정도는 성장기의 긍정적인 롤모델로 지지적인 교사를 중요하게 꼽았다(Werner & Johnson, 2004). 그것은 아동기 회복탄력성이 교사와의 따뜻한 관계, 가까운 또래 친구와의 돈독한 우정, 자기조절 기술 숙달에서 나온다는 것과 이러한 것들을 강화하는 것은 취약한 학생들이 성공적으로 성장할 수 있는 가능성을 크게 증가시킬 수 있음을 현실적으로 재확인시켜 준다(Masten, 2001). 지지적인 학교 환경을 강화하는 것은 모든 학생에게 이로우며, 특히 위험에 처한 학생들에게 이롭다(Downer, Rimm-Kauffman, & Pianta, 2007; Pianta et al., 2005).

위험요인과 회복탄력성에 대한 발달적 연구는 아동·청소년의 회복탄력성을 촉진하고 성공적인 발달을 조성하는 공동체와 학교의 특성을 규명하였다(Masten, 2001; Werner, 2013). 이러한 특성들은 학급 환경의 특성에 따라 가변적이고 제한적이기 때문에 긍정적인 학급 환경을 기술하기 위한 6가지 요인을 선정하였다. 여기에는 ① 배려와 진정성 있는 교사-학생 관계 조성(교사-학생 관계), ② 또래와 우정을 지속하고 서로 도움을 주는 기회의 극대화(또래관계), ③ 가정-학교 협력 강화(가정-학교 관계), ④ 능숙하고 효과적인 학습자로서의 정체감 조성(학업효능), ⑤ 학생들 스스로 세운 목표를 위해 매진할 수 있는 기회 제공(학업 자기결정), ⑥ 학생들이 적절하고 적응적으로 행동할 수 있도록 자기조절을 촉진하는 것(행동적 자기조절)이 포함된다. 다음은 학급 학생들의 발달적 수행 및 학업적 성공과 각 요인의 관계를 서술함으로써 왜 이 6가지 요인이 회복탄력적인 학급을 정의하는 데 포함되었는지를 간략히 설명하고자 한다.

1) 회복탄력적인 학급의 관계적 특성

(1) 교사-학생 관계

학생들이 학교에서 맺는 모든 관계 중에서 교사-학생 관계는 학교 성공에 가장 큰 영향을 미친다(Doll, LeClair, & Kurien, 2009). 교사와 학생의 관계는 부모-자녀의 애착관계와 유사하게 서술되어 왔다(Ahnert, Harwardt-Heinecke, Kappler, Eckstein-Madry, & Milatz, 2012). 교사는 부모처럼 학생들을 지지하고 격려하며 그들의 학업과 사회적 발달에 영향을 줄 수 있다. 학생들은 따뜻하고 권위 있게 상호작용하는 교사에게 강한 유대감을 느낀다. 이렇게 정서적으로 지지적인 교사는 도움을 잘 주고, 온화하며, 학생을 존중하고, 학생들과 자주 즐겁게 대화하며, 학생들이 자율성을 계발하도록 격려한다(Hamre & Pianta, 2005; Merritt, Wanless, Rimm-Kaufman, Cameron, & Peugh, 2012). 정서적으로 지지적인 교사-학생 상호작용은 아동의 분노 수준을 낮추고 행동적 자기조절 수준을 높이는 것과 관련된다(Merritt et al., 2012). 교사-학생의 강한 유대는 학교 실패의 위험에 있는 학생들이 지닌 다른 어려움들의 해로운 영향력을 조절하거나 반감할 수 있으므로 특히 중요하다(Hamre & Pianta, 2005).

교사-학생 관계와 부모-자녀 관계의 중요한 차이는 교사-학생 관계가 학급의 사회적 맥락에서 나타난다는 점이다(Pianta, 1999). 교사와 특정 학생 간 부정적 상호작용은 그것을 목격하거나 그러한 상호작용에 영향받는 다른 학생들과의 관계를 해치기 때문에 특히 중요하다(Murray & Murray, 2004). 따라서 학생들의 학업 성공을 위해 교사와 학생 간 부정적 상호작용을 줄이는 것은 긍정적 상호작용을 증가시키는 것보다 중요하다(Ang, 2005).

(2) 또래관계

교사-학생 관계와 마찬가지로 가치 있는 또래관계는 학급의 사회적 풍토와 학생들의 사회적 수행을 강화하며 배움에 대한 적극적 참여, 관심, 성공 또한 격려한다(Wentzel, 2009; Wentzel, Barry, & Caldwell, 2007). 학급 친구들은 배움을 즐겁게 하고 필요에 따라 서로 도움을 주고받는다(Wentzel & Watkins, 2002). 학급 내에 성숙한 우정의 비율이 높고 우정을 깨뜨리지 않고 갈등을 성공적으로 해결하는 학급 구성원의 능력이 높을수록 강한 또래관계가 나타난다(Doll & Brehm, 2010). 따라서 한 학생의 또래관계 발달은 학생들의 개인·사회적 수행, 학급에서 수용되는 종합적인 풍토, 그리고 학생들이 함께 즐겁게 지내는 기회의 횟수와 강도의 영향을 받는다. 대부분의 학생들은 학급 친구들이 학교를 가고 싶은 곳으로 만들고, 학생들 중 다수는 그들의 학급 구성원 중에 셋 또는 더 많은 친구를 가지고 있다(Doll, Brehm, & Zucker, 2014).

상호 갈등 또한 학급의 사회적 환경에 중요하며, 그 파괴적인 측면은 긍정적 갈등 관리를 촉진하는 방법과 실천으로 감소될 수 있다(Doll & Brehm, 2010). 학생들은 보통 친구 관계에서 괴롭힘과 말다툼을 경험하는데, 이것은 해로우며 우정을 지속적으로 방해하는 골칫거리이다. 결과적으로 대부분 친구와의 갈등은 빨리 해결된다. 이러한 친구와의 갈등은 지속적이고 반복적으로 괴롭히고 협박하는 또래 괴롭힘과는 분명히 다르다(Pellegrini & Bartini, 2001). 학급 내 학생들 대부분은 그들이 자신을 방어할 수 없다고 느낄 때 괴롭힘을 걱정하고 두려워한다. 따라서 부당한 괴롭힘과 협박을 줄이기 위한 학급 차원의 방법은 회복탄력적인 학급의 가치 있는 특성이다. 이러한 방법들은 또래 간 우정을 격려하는 방법과 밀접하게 관련된다. 부당한 괴롭힘에 대항하는 강력한 방어 중 하나는 또래의 공격으로부터 친구를 기꺼이 보호하는 학급 친구들의 우정이다(Song & Stoiber, 2008).

(3) 가정-학교 관계

학교에서 학생의 성공은 양육에 있어 가정과 학교가 협력적인 파트너일 때 가장 강하다(Christenson, 2004). 가정-학교 관계에 대한 초기 연구는 부모의 학교 참여, 부모-교사 신뢰에 초점을 두었다(Anderson & Minke, 2007). 그러나 최근의 연구들은 TV 모니터링, 학교 규칙 강화, 과제 확인, 조용한 학습 환경 제공 등 부모가 자녀의 학교 성공을 지지하는 많은 다른 활동을 포함하여 성공적인 가정-학교 관계의 정의를 확대하고 있다(Epstein et al., 2002). 가정-학교 관계가 강한 학급은 접근성이 높고 환영받으며, 부모들에게 학교와 가정에서 자녀의 학업을 돕는 중요한 방법에 기여할 수 있도록 해 준다(Fan, 2001; Hong & Ho, 2005). 부모가 자녀의 교육 경험에서 분리되거나 소외되어 있다고 느낄 때 학생의 학교 참여는 더 낮고, 학업 중단 비율은 높으며, 비행이나 범죄를 저지를 가능성도 더 높다(Doll, Spies, & Champion, 2012; Fan, 2001).

열심인 부모의 자녀들은 더 높은 과제 수행(Epstein & Van Voorhis, 2001)과 평균 이상의 더 높은 성적(Fan, 2001; Hill et al., 2004)을 나타내며 학교에서 더 성공적이다. 부모의 관여는 더 좋은 학생 참여, 더 낮은 학업 중단 비율, 더 높은 졸업 비율과 정적 관련성을 보인다(Anguiano, 2004; Epstein & Sheldon, 2002; Fan, 2001; Hill et al., 2004). 결국 열심인 부모의 자녀들은 더 높은 교육적 · 직업적 포부를 지닌다(Hill et al., 2004). 교사와 부모 모두 긍정적인 가정-학교 관계로부터 이익을 얻는다. 교사는 더 높은 직무 만족을 보였고, 부모는 자녀의 학교와 교사에 대해 높은 만족을 보고했다(Fan, 2001; Hong & Ho, 2005; Ingram, Wolfe, & Lieberman, 2007).

2) 회복탄력적인 학급의 자기조절 특성

(1) 학업효능

학업효능은 학생이 학급에서 자신이 성공할 수 있는가에 대한 믿음을 나타낸다(Bandura, 1997). 그것은 자기 충족적 예언의 순환을 보여 준다. 자신이 성공할 수 있다고 믿는 학생들은 더 잘 기술을 계발하고 성공을 촉진하는 방식으로 행동할 수 있어서, 성공 능력이나 기대를 강화한다. 학교는 학생들에게 과제를 수행하고 피드백을 받으며 성공과 실패를 경험할 수 있는 첫 번째 기회의 일부를 제공하여, 효과적인 신념의 계발을 이끈다(Pastorelli et al., 2001). 이러한 기회는 학생들이 매일의 학급 활동에서 성공을 경험하고, 학급 친구들의 성공을 대리 관찰하며, 자신의 성취를 축하하는 학급 친구들과 교사로부터 조언과 칭찬을 받을 때, 높은 학업효능을 촉진한다(Bandura, Caprara, Barbaranelli, Gerbino, & Pastorelli, 2003).

학업효능은 학생들이 도전과 어려운 과제에 관여하도록 촉구한다(Schraw, Kauffman, & Lehman, 2002). 실제로 낮은 학업효능을 지닌 학생들은 높은 학업효능을 지닌 학생들과 비교했을 때 실패가 예상되는 과제의 학습을 피하고, 또래보다 위험한 행동에 더 관여하는 경향이 있다(Pajares, 2006). 더 높은 학업효능을 지닌 학생들은 목표 설정, 적절한 학습 기술 사용, 자기 관리, 자기 평가와 같은 자기조절 기술이 우수하다(Brophy, 2010). 따라서 그들은 학업에 대해 적게 걱정하고 더 많은 신념을 나타내어, 실패를 일시적인 차질로 받아들인다(Pajares & Schunk, 2002). 반대로, 더 낮은 학업효능을 지닌 학생들은 종종 과제가 너무 어렵다고 믿고, 걱정하고, 스트레스를 받으며, 도전적인 문제를 위해 더 적은 선택적 해결을 도출하고, 실패의 원인을 자신의 능력 부족 때문으로 돌린다. 이러한 패턴은 초등학교에서 중등학교로 이동함에 따라 높아질 수 있다. 시간이 지나 그들은 교육 경험을 풍부하게 해 주는 중요한 활동에서 실수를 반복하고, 수치심이 발달하며, 심지어 사회적으로 고립된다(Christensen & Thurlow, 2004). 따라서 회복탄력적 학급의 중요한 특성은 효능을 저해하는 순환을 중단하고 학생들의 성공 기대를 회복시키는 것이다.

(2) 학업 자기결정

대부분의 학생들은 성장과 발달에 따라 자율성, 유능성, 관계성에 대한 자연적 성향으로서 동기화된 목표를 형성하고, 그러한 목표달성을 위해 자신의 행동을 조절하게 된다(Deci & Ryan, 2012). 학교에서 학생들이 의지적이고 의도적으로 자신의 학습 포부를 표현하도록 하고 목표에 이르는 구체적인 단계를 밟도록 할 때 자율성을 나타난다(Niemiec & Ryan, 2009). 자신의 목표를 위해 학습의 중요성을 인식한 학생들은 자신이 목표에 도달하는 방법을 체계적으로 계획할 것이므로, 진로에 도전이나 어려움이 있더라도 그에 적합한 문제해결 전략을 융통성 있게 활용할 수 있을 것이다(Deci & Ryan, 2008). 학생들의 자율성 발휘는 회복탄력적 학급의 6가지 특성과 밀접하게 관련된다. 이러한 자기결정 행동은 학생들이 학급 내에서 응집력을 느끼고, 교사가 학생들을 좋아하고, 존중하며, 소중하게 여긴다고 믿을 때 확대된다(Niemiec & Ryan, 2009).

일단 학생들이 학급 활동과 개인적 목적의 관련성을 지각하면 가르치는 과제는 더 쉬워진다. 의미 있는 학습은 교사가 외적 목표의 강화자이기보다 안내자와 멘토 역할을 하도록 한다. 학급 활동은 재미있게 맡겨진 작업과 그들의 개인적 삶에 중요한 과제에 의해 학생들의 실현을 가능하게 한다(Reeve & Halusik, 2009). 자기결정적인 학생은 학급 친구들보다 앞서려 하기보다(경쟁목표; Pajares & Schunk, 2002) 숙달을 중요하게 여긴다(숙달목표). 학급에서 목표달성을 직접 지도하고 학생들이 자신의 학습 과정을 스스로 모니터하도록 가르침으로써 학업 자기결정을 더욱 강화시킨다(Doll et al., 2014).

(3) 행동적 자기조절

행동적 자기조절은 학생이 스스로 행동을 조절하고 적절하게 행동하는 정도를 의미한다(Doll et al., 2014). 사회적으로 수용되는 방식으로 행동하는 것을 배우는 것은 학생들이 강한 사회적 관계 계발과 유지를 위한 기초 작업에 달려 있다(Rudasill & Rimm-Kaufman, 2009). 무엇보다 학업에 참여적이고 조절적이며 끈기 있는 학생들은 더 높은 학업 성적을 나타내는 반면, 행동적 자기조절이 부족한 학생들은 자주 학업적으로 낮은 성취를 나타낸다(Wanless, McClelland, Acock et al., 2011). 제한된 행동적 자기조절은 이후에도 지속되는 경향이 있다(Wanless, McClelland, Tominey, & Acock, 2011). 중학교 때까지의 학업 곤란은 학교와 공동체에서의 규칙 위반 행동의 증가를 가져온다(Hawkins et al., 2003; Wills, Pokhrel, Morehouse, & Fenster, 2011). 다행히 학교 성공을 증진하는 예방 프로그램은 미래의 행동 문제를 감소시키는 잠재력을 보여 주었다.

학생들의 행동적 자기조절(기쁘게 하려는 바람과 성공에 대한 기대와 같은)은 학생의 내적 특성과 공정한 학급 규범, 그리고 실천으로부터 나온다. 학기 초에 학생들은 교사가 학급 학생들에게 긍정적 기대를 가지도록 협력하고, 수업 사이 이동하거나 쉬는 시간에 나타낼 긍정적 행동에 대한 규범을 배운다(Doll et al., 2014). 그 후 교육 활동은 빠르고 재미있고 학생들이 반응할 수 있는 기회를 자주 제공하는 교육에 적극적으로 참여하는 학생들에 의해 행동적 자기조절을 향상시킬 수 있다(Linan-Thompson & Vaugn, 2010). 또래들도 학급 친구들이 적절히 행동하도록 촉구할 수 있다. 또래 행동 코치는 초등학생(Menesses & Gresham, 2009)과 중학생(Mitchem, Young, West, & Benyo, 2001)에게 행동적 자기조절과 학업 관여를 향상시키는 효과를 보였다.

(4) 요약

6가지 특성은 발달과업의 자기조절의 기초(학업효능, 학업적 자기결정, 행동적 자기조절)와 정신건강의 관계적 측면(또래관계, 교사-학생 관계, 학교-학급 관계)을 촉진하는 학급 환경에 대한 일관성 있는 설명을 제공한다. 이러한 특성을 지닌 학급은 학생들의 정신건강, 학업 성취, 성공적인 성인으로의 성장을 돕는다. 전통적인 관점에서는 각 요인을 개별 아동의 중요한 특성으로 여겨 왔다. 그러나 이 연구에서는 학교 환경이 그에 속한 학생들의 성장, 발달, 학습에 기여하는 것으로 분석된다.

3. 학급에서의 회복탄력성 조성

학교는 학생들에게 최적의 교실 학습 환경을 만들기 위해 지속적으로 분투한다. 문제해결 전략은 그러한 환경이 소란해지거나 분열될 조짐을 보일 때 더 효과적인 학급 규범을 촉진하는 데 활용될 수 있다. 클래스맵 컨설테이션은 친근한 4단계의 문제해결 전략으로 최적의 교실 학습 환경의 6가지 특성을 강화하기 위해 체계적인 자료에 기초한 의사결정을 강조한다. 1단계에서는 클래스맵 설문(ClassMaps Survey: 이하 CMS)을 사용하여 교실 학급 환경에 대한 요구 평가가 이루어진다. CMS 문항은 회복탄력적인 학급의 6가지 모든 특성을 나타내고, 암암리에 교사와 동료들이 학급에서의 관계적 · 자기조절적 지원을 모두 고려하도록 촉구한다. 2단계에서는 요구 평가로부터 모인 자료를 교실에서 학습하는 동료 및 학생들과 주의 깊게 분석한다. 3단계에서는 학급에서 더 강한 관계와 더 효과적인 자기조절을 조성하는 잠재력을 지니는 변화가 확인되며, 이러한 변화들은 개입을 위한 학급 계획으로 다듬어진다. 모든 학급 계획에서 중요한 하나의 요소는 계획된 변화에 대한 반응으로, 학급 특성의 개선이 나타나는가를 모니터링하는 전략이다. 그 후 4단계에서는 학급 변화의 영향력을 기술하는 자료가 조사되고, 필요하면 학급 계획이 보완된다. 확실히 이것은 일단 처음 목표가 달성되면 교사와 학생이 다시 1단계로 가서 다른 목표를 새로 시작할 수 있는 순환적 과정이다. 2단계에서 변화되고 3단계에서 시행된 다수의 학급 규범들은 다양하게 잘 통제된 실험집단 학생들에게 효과가 아직 검증되지 않았으므로 기초 자료가 될 수 없다. 그러나 개선된 학습 환경 목표가 달성될 때까지 클래스맵 컨설테이션을 하는 특정 학급의 변화는 학급에서 지속적으로 수집된 자료를 통해 추적 관찰되고, 변화를 위한 학급 계획은 자료를 반영하여 체계적으로 수정될 것이다. 순환적 과정으로서 클래스맵 컨설테이션은 교사와 학생들이 학생의 성공을 지원하는 학급 환경을 만들기 위해 목적의식을 가지고 함께 작업하도록 유도한다.

클래스맵 컨설테이션의 구조는 매우 단순하지만 그것의 실제 적용은 쉽지 않다. 학급마다 중요한 방식에서 차이가 있고 한 학급에서의 효과적인 개입계획이 다른 학급에서는 덜 효과적일 수 있다. 게다가 자료 기반을 강조하는 문제해결 기술은 학급 교사들에게 익숙하지 않다(Doll et al., 2005). 따라서 교사들은 강조된 원칙이 불확실하더라도 적극적으로 학급의 변화 노력을 이끌 수 있는 확실한 전문적인 신뢰를 요구한다. 대부분의 학급은 컨설테이션 팀과의 접촉으로부터 도움을 얻는데, 그 안에서 학급 교사는 동료, 학교의 정신건강 전문가 또는 부모와 협력하며 문제를 해결한다. 한 팀으로 일하는 것은 개입을 위한 아이디어 수를 확장시키고, 학급에 대한 대안적인 관점을 제공하며, 교사를 지지하는 새로운 지식과 전문적 지원에 기여한다. 학생 역시 참여를 통해 문제해결의 책임을 공유하고 학급에서의 정체감을 얻을 수 있으므로 학급에 충분히 관여하고, 그에 따라 학급 변화의 지속적 가능성에 추가적으로 기여해야 한다.

다음 절에서 클래스맵 컨설테이션에 대하여 자세히 서술하고자 한다. 자료 기반 문제해결에 대한 자세한 설명은 Doll과 동료들(2014)의 저술에 잘 나타나 있다.

1) 1단계: 학급 요구 평가

클래스맵 컨설테이션의 필수적인 첫 단계는 학교 학습 환경에 대해 신뢰적이고 타당한 요구 평가를 하는 것이다. CMS는 이러한 목적을 위해 개발되었다. 모든 학생이 6가지 학급 특성을 측정하고, 점수 매기고, 확인함으로써 6가지 학급 특성은 팀에게 시각화되고 수정이 가능해진다(Doll et al., 2014). 학급의 학습 환경 측정도구로서의 유용성을 강화하기 위해 CMS는 관리가 간편하고 입력과 분석이 쉽게 고안되어, 교사와 학생이 정보로부터 계획을 세울 수 있게 그림으로 쉽게 전환되며, 이들이 그 결과를 신뢰할 수 있도록 안면타당도를 지닌다.

CMS는 학급의 모든 학생의 응답률을 보여 주는 종합적인 비율 전략을 사용한다. 이 전략은 6가지 학급 특성을 평가하는 8개의 하위 척도를 생성하는 데 사용된다. 3개의 하위 척도는 학급에서 학생의 종합적인 자기조절을 평가한다[학업효능(자기신뢰-Believing in Me: BIM), 학업적 자기결정(책임 인식-Taking Charge: TC), 행동적 자기조절(학급 규칙 준수-Following Class Rules: FCR)]. 5개의 하위 척도는 학급 관계를 평가한다[교사-학생 관계(나의 선생님-My Teacher: MT), 가정-학교 관계(나의 부모님-Talking with My Parents: TWP), 또래관계(나의 학급 친구-My Classmates: MC), 또래갈등(학급 구성원-Kids in this Class: KITC), 괴롭힘에 대한 걱정(나의 걱정-I Worry That: IWT)]. 8가지 하위 척도들은 5~8개씩 전체 55문항으로 구성된다. 학생들은 리커트 4점 척도(전혀, 가끔, 자주, 거의 항상)에 응답한다. 설문에 모두 응답하는 데 15~25분 정도 소요된다. CMS의 실질적 특성은 계획된 개입의 영향을 평가하는 데 정기적으로 사용될 수 있다는 점이다.

CMS에 응답하는 개별 학생들은 더 정확하고 솔직한 반응을 위해 익명으로 응답한다. 종합반응은 그래프로 나타나 교사와 학생이 이해하기 쉬운 빠른 시각적 피드백을 제공하도록 고안되었다. [그림 18-2]는 어떻게 설문 결과가 막대그래프를 사용하여 표현되는지 보여 주며, 각 문항에 대한 반응 빈도를 나타낸다. 기존에는 이러한 그래프를 2, 3학년 학생이 쉽게 이해할 수 있었다. 가장 최신의 CMS는 컴퓨터로 관리되어 학생들이 전자 설문에 응답하고 마지막 학생이 설문을 마치자마자 교사가 학급 그래프를 다운로드할 수 있다.

CMS는 내적 일관성이 있게 고안되어 다른 학업 성공 지수들과 관련되어 있기 때문에 효과를 시험하지 않고 투입을 반복할 수 있으며 개입에 반응하

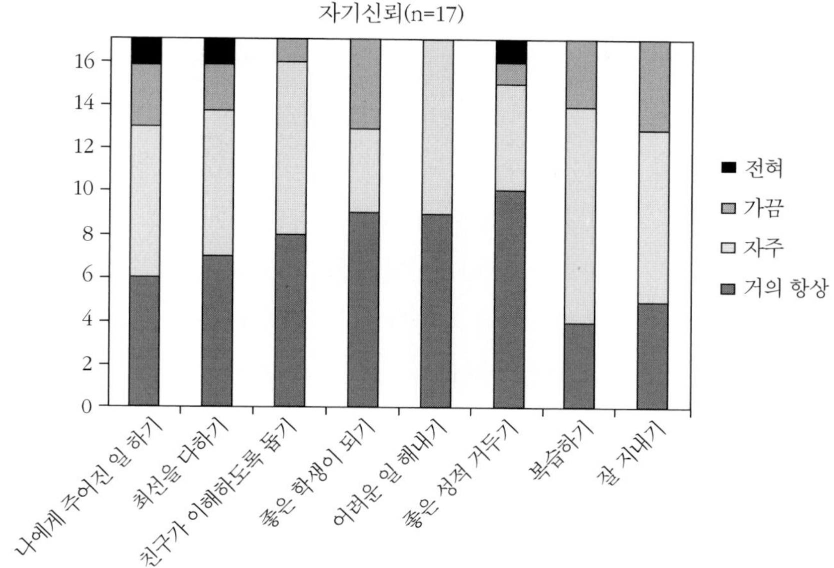

[그림 18-2] CMS의 자기신뢰 하위 척도에 대한 학급 그래프의 예

여 나타나는 요소의 변화에 민감하다. 이러한 기술적 가능성은 Doll과 동료들(2009), Doll, Spies, Champion과 동료들(2010), 그리고 Doll, Spies, LeClair과 동료들(2010)에 의해 명료하게 재검토되었다. CMS 하위 척도의 간결성에도 불구하고 개별 하위 척도들의 알파계수는 중학생에게서 .82~.91을 나타내고(Doll, Spies, Champion et al., 2010) 초등학생에게서 .79~.93을 나타내어(Doll, Spies, LeClair et al., 2010) 강한 내적 일관성을 보여 준다. 그 후 두 번의 탐색적 요인분석(Doll & Spies, 2007; Doll et al., 2010)과 한 번의 확인적 요인분석(Doll, Spies, Champion et al., 2010)은 CMS의 요인 구조를 지지하였다. 다른 연구들은 CMS와 그와 동등한 학교 학습 환경 척도의 관련성을 기술해 왔다(Doll, Spies, Champion et al., 2010; Paul, 2005).

2) 2단계: 학급 자료의 의미 구성

일단 요구 평가가 이루어지면 학급의 교사와 학생들은 자료 그래프를 살펴보고 그 결과에 대해 의논하며 학급의 강점과 약점을 분명하게 밝힌다. 학급 회의에서 자료 그래프를 학생들에게 공개하면 학생들은 자료의 정확성에 대해 의견을 말하고 약점이 왜 나타났다고 생각하는지 설명하며 학급 환경을 강화할 수 있는 전략과 변화를 제안한다. 학생들과 교사는 학급에 적용할 가장 중요한 변화를 결정하고 변화가 나타나면 교실이 어떠해야 하는가에 대해 의논한다. 학생의 관여는 참여자 관점에서 학급을 이해하는 고유의 능력을 가지기 때문에 변화를 계획하는 발달적 민감성을 위해 중요하다. 학생들 제안의 다수는 대단히 혁신적이고 통찰력이 있다. 예컨대, 한 4학년 학급 학생들은 학급에서 괴롭힘과 다툼이 많은 이유가 매일 축구 시합을 위해 팀을 선택하는 것이 어렵기 때문이라고 설명했다. 이에 대해 다음 단계에서는 효율적인 팀 구성 방안을 마련하여 학급의 모든 학생이 공정하게 받아들였다.

또한 교사들은 교실에 있는 컨설테이션 팀의 동료 또는 다른 성인과 요구 평가에 대해 의논한다. 비록 20분간 짧은 의논이지만 팀의 약점을 제거하기에 충분하다. 컨설테이션 팀은 약점이 나타난 상황에 대한 의논과 더불어 왜 약점이 나타났는지 가설을 만들 것이다. 이러한 가설은 약점을 고치는 방법을 짚어 줄 수 있다.

3) 3단계: 학급 변화의 계획과 수행

3단계에서는 학급 변화 계획을 계발한다. 변화 전략의 두 유형은 계획의 기초를 형성한다(미시적 변화와 매뉴얼화된 학급 개입). 이름에 함축된 것처럼 미시적 변화는 학습 환경을 강화하는 매일의 규범과 실천으로 만들어질 수 있는 작은 변화이다. 예컨대, 1, 2학년 학급 학생들이 교사와 양면적인 관계를 나타냈다. 이에 대응하여 교사는 으레 더 자주 웃고, 일과 중에 더 많은 유머와 학습 게임을 투입하였으며, 매일의 성공과 사소한 일에 대한 학생의 표현에 적극 관심을 보였다. 몇 달 후, 그 학생들의 CMS 보고서는 강한 교사-학생 관계를 나타냈다. 다른 사례에서 8학년 학생은 점심시간에 싸움 때문에 정학을 당할 정도로 심각한 갈등을 보인다고 교사들이 일치된 의견을 나타냈다. 선생님들과의 만남에서 학생들은 문제가 주로 학생들이 모이는 황량하고 지루한 운동장 환경 때문이라고 제안했다. 일단 점심시간에 더 많은 게임을 하자, 매월 2~3명이었던 정학 학생 수가 학년 마지막 3개월 동안 1명으로 감소했다. 미시적 변화 아이디어는 교사의 사전 경험, 동료의 제안, 학생이 스스로 만든 제안, 전문 저널 또는 뉴스레터 사례에 드러날 수 있다. 몇몇 사례에서 미시적 변화는 일단 교사가 학급의 사건을 즉각적으로 명확히 이해하는 것과 관련된다.

변화 전략의 두 번째 유형은 매뉴얼화된 개입이다(이러한 개입은 학급 문제가 심각하고 다루기 어려울 때 필요할 수 있다). 근거 기반 개입의 기준과 일치하는 매뉴얼화된 개입은 다양하게 잘 고안된 연구에서 학생들에게 유의미한 긍정적인 성과를 나타냈다(U.S. Department of Health and Human Services, 1999). 선정된 개입에서 강조하는 원칙은 단순하다(이해 가능한 매뉴얼화된 개입이 다른 학급과 학교에서 유사한 목표 개선을 가져온다는 증거가 있다면 놀라운 효과로서 가치를 지닌다). Doll과 Brehm(2010)은 공격을 예방하도록 고안된 매뉴얼화된 개입이 또래관계를 강화하고 운동장에서의 친사회적 행동을 증가시킨다고 하였다. Doll과 동료들(2014)은 6가지 학급 특성을 위한 근거 기반 개입에 대해 서술했다.

개입을 위해 기록된 계획은 각 활동의 내용, 언제 얼마나 활동할지, 그리고 활동 수행을 위한 개인의 책임을 포함한다. 기록된 계획의 복사본은 일어난 활동과 부주의하게 생략한 활동을 표시하는 체크리스트로 제공한다. 체크리스트는 학급 변화가 계획에 따라 수행된 수준에 대한 기록으로 제공한다. 계획 시행의 충실성은 그 정확성과 지속 기간으로 나타난다. 충실한 개입은 적어도 계획된 활동이 90% 이루어지고 변화가 적어도 2주간—학급 학생들의 변화를 위해 충분히 긴 시간—지속된다. 개입 계획은 또한 학급의 목표를 향한 과정을 모니터링하기 위한 1가지 요소를 포함한다. 모니터링 계획은 일상적 질문에 대한 학생의 응답을 모으고, 자습 수행이나 정확성에 대한 기존 학급 기록을 수집하며, 학급 이동을 위해 필요한 시간을 재기 위해 초시계를 사용하거나 징계 사건을 세는 것과 같이 간단할 수 있다. 한 사례에서 4학년 학급에서 변화를 추적하기 위해 그들의 학급 우정에 대한 하위척도를 매주 작성하였다(Murphy, 2002).

어떤 경우에는 계획된 학급 변화가 비현실적이거나 단순하여 충실하게 시행되기에 너무 어색하기도 했다. 예컨대, 한 중학교 교사는 학업 수행 향상을 위해 매주 몇몇 학생과 함께 점심을 먹으려 했다. 그러나 학생들은 그 초대를 재빨리 거절하고 친구들과 먹는 걸 더 좋아했다. 한 고등학교 학급은 행동장애를 가진 학생들에게 공격에 대한 대안을 가르치는 근거 기반 개입을 시행하였다. 그러나 대학에서 그 개입 회기를 관찰했을 때 학생들은 집중하지 않고, 활동에 참여하지 않으며, 몇몇은 방해 행동 때문에 그 그룹에서 격리되었다. 다른 경우, 학생이나 교사가 너무 불쾌해서 변화를 찾는다. 예컨대, 학생들의 희망에 따라 축구 규칙을 바꾼 4학년 학급에서는 한 학생이 다른 학생을 괴롭힐 때마다 '괴롭힘 규정'을 적용하도록 했다. 그 결과, 학급에서의 괴롭힘이 하루 평균 5점(90% 괴롭힘)에서 2점(10% 괴롭힘)으로 감소되고, '괴롭힘 규정'을 시행한 사례는 한 건도 없었다.

지속적인 행동 체크리스트 검토는 계획된 학급 변화가 충실히 이루어졌는지를 명확하게 해 준다. 활동이 90% 이하로 이루어졌을 때 교사와 컨설테이션 팀은 다음의 3가지 대안 중 하나를 택한다. 이 3가지 대안은 ① 계획을 꼼꼼히 따르기 위해 더 결연히 노력하기, ② 비현실적 요소를 고치는 작은 방안으로 계획을 새롭게 하기, ③ 학급의 목표에 더 적합한 새로운 계획을 마련하기이다. 실행의 충실성과 목표를 향한 과정 모니터링 자료를 기술한 2가지 활동 체크리스트는 팀의 결정을 돕는다. 괴롭힘 규정 적용 사례에서 행동 체크리스트는 새로운 축구 규칙이 모두 즉각적으로 100% 이행되도록 했다. 괴롭힘 규정은 유용했지만 사용되지 않았고 괴롭힘 감소를 보여 주는 학생 비율만 사용되었다. 이 사례에서 교사는 괴롭힘 규정 요소의 원래 계획을 마이너스로 이행했다. 원 계획은 이행되지 않았더라도 행동 체크리스트는 학급에서 충실히 이루어진 변화에 대한 정보를 제공한다. 선생님의 점심 초대를 거절한 중학교 학생들은 더 문제를 일으키는 학급 계획에 반응했다. 8교시 후 행동 체크리스트는 단 1명의 학생만 교사와 식사에 동의하는 것으로 나타났고, 그 교사의 기록은 학업 수행 비율에서 아무 변화가 없음을 보여 주었다. 이 교사는 학생들에게 학업 향상에 대한 보상으로 원하는 것을 묻고, 학생들의 제안을 포함하는 계획으로 변경했다. 고등학교 학급은 공격에 대한 과정 기반 대안 개입을 수정하여 더 도전적인 과제를 택하고, 교사는 지속적인 사용을 위해 헌신했다. 이뿐만 아니라 교사들은 개입 권위자들과의 컨설테이션을 통해 활동의 매력을 높이고 학생 참여를 강화할 수 있는 전략을 명료하게 했다.

4) 4단계: 학급 변화의 영향 평가

4단계에서 컨설테이션 팀은 계획 과정이 실제로 효과적인지 시험하고 평가한다. 모니터링 자료는 그 학급이 그 목적에 이르기 위한 목표에 도달했는가를 판단하는 데 사용된다. 예를 들어, 매일 축구팀을 선택해야 하는 어려움 때문에 괴롭힘과 다툼이 자주 일어났던 4학년 학급에서는 월요일마다 축구팀을 선택하기로 결정했다. 당시 모든 학생 간에 얼마나 많은 괴롭힘과 다툼이 일어나는지 기술하기 위해 하루 동안의 괴롭힘 비율을 측정했다. 날마다 괴롭힘과 다툼 비율은 감소했고, 월요일 팀 선택 방안은 지속적으로 시행되었다. 4학년 학급과 같이 학급의 계획이 성공적일 때마다, 효과적인 변화는 대부분 지속적인 방안과 실천으로 통합될 수 있다.

가끔 계획은 부분적으로 성공적이다. 예컨대, 1, 2학년 학급의 요구 조사 결과, 과학 시간 동안 학생의 참여와 학업 수행에 심각한 문제가 나타났다. 학생들은 교사가 신호등 시스템—노란불은 학생들이 주의집중하지 않은 것을 경고하고 빨간불은 또 집중하지 않아 쉬는 시간을 잃는 것을 경고하는 시스템—을 계획하도록 도왔다. 그 시스템은 학업 수행 비율을 58%에서 75%로 향상시켰으나, 교사는 95% 또는 그 이상을 기대했다. 학급 계획에 적용되는 다른 전략들이 학급의 변화 또는 새로운 개입에 이르는 변화를 증진시킬 수도 있다.

일부 성공적이지 못한 학급 계획은 완전히 새로운 계획이나 더 이상적인 개입이 필요함을 알려 준다. 학급에서는 1단계로 되돌아가서 추가로 요구 평가를 수집하거나, 2단계로 가서 새롭게 나타난 학급의 자료를 다시 살필 수 있다. 계획에 따라 좋은 성공을 거둔 학급도 가끔 그 순환의 시작으로 되돌아가기로 결정하고, 그다음 단계의 가장 중요한 목적을 설정한다.

4. 연구와 교육적 실천을 위한 논의

이 장은 자료 기반 문제해결 과정과 효과적인 학급 학습 환경의 조작적 정의가 어떻게 결합할 수 있는가를 보여 준다. CMS에 응답한 학생의 종합적인 반응은 학급 차원 개입에 있어 자료 기반 의사결정을 위한 첫 단계이다. CMS의 조작적 정의는 긍정적, 발달적, 예방적 학급 환경을 클래스맵 컨설테이션 절차에 넣은 것이다. 일단 이러한 회복탄력적 환경이 구체적인 용어로 기술되면 개별 학급에서 이러한 지원을 체계적으로 하기가 쉬워진다. 발달적 위험 및 회복탄력성의 틀에서 더 강한 학급은 학생들이 그들의 매일의 삶의 여러 측면에서 유익을 얻을 수 있는 잠재력을 향상시켰다.

학생 설문 사용의 또 다른 중요한 유익은 학급 계획과 개입의 과정에서 학생들의 목소리가 인식되는 것이다. 학생의 관점은 중요한데, 학생은 학급 체제에 통합되고 그들의 지지가 변화를 성공하게 하며, 학생의 통찰은 교사에게 학급 문제와 기대하던 해결 방안에 대한 새로운 설명을 제공할 수 있기 때문이다. 적극적으로 참여하는 학생들은 바쁜 담임 교사가 보다 실제적인 전략을 마련할 수 있도록 조력함으로써 학급 변화에 기여할 수 있다.

다른 개입 전략은 학령기 아동 개인의 건강한 관계와 자기조절을 촉진해 온 반면, 클래스맵 컨설테이션은 학급 내 집단에서 나타나는 건강한 관계와 자기조절 특성의 강화를 추구한다. 공립학교에서 학생 집단과 함께하는 개입의 확실한 이점은 프로그램이 학생들에게 보다 효과적이고, 비용 면에서도 효과적인 방식으로 제공된다는 점이다. 두 번째 이점은 클래스맵 컨설테이션이 모든 집단의 행동을 목표로 한다는 점이다. 이것은 특히 또래관계 강화 측면에서 중요한데, 또래집단에서의 사회적 행동은 적어도 개별 학생의 사회적 행동만큼 중요하다. 이뿐만 아니라 주목할 만한 이점은 클래스맵 컨설테이션이 학급의 시스템을 강화한다는 것이다. 이러한 체계적 변화는 오래 지속되는 잠재력을 지니며, 학급에 속한 학생의 1가지 측면에서의 유익한 변화는 그 학급의 다른 부분에서의 추가적인 유익도 촉진할 것으로 기대된다.

클래스맵 컨설테이션의 분명한 이익은 자료 기반 의사결정 기술을 지닌 담임 교사의 실력이 강화된다는 점이다. 학급 자료를 활용하는 교사가 학급 환경을 강화하는 변화를 촉진한다는 패러다임의 변화가 가능하다. 이러한 틀은 교사들에게 이론적 관점과 연결된 보편적인 언어와 함께 학급 환경에 대한 동료들과의 의사소통을 넓혀 준다. 또한 교사가 전문성과 리더십을 잘 사용하고 학부모 및 관리자와 학급의 좋은 성과에 초점을 맞추어 나갈 수 있다.

5. 결론

클래스맵 컨설테이션에 대한 연구는 아직 초기 단계이다. CMS를 실질적·기술적으로 긍정적 학급 환경을 측정하는 타당한 도구로 개발하기까지 몇 해가 걸렸다. 초기의 도전은 학급 문제를 평가하고 재정의하는 것과 관련하여 긍정적이고 건강을 촉진하는 학급의 특성을 조작적으로 정의하는 어려움과 연관된다. 더 최근의 연구는 클래스맵 컨설테이션에 필요한 노력의 가치를 교사들이 신뢰하도록 클래스맵 컨설테이션 과정을 간소화하고 있다. 교사들은 이러한 학급 기반 문제해결 과정을 기꺼이 그들의 실제에 통합하고자 할까? 그 변화가 학생들의 참여와 성공을 더 크고 강하게 변화시킬 수 있을까? 교사들이 투자한 시간만큼 이러한 가치가 있을까? 클래스맵 컨설테이션 전략은 교사의 교육적 결정과 밀접하게 관련되므로 교사들이 그 과정을 향하기 위해 충분히 준비될 필요가 있다. 따라서 이 연구는 교사들이 자신의 학급에 대한 자료를 모으고, 분석하여 그래프화하며, 결과를 이해하고, 문제해결을 약속하는 학급 변화와 개입에 대한 자료를 사용하는 가장 효과적인 방법을 조사하였다. 이 모든 것은 학급의 다양성에 의해 복잡해진다.—초기 클래스맵 연구는 한 학급의 중요한 요구가 다른 학급에서는 중요하지 않을 수 있고, 한 학급에서 효과적인 학급 변화가 다른 학급에서는 덜 효과적일 수 있음을 보여 준다. 학급 요구, 모니터링 자료, 개입 계획에 포함된 다양성을 존중하며 잘 통제된 연구 설계를 활용하여 클래스맵 컨설테이션의 영향력을 조사하는 것은 매우 복잡한 과제이다. 결국 클래스맵 컨설테이션 연구의 중요한 과제는 자료에 기초하여 학급 변화를 기술할 수 있는 신뢰도 높은 다양한 자료를 수집하면서 실제 학교 환경에서 일어나는 학급 개입의 복합성을 포착하는 것이다.

참고문헌

Ahnert, L., Harwardt-Heinecke, E., Kappler, G., Eckstein-Madry, T., & Milatz, A. (2012). Student-teacher relationships and classroom climate in first grade: How do they relate to students' stress regulation? *Attachment & Human Development, 14,* 249-263. doi:10.1080/14616734.2012.673277

Anderson, K. J., & Minke, K. M. (2007). Parent involvement in education: Toward an understanding of parents' decision making. *Journal of Educational Research, 100,* 311-323. doi:10.3200/JOER.100.5.311-323

Ang, R. (2005). Development and validation of the Teacher-Student Relationship Inventory using exploratory and confirmatory factor analysis. *Journal of Experimental Education, 74,* 55-73. doi:10.3200/JEXE.74.1.55-74

Anguiano, R. P. V. (2004). Families and schools: The effect of parental involvement on high school completion. *Journal of Family Issues, 25,* 61-85. doi:10.1177/0192513X03256805

Bandura, A. (1997). *Self-efficacy: The exercise of control.* New York, NY: W. H. Freeman.

Bandura, A., Caprara, G. V., Barbaranelli, C., Gerbino, M., & Pastorelli, C. (2003). Role of affective self-regulatory efficacy in diverse spheres of psychosocial functioning. *Child Development, 74,* 769-782. doi:10.1111/1467-8624.00567

Brophy, J. E. (2010). *Motivating students to learn* (3rd ed.). New York, NY: Routledge.

Christenson, S. L. (2004). The family-school partnership: An opportunity to promote the learning competence of all students. *School Psychology Review, 33,* 83-104. doi:10.1521/scpq.18.4.454.26995

Christenson, S. L., & Thurlow, M. L. (2004). Keeping kids in school: Efficacy of Check & Connect for dropout prevention. *NASP Communiqué, 32,* 37-40.

Deci, E. L., & Ryan, R. M. (2008). Facilitating optimal motivation and psychological well-being across life's domains. *Canadian Psychology, 49,* 14-23. doi:10.1037/0708-5591.49.1.14

Deci, E. L., & Ryan, R. M. (2012). Motivation, personality, and development within embedded social contexts: An overview of self-determination theory. In R. M. Ryan (Ed.), *Oxford handbook of human motivation* (pp. 85-107). Oxford, UK: Oxford University Press. doi:10.1093/oxfordhb/9780195399820.001.0001

Doll, B., & Brehm, K. (2010). *Resilient playgrounds.* New York, NY: Routledge.

Doll, B., Brehm, K., & Zucker, S. (2014). *Resilient classrooms* (2nd ed.). New York, NY: Guilford.

Doll, B., Haack, M. K., Kosse, S., Osterloh, M., Siemers, E., & Pray, B. (2005). The dilemma of pragmatics: Why schools don't use quality team consultation practices. *Journal of Educational and Psychological Consultation, 16,* 127-155. doi:10.1207/s1532768xjepc1603_1

Doll, B., Kurien, S., LeClair, C., Spies, R., Champion, A., & Osborn, A. (2009). The ClassMaps Survey: A framework for promoting positive classroom environments. In R. Gilman, E. S. Huebner, & M. J. Furlong (Eds.), *Handbook of positive psychology in the schools* (pp. 213-227). New York, NY: Routledge.

Doll, B., LeClair, C., & Kurien, S. (2009). Effective classrooms: Classroom learning environments that foster school success. In T. Gutkin & C. Reynolds (Eds.), *The handbook of school psychology* (pp. 791-807). Hoboken, NJ: Wiley.

Doll, B., & Spies, R. A. (2007, March). *The CMS.* A paper presented at the Annual Convention of the National Association of School Psychologists, New York.

Doll, B., Spies, R., & Champion, A. (2012). Contributions of ecological school mental health services to students' academic success. *Journal of Educational and Psychological Consultation, 22,* 44-61. doi:10.1080/10474412.2011.649642

Doll, B., Spies, R., Champion, A., Guerrero, C., Dooley, K., & Turner, A. (2010). The ClassMaps Survey: A measure of middle school science students' perceptions of classroom characteristics. *Journal of Psychoeducational Assessment, 28,* 338-348. doi:10.1177/0734282910366839

Doll, B., Spies, R., LeClair, C., Kurien, S., & Foley, B. (2010). Student perceptions of classroom learning environments: Development of the ClassMaps survey. *School Psychology Review, 39,* 203-218. doi:10.1177/0734282910366839

Downer, J., Rimm-Kaufman, S., & Pianta, R. (2007). How do classroom conditions and children's risk for school problems contribute to children's behavioral engagement in learning? *School Psychology Review, 36,* 413-432.

Epstein, J. L., Sanders, M. G., Simon, B. S., Salinas, K. C., Jansorn, N. R., & Van Voorhis, F. L. (2002). *School, community, and community partnerships: Your handbook for action* (2nd ed.). Thousand Oaks, CA: Corwin.

Epstein, J. L., & Sheldon, S. B. (2002). Present and accounted for: Improving student attendance through family and community involvement. *Journal of Educational Research, 95,* 308-318. doi:10.1080/00220670209596604

Epstein, J. L., & Van Voorhis, F. L. (2001). More than minutes: Teacher's roles in designing homework. *Educational Psychologist, 36,* 181-193. doi:10.1207/S15326985EP3603_4

Fan, X. (2001). Parental involvement and students' academic achievement: A growth modeling analysis. *Journal of Experimental Education, 70,* 27-61. doi:10.1080/00220970109599497

García Cöll, C., Lamberty, G., Jenkins, R., MCadoo, H. P., Crnic, K., Waskik, B. H., & Vasquez Garcia, H. (1996). An integrative model for the study of developmental competencies in minority children. *Child Development, 67,* 1891-1914. doi:10.2307/1131600

Hamre, B., & Pianta, R. (2005). Can instructional and emotional support in the first-grade classroom make a difference for children at risk for school failure? *Child Development, 76,* 949-967. doi:10.1111/j.1467-8624.2005.00889.x

Hawkins, J. D., Smith, B. H., Hill, K. G., Kosterman, R. F. C., Catalano, F. C., & Abbott, R. D. (2003). Understanding and preventing crime and violence: Findings from the Seattle Social Development Project. In T. P. Thornberry & M. D. Krohn (Eds.), *Taking stock of delinquency: An overview of findings from contemporary longitudinal studies* (pp. 255-312). New York, NY: Kluwer Academic/Plenum Press. doi:10.1007/0-306-47945-1_8

Hill, N. E., Castellino, D. R., Lansford, J. E., Nowlin, P., Dodge, K. A., Bates, J. E., & Pettit, G. S. (2004). Parent academic involvement as related to school behavior, achievement, and aspirations: Demographic variations across adolescence. *Child Development, 75,* 1491-1509. doi:10.1111/j.1467-8624.2004.00753.x

Hong, S., & Ho, H. (2005). Direct and indirect longitudinal effects of parental involvement on student achievement: Second-order latent growth modeling across ethnic groups. *Journal of Educational Psychology, 97,* 32–42. doi:10.1037/0022-0663.97.1.32

Ingram, M., Wolfe, R. B., & Lieberman, J. M. (2007). The role of parents in high-achieving schools serving low-income, at-risk populations. *Educational and Urban Society, 39,* 479–497. doi:10.1177/0013124507302120

Kolvin, I., Miller, F. J., & Fleeting, M. (1988). Social and parenting factors affecting criminal-offence rates: Findings from the Newcastle Thousand Family Study (1947–1980). *British Journal of Psychiatry, 152,* 80–90. doi:10.1192/bjp.152.1.80

Linan-Thompson, S., & Vaughn, S. (2010). Evidence-based reading instruction: Developing and implementing reading programs at the core, supplemental, and intervention levels. In G. Peacock, R. Ervin, E. Daly, & K. Merrell (Eds.), *Practical handbook of school psychology. Effective practices for the 21st century* (pp. 274–287). New York, NY: Guilford.

Masten, A. S. (2001). Ordinary magic: Resilience processes in development. *American Psychologists, 56,* 227–238. doi:10.1037/0003-066X.56.3.227

Masten, A. S., & Powell, J. L. (2003). A resilience framework for research, policy, and practice. In S. S. Luthar (Ed.), *Resilience and vulnerability: Adaptation in the context of childhood adversities* (pp. 1–25). New York, NY: Cambridge University Press. doi:10.1017/CBO9780511615788.003

Menesses, K. F., & Gresham, F. M. (2009). Relative efficacy of reciprocal and nonreciprocal peer tutoring for students at risk for academic failure. *School Psychology Quarterly, 24,* 266–275. doi:10.1037/a0018174

Merritt, E. G., Wanless, S. B., Rimm-Kaufman, S. E., Cameron, C., & Peugh, J. L. (2012). The contributions of teachers' emotional support to children's social behaviors and self-regulatory skills in first grade. *School Psychology Review, 41,* 141–159.

Mitchem, K. J., Young, K. R., West, R. P., & Benyo, J. (2001). CWPASM: A Classwide Peer-Assisted Self-Management Program for general education classrooms. *Education and Treatment of Children, 24,* 111–141. doi:10.

1177/074193250102200202

Murphy, P. S. (2002). *The effect of classroom meetings on the reduction of recess problems: A single case design.* Unpublished doctoral dissertation, University of Denver, Denver, CO.

Murray, C., & Murray, K. (2004). Child level correlates of teacher-student relationships: An examination of demographic characteristics, academic orientations, and behavioral orientations. *Psychology in the Schools, 41,* 751-762. doi:10.1002/pits.20015

Niemiec, C. P., & Ryan, R. M. (2009). Autonomy, competence, and relatedness in the classroom: Applying self-determination theory to educational practice. *Theory and Research in Education, 7,* 133-144. doi:10.1177/1477878509104318

Pajares, F. (2006). Self-efficacy during childhood and adolescence. In F. Pajares & T. C. Urdan (Eds.), *Self-efficacy beliefs of adolescents* (pp. 339-367). Greenwich, CT: Information Age.

Pajares, F., & Schunk, D. H. (2002). Self and self-belief in psychology and education: A historical perspective. In J. Aronson (Ed.), *Improving academic achievement: Impact of psychological factors on education* (pp. 3-21). San Diego, CA: Academic Press. doi:10.1016/B978-012064455-1/50004-X

Pastorelli, C., Caprara, G. V., Barbaranelli, C., Rola, J., Rozsa, S., & Bandura, A. (2001). The structure of children's perceived self-efficacy: A cross-national study. *European Journal of Psychological Assessment, 17,* 87-97. doi:10.1027//1015-5759.17.2.87

Paul, K. (2005). *SchoolMaps: A reliability and validity study for a secondary education school climate instrument* (Unpublished doctoral dissertation). University of Nebraska-Lincoln, Lincoln, NE.

Pellegrini, A. D., & Bartini, M. (2001). Dominance in early adolescent boys: Affiliative and aggressive dimensions and possible functions. *Merrill-Palmer Quarterly, 47,* 142-163. doi:10.1353/mpq.2001.0004

Pianta, R. C. (1999). *Enhancing relationships between children and teachers.* Washington, DC: American Psychological Association. doi:10.1037/10314-005

Pianta, R., Howes, C., Burchinal, M., Bryant, D., Clifford, R., Early, D., & Barbarin, O. (2005). Features of prekindergarten programs, classrooms, and teachers:

Do they predict observed classroom quality and child-teacher interactions? *Journal of Applied Developmental Science, 9,* 144-159. doi:10.1207/s1532480xads0903_2

Reeve, J., & Halusic, M. (2009). How K-12 teachers can put self-determination theory principles into practice. *Theory and Research in Education, 7,* 145-154. doi:10.1177/14778785091-04319

Rudasill, K. M., & Rimm-Kaufman, S. E. (2009). Teacher-child relationship quality: The roles of child temperament and teacher-child interactions. *Early Childhood Research Quarterly, 24,* 107-120. doi:10.1016/j.ecresq.2008.12.003

Rutter, M., Cox, A., Tupling, C., Berger, M., & Yule, W. (1975). Attainment and adjustment in two geographic areas: I. The prevalence of psychiatric disorder. *British Journal of Psychiatry, 126,* 493-509. doi:10.1192/bjp.126.6.493

Rutter, M., & Maughan, B. (2002). School effectiveness findings, 1979-2002. *Journal of School Psychology, 40,* 451-475. doi:10.1016/S0022-4405(02)00124-3

Sameroff, A. J., Seifer, R., Baldwin, A., & Baldwin, C. (1993). Stability of intelligence from preschool to adolescence: The influence of social and family risk factors. *Child Development, 64,* 80-97. doi:10.1111/j.1467-8624.1993.tb02896.x

Schraw, G., Kauffman, D. R., & Lehman, S. (2002). Self-regulated learning theory. In L. Nadel (Ed.), *The encyclopedia of cognitive science* (pp. 1063-1073). London, UK: Nature Publishing Group.

Schunk, D. H., & Pajares, F. (2005). Competence perceptions and academic functioning. In A. J. Elliot & C. S. Dweck (Eds.), *Handbook of competence and motivation* (pp. 85-104). New York, NY: Guilford.

Song, S. Y., & Stoiber, K. (2008). Children exposed to violence at school: An evidence-based intervention agenda for the "real" bullying problem. *Special Issue on Children Exposed to Violence, Journal of Emotional Abuse, 8,* 235-253. doi:10.1080/10926790801986205

U.S. Department of Health and Human Services. (1999). *Mental health: A report of the Surgeon General.* Rockville, MD: U.S. Department of Health and Human Services, Substance Abuse and Mental Health Services Administration, Center for Mental Health Services, National Institutes of Health, National Institute of

Mental Health.

Varjas, K., Nastasi, B. K., Bernstein Moore, R., & Jayasena, A. (2005). Using ethnographic methods for development of culture-specific interventions. *Journal of School Psychology, 43,* 241-258. doi:10.1016/j.jsp.2005.04.006

Wanless, S. B., McClelland, M. M., Acock, A. C., Ponitz, C. C., Son, S. H., Lan, X., . . . & Li, S. (2011). Measuring behavioral regulation in four societies. *Psychological Assessment, 23,* 364-378. doi:10.1037/a0021768

Wanless, S. B., McClelland, M. M., Tominey, S. L., & Acock, A. C. (2011). The influence of demographic risk factors on children's behavioral regulation in prekindergarten and kindergarten. *Early Education & Development, 22,* 461-488. doi:10.1080/10409289.2011.536132

Wentzel, K. R. (2009). Students' relationships with teachers as motivational contexts. In K. R. Wentzel & A. Wigfield (Eds.), *Handbook of motivation at school* (pp. 301-322). New York, NY: Routledge.

Wentzel, K. R., Barry, C. M., & Caldwell, K. A. (2007). Friendships in middle school: influences on motivation and school adjustment. *Journal of Educational Psychology, 96,* 195-203. doi:10.1037/0022-0663.96.2.195

Wentzel, K. R., & Watkins, D. E. (2002). Peer relationships and collaborative learning as contexts for academic enablers. *School Psychology Review, 31,* 366-377.

Werner, E. E. (2013). What can we learn about resilience from large-scale longitudinal studies? In S. Goldstein & R. B. Brooks (Eds.), *Handbook of resilience in children* (pp. 87-103). New York, NY: Springer. doi:10.1007/978-1-4614-3661-4_6

Werner, E. E., & Johnson, J. L. (2004). The role of caring adults in the lives of children of alcoholics. *Substance Use and Abuse & Misuse, 39,* 699-720. doi:10.1081/JA-120034012

Werner, E. E., & Smith, R. S. (2001). *Journeys from childhood to midlife: Risk, resilience, and recovery.* Ithaca, NY: Cornell University Press.

Wills, T. A., Pokhrel, P., Morehouse, E., & Fenster, B. (2011). Behavioral and emotional regulation and adolescent substance use problems: A test of moderation effects in a dual-process model. *Psychology of Addictive Behaviors, 25,* 279-292. doi:10.1037/a0022870

요약: 클래스맵

- 학교와 교실은 학생들의 삶에 중요하고 영향력 있는 장소이다. 효과적인 교실은 학생들의 회복탄력성을 높일 수 있다.
- 회복탄력성을 촉진하는 교실은 교사와 학생 간, 또래들 간, 학급과 가족 간에 강한 돌봄 관계를 나타낸다.
- 또한 회복탄력성을 촉진하는 교실은 학생의 자기효능, 학업적 자기결정, 행동적 자기통제를 포함한 자율 규제 능력을 지원한다.
- 교사와 학교 정신건강 전문가는 친숙한 데이터 기반 문제해결 절차를 사용하여 학급의 관계적이고 자율 규제적인 특성을 강화할 수 있다.
- CMS는 학급의 관계적이고 자율 규제적인 특성의 적정성을 평가하기 위해 학급의 모든 학생으로부터 수집한 평점을 사용하는 간단하고 실용적인 방법이다. CMS 사본을 요청하면 첫 번째 저자가 제공한다.
- 학생이 소속 학급의 자료에 대해 인식하는 것은 자료의 정확성과 의미에 대한 토론을 포함하며 학급에 대한 평가 결과를 의미 있게 이해할 수 있도록 한다.
- 학급 평가에 따라 계획된 교실 변화에는 미시적 변화, 단순한 학급 일과의 변화, 또는 잘 통제된 연구에서 효과성을 보인 매뉴얼화된 증거 기반 개입이 포함된다.
- 계획된 학급 변화가 충실하게 이루어지려면 계획한 활동의 90%를 실제로 실행하고 학급에서 최소 8일 이상의 학급의 날 기간 동안 실행해야 한다.
- 목표한 교실 변화 도달 상황을 점검하기 위해 간단한 교실 자료를 사용한다.
- 현재 클래스맵에 대한 연구는 학교에서 보다 실용적인 사용을 위해서 상담 절차를 간소화하는 것, 그리고 교사가 학급의 회복탄력성을 강화하기 위해 자료를 수집하고 사용하는 최선의 준비 전략을 검토하는 것이다.

클래스맵 추천자료

Brophy, J. E. (2010). *Motivating students to learn* (3rd ed.). New York, NY: Routledge.

교실에서의 동기에 관한 30년간의 연구를 이해하기 쉽게 요약하고 교육 및 학급 일과에 대한 실질적인 시사점을 기술하였다. 모든 클래스맵의 관계적이고 자율 규제적인 특성을 논의하였다.

Cummings, J., Doll, B., & Chapla, B. (in press). Best practices in population-based mental health services. In A. Tomas & P Harrison (Eds), *Best practices in school psychology* (6th ed.). Bethesda, MD: National tion of School Psychologists.

클래스맵 컨설테이션은 학급에 속한 모든 학생의 회복탄력성을 촉진하기 때문에 인구 기반 정신건강 서비스의 한 예이다. Cummings와 그의 동료들은 인구 기반 서비스에 대한 이론적 근거를 제시하고 인구 기반 서비스와 전통적인 학교 정신 건강 서비스가 어떻게 관련되는지 설명한다.

Doll, B., Brehm, K., & Zucker, S. (2014). *Resilient classrooms: Creating healthy environments for learning* (2nd ed.). New York, NY: Guilford.

『회복탄력적인 교실』(2판)은 데이터 기반 문제해결 절차인 클래스맵 컨설테이션에 대해 10개의 장에 걸쳐 설명한다. 4가지 문제해결 단계를 통해서 교사를 안내하는 클래스맵 설문지와 활동지 사본이 부록에 포함되어 있다.

Odom, S. L., Hanson, M., Lieber, J., Diamond, K., Palmer, S., Butera, G., & Horn, E. (2010). Prevention, early child-hood intervention, and implementation science. In B. Doll, W. Pfohl, & J. Yoon (Eds.), *Handbook of youth prevention science* (pp. 413-432). New York, NY: Routledge.

잘 통제된 임상 시험에서 효과성을 보인 매뉴얼화된 개입이 실제 상황에 항상 적합하지는 않다. 이러한 연구와 실제의 격차 및 격차를 좁히기 위한 전략을 위해 등장한 실천과학의 중요성을 설명한다.

Werner, E. E. (2013). What can we learn about resilience from large longitudinal studies? In S. Goldstein & R. B. Brooks (Eds.), *Handbook of resilience in children* (pp. 87-103). New York, NY: Springer.
발달적 회복탄력성에 대한 60년간의 연구를 개관하고, 아동 · 청소년의 심리적 건강을 위해 지역사회가 지원함에 있어 현실적이고 실제적인 시사점을 논의한다.

제19장

사회정서학습과 회복탄력성

1. 서론

시험과 학업 성취의 압력을 받고 있는 아동 · 청소년 시기에는 다양한 위험요인(예를 들어, 빈곤, 열악한 양육, 한부모 가정)에 노출되면 정신적 고통의 위험이 증가한다. 관련 연구에 의하면 아동 · 청소년 학생의 20% 정도가 정신건강 문제를 나타내고 있는데(Myers & Holland, 2000), 미국의 경우 400만 명의 아동 · 청소년이 정신장애로 고통받고 있다(National Alliance on Mental Illness, 2010).[1] 이들 중 75~80%는 안타깝게도 적절한 도움을 받지 못하고 있는 실정이다(Greenberg et al., 2003). 정신질환이 치료되지 않고 방치되면, 그 증상이 더욱 악화되면서 그만큼 학교에 많은 지원이 필요하게 된다. 그러나 불행하게도 학교는 학생들의 정신질환 증가에 효과적으로 대응할 준비가

1) The National Alliance on Mental Illness(NAMI)는 전국에 기초한 시민단체로, 미국에서 정신질환의 영향을 받은 가족과 사람들을 대표한다.—역자 주

아직 되어 있지 않다. 학교에서 충분한 지원을 받지 못하게 되면 학생들은 다른 동반 장애 발생에도 취약하게 된다. 게다가 이러한 청소년들은 종종 학교와 일상생활에서 성공하기 위해 필요한 능력과 잠재력을 발휘하는 데 장애가 되는 복합 고위험 행동을 하기도 한다. 비록 오늘날 아동 · 청소년에 대한 학교에서의 지원이 당장 어려울지라도, 학교는 회복탄력적 행동과 건강한 대처 기술, 사회정서 발달, 학업 성취, 장기간 건강과 생산성 등을 증가시키기 위한 방법 등을 가르치는 중요한 역할을 할 수 있다.

이 장에서는 회복탄력성의 개념, 사회정서학습이 학교에서 회복탄력적인 행동을 촉진할 수 있는 방법, 사회정서학습의 성과를 지지하는 연구, 학교에서의 회복탄력성 구축 프로그램의 한 예로 스트롱 키즈(Strong Kids)의 적용에 대해서 논의하고자 한다. 또한 생태학적 관점의 학교 기반 프로그램을 통해 학교와 일상생활에서 성공하는 데 필요한 회복탄력적 행동을 기르는 것에 중점을 두고자 한다.

2. 이론과 정의

1) 회복탄력성의 중요성

지난 몇 년 동안 선행 연구들을 통해 회복탄력성의 복합적 특성이 밝혀져 왔다. 그동안 회복탄력성의 개념적 정의는 다양하게 변해 왔지만, 회복탄력성은 역경에 노출됨에도 불구하고 긍정적인 태도로 적응하는 인간의 능력으로 보편화되고 있다(Masten & Obradovic, 2006). 회복탄력성은 점차 개인의 일반적 특성으로서 어려운 상황을 극복하는 데 도움이 될 뿐만 아니라, 높은 수준의 성취를 가능하게 하는 특성으로 인식되고 있다. 교육자들은 학생들이 피할 수 없는 삶의 스트레스와 역경을 탐색하고, 이로 인한 해로운 결과를 최소화해 나가도록 그들에게 회복탄력성을 기르는 방법을 가르치는 일에 관심을 보이고 있다.

2) 회복탄력성 연구와 발달

초기 실험 및 역학 연구들은 회복탄력성이 만들어지는 많은 메커니즘 사이의 복잡한 역동을 밝히고 있다. 20세기 중반에는 환경 파괴가 인간과 영장류 발달에 미치는 부정적 영향(Bowlby, 1954; Harlow & Woolsey, 1958; Spitz & Wolf, 1946)과 같은 단일변수 연구가 주로 이루어졌는데, 통제연구를 실행하여 회복탄력성 관련 위험요인들을 확인하였다. 이후에 종단연구들은 복잡한 스트레스와 역경에 만성적이고 심각하게 노출되었음에도 불구하고, 많은 아동이 확률적 예상과 달리 성인기에 건강한 조절과 능력을 보이는 것을 밝혀냈다(Garmezy, Masten, & Tellegen, 1984; Rutter, 1985, 1987; Werner, 1993; Werner & Smith, 1977).

후속 연구는 개인 내적 및 맥락적 위험 요인과 결과를 미세하게 예측하고 조정하는 보호요인을 확인하고, 위험요인들이 있을 때 개입하는 연구들로 이어졌다(Doll & Lyon, 1998). 회복탄력성과 상관있는 개인적 변인에는 지능, 사회 정서적 능력, 자아존중감 등이 있고, 일반적인 맥락적 변인에는 사회경제적 자원, 양육 방식, 가족 기능, 양육자와 성인, 동료와의 관계와 같은 환경적 변인들이 있다(Doll & Lyon, 1998; Masten & Coatsworth, 1998). 또한 후생적 연구(후성 유전학 연구)[2]는 정교한 미로와 같은 아동 발달을 이해하는 또 다른 창으로서, 유전자 발현 및 전달과 관련된 흥미로운 발견을 가능하

2) 후생적 연구(후생 유전학 연구, epigenetic): 후생 유전(epigenetic)이라는 용어는 발달심리학(developmental psychology)에서 선천적인 유전과 환경 사이의 상호작용의 결과로서 나타나는 심리적인 발달을 설명하는 데 사용된다(http://ruins880.tistory.com/66, 지마의 Bioinformatics 생명정보학).—역자 주

게 하였다(Hermann et al., 2011). 회복탄력성의 위험요인을 감소시키고 보호요인을 강화시키기 위해서는 전 생애 기간 동안 예측이 어려운 다양한 결과에 영향을 주는 생태계(즉, 미시체계에서 거시체계에 이르기까지) 속에서의 교류 과정(the transactional process)을 고려해야 한다(Sameroff, 1995). Pianta와 Walsh(1998)는 "위험과 회복탄력성은 아동, 가족, 학교의 특성이 아니라 시스템의 상호작용을 포함하는 과정의 특성"(p. 411)이라고 언급하며 회복탄력성 발달에 대한 최근의 관점을 정리하였다.

오늘날 학교는 적극적으로 위험요인을 완화시키고 보호요인을 강화시킬 수 있는 자연 발생적 체계로 인식되고 있다(Doll, Jones, Osborn, Dooley, & Turner, 2011; Doll & Lyon, 1998; Zimmerman & Arunkumar, 1994). 예방과학 연구운동은 학교에서 전반적인 건강과 발달을 촉진하기 위해 예방적 개입 전략들을 시작하였다(Catalano et al., 2012). 프로그램은 교실 변인의 변화(Doll, Zucker, & Brehm, 2004)에서부터 특수한 교육과정(Weissberg, Caplan, & Sivo, 1989)을 통해 특정 위험 요소나 문제해결을 목표로 학교, 가족 및 지역사회의 통합 파트너십을 만드는 것에 이르기까지 다양하다(Catalano et al., 2012). 이처럼 학교에서 사회, 정서 및 학업 능력에 영향을 주는 것을 목표로 적극적인 예방 노력을 하고 있는 개입들이 점차 늘어나고 있다(Catalano et al., 2012; Durlak, Weissberg, Dymnicki, Taylor, & Schellinger, 2011). 예컨대, 학교에서는 보편적 방식을 통해 모든 학생을 대상으로 예방적 개입을 실시하고 있다(Merrell & Gueldner, 2010).

3. 사회정서학습 접근

1) 사회정서학습

사회정서학습(Social and Emotional Learning: SEL; 이후 'SEL'로 표기)은 연구자들이 아동의 예방적 정신건강 전략들을 촉진하기 위해 협력하였던 1990년대 중반부터 주목을 받았다(Greenberg et al., 2003). SEL은 학교에서 교육과정 프로그램의 효과적 운영을 통해 정신건강을 촉진하고, 사회, 정서 및 생활 기술을 가르치며, 부정적인 삶의 결과를 예방하기 위해 다양한 도구와 체계적 기술을 사용하는 것을 포함하고 있다(Ragozzino, Resnik, O'Brien, & Weissberg, 2003; Zins, Bloodworth, Weissberg, & Walberg, 2004). 사회정서학습의 원리에는 학생들이 "감정을 이해하고 관리하는 것, 긍정적인 목표를 설정하고 달성하는 것, 다른 사람들에 대한 공감을 나타내고, 긍정적인 관계를 수립하고 유지하며 책임 있는 결정을 내리는 데 필요한 기술을 배우고 적용하는 것" 등이 있다[Collaborative for Academic, Social, and Emotional Learning(CASEL), 2012, p. 6]. 웰빙(wellness)의 개념이 정신건강 증진에 있어 중요한데, Lorion(2000)은 "웰빙은 시간, 상황, 환경에 따라 발생하는 요구들에 대처하는 심리적 능력"(p. 15)으로 보고, 웰빙의 "역기능을 피할 수 있는 지표 역할보다는 오히려 긍정적 상태 그 자체의 중요성"(p. 17)을 강조하였다. 즉, 부정적 결과를 예방하는 것보다 정신건강과 웰빙 그 자체를 더욱 중요시한다. SEL 논리 모델에서 설명하고 있는 것처럼(CASEL, 2003), 이 모델에서는 학생들이 회복탄력적이고 친사회적으로 되는 방법을 배우게 되면, 그들이 학교 교육 장면에서 긍정적으로 활성화되어 더욱 적극적인 참여를 하게 된다고 가정한다([그림 19-1] 참조). 이는 학생들이 단순히 역경에 대처할 수 있게 되는 수준에서 더 나아가, 학교 환경 내외에서 번영할 수 있는 능력

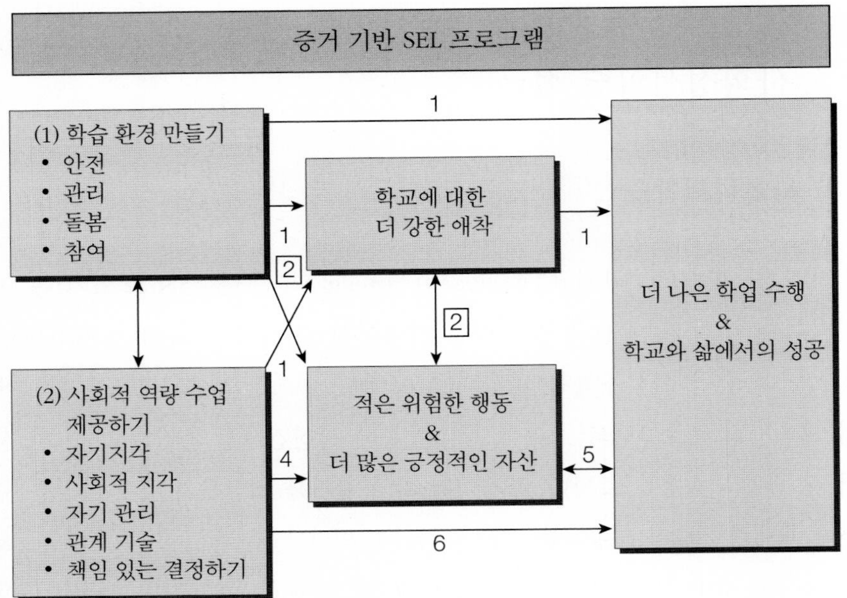

[그림 19-1] 사회정서학습(SEL)의 논리적 모델
(저자의 허락하에 사용, 증거 기반 SEL 프로그램, 시카고: CASEL, 2003)

을 갖추게 되는 것을 의미한다(Benson & Scales, 2009).

2) 학교에서의 SEL과 회복탄력성 증진

신체 건강과 발달 촉진을 위해 추진된 공중 보건 사업과 같은 선행 연구를 통해 사회정서적 분야와 학업 성취 향상의 상호관계가 반복적으로 설명되면서, 학교는 사회정서적 역량 개발에 주력하고 있다(National Association for the Education of Young Children, 2009; Pellegrino & Hilton, 2012). 학교는 증거를 기반으로 발달 문화적으로 적절한 프로그램을 학생에게 제공하는 것을 목표로 한다. 이러한 프로그램은 양질의 교육 기술을 활용하여 학생들이 위험을 줄이고 건강한 발달을 촉진하는 전략을 배우고, 연습하고, 적용할 수 있도록 하고 있다(Greenberg et al., 2003). SEL은 시간(예: 유치원에서 12학년까지)과 장소(예: 학교, 가정, 사회; Greenberg et al., 2003)에 따라 조정될 필요가 있는데, 이러한 작업은 비록 어렵더라도 계속되어야 한다. 한편, 정신건강 증진이 교육에 반영되는 것을 분명하게 하기 위해 일부 주 정부(예: 일리노이 및 뉴욕)는 SEL을 필수화하기 위한 입법 및 정책을 추진하였다(Merrell & Gueldner, 2010 참조; 더 많은 정보는 www.casel.org 참조). 또한 SEL 운동은 국제적으로 교육을 변화시키는 데 영향을 주었는데, 특히 유럽, 싱가포르, 호주 및 이스라엘의 일부 지역에서 이러한 변화가 두드러지게 나타났다.

학교에서의 SEL 적용은 유익한 점이 많기 때문에 학교는 사전 예방적 차원에서 이러한 서비스를 제공할 필요가 있다(Tran & Merrell, 2010; Weissberg, Caplan, & Harwood, 1991). 즉, SEL이 정신질환에 대한 예방과학 모델을 적용하는 다양한 서비스 분야에 도입될 필요가 있다(Tran & Merrell, 2010). 이러한 예방 모델은 학교 기반 서비스가 3가지 수준에서 지원될 수 있음을 보여준다. 첫째, 학생의 80~85%에 해당하는 보편적 수준의 모든 학생은 회복탄력성 교육을 받을 수 있다. 둘째, 10~15%에 해당하는 목표 수준의 학생은 정규 수업이 아닌 보다 집중적인 소그룹 수업을 받을 수 있다. 마지막으로, 1~5%에 해당하는 지시적 수준의 학생에게는 집중적이고 개별화된 개입이 제공된다. 정신건강 예방 모델에서, 학생의 정신건강 요구를 잘 이해하기 위해서는 문제의 근본 원인, 특정 장애의 발병 또는 보호, 부정적인 스트레스 요인 등을 확인할 필요가 있다(Tran & Merrell, 2010). 학교에서 교사는 학생의 긍정적이고 건강한 성장과 발달 촉진을 위해 회복탄력적 행동을 가르치고 증진시킬 준비를 할 필요가 있다.

3) 주요 연구

SEL은 학생들의 학업, 사회 및 정서 발달 증진을 위한 효과적인 학교 기반 예방 및 중재 프로그램이다(Durlak et al., 2011; Elias et al., 1997; Weissberg,

Walberg, O'Brien, & Kuster, 2003; Zins & Elias, 2006). 학업 성적, 반사회적 공격적 행동, 우울한 증상, 약물 사용, 정신건강, 문제행동 및 긍정적인 청소년 발달과 관련된 SEL 연구들은 학생들이 삶의 역경과 예상 스트레스 요인을 다루는 데 필요한 긍정적 특성을 증진하는 데 SEL이 효과적임을 입증하고 있다.

지금까지의 연구 중 가장 큰 규모의 메타분석 연구에서는 유치원에서 고등학교에 이르기까지(Durlak et al., 2011) 27만 명 이상의 학생들이 참여한 213개 학교 기반 사회정서학습 프로그램의 다양한 결과 요인을 분석하였다. 연구 결과, 사회정서적 기술, 태도, 행동 및 학업 성취가 유의미하게 개선된 것으로 나타났는데, 특히 학업 성취는 보편적으로 11% 증가되었다. 또한 SEL 프로그램은 사회정서적 또는 행동적 문제가 있거나 혹은 이러한 문제가 없는 학생들 모두에게 학교 및 방과 후 환경에서 효과가 있는 것으로 나타났고, SEL이 인종적 또는 민족적으로 다양한 집단뿐만 아니라 도시, 농촌 및 교외 환경의 학생들에게도 적용 가능한 것으로 분석되었다. 이 메타분석 연구 결과는 학령기 아동이 회복탄력적 행동을 구축하는 데 있어서 SEL이 효과가 있음을 지지해 준다. 이러한 결과는 학교가 보편적이고 증거에 기반을 둔 예방 및 개입 프로그램을 학생의 일상적인 교육 경험으로 우선적으로 제공할 필요가 있음을 보여 준다.

4. 교육적 적용

1) SEL 프로그램 사례

활용 가능한 SEL 프로그램 유형에는 사회정서학습 기술(예: 정서 확인 및 관리, 타인에 대한 공감, 문제해결)의 직접 교수에서부터 성격 개발, 폭력 예방, 물질 사용과 남용과 같은 문제해결에 이르기까지 다양하다. 교육청이나 학교가 학생에게 '적합한' 프로그램을 선택하는 일은 종종 어려운 문제이다. 무엇보다 자연스러운 환경(naturalistic settings), 즉 실제 학교생활 상황에서 증거 기반 사례(practices)를 활용하고자 하는 요구가 높아지고 있다. 이러한 요구들을 고려하여 보다 엄격하고 체계적인 프로그램 평가 연구에 입각한(CASEL, 2012), 높은 충실도로 구현된 고품질의 SEL 프로그램을 선택하는 것이 학생들의 성공적인 결과로 이어질 수 있다.

지금까지 정신건강과 회복탄력성 증진을 위해 많은 상업적 프로그램이 개발되었다. 학교 장면에서의 SEL 홍보와 교육 활동에 특별히 초점을 둔 프로그램의 예로는 *Caring School Community*(돌봄 학교 공동체), *I Can Problem Solve*(나는 해결할 수 있다), *Promoting Alternative Thinking Strategies*(대안 사고 촉진 전략), *Second Step*(두 번째 단계), *Social Decision Making/Social Problem Solving*(사회 의사 결정/사회 문제해결) 및 *Strong Kids* 교육 과정 등이 있으며, 이 외에도 다양한 프로그램이 있다. 이러한 프로그램들은 자신과 다른 사람을 이해하기, 책임감 있는 결정하기, 목표 세우기, 관계를 형성하기 등 SEL의 핵심 원칙들을 강조하고 있다. 최근 효과적 사회정서학습 프로그램이라 불리는 CASEL[The Collaborative for Academic, Social, and Emotional Learning(CASEL), 2012]은 SEL 프로그램 선택을 위한 가이드를 개정 발간하였다. 유치원 및 초등학교용은 선택, 실행, 유지 과정을 통한 학교 적용에 유용하다. 일반적으로 CASEL은 프로그램 선택의 엄격한 기준과 범위를 제공하고 있지만, 지침서에는 SEL 프로그램을 검토할 때 고려해야 할 사항도 제시하고 있다. 즉, SEL 프로그램을 검토할 때는 학년 수준, 연간 회기 수, 프로그램 내용을 전달하는 데 사용되는 교실 수업 방법, 다른 환경에서의 기술 실습 방법, 진행 상황 모니터링 방법 및 효과 입증 자료 제공 여부 등을 고려해야 한다.

2) SEL의 도전, 장애물, 고려사항

SEL을 실행하는 것은 단지 증거 기반 프로그램을 선택하는 것에 국한되지 않는다. 프로그램을 선택하기 전에 교사와 학생의 지지적인 관계 촉진, 교사와 학생 간의 지원적인 관계 형성, 충실한 이행, 지원 및 자원의 제공, 효과적인 징계 방법 활용, 기술의 연습과 피드백을 위한 충분한 기회 활용, 가정/지역사회 협력을 통한 학교 교육 조화 등과 같은 필수 사항에 대해 고려해야 한다(이와 관련해서 CASEL, 2012 참조). 2012년도 CASEL 가이드에는 교육청이나 학교가 전략적으로 계획을 세우고, 시행하고, 학생들의 유익과 그들의 성공적인 능력을 극대화하기 위한 방법으로 SEL을 활용할 수 있도록 하는 기본 틀이 제시되었다.

특히 학교 체계의 생태학적 구조를 고려할 때, 직원 또는 관리자의 높은 이직률은 프로그램의 실행 및 지속 가능성에 필요한 기초 지식을 개발하는 시스템에 방해가 될 수 있다. 한편, 이직하지 않고 학교에 남아 있더라도 그들 중에는 프로그램에 대한 동기가 없을 수 있다(Elias, Zins, Graczyk, & Weissberg, 2003). 게다가 학교 기반 프로그램은 종종 현재 체계에 대한 고려 없이, 또는 현재 체계의 장점을 간과한 채 새로운 프로그램으로 대체되기도 한다. 때때로 학교는 그들의 변화와 계획에 대한 준비를 감독할 수 있는데, 학교는 이러한 변화를 설명하고 지도와 자문 역할을 제공할 수 있는 인력을 교육하는 것이 필요하다(Elias et al., 2003). 생태학적 모델로서 SEL 프로그램이 학교에서 성공적으로 구현되기 위한 핵심 요소는, ① SEL의 계획과 실행에 이해관계자가 참여하고, ② SEL의 필요성과 가능한 자원을 평가하며, ③ 목표와 계획을 세우고, ④ 과정을 모니터하기 위한 평가 방법과 기준을 개발하고, ⑤ 전문적인 개발을 제공하며, ⑥ 모든 성인이 사용할 수 있는 모델로서 SEL 내에서 개인적 특성 개발을 보장하고, ⑦ 목표를 함께 공유하는 것이다. 프로그램의 효율성과 지속 가능성을 위해서 학교에서는 이러한 도전 과제들을 고려해야 한다(Elias et al., 2003; Stoiber, 2011). 만일 그렇게 하지 않으면 끝없는 좌절, 무효과, 시간과 자원 낭비의 문제가 생길 수 있다.

3) 스트롱 키즈 교육과정

SEL 프로그램의 장점을 설명하기 위한 좋은 예로 스트롱 키즈(the Strong kids) 교육과정이 있다. 스트롱 키즈는 Kenneth W. Merrell과 그의 동료들이 오레곤 대학교의 Oregon 회복탄력성 프로젝트를 통해 개발하였다. 이 교육과정은 학생들이 위험에 노출되었을 때 SEL 체제 안에서 보편적 정신건강 증진 프로그램 일환인 사회정서적 방법을 통해 회복탄력성을 증진시키기 위한 목적으로 설계되었다. 스트롱 키즈는 정신건강 예방 지원 서비스(1단계, 2단계, 3단계)와 연계되어 사용될 수 있다(Tran & Merrell, 2010). Merrell과 그의 동료들은 스트롱 키즈를 개발할 때 유용한 SEL 프로그램이 이미 개발되었다는 것을 잘 알고 있었다. 하지만 그들은 쉽게 적용될 수 있으며, 연방 정부의 자금 지원 없이 충실도 높게 구현될 수 있는 프로그램을 원했다(프로그램 이론과 개발에 대한 상세한 정보를 원하면 Merrell, 2010; Merrell & Buchanan, 2006 참조). 교육과정의 내용은 SEL의 5가지 원칙과 Cowen(1994)이 작업하고 제안한 '5가지 웰빙을 위한 길'을 바탕으로 구성하였고, 초기 애착 형성의 중요성, 연령에 적합한 역량, 건강 결과를 촉진할 수 있는 학교와 같은 환경, 내적 통제, 스트레스에 대한 효과적 대처 전략들이 강조되었다.

스트롱 스타트(Strong Start) 과정은 10개의 회기로 구성되어 있고, 스트롱 키즈와 스트롱 틴즈(Strong Teens) 과정은 12개의 회기 과정이 있는데, 모두 교실에서 가장 효과적이라고 알려진 명시적 교수 설계 방식을 통해 내용 전달에 중점을 두었다(예: 활발히 보조 맞추기, 즉각적인 피드백, 구조화된 복습 및 높은 학생 참여; Coyne, Kame'enui, & Carnine, 2006). 여러 해에 걸쳐 SEL 교육 결과가 5개 학년별 유형으로 제시되었는데, 유치원생(Pre-K)을 위한 스트롱 스타트

(Strong Start for Pre-K; Merrell, Whitcomb, & Parisi, 2009), 2학년을 위한 스트롱 스타트(Strong Start for Grades K-2; Merrell, Parisi, & Whitcomb, 2007), 3~5학년을 위한 스트롱 키즈(Strong Kids for Grades 3-5), 6~8학년을 위한 스트롱 키즈(Strong Kids for Grades 6-8), 9~12학년을 위한 스트롱 틴즈(Strong Teens for Grades 9-12; Merrell, Carrizales, Feuerborn, Gueldner, & Tran, 2007a, 2007b, 2007c)가 있다. 이 시리즈들은 간결하고 이용하기 쉽게, 일상적인 학습 과정에 자연스럽게 포함될 수 있도록 구성되었다. 특히 우울과 불안 관련 증상 및 행동과 같은 내면화 문제에 대한 대처 역량을 키울 수 있도록 설계되었다. 회기에서는 정서 확인 및 관리, 행동 활성화, 스트레스 관리, 이완 전략, 인지적 오류 확인, 기법 재구성, 사회문제해결 및 목표 설정에 대한 개념 등이 강조된다. 학생들은 역할 놀이와 정기적인 토론 및 실제 응용 프로그램에 적극적으로 참여하는데, 회기 목록은 〈표 19-1〉에 제시되어 있다.

일반적으로 회기는 이전 회기에서 다룬 주요 내용을 검토하고 새로운 내용을 소개하는 것으로 시작한다. 회기를 실행하는 전문가(일반적으로 교사 또는 학교 정신건강 전문가)는 내용을 전달하는 지시 사항을 읽는다. 교실 활동과 진행자 중심 토론을 통해 학생들이 이해할 수 있는 방법으로 내용을 설명하고, 동료들과 새로운 기술을 연습할 수 있는 기회를 제공한다. 예를 들어, '6회기: 사고 명료화하기 1'에서 회기 내용을 제시한 후, 학생들은 그들의 감정의 등급을 매기기 위해 '강도 온도계'를 사용하여 감정을 확인하는 활동에 참여하고, 감정과 생각이 동시에 존재할 수 있는 방법에 대해 토론한다. 그런 다음 학생들은 샘플 시나리오를 통해 실제 있을 수 있는 사고 오류 및 학생의 고통을 촉발하는 일반적인 사고방식 오류와 실제에 대해 배운다. 회기는 내용에 대한 전반적 검토와 함께 시간과 상황에 따라 학습한 개념을 교실에서 적용할 수 있는 아이디어로 마무리된다. 또한 보조 회기를 통해 교육과정 전반에 걸쳐 학습된 개념을 환기시킬 수 있다.

학생들의 교육과정 참여로 인한 변화를 평가하는 것은 모니터링 과정에서

〈표 19-1〉 스트롱 키즈 교육과정의 구체적 매뉴얼

스트롱 스타트(유치원용) 스트롱 스타트(2학년용)		스트롱 키즈(3~5학년용) 스트롱 키즈(6~8학년용) 스트롱 틴즈(9~12학년용)
1회기	감정 연습	스트롱 키즈 소개하기: 정서적 강점 훈련
2회기	감정 이해하기 1	감정 이해하기 1
3회기	감정 이해하기 2	감정 이해하기 2
4회기	당신이 화가 날 때	분노 다루기
5회기	당신이 행복할 때	다른 사람의 감정 이해하기
6회기	당신이 걱정될 때	사고 명료화하기 1
7회기	다른 사람의 감정 이해하기	사고 명료화하기 2
8회기	좋은 친구 되기	긍정적 사고의 힘
9회기	대인관계 문제해결하기	대인관계 문제해결하기
10회기	마무리하기	스트레스 해소하기
11회기		행동 변화: 목표 설정과 활동 유지하기
12회기		마무리하기

중요하다. 수년 동안 강점과 자산, 사회정서적 지식, 우울과 불안 증상 및 국제화된 사회 기능과 같은 변인을 평가하기 위해 다양한 척도가 사용되어 왔다. 무엇보다 학생의 변화가 프로그램에 기인한 것인지를 판단하기 위해서는 프로그램 구현의 충실도를 측정하거나 프로그램의 설계 의도에 맞는 실시 여부에 대한 평가가 요구된다. 프로그램 전달이 본래의 설계 의도나 목표에서 벗어나면, 학생 발달이나 퇴보가 프로그램에 의한 것인지를 판단하기가 어려워질 수 있다.

4) 스트롱 키즈의 교실과 학교 적용

스트롱 키즈 교육과정 시리즈는 일반 교실, 특수 교실 및 유치원부터 청소년기에 이르는 학생들을 대상으로 한 기숙형 교육 시설 등에서 널리 채택되어 사용되었다. 이 시리즈들은 정상적으로 기능하는 학생뿐만 아니라 행동 및 정서적 문제를 보이는 학생들에게도 적용되었다. 많은 선행 연구가 교육과정의 효과성, 실현 가능성, 수용성을 지지하고 있는데, 그중 Merrell(2010)은 이와 같은 연구 결과들에 대해 가장 포괄적인 설명을 제시하였다.

스트롱 키즈 교육과정의 가장 인상적인 효과는 교육과정에 참여하기 전과 후에 학생들의 지식을 측정한 결과, 학생들의 사회정서학습 개념에 대한 지식이 증가했다는 사실이다. 이뿐만 아니라, 교육과정에 참여하지 않은 통제 비교집단과의 사후 검사 결과를 비교했을 때, 효과 크기는 일반적으로 1.0 부근 또는 1.0 바로 위로 측정되었고, 크고 의미 있는 변화를 보여주고 있다(Castro-Olivo & Merrell, 2012; Feuerborn, 2004; Gueldner & Merrell, 2011; Harlacher & Merrell, 2010; Isava, 2006; Marchant, Brown, Caldarella, & Young, 2010a; Merrell, Juskelis, Tran, & Buchanan, 2008; Nakayama, 2008; Tran, 2007). 몇몇 연구는 문제 증상 감소의 측면에서 내면화된 증상이 통계적으로 유의미하게 감소하였다고 보고하였고(Calderella, Christensen, Kramer, & Kronmiller, 2009; Faust, 2006; Feuerborn, 2004; Isava, 2006; Marchant, Brown, Caldarella, & Young; 2010b; Merrell et al., 2008; Tran, 2007), 이와는 달리 다른 몇몇 연구에서는 증상의 감소가 확인되지 않았다(Gueldner & Merrell, 2011; Nakayama, 2008). 이러한 결과의 차이는 다음과 같은 원인에 기인한 것일 수 있다. 어떤 연구에서는 위험군 학생을 포함한 반면에, 다른 연구에서는 대부분의 학생들이 내면화된 문제가 나타나지 않는 것으로 추정되는 일반적 교실에서 연구가 실시되어 증상 감소의 정도가 적게 나타날 수 있다. 후속 연구에서는 문제 증상의 감소뿐만 아니라 정서적 능력의 증가를 측정함으로써 프로그램 효과성을 평가하는 것을 목표로 하고 있다(Caldarella et al., 2009; Harlacher & Merrell, 2010; Kramer, Caldarella, Christensen, & Shatzer, 2010; Nakayama, 2008). 증거 기반 프로그램의 성공적인 결과 측정을 위해서는 처치 정밀도[3])가 필수적인데, 여러 연구 결과, 외부 자원 및 자금 지원을 거

〈표 19-2〉 스트롱 키즈 계획 및 실행 시 고려사항 점검표

계획할 때 고려할 점	실행할 때 고려할 점
• 직원(staff)과 관계 형성하기 • 최소 2명의 직원을 리더로 정하기 • 교사와 관리자로부터 제공된 자료를 활용하기 • 교사 및 행정 직원과 사회정서학습의 가치에 대해 이야기 나누기 • 실행 계획: 누가 그 수업을 구현하는지 확인하기; 얼마나 많이 교사가 실행하는가?(교사는 관련 전문가가 수업하기를 선호함) 언제 시행하는가? 얼마나 많은 시간이 그 수업에서 활용되는가? • 처치 정밀도를 점검할 사전 계획 세우기(동료 교사, 대학교 연구자, 그 외 가능한 인원) • 교육 일정 세우기 • 과정 전반에 걸쳐 지원 제공하기 • 일정에 대한 개요 확인하기 • 프로그램에 참여할 학생들 선발하기 • 학생 강점과 행동 요구 사항을 교사에게 알아보기 • 교장은 프로그램 시작 전 학생 및 교사들과 짧게 대화하기 • 학교 시스템 문제 인식하기(예: 결석, 교사 교체율) • 가능한 경우 부모 참여시키기	• 필요에 따라 수업을 짧게 하기(학생 수에 따라 다름) • 학생들의 흥미와 참여를 높이기 위해 수업 용어와 예를 변경하기(수업 참여 집단에 의미 있는 자료로 준비하기) • 가능하다면 집단(학급) 전체와의 관계 및 개별적 관계 구축하기 • 레크리에이션 활동을 포함한 수업 구조로 변경하기: 수업 후 게임이나 원하는 활동하기 또는 (게임에 대해 집단의 요구가 높을 경우) 게임, 수업, 게임 순으로 활동하기 • (필요한 경우) 규칙을 검토하고, 마지막 회기까지 최선을 다할 수 있도록 학생들을 격려하기 • 일주일 동안 수업 개념 복습하기 • 실행 마지막에 마무리 활동 제공하기 • 행동 관리 계획 실행하기 • 수업 중에 도움을 주거나 함께 수업을 준비할 수 있는 다른 직원을 요청하기(학교 상담사, 사회복지사, 인턴, 교사, 보조 교사)

3) 처치 정밀도: 프로그램의 매뉴얼대로 진행되고 있는지를 평가하는 수치—역자 주

의 받지 않고도 높은 수준을 달성한 것으로 나타났다(Caldarella et al., 2009; Feuerborn, 2004; Gueldner & Merrell, 2011; Harlacher & Merrell, 2010; Isava, 2006; Kramer et al., 2010; Levitt, 2009; Marchant et al., 2010a; Nakayama, 2008; Tran, 2007; Whitcomb & Merrell, 2012). 또한 이와 같은 연구는 시리즈의 향상과 개선을 고려한 사례들을 통해 사용자들의 수용성과 사회적 타당성을 입증해 주고 있다. 그 대표적 예로 스트롱 틴즈의 교육과정을 유용하게 확장하여 적용한 사례와 라틴계 이민자 청소년을 위한 교육과정의 문화적 적용 사례가 있다(Castro-Olivo & Merrell, 2012).

요약하면, 교수 원리의 장점을 활용하여 구조화되고 검증된 형식을 갖추고 있는 지금까지의 연구들은 SEL의 구현을 바라는 사용자들에게 스트롱 키즈 교육과정 시리즈가 효과적인 방법이 될 수 있음을 증명하고 있다. 스트롱 키즈는 학생들에게 알맞고 적절하며 수용 가능하다. 이 프로그램은 개발 의도에 맞게 충실히 실행될 수 있고, 웰빙과 회복탄력성을 증진시키고, 기본적인 사회정서적 개념을 전달할 수 있으며, 심지어 악화될 위험이 있는 내면화된 문제를 완화시킬 수 있다. 지금까지 스트롱 키즈를 사용한 연구들은 사용자가 프로그램의 성공적 실행을 위해 고려해야 할 중요한 피드백과 권고사항을 〈표 19-2〉와 같이 제공해 왔다.

5. 요약

학령기 아동이 현재 직면하고 있는 학업, 사회 및 전반적인 스트레스 요인은 정신건강 문제의 위험도를 높일 수 있다. 사회정서적 문제는 학생의 학업 참여와 전반적인 발달, 생산성을 저해할 수 있다. 회복탄력성 구축을 위해 적절한 식별, 지원 및 개입 등과 같은 사전 대응을 하지 않으면, 많은 학생이 우울증, 불안, 학교 중퇴, 물질 사용 및 남용, 사회적 문제, 행동장애 및 공격성/폭력 등의 위험에 처할 수 있다. 어린 학생과 청소년들은 하루 중 상당한 부분을 학교에서 보내기 때문에 학교는 예방과 개입 프로그램을 실행하는 데 매우 이상적인 장소가 될 수 있다. 또한 학교는 학생들이 학업적 · 사회적으로 성공하고, 능동적인 학습자로서 최대한의 잠재력을 발휘하며, 삶에서의 성공을 위해 회복탄력성과 건강한 감정 기술을 개발할 수 있는 곳이 될 수 있다. 이러한 목표는 학교에서 모든 학생에게 예방적이고 회복탄력적인 기술을 기반으로 한 지속적 지원 모델을 제공할 때 달성할 수 있다.

SEL은 학교에서 학생의 정신건강 요구를 다루는 적극적 방안 중 하나이다. SEL 프로그램에 대한 연구들은 삶의 역경을 다루고 회복탄력적 행동을 촉진하는 데 필수적인 사회정서적 기술을 학생들에게 가르치기 위해서 긍정적인 결과들을 설명해 왔다. SEL은 효과적인 수업 방법을 통해 교실에서 통합될 때 교사와 학생 모두에게 유익한 것으로 나타났다. CASEL은 SEL의 5가지 중요한 기술 영역을 포함하여 개발되었다. 5가지 중요한 기술 영역이란 자기 관리(목표를 이루기 위한 행동과 감정 관리), 자기 인식(강점과 약점, 가치와 감정 인지), 책임 있는 결정(개인적 · 사회적 행동에 대한 건설적이고 윤리적인 선택하기), 관계 기술(긍정적 관계 형성하기, 팀 작업하기, 갈등을 효과적으로 다루기), 사회적 인식(타인에 대한 인식과 이해 표현하기)를 뜻한다. 최근 연구들은 SEL이 정신건강, 성취 업적, 사회정서적 발달에 있어 긍정적인 효과를 가져올 수 있다고 제안한다. 중요한 점은 SEL이 인종적 · 문화적으로 다양한 학생 집단의 긍정적 학습을 위해 상호작용하는 환경을 중요시하고 있다는 점이다.

여러 증거 기반 SEL 프로그램이 개발되었는데, 이 장에서는 학교에서 회복탄력성을 기르기 위해 SEL을 촉진할 수 있는 예로서 스트롱 키즈 프로그램을 중점적으로 소개하였다. 스트롱 키즈 프로그램은 혁신적이고, 사회적으로 타당하며, 사용하기 쉽고, 적은 비용으로 학생들에게 긍정적인 결과를 가져온다는 장점이 있다. 또한 스트롱 키즈는 다양한 수준의 요구에 맞게 지속적으로 적용할 수 있다. 이 프로그램은 학생들이 지식과 기술을 기를 수 있도록 반구조화된 예시 활동과 활동지를 제공한다. 이 프로그램의 기초는 효과적인 교육의 기본 원칙, 즉 정서 발달 기술에 대한 교수-모델-실천 접근법을 기반으로 한다. 많은 경험적 연구는 다양한 환경과 집단(예: 일반 교실, 선발 집단, 소그룹, 방과 후 프로그램, 주거 프로그램, 다문화 그룹)에서 스트롱 키즈의 유용성과 효과성을 밝혀 왔다. SEL이나 스트롱 키즈의 효과성을 높이기 위해서 학교는 학년과 학교 내에서 사회정서학습을 실시하기 위해 공유할 비전을 개발하고, 직원 교육을 실시하며, 행동 계획을 수립하고, 프로그램 실행 과정에서 직원 및 학생을 지원할 필요가 있다. 그리고 학교는 프로그램 실행의 충실도를 측정하고 검토하며, 팀 내 주요 인력과 학교에서의 지원 및 자원 실태를 확인하고, 교육 성과 측정을 위한 평가 도구를 선택해야 한다.

지금까지 언급한 것과 같이 학생들은 학교에서 회복탄력성을 구축할 필요가 있다. 더 이상 학생들이 심각한 수준에 직면하여 정신건강 개입이 '필수'가 될 때까지 기다리는 일은 없어야 한다. 학교는 부정적 결과의 궤도를 바꿀 수 있는 예방과 개입 프로그램을 보편적으로 채택할 수 있다. 사회정서학습은 모든 학생이 인생의 도전을 다루는 데 필수적인 기술과 지식을 배우고 회복탄력성을 기르는 데 효과적으로 검증된 모델이다.

참고문헌

Benson, P. L., & Scales, P. C. (2009). The definition and preliminary measurement of thriving in adolescence. *Journal of Positive Psychology, 4,* 85-104. doi:10.1080/17439760802399240

Bowlby, J. (1954). The effect of separation from the mother in early life. *Irish*

Journal of Medical Science, 29, 121–126.

Caldarella, P., Christensen, L., Kramer, T. J., & Kronmiller, K. (2009). The effects of Strong Start on second-grade students' emotional and social competence. *Early Childhood Education Journal, 37,* 51–56. doi:10.1007/s10643-009-0321-4

Castro-Olivo, S., & Merrell, K. (2012). Validating cultural adaptations of a school-based social-emotional learning program for use with Latino immigrant adolescents. *Advances in School Mental Health Promotion, 5,* 78–92. doi:10.1080/1754730X.2012.689193

Catalano, R. F., Fagan, A. A., Gavin, L. E., Greenberg, M. T., Irwin, C. E., Ross, D. A., & Shek, D. T. (2012). World-wide application of prevention science in adolescent health. *Lancet, 379*(9826), 1653–1664. doi:10.1016/S0140-6736(12)60238-4

Collaborative for Academic, Social, and Emotional Learning (CASEL). (2003). *SEL and academic performance research brief.* Retrieved from http://casel.org/publications/sel-and-academic-performance-research-brief/

Collaborative for Academic, Social, and Emotional Learning (CASEL). (2012). *Effective social and emotional learning programs: Preschool and elementary school edition.* Retrieved from http://casel.org/wp-content/uploads/CASEL_Guide.pdf

Cowen, E. L. (1994). The enhancement of psychological wellness: Challenges and opportunities. *American Journal of Community Psychology, 22,* 149–179.

Coyne, M. D., Kame'enui, E. J., & Carnine, D. W. (2006). *Effective teaching strategies that accommodate diverse learners* (3rd ed.). Upper Saddle River, NJ: Pearson/Prentice-Hall.

Doll, B., Jones, K., Osborn, A., Dooley, D., & Turner, A. (2011). The promise and the caution of resilience models for schools. *Psychology in the Schools, 48,* 652–659. doi:10.1002/pits.20588

Doll, B., & Lyon, M. A. (1998). Implications for the delivery of educational and mental health services in schools. *School Psychology Review, 27,* 348–363.

Doll, B., Zucker, S., & Brehm, K. (2004). *Resilient classrooms: Creating healthy environments for learning.* New York, NY: Guilford.

Durlak, J. A., Weissberg, R. P., Dymnicki, A. B., Taylor, R. D., & Schellinger, K.

B. (2011). The impact of enhancing students' social and emotional learning: A meta-analysis of school-based universal interventions. *Child Development, 82,* 405-432. doi:10.1111/j.1467-8624.2010.01564.x

Elias, M. J., Zins, J. E., Graczyk, P. Q., & Weissberg, R. P. (2003). Implementation, sustainability, and scaling up of social-emotional and academic innovations in public schools. *School Psychology Review, 32,* 303-319.

Elias, M. J., Zins, J. E., Weissberg, R. P., Frey, K. S., Greenberg, M. T., Haynes, N. M., . . . Shriver, T. P. (1997). *Promoting social and emotional learning: Guidelines for educators.* Alexandria, VA: Association for Supervision and Curriculum Development.

Faust, J. J. (2006). *Preventing depression and anxiety: An evaluation of a social-emotional curriculum.* Unpublished education specialist project, University of Wisconsin, Whitewater.

Feuerborn, L. L. (2004). *Promoting emotional resiliency through classroom instruction: The effects of a classroom-based prevention program.* Unpublished doctoral dissertation, University of Oregon, Eugene.

Garmezy, N., Masten, A. S., & Tellegen, A. (1984). The study of stress and competence in children: A building block for developmental psychopathology. *Child Development, 55,* 97-111. http://www.jstor.org/stable/1129837

Greenberg, M. T., Weissberg, R. P., O'Brien, M. T., Zins, J. E., Fredericks, L., Resnik, H., & Elias, M. J. (2003). Enhancing school-based prevention and youth development through coordinated social, emotional, and academic learning. *American Psychologist, 58,* 466-474. Retrieved from http://casel.org/wp-content/uploads/2011/04/AmericanPsychologist2003.pdf

Gueldner, B. A., & Merrell, K. W. (2011). The effectiveness of a social and emotional learning program with middle school students in the general education setting and the effect of consultation on student outcomes. *Journal of Educational and Psychological Consultation, 21,* 1-27. doi:10.1080/10474412.2010.522876

Harlacher, J. E., & Merrell, K. W. (2010). Evaluating the follow-up effect of Strong Kids on social and emotional outcomes. *Journal of Applied School Psychology, 26,* 212-229. doi:10.1080/15377903.2010.495903

Harlow, H. F., & Woolsey, C. N. (Eds.). (1958). *Biological and biochemical bases of behavior.* Madison, WI: University of Wisconsin Press.

Hermann, H., Steward, D. E., Diaz-Granados, N., Berger, E. L., Jackson, B., & Yuen, T. (2011). What is resilience? *Canadian Psychiatry, 56,* 258-265.

Isava, D. M. (2006). *An investigation of the impact of a social-emotional learning curriculum on problem symptoms and knowledge gains among adolescents in a residential treatment center.* Unpublished doctoral dissertation, University of Oregon, Eugene.

Kramer, T. J., Caldarella, P., Christensen, L., & Shatzer, R. H. (2010). Social-emotional learning in kindergarten classrooms: Evaluation of the Strong Start curriculum. *Early Childhood Education Journal, 37,* 303-398. doi:10.1007/s10643-009-0354-8

Levitt, V. H. (2009). *Promoting social-emotional competency through quality teaching practices: The impact of consultation on a multidimensional treatment integrity model of the Strong Kids program.* Unpublished doctoral dissertation, University of Oregon, Eugene.

Lorion, R. P. (2000). Theoretical and evaluation issues in the promotion of wellness and the protection of "well enough." In D. Cicchetti, J. Rappaport, I. Snadler, & R. P. Weissberg (Eds.), *The promotion of wellness in children and adolescents* (pp. 1-27). Washington, DC: CWLA.

Marchant, M., Brown, M., Caldarella, P., & Young, E. (2010a). Effects of Strong Kids curriculum on students with internalizing behaviors: A pilot study. *Journal of Evidence-Based Practices for Schools, 11,* 124-143.

Marchant, M., Brown, M., Caldarella, P., & Young, E. (2010b). Internalizing behavior problems: Strong Kids curriculum responds to the hidden challenge. *Journal of Evidence-Based Practices for Schools, 11,* 144-148.

Masten, A. A., & Coatsworth, J. D. (1998). The development of competence in favorable and unfavorable environments: Lessons from research on successful children. *American Psychologist, 53,* 205-220. Retrieved from http://positiveemotions.gr/library_files/M/Masten_Coatsworth_Development_1998.pdf

Masten, A. S., & Obradovic, J. (2006). Competence and resilience in development. *Annals of the New York Academy of Sciences, 1094,* 13-27. doi:10.1196/

annals.1376.003

Merrell, K. W. (2010). Linking prevention science and social-emotional learning: The Oregon Resiliency Project. *Psychology in the Schools, 47,* 55-70. doi:10.1002/pits.20451

Merrell, K. W., & Buchanan, R. (2006). Intervention selection in school-based practice: Using public health models to enhance systems capacity of schools. *School Psychology Review, 35,* 167-180. Retrieved from http://www.nasponline.org/publications/spr/index.aspx?vol=35&issue=2

Merrell, K. W., Carrizales, D., Feuerborn, L., Gueldner, B. A., & Tran, O. K. (2007a). *Strong Kids—Grades 3-5: A social and emotional learning curriculum.* Baltimore, MD: Paul H. Brookes.

Merrell, K. W., Carrizales, D., Feuerborn, L., Gueldner, B. A., & Tran, O. K. (2007b). *Strong Kids—Grades 6-8: A social and emotional learning curriculum.* Baltimore, MD: Paul H. Brookes.

Merrell, K. W., Carrizales, D., Feuerborn, L., Gueldner, B. A., & Tran, O. K. (2007c). *Strong Kids—Grades 9-12: A social and emotional learning curriculum.* Baltimore, MD: Paul H. Brookes.

Merrell, K. W., & Gueldner, B. A. (2010). *Social and emotional learning in the classroom: Promoting mental health and academic success.* New York, NY: Guilford.

Merrell, K. W., Juskelis, M. P., Tran, O. K., & Buchanan, R. (2008). Social and emotional learning in the classroom: Impact of Strong Kids and Strong Teens on students' social-emotional knowledge and symptoms. *Journal of Applied School Psychology, 24,* 209-224. doi:10.1080/15377900802089981

Merrell, K. W., Parisi, D., & Whitcomb, S. (2007). *Strong Start—Grades K-2: A social and emotional learning curriculum.* Baltimore, MD: Paul H. Brookes.

Merrell, K. W., Whitcomb, S., & Parisi, D. (2009). *Strong Start—Pre-K: A social and emotional learning curriculum.* Baltimore, MD: Paul H. Brookes.

Myers, C. L., & Holland, K. L. (2000). Classroom behavioral interventions: Do teachers consider the function of the behavior? *Psychology in the Schools, 37,* 271-280. doi:10.1002/(SICI)1520-6807(200005)37:3

Nakayama, N. J. (2008). *An investigation of the impact of the Strong Kids curriculum on social-emotional knowledge and symptoms of elementary-aged students in a self-contained special education setting.* Unpublished doctoral dissertation, University of Oregon, Eugene.

National Alliance on Mental Illness (NAMI). (2010). *Facts on children's mental health in America.* Retrieved from http://www.nami.org/Template.cfm?Section=federal_and_state_policy_legislation&Template=/ContentManagement/ContentDisplay.cfm&ContentID=43804

National Association for the Education of Young Children. (2009). *Developmentally appropriate practice in early childhood programs serving children from birth through age 8.* Washington, DC: NAEYC.

Pellegrino, J. W., & Hilton, M. L. (Eds.). (2012). *Education for life and work: Developing transferable knowledge and skills in the 21st century.* Washington, DC: National Academies Press, Board on Testing and Assessment and Board on Science Education, Division of Behavioral and Social Sciences and Education.

Pianta, R. C., & Walsh, D. J. (1998). Applying the construct of resilience in schools: Cautions from a developmental systems perspective. *School Psychology Review, 27,* 407-417.

Ragozzino, K., Resnik, H., O'Brien, M. U., & Weissberg, R. (2003). Promoting academic achievement through social and emotional learning. *Educational Horizons, 81,* 169-171.

Rutter, M. (1985). Resilience in the face of adversity: Protective factors and resistance to psychiatric disorder. *British Journal of Psychiatry, 147,* 598-611.

Rutter, M. (1987). Psychosocial resilience and protective mechanisms. *American Journal of Orthopsychiatry, 57,* 316-331. doi:10.1111/j.1939-0025.1987.tb03541.x

Sameroff, A. J. (1995). General systems theories and developmental psychopathology. In D. Cicchetti & O. Cohen (Eds.), *Developmental psychopathology: Theory and methods* (pp. 659-695). New York, NY: Wiley.

Spitz, R. A., & Wolf, K. M. (1946). Anaclitic depression: An inquiry into the genesis of psychiatric conditions in early childhood. *Psychoanalytic Study of the Child, 2,* 313-342.

Stoiber, K. C. (2011). Translating knowledge of social-emotional learning and evidence-based practice into responsive school innovations. *Journal of Educational and Psychological Consultation, 21,* 46-55. doi:10.1080/10474412.2011.549039

Tran, O. K. (2007). *Promoting social and emotional learning in schools: An investigation of massed versus distributed practice schedules and social validity of the Strong Kids curriculum in late-elementary-aged students.* Unpublished doctoral dissertation, University of Oregon, Eugene.

Tran, O. K., & Merrell, K. W. (2010). Promoting student resilience: Strong Kids social and emotional learning curriculum (pp. 275-287). In B. J. Doll (Ed.), *Handbook of youth prevention science.* Mahwah, NJ: Erlbaum.

Weissberg, R. P., Caplan, M., & Harwood, R. L. (1991). Promoting competent young people in competence-enhancing environments: A systems-based perspective on primary prevention. *Journal of Consulting and Clinical Psychology, 59,* 830-841. doi:10.1037/0022-006X.59.6.830

Weissberg, R. P., Caplan, M., & Sivo, P. J. (1989). A new conceptual framework for establishing school-based social competence promotion programs. In L. A. Bond & B. E. Compas (Eds.), *Primary prevention and promotion in schools* (pp. 255-296). Newbury Park, CA: Sage.

Weissberg, R. P., Walberg, H. J., O'Brien, M. U., & Kuster, C. B. (Eds.). (2003). *Long-term trends in the well-being of children and youth.* Washington, DC: Child Welfare League of America Press.

Werner, E. E. (1993). Risk, resilience, and recovery: Perspective from the Kauai Longitudinal Study. *Development and Psychopathology, 5,* 503-515. doi.org/10.1017/s095457940000612x

Werner, E. E., & Smith, R. S. (1977). *Kauai's children come of age.* Honolulu, HI: University of Hawaii Press.

Whitcomb, S. A., & Merrell, K. W. (2012). Understanding implementation and effectiveness of *Strong Start K-2* on social-emotional learning. *Early Childhood Education Journal, 40,* 63-71. doi:10.1007/s10643-011-0490-9

Zimmerman, M. A., & Arunkumar, R. (1994). Resiliency research: Implications for schools and policy. *Social Policy Report, 8,* 1-8.

Zins, J. E., Bloodworth, M. R., Weissberg, R. P., & Walberg, H. J. (2004). The scientific base linking social and emotional learning to school success. *Building academic success on social and emotional learning: What does the research say?* New York, NY: Teachers College.

Zins, J. E., & Elias, M. (2006). Social and emotional learning: Promoting the development of all students. *Journal of Educational and Psychological Consultation, 17,* 233-255. doi:10.1080/10474410701413152

요약: 사회정서학습과 회복탄력성

- 사회정서학습(SEL)은 강점을 기반으로 하는 긍정적 · 예방적 개입 접근이다.
- 스트롱 키즈 교육과정은 사회정서적 발달을 위해 학교 및 교실에서 쉽게 적용 가능한 반구조화된 프로그램이다.
- 회복탄력성은 학생들이 현재의 강점을 기르고 극대화함으로써 길러질 수 있다.
- 사회정서학습은 효과적이며 학업적, 행동적, 사회적 성공과 같은 긍정적인 결과와 상관관계가 있다.
- 스트롱 키즈 효과성을 검증한 연구들은 정신건강 요구를 해결하기 위해 학교, 다양한 환경 및 그룹에서의 활용을 지지한다.
- 학교 요구 평가를 기초로 하여 학교의 필요에 적합한 증거 기반 SEL 프로그램을 선택할 필요가 있다.
- CASEL(The Collaborative, Academic, Social and Emotional Learning) 웹사이트인 http://casel.org/에서 좋은 자료와 SEL 관련 연구를 제공한다.
- SEL 및 스트롱 키즈는 정신건강 예방의 3단계 연속적 지원 모델(1단계, 2단계, 3단계)로서 이상적이다.

사회정서학습과 회복탄력성 추천자료

Durlak, J. A., Weisberg, R. P., Dymnicki, A. B., Taylor, R. D., & Schellinger, K. B. (2011). The impact of emhancing students' social and emotional learning: A meta-analysis of school-based universal interventions. *Child Development, 82*, 405-432.

이 연구는 지금까지 이루어진 가장 큰 메타분석 연구로서 유치원부터 고등학교까지 200개가 넘는 학교 기반 SEL 프로그램을 조사하여 연구 결과를 제공하고 있다. 이 연구에 따르면, SEL에 참여한 학생들은 사회정서적 기술, 태도, 행동 및 학업 성적이 크게 향상되었다. 이 연구에서 성공적 실행을 위한 추천 사례가 논의되었다.

Greenberg, M. T., Weissberg, R. P., O'Brien, M, T., Zins, J. E., Frederics, L., Resnik, H., & Elias, M. J. (2003). Enhancing school-based prevention and youth development through coordinated social, emotional, and academic learning. *American Psychologist, 58*, 466-474. Retrieved from http://casel.org/wp-content/uploads/2011/04/AmericanPsychologist2003.pdf

이 연구는 학생들을 위해 적절하고 알맞은 정신건강 지원을 제공하는 학교 시스템에 대하여 논의하고 있다. 연구자는 긍정적인 청소년 발달, 정신건강, 약물 사용, 반사회적 행동 및 학업 수행을 목표로 하는 모범적이고 포괄적인 SEL 기반 예방 프로그램에 대한 분석을 제시한다. 연구자는 증거 기반 실제와 책임, 그리고 모든 학생이 그들의 잠재력을 최대한 발휘할 수 있도록 보장하는 통합적인 접근이 필요하다고 제안한다.

Merrell, K. W., Carrizales, D., Feuerborn, L., Gueldner, B. A., & Tran, O. K. (2007a). *Strong Kids-Grades 3-5: A social and emotional learning curriculum*. Baltimore, MD: Paul H. Brookes.

SEL 교육과정의 일환인 3~5학년용 스트롱 키즈는 취학 연령 아동의 회복탄력성 구축에 필수적인 주제를 가르치는 12회기 프로그램이다. 수업에는 '감정 이해하기' '분노 다루기' '사고 명료화하기'를 돕는 인지치료의 원리, 생활 상황에 학습된 낙관주의를 적용하는 방법, 스트레스 감소 전략 및 목표 설정이 포함된다. 언어 및 실습 활동은 3학년에서 5학년 학생들에게 발달적으로 적합하며, 사용하기 쉽도록 활동지를 작성하고 계획 및 실행을 위한 정보가 제공되고 있다.

Merrell, K. W., & Gueldner, B. A. (2010). *Social and emotional learning in the classroom: Promoting mental health and academic success*. New York, NY: Guilford.

이 책은 학교에서 SEL을 고려 중이거나 현재 실행하고 있는 모든 사람에게 도움이 되는 훌륭한 자료이다. 이 책에서는 SEL의 원칙과 사회정서적 건강 및 학업 성취 간의 관계를 검토한다. 선택한 프로그램을 검토하여 목표를 달성할 수 있는 프로그래밍 아이디어를 독자에게 제공한다. SEL 전달을 돕고 다문화 및 특수 교육 상황의 특정 집단의 적응을 돕기 위해 단계별로 실제적인 전략이 제공된다. 평가 결과에 대한 관심이 있는 사람들은 학생의 결과와 구현 충실도를 모니터하기 위한 평가 관련 장(chapter)을 참고하면 된다. 연구자는 '큰 그림'을 염두에 두고, 대규모 조직 내에서 작업하고 변화를 촉진하고 유지하며, 필수 이해 관계자를 지원하기 위한 과제와 해결책을 논의한다.

Tran, O. K., & Merrell, K. W. (2010). Promoting student resilience: Strong Kids socal and emotional learning curriculum (pp. 275-287). In. B. J. Doll (Ed.), *Handbook of youth prevention science*. Mahwah, NJ: Erlbaum.

연구자는 학교에서의 아동의 사회정서적 문제에 대한 예방 및 조기 개입의 틀에 대하여 논의한다. 학생의 정신건강 서비스에 대한 요구가 증가하면서 이러한 요구를 지원하기 위한 보편적 모델로서 사회정서학습을 강조한다. 스트롱 키즈의 SEL 교육과정은 학생의 회복탄력성을 향상시키기 위한 학교 전체 및 수업 전반의 개입 도구로 논의된다.

제20장

학교 풍토

1. 서론 및 이론적 배경

Cohen, McCabe, Michelli, Pickeral(2009)에 따르면, 학교 풍토에 관한 보편적인 하나의 정의는 존재하지 않는다. 그러나 Cohen과 동료들은 학교 풍토의 정의가 배움, 성취를 촉진하는 학교의 물리적 환경과 사회적 환경을 포함한다고 보고, 학교 풍토란 “학교생활의 특질과 특성(quality and character)”(p. 182)이라고 정의하였다. 긍정적 학교 풍토의 정의는 넓게 보면 학생들의 학습과 발달을 촉진하는 규범, 가치, 관계, 조직 체계를 모두 포함한다. 나아가, 긍정적 학교 풍토는 학생들에게 사회적, 정서적, 물리적 안정감을 제공해야 한다. 우리는 Cohen과 그의 동료들(2009)이 언급한 학교 풍토의 정의가 가장 포괄적이라고 보고, 이 정의를 기반으로 이번 장의 논의를 진행할 것이다.

역사적 인식

학교 풍토라는 용어는 100년 이전에 학습과 학교 분위기의 관계를 조사했던 Perry(1908)에 의해 처음 언급되었다. 그러나 학교 풍토에 관한 본격적인 연구는 1950년대 학생의 발달과 학교 풍토 간 관계에 대해 탐구한 Halpin과 Croft(1963)에 의해 시작되었다. Anderson(1982)은 학교 풍토 연구가 조직 풍토 연구와 학교 효과 연구에서 발생되었다는 점, 즉 연구척도와 연구방법 모두 다른 연구에서 빌려 와 수행된 연구라는 사실에 주목하였다. 1990년대에 Haynes, Emmons, Ben-Avie(1997)는 도시 학생들의 학업적 실패가 학생들의 인지적 능력 부족에 기인한 것이 아니라고 가정했다. 그래서 그들은 학생들이 공부하는 사회적 · 물리적 환경(예: 학교 풍토)에 대해 연구자들이 조사해야 한다고 주장했다. 물론 이러한 관점은 주로 읽기와 수리 능력 측정에 집중하는 현대 미국 교육 정책과 궤를 달리한다.

2. 학교 풍토의 차원들

학교 풍토의 정의에 관한 공통된 합의 도출은 힘든 일이다. 하지만 명백한 사실은 학교 풍토를 연구하는 연구자들의 초점이 건물이나 실내 공기의 질과 같은 물리적 환경(Anderson, 1982)에서 학생의 주관적인 학교 경험을 조사하는 쪽으로 옮겨지고 있다는 점이다(Cohen, 2006). 이와 같이 연구자들은 거의 보편적으로 학교 풍토가 4가지의 가장 중요한 학교생활 측면으로 구분된다는 것에 동의한다. 4가지 학교생활 측면은 안전(safety), 관계(relationship), 교수-학습(instruction and learning), 환경 및 구조(environmental-structural)로 이루어진다. 그리고 각 측면은 하위 요소를 가지고 있다.

1) 안전

학교에서의 안전은 물리적 · 사회정서적 안전 모두를 포함한다. 그리고 안전은 학습동기(Goodenow & Grady, 1993)와 학업적 성취(Sherblom, Marshall, & Sherblom, 2006)를 증진하거나 방해한다. 물리적 안전은 교내 폭력을 다루는 방법이나 모든 학생이 신체적으로 안전하다고 느낄 수 있도록 확실한 계획을 세우는 일까지 포함한다. 반면, 사회정서적 안전이란 갈등 해결 방법을 지도하는 일, 집단 따돌림 같은 공격적인 행동에 학교가 어떤 관점을 갖고 어떻게 다루는지에 대한 방식을 포함한다. 다행스럽게도 최근 대부분의 학생은 육체적 폭력으로부터 안전한 것으로 나타난다(Mayer & Furlong, 2010). 하지만 매우 높은 비율로 약자를 괴롭히는 행동, 따돌림 행동(최근 사회적 우려를 낳고 있다)을 경험하는 것으로 나타났다. 그리고 이와 관련된 연구는 피해 또는 가해 청소년 모두에게 공격적인 행동이 따돌림의 문제요인으로 작용한다는 사실을 보여 주었다(Boulton, Trueman, & Murray, 2008; Hawker & Boulton, 2000; Roland, 2002). 반면에, 심리적 안녕감과 친사회적인 기술은 공격적인 행동과 대조적인 보호요인으로서 영향을 끼친다.

2) 관계

학교 내 관계는 학교 풍토의 중요한 요인이다. 여기서 이야기하는 학교 내 관계는 다양성 존중, 학교 내 공동체, 공동 작업, 학생들의 사기, 의욕, 그리고 학생들이 학교에 대해 느끼는 소속감 등을 포함한다. 다양한 관계 중 학생들의 학업 성취에 가장 큰 영향을 주는 것은 교사-학생 관계이다(Doll et al., 2009). 학생들은 교사와의 관계에서 정서적 안정감을 느끼며 교사의 가치들을 내면화한다(Pianta, 1999). 또한 교사는 학생들이 몰입하고 적응적 행동을 하도록 자극한다. 다양한 연구에서 교사의 학업적 · 정서적 지지와 교사의 세심한 관찰(Thuen & Bru, 2000), 교사의 인정과 불인정(Nafpaktitis, Mayer, & Butterworth, 1985), 그리고 교사의 강화(Austin & Soeda, 2008)가 학생이 교사의 지시에 잘 따르는 능력, 과제 집중력을 증진시키는 핵심 역할을 수행하는 것으로 나타났다.

교사-학생 관계와 비슷하게 또래관계도 학교 활동 참여 및 학습 흥미도를 높여 주고 심리적 안녕감과 학업 성취를 증진시킨다(Wentzel & Caldwell, 1997; Wentzel & Watkins, 2002). 학교 소속감(school connectedness)도 학생의 건강, 학업 성취(McNeely, Nonemaker, & Blum, 2002) 및 위험행동(risk behaviors; Catalano, Haggerty, Oesterle, Fleming, & Hawkins, 2004; Karcher, 2002; Kirby, 2001)과 연관성을 지닌다. 미국 질병관리예방센터(United States Centers for Disease Control and Prevention)는 학교 소속감을 "학교 내 어른과 또래들이 공부뿐 아니라 개인적으로도 자신을 보살펴 준다고 여기는 믿음"이라고 정의했다. 결국 교사-학생 관계와 또래관계를 증진시켜 주는 학교에 대한 안정된 애착은 긍정적인 학교 풍토에 의해 조성된다(Blum, McNeely, & Rinehart, 2002; Goodenow & Grady, 1993).

3) 교수학습

질 높고 창의적인 교수, 사회적이고 정서적이며 윤리적인 학습, 학생의 발달을 이끄는 전문적인 교육, 그리고 리더십은 모두 효과적인 교수학습을 구성하는 요소이다. 서양 교육자들은 높은 창의성을 가진 학생들의 충동적 행동, 방해 행동, 비순응적 성향 때문에 창의적 학생들을 저평가해 왔다(Dawson, 1997; Scott, 1999). 그리고 창의적인 교실 환경을 촉진해야 하는 의의와 중요성을 간과하였다. Beghetto와 Kaufman(2007)은 창의성을 "경험, 행동, 사건에 대한 개인적이고 새로운 의미를 지닌 해석"으로 정의하고 구조화했다. 그리고 연구자들은 교사의 지지적인 피드백이 학생으로 하여금 창의성을 실생활을 혁신하는 도구로 사용하도록 자신감을 줄 수 있음을 보여 주었다(Beghetto, 2006). 실생활에 적용되는 프로젝트를 통해 활동적, 창의적, 협동적 학습을 격려하는 것은 시민 교육을 고취하며 학생 간 상호작용을 촉진시킨다(Ghaith, 2003; Wentzel & Watkins, 2002). 이에 더해, 증거 기반 사회정서학습 프로그램은 학생들의 학업 성취와 학생들 사이에서 학업을 중요시하는 분위기를 증진시킨다(Battistich, Schaps, & Wilson, 2004; Bradshaw, Koth, Thornton, & Leaf, 2009; Elias & Haynes, 2008). 마지막으로, 다양한 연구는 교사가 학교 관리자 및 동료들로부터 지지받는다고 느낄 때 업무에 더 헌신한다는 사실을 입증했다(Singh & Billingsley, 1998). 이 연구 결과들은 학교 리더십이 긍정적인 학교 분위기의 조성을 돕고, 교사에게 학생의 협동 학습(문제해결능력을 기르는 데 핵심적인 역할을 한다고 알려진)을 촉진할 능력을 길러 줌으로써 학교 풍토에 영향을 미칠 수 있음을 시사한다(Meloth & Deering, 1992). 또한 연구들은 지지적이고 협동적인 학교 환경 속에서 학생들이 학업적으로 성공한다는 사실을 보여 주었다(Haynes et al., 1997).

4) 환경-구조적 차원

학교 풍토의 4번째 요소는 바로 제도적 환경 혹은 환경-구조적 차원(environmental-structural)이다. 이 차원은 학교의 청결함, 학습에 도움이 되는 공간, 교구 확보와 같은 물리적 환경을 포함한다. 혼합설계 방법(mixed-methods study)으로 시행된 연구에서 물리적 학교 환경이 학생의 학교 만족도에 기여하는 주요 요인 중 하나로 꼽혔다(Mok & Flynn, 1997). 학생들은 학교의 청결함과 충분히 넓은 교실이 편안한 학교 환경 조성에 필수적 요인이라고 보고했다. 또한 교실 배치, 교육과정, 활동 시간표(Conroy & Fox, 1994), 그리고 학교의 작은 규모도 편안한 환경 조성의 중요한 요인이 될 수 있다(McNeely et al., 2002). 학교의 규모를 줄이는 것은 여러 제약으로 인해 실현 가능성이 낮지만, 그 대안으로 학교보다 작은 학습 공동체를 조성하는 것도 학생의 학습 환경을 향상시킨다(Cotton, 2001).

3. 학생 행동과의 관계

학교 풍토는 학생 행동과 관련이 있다. Stewart(2003)는 사회적 유대와 학생의 부적응적 행동이 관련이 있다고 생각하고, 학생 개인 수준 및 학교 수준의 다층분석(multilevel analysis)을 통해 사회적 유대와 학생의 부적응적 행동을 조사했다. 국가교육통계센터(National Center for Educational Statistics: NCES)로부터 제공된 자료를 통해 학교에서의 부적응 행동이 학교 수준의 학교 풍토와 의미 있는 부적 관계를 가진다는 것을 발견했다(여기에서의 학교 풍토는 5가지 요인, 즉 ① 학교 애착, ② 학교 헌신, ③ 학교규칙에 대한 믿음, ④ 긍정적 또래들, ⑤ 부모의 학교 참여도를 포함한다). 학교 풍토의 5가지 요인과 학교 성적, 가정의 수입, 성별, 민족, 학교 규모, 학교의 위치는 학생의 부적응적 행동을 17% 설명했다. 학교 풍토와 학교 소속감은 중고생의 학교 내 행동과 관련된다는 점에서 Wilson(2004)이 학교 풍토와 학교 소속감에 대하여 연구한 결과, Stewart(2003)와 유사한 결론을 얻었다. 학교 풍토가 향상될 때 공격성은 상대적으로 감소한다. 또한 학교 풍토의 질에 관계없이 높은 소속감을 느끼는 학생은 학교폭력 피해 경험이 낮은 것으로 나타났다. 이는 학교 풍토에 관계없이 학교 소속감이 학생을 보호하는 효과가 있음을 의미한다.

Brooks, Magnusson, Spencer, Morgan(2012)은 청소년들이 약물 남용이나 성관계와 같은 위험행동에 빠지게 하는 요인을 조사했다. 연구자들은 건강에 위협이 되는 행동을 할 가능성과 부적 상관이 있는 다양한 요인에 대해 구체적으로 조사했다. 그 요인들은 다음과 같다.

- 가족, 학교, 이웃에 속해 있다는 소속감
- 가족, 학교, 주변 사람들에게서 자율성을 존중받음
- 이웃과의 사회적 네트워킹
- 부모, 동료로부터의 사회적 지지

가족, 학교, 이웃(공동체)의 3가지 요인 중 학교, 이웃과 관련된 요인이 가족과 관련된 요인보다 건강에 위험이 되는 행동을 예측하는 데 더 큰 영향을 끼쳤다(Brooks et al., 2012). 그러므로 학교 소속감의 증진은 건강에 위협이 되는 행동과 부적 상관을 갖는다.

Loukas, Suzuki, Horton(2006)은 학교 풍토의 매개요인으로서 학교 소속감에 대해 연구하였다. 연구자들은 10~14세 아동들이 인식한 학교 풍토를 4가지 구성요소를 통해 조사하였다. 학교 풍토를 구성하는 4가지 요소는 다음과 같다.

- 응집력(cohesion)
- 갈등(friction)
- 학생 간 경쟁(student competition)
- 전체 학급 만족도(total class satisfaction)

그리고 다음의 3가지 추가 변수에 대해서도 조사하였다.

- 학교 소속감
- 문제행동
- 우울 증상

Loukas와 동료들은 문제행동, 우울 증상과 인식된 학생 간 응집력, 불화 및 전체 학급 만족도 사이의 관계에서 학교 소속감이 매개요인으로 작용한다는 것을 알아냈다. 이러한 결과는 초기 청소년이 인식한 학교 풍토의 구성요소로서 학교 소속감을 평가해야 할 필요성을 강조한다.

Kidger, Araya, Donovan, Gunnell(2012)은 학교 풍토를 포함한 학교 환경이 청소년의 정서건강에 미치는 영향을 알아보기 위해 다음의 4가지 조건을 충족하는 39개의 연구물을 대상으로 문헌연구를 수행했다.

- 통계적으로 통제되었거나 동질한 집단을 대상으로 설계
- 11～18세 사이의 아동을 대상으로 실시
- 정서건강이 종속요인
- 학교환경의 노출이나 개입

연구 결과, 학교 풍토에 대한 긍정적 인식은 자살 행동의 감소와 연관성이 있었다. 그러나 몇몇 연구는 긍정적 학교 풍토가 증가할 때 적은 양이지만 유의미하게 우울이 증가한다는 점을 발견했다. 특히 큰 학교보다는 작은 학교에서 이 경향이 두드러졌다. 연구자들은 이 놀라운 발견에 대해 아마도 학교 전반 사회적 관계가 촉진될수록 학생들이 감정적 스트레스를 더 많이 표현하기 때문일 것이라고 예상했다.

4. 측정 관련 연구

학교 풍토의 측정은 매우 다양한 방법으로 실시되어 왔다. 하지만 측정도구들은 종종 제한적이거나 타당도와 신뢰도가 매우 낮았다. 이 장에서는 학생용 자기보고식 측정도구를 중심으로 살펴볼 것이다. 같은 현상에 대한 성인과 청소년들의 자기보고는 최대 중간 정도의 상관을 보이기 때문이다

(Ellert, Ravens-Sieberer, Erhart, & Kurth, 2011; Sundblad, Saartok, & Engström, 2006; Waters, Stewart-Brown, & Fitzpatrick, 2002). Frieberg(1998)는 학교 풍토를 평가하기 위해 다음과 같은 3가지 측정도구를 사용했다.

- 주변 소음 체크리스트
- 학생의 고민 조사
- 출입구 인터뷰

Frieberg가 개발한 '구내식당 주변 소음 체크리스트(Cafeteria Ambient Noise Checklist)'는 교내 식당에서 발생되는 다양한 소음을 확인한다. 성인과 아동의 소음, 주전자가 부딪히는 소리와 주방의 프라이팬에서 나오는 소음까지 포함한다. 구내식당의 소음을 확인하는 의도는 소음 정도와 스트레스의 관계에서 유래되었다. 구내식당의 소음이 감소한다면 학생의 스트레스 정도도 감소하며, 이를 통해 학생의 행복도와 학교 풍토도 긍정적으로 향상될 것으로 보인다.

Frieberg(1998)는 진급(초등학교 → 중학교, 중학교 → 고등학교)에 대해 걱정하는 학생들은 불필요한 스트레스를 받으며, 그로 인해 학교 풍토에 부정적 영향을 끼칠 것이라고 제안했다. 학생의 걱정을 측정하기 위해 4점 척도로 이루어진 30개의 문항이 개발되었다. 문항들은 구체적으로 학생 개인의 학교급 전환기에 느끼는 가장 큰 고민들을 조사한다. 그리고 교사와 학교 관리자는 이 척도를 통해 학생들의 고민을 다루는 데이터에 기반을 둔 정책을 결정할 수 있다. 이는 학생의 학교 소속감을 높여 준다. 그러나 이 척도에 대한 심리측정적 속성(psychometric properties; 타당도, 신뢰도 등)에 대해서는 보고된 바가 없다.

Stewart(2003)는 학생과 학교 두 수준에서 학교 풍토를 측정했다. 학생 수준의 변수에는 학교 애착, 학교 활동 참여, 학교 헌신, 학교규칙에 대한 믿음,

또래와의 긍정적인 유대, 부모의 학교 참여가 포함된다. 통제변인은 학생의 인구통계적 변수와 학생의 평균 성적(GPAs)이다. 학교 수준의 변수에는 학교 사회 문제, 학교 응집력, 학교의 다양한 인구통계학적 변수가 포함된다. 국가교육통계센터를 통해 조사된 이 척도의 데이터에 대해서는 이미 '3. 학생 행동과의 관계'에서 자세하게 논의한 바 있다. 연구 결과, 학교 부적응 행동은 학교 애착, 학교 헌신, 학교규칙에 대한 믿음, 긍정적인 또래들, 부모의 학교 참여를 포함한 수많은 학교 풍토요인과 유의미한 부적 상관관계를 갖는 것으로 나타났다. 이 데이터들은 국가교육통계센터가 지원한 1988년 국가교육종단연구(National Education Longitudinal Study: NELS)에서 수집되었기 때문에 Stewart(2003)는 이 척도의 타당도와 신뢰도를 평가하지는 않았다. 1988년에 시행된 종단연구는 학생, 학교 관리자, 학부모, 교사를 포함하여 학교 전체의 특성에 대한 정보를 모았다. 그러나 학교 풍토와 관련이 없는 질문도 일부 존재한다.

국가교육통계센터(McLaughlin, Cohen, & Lee, 1997)는 다양한 조사를 통해 학교 풍토 척도의 타당도에 대해 보고했다. 수렴타당도는 적절한 수준이었다(r=.30～.44). Kaufman, Rasinski, Lee, West(1991)에 의해 실시된 다른 타당도 분석에서는 학생 응답과 학부모 응답을 비교하였다. 인구통계학적 변수는 학생과 학부모의 응답이 중간～높은 정도의 상관을 보였다(.41～.85). 그러나 선택된 일부 학교 관련 변수에서는 낮은～중간 정도의 상관이 나타났다(.08～.51). 신뢰도의 경우 1988년 국가교육종단연구에서 사용한 학교 문제 척도와 교사의 질 척도는 모두 적절한 수준의 신뢰도를 보여 주었다(학교 문제: .92, 교사의 질: .76). 비록 1988년 국가교육종단연구에서 사용한 척도가 신뢰적이고 타당하지만 이 방법으로 학교 풍토를 평가하는 것은 부적합할 것이다(이 척도에 대해서는 http://nces.ed.gov/surveys/nels88/questionnaires.asp 참조). Brooks와 동료들(2012)은 청소년의 가족, 학교, 이웃에 대한 소속감과 가족, 동료, 학교, 이웃의 사회적 네트워킹 속에서 느끼는 청소년의 자율성 그리고 부모, 교사들, 또래들과 함께하는 공동체 속에서 청소년이 느끼는 사회적 지지에 대해 질문지를 사용하여 평가했다. 부모와 함께하는 공동체에 관한 질문들은 청소년들이 부모와의 대화에서 얼마나 어려움을 느끼는지에 대한 내용이다. 그러나 이 질문지의 심리측정적 속성(신뢰도, 타당도 등)은 보고된 바 없다.

학교 풍토 연구에서 심리측정학상 통계적으로 건전한 척도를 사용한 연구가 드물었다. 예를 들어, 국가정서교육센터(National Center for Emotional Education)에서 40명의 교장, 교육감, 주 교육부(state education department), 국가 단위 교육 지도자들을 대상으로 실시한 조사 결과, 학교 풍토 척도를 사용할 때 이 사람들 중 3분의 1 이상은 심리측정적으로 증명되지 않은 임의적으로 만들어진 척도를 사용하는 것으로 드러났다(MMS Education, 2006). 이 사실 자체로도 문제이지만, 더 큰 문제점은 유용한 측정도구(① 실행하기에 부담 없고 실용적인 척도, ② 심리통계학적으로 타당한 척도, ③ 보편적으로 평가할 수 있도록 설계된 척도, ④ 무료이거나 비싸지 않은 척도)가 부족하다는 사실이다.

이러한 난점들을 고려해 Zullig, Koopman, Patton, Ubbes(2010)는 ① 가장 폭넓게 역사적으로 사용되어 왔던 자기보고식(다시 말해, 주관적인) 학교 풍토 척도들을 검토하는 연구와, ② 심리측정학적으로 건전하며 실시 부담이 적고 무료이며 보편적으로 평가할 수 있는 척도의 개발에 착수했다. 그들의 검토 연구는 다음을 포함한다.

- 캘리포니아 학교 풍토와 안전에 관한 조사(California School Climate and Safety Survey: 이하 CSCSS; Furlong, Morrison, & Boles, 1991; Furlong et al., 2005)
- 미국 교육부(1988)의 국가 학생설문 종단연구(National Longitudinal Study Student Questionnaire: 이하 NELS)

- 전국 중등학교 교장연합의 종합 학교 환경 평가(Comprehensive Assessment of School Environments: 이하 CASE, 1987)
- 샌디에고 교육부(1984)의 효과적인 학교 학생 조사(Effective Schools Student Survey: 이하 ESSS)
- 학교 발달 프로그램(School Development Program: 이하 SDP; Haynes, Emmons, & Ben-Avie, 2001)

이 연구들 중 오직 SDP, CASE, CSCSS만이 얼마간의 심리측정학적 데이터(신뢰도, 타당도 등)를 제공한다. SDP는 오직 내적 일관성만을 보고했고, 타당도 데이터는 없었다. SDP의 내적 일관성 평균은 .79였으며, 알파계수는 .59~.96이었다. CASE는 각각의 하위 척도들만 .67~.92의 내적 일관성을 갖는다고 보고했다. CASE는 또한 요인분석적 타당도를 실시했지만, 이 결과는 사용자들이 확인할 수 없다. 오직 CSCSS만이 저널에 출판되었다(Furlong et al., 2005).

이는 다른 잠재적으로 유용한 학교 풍토 척도가 쓸모없다는 것이 아니다. 예를 들어, 국가학교풍토센터(National School Climate Center)에서 개발한 종합적 학교 풍토 척도(Comprehensive School Climate Inventory: 이하 CSCI)는 여러 번의 독립적인 평가를 거쳤고 약 2만 7천여 명의 학생들을 대상으로 한 시범 실시에서 예비 신뢰도와 타당도가 검증되었다. 그러나 이 척도는 무료로 제공되지 않으며 여전히 학회 저널에 출판되지 않았다. CSCSS-PM으로 불리는 10개의 문항으로 이루어진 새로운 버전의 검사척도도 있다(Rebelez & Furlong, 2013). CSCSS-PM은 다음의 3가지 요인을 포함한다.

- 위험한 학생 행동(학교 내 싸움, 절도, 괴롭힘, 무기 사용 등)
- 풍토(교사로부터 존중받음, 교사의 공정성, 공정한 처우)
- 위험한 학교 환경(학교 내 범죄, 공동체 내 범죄, 범죄 집단 활동에 의한 학교 붕괴)

위험한 학생 행동 중 일부는 질병관리예방센터의 청소년 위험행동 조사와 같은 국가 단위 조사에서 발췌한 것이다.

이러한 이유로 대중적으로 사용 가능하고 무료인 학교 풍토 척도(School Climate Measure: 이하 SCM)가 Zullig과 동료들(2010)에 의해 개발되었다. 이 척도는 PhenXToolkit(Hamilton et al., 2011)에 포함되어 있는 척도이다. PhenXToolkit는 국가유전자연구협회(National Human Genome Research Institute)에서 부담이 적고, 잘 구성된, 양질의 자료를 모으기 위해 자금을 투입해 제작했다. PhenXToolkit는 대규모의 유전자 연구를 위해 만들어졌다. SCM은 다음과 같이 학교의 다양한 면을 묻는 8개의 하위 요인을 39개의 문항으로 측정한다.

- 긍정적인 교사-학생 관계(9문항)
- 학교 소속감(6문항)
- 학업적 지지(6문항)
- 명령과 훈육(7문항)
- 학교의 물리적 환경(4문항)
- 학교의 사회적 환경(2문항)
- 인식된 특권/특혜(3문항)
- 학업적 만족(2문항)

모든 문항은 Likert 5점 척도로 응답하게 되어 있다(강한 부정=1, …… 강한 긍정=5). 척도의 모든 세부 사항은 이 책(*Handbook of Positive Psychology in Schools*)의 웹사이트에서 무료로 열람할 수 있다.

SCM 척도의 심리측정적 특징은 2가지 연구에서 제시되었다. 첫 번째는 오하이오주의 2,049명의 백인 학생들을 대상으로 실시된 연구이다(Zullig et al., 2010). 두 번째는 애리조나주 교육부와 함께 21,082명의 학생을 대상으로 실시된 연구인데, 이 중 49%는 백인이 아닌 히스패닉 학생이었다(Zullig et al., 2014).

Zullig과 동료들(2010)에 의해 실시된 첫 번째 연구에서는 표본을 임의로 탐색적 표본과 확인적 표본의 2가지로 나누었다. 그리고 이 두 표본으로 각각 요인분석과 구조방정식을 실시하였다. 탐색적 표본으로 실시한 검증에서 구조방정식 모델은 유의미한 모델 적합도를 나타냈다. x^2=1166.78(df=674, p<.0001), CFI=.95, TLI=.94, RMSEA=.04, GFI=.91. 확인적 표본으로 실시한 검증에서는 요인구조가 적합한 것으로 나타났다. 모델 적합도는 x^2= 1245.37(df=674, p<.0001), CFI=.95, TLI=.95, RMSEA=.04, GFI=.91이었다. 탐색적 요인분석과 확인적 요인분석의 결과 9개의 요인이 확인되었다(요인부하량>.40). 각 문항별 요인부하량은 .42~.87이고, 신뢰도 계수는 .65~.91이었다.

두 번째 연구(Zullig et al., 2014)에서는 같은 연구가 반복되고 확장되었다. 두 번째 연구에서는 확인적 요인분석이 시행되었는데, 요인부하량은 .45~.92로 나타났다. 구조방정식 모델도 유의미한 적합도를 보였다. x^2= 14325(df=293, p<.001), CFI=.95, TLI=.95, RMSEA=.05, GFI=.94, 신뢰도는 .82~.93을 나타냈다. 이에 더해 SCM은 미국 질병관리예방센터의 청소년 위험행동 학교 안전 척도와 자기보고식의 평균 학업 성적(GPA)에 대해 큰 효과 크기(effect size)를 보여 주었다. 가장 주목할 만한 효과 크기를 나타낸 것은 학업적 지지, 학교에 무기를 가져오기(d=.77), 학교에서 무기로 위협 받거나 상처받기(d=.61), 학교에서 안전감 느끼기(d=.66), 평균 학업 성적(f=.40)이었다. 이 분석은 학교 풍토에 대한 긍정적 인식이 학교가 안전하다고 인식하는 것과 유의미한 연관이 있음을 시사한다.

5. 교육적 적용

모든 학교 풍토 연구는 학생과 학교의 연결이 매우 중요하다는 사실을 입증하였다. 이 사실은 학습에 가장 중요한 요인이 담임 교사이며 뒤이어 학교장이란 사실을 고려할 때 놀라운 일은 아니다(Wallace Foundation, 2006). 긍정적인 학생-교사 관계는 학업 성과, 학교 소속감을 포함한 다른 여러 학교 풍토 요인과 높은 상관을 갖는다. 이전 연구 결과들에서 보듯이, 여러 학교 풍토 요인은 학생의 학업 동기에 영향을 준다(Eccles et al., 1993). 학교 관리자들이 긍정적 학교 풍토를 조성할 때 교직원에게 좋은 영향을 미칠 것이고, 뒤이어 학생들의 학습에도 긍정적 영향을 줄 것이다.

Gottfredson, Gottfredson, Payne, Gottfredson(2005)은 미국 전역의 중등학교 학생과 교사를 대상으로 학교 풍토와 교사의 피해, 학생의 피해, 학생의 부적응 행동 간의 관계를 조사했다. 학교 풍토는 '① 학교규칙의 공정함, ② 학교규칙의 명료함, ③ 조직의 지향점, ④ 도덕성, ⑤ 계획, ⑥ 관리자의 리더십'의 6가지 하위 척도를 통해 측정되었다. 연구 결과, 학생 비행의 46%가 학교 풍토 요인에 의해 설명되었다.

학교는 사회적 발달의 장으로 이용된다(Whitney, Rivers, Smith, & Sharp, 1994). 불행히도 폭력이나 공격적 행동이 종종 학교에서 발생된다(Whitney & Smith, 1993). 비록 학업에 미치는 영향에 대해 알려진 것은 적지만, 폭력과 괴롭힘에 대한 성공적인 학교 기반 개입(Black & Jackson, 2007; Black & Washington, 2008)은 학교 풍토를 변화시킨다. 성공적인 학교 기반 학교폭력 개입은 교사, 학생, 학교의 관계의 본질을 개선하기 위해 교사의 관여, 교사의 감시, 감독 향상, 분명한 규율, 징계 조치를 포함한다. 이는 학교의 학업적 지지에 대한 학생의 인식에 영향을 준다. 그리고 최근 학교 풍토 연구는 학업적 지지 증가와 학업 성취 사이에 유의미한 상관이 있을 것이라고 주장한다.

비록 지난 10년간 미국의 교육 정책은 "어떤 학생도 뒤처지게 놔두지 않는다(No Child Left Behind: NCLB)."라는 구호 아래 읽기와 수리력 측정이 주요 목표가 되어 왔다. 하지만 학교 풍토는 학교 조직과 사회적 관계를 다루고 긍정적 행동 변화를 일으킨다는 측면에서 학생의 사회적, 행동적, 학습적 성과에 영향을 줄 수 있다(Flay, 2000; Moon et al., 1999; Patton et al., 2006). 예를 들어, Hoy와 Hannum(1997)은 학생 성취에 영향을 미치는 가장 중요한 학교 풍토 변수(학생의 사회-경제적 환경변수를 통제한 연구)는 진지하고 질서정연한 학습 환경(학업 강조), 교사가 보여 주는 학생에 대한 헌신(교사 협력), 학업을 위한 적절한 물질적 지원(교육 자원의 지원)임을 발견했다. 게다가 학교 풍토 요인 증진을 목적으로 한 개입들을 체계적으로 검토한 최근 연구들을 살펴보면, 학교와의 관계, 교사의 지원이 학생의 정서적 건강에 긍정적인 영향을 끼친다고 제시하였다(Kidger et al., 2012). 미국의 많은 주 정부에서는 직접적 혹은 간접적으로 학교 풍토를 다루는 정책들을 펼친다. 각 주의 개별 정책들을 살펴보려면 미국 학교풍토센터(U.S. National School Climate Center)의 데이터베이스를 살펴볼 것을 추천한다(http://www.schoolclimate.org/climate/database.php).

전 학교적 접근과 목표지향적 접근

종합적 · 전 학교적 접근(whole school approach)과 목표를 세분화하여 특정 교실이나 학생에 맞게 설계된 목표지향적 접근(targeted approach), 이 2가지 접근 방법의 상대적 중요성에 대해 약간의 논쟁이 있다. 학교는 보다 넓은 사회, 문화의 축소판으로 거의 모든 아동 · 청소년이 참여하여 사회적 발달을 이루는 유일한 장소이기 때문에 아동 · 청소년의 행동을 연구할 수 있는 자연적인 환경을 제공한다. 학교 전체를 대상으로 한 전 학교적 접근의 예들을 살펴보자. 긍정행동 프로그램(Positive Action Program; Beets et al., 2009; Snyder et al., 2010)은 흡연을 포함한 약물 복용뿐 아니라(Flay, 2009) 공격행동, 성행위, 무단결석, 그리고 정학 빈도를 감소시킴과 동시에 읽기와 수학 성적의 향상을 가져온 성공적인 예이다. 긍정행동 프로그램은 1년 이상 교사들이 직접 지도한 약 140여 차시의 수업을 토대로 이루어지며, 학생이 긍정행동(예: 균형 잡힌 식사, 규칙적인 수면, 독서, 숙제하기)을 취하면 자신에 대한 긍정 감정을 느끼고 부정행동을 행할 경우 자신에 대해 부정 감정을 느낀다는 원칙하에 실행되었다.

학교에서의 괴롭힘이나 폭력 등 안전에 대한 걱정으로 학교생활에 호기심을 느끼지 못하는 학생에게는 효과적인 학습이 불가능하다. 그렇기 때문에 안전한 학습 환경의 제공은 학교에서 가장 우선시해야 할 일이다. 그러나 3가지 메타분석 연구는 학교 단위의 괴롭힘 개입 효과에 대해 엇갈린 증거들을 제시한다. Ttofi와 Farrington(2011)은 학교 단위의 괴롭힘 개입이 집단 괴롭힘을 20~23% 감소시키고, 학교폭력 피해를 17~20% 감소시켰다는 전체적으로 긍정적인 성과를 보고했다. 반면, Smith, Schneider, Smith, Ananiadou(2004)는 학교 단위의 괴롭힘 개입이 학교폭력 피해와 집단 괴롭힘(자기보고식 보고) 감소에 유의미한 효과가 없었다고 보고했다. Merrell, Gueldner, Ross, Isava(2008)는 메타분석을 통해 학교 단위의 개입이 학생의 사회적 능력, 자아존중감, 또래수용, 교사의 괴롭힘 예방에 대한 지식, 교사의 개입 기술의 효과성, 괴롭힘에 대한 교사의 반응성에 중간 정도의 개선이 있었음을 보고했다. 메타분석 연구 외에 Kidger와 동료들(2012)의 체계적 개관연구에서는 교사의 지지와 학교 소속감이 학생의 정서적 건강을 증진시킬 수 있음을 제안했다.

전 학교적 접근에 대한 공통적인 비판은 실행의 어려움에 있다. 상대적으로 질적 연구가 부족하다는 사실이 이러한 관점을 지지해 준다. 긍정행동 프로그램(Beets et al., 2009; Snyder et al., 2010)에서는 학교 전체적인 긍정행동 강화를 위해 전 학년의 교사가 같은 주제를 각 학년의 수준에 맞추어 가르친다. 그러나 괴롭힘 예방, 안전을 위한 전 학교적 개입의 결과는 최대한 긍정적으로 보아도 다양한 결과가 엇갈리는 수준이다. 이러한 결과들은 충분히 효과적으로 고안된 개입 프로그램이 부족하다는 사실로도 설명된다. 예를 들어, Smith와 동료들(2004)은 개관연구에서 연구 내적 기준에 합당한 14개의 연구만을 분석했고, Merrell과 동료들(2008)은 16개, Kidger와 동료들(2012)은 오직 5개의 연구만을 분석하였다. 그러므로 전 학교적 접근의 효과에 대해 섣불리 결론을 내리기에 앞서 효과적으로 설계된 경험적 연구들이 필요하다.

반면에, 교사의 역할(그리고 간접적으로 학교 관리자의 역할, 학생들 간의 관계) 그리고 학생이 느끼는 학교 소속감은 접근 방법과 관계없이 긍정적인 학교 풍토를 조성하는 보편적 요인으로 보인다. 지금까지 Zullig과 동료들(2010, 2014)이 실시했던 2가지 연구에서 긍정적인 교사-학생 관계가 가장 많은 변수를 설명했다. 교사-학생 관계에 이어 2번째로 많은 변수를 설명하는 요인은 학교 소속감(school connectedness)이었다. 이에 대해 누군가는 근거를 살펴 학생과의 긍정적 관계를 촉진하는 교사, 학교 관리자의 실천이 학교 풍토와 학교생활의 다른 여러 측면을 개선하는 데 도움을 준다고 가정할 수 있다. 또한 긍정적 교사-학생 관계가 협력적인 학습 분위기를 조성하여 학생의 학교 소속감과 학교생활 만족감을 높이고, 결국 학업 성취를 증가시킨다고 가정할 수도 있다. 그러므로 특정 목표를 추구하는 개입 프로그램을 실시하기 전에 긍정적인 학교 풍토를 만들고, 살피고, 유지하는 일이 선행되어야 한다. 긍정적인 학교 풍토의 조성은 다른 여러 개입이 효과적으로 기능하도록 만드는 토대가 된다. 이러한 주장은 안전한 학습 환경을 만들고 학업 성취를 증진시키기 위해 미국의 11개 주에 걸쳐 실시된 학교 안전에 관한 조사와 활동(Safe and Supportive Schools School Climate Grant activities)에 의해 지지되었다(National Center on Safe Supportive Learning Environments, n. d.).

특정 목표를 추구하는 목표지향적 개입은 부족한 학교 풍토의 공백을 채울 수 있다. 예를 들어, 학급 운영에 있어서 교사와 학생들 사이에서 어떤 결핍이 확인되었다고 가정하자. 이러한 상황에서 학생들이 왜 학습에 흥미가 떨어지는지 그 원인을 밝히는 것만으로는 불충분하다. 오히려 이러한 상황에서는 학생들이 어떤 다양한 목표와 가치를 가지고 교실에 들어오는지, 학생들이 왜 그 목표와 가치에 끌리는지를 조사하는 것이 더 적절하다(Hofer, 2007). 그리고 잠재적으로 서로 부딪힐 수 있는 목표와 가치들을 조화시켜야 한다(Sansone & Morgan, 1992). 만약 학교 풍토를 살펴 질서와 규율이 부족하다는 사실을 알게 되었다면, 몇몇 효과적인 전략을 사용할 수 있다. 예를 들어, 교사, 교직원, 어른들의 감시를 통해 규칙을 공표하고 일관되게 집행한다면 학교폭력을 감소시키기 위한 학생의 행동 변화를 이끌 수 있다. 또한 이러한 행동 변화는 다음과 같은 잠재적 가능성도 가진다. 즉, 또래 폭력 피해자화(peer victimization)의 빈도를 감소시킬(Black & Jackson, 2007; Black & Washington, 2007; Wolak, Mitchell, & Finkelhor, 2007) 뿐 아니라 학생의 사회적 능력과 자아존중감(Merrell et al., 2008), 정서적 건강(Kidger et al., 2012), 학업 성취도(Snyder et al., 2010)까지 증진시킬 수 있다.

6. 결론

성취는 교실 수업만으로 이루어지지 않는다. 수업은 대인관계, 학교규칙, 학습 의지 등에 기여하는 하나의 구성요인일 뿐이다(Hoy & Hannum, 1997). 비학업적 요인들은 보통 학교 풍토의 포괄적인 구조 안에 포함된다.

비록 '어떤 학생도 뒤처지게 놔두지 않는다는 정책(No Child Left Behind)'으로부터 면제된 주(state)라고 할지라도 학교는 학교를 발전시킬 책임을 지닌다. 그렇기 때문에 학교는 학교를 발전시킬 입증된 데이터에 기반을 두고 의사결정을 계속해 나가야 한다(Cable News Network, 2012). 또한 학교는 학생의 학업 성취와 행복도를 높이기 위한 혁신적인 방안을 계속 찾아다닐 것이다. 학교 풍토의 측정은 교직원에게 학교 풍토, 학생 행복, 학업 성취를 증진시키기 위한 효과적이고 체계적 방법을 안내하는 도구가 될 수 있다. 최근의 연구(Zullig, Huebner, & Patton, 2011)는 학교 풍토가 학생이 보고한 행복의 정도(학교생활 만족도)와 유의미한 관계가 있음을 보여 주었다. 이러한 관계는 학생의 나이, 성별, 지역 등의 인구통계학적 변수와 학업 성취 수준과 관계없이 유의미했다. 이 모든 것을 고려할 때 앞서 언급한 학교 전체 대상 증거 기반 프로그램인 긍정행동 프로그램(Positive Action program)과 긍정행동지지 프로그램(Positive Behavior Support Program) 같은 범조직적인 개입의 일부로서 학교 풍토와 학생 행복도(well-being) 측정이 고려될 수 있다. 이런 측정을 개입의 일부로 포함시킨다면 데이터에 기반을 둔 의사결정과 학생, 교사와 관련한 다양한 성취가 통합될 수 있을 것이다(Bohanon et al., 2006; Sugai & Horner, 2006). 비록 (보통 많은 비용이 드는) 구체적인 프로그램을 실행하지 않더라도 긍정적인 학교 풍토 조성은 그것 자체로 (학교 풍토 요인과 관련된) 청소년의 부적응적 행동을 감소시키고 학업 성취를 증진시킬 수 있는 방법이다.

참고문헌

Anderson, C. S. (1982). The search for school climate: A review of the research. *Review of Educational Research, 52,* 368-420. doi:10.3102/00346543052003368

Austin, J. L., & Soeda, J. M. (2008). Fixed-time teacher attention to decrease off-task behaviors of typically developing third graders. *Journal of Applied Behavior Analysis, 41,* 279-283. doi:10.1901/jaba.2008.41-279

Battistich, V., Schaps, E., & Wilson, N. (2004). Effects of an elementary school intervention on students' "connectedness" to school and social adjustment during middle school. *Journal of Primary Prevention, 24,* 243-262. doi:10.1023/B:JOPP.0000018048.38517.cd

Beets, M. W., Flay, B. R., Vuchinich, S., Snyder, F. J., Acock, A., Li, K., . . . Durlak, J. (2009). Use of a social and character development program to prevent substance use, violent behaviors, and sexual activity among elementary school students in Hawaii. *American Journal of Public Health, 99,* 1438-1445. doi:10.2105/AJPH.2008.142919

Beghetto, R. A. (2006). Creative self-efficacy: Correlates in middle and secondary students. *Creativity Research Journal, 18,* 447-457. doi:10.1207/s15326934crj1804_4

Beghetto, R. A., & Kaufman, J. C. (2007). Toward broader conception of creativity: A case for "mini-c" creativity. *Psychology of Aesthetics, Creativity, and the Arts, 1,* 13-79. doi:10.1037/1931-3896.1.2.73

Black, S. A., & Jackson, E. (2007). Using bullying incident density to evaluate the Olweus bullying prevention programme. *School Psychology International, 28,* 623-638. doi:10.1177/0143034307085662

Black, S. A., & Washington, E. (2008). Evaluation of the Olweus Bully Prevention Program in nine urban schools: Effective practices and next steps. *Educational Research Services Spectrum, 26,* 7-19. Retrieved from http://www.eric.ed.gov

Blum, R. W., McNeely, C. A., & Rinehart, P. M. (2002). *Improving the odds: The untapped power of schools to improve the health of teens.* Minneapolis, MN: University of Minnesota, Center for Adolescent Health and Development.

Bohanon, H., Penning, P., Carney, K. L., Minnis-Kim, M. J., Anderson-Harriss, S., Moroz, K. B., . . . Piggot, T. D. (2006). Schoolwide application of positive behavior support in an urban high school: A case study. *Journal of Positive Behavior Interventions, 3,* 131-145. doi:10.1177/10983007060080030201

Boulton, M. J., Trueman, M., & Murray, L. (2008). Associations between peer victimization, fear of future victimization and disrupted concentration on class work among junior school pupils. *British Journal of Educational Psychology, 67,* 473-489. doi:10.1348/000709908X320471

Bradshaw, C., Koth, C., Thornton, L., & Leaf, P. (2009). Altering school climate through school-wide positive behavioral interventions and supports: Findings from a group-randomized effectiveness trial. *Prevention Science, 10,* 100-115. doi:10.1007/s11121-008-0114-9

Brooks, F. M., Magnusson, J., Spence, N., & Morgan, A. (2012). Adolescent multiple risk behaviour: An asset approach to the role of family, school and community. *Journal of Public Health, 34*(S1), i48-i56. doi:10.1093/pubmed/fds001

Cable News Network (CNN). (2012). 10 States freed from some "No Child Left Behind" requirements. Retrieved from http://articles.cnn.com/2012-02-09/politics/politics_states-education_1_waivers-flexibility-standards?_s=PM:POLITICS

Catalano, R. F., Haggerty, K. P., Oesterle, S., Fleming, C. B., & Hawkins, J. D. (2004). The importance of bonding to schools for healthy development: Findings from the social development research group. *Journal of School Health, 74,* 252-262. doi:10.1111/j.1746-1561.2004.tb08281.x

Centers for Disease Control and Prevention. (2009). *School connectedness: Strategies for increasing protective factors among youth.* Retrieved from http://www.cdc.gov/HealthyYouth/AdolescentHealth/pdf/connectedness.pdf

Cohen, J. (2006). Social, emotional, ethical, and academic education: Creating a climate of learning, participation in democracy, and well-being. *Harvard Educational Review, 76,* 201-237. Retrieved from http://her.hepg.org

Cohen, J., McCabe, E. M., Michelli, N. M., & Pickeral, T. (2009). School climate: Research, policy, practice, and teacher education. *Teachers College Record, 111,* 180-213. Retrieved from http://www.tcrecord.org/library/Issue.asp?volyear=2009&number=1&volume=111

Comprehensive Assessment of School Environments (CASE). (1987). *School climate survey.* Reston, VA: National Association of Secondary School Principals.

Conroy, M. A., & Fox, J. J. (1994). Setting events and challenging behaviors in the classroom: Incorporating contextual factors into effective intervention plans. *Preventing School Failure, 38,* 29-34. doi:10.1080/1045988X.1994.9944311

Cotton, K. (2001). *New small learning communities: Findings from recent literature.* Portland, OR: Northwest Regional Education Laboratory.

Dawson, V. L. (1997). In search of the wild bohemian: Challenges in the identification of the creativity gifted. *Roeper Review, 19,* 148-152. doi:10.1080/02783199709553811

Doll, B., Kurien, S., LeClair, C., Spies, R., Champion, A., & Osborn, A. (2009). The ClassMaps Survey: A framework for promoting positive classroom environments. In R. Gilman, E. S. Huebner, & M. J. Furlong (Eds.), *Handbook of positive psychology in schools* (pp. 149-160). New York, NY: Taylor & Francis.

Eccles, J. S., Wigfield, A., Midgley, C., Reuman, D., MacIver, D., & Feldlaufer, H. (1993). Negative effects of traditional middle schools on students' motivation. *Elementary School Journal, 9,* 553-574. Retrieved from http://www.jstor.org

Elias, M. J., & Haynes, N. M. (2008). Social competence, social support, and academic achievement in minority, low-income, urban elementary school children. *School Psychology Quarterly, 23,* 474-495. doi:10.1037/1045-3830.23.4.474

Ellert, U., Ravens-Siberer, U., Erhart, M., & Kurth, B. M. (2011). Determinants of agreement between self-reported and parent-assessed quality of life for children in Germany—results of the German Health Interview and Examination Survey for Children and Adolescents (KiGGS). *Health and Quality of Life Outcomes, 9,* 102. doi:10.1186/1477-7525-9-102

Flay, B. R. (2000). Approaches to substance use prevention utilizing school curriculum plus environmental social change. *Addictive Behaviors, 25,* 861-885. doi:10.1016/S0306-4603(00)00130-1

Flay, B. R. (2009). School-based smoking prevention programs with the promise of long-term effects. *Tobacco Induced Diseases, 26,* 6-23. doi:10.1186/1617-9625-5-6

Frieberg, J. (1998). Measuring school climate: Let me count the ways. *Educational Leadership, 56,* 22-26. Retrieved from http://www.jstor.org

Furlong, M. J., Greif, J. L., Bates, M. P., Whipple, A. D., Jimenez, T. C., & Morrison, R. (2005). Development of the California School Climate and Safety Survey-Short Form. *Psychology in the Schools, 42,* 137-149. doi:10.1002/

pits.20053

Furlong, M. J., Morrison, G. M., & Boles, S. (1991, April). *California School Climate and Safety Survey.* Paper presented at the annual meeting of the California Association of School Psychologists, Los Angeles, CA.

Ghaith, G. (2003). The relationship between forms of instruction, achievement and perceptions of classroom climate. *Educational Research, 45*(1), 83-93. doi:10.1080/0013188032000086145

Goodenow, C., & Grady, K. E. (1993). The relationship of school belonging and friends' values to academic motivation among urban adolescent students. *Journal of Experimental Education, 62,* 60-71. doi:10.1080/00220973.1993.9943831

Gottfredson, G. D., Gottfredson, D. C., Payne, A. A., & Gottfredson, N. C. (2005). School climate predictors of school disorder: Results form a national study of delinquency prevention in schools. *Journal of Research in Crime and Delinquency, 42,* 412-444. doi:10.1177/0022427804271931

Halpin, A. W., & Croft, D. B. (1963). *The organizational climate of schools.* Chicago, IL: Midwest Administration Center of the University of Chicago.

Hamilton, C. L., Strader, L. C., Pratt, J. G., Maiese, D., Hendershot, T., Kwok, R. K., . . . Haines, J. (2011). The PhenX Toolkit: Get the most from your measures. *American Journal of Epidemiology, 174,* 253-260. doi:10.1093/aje/kwr193

Hawker, D. S., & Boulton, M. J. (2000). Twenty years' research on peer victimization and psychosocial maladjustment: A meta-analytic review of cross-sectional studies. *Journal of Child Psychology and Psychiatry, 41,* 441-455. doi:10.1111/1469-7610.00629

Haynes, N. M., Emmons, C., & Ben-Avie, M. (1997). School climate as a factor in student adjustment and achievement. *Journal of Educational and Psychological Consultation, 8,* 321-329. doi:10.1207/s1532768xjepc0803_4

Haynes, N. M., Emmons, C., & Ben-Avie, M. (2001). *The School Development Program: Student, staff, and parent school climate surveys.* New Haven, CT: Yale Child Study Center.

Hofer, M. (2007). Goal conflicts and self-regulation: A new look at pupils' off-task behavior in the classroom. *Educational Research Review, 2,* 28–38. doi:10.1016/j.edurev.1007.02.002

Hoy, W. K., & Hannum, J. W. (1997). Middle school climate: An empirical assessment of organizational health and student achievement. *Educational Administration Quarterly, 33,* 290–311. doi:10.1177/0013161X97033003003

Karcher, M. (2002). The cycle of violence and disconnections among rural middle school students: Teacher disconnectedness as a consequence of violence. *Journal of School Violence, 1,* 33–51. doi:10.1300/J202v01n01_03

Kaufman, P., Rasinski, K. A., Lee, R., & West, J. (1991, September). *Quarterly of the response of eighth-grade students in NELS:88* (NCES 91–487). Washington, DC: U.S. Department of Education.

Kidger, J., Araya, R., Donovan, J., & Gunnell, D. (2012). The effect of the school environment on the emotional health of adolescents: A systematic review. *Pediatrics, 129,* 1–25. doi:10.1542/peds.2011–2248

Kirby, D. (2001). Understanding what works and what doesn't in reducing adolescent risk-taking. *Family Planning Perspectives, 33,* 276–281. Retrieved from http://www.jstor.org

Loukas, A., Suzuki, R., & Horton, K. D. (2006). Examining school connectedness as a mediator of school climate effects. *Journal of Research on Adolescents, 16,* 491–502. doi:10.1111/j.1532–7795.2006.00504.x

Mayer, M. J., & Furlong, M. J. (2010). How safe are our schools? *Educational Researcher, 39,* 16–26. doi:10.3102/0013189X09357617

McLaughlin, D. H., Cohen, J., & Lee, R. (1997, March). *NELS:88 survey item evaluation report* (NCES 97–052). Washington, DC: U.S. Department of Education.

McNeely, C. A., Nonemaker, J. M., & Blum, R. W. (2002). Promoting student connectedness to school: Evidence from the National Longitudinal Study of Adolescent Health. *Journal of School Health, 72,* 138–146. doi:10.1111/j.1746–1561.2002.tb06533.x

Meloth, M. S., & Deering, P. D. (1992). Effects of two cooperative conditions on peer-group discussions, reading comprehension, and metacognition. *Contemporary Educational Psychology, 17,* 175–193. doi:10.1016/0361–

476X(92)90057-6

Merrell, K. W., Gueldner, B. A., Ross, S. W., & Isava, D. M. (2008). How effective are school bullying intervention programs? A meta-analysis of intervention research. *School Psychology Quarterly, 23,* 26-42. doi:10.1037/1045-3830.23.1.26

MMS Education. (2006, April). *Summary of findings: Interviews with educational leaders about school climate and school climate surveys.* Paper prepared for the Center for Social and Emotional Education, New York.

Mok, M., & Flynn, M. (1997). Does school size affect quality of school life? *Issues in Educational Research, 7,* 69-86. Retrieved from http://www.iier.org.au/iier7/mok.html

Moon, A. M., Mullee, M. A., Rogers, L., Thompson, R. L., Speller, V., & Roderick, P. (1999). Helping schools become health promoting environments: An evaluation of the Wessex Health Schools Award. *Health Promotion International, 14,* 111-122. doi:10.1093/heapro/14.2.111

Nafpaktitis, M., Mayer, G. R., & Butterworth, T. (1985). Natural rates of teacher approval and disapproval and their relation to student behavior in intermediate school classrooms. *Journal of Educational Psychology, 3,* 362-367. doi:10.1037/0022-0663.77.3.362

National Center on Safe Supportive Learning Environments (n.d.). *Safe and supportive schools grantees.* Retrieved from http://www.ed.gov/news/press-releases/us-department-education-awards-388-million-safe-and-supportive-school-grants

Patton, G. C., Bond, L., Carlin, J. B., Thomas, L., Butler, H., Glover, S., . . . Bowes, G. (2006). Promoting the social inclusion in schools: A group-randomized trial of effects on student health risk behavior and well-being. *American Journal of Public Health, 96,* 1582-1587. doi:10.2105/AJPH.2004.047399

Perry, A. (1908). *The management of a city school.* New York, NY: Macmillan.

Pianta, R. C. (1999). *Enhancing relationships between children and teachers.* Washington, DC: American Psychological Association.

Rebelez, J., & Furlong, M. J. (2013). Danger, climate, and safety at school: Psychometric support for an abbreviated version of the California School

Climate and Safety Survey. *International Journal of School and Educational Psychology, 1,* 154–165. doi:10.1080/21683603.2013.819306

Roland, E. (2002). Aggression, depression, and bullying others. *Aggressive Behavior, 28,* 198–206. doi:10.1002/ab.90022

San Diego County Office of Education. (1984). *San Diego County effective schools program.* San Diego, CA: Author. (ERIC Document Reproduction Service No. ED239337).

Sansone, C., & Morgan, C. (1992). Intrinsic motivation and education: Competence in context. *Motivation and Emotion, 16,* 249–270. doi:10.1007/BF00991654

Scott, C. L. (1999). Teachers' biases toward creative children. *Creativity Research Journal, 12,* 321–337. doi:10.1207/s15326934crj1204_10

Sherblom, S., Marshall, J. C., & Sherblom, J. C. (2006). The relationship between school climate and math and reading achievement. *Journal of Research in Character Education, 4,* 19–31. Retrieved from http://www.ebscohost.com

Singh, K., & Billingsley, B. S. (1998). Professional support and its effects on teachers' commitment. *Journal of Educational Research, 91,* 229–239. doi:10.1080/00220679809597548

Smith, J. D., Schneider, B. H., Smith, P. K., & Ananiadou, K. (2004). The effectiveness of whole-school antibullying programs: A synthesis of evaluation research. *School Psychology Review, 33,* 547–560. Retrieved from http://www.ebscohost.com

Snyder, F,. Vuchinich, S., Acock, A., Washburn, L., Beets, M., & Li, K. (2010). Impact of the *Positive Action* program on school-level indicators of academic achievement, absenteeism, and disciplinary outcomes: A matched-pair, cluster randomized, controlled trial. *Journal of Research on Educational Effectiveness, 3,* 26–55. doi:10.1080/19345740903353436

Stewart, E. A. (2003). School social bonds, school climate, and school misbehavior: A multilevel analysis. *Justice Quarterly, 20,* 575–604. doi:10.1080/07418820300095621

Sugai, G., & Horner, R. R. (2006). A promising approach for expanding and sustaining school-wide positive behavior support. *School Psychology Review, 35,* 245–259. Retrieved from https://www.mydigitalchalkboard.org/cognoti/

content/file/resources/documents/08/08d88012/08d88012b8f0a8bc8d93783ba791425c9208d5c8/spr352sugai.pdf

Sundblad, G. M. B., Saartok, T., & Engström, L.-M. T. (2006). Child-parent agreement on reports of disease, injury, and pain. *BMC Public Health, 6,* 276. doi:10.1186/1471-2458-6-276

Thuen, E., & Bru, E. (2000). Learning environment, meaningfulness of schoolwork and on-task-orientation among Norwegian 9th grade students. *School Psychology International, 21,* 393-413. doi:10.1177/0143034300214004

Ttofi, M. M., & Farrington, D. P. (2011). Effectiveness of school-based programs to reduce bullying: A systematic and meta-analytic review. *Journal of Experimental Criminology, 7,* 27-56. doi:10.1007/s11292-010-9109-1

U.S. Department of Education. (1988). *National Education Longitudinal Study school questionnaire, NELS:88, first follow-up.* Washington, DC: National Center for Education Statistics.

Wallace Foundation. (2006). *Leadership for learning: Making the connections among state, district and school policies and practices.* New York, NY: Author.

Waters, E., Stewart-Brown, S., & Fitzpatrick, R. (2002). Agreement between adolescent self-report and parent reports of health and well-being: Results of an epidemiological study. *Child: Care, Health, and Development, 29,* 501-509. doi:10.1046/j.1365-2214.2003.00370.x

Wentzel, K. R., & Caldwell, K. (1997). Friendships, peer acceptance, and group membership: Relations to academic achievement in middle school. *Child Development, 68,* 1198-1209. doi:10.2307/1132301

Wentzel, K. R., & Watkins, D. E. (2002). Peer relationships and collaborative learning as contexts for academic enablers. *School Psychology Review, 31,* 366-367. Retrieved from http://www.nasponline.org/publications/spr/abstract.aspx?ID=1618

Whitney, I., Rivers, I., Smith, P. K., & Sharp, S. (1994). The Sheffield Project: Methodology and findings. In P. K. Smith & S. Sharp (Eds.), *School bullying: Insights and perspectives* (pp. 20-56). London, UK: Routledge.

Whitney, I., & Smith, P. K. (1993). A survey of the nature and extent of bullying in junior/middle and secondary schools. *Educational Research, 34,* 3-25.

doi:10.1080/0013188930350101

Wilson, D. (2004). The interface of school climate and school connectedness and relationships with aggression and victimization. *Journal of School Health, 74,* 293-299. doi:10.1111/j.1746-1561.2004.tb08286.x

Wolak, J., Mitchell, K. J., & Finkelhor, D. (2007). Does online harassment constitute bullying? An exploration of online harassment by known peers and on-line contacts. *Journal of Adolescent Health, 41,* S51-S58.

Zullig, K. J., Collins, R., Ghani, N., Patton, J. M., Huebner, E. S., & Ajamie, J. (2014). Psychometric support of the School Climate Measure in a large, diverse sample of adolescents: A replication and extension. *Journal of School Health, 84,* 82-90.

Zullig, K. J., Huebner, E. S., & Patton, J. M. (2011). Relationships among school climate domains and school satisfaction: Further validation of the School Climate Measure. *Psychology in the Schools, 48,* 133-145. doi:10.1002/pits.20532

Zullig, K. J., Koopman, T. M., Patton, J. M., & Ubbes, V. A. (2010). School climate: Historical review, instrument development, and school assessment. *Journal of Psychoeducational Assessment, 28,* 139-152. doi:10.1177/0734282909344205

요약: 학교 풍토

- 학교는 사회적 발달의 장이다.
- 학생의 성취는 교실 안에서 지시하는 것만으로 이루어지지 않는다.
- 주관적인 학교 경험의 측정으로서 학교 풍토는 학생의 학업적 · 비학업적 요소들과 관계가 있다.
- 학교 풍토를 구성하는 4가지 영역으로, ① 안전, ② 관계, ③ 교수학습, ④ 환경적 구조가 있다.
- 모든 학교 풍토 연구는 학생과 학교의 유대(connection)의 중요성을 강조한다.
- 학교 풍토의 측정은 매우 난해한 작업이다. 그러나 최근 일부 측정도구들은 적

절한 심리측정적 특성(타당도, 신뢰도)을 입증했다.

- 많은 미국의 주 정부 교육 정책은 직접적 혹은 간접적으로 학교 풍토를 다룬다.
- 특정 목표를 추구하는 프로그램을 시행하기에 앞서 그 프로그램이 효과적으로 작동하기 위해 적절한 환경을 조성해야 한다. 이 환경을 조성하기 위한 보편적인 학교 수준의 노력으로서 긍정적인 학교 풍토를 만들고, 추적 · 관찰하며, 유지하는 일을 꼽을 수 있다.
- 학교 풍토의 측정은 학업적 · 비학업적 요소를 증진시키기 위한 범조직적 개입의 일부에 포함될 수 있다.

학교 풍토 추천자료

Catalano, R. F., Haggerty, K. P., Oesterle, S., Fleming, C. B., & Hawkins, J. D. (2004). The importance of bonding to schools for healthy development: Findings from the social development research group. *Journal of School Health, 74*, 252-262. doi:10.1111/j.1746-1561.2004.tb08281.x
많은 문헌이 학교 소속감과 다양한 청소년의 성취 사이의 상관관계를 밝힌 반면, 2가지 종단연구를 포함한 이 문헌은 둘 사이의 인과관계에 대한 결론을 설명한다.

Cohen, J., McCabe, E. M., Michelli, N. M., & Pickeral, T. (2009). School climate: Research, policy, practice, and teacher education. *Teachers College Record, 111*, 180-213. Retrieved http://www.scrc.schoolclimate.org/pdf/School-Climate-Paper-TC-Record.pdf
영향력을 지닌 논문으로서 학교 풍토와 다양한 학업적 · 비학업적 요인과의 관계를 경험적으로 조사한 연구이다. 또한 이 논문은 정책의 영향을 조사하고, 청소년의 발달과 학습을 증진시키기 위한 다양한 방안을 추천한다.

Gottfredson, G. D., Gottfredson, D. C., Payne, A. A., & Gottfredson, N. C. (2005). School climate predictors of school disorder: Results from a national study of delinquency prevention in schools. *Journal of Research in Crime and*

Delinquency, 42, 412-444. doi:10.1177/0022427804271931
이 연구는 미국 전역의 학교 주변 폭력과 범죄 발생에 대하여 조사했다. 복합표본 분석 설계(complex sampling design) 방법을 사용하여 총 245개의 중고교를 조사한 결과, 학교 풍토가 청소년의 비행과 학교폭력 피해자화(victimization) 변수를 의미 있는 비율(%)로 설명해 주었다.

Kidger, J., Araya, R., Donovan, J., & Gunnell, D. (2012). The effect of the school environment on the emotional health of adolescents: A systematic review. *Pediatrics, 129*, 1-25. doi:10.1542/ped/2011-2248
청소년들의 정서적 건강에 미치는 학교 환경의 영향에 대한 체계적인 개관연구로서 교사의 지지와 학교 소속감이 학생의 정신건강에 영향을 미친다고 제안한다. 교사의 지지, 학교 소속감 이외의 학교 수준 변인들이 정신건강에 미치는 영향에 대한 증거들은 제한적이다.

Zullig, K. J., Koopman, T. M., Patton, J. M., & Ubbes, V. A. (2010). School climate: Historical reciew, instrument development, and school assessment. *Journal of Psycheducational Assessment, 28*, 139-152. doi:10.1177/0734282909344205
이 연구는 학교 풍토 측정에 있어 역사적인 선행 연구들(무엇을 측정할 것인지)과 현대의 척도 개발 절차(예: 구조방정식 모델)를 균형 있게 다룬 첫 번째 시도이다.

제21장

학교 풍토 증진을 위한 학생의 참여: 학생의견 듣기모임

1. 서론

최근 학교나 지역사회에서 청소년 폭력에 관한 이야기가 주목받고 있다. 이런 분위기 속에서 청소년들이 공동체 내의 또래와 어른들로부터 느끼는 고립감이나 소외감을 감소시키기 위한 예방 전략의 필요성이 활발히 논의되고 있다. 학교 풍토 증진 전략은 또래 간 긍정적인 상호관계의 촉진 방안으로, 이를 통해 학교 내 폭력적, 공격적, 야만적 경험을 예방하는 방법이 탐구되고 있다. 이 학교 풍토 증진 전략들은 실제로 다양한 종류의 개입들로 이루어져 있다. 사회정서학습(Social and Emotional Learning: 이하 SEL; Greenberg et al., 2003)과 같은 몇몇 전략은 또래 간 다툼에 대해 예방과 개입을 통해 학생 개인의 내적 정서 상태 조절능력 향상을 목표로 한다. 반면, 긍정행동 개입과 지지(Positive Behavior Intervention and Supports: 이하 PBIS; Sugai & Horner, 2002)와 같은 전략들은 개인이 아닌 학교 체계 수준에서 이루어지는 전략이다. 이와 같은 전략들은 학교 풍토에 악영향을 끼치는 처벌적 구조를 감소시키기 위해 명료하고 일관된 행동 강화 조직 체계의 수립을 목표로 한다. 청소년의 의사표현 전략들(youth voice strategies)은 학교 풍토 증진을 위해 학생들 스스로가 학교 변화와 학교 리더십의 주체가 되도록 함으로써 SEL(사회정서학습), PBIS(긍정행동 개입, 지지)적 접근을 보완해 준다. 청소년들의 의사표현 전략은 "학생들은 안전하고 시민사회적인 학교에 다니기를 원한다."라고 가정한다. 그리고 어른들의 지지와 응원이 있다면 청소년들은 긍정적 학교 환경을 조성하기 위해 직접 행동할 수 있음을 인정하는 전략이다.

이 장의 목적은 학생의견 듣기모임(Student Listening Circle: 이하 SLC)이라고 부르는 청소년의 의사표현(youth activity) 활동을 소개하는 것이다. 이 활동은 학생으로부터 촉발되는 학교 풍토 증진을 목적으로 설계되었다. 이 장은 SLC의 개요를 알아보는 것으로 시작한다. 그리고 2011~2012년 겨울에 미국 캘리포니아주의 일반 고등학교들에서 실시된 SLC에 대한 학생반응 연구를 살펴보고자 한다. 그 후 앞으로 SLC를 어떻게 실천해 나갈지 토의하고 SLC의 실천에 앞서 고려할 점들을 살펴볼 것이다.

2. 학생의견 듣기모임

학생의견 듣기모임(The Student Listening Circle: SLC) 혹은 청소년의 의사표현 활동은 청소년에게 초점을 두는 그룹 활동이며, 청소년들로부터 시작되는 학교 환경 개선을 목적으로 설계되었다. Benard와 동료들(2004, 2009)이 회복탄력성 연구로부터 얻은 통찰을 학교 환경에 적용하기 위해 처음 SLC를 개발하였다. 또한 학교가 강점자산 중심의 관점을 채택하여 학생, 교직원, 전체 조직의 강점을 강조하고 지원하도록 SLC를 개발하였다. 20년에 걸친 청소년의 삶의 힘든 상황들에 대한 연구를 기반으로 Benard와 Slade(2009)

는 청소년들을 능력 있고 생산적인 성인으로 성장하도록 도와주는 보호 과정(protective process)과 관련된 정보를 학교 공동체 구성원들에게 알리려 노력했다(Werner & Smith, 1992, 2001).

SLC의 개발에 도움을 준 연구들 중 Kauai 종단연구(Kauai Longitudinal Study; 이하 KLS)가 있었다(Werner & Smith, 1992, 2001). 이 연구에서 Werner과 동료들은 인생 초기 문제들(예: 가난한 출생, 출산 전후에 받은 스트레스, 심리적으로 고통스러운 가족 환경)과 부정적 발달 결과들 간의 관계를 조정하는 보호요인이 있음을 확인하였다. 보호요인들에는 개인적 특성들(예: 긍정적 자기개념, 친사회적 성향)과 환경적 특징들(예: 보호자와 끈끈한 관계, 학교 교육과정 외에 취미 및 흥미에 열중)이 포함된다. 이 보호요인들은 삶의 다양한 스트레스로 나타나는 부정적 영향들을 완화해 주었다(Masten & Coatsworth, 1998; Werner & Smith, 1992). Wener와 동료들을 이은 다수의 후속 연구는 이러한 내적 보호요인, 가족적 보호요인, 공동체적 보호요인, 학교 단위의 보호요인들이 청소년들로 하여금 복합적이고 다차원적인 사회 환경에 건강하게 적응하도록 도움을 준다는 충분한 증거들을 제시했다(예: Resnick, Harris, & Blum, 1993; Roeser, Eccles, & Sameroff, 2000; Masten, Cutuli, Herbers, & Reed, 2009). SLC를 통해 학생들은 또래, 어른들과 함께 학교 풍토를 개선하기 위한 협동적 문제해결 과정에 참여한다. 또한 학교의 생태적 자원이 강화됨으로써 학생은 자신의 내적 자산을 증진할 수 있는 기회를 갖게 된다.

1) 환경과 능력: 이론적 배경

SLC는 학교 공동체 구성원들과 공유되는 환경(교실, 복도 같은 학교 환경 내 공유된 공간)의 교차점에 대한 개입을 목표로 하는 생태학적 모델에 기반을 두고 있다. 생태학적 모델은 발달심리학, 생태체계이론에서 비롯된 이론으로 알려져 있다(Eco System Theory: 이하 EST; Bronfenbrenner, 1979, 1992).

EST는 중첩된 환경체계에 대한 분류를 제공한다. 비록 아동의 즉각적 경험과 환경체계 간에 거리가 있더라도 환경은 아동의 발달에 영향을 미치게 된다. EST에 따르면, **미시적 체계**(microsystem, 아동과 가장 근접한 체계)는 집이나 학교와 같이 아동과 타인 간에 서로 얼굴을 맞댄 상호작용이 벌어지는 환경을 말한다. 그다음 체계인 **중간체계**(mesosystem)는 미시적 체계의 중첩으로 이루어지는 체계로 아동의 집, 학교 간의 관계들이 이에 포함된다. 예를 들어, 부모가 아동의 양육에 최선을 다함으로써 아동의 신체적 · 대인관계적 자원이 강화되어 아동은 학교에서 유익을 얻게 된다. **외체계**(exosystem)에는 아동 자신이 포함되지는 않는다. 그러나 아동의 미시체계 내에 다양한 변수를 형성함으로써 아동 발달에 영향을 준다. 부모의 직장 환경이 아동의 외체계로 자주 언급되는데, 이는 부모 직장 환경이 가정 내 부모의 행동에 빈번하게 영향을 미치기 때문이다. 외체계의 또 다른 예로 학교에서 이루어지는 교사와 동료 간의 협력적 관계를 들 수 있다. 학생이 교직원들의 관계를 직접 경험하지는 않는다. 하지만 교사가 이 관계에서 유발된 경험을 교실로 가져와 학생에게 전이함으로써 학생에게 간접적인 영향을 끼친다. 공동체 내에서 공유된 미시체계, 중간체계, 외체계의 양식은 가장 큰 단위 체계인 **거시체계**(macrosystem)를 형성한다. 문화, 사회적 지위, 종교 집단, 이웃 역시 거시체계를 형성하고 있다. 학생과 그의 가족은 복합적이고 중첩되는 거시체계 내에서 발달하며, 학교는 학생과 가족에게 공동체를 제공하는 전형적인 장소이다.

생태학적 모델을 받아들인 인간 발달 분야 연구자들은 이 중첩된 체계 내에서 발달이 진행되는 과정을 설명하는 데 관심을 가졌다. **자기조직화**(Self-organization; Thelen & Smith, 1998)와 **적응**(adaptation; Sameroff, 2000)은 아동이 자신의 내적(생각, 기분), 외적(행동) 상태를 환경체계 내의 제약과 기회들에 적응시키는 과정이다. 그리고 **교류**(transaction)라는 개념은 아동과 주위 환경 간 양방향으로 서로 역동적으로 영향을 주고받는 상호작용을 의미한다

(Sameroff, 2000). 이와 같은 이론적 개념을 통해 학교 내 학생들이 다양한 환경적 영향에 적응하는 과정에 있다고 추론할 수 있다. 다양한 환경적 영향 중 일부는 학생들이 즉시 인식할 수 있지만 일부는 인식하지 못하기도 한다. 그럼에도 불구하고 모든 환경적 영향은 교실과 그 외 학교 환경 내에서 학생의 표상(presentation)을 형성한다.

2) 환경 형성하기: 학생에게 자율권 부여하기

개인 발달에 환경이 끼치는 영향을 이해하는 방법으로 생태학적 이론이 가장 널리 사용된다. 생태학적 이론의 교류적 성질은 인간행동 또한 환경에 영향을 끼칠 잠재력을 가지고 있음을 시사한다. 생태학적 이론의 개척자인 Bronfenbrenner(1979)는 "발달은 개인이 만드는 생태학적 환경의 개념화에 대한 진화이고 개인과 생태학적 환경과의 관계이다. 또한 발달은 주변 환경의 속성을 발견하고 유지하고 변화시키는 개인 능력의 성장이다."라고 말했다. 이 말을 학교 맥락에 적용한다면 학생의 발달은 학교(교수학습 경험, 규율, 정책, 물리적 공간)에 의해 형성된다. 그리고 학생은 학교에 영향을 미칠 수 있는 능력을 가지고 있다([그림 21-1]에서 바깥을 향한 화살표).

학생은 학생의 의사표현(student voice)을 통해 학교에 변화를 가져올 수 있다. 학생의 의사표현은 청소년들과 성인의 협력적인 의사결정, 문제해결에 참여하는 노력을 나타낸다(Camino, 2000; O'Donoghue, Kirshner, & McLaughlin, 2002). 학생의 민주적인 참여가 공교육의 핵심적인 임무이며 학교의 의사결정 모델이 되어야 한다는 생각과 학생은 학교에 대한 독창적인 경험과 관점을 가진 전문가라는 관점이 학생의 의사표현 활동의 근거가 된다. 학생의 의사표현 활동은 다양한 형태로 이루어질 수 있으며, 학생의 권한과 통제력 또한 다양한 수준으로 나타날 수 있다. 학생의 통제력과 권한을 제한시킨 학생의 의사표현활동의 한 형태로 학교 풍토와 교사 효과성에 대

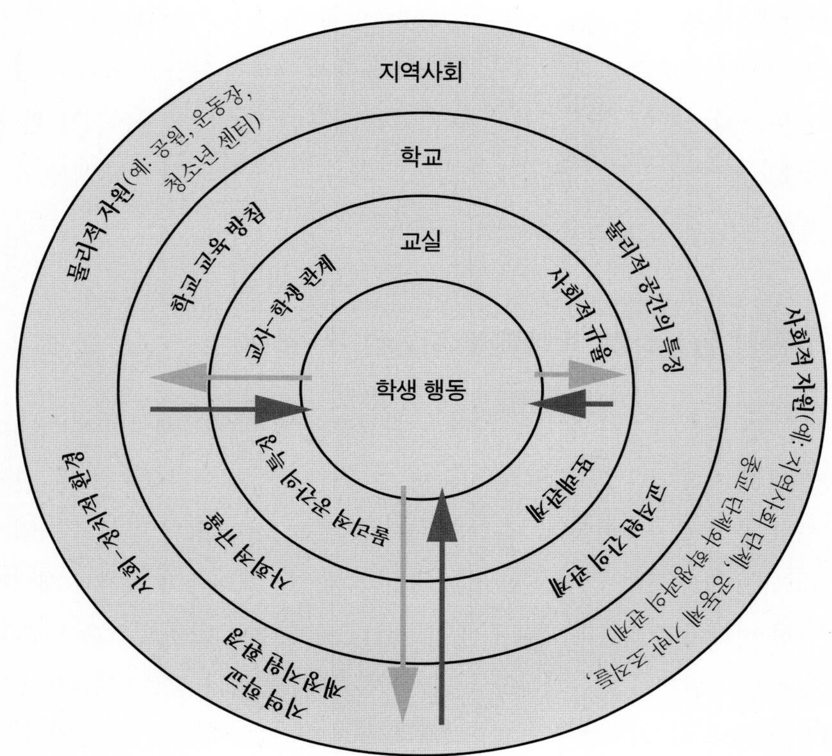

[그림 21-1] 학생 학습의 생태학적 변화 모델

한 피드백을 받는 학생 설문조사가 있다. 그런데 학생 설문조사는 대화의 한계가 미리 정해진다. 학생은 설문 결과가 어떻게 이용될지에 대해 의견을 내기 힘들다. 이와 대조적으로, 학생 그룹이 설문의 쟁점을 확인하고 학교 의사결정자에게 변화를 요구하는 학생 주도 조직이 있다. 봉사 학습(service learning; 지역사회에 봉사하는 학습), 학생회, 교직원 회의에 학생이 참여하는 일은 학생 주도와 학교 주도 사이에 중간 수준의 의사표현 활동의 예가 될 수 있다.

3) 학교 풍토 개선을 위한 학생의견 듣기모임의 사용

SLC가 학교생활 경험에 영향을 주는 경로를 탐구하는 연구는 아직 초기 단계이다. SLC의 참가자와 비참가자를 대상으로 성과를 비교, 검토한 연구 결과가 나오기 전까지 SLC를 어떻게 활용하는 것이 적절한지(사용 빈도, 사용할 시기)는 추측과 경험에 의존할 수밖에 없다. 그럼에도 불구하고 학생의 의사표현(student voice) 연구는 SLC로 학생, 교직원, 학교 교육 성과에 영향을 줄 수 있을 것으로 보이는 2가지 주요 방안을 조사하였다. 첫 번째는 사회적 지지망 조성, 두 번째는 학생들의 참여 기회 확대이다. 이 2가지 방안은 언제 그리고 어떻게 SLC를 학교에서 실행할지에 대한 대략적인 안내를 제공한다.

첫째, SLC는 학생의 학교 소속감(지지적인 학교사회의 일원이라는 느낌)을 높여 줌으로써 학생의 성과를 증진한다. '학교에서 사회적 지지를 받는다'는 인식이 청소년의 긍정적인 성과들과 연관성이 있는 것으로 나타났다. 그 예로 학업 성취도 향상(Jia et al., 2009; Niehaus, Rudasill, & Rakes, 2012), 정신건강 증진과 자존감 향상(Jia et al, 2009; Shochet, Dadds, Ham, & Montague, 2006; Suldo, McMahon, Chappel, & Loker, 2012), 폭력에 위협을 받을 때 도움을 청하려는 성향과 의지의 증가(Eliot, Cornell, Gregory, & Fan, 2010), 수업 방해 행동 감소(Want, Selman, Dishion, & Stormshak, 2010) 등을 들 수 있다.

SLC 개입이 효과적으로 기능하는 두 번째 작동 원리(mechanism)는 학교의 개선을 위해 학생들에게 참여 기회를 제공한다는 것이다. 학생의 의사표현은 교수학습 향상, 교사-학생 관계 증진과 연관이 있다(Fielding, 2001; Mitra, 2003; Soo Hoo, 1993). 또한 학생의 의사표현은 참여 학생들에게도 유익함을 제공한다. 학교를 개선하는 기회를 가져 본 학생들은 교사와 더 나은 관계를 누리며 학업 동기도 증가된다(Ames, 1992; Eccles, Wigfield, & Schiefele, 1998; Lee & Zimmerman, 1999). 게다가 교육과정, 교육 방향 결정을 위한 자료를 학생들이 제공할 때 학생의 성취가 증가될 수 있다(Oldfather, 1995; Rudduck & Flutter, 2000). 학생들이 지지적인 어른과 동반자적 관계 속에서 중요 이슈에 대해 의견을 개진할 기회를 갖는 일은 학생의 개인적 성장과 집단적 성장의 매개체로 기능할 수 있다. 즉, 성장을 위한 내적 · 환경적 자산을 길러 준다.

SLC가 앞의 2가지 작동 원리로 인해 긍정적인 효과를 거둘 수 있다는 가정에 기초해 2가지 SLC의 잠재적 사용 방안에 대해 논의하겠다. 첫째, SLC는 더 큰 규모의 학교 단위의 개입에 앞서 자료를 모으는 도구로 사용될 수 있다. 학교를 변화시킨다는 관점에서 SLC는 1년에 1번 혹은 2번 정도 시행되어 학교 개선을 위한 정보 제공 도구가 될 수 있다. 한 학교에서 여러 번의 SLC를 통해 수집된 정보들은 큰 차이가 없을 것이다. 그러므로 여러 번의 SLC를 수행하는 것은 시간 낭비가 될 수 있다. 대신 첫 번째 시행된 SLC에서 다루지 못한 학생들의 개선안을 듣는 것이 더 나은 방법이다. 연구자들은 SLC 작업이 개인적 수준에서 작동하는지, 작동한다면 어떻게 작용하는지(SLC가 개인 내적 신념이나 태도의 변화를 가져오는지)에 대해 아직 알지 못한다. 그렇지만 학교에 변화를 가져온다는 관점에서 SLC를 수행해야 한다.

대안적이고 아직 검증되지 않았지만, SLC는 그것 자체로 학생 및 어른들을 대상으로 특정 목적을 가지는 개입(intervention)이 될 수 있다. 개입이라는 관점에서 볼 때, SLC는 아마도 더욱 가치가 높다고 할 수 있다. 더 많은 학교 구성원에게 영향을 끼칠 수 있는 개입이기 때문이다. 그런데 개인 수준의 개입으로 SLC가 어떻게 작동하는지에 대한 연구가 실행되기 전까지는 개입으로서의 SLC 사용은 주의해야 한다.

3. 학생들이 발언하도록 하기: SLC의 주제

학교에 의미 있게 참여하는 것이 청소년들의 사회적 안녕감, 소속감, 주인의식을 향상시킨다는 인식은 인적 자원 정책, 교육 정책에 영향을 끼쳐 왔다. 학업 외적 차원의 배움이 필요하다는 인식에서 비롯해 최근 미국 학생안전건강부(U.S. Department of Education's Office of Safe and Healthy Students: OSHS)가 11개 주의 안전-지지적 학교(Safe and Supportive Schools: 이하 SSS or S3)에 3,880만 달러의 지원금을 교부하였다. S3 지원금의 목적은 일반 고등학교 환경에서 학교 풍토 자료를 이용해 학생 발달을 촉진시키는 증거 기반 프로그램을 선정하고 수행하는 데 있다. SLC는 학교 풍토를 변화시키는 하나의 방법이기 때문에, 지원금을 투자받은 캘리포니아주 58개의 일반 고등학교들은 학생들의 의견을 수집하기 위한 방법이자 청소년 활동의 한 종류로 SLC를 포함시켰다. SLC를 통해 수집된 데이터는 캘리포니아 아동 건강조사와 교직원, 부모를 대상으로 한 조사(WestED, 2012)의 보완 자료로 이용되었다. 여러 경로로 모인 데이터들은 지원금을 받은 학교들을 대상으로 학교 풍토 증진을 위해 증거 기반 정책, 프로그램, 규칙들을 실행하는 데 활용되었다.

다음에 제시되는 연구들은 2011~2012년 겨울 SLC가 시행된, S3 지원금을 받은 캘리포니아주 31개 일반 고등학교에서 나온 학생들의 반응을 분석한 것이다. 이 연구를 위해 시행된 SLC들은 2개의 주요 단계를 거쳤다. 그 단계는 학생의견 듣기(Data Gathering)와 문제해결 계획하기(Solution Planning)이다. 학생의견 듣기가 실행되는 동안 어른들이 주의 깊게 듣는 가운데 학생들은 학교생활에 대해 검열되지 않은 솔직한 의견들을 서로 교환할 기회를 가졌다. 가장 주목할 점은 이 시간 동안 학생과 어른 간 대화가 없었다는 점이다. 어른들은 침묵하고 학생들의 이야기를 그저 들어 주기만 하였다. 참가한 학생들은 다음 질문들에 대해 응답하였다.

- 학교 내에서 어른들이 나를 보살펴 준다는 것을 어떻게 알 수 있는가? 어른들은 무슨 이야기 혹은 행동을 했는가?
- 학교 내 어른들이 나를 믿는다는 것을 어떻게 알 수 있는가? 어른들은 무슨 이야기 혹은 행동을 했는가?
- 어떤 점이 나를 수업에 집중하게 만들고 수업을 재미있게 만드는가?
- 만약 내가 학교에서 1가지를 변화시키거나 개선시킨다면, 그것은 무엇인가?
- 학교의 변화를 위해 나는 어떤 일을 할 수 있었는가?
- 나의 꿈, 희망은 무엇이며, 그것을 이루도록 학교 내 어른들은 어떻게 도와줄 수 있는가?

이 질문에 대해 개방형 응답을 작성한 후, 학생들은 이 응답들에 대해 토의하였다. 이 질문들에 대한 응답을 학생들은 또래, 훈련된 어른과 함께 안전한 환경에서 연습한다. 그 뒤 학생들은 학교와 관련된 어른들이 있는 방으로 이동한다. 학생들은 어른들과 동심원을 만들어 마주 앉는다. 그리고 그들이 미리 연습한 응답들을 이야기한다.

학생의견 듣기에 이어서 문제해결 계획하기 단계는 학생과 교직원이 학교 환경 개선에 대한 생산적이고 문제해결 지향적인 대화를 갖는 구조화된 기회를 제공한다. 학생들과 어른들은 자신이 경험한 것들을 서로 주고받는다. 그들은 작은 그룹들로 나뉘어 그 안에서 학생들의 응답에서 뽑힌 주제에 대한 좋은 아이디어들을 내기 위해 서로 묻고 대답한다.

조사된 모든 학교의 SLC는 2~4개의 구체적이고 성취 가능하며 제한된 시간 내에 실행할 수 있는 행동에 대한 합의를 도출한다. 너무 광범위하고 실현하기 어려운 목표를 정한 몇몇 경우(예: 학교 페인트칠하기)에는 SLC의 결론을 더욱 가다듬고 성취 가능한 근접한 아이디어(학교의 오른쪽 부분을 페인트칠하기 위해 입찰하기)로 바꾸기 위해 조력자와 학교 리더들의 후속 조치가 필요하다.

1) 연구방법

학생의 의사표현(student voice)을 통해 얻은 학교 풍토에 대한 통찰을 연구하기 위해 10개의 S3 지원 학교에서 제공된 학생 응답 자료들이 분석되었다. 10개의 학교들은 도심(urban), 교외(suburban), 시골 학교(rural, 캘리포니아 교육부가 정의하는)의 대표성을 보장하는 유층무선표집법(stratified randomization process)[1]을 통해 선정되었다.

학생들은 6가지 SLC 질문(후에 개방토론을 이끄는)에 대한 응답을 작성했다. 글로 쓰인 응답들은 공통적 · 일반적 연구주제들을 밝히기 위해 데이터베이스화되어 분석되었다. 이 분석은 2단계 질적 코딩(부호화) 과정을 통해 이루어졌다. 첫 번째 단계는 학생들의 응답에서 언급된 각 개인의 아이디어나 개념을 코딩하거나 이름을 붙이는 과정이다. 예를 들어, 1번 문제(학교 내에서 어른들이 나를 보살펴 준다는 것을 어떻게 알 수 있는가? 어른들은 무슨 이야기 혹은 행동을 했는가?)에 대한 응답으로 한 학생은 "교실에 들어올 때 선생님이 내 이름을 불러 인사하고 방과 후에 숙제를 도와주실 때"라고 답했다. 이때 학생의 이름을 부르고 인사하는 아이디어와 방과 후 숙제를 도와주는 아이디어는 각각 분리해서 코딩되었다.

두 번째 단계로 코딩된 각 개념들을 주제들(themes)로 그룹화했다. 예를 들어, 여러 부호(code)가 정확히 같은 이름으로 분류되는 몇몇 케이스는 작업이 간단하다. 하지만 이와 다른 케이스들은 연구팀 내 더 많은 토론이 요

1) 유층무선표집법: 요인을 설정해 계층을 나눈 후 계층별로 무작위 배정법을 실시하는 방법—역자 주

구된다. 이 경우 우리는 반복적 비교 분석법(constant comparative procedure)을 사용한다. 이 과정 속에서 우리는 각 주제에 속하는 하나의 부호(code)를 한 번에 1개씩 조사한다. 그리고 같은 범주(category) 안의 다른 모든 데이터 조각들과 비교한다. 그리고 범주가 서로 연관성이 있는지 확인하고 범주들을 통합하거나 혹은 충분한 차이점이 있을 경우에는 새로운 범주를 만든다. 5번 질문(만약 내가 학교에서 1가지를 변화시키거나 개선시킨다면 그것은 무엇인가?)을 예로 들면, **또래지지그룹**(peer support groups)과 **또래관계 조성**(peer relationship building)은 1개의 주제 범주로 합쳐졌다. 왜냐하면 각 범주 내 응답들의 형태에서 중첩되는 부분이 있었기 때문이다.

이 분석의 결과, SLC에서 학생들에게 물은 각 질문과 관련된 주제들(themes)이 최소화된 그룹으로 분류되었다. 이 주제들은 학생이 학교 풍토를 어떻게 이해하고, 우선 개입해야 할 사항에 대해 어떻게 이해하고 있는지에 관한 통찰을 제공해 준다.

4가지 SLC 응답에 대한 응답 주제는 다음과 같다. 비록 1번 질문 "학교 내에서 어른들이 나를 보살펴 준다는 것을 어떻게 알 수 있는가? 어른들은 무슨 이야기 혹은 행동을 했는가?"와 2번 질문 "학교 내 어른들이 나를 믿는다는 것을 어떻게 알 수 있는가? 어른들은 무슨 이야기 혹은 행동을 했는가?"는 따로 물어봤지만, 학생들의 응답을 분석한 결과 중첩되는 부분이 많아 통합하였다. 또한 6번 질문 "나의 꿈, 희망은 무엇이며, 그것을 이루도록 학교 내 어른들은 어떻게 도와줄 수 있는가?"에 대한 학생들의 응답은 단위 학교에서 관련된 어떤 의사결정을 내리기에 너무 협소거나 너무 광범위해서 분석되지 못했다. 구체적인 예로 다음과 같은 반응을 들 수 있다.

- 내 목표는 학교를 졸업하고 대학에 가는 것이다. 내 꿈은 경찰관이 되는 것이다. 선생님들이 내가 학교에서 계속 잘할 수 있도록 도와주기를 바란다.

- 내 목표와 꿈은 군대에 입대하는 것이다. 학교 내 어른들이 내 꿈과 목표를 지원해 주었으면 한다.

2) 학교 풍토 개선을 위한 학생의 의사표현 주제

(1) 보살핌과 기대(caring relationships and high expectation)

학생들은 다음 질문에 대해 응답하였다.

- 학교 내에서 어른들이 나를 보살펴 준다는 것을 어떻게 알 수 있나요? 그들은 무슨 이야기 혹은 행동을 했나요?
- 학교 내 어른들이 여러분들을 믿는다는 것을 어떻게 알 수 있나요? 그들은 무슨 이야기 혹은 행동을 했나요?

이 질문에 대한 응답은 다음의 4가지 일반적 주제로 분류되었다.

- 개인적 유대에 대한 관심
- 학생의 배움에 대한 헌신
- 행동, 성공에 대한 기대
- 성공에 대한 동기부여, 격려

교실 바깥에서의 학생의 삶에 대한 간단하지만 진정한 상호작용은 학생과 개인적 관계를 형성하는 것이다. 이러한 관계는 일반적으로 보살핌(caring)으로 간주된다. 이에 더해 학생의 이름을 부르며 인사하는 것, 그들의 주말, 휴일 생활에 대해 묻는 것은 학교 내 어른들과 학교가 그들을 보살핀다는 증거로 언급된다. 또한 학생들은 '어른들이 무엇을 말했는가'만이 아니라 '어떻게 말했는지'에 대해서도 주목한다. 예를 들어, 긍정적, 예의 바른, 반가운 목소리 톤, 얼굴 표정, 평가하지 않는 열린 태도의 상호작용은 학생들이 느끼는 보살핌에 대한 차이를 가져온다. 한 학생은 "나를 보살펴 준다고 느끼는 어른의 행동은 그들이 나에게 말하는 방법이에요. 그들은 항상 웃으며 나에게 말해요. 그리고 항상 저의 의견에 열린 자세를 느껴요."라고 설명한다. 주의 깊게 듣는 것, 그리고 한두 단어 이상 응답하는 것은 몇몇 학생이 마치 친구나 동료처럼 느껴지도록 행동한다고 묘사한 것처럼 어른의 학생에 대한 관심을 전달해 준다. 한 학생은 '선생님이 실제 학생들의 수준에 맞춰 마치 또래의 일원인 듯이 함께 대화할 때' 어른의 보살핌을 느낄 수 있다고 응답했다.

학생의 태도와 행동의 변화를 알아차리는 것 또한 보살핀다는 느낌을 전달한다. 예를 들어, 학생이 슬픈지, 당황했는지, 기분이 좋지 않은지 일관되게 알아보고 그 일에 대해 학생에게 물어보는 교사에게 학생은 보살핌을 느낀다고 기술했다. 이렇게 학생을 확인하는 과정은 학생 개개인의 태도와 경험에 대해 교사가 민감성을 가진다는 느낌을 전달하며, 이는 강한 유대감을 형성해 준다. 한 학생은 "보살펴 주는 어른에게는 조언을 구하기 위해 찾아가 자신의 사정을 말할 수 있다."라고 말했다. 또한 보살펴 주는 어른은 학생들의 삶과 경험에 관심을 가지며 기꺼이 그들의 삶을 공유하려는 사람이라고 기술되었다.

몇몇 학생에게 1:1 관계를 기반으로 한 학업적인 점검 및 확인 행동 또한 보살핌의 표시로 받아들여졌다. 학생의 일(성적, 성취, 시험, 과제) 등에 관해 1:1로 대화를 나누고, 학생의 발전, 목표 달성, 기일 맞추기 등을 위한 방법에 관해 의견을 나누는 것 또한 보살피는 행동으로 묘사되었다. 예를 들어, 한 학생은 "내 학교생활에 대해 보살펴 주는 어른은 저에게 다가와 그날 하루가 어땠는지, 학교에서 내 성적, 행동은 어땠는지 확인합니다."라고 말했다.

이와 비슷하게 어른의 학생에 대한 헌신 역시 또 다른 주요 주제가 된다. 교실 바깥에서 도움을 제공하는 교사, 점심시간이나 방과 후에 시간을 할애해 별도의 도움을 제공하는 교사는 보살핌을 행하는 것으로 기술되었다. 여러 학생은 보살펴 주는 교사란 학생이 개념, 지식에 대해 확실히 배우도록 도와주는 사람들이라고 응답했다. "그분들은 가르치는 동안 저희를 포기하거나 떠나지 않아요." 한 학생이 그 교사들을 묘사한 예이다. 보살펴 주는 어른들에 대해 다른 학생은 "그분들은 학생이 배우고 익히는 방법을 가르칩니다. 그분들은 오직 자신이 가르치는 방법만 끊임없이 강요하지 않습니다."라고 기술하였다.

학생의 행동과 성공에 대한 높은 기대감, 학생의 잠재력에 대한 믿음은 보살핌의 3번째 측면이다. 학생들은 어른들이 책임감 있게 특정한 학업적 기준에 도달하도록 조력하는 일, 예를 들어 출석하여 수업에 참여하도록 만들고, 계속 집중하게 만들고, 할 일을 마치도록 하는 일이 보살핌과 학생에 대한 믿음을 보여 주는 행동이라고 응답했다. 한 학생은 이렇게 표현했다. "그분들은 계속 나에게 '교실에 제시간에 와라, 과제를 해라, 넌 더 잘할 수 있다고 믿는다'라고 말하며 날 계속 귀찮게 합니다." 학생의 성공에 대한 어른들의 믿음은 학생으로 하여금 '어른이 자신을 돌보고 있다'고 생각하게 만드는 또 하나의 방법이다. 다음은 학생들의 언급이다.

> "이것이 그분들이 나를 믿는지에 대해 확신할 수 있는 방법입니다. 그들은 절대 내가 실패하도록 포기하지 않습니다. 그들은 항상 '너는 3.0(GPA) 이상 성적을 거둘 수 있다. 왜냐하면 나는 네가 할 수 있다는 걸 알고 있으니까.'라고 말합니다."
>
> "나는 어른들이 나를 믿는다고 생각합니다. 왜냐하면 그분들은 내 옆으로 와 '왜 너는 성적이 좋지 않니? 너는 더 잘할 수 있어.'라고 말하기 때문입니다. 이런 말들은 그분들이 나를 믿는다고 느끼게 해 줍니다."

마지막으로 학생들은 격려, 동기부여가 '어른들이 나를 믿어 주고 돌봐 주는구나.'라고 느끼게 해 준다고 응답했다. 학생들이 과거에 어떤 일을 성취했었는지 혹은 다른 학생들이 어떤 일을 성취했었는지에 대해 칭찬하거나 상기시켜 주는 행동은 학생들의 희망과 낙관성(가까운 장래에 성공할 수 있을 것이라는)을 불러일으켜 준다고 응답했다. 그들이 제시한 예로는 "포기하지 마, 거의 다 했어." 혹은 간단하게 "넌 할 수 있어."와 같이 인내심을 가지라는 격려가 포함된다. 학생들이 열심히 하고, 최선을 다하고, 과제를 완수함으로써 성공하도록 밀어붙이는 행동 또한 격려의 또 다른 형태라고 학생들은 이야기하였다. 이와 비슷하게 전형적으로 회피하는 수업이나 과제를 직면했을 때 해낼 수 있다는 믿음을 어른과 학생이 함께 나눔으로써 책임감 있게 완수하도록 도전을 격려하는 행동, 혹은 한계에서 벗어난 일을 도전시키는 행동을 통해 어른들이 자신을 믿고 있음을 확인할 수 있다고 응답했다.

(2) 학습 집중

"어떤 점이 내가 수업에 집중하게 하고 수업을 재미있게 만드는가?"라는 질문에 대해 학생의 응답은 다음의 4가지 일반적 주제로 분류되었다.

- 교수 기술과 수업 도구의 다양성
- 자기표현과 자기주도적 학습 기회
- 실제 생활에 적용
- 교사의 태도와 신념

가장 많이 나온 대답은 교수 기술과 수업 도구의 다양성이다. 예를 들어, 학생들은 교사가 학습 게임, 손을 사용하는 활동, 비디오, 컴퓨터 소프트웨어, 여러 종류의 미디어 자료와 같은 다양한 교육적 도구를 사용할 때 수업에 가장 집중할 수 있다고 응답했다. 교수 내용에 더욱 깊게 몰입하는 데 학생들은 실험, 프로젝트 학습, 학급 대화, 소그룹 활동들이 유용하다고 말했다. 마지막으로, 학생들은 퀴즈 게임과 같이 경험적이고 창조적인 방법으로 복습하는 기회에 높은 가치를 두었다.

교수 도구 다음으로는 자기표현 기회, 학습의 방향을 스스로 정할 수 있는 자기주도 학습(self-direction) 기회를 꼽았다. 학생들은 교실에서 어디에 앉을지, 어떤 활동을 할지 스스로 선택할 기회가 있을 때 교실에서 더 집중할 수 있다고 말했다. 이곳에서 논의된 다른 SLC의 응답들처럼 학생들은 그들의 의견과 신념을 표현하고, 다른 사람들의 의견과 신념을 듣기 원했다. 예를 들어, 한 학생은 "어떤 교실은 학생의 의사표현을 요구한다. 다른 학생의 의견을 듣는 것은 재미있다. 더 많은 사람이 같이 한다면 더 좋을 것이다. 또래와 그룹을 만들어 자발적으로 의견을 공유하는 것은 즐겁다."라고 말했다.

더불어 학생들은 수업 내용이 실제 생활에 적용될 필요가 있다고 일관되게 응답했다. 그들은 교사에게 수업 내용이 어떻게 미래 직업 생활이나 개인의 삶에 적용되는지 예를 제시해 주기를 요구하였다. 그리고 학생들의 삶의 경험과 어떻게 연결될 수 있는지 설명해 주기를 원했다. 고등학교 수준의 학생들은 학교 밖의 더 넓은 삶에 대해 곰곰이 숙고한다. 학교는 학생들이 학교 밖의 새로운 삶에 적응할 때 필요한 기술들을 제공할 필요가 있다.

마지막으로, 더 보충되어야 할 것(학생의 발달 수준에 적절한 교육적 도구와 기술 이외에)은 바로 교사의 태도와 행동이 학생이 집중할 수 있는 교육 환경을 만든다는 점이다. 특히 학생들은 교사가 재미있고 긍정적이고 수업에 대해 깊은 관심을 가질 때 가장 수업에 잘 몰입할 수 있었다고 응답했다.

(3) 학교 개선

"만약 내가 학교에서 1가지를 변화시키거나 개선시킨다면 그것은 무엇인가?"라는 질문에 대해 학생들은 개방형 응답으로 가장 중요한 것들에 대해 응답했다. 학생의 응답은 다음의 4가지 일반적 주제로 나뉜다.

- 물리적 환경과 자원

- 교직원-학생 간 라포(rapport)
- 학생 또래관계
- 학교규칙과 정책들

학교 개선을 위해 가장 많이 언급되었던 것은 다양한 음식을 포함한 물리적 환경이다. 학생들은 자신의 학교 교정을 생기 없고, 어질러지고, 깨끗하지 못한 장소로 묘사했다. 한 학생은 "교정에 대해 내가 매일 듣는 말은 더럽고 구역질 난다는 말이다. 여기저기 쓰레기가 널려 있다. 우리 학교 시설들은 모두 구식이다."라고 말했다. 화장실 청결은 특히 중요하다. 음식의 경우에도 학생들은 점심에 더 다양한 음식을 선택하기를 원하며 혹은 교외에서 점심을 사 먹기를 바란다.

교직원-학생 관계에 있어서 많은 학생이 교내의 일부 어른들의 성향에 대해 우려의 목소리를 표한다. 학생들은 특히 관리 직원들이 더 친절하고 도움을 주며 반갑게 맞아 주기를 바랐다. 교사와 상담사 중 일부에게는 더 열정적이고 긍정적이었으면 하는 바람을 나타냈다. 몇몇 학생은 교직원의 학생에 대한 태도 개선이 필수적이라고 느꼈다. 이와 더불어 학생들도 학교 내 어른들에게 더 존경심을 가져야 한다는 인식을 나타냈다. 특히 교실 안에서 경청하는 자세를 가져야 한다고 말했다.

이에 더해, 학생들은 또래관계가 개선될 필요성이 있다고 응답했다. 학생 사이의 심한 폭력, 인종 차별에 대한 우려가 있었다. 이를 개선하기 위해 학생들은 서로 친사회적 관계를 쌓을 수 있는 기회를 만들 것을 제안했다. 한 학생은 "많은 아이가 서로에 대해 잘 모른다. 오직 서로에 대해 추측할 뿐이다. 만약 서로에 대해 알아 갈 하루나 이틀의 시간이 있다면 상황은 훨씬 나아질 것이다."라고 언급했다. 학생들은 더 나은 상호협력과 유대감에 대한 욕구를 표현했다.

마지막으로, 많은 학생은 몇몇 학교 정책이 너무 엄격하다고 느꼈다. 옷차림, 휴대용 전자기기에 대한 금지, 시간표, 훈육을 위한 규칙 등이 언급되었다. 학생들은 옷차림에 대한 교칙이 자기표현의 권리를 억압한다고 느꼈다. 전자기기에 대한 응답을 살펴보면 학생들은 교실 밖에서는 전자기기를 허용하는 것이 공정하다고 답했다. "우리는 어쨌든 점심시간에 전자기기를 사용합니다. 교실 밖에서 전자기기를 사용하는 것이 왜 나쁜 거죠?" 어떤 학생들은 교사들이 교칙을 더 일관되게 집행할 것을 바랐다. 마지막으로, 직장을 가진 학생들의 경우 직장과 학업을 함께 병행하는 것에 대해 어려움을 토로했다.

(4) 학생에 의한 학교 변화

"학교의 변화를 위해 내가 어떤 일을 할 수 있었는가?"라는 질문에 대한 학생들의 응답은 다음의 3가지 주제로 분류되었다.

- 또래와 친사회적인 상호작용
- 긍정적인 규범을 장려하는 행동
- 공동체 행사와 활동

학생들의 응답을 종합적으로 살펴보면, 학생들은 학교 환경 개선에 기여하기를 원할 뿐만 아니라, 학교 환경 개선 방법에 대해 창의적이고, 학생들 자신에게 적합한 다양한 아이디어를 가지고 있다는 것을 보여 주었다.

학생들의 응답 중 주변 친구들을 돕고 친하게 지냄으로써 학교를 변화시킬 수 있다는 응답이 가장 많았다. 이 응답을 한 학생들은 또래를 돕고 친해지기 위한 다양한 아이디어를 제시했다. 학교에서 전통적으로 힘이 적은 집단, 학교 내 소수자 집단(하급생, 장애를 가진 학생, 영어가 모국어가 아닌 학생 등)을 멘토링하기, 학업 개인 지도, 그룹 간 혹은 파벌 간 우정 만들기, 또래 상담해 주기, 알지 못했던 학생들과 대화하기 등이 있었다.

둘째로, 학생들은 학교 규칙을 따르도록 권장함으로써 학교를 변화시킬 수 있다고 응답했다. 예를 들어, '따돌림이나 친구를 깔보는 말을 멈추기' '서로 존중해 주기' '본연의 모습 보이기(be themselves)' 등의 학교 규칙을 학생들이 따르도록 장려해야 한다고 말했다.

마지막으로, 학생들은 학교 공동체 행사, 활동을 개최하고 참여를 권장함으로써 학교를 변화시킬 수 있다고 말했다. 여기서 말하는 행사란, 교내 프로그램, 활동 홍보, 학생 모임 조직, 학교 공동체에 대한 봉사 활동 실시(예: 도서관 봉사 활동, 쓰레기 줍기)를 포함한다. 다시 말해, 학생들은 자기주도적으로 학교사회라는 건축물을 세울 기회를 바라고 있다.

4. 학생 주도 학교 풍토 개선 사례

다음은 SLC 과정을 사용하여 학교 환경을 변화시킨 고등학교의 사례이다.

2012년 4월 어느 토요일 아침, 캘리포니아 일반 고등학교에서 SLC를 개최했다. 27명(학생 8명, 성인 19명)이 참가했다. 다양한 구성원으로 이루어진 성인 그룹(교사, 교직원, 학교 행정가, 학교 기반 건강센터 직원, 공동체 기반 조직 직원)과 학생들이 대표자로 나섰다. SLC는 학교 전체의 의사소통 개선, 학교 활동에 어른들의 더 많은 참여, 학생을 학습에 더 활발히 참여시킬 다양한 전략들, 학생의 소리를 들을 더 많은 기회 제공, 특히 학교 내 인종적, 민족적, 경제적 차별, 무리 짓기, 배타적 분리의 경계를 무너뜨릴 더 많은 기회와 활동들을 주제로 다루었다.

이 모임에서는 3가지 제안을 다루기로 결정했다. 각 영역에 적어도 학생 1명, 성인 1명이 책임을 맡아 제안을 추진하기로 결정했다.

① 위원회를 조직하여 학생의 목소리를 듣고, 그 결과를 더 많은 어른과

공유할 전략을 세우며, 다양한 학생의 의사표현을 실행할 수 있는 더 많은 기회와 방법을 개발한다.

② 의사소통을 검토하고 현 상황을 타개할 다양성 위원회를 조직한다.

③ 의사소통과 봉사 활동을 조직할 위원회를 만든다.

그 후 학교는 몇 주간 휴업했고, 1개월이 조금 되지 않아 변화는 시작되었다. 봉사 활동과 의사소통 동아리를 조직하는 일이 시작되었고, 각기 다른 영역에서 개선 노력들이 진행되었다. 학생, 성인, SLC 참여자와 함께했던 교장은 SLC의 결과를 다음 교직원 회의에서 공유하고 SLC 모임을 지원할 것을 발표했다. 게다가 여러 학생이 학교 전반의 문제들에 관한 그들의 입장을 이야기할 기회를 갖기 위해 고등학교 이사회 회의에 초대되었다. 평화를 위한 삶의 기술(Life Skills for Peace) 프로그램에 참여하는 학생을 포함한 또 다른 SLC를 여러 인종, 민족, 경제적으로 다양한 배경을 지닌 학생들의 의견을 듣기 위해 개최하기로 계획하였다.

현 상황을 타개할 책임을 가진 어른과 학생들은 파벌, 무리 짓기에 관한 조사를 개발하고 서로 소통하는 날(Mix It Up Day) 프로그램을 계획하기 위해 최소 2번의 만남을 가졌다. 그들은 이 조사가 교내 인종적·민족적 긴장을 완화하기 위한 학생들의 노력과 헌신을 찾아내는 데 사용되기를 바랐다.

5. SLC의 향후 방향

SLC는 앞으로 실제 실행의 진전과 연구의 진전이라는 2가지 주요한 방향으로 나아갈 것이다. 실제적 측면에서의 발전은 학생들이 SLC를 계획하고 후속 단계 및 실행에 참여할 수 있는 체계적 기회를 구축하는 일을 포함한다. SLC의 실행 계획과 관련하여, SLC를 만들고 그 과정에 깊숙이 참여했던 연구자들이 SLC를 위해 만든 질문들에 주목할 필요가 있다. 학생들에게 제공된 이 질문지는 무엇이 아동 · 청소년의 회복탄력성을 구성하는 요소인가에 관한 연구에 기초해 제작되었다. SLC는 앞서 제시되었던 질문에 대한 학생의 응답을 바탕으로 실행되었기 때문에 질문과 응답의 범위를 벗어날 수 없다는 한계를 가진다. 이 사실을 고려할 때, 학생과 관련된 학교 풍토의 모든 잠재적 차원이 질문지에서 다루어졌을지는 확신할 수 없다. 그렇기 때문에 학교에서 쓰일 질문지의 내용, 단어, 표현들을 미리 학생 집단과 확인하는 작업은 SLC 과정을 강화시켜 줄 수 있다. 질문 제작을 위한 1가지 방법으로 이미 실시된 학교 풍토에 관한 자료들(예: 학생, 교직원, 부모가 인식한 학교 풍토 자료, 품행 문제 발생률 자료, 정학, 퇴학에 관한 자료 등)을 미리 검토하고, 그들이 생각하는 학교의 최고 강점은 무엇인지, 가장 큰 문제점은 무엇인지에 관해 토의해 보는 일이다. 이 SLC 관련 토의를 통해 더 깊게 탐구해야 할 학교 풍토 영역을 학생들이 자연스럽게 결정할 수 있다. 게다가 최근에는 SLC에 관한 어떤 체계적인 후속 조치도 이루어지지 않고 있다. 학교는 SLC가 만든 해결책을 독립적이고 특별하게 구현되도록 SLC에 권한을 부여해야 한다. 이에 더해 학교가 문제해결을 위한 SLC의 아이디어들이 실현되도록 돕는 보다 더 체계적인 접근이 이루어질 필요가 있다.

SLC 과정의 효과에 대한 일화적인 증거들(anecdotal evidence; 통계나 입증된 연구가 아닌 이야기, 증언을 바탕으로 한 증거)은 매우 강한 설득력을 가진다(예: 한 학교의 성인 참여자는 "제가 아는 한 학교 관련 데이터를 모을 수 있는 가장 좋은 도구입니다."라고 말함). 하지만 SLC에 관한 경험적 연구는 아직 거의 없는 실정이다. 앞으로 학교 풍토를 변화시키는 효과적인 수단으로서 SLC를 입증하기 위해 많은 연구가 필요하다. 높은 질의 SLC를 예측하는 구성요소에 대한 연구(예: 학교 행정가가 학생의 목소리를 중요하게 여김, 학생, 성인 참가자들의 특성)와 SLC에 참가한 결과로 발생되는 성인 및 학생의 심리적, 사회적, 행동적 성과에 관한 연구 등이 이에 속할 수 있다. 또한 학교 환경의 변화를 가져올 수 있는 SLC의 과정에 대한 더 심도 깊은 연구도 필요하다. 이러한 연구 방향 중 특히 흥미로운 것은 SLC 참가자들이 행하는 사회적 행동과 조치가 SLC에 참가하지 않은 비참가자들에게 끼치는 긍정적 영향에 대한 과정과 경로에 대한 연구이다. 또한 누적된 긍정적 영향들이 어떻게 학교의 사회적 규범에 지속적인 변화를 가져다주는지에 대한 연구도 이에 속한다.

〈표 21-1〉은 고등학교 환경에서 SLC를 실행하는 대략적 단계에 관한 모범적 예시이다. 각 단계에 대한 더 자세한 내용과 문제해결 전략은 Burgoa와 Izu(2010)의 글을 참고할 수 있다.

〈표 21-1〉 SLC 수행의 단계

단계 1: 계획
1. 학교 관리자의 동의를 얻으라: 핵심 학교 지도자가 학생의 목소리에 높은 가치를 두고 행동하려고 하는지 확인하기 위해 SLC를 시작하기 전에 학교 관리자의 준비성과 지지 정도를 측정하는 일은 매우 중요하다. 어떤 학교 지도자는 그들의 힘을 나눌 준비가 되어 있는 반면, 다른 지도자는 회의적이거나 완전히 반대할 수도 있다. 만약 핵심 학교 지도자가 이 접근에 지지적이지 않다면 시작하지 마라. 2. 학생 참가자를 선발하라: SLC에 참여하기 위해 선발된 학생들은 나이, 성별, 인종, 민족, 학교 참여도, 최근의 학업적 성취 등 다양한 분야에서 학교 공동체의 대표성을 지녀야 한다. 5~8명 정도의 인원일 때 SLC가 가장 잘 진행될 수 있다. 3. 부모, 보호자의 동의를 얻으라: SLC는 참가하는 학생의 교육 시간을 뺏을 수도 있다. 보호자의 동의가 있어야 한다. 4. 성인 참여자를 선발하라: SLC에 참여하기 위해 선발된 성인들은 학생의 목소리를 변호해야 한다. 이 시간은 학생들의 정서적 안정감을 해칠 수 있는 회의적인 교직원을 초대하는 시간이 아니다. 학생 1명당 어른 2명의 비율을 권장한다. 학생과 마찬가지로 성인들도 학교 공동체의 대표성을 지녀야 한다. 성인 참여자로 학교 리더십, 교육적 교직원, 학교상담가, 학교심리학자, 학교 안전 책임자, 자격증을 가진 교직원과 학부모를 권한다. 5. 적절한 장소를 찾으라: 2개의 방이 필요하다. 첫 번째 방은 모든 SLC 구성원이 들어갈 수 있을 만큼 커야 한다. 이 방은 문의 개수가 적어야 하고, SLC가 진행되는 동안에는 방해를 막기 위해 문이 잠겨 있어야 한다. 의자로 2개의 커다란 동심원을 만들기 위해 큰 탁자는 방의 주변부로 이동될 수 있어야 한다. 중간 크기의 방들이 적당하다. 카페테리아나 그 외에 필요 이상으로 큰 방은 추천하지 않는다.

단계 2: 실행

6. 성인들과 학생들에게 내용을 전달하라: SLC 합의를 검토하고(〈표 21-2〉 참조), SLC의 목적에 대해 토의하고, 앞으로 기대되는 전망을 전달하라.
7. 성인들을 준비시키라: 성인 합의문을 재검토하라. 현재 학교 풍토에 관한 자료(예: 학생, 교직원의 학교 풍토 인식 자료, 품행 문제 발생률에 대한 자료, 정학, 퇴학에 관한 자료 등)로 토의를 진행하고, 학생 집단 간 차이에 관해 특별한 주의를 기울이고, 학교 풍토 개선을 위해 실시했던 실천 사항들(예: 학교 정책, 증거 기반 프로그램, 관행)에 관해 토의하라.
8. 학생들을 준비시키라: SLC 질문을 던지고 학생이 응답하게 하는 과정을 통해 학생을 지도하라. 조력자는 학생이 적극적으로 듣고 대답하는 과정 속에서 학생에게 피드백을 제공하고 아이디어를 공유하도록 격려할 수 있다. 필요하다면 그들의 응답을 건설적이고 문제해결에 초점을 맞추는 방식으로 재구성하도록 도와주라.
9. SLC를 실시하라: 학생들은 중앙의 원에 앉도록 하고 서로를 마주 보게 만든다. 조력자도 학생들과 함께 앉는다. 성인 참석자들은 중앙 원 바깥 동심원에 앉는다. 학생을 준비시킬 때 연습했던 대로 모든 학생은 같은 순서로 모든 질문에 대해 대답한다. 그동안 어른은 조용히 듣는다.

단계 3: 종합, 해결 방안 계획

10. 성인의 반성: 학생과 성인들을 하나의 원 대형으로 합친다. 조력자는 성인에게 다음과 같이 질문한다. "학생의 말을 들으며 어떻게 느끼셨나요? 무엇을 들으셨나요?" 조력자는 이 자리가 학교를 변호하는 자리가 아니라, 학생들의 경험을 느끼고, 학생들에게서 배우는 시간이라는 점을 성인들에게 일깨워 주어야 한다.
11. 학생의 반성: 조력자는 학생에게 다음과 같이 질문한다. "들으면서 어떤 느낌을 받았나요?" 조력자는 이 자리가 어른들에게 감사하는 자리이지, 학교나 학교 구성원을 비판하는 자리가 아니라는 것을 학생들에게 일깨워 주어야 한다. 학생들은 성인들이 들은 말을 확인하고 의사소통의 오류가 있다면 수정해 주어야 한다.
12. 짝지어 해결 방안 계획: 조력자는 학생, 성인이 짝이 되는 소그룹을 만든다(예: 2명의 성인, 1명의 학생으로 이루어진 소그룹). 소그룹은 학생들의 응답에서 나온 주제들을 검토하고 적어도 2가지의 행동 단계를 만든다. 조력자는 여러 주제를 소그룹에 나눠 배분해 준다.

단계 4. 후속 조치

13. 행동 단계, 진전 여부를 토의하기 위해 성인, 학생들을 다시 소집하라: 필요할 경우 행동단계를 수정하라.

〈표 21-2〉 SLC 합의문

성인은 다음 사항에 동의한다. • 휴대전화를 끈다. 통화, 이메일, 문자를 하지 않는다. • SLC가 진행되는 동안 자리를 지킨다. • SLC 동안 떠들지 않는다. • 학생들의 관점을 반영한 계획을 이행한다. • 익명으로 학생들이 제공한 의견을 교직원, 부모, 공동체 구성원들에게 계속 언급하고 전달한다. • 사전에 계획되고 만들어진 활동들을 이행하지 않고 그것을 해명하기 위해 SLC에 참여하는 학생들과 접촉하지 않는다.
학생들은 다음 사항에 동의한다. • 휴대전화를 끈다. 통화, 이메일, 문자를 하지 않는다. • 좋아하고, 원하고, 필요한 것들에 집중한다. • 특정 인물의 이름은 오직 긍정적인 의견을 말할 때만 언급한다. • 서로 존중한다. • SLC 동안 집중한다. • 한 번에 1가지씩만 말한다. • 진실을 말한다!

참고문헌

Ames, C. (1992). Classrooms: Goals, structures, and student motivation. *Journal of Educational Psychology, 84,* 261–271. doi:10.1037/0022-0663.84.3.261

Benard, B. (2004). *Resiliency: What we have learned.* San Francisco, CA: WestEd.

Benard, B., & Slade, S. (2009). Listening to students: Moving from resilience research to youth development practice and school connectedness. In R. Gilman, E. S. Huebner, & M. J. Furlong (Eds.), *Handbook of positive psychology in schools* (pp. 353–370). New York, NY: Routledge.

Bronfenbrenner, U. (1979). *The ecology of human development: Experiments by nature and design.* Cambridge, MA: Harvard University Press.

Bronfenbrenner, U. (1992). Ecological systems theory. In R. Vasta (Ed.), *Six theories of child development* (pp. 187–250). Philadelphia, PA: Jessica Kingsley.

Burgoa, C., & Izu, J. (2010). *Guide to a student-family-school-community partnerships.* San Francisco, CA: WestEd. Available from http://chks.wested.org/resources/StudentFamilySchoolCommunity.pdf

Camino, L. (2000). Youth-adult partnerships: Entering new territory in community work and research. *Applied Developmental Science, 4,* 11–12. doi:10.1207/S1532480XADS04Suppl_2

Eccles, J., Wigfield, A., & Schiefele, U. (1998). Motivation to succeed. In W. Damon & N. Eisenberg (Eds.), *Handbook of child psychology, Vol. 3: Social, emotional and personality development* (pp. 1017–1094). New York, NY: Wiley.

Eliot, M., Cornell, D., Gregory, A., & Fan, X. (2010). Supportive school climate and student willingness to seek help for bullying and threats of violence. *Journal of School Psychology, 48,* 533–553. doi:10.1016/j.jsp.2010.07.001

Fielding, M. (2001). Students as radical agents of change. *Journal of Educational Change, 2,* 123–141. doi:10.1023/A:1017949213447

Greenberg, M., Weissberg, R., Utne O'Brien, M., Zins, J., Fredericks, L., Resnik, H., & Elias, M. (2003). Enhancing school-based prevention and youth development through coordinated social, emotional, and academic learning. *American Psychologist, 58,* 466–474. doi:10.1037/0003-066X.58.6-7.466

Jia, Y., Way, N., Ling, G., & Yoshikawa, H., Chen, X., Hughes, D., . . . Lu, Z. (2009). The influence of student perceptions of school climate on socioemotional and academic adjustment: A comparison of Chinese and American adolescents. *Child Development, 80,* 1514–1530. doi:10.1111/j.1467-8624.2009.01348.x

Lee, L., & Zimmerman, M. (1999). Passion, action and a new vision for student voice: Learnings from the Manitoba School Improvement Program. *Education Canada, 39,* 34–35.

Masten, A., & Coatsworth, J. (1998). The development of competence in favorable and unfavorable environments: Lessons from research on successful children.

American Psychologist, 53, 205–220. doi:10.1037/0003-066X.53.2.205

Masten, A. S., Cutuli, J. J., Herbers, J. E., & Reed, M. J. (2009). Resilience in development. In S. Lopez & C. Snyder (Eds.), *The Oxford handbook of positive psychology* (2nd ed., pp. 117–132). New York: Oxford University Press.

Mitra, D. L. (2003). Student voice in school reform: Reframing student-teacher relationships. *McGill Journal of Education, 38,* 289–304.

Niehaus, K., Rudasill, K., & Rakes, C. (2012). A longitudinal study of school connectedness and academic outcomes across sixth grade. *Journal of School Psychology, 50,* 443–460. doi:10.1016/j.jsp.2012.03.002

O'Donoghue, J. L., Kirshner, B., & McLaughlin, M. (2002). Introduction: Moving youth participation forward. *New Directions for Youth Development, 96,* 15–26. doi:10.1002/yd.24

Oldfather, P. (1995). Songs "come back most to them": Students' experiences as researchers. *Theory Into Practice, 34,* 131–137. doi:10.1080/00405849509543670

Resnick, M., Harris, L., & Blum, R. (1993). The impact of caring and connectedness on adolescent health and well-being. *Journal of Pediatrics and Child Health, 29,* S3–S9. doi:10.1111/j.1440-1754.1993.tb02257.x

Roeser, R. W., Eccles, J. S., & Sameroff, A. (2000). School as a context of early adolescents' academic and social-emotional development: A summary of research findings. *Elementary School Journal, 100,* 443–471.

Rudduck, J., & Flutter, J. (2000). Pupil participation and pupil perspective: "Carving a new order of experience." *Cambridge Journal of Education, 30,* 75–89. doi:10.1080/03057640050005780

Sameroff, A. J. (2000). Developmental systems and psychopathology. *Development and Psychopathology, 12,* 297–312.

Shochet, I., Dadds, M., Ham, D., & Montague, R. (2006). School connectedness is an underemphasized parameter in adolescent mental health: Results of a community prediction study. *Journal of Clinical Child & Adolescent Psychology, 35,* 170–179.

Soo Hoo, S. (1993). Students as partners in research and restructuring schools.

Educational Forum, 57(Summer), 386–393.

Sugai, G., & Horner, R. (2002). The evolution of discipline practices: School-wide positive behavior supports. *Child & Family Behavior Therapy, 24,* 23–50.

Suldo, S., McMahon, M., Chappel, A., & Loker, T. (2012). Relationships between perceived school climate and adolescent mental health. *School Mental Health, 4,* 69–80.

Thelen, E., & Smith, L. (1998). Dynamic systems theory. In W. Damon & R. Lerner (Eds.), *Handbook of child psychology V: Theoretical models of human development* (pp. 258–312). Hoboken, NJ: Wiley.

Want, M., Selman, R., Dishion, T., & Stormshak, E. (2010). A tobit regression analysis of the covariation between middle school students' perceived school climate and behavior problems. *Journal of Research on Adolescence, 20,* 274–286.

Werner, E., & Smith, R. (1992). *Overcoming the odds: High-risk children from birth to adulthood.* Ithaca, NY: Cornell University Press.

Werner, E., & Smith, R. (2001). *Journeys from childhood to midlife: Risk, resilience, and recovery.* Ithaca, NY: Cornell University Press.

WestEd. (2012). *The California Healthy Kids Survey.* San Francisco, CA: WestEd. Available from http://chks.wested.org/

요약: 학생의견 듣기

- 학생의견 듣기모임(The Student Listening Circle: SLC)은 2단계의 학생 의사표현 활동으로 이루어진다. 먼저, 학생들은 학교에 대해 검열되지 않는 솔직한 피드백들을 학교 관련 성인에게 전달할 구조화된 기회를 갖는다. 그 후, 학교의 성인들과 학교 환경 개선을 위한 생산적 대화를 할 기회를 가진다.
- 학생의 의사표현(student voice) 전략은 학생을 자기 훈육, 리더십, 조직적 변화의 주체로 인정함으로써 SEL(Social Emotional Learning, 사회정서학습), PBIS(Positive Behavior Intervention and Supports, 긍정행동 개입과 지지) 등과

같은 유형의 학교 전략들을 수행한다.

- SLC는 변화에 대한 생태학적 모델을 기반으로 한다. 이 변화는 학교 공동체 구성원들과 그들이 공유하는 환경이 교차하는 지점(교실, 복도와 같이 학교 환경 속에서 공유되는 공간; 〈표 21-1〉 참조)에 개입하는 것을 목적으로 한다.
- SLC는 학교 환경 자원을 통제할 수 있다는 느낌과 자원에 대한 주인의식을 길러 줌으로써 학생이 또래와 성인들로 구성된 학교사회의 지지적인 네트워크에 속해 있다는 소속감을 길러 준다.
- SLC는 또래와 성인들로 이루어진 지지적인 학교사회 네트워크에 속해 있다는 소속감과 학교 환경 및 자원들을 관리할 수 있다는 주인의식을 증진시킴으로써 학생의 학업적, 사회적, 정서적 발달을 이끈다.
- 그 결과 학생의 학업적, 사회적, 정서적 지표들을 개선시킨다고 알려져 있다. 2011~2012년에 캘리포니아주, 교외, 지방, 도시 학교들에서 이미 실시된 10가지 SLC의 주제를 분석한 결과는 다음과 같다.
  - 간단하지만 진실된 상호작용은 학생들에게 "학교의 어른들은 학생을 진정으로 돌보며 학생을 믿는다."라는 사실을 전달한다. 진실된 상호작용은 학교의 어른들이 교실이라는 경계를 뛰어넘어 학생의 개인적 삶을 돌보고, 학생의 태도 및 행동의 변화를 알아차리며, 학생의 학업적 성과를 점검해 준다고 학생이 생각하도록 만든다.
  - 학생들은 다양한 교수적 도구를 사용할 때, 자기표현과 자기지도를 할 충분한 기회를 줄 때, 수업의 내용이 현실과 연결되어 있을 때 더 집중할 수 있고 동기화된다.
  - 학교를 개선하기 위한 학생의 최고 관심사는 일상의 경험들이다. 그중 가장 두드러지는 것은 청결한 학교 환경과 음식의 질이다. 그다음으로, 학교 구성원과 상호작용(학교관리자, 상담가, 교직원도 포함)의 질, 학교규칙, 학교에서 제한하는 것들에 대해 '왜 그렇게 해야 하는지' 이유에 대한 인식 부족, 마지막으로 또래 간 상호작용의 질을 들 수 있다.
  - 학생들은 학교 환경 개선에 공헌하고 싶어 할 뿐 아니라 어떻게 실천할지에 관한 다양한 창의적, 학생 맞춤형 아이디어들을 가지고 있다. 학생들은 사회적·학업적으로 학생 서로 간 도움을 주고, 학교 공동체 행사나 활동들을 스스로 이끌어 감으로써 학교에 공헌하고자 하는 동기를 기른다.
- 앞으로는 SLC가 성인, 학생에게 줄 수 있는 심리적, 사회적, 행동적 영향 및 효과를 밝혀내는 연구가 필요하다.

학생의견 듣기 추천자료

Goldstein, S., & Brooks, R. B. (2013). *Handbook of resilience in children* (2nd ed.). New York, NY: Springer.
이 핸드북은 아동의 회복탄력성에 대한 최신 연구의 개관을 제공한다.

Kirshner, B., O'Donoghue, J., & McLaughlin, M. (2003). Youth participation: Improving institutions and communities. *New directions for youth development: Theory, practice and research, 96* (winter).
이 책은 아동 · 청소년 발달 분야의 평가를 제공한다. 학교나 공동체 환경에서 아동 · 청소년의 참여도를 높이기 위한 노력도 포함되어 있다.

Mitra, D. (2008). *Student voice in school reform: Building youth-adult partnerships that strengthen schools and empower youth*. Albany, NY: State University of New York Press.
이 책은 샌프란시스코 베이 지역 고등학교의 사례를 기술한다. 그곳에서 교육자들은 교내 학생의 의사표현(student voice)을 강화하기 위한 측정 조사를 실시했다. 이 학교의 사례는 학생 의사표현 연구의 관점에서 논의된다.

Preble, B., & Gordon, R. (2011). *Transforming school climate and learning: Beyond bullying and compliance*. Thousand Oaks, CA: Corwin Press.
이 책은 학교 풍토 개선을 위해 저자들이 제안한 학교 풍토 개선 과정을 기술한다. 이 과정은 학생의 참여 전략들을 통해 얻어진 학교 풍토 자료들을 사용해 만들어졌다.

Zullig, K. J., Koopman, T. N., Patton, J. M., & Ubbes, V. A. (2010). School climate: Historical review, instrument development, and school assessment. *Journal of Psychoeducational Assessment, 28*, 139-152. doi:10.1177/0734282909344205
이 연구 논문은 현대 학교 풍토 연구를 소개한다. 학생 인식의 특징들을 정의하고 측정하는 방법까지 포함하고 있다.

제22장
긍정심리학과 학교훈육

1. 서론

지난 수십 년 동안 '긍정적(positive)'이라는 용어는 학급 관리 및 학교훈육에 대한 여러 접근법을 설명하기 위해 점차적으로 더 많이 활용되어 왔다. 실제로 활용되고 있는 학급 관리 및 학교훈육에 관한 다중 모델(Charles, 2010 참조) 중 2가지 인기 있는 모델(아마도 가장 인기 있는 모델)의 제목에서 '긍정적'이라는 용어를 찾을 수 있다. 그 모델은 **긍정훈육**(Nelsen, Lott, & Glenn, 2000)과 **주장적 훈육: 현대 교실을 위한 긍정 행동 관리**(Canter, 2010)이다. 또한 학교훈육에 가장 빠르게 확산되는 일반적 접근이라는 제목으로 학교 전체에 긍정적 행동 개입 및 지지적 접근(SWPBIS)이 주목받고 있다(Sugai & Horner, 2009; Sugai et al., 2010; www.pbis.org 참조). 마지막으로, 넓게 확산되는 또 다른 일반적인 접근은 사회정서학습(SEL)이다. 이 접근은 제목에서 **긍정**(positive)이라는 용어를 포함하고 있지는 않지만, 긍정심리학 체제 안에서 평가할 때, SEL은 4가지 모델과 접근법 중에서 긍정성을 가장 많이 드러낸다. 이 장에서는 학교훈육에서 적용된 긍정심리학의 지도 원리를 제시한다. 그리고 인용된 학교훈육의 4가지 인기 있는 모델과 접근법의 핵심적 측면에 대해 간단하게 살펴보겠다. 그리고 지도 원리와 일관성을 유지하는 정도에 비추어 4가지 모델과 접근법에 대해 비판할 것이다.

2. 학교훈육에 적용된 긍정심리학의 지도 원리

학교 장면에서 긍정심리학은 **긍정교육**이라는 용어로 불리어졌고, 학업을 촉진시키는 기술이나 안녕감을 증진시키는 기술을 가르치는 것으로 정의되었다(Seligman, Ernst, Gillham, Reivich, & Linkin, 2009). 긍정심리학에는 좋은 성격을 갖게 되는 원인과 방법을 제시하는 성격 강점과 미덕의 개발이 포함된다(Peterson & Seligman, 2004). 또한 좋은 성격 강점과 미덕의 기반이 되면서 이를 지지해 주는 정서 및 사고 과정의 발달이 포함된다. 미국 교육이 시작된 이래 성격 강점 및 미덕의 개발, 특히 자기 훈련과 관련된 부분은 학교훈육의 주요한 목적이 되어 왔다(Bear, 2005). 그래서 긍정심리학과 학교훈육의 관계는 잘 정립되어 왔다. 긍정심리학 기본 구조의 5가지 원리는 다음 절에서 기술한 것처럼 긍정 학교훈육을 안내하는 데 활용될 수 있다.

1) 긍정 학교훈육의 주요 목적은 자제의 성격 강점과 미덕을 개발하는 것이다

자제란 자기 의지에 의해서 부적절한 행동을 하지 않고 친사회적 행동을 드러내며, 부모, 교사, 또래, 사회의 다른 사람들이 가지고 있는 가치, 표준, 신념, 태도를 내면화하여 밖으로 드러내는 것을 의미한다. 학교훈육이라는 맥락에서 자제력은 외적 훈육보다 자기 훈련 행동의 발달을 학교 교육의 목적으로 강조하고 있다(Bear, 2005). Peterson과 Seligman(2004)이 정신건강과 정서적 행복에서 가장 중요한 것으로 분류한 자율, 사회적 지식, 시민정신, 공정성, 진실성, 친절은 자제와 가장 직접적으로 관련이 있다. 그들은 Kochanska(2002)의 헌신적 순응과 Brophy(1996)의 자부심이나 자율에 의해서 동기부여가 되는 자율적 순응(외부적 보상이나 처벌에 의해 동기부여가 되는 상황적 또는 마지못한 순응과는 대조적인)을 강조한다.

연구에 따르면, 자제와 관련된 성격 강점은 교사 및 또래들과의 더 많은 지지적 관계와 더 긍정적인 학교 환경과 관련이 있으며, 학업 성취도를 촉진하고, 자기 가치감과 전체적인 정서적 행복을 증진시키고 있다(Bear, 2012a; Bear, Manning, & Izard, 2003). 그러나 각각의 성격 강점이나 미덕은 전통적으로 "명백하게 유익한 결과가 없을 때에도 그 자체로서 도덕적으로 가치로운" 것이라는 점을 중요하게 강조하고 있다(Peterson & Seligman, 2004, p. 19).

2) 학교훈육은 아동들에게 3가지 기본적 욕구인 유능성 욕구, 소속감 욕구, 자율성 욕구를 충족할 수 있도록 도와주어야 한다

긍정심리학에서 유능성, 소속감, 자율성 욕구는 자기 결정, 내재적 동기부여, 그리고 전체적인 개인적 · 사회적 행복의 중요한 요소이다(Ryan & Deci, 2000, 2006). 3가지 욕구는 서로 관련이 있으며, 앞에서 제시한 성격 강점이나 미덕과도 밀접한 관련이 있다. 각각은 다른 것들을 기반하고 있고, 지지하고 있다. 예를 들어, 친절과 진실성은 사회적 소속감을 촉진해 주고, 자기훈련은 자율성을 촉진해 주며, 사회적 지능은 특히 사회적 유능성을 촉진해 준다.

3) 학교훈육은 성격 강점과 미덕을 반영하는 정서, 사고, 행동을 개발하는 데 초점을 맞추어야만 한다

긍정심리학의 관점에서 행동하는 이유나 방법—무슨 행동을 해야 하고 왜 해야 하는지를 결정하고 선택하는 방법—에 대해 학습하는 것은 무슨 행동을 해야 하는가를 학습하는 것 못지않게 중요하다. 사회적 맥락에서 권위적 규칙에 순응하지 않고 의문을 제기하는 것은 성격 강점을 반영하는 일이다. 학생들은 '좋은' 행동이 반드시 보상을 받아야 할 필요는 없다는 것을 배워야만 한다. 정서, 사고, 행동이 긍정심리학에서 모두 목표가 되기는 하지만, 정서가 가장 강조되며, 특히 미덕에서 보는 것처럼 도덕적 정서나 긍정적 정서가 중요하게 인식된다(Kristja'nsson, 2012).

신뢰할 만한 연구나 이론 영역에서 친사회적·반사회적 행동을 중재하고, 지지하고, 촉진하고, 강화하는 다양한 인지적 과정이나 정서적 기제가 밝혀졌는데, 자제력 성격 강점을 개발하는 프로그램을 설계할 때 이러한 과정이나 기제가 프로그램의 목표가 될 필요가 있다(최근 고찰인 Bear, 2010 참조). 예를 들어, 기존 연구를 살펴봤을 때 정서적 지식과 긍정심리학은 기본적으로 중첩되어 있다, 정서 지식과 긍정심리학은 낙관성, 자율성, 정서적 조절, 문제해결, 진정한 자기 인식을 기반으로 하는 자기수용, 공감과 긍정적 사회적 상호작용 능력과 같은 성격 특성, 미덕, 기술을 함께 강조하고 있다(Bar-On, 2010). 더욱이 도덕적 추론 영역 연구(Manning & Bear, 2002, 2011; Stams et al., 2006)를 살펴봤을 때, "왜 다른 사람을 해치는 행동을 하지 말아야 하는가?"라는 질문에 대해 괴롭히는 행동을 하거나 비행을 저지르는 공격적이고 반사회적인 아동들은 "붙잡히거나 곤란해지기 때문에"라는 자기중심적인 이유를 제시할 가능성이 높다. 이와 비교하여, 자신의 어떤 문제행동이 다른 사람의 행동에 영향을 주거나 공정성 문제가 제기될 수 있다는 데 더 초점을 맞추는 아동들도 거의 없다.

4) 비행 수정보다 자제력 개발, 비행 예방, 아동 기본 욕구 충족을 위한 긍정 기법 사용을 더 강조해야 한다

앞에서 제시한 각각의 지도 원리는 학교훈육에 주요 목적에 적합한 긍정심리학의 요소를 가져온 것이다. 지금까지 제시한 원리와 다음에 제시하는 원리는 긍정심리학적인 목적 달성을 위한 수단에 중점을 둔다. 성격 강점과 같이 바람직한 것을 개발, 강화, 증진시키고, 바람직하지 않은 것을 예방하는 전략이나 기술을 사용하는 것을 강조한다. 비행을 막고 안전감과 학습을 증진시키는 데 있어서 지지나 처벌의 효과성에 대한 연구 결과(Bear, 2012b; Cornell & Mayer, 2010; Gottfredson, 2001)에 따르면, 학교는 단순히 조치를 취하는 것을 그만두어야 한다. Seligman, Steen, Park, 그리고 Peterson(2005)이 강조한 것처럼 긍정심리학의 의도는 개인적 약점에 초점을 맞춘 효과적인 훈련 대신에 강점을 증진시키는 훈련으로 단순히 대체하려는 것이 아니다. 또한 긍정심리학의 의도는 합리적 처벌 형태 대신에 긍정적인 대안으로 대치하려는 것이 아니라 처벌을 활용하고자 하는 욕구를 최소화하려는 것이다.

긍정심리학에서는 보상과 칭찬의 한계, 특히 보상의 한계에 대해서는 잘 인지하고 있다(Brophy, 1981; Hattie & Timperley, 2007 참조). 연구자들 사이에서 계속 쟁점이 되고 있는 한 가지 한계는 보상과 칭찬, 특히 내적 동기부여에 미치는 보상의 영향이다(Akin-Little, Eckert, Lovett, & Little, 2004; Deci, Koestner, & Ryan, 2001). 이 쟁점을 다루는 일은 이 장의 논점을 넘어서는 부분이다. 그러나 비록 칭찬과 보상이 바람직한 행동을 증가시키는 데 일반적으로 효과적이지만 어떤 제한적인 환경에서는 내적 동기부여에 해로운 영향을 줄 수 있는 연구들에 주목해야 한다. 이러한 상황이 발생할 수 있는 환경은 상황적 순응이나 헌신적 순응을 이끌어 내거나 학생들로 하여금 자신이 했던 활동 중에서 흥미를 느꼈던 행동을 다시 하도록 유도하는 것으로 정보 제공 방식보다 통제 방식을 사용할 경우에 더 부합하게 된다.

5) 긍정 학교훈육 프로그램이나 기법은 효과성에 대한 이론이나 임상 증거를 기반으로 해야 한다

정신건강 분야에서 많은 긍정 치료와 개입은 개인의 안녕감과 행복을 촉진하려는 목적으로 제안되고 실시되었으며, 이후 그 효과성이 입증되었다(Peterson & Seligman, 2004). 성격 강점을 개발하고 문제행동을 줄이고자 설계된 많은 긍정 지향 프로그램에서도 같은 결과를 나타내고 있다. 그것들 중에서 두드러진 것으로 가치 분류(Raths, Harmin, & Simon, 1966)가 있는데, 이는 1960년대와 1970년대에 인기가 있었으며, 자기존중감 운동(California Task Force to Promote Self-Esteem and Personal and Social Responsibility, 1990)은 1990년대 초에 인기가 있었지만 지금은 효과가 없는 것으로 나타났다. 새로운 긍정심리학 분야에서 이러한 일이 발생하는 것을 막기 위해서는 개입들이 이론과 임상 연구의 지지를 받아야 하고, 긍정 정서, 긍정성격, 긍정 기관 연구에 대한 고찰이 특히 잘 이루어져야 한다(Seligman & Csikszentmihalyi, 2000).

3. 유명한 학교훈육 모델과 접근

이 절에서는 교실 경영 및 학교훈육에서 가장 인기 있는 모델과 접근법인 긍정훈육, 주장적 훈육, 전 학교 긍정적 행동 개입 및 지지(SchoolWide Positive Behavioral Interventions and Supports: 이하 SWPBIS)와 사회정서학습(Social and Emotional Learning: 이하 SEL)의 특징적인 측면에 대해 간략하게 제시하였다.

1) 긍정훈육

이 모델의 철학과 기법은 Rudolph Dreikurs의 저술(Dreikurs, 1968; Dreikurs & Cassel, 1972; Dreikurs & Grey, 1968)에서 대부분 차용해 왔다. 개발자들이 제시한 긍정심리학과 일치하는 긍정훈육의 핵심 원리는 다음과 같다.

(1) 학교훈육은 학생 중심이어야 하고, 학생의 개인적 욕구와 목적에 부합하는 것이어야 한다

긍정훈육은 비록 학교 환경, 특히 담임 교사가 학생 행동에 명백하게 영향을 미치고 있지만, 결국 학생 행동은 학생 개인의 욕구, 목적, 가치, 그리고 믿음에 의해 결정된다고 주장한다. 사회 소속감은 최우선의 욕구이고, 목표이며, 행동의 주요한 동기이다. 그리고 사회 소속감은 모든 삶의 영역에서 자아존중감, 행복, 그리고 성공의 중심이 되는 것으로 인식된다. 따라서 학교훈육은 자아존중감, 행복, 그리고 사회 소속감을 해치는 일을 지양하고 이들을 키울 수 있는 일들을 보다 강화시켜야 한다.

(2) 훈육의 최우선 목적은 자제력의 발달이다

Dreikurs는 모든 개인은 자율성과 자기결정력을 가지고 있고, 자제력은 개인이 민주 사회에서 성공적으로 기능하기 위해 필요한 것이라고 주장하였다(Dreikurs & Cassel, 1972). 긍정훈육은 교사들이 학생들의 개인적 유능성, 사회적 소속감, 그리고 자율성에 대한 자기 인식을 촉진해 주며, 학생의 내적 기술, 개인 간 판단, 그리고 체계적 기술(예: 결과에 부응하는 책임)을 개발할 수 있는 방안을 제시한다.

(3) 긍정 접근은 긍정적 교실 분위기, 격려, 그리고 교실 모임을 강조하는 민주적이고 배려를 강조하는 특성을 지닌다

Dreikurs(1968; Dreikurs & Cassel, 1972) 이후에 Nelsen과 동료들(2000)은 교사-학생 간, 학생-학생 간 관계가 지지적이고, 배려하고, 상호 존중하고, 학생들이 의사결정에 적극적으로 참여하는 민주적이고 배려하는 교실 분위기의 중요성에 대해 강조하였다. Dreikurs(Dreikurs & Grey, 1968)가 무조건적 사랑(그러나 칭찬이나 강화를 의미하는 것이 아닌)으로 정의한 격려는 긍정훈육의 '뿌리'이다(Nelsen et al., 2000, p. 161). 교실 모임은 민주적이고 배려하는 교실 분위기에 힘을 부여하는 핵심적 요소이다.

(4) 처벌, 보상, 칭찬은 사용되지 말아야 한다

처벌, 보상, 그리고 칭찬은 자제력과 교사-학생 관계를 발전시키는 데 해로우며, 비행의 근본적인 원천이 되는 것으로 인식된다. Nelsen과 동료들(2000)은 "어떤 형태의 처벌이나 허용도 무례하고 좌절감을 안겨 주는 것이며" "처벌은 긍정훈육 교실에 발붙일 곳이 없다"(p. 117)라고 기술하고 있다. 보상과 칭찬도 처벌과 다름없이 가혹하게 인식된다. Nelson과 동료들(2000)은 보상과 처벌은 교사로 하여금 학생 행동에 책임을 지게 하지만, 학생에게는 그렇지 않으며, 장기적으로 부정적 결과를 가중시킬 것이고, 자제력 교육에 실패할 것이라고 진술한다.

(5) 비행을 교정하는 데 있어서 교사는 다양한 긍정훈육 교실 관리 도구를 사용해야 한다

비행을 예방하고 교정할 때 교사는 친절하고 확고해야 하고, 교실의 일정한 규율을 따르며, 행동을 재정립하고, 제한된 선택을 제시하며, 논쟁이나 처벌을 피하고, 문제해결과 자기 성찰을 촉진시키며, 교실 모임에서 훈육 쟁점을 토론하고, 개인과 집단 책임을 촉진할 수 있다. 가장 강조하는 것은 격려의 사용이다. 즉, 비행을 수정하는 데 있어서 교사의 중요한 역할은 학생들로 하여금 그들의 강점과 기술을 적용할 수 있도록 격려하는 동시에 학생들이 성공 경험을 돕도록 지지하는 것이다. 격려가 충분하지 않을 때, 교사는 자연적 결과, 논리적 결과, 해결책을 활용하고 동시에 다양하고 부가적인 긍정훈육 관리 도구를 활용한다. 그러한 도구는 긍정적 타임아웃, 즉 처벌적이거나 모욕을 주는 것이 아니지만(Nelsen et al., 2000, p. 176) 학생들이 마음을 가라앉히고, 그들의 행동을 성찰하고 "더 좋은 느낌을 갖도록"(Nelsen et al., 2000, p. 212) 도와주는 그런 형태의 타임아웃 도구를 포함한다. 문제행동이 계속 재발할 때, 교사는 학생이 참여하고 적극적으로 관여하는 부모와 함께하는 면담 모임을 가질 수 있다.

2) 주장적 훈육: 현대 교실을 위한 긍정 행동 관리

주장적 훈육은 '현대 교육자의 지도력 접근법'이라는 부제로 1976년에 처음 소개되었다(Canter, 1976). 1976년 이래 주장적 훈육은 자연스럽고 새로운 방향으로 3번에 걸쳐 개정되었다(Canter, 2010; Canter & Canter, 1992, 2001). 논쟁의 여지가 있지만 Canter(2010)의 주장적 훈육: 현대 교실을 위한 긍정 행동 관리 모델에는 긍정의 원리가 요약되어 있다.

(1) 긍정 접근은 교사가 구조와 지지를 제공하는 교사 중심적인 것이다

구조와 지지 모두 교실 경영에서 중요한 것이지만, 특히 구조는 주장적 훈육의 핵심이다. 지지보다 구조를 더 강조하는 것은 교사들에게 ① 주장적인 교사의 목소리를 개발하고 유지하며(그들이 의도하는 것을 말하고, 그들이 말한 것을 행동으로 옮기는 것; Canter, 2010, p. 9), ② 높은 기대감을 견지하고(당신의 지시를 언제나 100% 순응하기를 기대하는 것; p. 15), ③ 교실 훈육 계획을 개발하고(3~5개 교실 규칙, 긍정적 지지 전략, 그리고 교정 행동 위계 목록), ④ 책임지는 행동을 직접적으로 지도하라고 조언한다. 긍정적 지지 전략은 교실 훈육 계획에 학생들이 순응할 것을 가르치고 강화하며, 행동문제를 예방하는 것이다. 학생 모두에게 보상을 주고, 칠판에 점수를 부여하여 확인 점검한다.

(2) 학생들은 정책, 절차, 규칙, 수정 행동에 대해 직접 배움으로써 책임 있는 행동과 자기 관리를 배운다

자제력 혹은 책임 행동과 행동의 자기 관리라는 용어는 규칙을 알고 지키며, 교사의 기대에 순응(즉, 상황적 순응)하는 것을 의미한다. 학습의 행동주의 모델에 따르면, 거의 모든 행동은 학습되며, 직접 지시, 긍정 강화, 그리고 처벌은 일련의 학습 절차를 설명하는 과정이다. 교사는 구체적이고 관찰 가능한 바람직한 행동을 목표로 삼는 책임 행동 교육과정을 개발한다. 직접 교수 접근에 따라서 교사들은 행동을 설명하고, 모범을 보이고, 학생들이 이해하는지 점검하고, 책임 행동에 긍정적 보상을 부여하며 학생들이 실습하도록 지도한다.

Canter(2010)는 **행동 관리 사이클**을 제시하였는데, 이는 학생들이 지시를 따르도록 동기를 부여하는 방법으로 다음의 3단계로 구성되어 있다.

- 분명하게 의사소통하여 명확하게 지시한다.
- 지시에 따를 학생들을 지지하는 **행동적 설명**(behavioral narration)을 활용한다. 행동적 설명은 "당신의 지시를 따르는 학생들의 행동을 기술함으로써 학생들이 당신의 지시를 반복하는 것"으로 구성되어 있다.
- 순응하지 못하는 학생들에게 정확한 행동을 취하게 한다(Canter, 2010, p. 64).

3) 전(全) 학교 긍정적 행동 개입 및 지지(SWPBIS)

SWPBIS 접근은 주장적 훈육과 공통점이 많으며, 특히 같은 행동 체계와 많은 행동 전략 및 기법(다른 용어로 종종 사용되기는 하지만)을 공유한다. 둘 사이의 공통점은 Canter(2000)의 저술에서 볼 수 있는데, 전 학교 주장적 훈육이라는 장에서 SWPBIS라는 이름으로는 전혀 언급되지는 않았지만 SWPBIS에 관한 연구물들과 논문을 인용하고 있다.

주장적 훈육과 비교하여, SWPBIS 접근은 전 학교 체제 변화를 더욱 유의미하게 강조하고 있다. 이 접근은 문제를 예방하고, 현존하는 문제를 줄이고, 학교의 사회적 문화를 개선하는 3개의 결합된 지지 체계(일반적이고, 선별되고, 지시되는)를 실행하는 것을 포함한다. SWPBIS의 5가지 특징은 저술에서 명료하게 나타나고 있는데(예: Horner, Sugai, Todd, & Lewis-Palmer, 2005; Sugai & Horner, 2009; Sugai et al., 2010), 이를 간단하게 살펴보면 다음과 같다.

(1) 조작적으로 정의된 평가 결과

관찰 가능하고 측정할 수 있는 용어로 정의된 중요한 학업 및 행동 결과를 개입을 위해 목표로 설정하고, 규칙적으로 평가한다. 가장 일반적인 결과 측정에는 공식적인 훈육 의뢰서(Office Disciplinary Referrals: 이하 ODRs)나 정학 자료가 포함된다. 출석, 학교 분위기, 그리고 학업 성취도를 반드시 평가한다(예: Horner et al., 2009).

(2) 의사결정을 위한 자료의 지속적 수집과 활용

교직원들은 통상적 방식으로 ODRs를 검토하도록 권고받는다. 최소한 분기별로 일별, 교직원별 ODRs의 평균치를 주의 깊게 검토하며 거주지, 문제행동, 학생, 시간대별로 검토한다(Sugai et al., 2010). 이러한 자료들을 기능적 행동 분석의 원리로 분석하고, 관심 영역에 접근하기 위한 적절한 개입을 실행한다.

(3) 체제 변화

SWPBIS는 팀 기반 선택과 연구 타당화 훈련, 자료 기반 의사결정, 운영 및 팀 리더십, 교직원 헌신, 의사소통 및 정보 체계, 적절한 인사 배치 및 시간, SWPBIS에 대한 예산 지원의 중요성을 강조한다. 이러한 측면은 학교의 혁신적 노력에서 드러나며, 분명한 차이는 리더십 팀의 구성에 영향을 미치는 SWPBIS에 비중을 둔다는 점이다. 리더십 팀은 최소한 행동주의 이론, 응용 행동 분석, 기능 기반 행동 개입의 계획 수립과 지지, 직접적인 사회적 기술 지도, 강화 원리에 대한 전문성과 경험을 지닌 2명 이상의 사람으로 구성된다(Sugai et al., 2010).

(4) 연구 타당화 훈련

Sugai와 동료들(2010)에 따르면, 타당화된 연구란 "훈련의 정확한 실행과 훈련 참가자들의 행동이나 성취에서 보이는 중요한 변화 사이에 기능적 연관성이 실재하는지 직접적이고 체계적으로 검토하는 연구"를 의미한다(p. 15). SWPBIS 학교는 4개의 주요한 연구 타당화 훈련에 의해 특징지어진다.

- 명료하게 정의된 행동에 대한 기대
- 행동 기대에 대한 직접적 교수
- 적절한 행동에 대한 강화
- 부적절한 행동에 부합한 인지/보상 체계

(5) 응용 행동 분석과 생의학의 기반

응용 행동 분석(Applied Behavior Analysis: 이하 ABA)의 원리는 앞에서 언

급한 4가지 특징적 측면 각각에서 명백히 드러난다(Dunlap, Sailor, Horner, & Sugai, 2009; Sugai & Horner, 2009). Sugai와 동료들(2010)에 따르면, SWPBIS는 ABA(응용 행동 분석)뿐만 아니라 생의학에도 기반을 두고 있다. 그러나 그들이 그것을 정의하고 설명하지 못하는 것처럼 이 용어가 의미하는 바도 명료하지 않다(Bear, Whitcomb, Elias, & Blank, in press).

4) 사회정서학습(SEL)

생태적-발달적 체계 관점을 가정한 SEL 접근은 같은 관점을 공유하는 다양한 접근인 예방과 탄력성, 긍정적 아동·청소년 발달, 사회-인지이론, 정서 발달, 긍정심리학 등의 분야에서 이론과 연구를 기반으로 하고 있다(Osher, Bear, Sprague, & Doyle, 2010). SEL 접근은 학생들의 사회적, 정서적, 그리고 도덕적 발달을 촉진시키고, 긍정적 정신건강과 안녕감을 증진시키는 것을 목표로 한다(Durlak, Weissberg, Dymnicki, Taylor, & Schellinger, 2011). SEL 프로그램은 아동들이 생각하고, 느끼고, 행동하는 방식에 초점을 맞추고 있다. 이를 통해 그들은 사회적으로나 도덕적으로 책임 있는 행동을 촉진할 뿐만 아니라 그러한 행동에 기반이 되는 사회, 인지, 정서적 과정을 발달시키고자 한다. 핵심적인 5가지 사회정서적 능력이 SEL 프로그램에서 목표가 된다. ① 자기 인식, ② 정서 및 행동에 대한 자기 관리, ③ 사회적 인식, ④ 관계 기술, ⑤ 학교, 가정, 그리고 지역사회에서 책임 있는 의사결정이다(학문적, 사회적, 그리고 정서적 학습의 협력 작업; CASEL, 2013). 이 능력은 SEL 프로그램이 공유하는 기초로서 다음의 기본 전략의 맥락 안에서 개발되었다(Bear, 2005, 2010; Durlak et al., 2011; Elias et al., 1997; Zins & Elias, 2006).

(1) 증거 기반 교육과정 수업

수업은 발달적으로 적절하며, 증거를 기반으로 하고, SAFE(Sequenced,

Active, Focused, and Explicit) 약자로 표기된다(Durlak et al., 2011). 즉, 계열화되어 있고(단계별 수업이 학업 기간 내에서 전 과정을 걸쳐 이루어지고), 적극적이며(학생들은 학습에서 수동적이기보다 능동적인 역할을 하고), 초점화되고(기술을 발달시킬 수 있는 충분한 시간이 투여되고), 명시적이다(수업 목표가 명확하게 기술된다). 수업은 통일된 주제, 예를 들어 공감, 사회적 문제해결, 정서조절, 책임, 존중 등에 기반을 둔다[80개 이상의 관련 교육과정 프로그램을 고찰하기 위해서 웹사이트(www.CASEL.org)를 검색하면 된다].

(2) 긍정 교실과 학교 분위기

학생들은 자신의 요구에 부응하는 배려 분위기를 구축하고 유지하는 것을 중요하게 생각한다. 학생들은 자신에 대해 호의적인 느낌을 갖고, 다른 사람들과 연결되어 애착을 느끼며, 적극적으로 참여하고 있다고 느낀다. SEL 능력을 개발하고 문제행동을 예방하는 데 있어서 긍정적인 교사-학생 관계가 중요함을 보여 주는 많은 연구에 비추어 볼 때(Hamre & Pianta, 2006), 교사-학생 관계는 매우 주목을 받는다. 이뿐만 아니라 학생-학생 관계, 학교-가정 관계, 안전감, 명백하고 공정한 기대치와 규칙, 다양성에 대한 존중, 학생 참여를 포함하여 다른 공통점으로 인식되는 학교 분위기의 측면의 목표 역시 설정되었다.

(3) 학생들이 SEL 기술을 적용하고 훈련하기 위한 충분한 기회

학생들은 SEL 기술을 직간접적으로 배워야 하고, 다른 모든 시간뿐 아니라 학교생활을 하는 동안 그것을 적용할 수 있어야 한다. 이를 실천할 기회가 빈번하게 주어져야 한다. 여기에는 서비스 학습, 교실 모임, 학생 어린이회, 동료 지지 학습, 또래 중재, 그리고 스포츠 및 방과 후 활동이 포함된다(Bear, 2010; Elias, Wang, Weissberg, Zins, & Walberg, 2002; Elias et al., 1997; Zins & Elias, 2006).

(4) 훈육에 대한 권위적 접근

훈육은 학생 행동의 단기적인 관리나 수정과 자기훈육의 장기적 발달이라는 훈육이 갖는 이중적 의미와 학교훈육의 이중적 목적과 일치하는 측면이 있다. 훈육에 대한 증거 기반의 권위적 접근(Baumrind, 1996, 2012; Brophy, 1996; Gregory et al., 2010)을 통해 지도되는 엄격성(구조로도 역시 언급되는)과 반응성(지지로 언급되는)은 양쪽 모두 똑같이 중요하다. 발달적으로 적절한 훈육 체계는 공정한 기대, 규칙, 결과(처벌 형태를 포함해서)와 함께한다. 하지만 학생들의 사회정서적 욕구에 어른들이 적절한 대응을 해야 하기 때문에 배려와 지지를 보여 주는 것 또한 강조하고 있다. 교사들은 대부분의 훈육 문제는 예방할 수 있고 때때로 수정이 필요하다는 것을 분명하게 인식하고 있다. 훈육적 만남은 SEL 능력을 가르치고 개발할 기회로 간주되는데, 이는 교사나 교직원, 학생들(개인적이고 집단적으로), 부모님들, 그리고 지역사회가 학생 행동에 대한 책임의식을 공유하고 학교 분위기를 함께 느끼는 것으로 이해될 수 있다.

(5) 부가적 지지 체계와 서비스

부가적 지지 체계와 서비스는 종종 다른 요소에 비해 덜 강조되지만, 다른 요소들만으로는 문제행동의 예방이나 수정 또는 자제력 훈련을 개발하는 데 항상 충분하지 않다. 그래서 부가적인 지지나 서비스가 필요하며, 특히 심각한 만성적인 행동 문제를 가지고 있는 학생들에게는 더욱 그렇다. 이것은 지정되고 선택된 수준의 예방이나 개입을 위한 서비스로 개인 및 소집단 상담, SEL 교육과정과 별개의 부가 회기, 추가적인 사회적 기술이나 분노 조절 훈련, 정신건강 전문가들의 교사 자문, 위기 개입, 부모 지지 등이 포함된다(예: Conduct Problems Prevention Research Group, 2011).

4. 4가지 모델은 긍정적인가

이 절에서는 앞에서 제시한 "4가지 모델과 접근법이 긍정적인가?"라는 질문에 대답하는 형식으로 간략하게 비판을 하고자 한다. 분명한 것은 각 접근법은 긍정적인 면을 지니고 있다는 것이다. 그러나 각 접근법은 처벌(특히 정학) 대신에 처벌의 대안을 사용하는 것을 강조하고, 수정보다는 예방에 가치를 부여하고, 안전한 학교를 만들려고 노력하는 것이 긍정적인 것이라고 보는 편협한 시각을 가지고 있다. 긍정심리학의 틀에서 안전한 학교란 진정으로 긍정성 프로그램이 되기에는 불충분하다. 대신에 긍정심리학의 관점에서 긍정적이라고 판단되려면 앞에서 제시한 것처럼 학교훈육에 적용된 핵심적인 긍정심리학 원리와 일관성을 지녀야만 한다. 그 원리를 여기에서 다시 반복 기술하면서 각각의 모델이나 접근법이 그것과 일관성을 유지하는 정도에 대해 논평할 것이다.

1) 긍정적 교실 훈육의 주요 목적은 성격 강점과 자제력이라는 미덕 발달에 목표를 둔다

너무 많은 학교에서 대부분 공통적으로 활용되고 있는 학교훈육의 기법과 전략은 성격 강점이나 자제력을 개발하도록 설계되는 것이 아니라 규정을 준수하도록 이끌어 내는 데 초점을 맞춘다. 이러한 목적은 단기적이고 교사 중심적이며, 어른에 의해 학생 행동이 관리되고 수정된다. 주장적 훈육과 SWPBIS는 이러한 목적을 공유하고 있다. Canter는 주장적 훈육의 목적이 학생 행동을 조종하거나 통제하는 행동적 기법을 교사들에게 제공하는 것이라고 명료하게 밝히고 있다. SWPBIS 접근은 주요 목적이 덜 명확하지만 SWPBIS는 문제행동의 예방이 아니라 원래 심각한 문제를 지닌, 특히 장애를 지닌 개인의 행동을 관리하고 조절하기 위해 설계된 점을 분명하게 기술하고 있다(Bear et al., in press; Dunlap, Sailor, Horner, & Sugai, 2009). 물론 책임과 존중은 많은 SWPBIS 프로그램에서의 기대 행동에 포함되기는 하지만, 실제로 가르치는 내용을 검토해 보면 이러한 기대 행동은 어른들의 기대나 규칙에 따르는 행동으로 기술된다는 것이 명확하다(Bear, 2010; Bear et al., in press). 그래서 주장적 훈육과 SWPBIS에서는 자제력보다 순응, 특히 상황적 순응이 주요 목적이 된다.

주장적 훈육이나 SWPBIS와는 대조적으로, 긍정적 훈육이나 SEL은 자제력을 개발하는 데 더 강조점을 두기 때문에 긍정심리학과 조화를 이룬다. 긍정적 훈육은 자제력을 개발하는 데 목적을 두고 있지만, 교육자가 그 목적 달성을 위해 충분히 이해하고 지도하도록 조력하는 데는 실패하고 있다. 긍정적 훈육은 목적을 성취하는 데 과도한 열망을 가지고 있지만 교육자가 그것을 성취하는 데 도움을 줄 수 있는 이론이나 연구가 부족한 실정이기 때문이다. 예를 들어, 긍정훈육이 자제력을 촉진시키기 위해 권고하는 기법들은 이를 지지하는 아동의 인지, 정서에 관한 연구를 거의 인용하지 못한다. 대조적으로 SEL 접근은 자제력을 촉진하기 위해 목적과 기법을 명료하게 기술하였는데, 학생들에게 자제력과 관련된 성격 강점과 미덕을 가르치는 증거 기반 기법이 포함되어 있다.

2) 성격 강점 및 미덕 개발과 함께 프로그램은 아동들이 3가지 기본적 욕구인 자율성, 소속감, 유능감의 욕구를 충족시키도록 도와주어야만 한다

긍정훈육과 SEL은 자율성, 소속감, 유능감 욕구가 매우 중요함을 인식하고 있지만, 주장적 훈육과 SWPBIS는 그런 점을 충족하지 못하였고, 특히 자율성과 소속감에서는 더욱 그렇다. 주장적 훈육과 SWPBIS에서는 자율성,

소속감, 유능감과 관련되어 나타나는 사회적 인지나 정서는 거의 주목을 받지 못하고 있다. 주장적 훈육과 SWPBIS와는 달리, 긍정훈육은 학생 행동에서 자아존중감의 역할을 매우 강조한다. 이 접근은 처벌이나 보상이 자아존중감을 손상시키기 때문에 사용하지 말도록 교육자들에게 권고하고 있다. 이 권고는 처벌과 보상이 전략적으로 현명하게 사용될 때 나타나는 효과성에 대한 연구 결과와는 다소 다른 면이 있다(이와 관련된 연구를 고찰하기 위해서는 Bear, 2010 참조). 더욱이나 긍정훈육과 같이 개인의 행복에 주로 초점을 맞추는 학교훈육 프로그램은 자아존중감을 촉진할 수는 있지만 자제력을 촉진할 가능성은 낮아진다. 학생들은 잘못된 행동을 할 때, 특히 그들이 발각되지 않을 때 아주 행복할 수 있다. 자아존중감과 행복이 그 자체로 중요하기는 하지만, 행복이나 자아존중감 그 자체가 문제행동을 예방하기 때문에 학교훈육에서 주초점이 되어야 한다는 주장을 지지할 만한 연구는 부족한 실정이다(Manning, Bear, & Minke, 2006).

3) 비행을 교정하기보다는 자제력을 개발하고, 비행을 예방하고, 아동의 기본 욕구를 충족시키기 위해 긍정적 기법을 사용하는 것을 더욱 강조해야 한다

앞에서 기술한 것처럼, 주장적 훈육과 SWPBIS에 비해서 긍정훈육과 SEL은 자제력을 개발하고, 아동의 유능성, 소속감, 자율성 욕구를 충족시키는 데 더 강조점을 두고 있다. 네 접근법 모두 수정보다는 예방을 선호하며, 예방과 수정을 위한 많은 기법을 공유한다. 예를 들어, 4가지 접근 모두 교사-부모 의사소통, 동기부여 수업, 비행을 예방하고 교정하기 위한 교실 관리의 다양하고 공통된 기법(예: 재정향, 근접성, 긍정적 강화)을 사용할 것을 강조한다. 이러한 기법은 처벌 대신에 자연적이고 논리적인 결과, 칭찬 대신에 긍정적 지지 등과 같이 기존의 용어와 다르게 표현되기도 한다.

4가지 모델이나 접근법은 모두 처벌 사용을 비판하지만, 각 모델은 처벌을 사용하고 있다. 심리학에서 공통적으로 행동의 빈도를 감소시키고 처벌을 적용할 개인에게 그 처벌이 일반적으로 혐오스럽게 인식되는 것이라는 점을 고려한다면 이 4가지 모델은 모두 처벌을 사용하고 있다(Alberto & Troutman, 2008). 이러한 조건이 적용될 때, 처벌은 긍정훈육(그리고 많은 SEL 프로그램에서)에서 자연적이고 논리적인 결과로 사용되고 주장적 훈육과 SWPBIS에서의 교정적 행동으로 사용된다(예: 타임아웃, 기관에서 위탁). 비록 4가지 모델은 모두 처벌을 사용하지만, 처벌에는 많은 한계가 있음을 인식하고 있어서 바람직한 행동을 강화하기 위한 긍정적인 대안을 더욱 선호한다.

권고된 칭찬이나 보상을 활용하는 데 있어서 각 모델들 간에 상당한 차이가 존재한다. 앞에서 기술한 대로 칭찬이나 보상, 특히 보상은 일반적으로 새로운 기술을 가르치거나 행동을 관리하는 데 있어서 일반적으로 효과적이기는 하지만 한계가 있다. 긍정훈육은 칭찬이나 보상을 사용하는 것의 효과성에 대한 연구들을 무시하고 있다. 반면에, 주장적 훈육과 SWPBIS는 보상의 한계를 넓은 범위에서 대개 무시하고 있는데, 어른의 기대나 규칙에 따르도록 학생을 가르치고 강화하기 위한 토큰이나 보상은 모든 연령에 폭넓게 활용하도록 권고하고 있다. SEL 프로그램에서는 칭찬이나 보상이 사용되지만, 보상은 더 적게 활용되고 있다. SEL에서는 칭찬이나 보상의 한계를 인식하면서 칭찬과 보상을 언제 어떻게 사용하는 것이 효과적이거나 해로울지에 대해 결정해 줄 요인들을 고려해 더 전략적으로 사용한다(구체적인 전략에 대해 Bear, 2010 참조). 그러나 SEL 접근법 이후의 프로그램에서 중요한 것은 칭찬이나 보상의 사용으로 강화될 수 있는 사고나 추론에 대한 인식이고, 관찰된 순응 행동 그 자체 대신에 친사회적 행동 이면의 의도나 이유를 강화시켜 주고자 한다.

비록 순응이 학교훈육에 있어서 주요 목적이 아니어야 하지만, 순응은 자제력 개발뿐만 아니라 학급 경영이나 학교훈육에서 중요하다(Bear, 2005,

2010). 주장적 훈육과 SWPBIS의 1가지 강점은 순응에 필요한 구조를 제공한다는 것이다. 이러한 방식으로, 그들은 학교훈육 관점에서 긍정심리학의 일반적 약점을 보완하며, 부정적 행동을 감소시키는 데 훨씬 관심을 적게 보이는 대신에 긍정적 행동을 증진시키는 것을 더 강조한다(Huebner, Gilman, & Furlong, 2009; Kristja'nsson, 2012). 실제로 종합적인 학교훈육의 측면에서 문제 행동을 수정하는 데 처벌의 효과성에 대한 인식이 부족하거나 처벌을 제한적으로 활용하라는 건전한 지침은 긍정훈육과 SEL의 한계로 비추어질 수 있다.

주장적 훈육과 SWPBIS 모델은 특히 결핍되어 있는 학생들의 사회정서적 욕구를 충족시키는 관점에서 지지와 반응에 똑같이 강조점을 둔다. 두 모델에는 사회정서적 자산, 성격 강점, 그리고 자제력의 미덕을 개발하는 학생 중심의 기법이 결핍되어 있다. 두 접근은 교사들에게 이러한 자질과 자산을 개발하는 지침을 제공하는 대신에, 직접적 교수나 순응 행동의 결과로서 자제력 혹은 자기 관리가 자동적으로 나타날 수 있을 것이라고 제시하고 있다.

4) 긍정 학교훈육 프로그램과 기법은 효과성에 관한 이론과 임상적 증거를 기반으로 해야 한다

일반적으로 긍정훈육과 주장적 훈육은 그들의 권고된 실행 방안을 지지하는 연구가 거의 없다. 그리고 다른 모델과 비교해서 이 모델들의 효과성을 입증하는 어떤 연구도 없다. 프로그램 개발자들이 프로그램을 지지하는 연구로 인용하려 할 때 출판된 논문은 거의 없었으며, 연구자들이 보았을 때 최소한의 과학적 엄밀성에 적합한 연구는 전무한 실정이다. 공정하게 말하면, 지지하는 연구들을 참고문헌에 싣는 일은 실패했다. 그렇지만 이 연구들이 정밀하지 못할지라도 프로그램의 많은 기법(주장적 훈육 프로그램의 비행 행동 관리 및 수정 기법, 긍정훈육 프로그램의 자제력 개발 기법, 그리고 두 프로그램 모두 가지고 있는 비행 행동 예방 기법)을 지지하고 있다는 사실은 분명하다.

이전 2가지 모델과 비교해서, SWPBIS 접근에 관한 연구들은 양과 질 측면에서 훨씬 풍부해졌다. 가장 강력하고 빈번하게 제시되는 SWPBIS 접근법의 효과성에 관한 증거를 간략히 말하면, ODRs(훈육실 의뢰)와 정학을 감소시켰다는 점이다. 그러나 학업 성취와 긍정적 학교 분위기를 증진시켰다는 증거는 충분하지 않다. 친사회적 행동이나 자제력과 관련된 사회적 인식과 정서 개발과 같은 다른 긍정적 결과를 촉진시킨다는 증거는 실제적으로 존재하지 않는다(SWPBIS 연구를 고찰하기 위해서는 Bear, 2010, 2012, 그리고 Osher et al., 2010 참조). SWPBIS에 관한 또 다른 연구의 한계는 대부분 특수교육이나 응용 행동 분석 분야에서 수행된 연구에 국한되며, 프로그램 개발자 자신에 의해 수행되거나, 발달심리학이나 교육심리학 영역에서, 특히 아동의 사회인지나 정서에 관한 연구가 거의 없다는 점이다.

대조적으로 SEL 프로그램은 이를 뒷받침하는 이론이나 연구들과 긴밀하게 연결되어 있다. 또한 SEL 기법이나 프로그램들은 그 효과성이 연구자들에 의해 광범위하게 지지받고 있다(Bear, 2010; Bear et al., in press; Osher et al., 2010). 최근 SEL에 관한 메타분석 연구를 살펴보면, 여기에는 일반적 수준의 SEL 프로그램 213개에 대한 연구와 270,034명의 학생들이 포함되어 있다. Durlak와 동료들(2011)은 SEL 프로그램이 다양한 사회정서적 기술(정서조절, 조망수용능력, 사회적 문제해결능력을 포함)을 향상시킨다는 사실을 발견했다. 또한 SEL 프로그램은 자아와 타인에 대해 더 우호적인 태도를 취하는 일(자아존중감, 자기효능감, 교사와의 관계에 대한 인식, 학교에 대한 좋아하는 마음을 포함)과 연관성을 가진다. 그리고 SEL 프로그램은 학문적 성취, 친사회적 행동도 증가시킨다. 또한 SEL 프로그램은 문제 행동(교실 방해 행동, 비순응성, 공격성, 따돌림 포함) 유발률을 감소시키며 정서적 스트레스를 줄여준다.

5. 결론

긍정훈육(Canter, 2010)과 주장적 훈육(Nelsen et al., 2001)은 학교훈육에서 대조적인 모델을 제시하고 있지만, 각각 자신은 긍정적인 모델이라고 주장한다. 긍정훈육은 학생 중심으로 자기 훈련과 관련된 인지와 정서 발달을 촉진시키고, 학생들의 기본 욕구를 충족시키는 훈련을 강조하고 있다. 이러한 목적을 달성하고 비행을 예방하기 위해서 보상, 칭찬, 그리고 처벌의 사용을 강하게 반대하는 입장을 취하고 있으며, 밀접한 교사-학생 관계, 교실 모임, 그리고 긍정 행동 관리 도구, 특히 격려에 강하게 의존하고 있다. 주장적 훈육은 교사 중심으로, 규칙을 직접적으로 가르치고 행동 교정을 활용하고 있는데, 이는 교사의 긍정적 지지 맥락 안에서 이루어진다. 보상과 처벌은 모델에서 중요한 요소이고, 문제행동을 단순히 수정하는 것에서 멈추는 것이 아니라 그 행동을 예방하고 자기 관리 능력을 개발하도록 도와주는 것이다. 비록 긍정훈육이 주장적 훈육보다 훨씬 더 긍정심리학의 틀 안에 더욱 부합하는 것이기는 하지만, 주장적 훈육처럼 많은 단점을 가지고 있다. 첫째로, 두 프로그램 모두 긍정 정서, 긍정성격, 그리고 긍정 기관의 영역의 내용들이 최근의 연구나 이론으로부터 도출되지는 못했다는 점이다. 둘째로, 이 두 프로그램이 통합성을 견지하면서 실행되거나 긍정적 결과를 유도해 낼 수 있다는 것을 입증하는 증거가 부족하다는 점이다.

많은 점에서 SWPBIS와 SEL 접근은 유사한 대조를 보여 준다. 주장적 훈육과 SWPBIS는 긍정훈육과 SEL처럼 전략이나 기법에서 유사한 점을 많이 공유하고 있다. 긍정훈육과 주장적 훈육의 두 접근 사이에서의 주요한 차이점은 두 접근법(즉, SWPBIS와 SEL)은 훨씬 더 많은 연구에 의해 그 효과성을 지지받는다는 것이다. 그러나 두 접근법에서 일반적으로 측정된 결과를 보면, SWPBIS는 상황에 얼마나 순응하는가를 측정하는 데 주로 초점을 맞추고 있는 반면, SEL은 긍정심리학의 지도 원리와 훨씬 일치하는 다양한 결과를 포함하고 있다는 점에서 차이를 보여 준다.

교육자들의 목적이 예방과 교정으로 이루어진 교사 중심 기법을 통해 상황적 순응을 유도해 내는 것에 있다면, 주장적 훈육과 SWPBIS를 선호할 수도 있다. 자기 훈련을 장기적으로 개발하려는 데 목적을 둔다면, 긍정훈육을 선호할 수 있을 것이다. 후자의 목적은 긍정심리학과 더 맥을 같이한다고 할 수 있다. 2가지 모두 성취하려면 교사 중심과 학생 중심 기법의 조합을 필요로 하며, 요청하거나 반응하는 것의 조화를 이루는 것 즉, 권위 있는 접근이 필요하다. 〈표 22-1〉에서 보는 것처럼, SEL은 종합적 접근을 제공하는 쪽에 가장 가깝고, 긍정심리학과 가장 맥을 같이한다. 그럼에도 불구하고 SEL과 비교해서 주장적 훈육과 SWPBIS는 문제행동을 수정하는 데 있어서 종종 가치 있는 많은 구체적 행동 기법을 제공하는데, 이는 특히 심각하고 만성적인 행동 문제를 가진 학생들에게 더욱 효과적이다. 이러한 이유와 SWPBIS의 또 다른 장점들을 알기 때문에(Bear, 2010; Bear et al., in press 참조), 학생 훈육에 대한 더 종합적인 접근을 원하는 교육자들은 SWPBIS 전략과 기법을 참고할 것을 권장한다. 특히 문제행동을 예방하고 수정하고자 할 때, 그리고 SEL 기법만으로도 효과가 불충분할 때 SWPBIS 전략과 기법들을 참조할 필요가 있다.

참고문헌

Akin-Little, K. A., Eckert, T. L., Lovett, B. J., & Little, S. G. (2004). Extrinsic reinforcement in the classroom: Bribery or best practice. *School Psychology Review, 33,* 344-362.

Alberto, P. A., & Troutman, A. C. (2008). *Applied behavior analysis for teachers* (8th ed.). Upper Saddle River, NJ: Prentice Hall.

Bar-On, R. (2010). Emotional intelligence: An integral part of positive psychology. *South African Journal of Psychology, 40,* 54-62.

Baumrind, D. (1996). The discipline controversy revisited. *Family Relations, 45,* 405-414. doi:10.2307/585170

Baumrind, D. (2012). Authoritative parenting revisited: History and current status. In R. E. Larzelere, A. S. Morris, & A. W. Harrist (Eds.), *Authoritative parenting: Synthesizing nurturance and discipline for optimal child development* (pp. 11-34). Washington, DC: American Psychological Association.

Bear, G. G. (with A. Cavalier & M. Manning). (2005). *Developing self-discipline and preventing and correcting misbehavior.* Boston, MA: Allyn & Bacon.

Bear, G. G. (2010). *School discipline and self-discipline: A practical guide to promoting prosocial student behavior.* New York, NY: Guilford.

Bear, G. G. (2012a). Both suspension and alternatives work, depending on one's aim. *Journal of School Violence, 2,* 174-186. doi:10.1080/15388220.2012.652914

Bear, G. G. (2012b). Self-discipline as a protective asset. In S. Brock & S. Jimerson (Eds.), *Best practices in crisis prevention and intervention in the schools* (2nd ed., pp. 27-54). Bethesda, MD: National Association of School Psychologists.

Bear, G. G., Manning, M. A., & Izard, C. (2003). Responsible behavior: The importance of social cognition and emotion. *School Psychology Quarterly, 18,* 140-157. doi:10.1521/scpq.18.2.140.21857

Bear, G. G., Whitcomb, S., Elias, M., & Blank, J. (in press). SEL and school-wide positive behavioral interventions and supports. In J. Durlak, T. Gullotta, C. Domitrovich, P. Goren, & R. Weissberg (Eds.), *Handbook of social and emotional learning.* New York, NY: Guilford.

Brophy, J. E. (1981). On praising effectively. *Elementary School Journal, 81,* 269-278. doi:10.3102/00346543051001005

Brophy, J. E. (1996). *Teaching problem students.* New York, NY: Guilford.

California Task Force to Promote Self-Esteem and Personal and Social Responsibility. (1990). *Toward a state of esteem: The final report of the California Task Force to Promote Self-Esteem and Personal and Social*

Responsibility. Sacramento, CA: Author.

Canter, L. (1976). *Assertive discipline: A take charge approach for today's educator.* Santa Monica, CA: Lee Canter and Associates.

Canter, L. (2010). *Assertive discipline: Positive behavior management for today's classroom.* Bloomington, IN: Solution Tree Press.

Canter, L., & Canter, M. (1992, 2001). *Assertive discipline: Positive behavior management for today's classroom.* Santa Monica, CA: Canter and Associates.

Charles, C. M. (2010). *Building classroom discipline* (10th ed.). New York, NY: Pearon.

Collaborative for Academic, Social, and Emotional Learning (CASEL). (2013). *CASEL guide: Effective social and emotional programs, preschool and elementary edition.* Retrieved from http://casel.org/publications

Conduct Problems Prevention Research Group. (2011). The effects of the Fast Track preventive intervention on the development of conduct disorder across childhood. *Child Development, 82,* 331-345. doi:10.1111/j.1467-8624.2010.01558.x

Cornell, D., & Mayer, M. (2010). Why do school order and safety matter? *Educational Researcher, 39,* 7-15. doi:10.3102/0013189X09357616

Deci, E. L., Koestner, R., & Ryan, R. M. (2001). Extrinsic rewards and intrinsic motivation in education: Reconsidered once again. *Review of Educational Research, 71,* 1-27. doi:10.3102/00346543071001001

Dreikurs, R. (1968). *Psychology in the classroom: A manual for teachers.* New York, NY: Harper & Row.

Dreikurs, R., & Cassel, P. (1972). *Discipline without tears: What to do with children who misbehave.* New York, NY: Hawthorn Books.

Dreikurs, R., & Grey, L. (1968). *Logical consequences: A handbook of discipline.* New York, NY: Meredith Press.

Dunlap, G., Sailor, W., Horner, R. H., & Sugai, G. (2009). Overview and history of positive behavior support. In W. Sailor, G. Dunlap, G. Sugai, & R. Horner (Eds.), *Handbook of positive behavior support* (pp. 3-16). New York, NY: Springer.

Durlak, J. A., Weissberg, R. P., Dymnicki, A. B., Taylor, R. D., & Schellinger, K.

B. (2011). The impact of enhancing students' social and emotional learning: A meta-analysis of school-based universal interventions. *Child Development, 82,* 474-501. doi:10.1111/j.1467-8624.2010.01564.x

Elias, M. J., Wang, M. C., Weissberg, R. P., Zins, J. E., & Walberg, H. J. (2002). The other side of the report card: Student success depends on more than test scores. *American School Board Journal, 189*(11), 28-30. Retrieved from http://casel.org/wp-content/uploads/otherside.pdf

Elias, M. J., Zins, J. E., Weissberg, R. P., Frey, K. S., Greenberg, M. T., Haynes, N., . . . Shriver, T. P. (1997). *Promoting social and emotional learning: Guidelines for educators.* Alexandria, VA: Association for Supervision and Curriculum Development.

Gottfredson, D. (2001). *Schools and delinquency.* New York, NY: Cambridge University Press.

Gregory, A., Cornell, D., Fan, X., Sheras, P., Shih, T., & Huang, F. (2010). Authoritative school discipline: High school practices associated with lower student bullying and victimization. *Journal of Educational Psychology, 102,* 483-496. doi:10.1037/a0018562

Hamre, B. K., & Pianta, R. C. (2006). Student-teacher relationships. In G. G. Bear & K. M. Minke (Eds.), *Children's needs III: Development, prevention, and intervention* (pp. 59-71). Bethesda, MD: National Association of School Psychologists.

Hattie, J., & Timperley, H. (2007). The power of feedback. *Review of Educational Research, 77,* 81-112. doi:10.3102/003465430298487

Horner, R. H., Sugai, G., Smolkowski, K., Eber, L., Nakasato, J., Todd, A. W., & Esperanza, J. (2009). A randomized, wait-list controlled effectiveness trial assessing School-Wide Positive Behavior Support in elementary schools. *Journal of Positive Behavior Interventions, 11,* 133-144. doi:10.1177/1098300709332067

Horner, R. H., Sugai, G., Todd, A. W., & Lewis-Palmer, T. (2005). Schoolwide behavior support. In L. M. Bambara & L. Kern (Eds.), *Individualized supports for students with problem behaviors: Designing positive behavior plans* (pp. 359-390). New York, NY: Guilford.

Huebner, E. S., Gilman, R., & Furlong, M. J. (2009). A conceptual model for research in positive psychology in children and youth. In R. Gilman, E. S. Huebner, & M. J. Furlong (Eds.), *Handbook of positive psychology in schools* (pp. 3-8). New York, NY: Routledge.

Kochanska, G. (2002). Committed compliance, moral self, and internalization: A mediational model. *Developmental Psychology, 38,* 339-351. doi:10.1037/0012-1649.38.3.339

Kristja'nsson, K. (2012). Positive psychology and positive education: Old wine in new bottles? *Educational Psychologist, 47,* 86-105. doi:10.1080/00461520.2011.610678

Manning, M. A., & Bear, G. G. (2002). Are children's concerns about punishment related to their aggression? *Journal of School Psychology, 40,* 523-539. doi: 10.1016/S0022-4405(02)00123-1

Manning, M. A., & Bear, G. G. (2011). Moral reasoning and aggressive behavior: Concurrent and longitudinal relations. *Journal of School Violence, 11,* 258-280. doi:10.1080/15388220.2011.579235

Manning, M. A., Bear, G. G., & Minke, K. M. (2006). Self-concept and self-esteem. In G. G. Bear & K. M. Minke (Eds.), *Children's needs III: Development, prevention, and intervention* (pp. 341-356). Bethesda, MD: National Association of School Psychologists.

Nelsen, J. D., Lott, L., & Glenn, H. S. (2000). *Positive discipline in the classroom: Developing mutual respect, cooperation, and responsibility in your classroom* (3rd ed.). New York, NY: Three Rivers.

Osher, D., Bear, G. G., Sprague, J. R., & Doyle, W. (2010). How can we improve school discipline? *Educational Researcher, 39,* 48-58. doi:10.3102/0013189X09357618

Peterson, C., & Seligman, M. E. P. (2004). *Character strengths and virtues: A handbook and classification.* Washington, DC: American Psychological Association.

Raths, L., Harmin, M., & Simon, S. (1966). *Values and teaching.* Columbus, OH: Charles E. Merrill.

Ryan, R. M., & Deci, E. L. (2000). Self-determination theory and the facilitation of intrinsic motivation, social development, and well-being. *American Psychologist, 55,* 68-78. doi:10.1037/0003-066X.55.1.68

Ryan, R. M., & Deci, E. L. (2006). Self-regulation and the problem of human autonomy: Does psychology need choice, self-determination, and will? *Journal of Personality, 74,* 1557-1585. doi:10.1111/j.1467-6494.2006.00420.x

Seligman, M. E. P., & Csikszentmihalyi, M. (Eds.). (2000). Positive psychology: An introduction. *American Psychologist, 55,* 5-14. doi:10.1037/0003-066X.55.1.5

Seligman, M. E. P., Ernst, R. M., Gillham, J., Reivich, K., & Linkin, M. (2009). Positive education: Positive psychology and classroom interventions. *Oxford Review of Education, 35,* 293-311. doi:10.1080/03054980902934563

Seligman, M. E. P., Steen, T. A., Park, N., & Peterson, C. (2005). Positive psychology progress: Empirical validation of interventions. *American Psychologist, 60,* 410-421. doi:10.1037/0003-066X.60.5.410

Stams, G. J., Burgman, D., Dekovic, M., van Rosmalen, L., van der Laan, P., & Gibbs, J. C. (2006). The moral judgment of juvenile delinquents: A meta-analysis. *Journal of Abnormal Child Psychology, 34,* 697-713. http://dx.doi.org/10.1007/s10802-006-9056-5

Sugai, G., & Horner, R. H. (2009). Defining and describing schoolwide positive behavior support. In W. Sailor, G. Dunlap, G. Sugai, & R. Horner (Eds.), *Handbook of positive behavior support* (pp. 307-326). New York, NY: Springer.

Sugai, G., Horner, R. H., Algozzine, R., Barrett, S., Lewis, T., Anderson, C., . . . Simonsen, B. (2010). *School-wide positive behavior support: Implementers' blueprint and self-assessment.* Eugene, OR: University of Oregon. Retrieved from www.pbis.org

Zins, J. E., & Elias, M. J. (2006). Social and emotional learning. In G. G. Bear & K. M. Minke (Eds.), *Children's needs III: Development, prevention, and intervention* (pp. 1-13). Bethesda, MD: National Association of School Psychologists.

요약: 학교훈육

〈표 22-1〉 학교훈육 모델과 접근들의 강점과 약점

긍정심리학 원리	긍정훈육	주장적 훈육	SWPBIS	SEL
자기 훈련 발달의 주요 목표	√	√-	√-	√+
목표 정서, 인지, 행동	√	√-	√-	√+
유능성, 소속감, 자율성의 3가지 욕구를 충족시키고자 하는 목표	√	√-	√-	√
예방과 긍정적 기법을 강조	√+	√	√+	√+
비행을 관리하고 수정하기 위한 구조를 제공	√-	√+	√+	√
효과성이 연구자에 의해 지지됨[a]	√-	√-	√	√+

주: √+=모델이나 접근의 주요 강점. √=기준에 부합하지만, 주요 강점이나 약점이 아님. √-=모델이나 접근의 약점

[a] 효과성은 긍정심리학에서 평가한 결과와 관련 있음

학교훈육 추천자료

Bear, G. G. (2010). *School discipline and self-discipline: A practical guide to promoting prosocial student behavior*. New York, NY: Guilford.

학교훈육의 2가지 목적을 달성하기 위한 증거 기반의 실제적인 전략과 기술들을 제시하고 있다. 안전하고 질서 있는 학교를 만들고 자기 훈련을 북돋아 준다.

Canter, L. (2010). *Assertive discipline: Positive behavior management for today's classroom*. Bloomington, IN: Solution Tree.

주장적 훈육의 가장 최근 출판물 중에서 Canter는 학생들의 행동을 관리하고 통제하는 다양한 기본적 행동 기술을 제시하고 있다.

Durlak, J. A., Weissberg, R. P., Dymnicki, A. B., Taylor R. D., & Schellinger, K. B. (2011). The impact of enhancing students' social and emotional learning: A meta-analysis of school-based universal interventions. *Child Development, 82*, 474-501. dol:10.1111/j.1467-8624.2010.01564.x

일반 수준의 213개의 SEL 프로그램에 대한 메타분석을 제시하고 있다. SEL 프로그램은 긍정적 결과를 잘 보여 주고 있다. 효과적인 프로그램의 중요한 부분에 대해서도 논의되어 있다.

Nelsen, J. D., Lott, L., & Glenn, H. S. (2000). *Positive discipline in the classroom: Developing mutual respect, cooperation, and responsibility in your classroom* (3rd ed.). New York, NY: Three Rivers.

Dreikurs의 초기 저술을 기반으로, 저자들은 자기 훈련 발달과 긍정심리학의 다른 측면을 강조하는 교실 관리 모델을 제시하고 있다.

Sugai, G., Hornor, R. H., Algozzine, R., Barrett, S., Lewis, T., Anderson, C., ... Simonsen, B. (2010). *School-wide positive behavior support: Implementers' blueprint and self-assessment*. Eugene, OR: University of Oregon. Retrieved from www.pbis.org.

Sugai와 Hornor의 SWPBIS에 대한 행동적 접근의 주요 측면과 특징에 대한 청사진을 제시하였다.

제23장

학생의 학교 만족도

1. 서론

학생이 대부분의 시간을 학교에서 보내지만, 학생이 학교에서 느끼는 행복을 교육체제의 중요한 요소로 다루지 못해 왔다. 오직 학생의 학업 성취에 대한 관심만 증가되어 온 것이 우리의 현실이다. 그런데 최근 들어 학생의 학교 경험과 학교 만족도에 의해 나타나는 전반적인 삶의 만족도에 대한 연구가 이루어지고 있다(Baker, Dilly, Aupperlee, & Patil, 2003). Noddings(2003)는 다음과 같이 주장한 바 있다. "행복과 교육은 사실상 밀접하게 관련된다. 행복은 교육의 목표가 되어야 하고, 좋은 교육은 개인과 공공의 행복에 크게 기여해야 한다."(p. 1) 그는 학교 만족도의 심리학적 함의를 제시하면서, 학생은 행복할 때 가장 잘 학습하므로 "교육 경험은 즐거워야 하고 타인의 행복에 기여해야 한다."라고 보았다(Noddings, 2003, p. 261). 따라서 이 장에서는 학교생활에 대한 긍정적인 평가를 예측하는 요인과 그 성과를 요약하고 향후 연구 과제 및 실천을 위한 시사점을 제시하고자 한다.

2. 개념 및 이론적 기초

Baker와 Maupin(2009)은 학교 만족도가 학생의 학교생활에 대한 주관적이고 인지적인 평가라고 보았다. 학교 만족도의 개념은 건강성 지표라는 더 큰 맥락에서 가장 잘 이해된다. 간단히 말해서, 전체적인 삶의 만족도는 행복을 나타내는 공통 지표로서 전반적인 삶의 질에 대한 인지적인 평가를 뜻한다(『학교긍정심리학 1』의 제13장 참조). 삶의 질을 종합적으로 판단할 때 개인마다 최고로 여기는 삶의 측면은 다양하다. 예를 들어, 어떤 이는 경제적 지위를 강조하는 반면, 다른 이는 관계의 질을 가장 중요하게 여긴다. 전반적인 삶의 만족도에서 가장 두드러지는 영역은 대체로 개인의 발달 수준에 따라 다르다. 삶의 만족도 영역에 대한 초기 연구에서 미국 학생의 전반적인 삶의 만족도는 5가지 핵심 영역으로부터 도출되었다. 그 5가지 영역은 가족, 친구, 생활 환경, 자기, 그리고 학교였다(Huebner, 1994). 각 영역에 대한 만족도는 전반적인 삶의 만족도와 실증적으로 연결되어 있다(Seligson, Huebner, & Valois, 2003). 최근 호주의 개인 안녕감 지수(Personal Wellbeing Index: PWI)에 대한 연구에서 학생의 경우 성인과 달리 전반적인 삶의 만족도에 기여하는 영역으로서 학교가 필히 포함되어야 함이 확인되었다(Tomyn & Cummins, 2011). 특히 호주 청소년의 학교 만족도는 개인의 안녕감 지수와 함께 전통적으로 측정해 온 다른 7가지 영역(건강, 안전, 성취, 미래 보장 등)보다 더 크게 전반적인 삶의 만족도를 예측했다. 학교 만족도는 특히 한국의 중학생(Park & Huebner, 2005), 미국의 영재 중학생(Ash & Huebner, 1998), 노르웨이의 여학생(Danielson, Samdal, Hetland, & Wold, 2009), 그리고 도시의 남학생(Vera et al., 2012)을 포함한 일부 하위 집단에 있어서 삶의 만족도를 강하게 예측했다.

3. 측정 방법 및 쟁점

다양한 문화와 학교 급에서 학교 만족도에 기초하여 이루어진 연구들은 본질적으로 주관적인 구성 개념인 학교 만족도를 측정하기 위해 다양한 자기보고식 설문을 사용해 왔다. 최초의 다중 문항은 학교생활의 질 척도(Quality of School Life Scale: QSL)로부터 학교 만족도를 측정했다(Epstein & McPartland, 1976). 학교생활의 질 척도(QSL)는 5개의 학교 만족도 측정 문항을 포함한다(예: "학교와 나의 관계는 좋은 친구 사이-친구 사이-먼 사이-낯선 사이-적대적인 사이이다."). 학습에 대한 참여와 학생-교사 관계의 질을 묻는 학교생활의 질 척도(QSL) 외에 일반적으로 더 많이 사용하는 척도는 다면적 학생생활 만족 척도(Multidimensional Student' Life Satisfaction Scale: MSLSS)의 8개 문항이다(Huebner, 1994). 학생은 "나는 학교에 가고 싶다." "나는 학교에 대해 싫어하는 점들이 많다." 등의 8개 문항에 동의하는 정도를 평정한다. 다면적 학생생활 만족 척도(MSLSS)와 학교생활의 질 척도(QSL) 모두 수용 가능한 측정학적 특성을 지닌다. 이 장에서 개관하는 대부분의 연구는 다면적 학생생활 만족 척도(MSLSS)에 포함된 학교 만족도 척도를 사용했고(예: Baker, 1998; Ferguson, Kasser, & Jahng, 2010; Hui & Sun, 2010; Torsheim et al., 2012; Vera et al., 2012), 일부는 학교생활의 질 척도(QSL) 문항을 사용했다(예: Okun, Braver, & Weir, 1990; Verkuyten & Thijs, 2002).

종합 점수를 분석하는 방법과 대조적으로 일부 연구자들은 학교 만족도를 묻는 단일 문항에 의존해 왔다. 그 문항에 대해 학생은 학교생활 전반에 대한 행복을 판단하여 답한다[예: "다니고 있는 학교를 좋아하는가?"와 같은 문항을 Wachs(2012)의 연구에서 사용]. 간편 다면적 학생생활 만족 척도(Brief Multidimensional Students' Life Satisfaction Scale: BMSLSS)는 학생의 학교 만족도를 판단하는 단일 문장으로 구성된다(Seligson et al., 2003). 학생은 "나의 학교생활 만족을 나타내면……"이라는 문항에 대해 '끔찍하다'부터 '즐겁다'까지 7점 척도로 평정한다. 간편 다면적 학생생활 만족 척도(BMSLSS) 문항은 Huebner, Valois, Paxton, 그리고 Drane(2005)의 연구에서 중학생의 학교 만족도 평균 수준을 보고할 때 사용되었다. 다른 예로 2005~2006년 학령기 아동의 건강행동(Health Behavior in School-aged Children: HBSC) 조사에서 사용한 단일 문항 척도에서는 자신이 학교를 얼마나 좋아하는지에 대해 '매우 좋아한다'부터 '전혀 좋아하지 않는다'까지 4점 척도로 답하도록 했다. 학령기 아동의 건강행동(HBSC)은 세계보건기구(WHO) 지원으로 북미(캐나다, 미국), 이스라엘, 그리고 유럽(노르웨이, 루마니아 등)에 걸쳐 4년마다 11~15세 학생을 대상으로 조사되고 있다. 이 장에 수록된 연구 중 학령기 아동의 건강행동(HBSC)에 포함된 학교 만족도 문항을 사용한 연구는 Freeman, Samdal, Băban, 그리고 Bancila(2012)의 연구와 Danielsen, Breivik, 그리고 Wold(2011)의 연구가 있다. Danielsen과 동료들은 학령기 아동의 건강행동(HBSC)에 포함된 단일 문항이 다면적 학생생활 만족 척도(MSLSS) 문항으로 구성된 요인과 관련이 높음을 밝힘으로써 구성 타당도의 근거를 제공하였다.

대규모 국가 간 연구에서는 보편적인 학교 만족도를 측정하기 위해서 다면적 학생생활 만족 척도(MSLSS), 학교생활의 질 척도(QLS), 그리고 단일 문항을 벗어나 다양한 문항의 종합 점수를 산출한다. 예를 들어, 이 장에 인용된 일부 연구는 기존 학령기 아동의 건강행동(HBSC) 문항에 다른 문항을 추가하여 종합적인 학교 만족도를 분석했다(예: 2001~2002년 조사에서 학교와 학교 활동의 즐거움을 반영하는 5개 문항 사용; Hoff, Anderson, & Holstein, 2010). 다른 예로, Randolph, Kangas, 그리고 Ruokamo(2009)는 핀란드와 네덜란드의 7~12세 아동을 대상으로 6개 문항으로 구성된 아동의 전반적인 학교생활 만족도 척도(Children's Overall Satisfaction with Schooling Scale: COSSS)를 개발했다. 6개 문항 중 4개는 학교에 관한 학교생활의 질 척도(QSL) 문항과 같이 개념적으로 일반적인 학교 만족도를 반영하고 있다(예: "나는 학교에 가는 것이 좋다."). 반면에, 2개는 교실에서의 학습 참여에 관한 학교생활의 질 척도(QSL) 문항과 같이 학교에서의 학습에 대한 만족도와 관련된다(예: "공부가 재미있다."). 아동의 전반적인 학교생활 만족도 척도(COSSS)는 특정 집단에서 나타나는 학교 만족도에 대한 개인 내적 · 환경적 예측변인을 연구할 때 사용된다(Randolph et al., 2010).

4. 주요 연구 개관

1) 아동 · 청소년(5~18세)의 특성에 관한 연구

대규모 연구에 따르면, 소수의 중고생은 학교생활에 만족하지 못하지만 대부분의 학생은 긍정적인 학교 만족도를 보이는 것으로 나타났다(Huebner, Drane, & Valois, 2000). 학생이 학교생활의 질을 판단하는 데 영향을 주는 요인에는 개인 내적 요인과 학교 내외의 환경적 요인이 있다.

(1) 개인 내적 요인

학교 만족도는 학교의 직접적인 영역 외에 학생의 기능에 따라 다르게 나타나는 경향이 있다. 학생이 지닌 많은 기능 중에는 인지양식(예: 자신의 능력과 환경 통제에 대한 지각)이 포함된다. 지금까지의 연구에서 사회경제적 지위에 따른 학교 만족도의 차이는 없었다(Huebner, Ash, & Laughlin, 2001). 그러나 다음과 같이 연령 및 성별 같은 인구사회학적 변인에 따른 학교 만족도의 차이가 나타났다.

(2) 연령

학교 만족도는 연령이 높을수록 감소하는 경향이 있다. 핀란드와 네덜란드의 초등학생 대상 연구에서 어릴수록 더 큰 만족도를 보고했다(Randolph, Kangas, & Ruokamo, 2010). 미국에서도 1~8학년 학생의 경우 연령과 학교 만족도 간 부적 관계가 나타났고(Okun, Braver, & Weir, 1990), 고등학생이 중학생보다 더 낮은 학교 만족도를 보였다(DeSantis King, Huebner, Suldo, & Valois, 2006; Elmore & Huebner, 2010). 이러한 연령에 따른 학교 만족도의 감소 경향은 중국의 3~6학년 학생들에게도 나타났다(Hui & Sun, 2010). 대규모 표집으로 이루어진 노르웨이 청소년 대상 연구에서 15세 학생의 경우, 같은 성별의 13세 학생보다 더 낮은 학교 만족도를 보고했다(Danielsen et al., 2011).

(3) 성

발달 수준과 국가에 관계없이 여학생의 학교 만족도가 남학생보다 더 높은 경향이 있다. 유럽의 3개 초등학교 여학생(평균 10세)은 남학생보다 더 큰 학교 만족도를 보고했다(Randolph et al., 2010). 미국(DeSantis King et al., 2006; Huebner et al., 2000; Huebner et al., 2005), 노르웨이(Danielsen et al., 2009), 그리고 아일랜드(Gilman et al., 2008)의 대규모 표집에서도 청소년기 여학생이 같은 연령의 남학생보다 약간 더 높은 학교 만족도를 보고했다.

(4) 인지적 변인

학교 만족도와 가장 강한 상관을 보이는 내적 변인에는 높은 자존감(Karatzias, Power, Flemming, Lennan, & Swanson, 2002; Vera et al., 2012)과 학업 및 사회적 능력에 대한 신념(Briones & Taberno, 2012)과 같은 긍정적 자아상이 포함된다. 내적 통제 소재 또한 학교 만족도와 관련된 것으로 확인되었는데, 자신의 삶에 대한 통제력을 낮게 지각할수록 학교 만족도가 낮아지는 경향을 보였다(Huebner et al., 2001; Huebner & Gilman, 2006).

2) 교실 환경에 관한 연구

학교 만족도와 관련하여 연구된 교실 환경에는 학급 구성의 인구사회학적 특징, 학생에게 맞는 교육과정, 그리고 학교에서의 대인관계 등이 포함된다. 이러한 환경적 요인은 학생이 학교에서 생활하는 동안 긍정적인 정서를 경험하는 빈도에 영향을 준다. 초기에 이루어진 연구에 따르면, 학교에서의 정서적 · 사회적 경험이 학생의 학교 만족도와 가장 강한 상관관계를 보였다(Epstein & McPartland, 1976). 최근에 미국(Lewis, Huebner, Reschly, & Valois, 2009)과 스코틀랜드(Karatzias et al., 2002)의 청소년을 대상으로 이루어진 연구는 학생의 학교 만족도가 학교에서 재미와 같은 긍정적 정서를 얼마나 자주 느끼는가와 특히 관련됨을 명확하게 보여 주었다. 이때 (긍정적 정서와 부정적 정서 경험 모두 학교 만족도를 설명해 주는 중요한 예측변인이지만) 긍정적인 감정의 빈도는 부정적인 감정의 빈도보다 훨씬 더 큰 설명력을 지니는 것으로 나타났다.

(1) 학급 구성

초기 연구에서는 초등학생의 학교 만족도와 학급 규모의 관련성을 발견하지 못했으나(Verkuyten & Thijs, 2002), 최근에 이루어진 같은 연령 초등학생의 학교 만족도 비교 연구에서는 중간 규모의 학급에서 가장 높은 학교 만족도를 보였다(Randolph et al., 2010). 특히 학급당 학생 수가 약 20명 내외인 학급의 학생은 그보다 적은 학급(15명 이하)이나 많은 학급(25명 이상)의 학생보다 더 큰 학교 만족도를 보고했다. 반면에, 학급의 성별이나 인종 구성에 따른 영향은 확인되지 않았다(Verkuyten & Thijs, 2002). 그 사례로 Randolph와 동료들(2010)은 동일 성별 학생의 비율이 학교 만족도와 무관함을 밝혔다.

(2) 학습 프로그램

학교 만족도는 특화된 교육과정과 학생의 인지적 능력 간의 결합 양상에 따라 다르게 나타난다. 예를 들어, 미국 고등학생 중에서 경도 지적 장애로 진단되어 특수교육을 받는 학생은 (일반교육을 받는 또래에 비해) 더 큰 학교 만족도를 보였다(Brantley, Huebner, & Nagle, 2002). 학업과 지능이 우수한 이스라엘 영재 고등학생 중에도 영재 특수학급에서 공부하는 학생이 (일반 통합 학급에서 공부하는 영재 학생에 비해) 더 큰 학교 만족도를 보고했다(Zeidner & Schleyer, 1999). 한국도 특화된 과학고등학교에서 공부하는 학업 영재 학생이 (전통적인 고등학교에서 공부하는 또래 영재에 비해) 더 큰 학교 만족도를 나타냈다(Jin & Moon, 2006).

3) 학급 내 관계에 관한 연구

유럽의 10대들(Danielsen et al., 2009, 2011)과 미국의 중고생(DeSantis King et al., 2006)의 경우, 학교에서 만나는 대상(교우와 특히 교사)에게 받는 사회적 지지가 더 높은 학교 만족도와 일관되게 관련되었다. 이러한 지지적인 관계는 학교생활 경험에 대한 긍정적인 평가를 촉진하는 보호적 풍토를 조성한다. Baker(1998)는 도시 거주 저소득층 아프리카계 미국인 초등학생의 학교 만족도를 예측하는 대인관계와 환경 요인에 대해 연구하였다. 연구 결과, 학급의 사회적 풍토에 대한 학생의 지각(교사의 보살핌과 친절성에 대한 지각 포함)이 학교 만족도와 가장 강한 관련성을 나타냈다. 사실상, 객관적인 교사 행동 지수(부정적 또는 긍정적 교사-학생 간 상호작용 관찰 빈도)나 학교의 전반적인 사회적 지원에 대한 학생의 인식보다 이러한 관계의 질(학급의 사회적 풍토) 측면이 가장 낮은 학교 만족도를 지닌 학생을 더 잘 구별해 준다(Baker, 1999).

학생의 학교 만족도는 교사-학생 간 관계의 질에 대한 인식과 특히 관련되며(Whitley, Huebner, Hills, & Valois, 2012), 교사-학생 간 관계의 질에 대한 인식은 주로 교사의 지각된 사회적 지지로 나타난다(Hui & Sun, 2010; Tomyn & Cummins, 2011). 적당한 예로, 최근 북미와 유럽의 7개국 23,000명 이상의 학생(8~10학년) 자료를 분석한 결과, 모든 면에서 교사 지지는 또래 지지에 비해 최소 2배 정도 학교 만족도를 예측했다(Torsheim et al., 2012). 지각된 지지를 넘어서 학생의 자율성, 성격, 그리고 성 역할 수행을 촉진해 주는 교사의 특성들이 학생의 학교 만족도에 있어서 중요한 역할을 한다. 자율성 지지와 관련하여 집단주의와 개인주의 사회의 10대들은 교사가 학생의 관점과 감정에 더 수용적이고, 학생에게 선택권을 줄 때 더 큰 학교 만족도를 보고했다(Ferguson et al., 2010). 핀란드와 네덜란드의 초등학생의 경우 학교 만족도와 가장 강하게 관련된 요인은 교사에 대한 호감이다. 학교 만족도를 더 높게 보고한 학생이 "나는 담임 선생님이 좋다."라는 문장에 더 많이 동의했다(Randolph et al., 2010). Randolph와 동료들은 교사 성별의 효과도 발견했는데, 남교사가 담임 선생님인 남녀 초등학생 모두 더 큰 학교 만족도를 보고했다. 그 연구에서는 교사의 47%가 남자였다. 미국의 경우 유치원부터 6학년까지 여교사가 남교사의 약 2배인데, 교사의 성비가 미국과 같은 사회에서는 학교 만족도가 교사의 성별과 관련되는지 밝혀지지 않았다(National Education Association, 2010).

교우관계의 특별한 영향과 관련하여 또래 애착을 더 많이 느끼는 학생일수록 1년 후에도 더 큰 학교 만족도를 보고했다(Elmore & Huebner, 2010). 반면에, 네덜란드 초등학생의 경우 또래 괴롭힘(별명 부르기, 따돌림)이 주로 지각된 사회적 능력과의 부적 관련성을 통해서 낮은 학교 만족도와 간접적으로 관련되었다(Verkuyten & Thijs, 2002). 또래 괴롭힘과 학교 만족도의 직접적인 관련성은 독일 중학생에게서 관찰되었다. 학교를 많이 좋아하는 학생은 전형적인 괴롭힘(반복적인 공격 행동)이나 사이버 괴롭힘(정보 통신 기기를 사용하는 괴롭힘)에 3~10배 더 적게 관련되었고, 가해자나 피해자 또는 가해자와 피해자 모두 또래에 비해 낮은 수준의 학교 만족도를 보였다(Wachs, 2012).

교실에서의 사회적 관계는 학교 풍토에 포함된다. Zullig, Huebner, 그리고 Patton(2011)은 학교 풍토의 8개 영역에 대한 학생 지각의 결합된 영향력이 학교 만족도의 약 3분의 1을 설명함을 밝혔다. 이 연구에 참여한 2,000명 이상의 미국 중고생의 경우 학교 만족도가 특히 학교 풍토의 5개 영역과 관련되었다. 5개 영역은 학업 지지에 대한 학생의 지각, 학생-교사 간 관계, 학교 소속감, 학업 만족, 그리고 질서 및 규율이다. 질서 및 규율 영역과 관련하여 교실 환경에 대해 더 통제적이고 더 학구적이라고 지각하는 초등학생은 더 큰 학교 만족도를 경험했다(Verkuyten & Thijs, 2002). 더 큰 학교 만족도와 함께 나타나는 학교 풍토의 다른 측면으로는 부모의 학교 참여(Suldo, Shaffer, & Riley, 2008)와 지각된 학교의 안전성(Tomyn & Cummins, 2011)이 포함된다.

4) 학교 밖 사건과 환경에 관한 연구

학생의 학교 만족도는 교실 환경뿐 아니라 중요한 타인(가족)과의 관계 그리고 삶에서 나타나는 스트레스의 개수와 유형과도 관련된다. 예컨대, 더 많은 스트레스(급성 긴장감뿐 아니라 만성적인 긴장감, 중요한 사건)를 경험하고 학교 밖 생활에서 가족이나 친구 관련 자원이 더 적은 학생의 경우 학교 만족도가 더 낮게 나타났다(Huebner & McCullough, 2000; Huebner et al., 2001). 가족 관계는 특히 환경적으로 학교 만족도와 가장 큰 관련성이 있다. 예를 들어, 부모 애착에 대한 지각을 더 높게 보고한 미국 학생은 연구 당시뿐 아니라 1년 후에도 더 높은 학교 만족도를 보고했다(Elmore & Huebner, 2010). 학교 만족도와의 관련성을 중재하는 것으로 보이는 부모-자녀 관계의 다른 측면으로 지각된 사회적 지지(Danielsen et al., 2009; DeSantis King et al.,

2006)와 청소년 자녀의 자율성 촉진 정도(Ferguson et al., 2010)를 들 수 있다. 일반적으로 (개인적으로 중요하게 여기는 다양한 변인에 따라) 가정생활에 더 만족하는 정도가 높은 아동·청소년은 학교에서의 만족도 더 높게 보고하는 경향이 있다(Vera et al., 2012; Whitley et al., 2012).

아동·청소년이 가정에서 비롯된 다양한 스트레스 요인 때문에 더 자주 스트레스를 경험할 경우 더 낮은 학교 만족도를 보고하는 것으로 나타났다. 그 예로, Baker(1998)가 도시 거주 초등학생을 대상으로 연구한 결과 스트레스 발생은(직접적이고 간접적인 영향의 총합에 있어서) 가정 만족도와 학교에서의 사회적 지지를 포함하여 이미 알려진 다른 대인관계 변인보다 학교 만족도에 더 큰 영향을 미쳤다. 미국의 고등학생 대상 상관관계 연구들은 학교 만족도와 부정적 주요 스트레스 및 만성 스트레스를 겪는 빈도 사이에 부적 관계가 있음을 도출했다(Huebner et al., 2001; Huebner & McCullough, 2000). 마찬가지로 더 적은 스트레스를 보고한 스코틀랜드 청소년은 학교생활 경험의 질에 대해 다소 더 큰 만족도를 보고했다(Karatzias et al., 2002). 요약하면, 일반적으로 가정 내외의 스트레스는 학교 만족도 감소를 가져온다.

앞서 요약된 학교 만족도와 개인 내적 및 환경적 변인의 관련성에 대한 이해를 통해 학교 만족도는 학교를 좋아하는 것과 관련된 다양한 유익에 의해 부분적으로 타당화된다. 특히 학교 만족도가 더 높은 학생이 훨씬 더 학업에 잘 적응하고 건강하게 생활한다.

5. 교육적 성과와의 관련성

선행 연구에 따르면, 학교를 좋아하는 것과 성적이나 학업 성취가 우수한 것은 별개이다. 학교 만족도와 객관적인 학업 성취 지표의 관계는 일반적으로 정적이기는 하지만 약한 상관을 보인다. 그러나 학교 만족도와 학교에서의 행동, 학업 태도, 그리고 지속적으로 학습을 촉진하는 동기와의 관련성은 더 강하게 나타난다.

1) 학업 성취

일부 미국의 중 · 고등학생 대상 연구에서 학교 만족도와 학생의 평균 성적의 관련성은 통계적으로 유의미한 것으로 확인되었다(GPA; Lewis et al., 2009; Suldo et al., 2008). 반면에, 같은 미국의 중학생 대상 연구에서 학교 만족도와 객관적인 학업 성취 지표의 관련성은 아주 적거나 때로는 부적 관계인 것으로 나타났다(Whitley et al., 2012). 더 어린 학생의 경우 학업 성취가 학교 만족도와 더 많이 관련될 수 있다. 노르웨이 초등학생의 경우 학교 만족도와 수학 실력 간에 정적 관계가 나타났다(Cock & Halvari, 1999).

2) 학교에서의 행동

선행 연구에서 학교 만족도는 학교규칙 준수와 학습 참여 면에서 학교에서의 행동과 더 관계가 있는 것으로 나타났다. 일찍이 도시에 거주하는 위기 초등학생의 학급행동에 대한 연구에 따르면, 학교 만족도가 낮은 학생(사분위 편차 하위)은 학교 만족도가 높은 학생(사분위 편차 상위)에 비해서 담임 교사로부터 더 부정적인 언어적 질책을 받을 뿐만 아니라 학교에서 더 많은 문제를 겪는 것으로 나타났다(Baker, 1999). 학교 참여와 관련하여 종단연구를 한 결과, 학교를 좋아한다고 보고한 초등학생의 경우 학급에 더 잘 참여했고, 이후 더 좋은 성취를 거두었다(Ladd, Buhs, & Seid, 2000). 추가적인 분석 결과, 초기의 높은 참여와 성취가 이후에 학교를 더 좋아하게 만들기보다는 초기의 높은 학교 만족도가 이후의 성취도 향상을 가져올 가능성이 높은 것으로 나타났다(Ladd et al., 2000).

학교 만족도와 학교에서의 행동 간 긍정적인 관련성은 초등학교 시기 이후에도 나타난다. 미국 고등학생의 경우 학교 만족이 더 높을 때 시험 부정행위, 싸움, 수업 불참 같은 위법 행동이 더 적게 나타났다(Suldo et al., 2008). 호주의 청소년도 학교 만족도가 더 높을 경우 학교에서의 자신의 행동에 대해 더 큰 만족도를 보고했다(Tomyn & Cummins, 2011). 학교 만족도의 유익과 관련하여 미국 중학생에 대한 Elmore와 Huebner(2010)의 종단연구 결과, 학교 만족도는 학교에서의 행동적 참여를 예측하였다. 학교 만족도가 더 높은 학생은 1년 후 자퇴, 학업 거부, 그리고 공격적 행동이 더 적은 것으로 나타났다.

3) 적응적 학업 태도와 신념

학교 만족도가 더 높은 학생은 학업 수행을 위한 내재적 동기(처벌이나 죄책감 같은 부정적 감정을 피하기 위해서가 아니라 본인이 즐거워서 숙제와 학업을 수행; Cock & Halvari, 1999)와 학습 주도성(학업에 대한 목표 수립, 주의집중, 도전 추구; Danielsen et al., 2011)도 더 높은 것으로 꾸준히 보고되어 왔다. 내재적 동기나 학습 주도성은 자기주도적 평생학습을 소중하게 여기는 사회에서 자기조절 학습이 필수적이라는 점에서 중요하다. Danielsen과 동료들은 학교 만족도가 증가된 학습능력(특히 급우와 비교한 자신의 학업 수행에 대한 지각)을 통해서 학업 주도성을 직접 또는 간접적으로 촉진하는 효과가 있음을 밝혔다. 지각된 학습능력은 과제 수행에 성공할 수 있다는 자신의 능력에 대한 확신이자 도전에 접근하기 위한 전제조건으로서, 과제 수행에 핵심적인 학업 태도이다. 학교 만족도가 더 큰 학생은 자신의 학습능력에 대한 확신을 더 크게 느끼는 경향이 있다. 다양한 문화의 아동(Baker, 1998; Huebner, 1994; Verkuyten & Thijs, 2002)과 청소년(Danielsen et al., 2009; Huebner &

McCullough, 2000)을 대상으로 수행한 연구 결과, 학교 만족도와 지각된 학습 능력 간에 적절한 정도의 상관이 있는 것으로 나타났다.

6. 정신적 · 심리적 건강과의 관련성

학교를 더 좋아하는 학생이 학업 적응에서의 향상뿐 아니라 심리적 기능도 더 높은 것으로 나타났다. 그 예로, Huebner와 Gilman(2006)은 미국 청소년을 대상으로 학교 만족도 상위 20% 집단, 하위 20% 집단, 그리고 중위 30% 평균 범위 집단의 세 집단에 대해 비교 연구를 실시하였다. 연구 결과, 학교 만족도 상위 집단은 전반적인 삶의 만족과 희망 정도가 가장 높게 보고되었을 뿐 아니라 정신질환의 치료적 수준 비율이 가장 낮았다. 반면에, 학교 만족도 하위 집단은 불안과 우울 증상의 비율이 더 높게 나타났다. 학교 만족도와 정신건강의 관련성은 특히 정신질환에 대한 사회적 환경의 영향력을 어느 정도 설명해 준다. DeSantis King과 동료들(2006)은 학교 만족도와 사회적 지지를 더 높게 지각한 청소년의 경우 내재화 및 외현화 문제행동 비율이 더 낮음을 밝혔다. 반면에, 낮은 학교 만족도는 정신건강의 위험요인이 될 수 있으며, 학교를 좋아하는 학생은 대체로 자신의 삶에 대해 더 행복하게 느끼고 있었다(Salmela-Aro & Tynkkynen, 2010; Shin, Morgan, Buhin, Truitt, & Vera, 2010). 이러한 결과는 학교 만족도와 전체적인 삶의 만족도 간 이론적 관련성과 일치한다.

덴마크에서 이루어진 아동 · 청소년 대상 대규모 연구는 적응적 건강 선택 지표를 통해서 학교 만족도와 더 나은 정신건강의 관련성을 밝혀 주었다. 특히 학교를 좋아하는 덴마크 학생은 부모님과 건강과 관련된 주제로 더 많이 토의하고 학교 보건 교사의 건강에 대한 안내를 더 잘 따르며(Borup & Holstein, 2006), 반복적 마약 사용 경향도 더 적은 것으로 나타났다(Hoff,

Anderson, & Holstein, 2006). 추후 학교 만족도와 질병 빈도 및 신체 건강과 같은 다양한 건강 지표 간의 관련성을 좀 더 확인할 필요가 있다. 지금까지의 연구에 의하면, 학교 만족도가 신체 건강뿐 아니라 더 뛰어난 학업적 · 심리적 안녕을 촉진하는 더 나은 선택과 관련됨을 보여 준다.

7. 다양한 고려사항

학교 만족도에 대한 연구 문헌이 여러 다양한 국가에서 증가되고 있다. 이러한 연구들은 북미, 유럽, 그리고 아시아 학생 간 학교 만족도 평균 수준의 차이를 보여 주고 있다. 예를 들어, 2개의 집단주의 문화와 2개의 개인주의 문화에서의 학교 만족도에 대한 국가 간 연구 결과, 한국 학생의 학교 만족도는 더 낮고, 중국 학생의 학교 만족도는 더 높았으며, 아일랜드와 미국 학생의 학교 만족도는 중간 수준이었다(Gilman et al., 2008). 다른 연구에서는 대부분의 10대가 독립을 위해 분투하는 경향이 있기 때문에 서로 다른 문화와 국가에 속한 청소년의 학교 만족도 예측변인이 괄목할 만한 유사성을 보였다. 이 연구에 따르면, 학교 만족도의 평균 차이는 국가가 청소년들에게 관계성, 자율성, 그리고 유능성 관련 경험을 제공하는 정도의 차이를 반영하는 경향이 있다(Ferguson, Kasser, & Jahng, 2010; Freeman, Samdal, Băban, & Bancila, 2012). 그 예로, 덴마크, 한국, 미국의 100여 개 고등학교 학생에 대한 연구에 따르면, 한국에서 더 낮은 수준의 학교 만족도를 보고한 학생은 전반적으로 부모와 교사가 제공하는 자율성 지지에 대한 지각이 더 낮았다(Ferguson et al., 2010). 개인주의 문화(평등주의를 특히 가치 있게 여기고 위계적인 상호작용을 강조하지 않는 덴마크 문화)에서도 학교 만족도가 더 높은 아동 · 청소년이 부모의 자율성 지지를 더 높게 지각하는 것으로 입증되었다. 한국 학생에게도 지각된 자율성 지지와 학교 만족도 간의 긍정적인 관련성이 일치되게 나타나자, 연구자들은 이러한 결과가 집단주의 문화에서 자율성 지지가 중요하지 않다는 관념을 반박한다고 결론지으면서 다음과 같이 주장했다. "어떤 청소년이든 부모와 교사에 의해 통제된다고 느끼고 그들이 자신의 경험과 선택을 비교적 중요하지 않게 다룰 때, 더 낮은 학교 만족도를 보고한다."(Ferguson et al., 2010, p. 658) 청소년의 학교 만족도에 대한 관계성의 중요성과 관련하여, 북미(캐나다)와 유럽(노르웨이와 루마니아)의 10대를 대상으로 이루어진 대규모 연구에서 학교 만족도와 학교 풍토(교사의 지지와 학교생활의 즐거움에 대한 학생의 지각을 반영하는) 사이에 중간 정도의 관련성이 나타났고, 지각된 급우 지지와의 관련성은 더 적게 나타났다 (Freeman et al., 2012).

문화적인 고려가 새롭게 나타나면서 가급적 그 나라만의 학교 만족도를 새롭게 평가할 필요성이 제기되고 있다. 지금까지 스페인에서 여러 문화적 집단(남미, 아프리카, 스페인 출신 학생)에 대한 연구를 한 결과, 이민 온 청소년(특히 아프리카 출신 학생)이 학교생활과 학습 과정에 대해 더 높은 만족도를 보고하고 있어서, 이민 온 청소년들의 학교 만족도가 반드시 나쁜 것만은 아님을 보여 주고 있다(Briones & Taberno, 2012).

8. 교육적 적용

학업 수행과 학교 만족도 간의 중간 정도의 관련성에 비추어 볼 때, 현재 학습에 대한 거의 독보적인 초점은 학생의 학습이 학교생활과 관련된 긍정적인 감정과 함께 나타나지 않는 경향이 있다는 점이다. 반면에, 학교에 대한 학생의 정서적 경험과 교육적 성취라는 두 초점은 학업 기능의 완수(학업 성취와 학교 만족도)를 보장하는 데 필수적이다. 중요하게도 학교 만족도의 뛰어난 향상이 지닌 부정적인 결과(성취나 대인관계 면에서)에 대해서는 알려진 바 없다. 대신에 학교 만족도와 긍정적인 학생-교사 관계와 같은 이상적인 성과의 관련성은 가장 높은 수준의 학교 만족도를 통하여 증가된다(Whitley et al., 2012). 따라서 학교생활 경험에서 학생의 행복을 높이는 시도는 전혀 해롭지 않으며 유익한 기능의 향상만을 가져온다.

1) 관계성, 유능성, 자율성을 향한 노력 지원하기

추후 논의하겠지만, 학급에서의 관계성과 유능성을 높이는 것은 학생의 대인관계 유대감을 증진시키고 적절하고 도전적인 학습 경험을 제공함으로써 가능하다. 자율성과 관련하여 Ferguson과 동료들(2010)의 연구 결과, (교사를 포함하여) 돌봄을 제공하는 어른들이 학생의 관점을 고려하고 학생에게 가능한 한 많은 선택을 허용하는 것으로 지각할 때 학생은 더 큰 안녕감을 보인다. 실제로 청소년이 독립적이거나 의존적(협력적, 순응적)으로 의사결정을 내렸을 때 2가지 모두 내재적으로 동기화된 경우에는 안녕감과는 더 높게, 문제행동과는 더 낮게 관련되었지만 타인의 압력에 의해 동기화된 경우에는 긍정적 적응과 더 적게 관련되었다(Van Petegem, Beyers, Vansteenkiste, & Soenens, 2012). 따라서 아동 · 청소년의 자율성은, 완전한 자유와 선택(독립적 의사결정)을 허용하는 데만 초점을 두기보다 학교생활에 적합한 의사결정에 포함된 동기들을 고려해 줄 때 최고로 촉진될 수 있다. 학생은 자신의 활동이 어른의 강요에 따른 결과이기보다 자신의 이상과 꿈에 관련될 때, 자신의 신념과 일치된 어른의 제안을 따를 때, 학교생활에 더 크게 만족한다.

2) 학교에서 대인관계 접촉 넓히기

연구에 따르면, 긍정적인 학급 풍토를 조성하는 것은, 교우 간이나 학생과 교사 간 강한 유대감을 형성하는 것과 함께, 아동의 학교 만족도를 촉진하는 가장 큰 잠재력이 된다. 학생-교사 관계와 관련해서, 학교 관리자들은 위험하게도 교사의 수업 기술만을 지나치게 강조하며 좋은 교사를 채용하라는 Randolph와 동료들(2010)의 결론적 제안에만 관심을 가질 수 있다(p. 203). 좋은 교사의 중요성을 강조한 Randolph와 동료들의 권고는 장기간 위기에 처한 학생들에게 성공을 거둠에 따라 강조되었다. 그 성공은 교사가 학생을 비롯하여 그 가족과 강한 관계를 형성하는 개인적 특질, 모든 학생의 학습에 대한 높은 기대를 표현하는 의사소통, 그리고 자주 기쁨과 따뜻함을 표현하는 교육철학을 지님으로써 가능했다(Mathews, 2009). 학생은 스스로 학교생활에 적극 참여함으로써 긍정적인 학생-교사 관계의 촉진에 기여할 수 있다. 학생이 자신을 돌보는 데 적극적이지 않을 때 생각과 행동이 이기적으로 변한다(Ferreira & Bosworth, 2001). 따라서 학생이 프로젝트 학습, 교실에서의 역할 분담, 그리고 협력 학습 활동을 통해서 또래, 교사, 그리고 공동체와 돌봄 관계를 구축하는 기회를 갖는 것이 중요하게 강조된다.

학교 수준에서 긍정적인 또래관계는 또래 괴롭힘에 대한 적극적 예방적 접근으로서 직접적인 사회적 기술 교육을 통해 촉진될 수 있다. 학교 동아리, 스포츠, 그리고 다른 선택적 방과 후 활동 참여를 고무하는 것도 교실 밖에서 학생들 간 유대감을 조성할 수 있다. 실제로 횡단연구 결과, 더 많은 체계적인 특별 활동에 참여한 중고생은 다소 더 높은 학교 만족도를 나타냈다(Huebner & Gilman, 2006).

3) 긍정 정서를 조성하는 교실 환경 정비하기

학급이 중간 규모(예컨대, 학생 수가 약 20명 정도)이면서 학생의 인지능력과 목표에 부합하는 교육과정과 기대를 제공하는 것이 학생의 학교 만족도를 촉진하기에 이상적일 수 있다. 이러한 조건을 높은 성취를 보이는 영재 청소년에게 적용했을 때 특별하고 강한 지원으로 작용했다(Jin & Moon,

2006; Zeidner & Schleyer, 1999). 재능 있는 학생의 경우 학업 요구와 기대의 증가가 학교 만족도의 감소를 가져오지는 않았다. 미국의 고등학생 중 철저한 대학 준비 프로그램에 참여한 높은 학업 성취를 보이는 학생과 일반 교육에 참여한 보통의 성취를 보이는 학생을 비교한 결과, 비슷한 수준의 학교 만족도가 나타났다(Suldo & Shaunessy-Dedrick, 2013).

4) 학교 밖 환경 고려하기

교실의 학생은 안정성과 스트레스의 측면에서 다양한 가정환경을 지니고 있다. 일부 학생이 직면한 스트레스 요인의 범위는 만성적인 요인(가족 갈등, 질병, 가난)부터 어른의 법적, 경제적, 대인관계적 문제로 비롯된 주요 변화까지 포함된다. 아동기에 더 큰 환경적 스트레스(아동 학대, 가정 폭력 관련 역기능, 정신질환, 부모의 범죄)를 경험한 성인은 유해한 건강 진단을 받을 위험이 높다(Felitti et al., 1998). 확실히 가정으로부터 온 스트레스의 영향력은 매일의 일상을 넘어 지속된다. 더 큰 스트레스에 처한 위기 학생은 학교 만족도가 감소한다. 이러한 점에서 교육자들은 환경적 스트레스에 처한 학생을 확인하고 그 학생을 집중 지원(심리적 서비스, 학교 기반 멘토링 관계)하기 위해 공식적인 과정을 제정하자는 주장에 대해 더 큰 이론적 근거를 가지게 되었다.

5) 특별히 남학생의 학교 만족도에 관심 갖기

남학생은 학교 만족도의 감소를 경험하는 동안 위기를 겪는다. Randolph와 동료들(2010)은 2가지 요인에서 비롯된 평균 차이에 대해 주목할 만한 논의를 제공한다. 첫째 요인은 교실에서의 올바른 행동에 대한 전형적인 기대와 남학생의 행동적인 활동 수준이 불일치한다는 점이다. 둘째 요인은 여학생의 경우 전통적으로 (독립성에 반하여) 관계성을 강조하므로 교실 환경에서 또래 및 교사와 관계를 조성함에 있어 여학생이 더 유리하다는 점이다. Vera와 동료들(2012)은 교육자들이 스포츠팀이나 동아리와 같은 남학생의 학교 소속감을 높일 수 있는 경험을 특히 홍보하도록 촉구한다. 남학생의 선호에 맞는 독립성을 위한 다른 전략으로는 가급적 학급 활동에 투입할 뿐 아니라 추가적으로 리더십을 발휘할 기회를 제공하는 것이다.

9. 추후 연구의 방향

학교 만족도에 대한 연구가 증가되고 있어 교육자들이 학생의 학교생활 경험에서 만족도를 향상시키기 위해 체계적으로 개선해야 할 시도의 초점이 어디인지에 대한 권고가 가능해졌다. 학교 만족도에 대한 연구의 다음 단계는 상관관계를 확인하는 것에서 벗어난 연구를 포함하는 것이다. 변화의 인과적 원리를 확인할 뿐 아니라, 어떤 교육적 전략이 학교 만족도 증진에 유용한지를 입증하기 위해서 개입 또는 종단적인 관찰 연구가 필요하다. 예컨대, 학생의 학교 만족도가 방과 후 활동 참여에 따라 변화가 있는지, 학교에서의 강화된 대인관계 유대감이나 자신감이 활동 참여와 학교 만족도를 매개하는지 입증하는 연구가 필요하다. 마찬가지로, 학업 성취의 변화와 공존하는 학교 만족도의 변화가 이 2가지 결정적인 성과 간의 연관성을 설명하는 데 도움이 되는지 확인하는 연구가 필요하다.

참고문헌

Ash, C., & Huebner, S. (1998). Life satisfaction reports of gifted middle-school children. *School Psychology Quarterly, 13,* 310-321. doi:10.1037/h0088987

Baker, J. A. (1998). The social context of school satisfaction among urban, low-income, African-American students. *School Psychology Quarterly, 13,* 25-44. doi:10.1037/h0088970

Baker, J. A. (1999). Teacher-student interaction in urban at-risk classrooms: Differential behavior, relationship quality, and student satisfaction with school. *Elementary School Journal, 100,* 57-70. doi:10.1086/461943

Baker, J. A., Dilly, L. J., Aupperlee, J. L., & Patil, S. A. (2003). The developmental context of school satisfaction: Schools as psychologically healthy environments. *School Psychology Quarterly, 18,* 206-221.

Baker, J. A., & Maupin, A. N. (2009). School satisfaction and children's positive school adjustment. In R. Gilman, E. S. Huebner, & M. J. Furlong (Eds.), *Handbook of positive psychology in the schools* (pp. 189-196). New York, NY: Routledge.

Borup, I., & Holstein, B. (2006). Does poor school satisfaction inhibit positive outcome of health promotion at school? A cross-sectional study of schoolchildren's response to health dialogues with school health nurses. *Journal of Adolescent Health, 38,* 758-760. doi:10.1016/j.jadohealth.2005.05.017

Brantley, A., Huebner, S., & Nagle, R. (2002). Multidimensional Life Satisfaction reports of adolescents with mild mental disabilities. *Mental Retardation, 40,* 321-329. doi:10.1352/0047-6765(2002)040〈0321:MLSROA〉2.0.CO;2

Briones, E., & Tabernero, C. (2012). Social cognitive and demographic factors related to adolescents' intrinsic satisfaction with school. *Social Psychology of Education, 15,* 219-232. doi:10.1007/s11218-012-9176-4

Cock, D., & Halvari, H. (1999). Relations among achievement motives, autonomy, performance in mathematics, and satisfaction of pupils in elementary school. *Psychological Reports, 84,* 983-997. doi:10.2466/PR0.84.3.983-997

Danielsen, A., Breivik, K., & Wold, B. (2011). Do perceived academic competence and school satisfaction mediate the relationships between perceived support provided by teachers and classmates, and academic initiative? *Scandinavian Journal of Educational Research, 55,* 379–401. doi:10.1080/00313831.2011.587322

Danielsen, A., Samdal, O., Hetland, J., & Wold, B. (2009). School-related social support and students' perceived life satisfaction. *Journal of Educational Research, 102,* 303–318.

DeSantis King, A., Huebner, S., Suldo, S., & Valois, R. (2006). An ecological view of school satisfaction in adolescence: Linkages between social support and behavior problems. *Applied Research in Quality of Life, 1,* 279–295. doi:10.1007/s11482-007-9021-7

Elmore, G., & Huebner, S. (2010). Adolescents' satisfaction with school experiences: Relationships with demographics, attachment relationships, and school engagement behavior. *Psychology in the Schools, 47,* 525–537. doi:10.1002/pits.20488

Epstein, J., & McPartland, J. (1976). The concept and measurement of the quality of school life. *American Educational Research Journal, 13,* 15–30. doi:10.2307/1162551

Felitti, V. J., Anda, R. F., Nordenberg, D., Williamson, D. F., Spitz, A. M., Edwards, V., . . . Marks, J. S. (1998). Relationship of childhood abuse and household dysfunction to many of the leading causes of death in adults: The Adverse Childhood Experiences (ACE) Study. *American Journal of Preventive Medicine, 14,* 245–258.

Ferguson, Y., Kasser, T., & Jahng, S. (2010). Differences in life satisfaction and school satisfaction among adolescents from three nations: The role of perceived autonomy support. *Journal of Research on Adolescence, 21,* 649–661. doi:10.1111/j.1532-7795.2010.00698.x

Ferreira, M. M., & Bosworth, K. (2001). Defining caring teachers: Adolescents' perspectives. *Journal of Classroom Interaction, 36,* 24–30.

Freeman, J., Samdal, O., Băban, A., & Bancila, D. (2012). The relationship between school perceptions and psychosomatic complaints: Cross-country differences across Canada, Norway, and Romania. *School Mental Health, 4,* 95-104. doi:10.1007/s12310-011-9070-9

Gilman, R., Huebner, S., Tian, L., Park, N., O'Byrne, J., Schiff, M., . . . Langknecht, H. (2008). Cross-national adolescent multidimensional life satisfaction report: Analyses of mean scores and response style differences. *Journal of Youth and Adolescence, 37,* 142-154. doi:10.1007/s10964-007-9172-8

Hoff, D., Anderson, A., & Holstein, B. (2010). Poor school satisfaction and number of cannabis-using peers within school classes as individual risk factors for cannabis use among adolescents. *School Psychology International, 31,* 547-556. doi:10.1177/0143034310382870

Huebner, E. S. (1994). Preliminary development and validation of a multidimensional life satisfaction scale for children. *Psychological Assessment, 6,* 149-158. doi:10.1037/10403590.6.2.149

Huebner, E. S., Ash, C., & Laughlin, J. (2001). Life experiences, locus of control, and school satisfaction in adolescence. *Social Indicators Research, 55,* 167-183. doi:10.1023/A:1010939912548

Huebner, E. S., Drane, W., & Valois, R. (2000). Levels and demographic correlates of adolescent life satisfaction reports. *School Psychology International, 21,* 281-292. doi:10.1177/0143034300213005

Huebner, E. S., & Gilman, R. (2006). Students who like and dislike school. *Applied Research in Quality of Life, 1,* 139-150. doi:10.1007/s11482-006-9001-3

Huebner, E. S., & McCllough, G. (2000). Correlates of school satisfaction among adolescents. *Journal of Educational Research, 93,* 331-335. doi:10.1080/00220670009598725

Huebner, E. S., Valois, R., Paxton, R., & Drane, W. (2005). Middle school students' perceptions of quality of life. *Journal of Happiness Studies, 6,* 15-24. doi:10.1007/s10902-004-1170-x

Hui, E., & Sun, R. (2010). Chinese children's perceived school satisfaction: The role of contextual and intrapersonal factors. *Educational Psychology, 30,* 155-172. doi:10.1080/01443410903494452

Jin, S., & Moon, S. (2006). A study of well-being and school satisfaction among academically talented students attending a science high school in Korea. *Gifted*

Child Quarterly, 50, 169–184. doi:10.1177/001698620605000207

Karatzias, A., Power, K., Flemming, J., Lennan, F., & Swanson, V. (2002). The role of demographics, personality variables and school stress on predicting school satisfaction/dissatisfaction: Review of the literature and research findings. *Educational Psychology, 22,* 33–50. doi:10.1080/01443410120101233

Ladd, G., Buhs, E., & Seid, M. (2000). Children's initial sentiments about kindergarten: Is school liking an antecedent of early classroom participation and achievement? *Merrill–Palmer Quarterly, 46,* 255–279.

Lewis, A., Huebner, E. S., Reschly, A., & Valois, R. (2009). The incremental validity of positive emotions in predicting school functioning. *Journal of Psychoeducational Assessment, 27,* 397–408. doi:10.1177/0734282908330571

Mathews, J. (2009). *Work hard. Be nice: How two inspired teachers created the most promising schools in America.* Chapel Hill, NC: Algonquin.

National Education Association. (2010). *Status of the American public school teacher: 2005–2006* (Item No. 3259–200). Retrieved from http://files.eric.ed.gov/fulltext/ED521866.pdf

Noddings, N. (2003). *Happiness and education.* New York, NY: Cambridge University Press.

Okun, M. A., Braver, M. W., & Weir, R. M. (1990). Grade level differences in school satisfaction. *Social Indicators Research, 22,* 419–427. doi:10.1007/BF00303835

Park, N., & Huebner, S. (2005). A cross–cultural study of the levels and correlates of life satisfaction among adolescents. *Journal of Cross–Cultural Psychology, 36,* 444–456. doi:10.1177/0022022105275961

Randolph, J. J., Kangas, M., & Ruokamo, H. (2009). The preliminary development of the Children's Overall Satisfaction with Schooling Scale (COSSS), *Child Indicators Research, 2,* 79–93. doi:10.1007/s12187–008–9027–1

Randolph, J. J., Kangas, M., & Ruokamo, H. (2010). Predictors of Dutch and Finnish children's satisfaction with schooling. *Journal of Happiness Studies, 11,* 193–204. doi:10.1007/s10902–008–9131–4

Salmela–Aro, K., & Tynkkynen, L. (2010). Trajectories of life satisfaction across transition to post–compulsory education: Do adolescents follow different pathways? *Journal of Youth and Adolescence, 39,* 870–881. doi:10.1007/s10964-009-9464-2

Seligson, J. L., Huebner, E. S., & Valois, R. F. (2003). Preliminary validation of the Brief Multidimensional Students' Life Satisfaction Scale (BMSLSS). *Social Indicators Research, 61,* 121–145. doi:10.1023/A:1021326822957

Shin, R., Morgan, M., Buhin, L., Truitt, T., & Vera, E. (2010). Expanding the discourse on urban youth of color. *Cultural Diversity and Ethnic Minority Psychology, 16,* 421–426. doi:10.1037/a0018693

Suldo, S., Shaffer, E., & Riley, K. (2008). A social-cognitive-behavioral model of academic predictors of adolescents' life satisfaction. *School Psychology Quarterly, 23,* 56–69. doi:10.1037/1045-3830.23.1.56

Suldo, S. M., & Shaunessy-Dedrick, E. (2013). The psychosocial functioning of high school students in academically rigorous programs. *Psychology in the Schools, 50,* 823–843. doi:10.1002/pits

Tomyn, A. J., & Cummins, R. A. (2011). The subjective wellbeing of high-school students: Validating the Personal Wellbeing Index-School Children. *Social Indicators Research, 101,* 405–418. doi:10.1007/s11205-010-9668-6

Torsheim, T., Samdal, O., Rasmussen, M., Freeman, J., Griebler, R., & Dür, W. (2012). Cross-national measurement invariance of the Teacher and Classmate Support Scale. *Social Indicators Research, 105,* 145–160. doi:10.1007/s11205-010-9770-9

Van Petegem, S., Beyers, W., Vansteenkiste, M., & Soenens, B. (2012). On the association between adolescent autonomy and psychosocial functioning: Examining decisional independence from a self-determination theory perspective. *Developmental Psychology, 48,* 76–88. doi:10.1037/a0025307

Vera, E. M., Moallem, B. I., Vacek, K. R., Blackmon, S., Coyle, L. D., Gomez, K. L., . . . Steele, C. J. (2012). Gender differences in contextual predictors of urban, early adolescents' subjective well-being. *Journal of Multicltural Counseling and Development, 40,* 174–183. doi:10.1002/j.2161-1912.2012.00016.x

Verkuyten, M., & Thijs, J. (2002). School satisfaction of elementary school children: The role of performance, peer relations, ethnicity and gender. *Social Indicators*

Research, 59, 203–228. doi:10.1023/A:1016279602893

Wachs, S. (2012). Moral disengagement and emotional and social difficulties in bullying and cyberbullying: Differences by participant role. *Emotional and Behavioural Difficulties, 17,* 347–360. doi:10.1080/13632752.2012.704318

Whitley, A. M., Huebner, E. S., Hills, K. J., & Valois, R. F. (2012). Can students be too happy in school? The optimal level of school satisfaction. *Applied Research in Quality of Life, 7,* 337–350. doi:10.1007/s11482-012-9167-9

Zeidner, M., & Schleyer, E. (1999). The effects of educational context on individual difference variables, self-perceptions of giftedness, and school attitudes in gifted adolescents. *Journal of Youth and Adolescence, 28,* 687–703. doi:10.1023/A:1021687500828

Zullig, K., Huebner, S., & Patton, J. (2011). Relationships among school climate domains and school satisfaction. *Psychology in the Schools, 48,* 133–145. doi:10.1002/pits.20532

요약: 학교 만족도

- 학교를 좋아하는 학생은 전반적인 안녕감과 정신건강 문제 증상을 포함한 심리적 기능에 있어 더 나은 기능을 지닌다.
- 학교를 좋아하는 학생은 학업 적응도 더 잘한다. 그들은 학교에 더 잘 순응하고 참여하며 학습에 대한 더 적응적인 신념을 유지한다.
- 대부분의 학생은 학교생활 경험에 대해 어느 정도 긍정적인 지각을 보고한다.
- 학교 만족도의 차이에 기여하는 변인에는 개인 내적 특성과 학교 내외의 환경적 변인이 포함된다.
- 연령이 증가할수록 그리고 남학생일수록 학교를 덜 좋아할 위험이 있다.
- 향상된 학교 만족은 학교에서의 긍정적인 대인관계 유대감, 특히 학생-교사 관계와 가장 밀접하게 관련된다.
- 학교 만족도에 대한 관련성은 여러 문화에 걸쳐 일관되게 나타난다.
- 학생의 학교 만족도 증진을 위해서는 학생의 자율성에 대한 요구를 지원하고,

학교에서 학생의 대인관계 유대감을 높이며, 긍정적 정서를 촉진하는 학급 환경을 구성하고, 학생의 학교 밖 경험을 고려할 필요가 있다.

학교 만족도 추천자료

Baker, J. A., Dilly, L. J., Aupperlee, J. L., & Patil, S. A. (2003). The developmental context of school satisfaction: Schools as psychologically healthy environments. *School Psychology Quarterly, 18*, 206-221. doi:10.1521/scpq.18.2.206.21861

이 논문은 학생의 긍정적인 적응을 어떻게 만들어 낼지 진지하게 생각하게 한다.

Edwards, O., & Ray, S. (2008). An attachment and school satisfaction framework for helping children raised by grandparents. *School Psychology Quarterly, 23*, 125-138. doi:10.1037/1045-3830.23.1.125

이 원고는 조손 가정에서 나타나는 아동과 보호자의 경험과 요구를 묘사한다. 조손 가정 아동의 학교 만족도 향상에 관심 있는 학교 기반 정신건강 전문가에게 광범위한 조언을 제공한다.

Ervasti, J., Kivima, M., Puusniekka, R., Luopa, P., Pentti, J., Suominens, S., ... Virtanen, M. (2012). Students' school satisfaction as predictor of teachers' sickness absence: A prospective cohort study. *European Journal of public Health, 22*, 215-219. doi:10.1093/eurpub/ckr043

90개 고등학교를 대상으로 실시한 대규모 연구로 학생의 학교 만족도가 개인적인 위기나 유익을 넘어 교사의 안녕감에도 영향을 미친다는 점을 기술한다. 연구 결과, 비교적 낮은 학교 만족도를 보고한 교사는 스트레스와 관련된 정신건강을 이유로 더 많이 결근하는 것으로 나타났다.

Froh, J. J., Sefick, W. J., & Emmons, R. A. (2008). Counting blessing in early adolescents: An experimental study of gratitude and subjective well-being.

Journal of School Psychology, 46, 213-233. doi:10.1016/j.jsp.2007.03.005
이 연구는 교실 기반 개입이 학교 만족도에 긍정적인 영향을 미치는 사례를 실험적으로 보여 준다. 감사한 생각을 증진하도록 고안된 쓰기 활동에 2주간 매일 참여한 중학생은 학교 만족도가 향상된 반면에, 일상적인 스트레스를 적은 통제집단 학생은 학교 만족도의 변화가 없었다.

제24장

학교 기반 혁신적 보급 모델: 아동 · 청소년의 회복탄력성과 행복 증진

1. 서론

긍정심리학과 행복에 대한 연구가 지난 10년 동안 꾸준히 발전해 왔다(Parks & Biswas-Diener, 2013; Seligman, Steen, Park, & Peterson, 2005). 그동안 회복탄력성을 비롯하여 주관적 안녕감, 긍정 정서, 성격 강점, 긍정적인 관계, 성취감 및 의미와 같은 긍정적인 변인을 증가시키는 데 효과적인 프로그램들이 개발되었다. 대표적인 학교 기반 프로그램으로 펜실베이니아 대학교의 회복탄력성 프로그램(Penn Resilience Program: 이하 PRP; Gillham, Reivich, & Jaycox, 2008)과 고등학교 긍정심리 프로그램(Positive Psychology Program: 이하 PPP; Gillham et al., 2013; Seligman, Ernst, Gillham, Reivich, & Linkins, 2009) 등이 학생의 회복탄력성 및 행복 관련 요인들을 향상시키는 것으로 나타났다. 그러나 이러한 프로그램들의 의미 있는 발전에도 불구하고, 실제로 가장 많은 도움이 필요한 아동 · 청소년들에게는 영향을 미치지 못하고 있다. 이 장에서는 우선 학령기 아동 · 청소년들의 우울증 유병률과 학교 기반 회복탄력성 및 행복 개입의 중요성에 대하여 논의할 것이다. 그리고 PRP와 PPP를 소개하고, 이러한 프로그램들이 아동 · 청소년들에게 명백하게 필요함에도 불구하고 폭넓게 적용되는 것을 방해하는 몇 가지 요인에 대하여 검토할 것이다. 마지막으로, 전국의 학교에서 적용할 수 있도록 2가지 새로운 프로그램 실행 방안을 설명할 것이다. 첫 번째 방안은 대학-지역사회 협력(partnership) 맥락에서 대학생을 활용하는 것이다. 두 번째는 행복 프로그램 활동과 개념을 학교 수업 과정에 통합시키는 것이다. 이 2가지 방안은 프로그램들을 통해 많은 아동 · 청소년이 혜택을 받을 수 있도록 돕는 혁신적 전략이다.

2. 회복탄력성과 행복 개입

회복탄력성은 일상적 스트레스 요인(예: 학업 및 또래 압력)이나 일반적인 삶의 변화(예: 고등학교로의 진학; Gillham et al., 2013)에 대한 긍정적 적응뿐만 아니라, 중대한 역경에 처했을 때 효과적으로 대응할 수 있는 개인의 능력을 의미한다. 오늘날에는 아동 · 청소년들에게 회복탄력성 기술을 가르치는 개입이 중요하다는 인식이 점차 증가하고 있다(예: Greenberg et al., 2003). 일반적으로 고위험 아동 · 청소년을 대상으로 한 예방 프로그램이 효과적인 것으로 나타나고 있다(Horowitz & Garber, 2006; Stice, Shaw, Bohon, Marti, & Rohde, 2009). 아동 · 청소년기에 역경이나 심각한 스트레스 요인에 노출되는 빈도를 고려할 때, 모든 아동 · 청소년에게 이러한 역경이나 스트레스에 효과적으로 대처할 능력을 기르는 데 필요한 사회 · 정서적 기술을 제공하는 예방 프로그램이 요구된다. 회복탄력성은 구체적으로 아동 · 청소년의 긍정적 행동, 긍정적 관계, 성취, 정서적 웰빙, 학교에서의 참여, 의미, 성취감과 밀접한 관련이 있다. 한편, 스트레스 요인에 직면했을 때 회복탄력성이 행복을 증진시키는지, 행복이 회복탄력성을 증진시키는지를 파악하는 구조들 사이에는 아직 혼란이 있다.

아동 · 청소년의 회복탄력성과 행복을 증진시키는 프로그램은 종종 2가지 접근법 중 하나를 이용한다. 첫 번째는 예방(prevention)에 초점을 두고 회복탄력성과 적응적 대처 기술을 구축하여 아동 · 청소년들의 문제가 더 악화되지 않게 하는 접근이다. 예를 들어, 우울증 예방 프로그램은 우울증과 일반적으로 관련된 환경 및 정서적 스트레스 요인에 효과적으로 대응할 수 있도록 아동 · 청소년을 준비시킨다. 이 프로그램은 아동 · 청소년들에게 문제해결력, 적응적 대처 방식, 힘든 감정과 생활 사건을 다루고 대처할 수 있도록 사회정서적인 능력과 같은 기술을 가르친다. 두 번째는 아동 · 청소년들의 긍정적 경험과 긍정 정서를 증가시키고 그들의 성격 강점을 사용하여 발전하는 것을 도움으로써 긍정적인 향상을 촉진(promotion)하는 데 초점을 둔 접근이다. 이 접근법은 아동 · 청소년의 긍정 정서가 증가하면 문제해결력이 향상되고(Fredrickson, 2001), 그들의 긍정적 자원이 늘어나며, 회복탄력성을 촉진하기 위해 팀워크, 유머, 창의력 등과 같은 성격 강점을 사용하고 스트레스 요인에 적절하게 대처할 수 있다는 연구 결과에 기초하고 있다(Gillham et al., 2013). 많은 프로그램은 이 2가지 접근 방식 요소를 각각 통합하여 강조점을 달리하고 있다. 다음 절에서는 각각의 강조점을 보여 주는 2가지 프로그램을 설명하는데, PRP는 주로 예방 접근법을 사용하는 반면, PPP는 촉진 접근법을 강조한다.

3. 펜실베이니아 대학교 회복탄력성 프로젝트(PRP)

놀랍게도 상당히 많은 아동 · 청소년이 폭력, 빈곤, 부모의 우울증, 부모의 죽음, 학대 또는 방치와 같은 역경에 노출되어 있다. 이러한 외부적 스트레스 요인 외에도 많은 아동・청소년은 심리적인 어려움을 겪고 있다. 오늘날 아동 및 청소년에게 가장 만연되어 있는 우울증은 이들을 쇠약하게 하는 심리적 장애 중 하나이므로 아동 및 청소년의 우울증을 예방하기 위한 노력은 중요한 목표가 된다.

중학교를 마칠 무렵까지 청소년의 9%가 단극성 우울증을 경험하는 것으로 나타났다(Garrison, Schluchter, Schoenback, & Kaplan, 1989). 연구에 의하면, 전반적인 우울증의 증가는 청소년기 중반, 특히 15세에서 18세 사이에 나타난다(Hankin et al, 1998). 이처럼 짧은 기간의 급격한 증가는 중기에서 후기 청소년 시기가 우울증에 취약할 수 있는 중요한 시기임을 보여 준다. 예상보다 많은 청소년이 파괴적 결과를 가져올 수 있는 고위험 수준의 우울 증상으로 고통받고 있다(Kessler, Avenevoli, & Merikangas, 2001; Peterson, Compas, Brooks-Gunn, Stemmler, & Grant, 1993). 이 비율은 청소년기 우울증과 우울 증상이 흡연(Covey, Glassman, & Stetner, 1998), 약물 복용, 학업 문제 및 자살 위험 증가와 관련이 있다는 연구 결과에 비추어 볼 때 특히 문제가 된다(Fergusson, Horwood, Ridder, & Beautrais, 2005; Gotlib, Lewinsohn, & Seeley, 1995). 또한 청소년기의 우울증은 그들의 학업 실패, 결혼 생활의 어려움, 대인관계 문제, 실업 및 법적 문제를 예측한다(Kessler et al., 2003). 일반적으로 청소년기의 우울증은 성인기에 재발하기도 한다(Kim-Cohen et al., 2003).

청소년 우울증 비율과 우울증으로 인한 심각한 결과에 대처하기 위해, 지난 15년 동안 청소년 우울증 예방 프로그램을 개발하기 위한 움직임이 계속되어 왔다(Horowitz & Garber, 2006). 이러한 프로그램 중 하나인 PRP는 우울증의 증상을 예방하고 초기 청소년기의 회복탄력성을 증진시키기 위해서 인지 행동적인 기법을 사용한 예방적 접근법이다(Gillham, Reivich, Jaycox, & Seligman, 1995; Jaycox, Reivich, Gillham, & Seligman, 1994). 이 프로그램은 우울증에 대한 인지행동 모델을 기반으로, 부정적이거나 부적응적인 사고 및 대처 행동 패턴에 중점을 두고 청소년기에 일반적으로 나타나는 문제를 해결하기 위해 인지 기술과 사회문제 해결 기술을 가르친다(Gillham, Brunwasser, & Freres, 2008). PRP의 인지적 구성요소는 청소년들이 신념과 감정 사이의 관계를 이해하고, 부정적인 인식에 도전하며, 탈공포화(decatastrophize)하게 한다. 반면에, PRP의 사회문제 해결 구성요소는 자기표현과 이완 및 문제해결 기술을 가르친다. 다른 많은 우울증 예방 프로그램과 마찬가지로 PRP는 교육과정을 구체화하고 어린 참가자들을 참여시키기 위해 만화, 역할극 대본, 대화 및 집단 연습 그리고 집단 토론을 활용한다. 교육과정은 모듈식으로 설계되었고, 12개의 부분으로 나뉘며, 60분에서 90분으로 진행된다. 〈표 24-1〉에서는 각 회기의 개요를 설명하고 있다.

〈표 24-1〉 펜실베이니아 대학교 회복탄력성 프로젝트(PRP) 개요

회기	주제	설명
1	사고와 감정의 관계	• 프로그램에 참여한 학생들 환영하기 • 집단 응집력 기르기 • 자동화된 사고에 대해 소개하기: 최근 사건과 관련된 '자기 대화'에 대해 이야기 나누기 • 활성화된 사건, 사고, 감정적 결과 사이의 관계를 설명하기 위해 만화 보여 주기
2	사고양식	• 낙관적 사고양식과 비관적 사고양식을 강조하는 대본 사용하기 • 학생들이 초기부터 사고 중심 설명양식을 활용하도록 돕기
3	신념 반박하기: 대안과 증거	• 'Sherlock and Merlock Holmes' 이야기(숙련된 형사와 비숙련된 형사를 비교)를 사용하여 사고 이면의 증거를 찾는 기술 소개하기(추리적 사고) • 편지, 성적표, 상장, 일기 등 가상의 학생에 대한 포트폴리오를 통해 각각의 학생들이 가상의 학생을 찾는 File Game 하기, 학생들은 가상 학생의 자동화된 사고의 정확성을 평가하기 위해 포트폴리오 정보를 사용하기

4	사고 평가와 관점화	• '리틀 치킨 이야기'를 사용하여 파국화(재앙화)의 개념 소개하기 • 학생들이 최악의 경우, 최상의 경우, 가장 가능성 높은 결과를 구분하도록 돕기 • 실시간 회복탄력성 놀이하기(Play Real-Time Resilience): 학생들이 인지능력을 실시간으로 사용하도록 가르치는 뜨거운 의자 기법. 이 기술은 나머지 프로그램 전체에서 연습됨
5	1~4회기 검토	• 인지적 기술을 검토하고 학생의 경험에 적용하기
6	주장과 협상	• 대본(skits)을 사용하여 공격성, 수동성, 주장성으로 구분되는 상호작용 양식에 대해 설명하기 • 각 행동 양식의 결과에 대해 토론하기 • 주장에 대한 4단계 접근법을 배우기 • 주장과 협상 기술 연습하기
7	대처 전략	• 스트레스 상황이나 어려운 감정에 대처하는 학생을 돕기 위한 다양한 행동 지향적 기법을 소개하기 • 호흡 조절, 근육 이완 및 긍정적인 심상 연습하기 • 학생들이 가족과 친구들에게 도움을 구하도록 격려하기
8	단계별 과제와 사회적 기술 훈련	• 미루기와 관련된 '모 아니면 도(all or nothing)'의 사고 강조하기 • 과제, 하기 싫은 일 등을 회피하고 미루는 것에 대한 인지적 기술 적용하기 • 학생들이 큰 과제를 보다 작고 관리하기 쉬운 단계로 나누는 방법에 대해 토론하기
9	의사결정과 6~8회기 검토	• 6~8회기에서 다루는 이완 기법과 자기주장 전략을 검토하고 연습하기 • 여러 가지 행동에 대한 찬반양론을 생성하는 의사결정 기술 도입하기 • 학생들이 직면하는 삶에 의사결정 기술을 적용하기
10	사회적 문제해결	• 문제해결을 위한 5단계 접근법 가르치기 • 1단계: 멈추고 문제에 대하여 생각하기(신념에 대한 증거를 수집하고 해석 및 작업 관점 고려하기) • 2단계: 목표를 정하기 • 3단계: 가능한 해결책을 다양하게 제시하기 • 4단계: 의사결정 기법을 사용하여 행동 방침 선택하기 • 5단계: 결과 평가하기

11 & 12	사회적 문제 해결의 지속과 PRP의 검토	• 학생들의 삶에서 어려운 대인관계 상황에 5단계 문제해결 기법 적용하기 • 전체 프로그램 검토하기 • 프로그램의 종결 축하하기

PRP는 1990년대에 개발된 이후 19개 이상의 연구를 통해 다양한 사회경제 및 인구통계학적 측면에서 그 효과를 측정해 왔다(Brunwasser, Gillham, & Kim, 2009). 이 프로그램은 전체적으로 미국, 호주, 영국 및 중국 등지에서 2,000명 이상의 아동 · 청소년에게 영향을 주었다. 대부분의 PRP 실행은 학교를 기반으로 하며, PRP는 연구팀 구성원이나 교직원이 주도한다. PRP 실시 분석 결과, 이 프로그램에 참가한 후 적어도 1년 동안 참여자들의 우울증 증상이 유의미하게 감소된 것으로 나타났다(Brunwasser et al., 2009). 여러 연구에서 이러한 효과가 오래 지속되는 것으로 나타났으며, 프로그램 종료 후에도 2년 동안 우울 증상이 감소되었다(Gillham et al., 1995). 또한 이 프로그램은 비관적 설명양식, 절망, 부정적 자동화된 사고와 같은 우울증과 관련된 인지 능력을 향상시켰다(Cardemil, Reivich, & Seligman, 2002; Gillham et al., 1995; Yu & Seligman, 2002). Horowitz와 Garber(2006)는 단순히 우울증을 치료하기보다 우울증 증가를 예방하는 것으로 알려진 30개의 프로그램 중에서 PRP가 유일하게 교육과정을 가지고 있음을 확인하였다. 더불어, 이러한 결과는 PRP가 아동 · 청소년들에게 회복탄력성과 행복을 증진하기 위한 학교 기반 예방 프로그램으로 활용될 수 있음을 시사하고 있다.

그러나 PRP가 효과가 있음에도 불구하고 현재 많은 학교에서 실제로 시행되고 있지 않으며, 프로그램에서 가르치는 중요한 기술은 많은 청소년에게 영향을 주지 못하고 있다. 아동 · 청소년의 심리적 장애가 확산되고 있는 점을 고려하면, 엄격히 통제된 연구에서 소그룹의 아동 · 청소년을 대상으로 PRP와 같은 개입 프로그램의 효과를 입증하는 것만으로는 충분하지 않다. 오히려 이러한 프로그램의 광범위한 보급을 위한 효과적 방안을 개발하는 데 초점을 맞출 필요가 있다(Kazdin, 2008). 실제로 정신장애가 있는 1,500만 명의 어린이 중 34%만이 치료를 받고 있다(Kazdin, 2008). 따라서 비용 효과와 접근성에 중점을 둔 새로운 보급 모델을 개발하여 국민의 정신건강 부담을 줄여 줄 수 있는 의미 있는 노력이 필요하다(Kazdin, 2008; Kazdin & Blase, 2011). 학교는 사회에서 서비스를 받지 못하는 많은 아동 · 청소년에게 쉽게 다가갈 수 있는 곳이기 때문에 행복 프로그램을 실시할 수 있는 중요한 장소로서 역할을 할 수 있다. 앞으로 PRP와 여러 행복 프로그램의 중요한 후속 단계 연구는 지속 가능하고 확장 가능한 방식으로 학교 장면에 통합되는 프로그램 모델을 개발하는 것이다.

1) 학교 기반 프로그램: 도전과 특별한 기회

회복탄력성과 행복을 학교 장면에 통합하는 데에는 이점과 어려움이 모두 존재한다. 학교 기반 프로그램은 종종 재정적 문제없이 누구에게나 정서와 행동 및 건강 문제에 대한 서비스를 받게 할 수 있기 때문에 특히 유망하다. 모든 미국 아동 · 청소년의 75%가 정신건강 서비스를 학교 환경에서 받고 있는 것처럼, 아동 · 청소년을 돌보는 가장 큰 정신건강 서비스 제공자는 학교가 된다(Burns et al., 1995; Rones & Hoagwood, 2000). 게다가 일반적인 학교 기반 프로그램은 학교에서 정신건강 서비스를 받음으로써 학생들이 사회에서 서비스를 받을 때 갖게 되는 부끄러움이나 불편함을 덜어 준다(Offord, Kraemer, Kazdin, Jensen, & Harrington, 1998). 오랫동안 학교 기반 정신건강 프로그램은 학생 개인의 평가와 개입에 초점을 두어 왔다. 그러나 학교에서의 정신건강 프로그램을 확대할 경우 광범위한 건강 증진과 문제 예방이 가능해진다.

Sedlak(1997)은 정신건강 제공자와 교육자의 상충되는 목표(비학업 대 학업)를 인용하여, 정신건강 제공자와 학교 간의 역사적으로 '불안한 동맹'을 주장하였다. 그러나 발전된 연구에서는 이러한 목표가 진정으로 양립할 수 없는 것이 아니며, 학교는 학생들의 학업, 사회 및 정서적 학습을 동시에 촉진함으로써 교육적 목표를 달성하는 것이 가장 적합하다고 강조한다(Elias et al., 1997). 실제적으로 Wang, Haertel, 그리고 Walberg(1997)는 사회정서적 요인이 학교에서의 학습에 가장 크게 영향을 주는 요인이라고 설명하였다. 또한 긍정적인 분위기는 집중력과 창의적 사고력을 향상시키고, 안녕감의 증가는 학교에서의 참여와 학습의 증가를 가져온다(Seligman et al., 2009). 게다가 자기조절과 낙관성 등과 같이 안녕감과 관련된 요인의 활용이 증가하면 학교 성적도 함께 향상되는 것으로 나타났다(Duckworth & Seligman, 2005; Schulman, 1995). 한편, 학습에 있어 중요한 장벽으로 사회정서적 어려움이 일관되게 보고되어 왔다. 예를 들어, 아이들의 슬픔이나 분노와 같은 감정은 종종 그들의 학업 능력을 인식하는 방법에 영향을 미치며(Cole, 1991; Nolen-Hoeksema, Girgus, & Seligman, 1986), 결과적으로 그들의 학업 성취도를 떨어지게 한다(Eccles et al., 1993). 유사하게, 우울 증상은 학업적 수행과 문제해결 기술을 감소시켜 여러 장애에 영향을 미친다(Blechman, McEnroe, Carella, & Audette, 1986; Kovacs, 1989). 따라서 학업적 성공과 정서의 상호의존성을 고려하여 정신건강 제공자와 교육자가 프로그램의 통합을 위해 노력하고, 학생들의 학업, 행동, 사회정서적 안녕감을 동시에 다룰 수 있는 학제 간 목표를 수립하기 위해 이들이 함께 관심을 가져야 한다.

그럼에도 불구하고 오늘날 행복 프로그램이 학교에 수월하게 통합되는 것을 방해하는 몇 가지 문제가 있다. 학교의 교직원들의 업무는 이미 가중되어 있고, 교사, 학교 상담사 및 기타 교직원들은 추가적인 업무 부담을 어려워한다. 학교에서 근무하는 기존의 정신건강 요원은 폭력, 마약 사용, 임신 및 무단결석 등과 같은 심각한 문제(higher-profile issues)에 집중하여 주로 개인 치료 및 평가 업무를 처리한다. 학교심리학자는 학교에서의 정신건강 서비스 전달의 어려움 속에서 여러 심각한 사건을 관리하는 것과 더불어 교육 부족, 행정 및 학교 직원의 지원 부족을 보고하고 있다(Suldo, Friedrich, & Michalowski, 2010). 이처럼 학교 환경에서 긍정적인 예방 프로그램을 효과적으로 시행하기 위한 자금, 인력 및 조직 역량이 부족한 실정이다(Weist, Goldstrein, Morris, & Bryant, 2003).

2) 혁신적인 보급 방안

지금까지 살펴본 이러한 어려움에 비추어 볼 때, 청소년의 행복 증진을 위해 설계된 프로그램을 광범위하게 시행할 수 있는 새로운 방안이 필요하다. 여기서는 새롭게 확장할 수 있는 2개의 실행 방안에 대해 소개하고자 한다. 유망한 방안 중 하나는 PRP와 같은 효과적인 프로그램의 보급을 늘리기 위해서 대학-지역사회 협력(partnership)을 채택하는 것이다. 또 다른 방안은 긍정심리학 개념을 수업 과정에 통합하고, 교실 토론과 과제의 맥락에서 이러한 개념을 보급하기 위해 교사를 고용하는 것이다. 비록 두 방안은 접근 방식에 크게 차이가 있지만, 둘 다 청소년들에게 중요한 사회정서적 안녕 기술을 보급하기 위해 적은 비용과 지속 가능한 방법을 제공한다는 점에서 이점이 있다.

3) 대학-지역사회 협력

대학-지역사회 협력은 심리학과 대학생을 서비스 제공자로 고용하여 지역사회 아동 · 청소년에게 긍정적인 개입을 보급하는 과정으로서 유용한 인력 자원을 제공할 수 있다. 정신건강 분야에서 '인력' 문제가 늘어나고 있으며, 치료 및 예방 프로그램을 제공하기 위해 보다 많은 사람이 필요한 것이 현실이다(Kazdin & Blase, 2011). 이 분야는 준전문가 또는 비전문가 치료의 가치와 광범위한 잠재력, 저비용 전달에 대하여 새로운 전망과 가능성을 보여 주고 있다(예: Christensen & Jacobson, 1994). 준전문가에는 간호사, 성직자, 교사 및 대학원생 등이 포함된다. 42개의 연구를 메타분석한 Durlak(1979)은 대다수의 연구에서 전문 치료자와 준전문가 치료자의 효과에는 차이가 없었으며, 일부 실제 연구에서는 오히려 준전문가가 전문가보다 우수하다고 보고하였다. Durlak(1979)은 "전문적인 정신건강 교육, 훈련 및 경험은 효과적으로 사람을 돕기 위한 필수 조건으로 보이지 않는다."(p. 80)라고 결론 내렸다. 유사하게 아동 심리치료에 대한 메타분석 연구에서, 전문가와 숙련된 대학원생 간의 치료 결과에는 차이가 나타나지 않았다(Weisz, Weiss, Han, & Granger, 1995). 즉, 이러한 연구들은 비전문가도 효과적인 치료를 제공할 수 있음을 시사하고 있다.

심리학과 대학생들은 다음과 같은 이유로 대체 서비스 제공자로서의 역할을 수행할 수 있다. 첫째, 심리학과 대학생들은 임상 경험이 없지만 광범위한 슈퍼비전과 훈련을 받을 시간이 있다. 이것은 PRP 검토에 있어 중요한데, 지도자들이 최소한의 또는 충분하지 않은 훈련을 받았을 때는 프로그램의 결과가 비효과적으로 나타났다(Gillham et al., 2007). 심리학과 대학생들은 대학 수준의 교육과정에서 그들이 적절하게 훈련받고 지도 감독을 받을 수 있기 때문에 효과적인 지도자로서 역할을 할 수 있다. 최근의 연구에서, 훈련된 대학생들이 식이장애 예방 프로그램에서 효과적인 그룹 지도자 역할을 한 것으로 밝혀졌다(Becker, Smith, & Ciao, 2006). 둘째, 대학생들은 아동·청소년을 위한 긍정적 개입의 지도자로서 특별한 이점을 제공할 수 있다. Big Brothers/Big Sisters 프로그램과 같은 학부생 멘토링 프로그램에서는 대학생들이 아동·청소년에게 효과적인 멘토와 역할 모델이 될 수 있다고 밝히고 있다. 대학생들은 아동·청소년들과 친밀감 있게 긍정적 관계를 만들 수 있고, 아동·청소년 삶의 도전과제와 그 세계를 더 잘 기억할 수 있다는 점에서 그룹 지도자로서 특별한 장점이 있다. 학교에서 경험한 바에 따르면, 아동·청소년들은 대학생 집단 지도자들과의 관계에 대해 기대감이 있으며,

방과 후 프로그램에 대하여 거부하지 않았다. 마지막으로, 예비 연구에 따르면, 대학생들이 아동·청소년들에게 회복탄력성 기술을 가르치면서 그 기술과 방법을 자신의 삶으로 통합하기 때문에 대학생들에게도 도움이 될 수 있다. 이러한 이유로 대학생들이 중요한 지도자 역할을 하는 것은 프로그램 보급을 위한 새로운 방안으로서의 가능성을 보여 주고 있다.

4) 회복탄력성 개입을 위한 대학-지역사회 협력 모델 활용

이 모델에서 우수한 대학생들은 PRP와 같은 행복 프로그램의 기반이 되는 연구와 이론을 학습하는 상위 심리학 과정에 등록한다. 교과과정의 일환으로, 대학생들은 지역 학교의 아동·청소년들에게 개입 프로그램을 가르치기 위해 훈련과 감독을 받는다. 대학생 지도자들은 방과 후 프로그램으로 그들이 예방 프로그램을 진행하고, 학기 중에 지속적인 슈퍼비전과 훈련을 받게 된다.

이 모델은 펜실베이니아 대학교와 스와츠모어 대학(Swarthmore College)에서 수년간 성공적으로 실시되었다. 두 기관 모두에서 대학생들은 신뢰할 만한 심리학 과정에 등록하였다. 대학생들은 교과과정의 한 부분으로 PRP를 지역 아동·청소년에게 가르치도록 교육받았다. 또한 대학생들은 향유, 강점 확인, 감사와 같은 기술을 포함한 개입의 일부분으로 고등학교 긍정심리 프로그램(이하 PPP; 이 장의 뒷부분에서 설명)을 학생들에게 가르치도록 훈련받았다. PRP와 PPP 같은 긍정적 개입은 학생용 그룹 지도자의 매뉴얼 및 워크북을 포함한 체계적으로 모듈화된 교육과정으로 되어 있기 때문에 이 모델(대학-지역사회 협력 모델)이 특히 적합하다. PRP 교육과정에는 각각의 수업 활동, 토론 질문 및 주요 요점을 설명하는 자세한 수업 계획이 포함되어 있다. 그리고 교육과정에는 그룹 실행을 위한 모델로서 예시문이 포함되어 있는데, 이는 경험이 부족한 대학생들이 프로그램을 효과적으로 실행할 수 있도록 구조와 지침을 제공해 주는 것이다.

이러한 프로그램들을 계획하고 실행할 때 각기 다른 실시 방법이 있다. 펜실베이니아 대학교(University of Pennsylvania)의 대학생들은 지역 학교를 방문하여, 기존의 방과 후 프로그램의 일환으로 개입 프로그램을 실시하였다. 스와츠모어 대학에서는 대학생들이 지역의 학교에서 일하였고, 몇 년 동안은 지역의 아동·청소년들이 대학 캠퍼스에 초대되어 프로그램에 참여하였다. 점심시간 개입이나 건강 교육과정 중에 열리는 회기와 같이 그 밖의 다른 일정과 형식들은 각 학교의 필요에 따라 효과적으로 적용할 수 있다.

(1) 학부 과정 체계

학부 첫 회기(session) 수업에서는 긍정심리학 분야의 주요 내용과 연구 결과들을 대학생에게 소개한다. 개입을 위한 준비 과정으로 그들은 PRP의 개발 및 효과성을 논의하는 몇 개의 논문과 Seligman(1991)의 학습된 낙관주의(Learning Optimism) 또는 Reivich와 Shatté(2003)의 회복탄력성 요인(Resilience Factor)에서 독서 과제를 할당받는다(예: Gillham et al., 2007). 이러한 독서는 대학생들이 관련 분야의 기초적 내용과 현재의 연구 내용을 익히는 데 도움이 된다.

첫 회기 수업에 이은 다음 회기 수업은 프로그램을 전달하기 위해 대학생들을 훈련시키는 데 중점을 둔다. 대학생들은 먼저 프로그램 내용과 구조에 대한 전반적 개요 설명을 듣고, 학교 장면에서 아동·청소년들과 작업할 때 필요한 일반적인 기술에 대하여 교육을 받는다. 그들은 매주 회기 수업마다 집중 훈련을 받는다. 각각의 회기 수업에서는 이전 회기를 성찰하고, 다음에 진행될 회기를 준비하는 과정으로 진행된다. 대학생들은 지난주에 직면했던 문제와 어려움을 발표하고, 수업 강사나 학급 동료들로부터 지도나 지지를 받게 된다. 처음에 수업 강사는 대학생에게 다음 회기 계획에 대한 간단한 개요를 제시하고, 문제점과 강조점을 설명한다. 회기 수업 중에, 대학생들은 소그룹이나 짝 활동으로 다음 주 회기를 가르치는 연습을 하고, 이어지는 회기 수업에서 강사는 그 회기에 대해 보다 깊이 있게 설명하며 회기 연습에 대한 코칭과 피드백을 제공한다. 또한 이 시간에 강사는 대학생이 매주 회기를 적절하게 준비할 수 있도록 그들의 질문에 답해 준다.

덧붙여 대학생들은 주간 일지에 경험을 성찰하고 기록한다. 기록된 항목들은 수업 토론을 촉진하고 대학생들의 경험을 통합할 수 있도록 종종 회기 수업 시간에 공유되고 논의된다. 수업 과정이 끝날 때, 대학생들은 경험에 대한 자신의 개인적 성찰과 함께 프로그램에 참여한 아동 · 청소년 및 대학생으로부터 수집한 모든 자료(예: 무기명 피드백 설문조사)를 분석, 통합하여 최종 보고서를 작성해야 한다. 이러한 수업 과정 구성을 통해 대학생들은 자신의 개인적인 성장을 촉진하는 동시에 프로그램을 성공적으로 실행할 수 있도록 체계적인 반응과 지침을 제공받는다.

(2) 개입 실행

대학-지역사회 협력의 또 다른 이점은 학부 일정에 융통성을 부여할 수 있다는 것이다. 대학 주도의 개입은 각 학교와 지역사회의 필요에 따라 학교 수업 또는 방과 후 프로그램의 일환으로 실시될 수 있다. 이때 추가적인 일정으로 학교 직원과의 갈등을 겪는 대신에, 이전의 모델 실행을 검토하여 현실적으로 실현 가능한 일정을 각 학교와 조정하면서 학부를 유연하게 활용해 왔다. 과정에 등록한 대학생들은 이후에 개입 스케줄을 통보받고 학기 중에 주마다 개입 회기를 운영한다.

회기(session)는 1주일에 1번 총 8회 90분 동안 진행된다. 이 기간 동안, 대학생들은 그룹 활동을 진행하는데, 청소년들을 소그룹으로 나누고, 2명의 대학생과 2명의 청소년이 각각의 소그룹 안에서 함께 작업한다. 반드시 이 구조여야 하는 것은 아니지만, 소그룹에 참여하면 청소년의 편안함이 증가되고, 소그룹이 대학생과 청소년 간 멘토와 멘티 관계를 촉진하는 것으로 나타났다. 다른 실행에서는, PRP 교육과정에서 2~3명의 대학생이 큰 규모의 청소년 집단을 함께 이끌어 가는 것이 효과적으로 나타났다.

〈표 24-2〉 PRP 참가 청소년과 대학생 지도자들의 피드백

항목	"대부분 사실"이라고 응답
대학생 지도자 피드백	
• 나는 방과 후 그룹을 가르치는 것을 좋아했다.	82%
• 나는 매주 회기(session)를 이끌 준비가 되어 있었다.	82%
• 나는 아이들에게 프로그램을 전달할 수 있도록 준비 교육을 받았다.	65%
• 방과 후 프로그램이 참여한 5~8학년 학생들에게 도움이 되었다고 생각한다.	53%
청소년 참가자 피드백	
• 나는 내 삶에서 더 행복하다고 느낄 수 있도록 도와줄 프로그램을 통해 많은 것을 배웠다.	79%
• 나는 이 프로그램을 좋아했다.	84%
• 나는 내 그룹 지도자들이 나를 도왔다고 생각한다.	95%
• 나는 그룹 지도자들을 좋아했다.	90%
• 나는 이 프로그램에 참여해서 기쁘다.	79%

펜실베이니아 대학교에서 이 과정이 처음으로 실행되었을 때, 연구자들은 청소년 및 대학생으로부터 피드백 설문조사를 실시하였다. 설문조사 결과, 이 프로그램이 청소년과 대학생 모두에게 유익한 것으로 나타났다. 대부분의 청소년 참가자는 PRP에 참여한 후 일상생활에서 자기 대화 알아차리기, 적극적으로 행동하기, 양자택일적 사고에 도전하기 등과 같은 기술을 사용한 것으로 나타났다. 청소년들과 대학생들에게 각 항목을 솔직하게 평가하여 응답하도록 요구했는데, 응답은 0(사실이 아니다)에서 4(매우 사실이다)까지로 나타난다. 〈표 24-2〉는 펜실베이니아 대학교의 청소년 참가자 및 대학생 지도자의 피드백을 제시한 것이다. 이 초기 피드백에 따르면, 청소년이

일반적으로 프로그램을 좋아했으며, 기술을 배웠다고 느꼈고, 대학생 그룹 지도자를 좋아한 것으로 나타났다. 또한 대다수의 대학생 지도자는 그룹 운영을 즐거워했고, 그룹을 이끌 준비가 되었으며, 청소년들이 그들로부터 도움을 받고 있다고 느꼈다. 이 모델의 효과에 대하여 더 많은 연구가 필요하지만 이 피드백은 긍정적이며, 청소년과 대학생 모두를 위한 대학 서비스 제공자의 수용 가능성을 시사한다.

(3) 대학-지역사회 협력 모델 개요

전국의 여러 대학은 이미 학부에서 'Big Brother/Big Sisters'와 같은 가정교사 및 모니터링 프로그램의 일환으로 아동·청소년에게 중요한 서비스를 제공해 오고 있다. 기존의 연구들은 적절한 훈련, 슈퍼비전, 지도 등을 통해 대학생들이 PRP 및 PPP와 같은 회복탄력성 및 행복 개입을 위한 효과적인 서비스 제공자가 될 수 있음을 보여 주고 있다. 앞으로 대학생 지도자 그룹이 이전 PRP와 PPP 연구에서 관찰된 것처럼 동일한 효과를 보여 주는지 확인할 추가 연구가 필요하지만, 경험 및 예비 연구 자료에 따르면, 대학생들은 교육과정을 통해 우울증을 효과적으로 예방하고 웰빙을 향상시키는 기술을 청소년에게 성공적으로 가르칠 수 있는 것으로 나타났다. 초기 연구 결과에 따르면, 이 모델은 학교, 청소년, 학부모, 대학 및 대학생 모두에게 적합하고 수용 가능하다. 이 모델이 적용되면 대학은 전국의 지역 학교에 이 프로그램을 전달하기 위해 교육 및 심리학과나 상담학과 학생을 활용할 수 있다. 학교 기반 회복탄력성과 웰빙 개입의 중요성이 점차 확대되면서, 대학-지역사회 협력은 이러한 프로그램을 지속하고 확장할 수 있는 고유의 보급 모델을 제공하고 있다.

4. 학교 교육과정에 웰빙 개입을 투입하기: 긍정심리 프로그램

긍정심리 프로그램(Positive Psychology Program: PPP; Gillham et al., 2013; Seligman et al., 2009)은 국어 교육과정과 같이 기존 고등학교 교육과정에 포함될 수 있는 긍정심리학 수업으로 구성된 두 번째 혁신적인 보급 모델이다. 이 프로그램에서 학급 교사는 웰빙 개입 서비스 제공자로서 역할을 할 수 있다. 교사는 토론과 활동 외에도, 글쓰기와 독해 과제를 통해 개념을 전달하며, 청소년들은 개념을 이해하면서 동시에 학업 기술을 개발할 수 있다. PPP는 특별한 수업 계획으로 구성된다. 하지만 교사는 사회정서 및 학업 목표를 통합하면서 기존 수업에 긍정심리학 개념을 투입하여 구성하고 있다.

1) 긍정심리 프로그램(PPP)

PPP는 학생들이 그들의 성격 강점을 확인하고 활용하며, 긍정 정서를 향상시키기 위한 능력을 개발하고, 긴밀한 관계를 발전시키며, 의미 있는 활동에 참여하도록 도움으로써 회복탄력성과 웰빙의 촉진을 강조한다. 이러한 촉진 모델을 사용한 개입이 삶의 만족도를 높이고 우울증을 감소시키는 것으로 나타났다(Seligman et al., 2005; Seligman, Rashid, & Parks, 2006; Sin & Lyubomirsky, 2009).

교육과정은 9학년 과정에서 가르치게 되는 20~25회기로 구성된다. 회기에는 긍정심리학의 개념 및 기술(예: 성격 강점 확인하기), 교실 내 활동과 이에 대한 토론이 포함된다. 또한 회기에는 참가자가 그들 자신의 삶에서 배우는 기술을 적용하고 연습하도록 격려하는 숙제와 읽기 자료에 대한 성찰이 포함된다. 〈표 24-3〉에서는 각 회기의 내용을 설명하고 있다. 교사들에게는 기존의 수업 속에 긍정심리학 개념을 투입하도록 권장된다. 예를 들어, 많은 교사는 학생들이 독서 수업에서 다루는 문학 작품 속의 인물들에게 나타난 성격 강점을 찾아보도록 독려할 수 있다.

〈표 24-3〉에서 볼 수 있듯이, PPP는 긍정적 경험을 증가시키고 나선형의 상승을 촉진하도록 고안된 기술들, 즉 향유, 감사, 성격 강점의 확인과 개발, 친절 베풀기, 의미와 목적을 증진하기를 비롯하여 PRP에서 배우는 인지 기술도 포함하고 있다. 교사는 교육과정을 약간 수정해야 하지만, 국어 교육과정에 개발할 기술들을 포함시켜 작문 숙제, 수업 토론 및 저널 고찰을 통해 가르친다. 예컨대, 청소년들에게 의미 있는 삶을 사는 것이 무엇을 뜻하는지 조사하도록 독려하기 위해 교사가 삶의 의미에 대한 다른 작가, 철학자, 정치인, 영적 지도자 및 코미디언의 성찰을 담은 문학에서 관련 구절을 다룬다. 그리고 학생들은 의미를 키우는 것에 대한 자신의 관점을 고찰하고 '의미 있는 글쓰기'라는 맥락에서 그 주제에 대하여 부모와 대화글 쓰기를 완성한다. 이와 같은 방법으로 청소년들은 삶의 의미를 기르는 것에 대한 개념을 논의하면서 작문과 문학 분야에 관련된 기술을 동시에 개발할 수 있다.

〈표 24-3〉 긍정심리 프로그램(PPP) 개요

회기	주제	내용
1	**도입: 행복에 이르는 3가지 길** 시간: 80분	• 긍정심리학의 역사와 사명에 대해 이야기하기 • 관련된 노래와 시를 이용하여 '행복의 3가지 길' 소개하기 - 즐거운 삶(즐거움과 긍정적 정서 증가) - 좋은 삶(자신의 대표 강점을 활용하여 만족감 증가) - 의미 있는 삶(자신보다 더 큰 어떤 것에 봉사하면서 자신의 대표 강점을 활용하고 관련성 발견)

2	**감각적 향유하기** 시간: 60분	• '향유하기, 흠뻑 빠지기, 선명하게 알아차리기'를 정의하기 • 학생들이 개인적 향유에 대해 조사하도록 숙제 내기 • 과일을 가지고 향유하는 연습하기: 학생들은 과일 조각을 느끼고, 냄새를 맡고, 맛을 보기 위해 흠뻑 빠지기 및 선명하게 알아차리기의 개념을 사용하여 연습하기 • 향유하기 숙제 내기
3	**감각 이상의 향유하기** 시간: 40분	• 삶에서 의미 있는 사건, 사람 또는 장소를 인식할 필요성 소개하기 • 문화적 유물(cultural artifact)과 개인적 유물(personal artifacts) 간의 차이점에 대해 이야기하기 • 학생들의 개인적 유물을 소개하게 하기 • 개인적 유물 숙제 내기
4	**부정적 편향에 대응하기(우리의 축복을 세어보기)** 시간: 90분	• 삶의 긍정적 측면보다는 부정적인 측면에 집중하는 경향성에 대해 이야기 나누기 • 즐거운 기억, 감사, 낙관성을 기르기 위해 좋은 사건을 적극적으로 회상하고 분석하는 개념을 소개하기 • 수업 시간 내에 축복 활동지를 작성하고 축복 일지 쓰기 숙제 내기
5	**감사 표현하기** **(감사 편지 / 방문)** 시간: 90분	• 다른 사람들이 우리를 위해 한 좋은 일들에 감사를 느끼는 강점(감사 성격 강점)을 소개하기 • 감사를 공개적으로 표현하는 것의 중요성에 대해 이야기 나누기 • 삶에 도움이 되는 사람들을 설명하는 개인 감사 리스트(personal gratitude list)를 완성하기 • 삶에서 중요한 사람에게 감사를 표현하기 위해 감사 편지 쓰기 및 방문하기 숙제 내기
6	**낙관성: ABC 모델** 시간: 80분	• ABC 모델을 소개하고 학생들이 자기 이야기(self-talk)에서 필연적인 감정 및 행동 사이의 연관성을 확인하도록 돕기 • 일반적인 신념-감정 관계를 조사하기 • 희망적인 관점을 갖는 경향으로서 낙관주의에 대해 이야기 나누기 • ABC 활동지 숙제 내기

7	**낙관성: 대안 찾기** 시간: 80분	• 3가지 설명양식 소개하기: 나 vs 내가 아닌 것, 항상 vs 항상이 아닌 것, 모든 것 vs 모든 것이 아닌 것 • 사고 양식에 따라 신념을 확인하는 연습하기 • 학생들이 더 믿음을 확실하게 하기 위해 짝끼리 대안 찾기 작업하기 • 대안 찾기 활동지 숙제 내기
8	**낙관성: 근거 평가하기** 시간: 80분	• 생성된 각각의 신념을 지지하고 반박하는 근거를 찾는 일의 필요성에 대해 이야기 나누기 • 학생을 소그룹으로 나누어 파일 게임 활동하기: 게임에서 학생은 가상의 아이에 대한 자료(상장, 일기, 사진, 성적표)를 통해 사고를 전환하며, 가상 아이의 부정적인 자기 이야기의 정확성 여부를 평가하기 위해 그 자료들을 사용한다. • '보다 정확한 근거 찾기' 활동지를 통해 학생들이 자신의 삶의 상황에서 근거를 찾는 연습하기
9	**낙관성: 즉각적 회복탄력성 훈련하기** 시간: 80분	• 즉각적 회복탄력성에 대해 설명하기: 개인이 낙관성을 유지하고 과제에 집중할 수 있도록 즉각적으로 부정적 신념에 반응하기 • 한 학생이 부정적인 신념을 가지고 행동하면, 다른 학생은 논리적인 대안을 제시하거나 실제적 증거를 사용하는 연습하기 • 즉각적 회복탄력성 관련 저지르기 쉬운 실수에 대해 이야기 나누기: 진실의 조각 외면하기, 상황을 축소하기, 자신의 실수를 변명하거나 합리화하기 • 즉각적 회복탄력성을 반영하는 활동지 숙제 내기
10	**성격 강점: 성격 강점 확인하기** 시간: 80분	• 성격 강점과 재능 간의 차이점을 조사하기 • 각각의 성격 강점을 설명하고 자신의 상위 5가지 성격 강점을 기록하기
11	**상황에 따른 성격 강점** 시간: 130분	• 영화 〈Whats Eating Gilbert Grape〉를 보고 각 인물의 성격 강점에 주의를 기울이기 • 성격 강점 분석 숙제(영화 속 인물이 어떻게 자신의 성격 강점을 사용했는지 기술하는 숙제) 내기
12	**성격 강점 이야기** 시간: 30분	• 학생들의 삶의 구체적인 상황에서 그들이 특정 성격 강점을 어떻게 사용하였는지에 대한 성격 강점 이야기 쓰기

		• 지원자가 자신의 성격 강점 이야기를 큰 소리로 읽고 다른 학생들은 그 이야기 속에 나타난 성격 강점을 확인하기
13	**성격 강점 가계도** 시간: 30분	• 성격 강점 가계도 활동지를 사용하여 가족 구성원이 자신들보다 더 큰 일에 봉사할 때 성격 강점을 사용하는 방법에 대해 이야기 나누기 • 성격 강점 가계도 인터뷰하기와 가족 구성원의 성격 강점 활용에 대해 인터뷰하며 느낀 점을 글로 쓰는 숙제 내기
14	**목표 성격 강점 개발하기** 시간: 50분	• 자신이 개발하기 원하는 성격 강점에 대해 이야기 나누기 • 그 성격 강점들 중 하나를 개발시키기 위한 실천 계획 세우기
15	**하루에 5가지 친절** 시간: 30분	• 학생들이 하루 동안 작은 친절 행동을 베풀 수 있는 방법에 대해 조사하기 • 1주일 동안 친절함을 보일 수 있었던 기회를 기록하는 친절 보고서 숙제 내기
16	**의미에 대해 알아보기** 시간: 80분	• 의미 있고 목적이 있는 삶을 사는 것이 무엇을 의미하는지 이야기 나누기 • 의미 있는 삶과 행복의 관계 살펴보기 • 모둠에서 학생들은 구절 또는 인용문의 발췌문을 읽고 메시지를 이해한 후 그에 동의하는지에 대해 이야기하기 • 학생들이 의미와 목적에 대한 다양한 관점을 탐구하게 하는 편지 쓰기 숙제 내기(의미 반영하기)
17	**마무리** 시간: 80분	• 이 수업 전에 학생들에게 이 수업이 그들에게 어떠한 영향을 주었는지 보여 주는 물건을 가져오도록 요청하기 • 학생들은 그들의 물건에 대해 발표하고 프로그램에 참여한 경험 이야기 나누기 • 성격 강점과 의미에 대해 배운 것을 복습하기
	추수지도	• 매주 하루 시작의 10분에서 15분씩 일지 성찰, 학급 토의, 과제 복습하기 • 기법과 개념을 반복적으로 연습하고 습관화하도록 격려하기

이 프로그램에 대한 평가는 아직은 초기 단계이다. 하지만 초기 연구 결과에 따르면, 이 프로그램은 11학년 동안 국어 성취를 향상시키면서 사회적 기술(예: 협력, 자기주장, 공감)과 학생의 즐거움에 대한 자기 보고 및 학교에서의 참여를 증진시키는 것으로 나타났다(Gillham et al., 2013; Seligman et al., 2009). 이처럼 이 프로그램은 재구성된 국어 교육과정 체계와 맥락 안에서 고등학교 학생들에게 웰빙과 회복탄력성을 가르치는 효과적인 방법을 제공해 주고 있다.

5. 결론

아동 · 청소년의 학업 성취와 정서적 성취 간에 의미 있는 관계가 있다는 인식이 증가하고 있다. 오늘날 청소년들의 성취감, 회복탄력성 및 웰빙을 촉진하는 학교를 만들기 위해서는 그들이 학교와 현실 세계에서 직면할 어려움을 이겨 내기 위해 인지적, 정서적, 행동적 기술을 익히도록 도와줄 필요가 있다. PRP와 PPP처럼 청소년기 웰빙을 촉진하는 개입은 청소년들이 그들의 고유한 성격 강점을 인식하고 회복탄력성을 개발하며 삶의 의미와 목적을 경험할 수 있도록 효과적인 방법을 제공해 준다. 이러한 프로그램의 개발은 아동의 삶의 질을 지속적으로 변화시킬 수 있다. 그러나 이 장에서 설명한 학교 기반 혁신적 보급 모델들의 실행을 위해서는 보다 많은 아동 · 청소년에게 이러한 프로그램의 혜택이 전달될 수 있도록 노력하고 이를 보장해 줄 필요가 있다. 앞으로 학교에 긍정적인 개입을 보급하기 위해서는 이 장에서 소개한 모델과 여러 다른 모델들을 계속해서 평가하는 연구가 이루어져야 한다.

참고문헌

Becker, C. B., Smith, L. M., & Ciao, A. C. (2006). Peer-facilitated eating disorder prevention: A randomized effectiveness trial of cognitive dissonance and media advocacy. *Journal of Counseling Psychology, 53,* 550-555. doi:10.1037/0022-0167.53.4.550

Blechman, E. A., McEnroe, M. J., Carella, E. T., & Audette, D. P. (1986). Childhood competence and depression. *Journal of Abnormal Psychology, 95,* 223-227. doi:10.1037//0021-843X.95.3.223

Brunwasser, S. M., Gillham, J. E., & Kim, E. S. (2009). A meta-analytic review of the Penn Resiliency Program's effect on depressive symptoms. *American Psychological Association, 77,* 1042-1054. doi:10.1037/a0017671

Burns, B. J., Costello, E. J., Angold, A., Tweed, D., Stangl, D., Farmer, E. M., & Erkanli, A. (1995). Children's mental health services use across service sectors. *Health Affairs, 14,* 147-159. doi:10.1377/hlthaff.14.3.147

Cardemil, E. V., Reivich, K. J., & Seligman, M. E. P. (2002). The prevention of depressive symptoms in low-income minority middle school students. *Prevention and Treatment, 5,* Article 8. doi:10.1037//1522-3736.5.1.58a

Christensen, A., & Jacobson, N. (1994). Who (or what) can do psychotherapy: The status and challenge of nonprofessional therapies. *Psychological Science, 5,* 8-14. doi:10.1111/j.1467-9280.1994.tb00606.x

Cole, D. A. (1991). Preliminary support for a competency-based model of child depression. *Journal of Abnormal Psychology, 100,* 181-190.

Covey, L. S., Glassman, A. H., & Stetner, F. (1998). Cigarette smoking and major depression. *Journal of Addictive Diseases, 17,* 35-46. doi:10.1300/J069v17n01_04

Duckworth, A. L., & Seligman, M. E. P. (2005). Self-discipline outdoes IQ in predicting academic performance of adolescents. *Psychological Science, 16,* 939-944. doi:10.1111/j.1467-9280.2005.01641.x

Durlak, J. (1979). Comparative effectiveness of paraprofessional and professional helpers. *Psychological Bulletin, 86,* 80–92. doi:10.1037/0033-2909.86.1.80

Eccles, J. S., Midgley, C., Wigfield, A., Buchanan, C. M., Reuman, D., Flanagan, C., & Mac Iver, D. (1993). Development during adolescence: The impact of stage-environment fit on young adolescents' experiences in schools and in families. *American Psychologist, 48,* 90–101. doi:10.1037/0003-066X.48.2.90

Elias, M. J., Zins, J. E., Weissberg, R. P., Frey, K. S., Greenberg, M. T., Haynes, N. M., . . . Shriver, T. P. (1997). *Promoting social and emotional learning: Guidelines for educators.* Alexandria, VA: Association for Supervision and Curriculum Development.

Fergusson, D. M., Horwood, L., Ridder, E. M., & Beautrais, A. L. (2005). Subthreshold depression in adolescence and mental health outcomes in adulthood. *Archives of General Psychiatry, 62,* 66–72. doi:10.1001/archpsyc.62.1.66

Fredrickson, B. L. (2001). The role of positive emotions in positive psychology: The broaden-and-build theory of positive emotions. *American Psychologist, 56,* 218–226. doi:10.1037//0003-066X.56.3.218

Garrison, C. Z., Schluchter, M. D., Schoenback, V. J., & Kaplan, B. K. (1989). Epidemiology of depressive symptoms in young adolescents. *Journal of the American Academy of Child and Adolescent Psychiatry, 28,* 343–351. doi:10.1097/00004583-198905000-00007

Gillham, J. E., Abenevoli, R. M., Brunwasser, S. B., Linkins, M., Reivich, K. J., & Seligman, M. E. P. (2013). Resilience education. In S. A. David, I. Boniwell, & A. C. Ayers (Eds.), *The Oxford handbook of happiness* (pp. 609–630). Oxford, UK: Oxford University Press.

Gillham, J. E., Brunwasser, S. M., & Freres, D. R. (2008). Preventing depression in early adolescence. In J. R. Z. Abela & B. L. Hankin (Eds.), *Handbook of depression in children and adolescents.* New York, NY: Guilford.

Gillham, J. E., Reivich, K. J., & Jaycox, L. H. (2008). *The Peen Resiliency Program* (also known as *The Penn Depression Prevention Program and The Penn Optimism Program*). Unpublished manuscript, University of Pennsylvania.

Gillham, J. E., Reivich, K. J., Jaycox, I. H., & Seligman, M. E. P. (1995). Preventing depressive symptoms in schoolchildren: Two-year follow-up. *Psychological*

Science, 6, 343–351. doi:10.1111/j.1467-9280.1995.tb00524.x

Gotlib, I. H., Lewinsohn, P. M., & Seeley, J. R. (1995). Symptoms versus a diagnosis of depression: Differences in psychosocial functioning. *Journal of Consulting and Clinical Psychology, 63,* 90–100. doi:10.1037/0022-006X.63.1.90

Greenberg, M. T., Weissberg, R. P., O'Brien, M. U., Zins, J. E., Fredericks, L., Resnik, H., & Elias, M. J. (2003). Enhancing school-based prevention and youth development through coordinated social, emotional, and academic learning. *American Psychologist, 58,* 466–474. doi:10.1037/0003-066X.58.6-7.466

Hankin, B. L., Abramson, L. Y., Moffitt, T. E., Silva, P. A., McGee, R., & Angell, K. E. (1998). Development of depression from preadolescence to young adulthood: Emerging gender differences in a 10-year longitudinal study. *Journal of Abnormal Psychology, 107,* 128–140. doi:10.1037//0021-843X.107.1.128

Horowitz, J. L., & Garber, J. (2006). The prevention of depressive symptoms in children and adolescents: A meta-analytic review. *Journal of Consulting and Clinical Psychology, 74,* 401–415. doi:10.1037/0022-006X.74.3.401

Jaycox, L., Reivich, K., Gillham, J., & Seligman, M. (1994). Prevention of depressive symptoms in school-children. *Behavior Research and Therapy, 38,* 801–816. doi:10.1016/0005-7967(94)90160-0

Kazdin, A. E. (2008). Evidence-based treatments and delivery of psychological services: Shifting our emphases to increase impact. *Psychological Services, 5,* 201–215. doi:10.1037/a0012573

Kazdin, A. E., & Blase, S. (2011). Rebooting psychotherapy research and practice to reduce the burden of mental illness. *Perspectives on Psychological Sciences, 6,* 21–37. doi:10.1177/1745691610393527

Kessler, R. C., Avenevoli, S., & Merikangas, K. R. (2001). Mood disorders in children and adolescents: An epidemiologic perspective. *Biological Psychiatry, 49,* 1002–1014. doi:10.1016/S0006-3223(01)01129-5

Kessler, R. C., Berglund, P., Demler, O., Jin, R., Koretz, D., Merikangas, K. R., . . . Wang, P. S. (2003). The epidemiology of major depressive disorder:

Results from the National Comorbidity Survey replication (NCS-R). *Journal of American Medical Association, 23,* 3095-3105. doi:10.1016/S0006-3223(01)01129-5

Kim-Cohen, J., Caspi, A., Moffitt, T. E., Harrington, H., Milne, A. J., & Poulton, R. (2003). Prior juvenile diagnoses in adults with mental disorder: Developmental follow-back of a prospective-longitudinal cohort. *Archives of General Psychiatry, 60,* 709-717. doi:10.1001/archpsyc.60.7.709

Kovacs, M. (1989). Affective disorders in children and adolescents. *American Psychologist, 44,* 209-215. doi:10.1037//0003-066X.44.2.209

Nolen-Hoeksema, S., Girgus, J. S., & Seligman, M. E. P. (1986). Learned helplessness in children: A longitudinal study of depression, achievement, and explanatory style. *Journal of Personality and Social Psychology, 51,* 435-442. doi:10.1037//0022-3514.51.2.435

Offord, D. R., Kraemer, H. C., Kazdin, A. E., Jensen, P. S., & Harrington, R. (1998). Lowering the burden of suffering from child psychiatric disorder: Trade-offs among clinical, targeted, and universal interventions. *Journal of the American Academy of Child & Adolescent Psychiatry, 37,* 686-694. doi:10.1097/00004583-199807000-00007

Parks, A. C., & Biswas-Diener, R. (2013). Positive interventions: Past, present and future. In T. Kashdan & J. Ciarrochi (Eds.), *Bridging acceptance and commitment therapy and positive psychology: A practitioner's guide to a unifying framework.* Oakland, CA: New Harbinger.

Peterson, A. C., Compas, B. E., Brooks-Gunn, J., Stemmler, M. Y. S., & Grant, K. E. (1993). Depression in adolescence. *American Psychologist, 48,* 155-168. doi:10.1037//0003-066X.48.2.155

Reivich, K., & Shatté, A. (2003). *The resilience factor: 7 keys to finding your inner strength and overcoming life's hurdles.* New York, NY: Broadway books.

Rones, M., & Hoagwood, K. (2000). School-based mental health services: A research review. *Clinical Child and Family Psychology Review, 3,* 223-241.

Schulman, P. (1995). Explanatory style and achievement in school and work. In G. M. Buchanan & M. E. P. Seligman (Eds.), *Explanatory style* (pp. 159-171). Hillsdale, NJ: Erlbaum.

Sedlak, M. (1997). The uneasy alliance of mental health services and the schools: An historical perspective. *American Journal of Orthopsychiatry, 67,* 349-362. doi:10.1037/h0080238

Seligman, M. (1991). *Learned optimism.* New York, NY: Knopf.

Seligman, M. E. P., Ernst, R. M., Gillham, J., Reivich, K., & Linkins, M. (2009). Positive education: Positive psychology and classroom interventions. *Oxford Review of Education, 35,* 293-311. doi:10.1080/03054980902934563

Seligman, M. E. P., Rashid, T., & Parks, A. C. (2006). Positive psychotherapy. *American Psychologist, 61,* 774-788. doi:10.1037/0003-066X.61.8.774

Seligman, M. E. P., Steen, T. A., Park, N., & Peterson, C. (2005). Positive psychology progress: Empirical validation of interventions. *American Psychologist, 60,* 410-421. doi:10.1037/0003-066X.60.5.410

Sin, N. L., & Lyubomirsky, S. (2009). Enhancing well-being and alleviating depressive symptoms with positive psychology interventions: A practice-friendly meta-analysis. *Journal of Clinical Psychology, 65,* 467-487. doi:10.1002/jclp.20593

Stice, E., Shaw, H., Bohon, C., Marti, C. N., & Rohde, P. (2009). A meta-analytic review of depression prevention programs for children and adolescents: Factors that predict magnitude of intervention effects. *Journal of Consulting and Clinical Psychology, 77,* 486-503. doi:10.1037/a0015168

Suldo, S. M., Friedrich, A., & Michalowski, J. (2010). Personal and systems-level factors that limit and facilitate school psychologists' involvement in school-based mental health services. *Psychology in the Schools, 47,* 354-373. doi:10.1002/pits.20475

Wang, M. C., Haertel, G. D., & Walberg, H. J. (1997). Toward a knowledge base for school learning. *Review of Educational Research, 63,* 249-294. doi:10.2307/1170546

Weist, M. D., Goldstein, A., Morris, L., & Bryant, T. (2003). Integrating expanded school mental health programs and school-based health centers. *Psychology in the Schools, 40,* 297-308. doi:10.1002/pits.10089

Weisz, J. R., Weiss, B., Han, S. S., & Granger, D. A. (1995). Effects of psychotherapy with children and adolescents revisited: A meta-analysis of treatment outcome studies. *Psychological Bulletin, 117,* 450-468. doi:10.1037//0033-2909.117.3.450

Yu, D. L., & Seligman, M. E. P. (2002). Preventing depressive symptoms in Chinese children. *Prevention and Treatment, 5,* Article 9. doi:10.1037//1522-3736.5.1.59a

요약: 학교 기반 혁신적 보급 모델

- 청소년의 상당수가 중학교를 마칠 무렵에 역경(예: 폭력, 빈곤, 부모의 우울증, 부모의 죽음, 학대 또는 방치) 또는 심리적 문제(예: 우울증)에 노출된다.
- 학교 기반의 회복탄력성과 웰빙 개입의 중요성에 대한 인식이 높아졌음에도 불구하고, 광범위한 실행은 아직 이루어지지 못하고 있다.
- 모든 학교 기반 개입과 마찬가지로, 이러한 프로그램 관련 학교 자원과 임상 자원의 부족이 보급을 제한하고 있다.
- 이러한 프로그램이 많은 아동 · 청소년에게 유익하게 다가갈 수 있는 혁신적 보급 모델이 필요하다.
- 대학-지역사회 협력은 새롭고 유망한 보급 모델 중 하나이며, 대학 서비스 학습 과정의 맥락에서 대학생을 프로그램 지도자로 활용한다.
- 프로그램 보급을 위한 두 번째 유망한 모델은 웰빙 개념을 고등학교 국어 교과 과정 속에 재구성하여 기존의 학과목에 포함되도록 통합하는 것이다. 이 모델은 교사에게 웰빙 개입을 보급하고 이 교육과정의 기본 개념을 수업 지도 계획으로 짜도록 장려한다.
- 두 모델을 실행하고 비교한 초기 연구 결과, 이 두 모델 모두 보급을 위한 새로운 방법이 될 것으로 보인다.
- 이 모델들은 학교에서의 시간이나 자원을 광범위하게 희생하지 않아도 청소년에게 필요한 중요한 기술을 가르치는 방법으로 전국의 학교에서 재현되고 실행될 수 있다.
- PRP와 PPP 자료에 대한 자세한 정보는 info@pennproject.org로 문의할 수 있다.

학교 기반 혁신적 보급 모델 추천자료

Gillham, J. E., Abenevoli, R. M., Bruwasser, S. B., Linkins, M., Reivich, K. J., & Seligman, M. E. P. (2013). Reslilence education. In S. A. David, I. Boniwell, & A. C. Ayers (Eds.), *Handbook of happiness*. Oxford, UK: Oxford University Press.

이 장은 학교에서 아동의 회복탄력성과 사회정서적 웰빙을 촉진시키기 위한 잠재력을 강조한다. 연구자는 현재까지 회복탄력성의 연구에 대하여 포괄적 개요를 제공하고, 회복탄력성을 교육적 실제로 통합하기 위한 이론적 해석을 제시한다. 그들은 웰빙 개입의 2가지 유형에 대한 자세한 개요를 제공한다. 하나는 문제해결력과 대처 기술을 가르치는 것이고, 또 다른 하나는 긍정 정서, 성격 강점, 의미와 성취에 대한 지각을 높이는 것을 목표로 한다.

Kranzler, A., Parks, A. C., & Gillham, J. (2011). Illustrating positive psychology concepts through service learning: Penn teacher resilience. *Journal of Positive Psychology*, 6, 482-486. doi/10.1080/17439760.2011.634829

연구자는 회복탄력성 개입의 보급 모델인 대학-지역사회 협력에 대하여 자세하게 설명한다. 서비스 학습 과정을 구현하는 데 필요한 지침을 제공하고, 다른 기관에서 이 모델을 적용하기 위한 권고 사항을 제시한다. 연구자는 또한 모델의 장점과 문제점을 통찰하여 기술하고 있다.

Parks, A. C., & Biswas-Diener, R. (2013). Positive interventions: Past, present and future. In T. Kashdan & J. Ciarroch (Eds.), *Bridging acceptance and commitment therapy and positive psychology: A practitioner's guide to a unifying framework*. Oakland, CA: New Harbinger.

Parks와 Biswas-Diener는 긍정적 개입에 대한 포괄적 개요를 제공한다. 긍정적 개입의 구성이 무엇인지에 대한 설명과 긍정적 개입의 다양한 유형을 제시한다. 그들은 또한 이러한 개입의 효과성에 대한 증거와 개입 실행에 있어 고려할 사항을 검토한다. 이 논문은 긍정적 개입의 현재 상태에 대한 유용한 개요와 함께 새로 추가된 정보를 제공할 뿐만 아니라 앞으로 이 분야의 방향을 제시한다.

Seligman, M. E. P., Ernst, R. M., Gillham, J., Reivich, K., & Linkins, M. (2009). Positive psychology and classroom interventions. *Oxford Review of Education, 35*, 293-311. doi/10.1080/03054980902934563

이 논문은 '긍정적 교육'의 정의를 제공한다. 긍정적 교육이란 학교 환경에서 웰빙의 기술과 성취 기술이 통합되는 것을 의미한다. 연구자는 학령기 아동의 회복탄력성, 긍정적 정서, 참여, 그리고 의미를 증진시키는 기술을 가르치기 위해 증거 기반의 이론적 해석을 하고, 학교에서 실행되어 온 2가지 웰빙 프로그램인 PRP와 PPP의 효과성에 대해 요약한다. 그들은 호주에서 시범 운영되었던 학교 전체 차원의 웰빙 프로그램 개발과 실행 과정을 철저하게 기술하여 결론을 내린다.

제4부

학교 기반 해외 적용 사례

제25장 긍정교육: 호주의 사례

제26장 아동 · 청소년의 행복 증진: 영국교육의 긍정심리 개입 사례

제27장 긍정심리 개입: 중국 학교의 사례

제28장 정서지능: 이탈리아의 학교 기반 연구와 실제

제29장 학생들의 희망: 포르투갈 학교의 적용 사례

제30장 미국 학교의 긍정심리학적 개입

제25장

긍정교육: 호주의 사례

1. 서론

최근 호주에서는 학생의 웰빙을 위해 학교에서 긍정심리학을 채택해야 한다는 주장이 늘어나고 있다. 이러한 변화는 단지 호주에서뿐만 아니라 전 세계적으로 중요시되고 있다. Gill(2009)은 "인간의 번영(human flourishing)이 교육의 핵심 목표가 되어야 하며, 모든 아동 · 청소년이 그들의 다양한 특성과 가치와 함께 내적 완결성과 조화를 기를 수 있도록 교육을 해야 한다."(p. 6)라고 주장하였다. 또한 Huitt(2010)는 오늘날 교육에서 일어나는 패러다임의 변화, 즉 학교가 완벽한 아동을 준비시키기 위해 학문적 역할 이상의 확장된 역할을 해야 한다고 제안하였다(Huitt, 2010).

호주에서는 특별히 대규모 맞춤형 전략적 긍정교육 프로그램(Positive Education Programs: PEPs)의 개발 및 실행과 '긍정교육' 분야에 대한 관심이 증가하고 있다. 호주의 빅토리아 지역에서 실행된 첫 번째 대규모의 전략적 긍정교육 프로그램이 언론에 보도되면서, 호주 교육계는 이러한 프로그램 개발에 대하여 높은 관심을 보이고 있다[질롱 그래머 긍정교육 프로그램(the Geelong Grammar Positive Education Program); Seligman, Ernst, Gillham, & Linkins, 2009].

이 장에서는 호주 내에서 새롭게 떠오르는 긍정교육 및 긍정교육 프로그램에 대한 소개와 그 개요를 제공할 것이다. 또한 긍정심리학과 다른 웰빙과학(예: 코칭심리학과 그 적용 분야, 증거 기반 코칭)을 통합하여 확장된 긍정교육의 정의를 제시하고자 한다.

2. 긍정교육이란 무엇인가

Seligman과 동료들(Seligman et al., 2009)은 긍정교육을 교실에서 학생들에게 회복탄력성, 긍정 정서, 참여, 의미를 가르치기 위해 개입하는 "전통적 기술을 익히며 행복을 추구하는 모든 교육"으로 정의하였다. 그러나 Seligman과 동료들(2009)은 긍정심리학을 더욱 탐구해야 하며 "긍정교육은 단순한 독립 교육과정 그 이상이다."(p. 305)라고 하였다.

호주에서는 점점 긍정교육을 '웰빙 수업' 그 이상의 것으로 보고 있다. 한편, Green, Oades, 그리고 Robinson(2011)은 긍정교육이란 교육에 긍정심리학을 단순히 적용하는 것이라고 보았다. 이러한 정의로 인해 긍정교육이 학생, 교직원 및 전체 공동체에 보다 폭넓게 적용되는 측면으로 검토되었다. 또 이 정의는 긍정교육의 범위와 적용을 '학교' 이상으로 확장하여, 긍정교육이 유아교육과 고등교육, 즉 요람에서 무덤까지의 평생교육이 포함하는 여러 교육 환경에 적용되었다. 최근까지 교육 분야에서 긍정심리학은 초등 및 중학교 수준에 초점을 두어 왔다. 그러나 유아(Armstrong, Missall, Shaffer, & Jojnoski, 2009)부터 고등교육(Oades, Robinson, Green, & Spence, 2011)까지 긍정심리학의 적용에 대한 관심이 점차 증가하고 있으며, 이와 같이 확장된 정의는 광범위한 교육 환경에 적용되는 긍정심리학을 보다 깊이 있게 탐구한다는 점에서 의미가 있다.

Green과 동료들(2011)은 보다 정교하게 긍정교육의 정의를 제시하였다. 그들은 긍정교육을 "학생, 교직원, 학교 전체 공동체의 회복탄력성 및 웰빙 증진을 목표로, 교육적 환경에서 웰빙과학을 적용하는 것"이라고 정의하였다. 그들은 Seligman의 긍정교육에 대한 초기 정의를 확장하여, 긍정심리학을 가르치고 '행복'의 기술을 배우는 것에 중점을 두었다. 이 정의는 3가지 중요한 의미를 갖는데, 먼저, ① '행복(happiness)' 대신 '웰빙(well-being)'의 용어 사용이 증가하였다. Seligman은 2011년도에 출간된 책『플로리시(Flourish)』에서 기존의 '행복'이 "과학적으로 비효율적인 용어"(p. 9)라고 의문을 제기하고, "긍정심리학의 주제는 웰빙"(p. 13)이 되어야 한다고 하였다.

둘째, ② 웰빙의 효과가 명시적으로(가르침을 통해) 그리고 암묵적으로(경험을 통해) 개발될 수 있다는 인식이 증가하였다. 긍정교육에서는 명시적/암묵적 의미(explicit/implicit denotation)가 중요한데, 성공을 위해서는 이 2가지 의미의 적절한 조합이 필요하다. 명시적 접근은 긍정심리학을 가르치고 학습하며, 주로 이것을 경험하고 살아가는 것을 통해 이루어진다. 암묵적 접근은 전체적인 학교 환경뿐만 아니라 정규 과목과 병행되는 다양한 활동(예: 교육과 스포츠)을 자연스럽게 경험하면서 이루어지는데, 이 활동들이 웰빙에 긍정적 혹은 부정적인 영향을 미칠 수 있다(Bargh & Morsella, 2008). 또한 학교 문화도 웰빙에 긍정적 또는 부정적 영향을 줄 수 있다.

마지막으로, ③ 교육 환경에서 다른 웰빙과학을 적용(예: 증거 기반 코칭 및 신경과학)하는 사례가 늘고 있다. 교육 환경에서 증거 기반 코칭과 신경과학과 같은 대체 웰빙과학의 적용에 대한 관심이 증가하고 있기 때문에 긍정심리학뿐만 아니라 웰빙과 관련된 다른 분야의 연구를 함께 다룰 필요가 있다.

1) 왜 긍정교육인가

수많은 서구 사회처럼 호주의 학교에서도 학문적 우수성을 성공의 중요한 기준으로 삼고 있다. 그러나 호주의 많은 학교는 다른 국가들과 비슷한 입장을 유지하면서도 웰빙에 보다 더 중점을 두고, 학생들을 전인적으로 발달시켜야 한다고 제안하고 있다. 그리고 학교에서 교사와 교직원의 웰빙 또한 중요하다는 인식이 증가하고 있다(Grant, Green, & Rynsaardt, 2010). 이러한 예로, 최근 몇 년간 호주의 많은 독립 학교와 주립 학교에서 학생, 교직원 및 전체 학교 공동체가 심리적, 사회적 및 학문적으로 번영하도록 돕는 것을 목표로 하는 긍정교육 프로그램이 전체 학교에서 실행되고 있다.

학교에서 웰빙에 대해 관심을 갖는 것은 학교 학생과 교직원의 심리적 고통이 증가하는 것을 예방하기 위한 방법이라고 볼 수 있다. Norrish와 Vella-Brodrick(2009)은 4~17세 호주 청소년 4,500명을 대상으로 무작위 층화 표본을 추출하여 그들의 정신건강 문제를 조사하는 국가 설문조사를 실시하였는데, 이들 중 14%가 정신건강 문제를 나타냈다(Sawyer et al., 2000). 그리고 Norrish와 Vella-Brodrick(2009)은 이 청소년들의 높은 유병률뿐만 아니라 여전히 번영(flourish)하지 못한 청소년의 수가 더 많다는 점을 걱정해야 한다고 제안하였다.

많은 학교에서 청소년의 정신적 고통을 줄이기 위한 방법으로 예방적 차원에서 긍정교육 프로그램을 실시하고 있다. 그러나 긍정교육은 청소년의 심리적 고통을 없애는 것에서 나아가, 보다 더 잘 기능하고 웰빙이 증진되게 하는 것을 함께 고려한다. Benson과 Scales(2009)는 청소년이 적절히 기능하는 것(예: 심각한 행동, 심리적 · 정서적 문제의 부재)이 반드시 번영(flourish)과 같다고 보기는 어렵다고 하였다. Norrish와 Vella-Brodrick(2009)는 심리학자와 건강 전문가가 웰빙 증진과 개인의 번영(flourish) 방법에 대한 연구 및 전달에 중요한 역할을 한다고 제안하였다(Seligman & Csikszentmihalyi, 2000).

Wyn(2007) 역시 "문법이나 수리력과 같이 오래된 교육 의제들도 중요하지만 교육이 점차 어린 학생들이 잘 생활하고 사회적 통합을 잘 성취해 나갈 수 있도록 그들의 능력과 기술을 개발하는 것을 돕는 역할이 중요하다."(p. 35)라고 주장하였다.

한편, 전체 학교 긍정교육 프로그램을 통해 교사의 웰빙도 실제적으로 향상시킬 수 있다. 이것은 교사 스트레스의 유의미한 수준을 강조하는 연구에서 특히 중요하게 나타났다(Kyriacou, 1987, 2001; Wiley, 2000). Grant와 동료들(2010)은 고등학교 교사들이 직면한 핵심 문제들로 스트레스, 교육 자원 부족, 감독 및 평가의 증가, 번거로운 관료적 체제, 다양한 특성을 지닌 학생 집단 지도, 다양한 압력 속에서도 발휘해야 하는 긍정적인 리더십 등을 제시하였다(MacKenzie & Marnik, 2008). 그리고 중학교에서 직면한 주요 문제는 교직원의 높은 이직률이며, 이를 줄이는 것이 중요한 과제로 나타났다(Quartz & The TEP Research Group, 2003).

학교에서의 웰빙 증진에 대한 관심이 커지면서, 웰빙에 대한 과학적 연구가 필요하다는 인식이 함께 높아지고 있다. 이와 관련된 연구들은 웰빙이 학교 환경에서 우울, 불안, 스트레스를 감소시키는 데 중요한 예방적 역할을 한다는 과학적 근거를 제공해 준다(Neil & Christensen, 2007). 다음에서 강조하는 것처럼 긍정교육은 분명히 과학을 기초로 하고 있기에 앞으로 웰빙 증진을 목표로 하는 학교 단위 프로그램, 특히 전체 학교 긍정교육 프로그램에 대한 많은 연구가 절실히 필요하다. 아직까지 질롱 그래머 스쿨(Geelong Grammar School)처럼 학교 긍정 프로그램의 효과에 대하여 체계적으로 평가한 연구는 부족한 실정이다.

2) 긍정교육의 기초

학교에서 정신건강 및 웰빙 증진에 대한 관심이 증가한 것은 어제오늘의 새로운 일이 아니다. 지난 20년간 학교에서는 다양한 정신건강 프로그램을 개발하고 실시하면서 학생의 정신건강 증진을 위해 노력해 왔다. Weare(2010)는 '사회정서학습' '정서적 소양' '정서지능' '회복탄력성' '생활양식' '성격 교육' 등과 관련된 다양한 연구와 우수 사례 및 그들의 주장들이 학교에서의 정신건강 증진에 있어 유의미하게 높은 성장을 보여 주고 있다고 제시하였다. 이들 중 가장 엄격하고 정확한 기준을 사용한 연구를 체계적으로 검토한 결과, 잘 설계하여 구현한 개입에서 일관성 있게 긍정적인 효과가 나타났다(Adi, Killoran, Janmohamed, & Stewart-Brown, 2007; Shucksmith, Summerbell, Jones, & Whittaker, 2007).

많은 이러한 접근들이 학생의 심리적 고통과 정신질환을 감소시키려는 분명한 목표를 추구한다는 점에서 폭넓게는 '정신건강 촉진'의 산하에 있다고 볼 수 있다. 일부 연구들은 그들의 목표가 웰빙을 증진하기 위한 것임을 분명하게 밝히지만, 긍정심리학 접근들이나 연구의 목표를 명확하게 정의하는 것이 중요하지 않다고 주장하는 연구자들도 있다.

호주에서의 웰빙 연구 역사는 다른 서구 나라만큼 오래되었지만, 시간이 지남에 따라 웰빙 연구의 초점이 변화되어 왔다. McGrath(2009)는 1970년대 초기의 웰빙 연구의 초점은 자부심이었으며, 1990년대 초반에는 사회적 기술 프로그램으로, 2000년대 초에는 회복탄력성 프로그램으로 이동하였다고 언급하였다. 또한 McGrath(2009)는 그때부터 사회정서학습 프로그램을 포함하여 학교폭력 방지 계획, 덕목(가치) 프로그램, 학생 웰빙 제안 등에 크게 중점을 두어 왔다고 보았다.

긍정심리학의 등장과 함께 웰빙 증진이라는 분명한 목표를 가지고 학교에 긍정심리학을 유용하게 적용하는 것에 대한 관심이 많아졌다. 이 주제에 대한 최초의 저서 중 하나인 『긍정심리학 학교로 가다(Positive Psychology Goes to School)』에서, 저자는 학교가 긍정적 인간 발달 촉진을 위한 연구인 긍정심리 운동과 긍정적 청소년 발달을 위해 종사하는 기관들 사이에서 연결고리 역할을 할 수 있다고 하였다(Clonan, Chafouleas, McDougal, & Riley-Tillman, 2004).

앞에서 언급했듯이, 학교 환경에서 긍정심리학의 적용에 대한 관심이 증가해 오면서(즉, 『학교긍정심리학』의 초판 인쇄가 2009년에 이루어짐), 2009년에는 Seligman이 긍정교육 분야에 정식으로 이름을 붙이게 되었다(Seligman et al., 2009). Seligman의 교육에 대해 관심을 가지고 "학교에서 웰빙을 가르칠 수 있는가?"에 대한 문제를 해결하기 위해 엄격한 연구가 시작되었다. Seligman과 동료들(2009)은 이 질문에 대한 긍정적인 답변을 지지해 주는 2가지 증거 기반 접근으로서 펜실베이니아 대학교 회복탄력성 프로그램(the Penn Resilience Program: 이하 PRP; Brunwasser, Gillham, & Kim, 2009)과 Strathhaven 긍정심리학 프로그램(Strathhaven Positive Psychology Curriculum; Seligman et al., 2009)을 제시하였다. PRP는 우울증을 예방하기 위해 설계되었으므로, 정신건강 예방 범주에 포함된다. Seligman과 동료들(2009)은 PRP가 어린 아동의 우울증을 예방하기 위해 설계된 가장 널리 연구된 프로그램들 중 하나이며, 20년 동안 실시된 17건이 넘는 연구를 인용하여 PRP의 사용이 아동의 우울증 감소에 효과가 있음을 제시하였다. Strathhaven 프로그램은 웰빙 증진에 더욱 중점을 둔 프로그램이다. Seligman과 동료들(2009)은 이 프로그램의 주요 목표가 ① 학생들이 자신의 대표 강점을 확인하는 것을 돕고, ② 일상생활에서 학생들이 이러한 성격 강점을 사용하도록 돕는 것이라고 제시하였다. 이 프로그램은 또한 과학적으로 평가되어 학생의 즐거움과 학교에서의 참여 및 그들의 사회적 기술을 증진하는 것으로 나타났다.

호주의 많은 학교는 회복탄력성과 웰빙에 중점을 둔 PRP와 Strathhaven 프로그램과 같은 독립적 실행 프로그램을 계속해서 실행해 왔기 때문에 자체적으로 긍정교육 프로그램을 제공해 왔다고 생각할 수도 있다(예: Bounce Back과 You Can Do It). 그러나 이러한 프로그램들은 학생과 교직원 모두에게 통합적이고 전략적인 접근 방식을 사용하여 학교를 긍정적인 기관으로 만드는 것을 목표로 하는 학교 전체적인 프로그램은 아니라는 한계가 있다.

앞에서 언급했듯이 긍정교육에 대한 새롭고 폭넓은 정의는 학생뿐만 아니라 교직원 및 학교 전체에 웰빙과학을 적용하는 것을 의미한다. 따라서 학교 전체의 긍정교육 프로그램은 학생, 교직원 및 부모 등 모두를 위한 웰빙 계획과 프로그램을 제공해야 한다. 또한 이러한 긍정교육 프로그램은 본질적으로 전략적이며, 기존의 많은 웰빙 계획과 프로그램을 통합하고 긍정적인 학교 분위기를 조성하기 위해 학교 구성원 전체의 참여가 있어야 한다.

웰빙을 촉진하는 전통적 접근 방식과 달리 긍정교육 프로그램이 갖고 있는 차별적 요인은 긍정교육 프로그램의 핵심적 요소인 코칭심리학과 그 적용 방법 및 증거 기반 코칭의 통합이라는 주장도 제기되고 있다(Green, Oades, & Robinson, 2012).

3. 코칭심리학과 증거 기반 코칭

'코칭심리학(coaching psychology)'과 '증거 기반 코칭(evidence-based learning)'이란 무엇인가? 먼저, 용어의 의미를 명확히 밝히는 것이 중요하다. Grant(2007)에 의하면 코칭심리학이란 "개인, 그룹, 조직의 웰빙과 작업 수행, 삶의 경험을 증진시키는 행동과학(코칭의 맥락에서)의 체계적 적용"(Grant, 2007, p. 23)을 의미한다. 증거 기반 코칭은 지식을 사용하는 방법에 중점을 둔 코칭 적용 분야를 말한다. Grant와 Stober(2006)는 증거 기반 코칭을 "전문가가 코칭을 전달하는 방법을 결정할 때 최고의 최신 지식을 지능적·양심적으로 사용하여 의사결정의 전문 기술로 통합하는 것"이라 정의하였다. 이들은 "최고의 최신 지식"은 "연구, 이론, 실제에 유용한 최신의 정보"라고 정의하였다(Grant & Stober, 2006, p. 6). 코칭은 여러 분야의 지식(예: 심리학, 사회학, 성인 학습, 교육, 조직 행동 및 비즈니스 관리)을 바탕으로 잠재적으로 유용한 정보를 얻도록 조력하는데, 이때 코칭은 폭넓은 관점에서의 코칭을 말한다.

1) 긍정심리학 개입으로서 증거 기반 코칭

긍정심리학과 마찬가지로 코칭심리학 분야에 기반을 둔 증거 기반 코칭 역시 최적의 기능 및 웰빙 증진과 관련이 있다. 그러나 증거 기반 코칭은 정상적 · 비임상적 집단의 자기조절을 향상시키고 목표 성취를 강화시키기 위해 협력적 관계에 있는 여러 심리학적 이론과 기술을 이해하고 적용하는 데 중점을 둔다(Grant, 2007).

코칭심리학은 지금까지 응용 긍정심리학(코칭심리학 분과, 호주 심리학회)으로 정의되어 왔다. 이에 따라 코칭은 성격 강점 확인 및 활용과 같이 긍정심리학 연구를 적용해 왔다(Linley, Nielson, Gillett, & Biswas-Diener, 2010). 코칭에서 긍정심리학의 역할은 이전에도 논의되었지만, 앞으로 특정 응용 분야에 대한 추가 연구가 필요하다(Biswas-Diener & Dean, 2007; Kauffman, 2006; Linley & Harrington, 2005).

2) 학교에서의 증거 기반 코칭

코칭에 대한 관심이 증가하면서 학교에서의 코칭 활용은 점차 늘어나고 있다. 최근에 출판된『교육에서 코칭(Coaching in Education)』(van Nieuwerburgh, 2012)에서는 호주, 영국 및 미국의 학교에서 코칭을 응용한 예들이 제시되어 있다. 또한 일반적이고 정교한 코칭 교육과 훈련뿐 아니라 교육 분야에서의 코칭에 대한 관심이 특별히 증가하고 있다. 예를 들어, 동부 런던 대학교의 코칭심리학 과정은 학생들에게 '교육에서의 코칭과 멘토링'에 대한 특수 모듈을 제공한다. 그리고 2010년에는 교육에서의 긍정심리학과 코칭에 대한 국제 회의가 개최되었다.

호주 시드니 대학교에서는 학생과 교직원이 교육적 환경에서 증거 기반 코칭을 사용하는데, 예비 지원을 제공하는 연구가 실시되었다. 예를 들어, Green과 동료들(2007)은 청소년을 대상으로 증거 기반 생활 코칭에 대한 실험 과정에서 무작위로 대기자 통제집단을 구성하여 연구하였다. 참가자들은 무작위로 할당되어 10주간 인지-행동 해결 중심 코칭 프로그램(CB-SF)에 참여하거나, 대기자로 통제되었다. 56명의 여고생은(평균 연령 16세) 무작위로 개인 생활 코칭 그룹이나 대기자 통제 그룹으로 할당되었다. 참가자들은 무작위로 교사코치[증거 기반 코칭(EBC) 모델 및 코칭 기술 방법에 대한 교육을 받은 교사]에게 배정되었고, 그들은 2학기 이상 10회기 동안 1:1로 만났다. 각 코칭 회기에는 회기 목표 설정, 학생 생활에서 일어났던 일에 대한 토론이 이어졌다. 코칭의 주된 목표는 개인적인 목표를 향해 나아갈 수 있는 자원을 확인하기 위해 개인의 환경에 대한 인식을 제고하고, 그 인식을 활용하는 것이다. 학생들은 목표 설정, 실행 계획 수립, 과정의 모니터링과 평가 등 자기조절 주기에 따라 체계적으로 작업할 수 있도록 도움을 받았다. 연구 결과, 개인 생활 코칭 그룹 학생은 인지적 인내력과 희망이 유의미하게 증가하였고(대조군과 비교했을 때), 우울 수준이 유의미하게 감소하는 것으로 나타났다. 이는 증거 기반 생활 코칭이 고등학생들에게 효과적인 개입이 될 수 있음을 시사한다.

Madden, Green, 그리고 Grant(2011)도 집단 내 연구 설계로 초등학교 남학생을 대상으로 강점 기반 코칭을 사용한 예비 연구를 실시하였다. 5학년 38명 남학생(평균 연령 11세)들은 호주 시드니의 사립 초등학교에서 개인적 개발/건강 프로그램의 일환으로 성격 강점 기반 코칭 프로그램에 참가하였다. 참가자들은 무작위로 소규모 집단에 할당되었고, 각 집단은 2학기 동안 8회기의 코칭을 받았다. 참가자의 성격 강점을 발견하기 위해 성격 강점 설문(The Youth Values in Action)을 실시하였는데, 참가자들은 개인적으로 의미 있는 목표를 확인하고 목표달성을 위해 지속적으로 노력할 뿐만 아니라, 이를 위해 자신의 대표 강점을 사용하는 새로운 방법을 찾는 것에 대한 코칭을 받았다. 그들은 또한 최선을 다한 자신에게 쓰는 글쓰기 활동으로 '미래로부터 온 편지'를 완성하였다. 성격 강점 기반 코칭 예비 프로그램 실시 후 이루어진 학생들의 자기보고식 평가에 따르면, 참여와 희망 수준이 크게 증가한 것으로 나타났다. 이와 같이 성격 강점 기반 코칭 프로그램은 초등학교 환경에서 학생들의 웰빙을 증진시키기 위해서 잠재적 정신건강 예방 및 촉진적 개입 방안으로 고려될 수 있고, 긍정적 교육 프로그램의 중요한 부분이 될 수 있다.

한편, Grant와 동료들(2010)은 교사들에 대한 발달적 코칭의 효과를 연구하기도 하였다. 목표달성, 직장에서의 웰빙, 회복탄력성 및 리더십 양식에 대한 코칭의 효과를 탐구하기 위해 무작위 통제(사전 검사-사후 검사) 설계를 사용하였다. 참가자는 44명의 고등학교 교사이며, 무작위로 20주 동안 CB-SF 코칭 개입 또는 대기자 통제집단에 배정되었다. 코칭 집단의 참가자들은 그들의 리더십 행동에 대하여 다면적 피드백을 받았고, 전문적인 코치의 도움을 받아 더욱 긍정적이고 건설적인 리더십 양식(예: 더 큰 공감을 표현하는 자기 제한 신념에 반론을 제기함)을 개발하였다. 연구 결과에 따르면, 코칭 참가자들은 목표달성도와 웰빙 및 회복탄력성이 크게 증가한 것으로 나타났다. 또한 대기자 통제집단과 비교하여 스트레스가 현저히 감소하였다. 이처럼 코칭은 건설적인 리더십(예: 성취, 인본주의-격려)을 향상시키는 반면에, 공격적/방어적 및 수동적/방어적 양식(자기보고 결과)을 감소시키는 것으로 나타났다. 이러한 결과는 전문적인 발달 방법론으로서 코칭이 교육 환경에서 교사의 웰빙과 전문성 개발에 기여할 가능성이 높음을 보여 주고 있다.

4. 호주의 학교 기반 긍정심리학 개입

호주에서는 학교 기반 긍정심리학 개입(Positive Psychology Interventions: 이하 PPIs 또는 PPI)의 개발 및 활용이 점차 증가하고 있고, 학생의 웰빙을 향상시키기 위해 노력하고 있다. 이러한 개입은 학교 환경에서 웰빙을 향상시키거나 웰빙 관련 역량을 키우기 위한 명확한 목표달성을 통해 이루어진다. 이 프로그램들은 희망(Marques, Lopez, & Pais-Ribeiro, 2011) 또는 감사(Froh, Sefick, & Emmons, 2008)와 같은 하나의 핵심 요인에 중점을 둔 단일 구성요인 PPIs나, 몇 가지의 주요 긍정심리학 요인들을 통합한 다중 구성요소 PPIs로 나눌 수 있다.

정신적 고통, 병리 또는 위험 행동을 예방하거나 치료하려는 학교 기반 프로그램에 대한 실증적 연구가 있었지만(Neil & Christensen, 2007; Spence & Shortt, 2007 참조), 웰빙을 증진시키기 위한 학교 기반 PPI의 효과를 검증하는 연구들은 아직 흔하지 않다. 그럼에도 불구하고 역량과 성격 강점을 향상시키는 데 중점을 둔 PPI는 (단점을 보완하거나 문제를 완화시키기 위한 다양한 접근과는 달리) 건설적이며 전체론적 관점에서 교육 전문가들에게 매력적으로 보이고 있다.

1) 긍정교육 프로그램: 긍정심리학 및 코칭심리학의 전략적 통합

Green과 동료들(2012)은 학생, 교직원 및 학교 전체의 최적 기능과 웰빙을 촉진하기 위해 코칭심리학과 긍정심리학을 학교 환경에서 통합해야 한다고 주장해 왔다. 그들은 긍정심리학과 코칭심리학 모두 웰빙과 최적의 기능을 향상시키는 데 활용될 수 있지만, 2가지 접근이 주로 독립적으로 적용되어 왔기에 더 많은 통합이 필요하다고 제안하였다. 예를 들어, 단일 또는 복수 구성요인 PPI를 활용할 수 있는 학교가 그동안 코칭이 조직 환경에서 주로 활용되는 것으로 생각하여 코칭을 고려하지 않았거나 학교에서 코칭을 받는 것을 아예 염두에 두지 않았을 수도 있다. 또한 이와 유사하게 Madden과 동료들(2011)의 연구에 의하면, 웰빙 증진이라는 폭넓은 목적을 위해 학업 수행을 위한 코칭을 실시하는 학교가 수업 또는 집단 기반 PPI를 제공하는 것은 고려하지 못했을 수 있다.

긍정심리학과 코칭심리학 접근 모두가 웰빙을 증가시킨다는 연구 결과를 기반으로 반드시 2가지 접근법을 동시에 활용할 필요는 없다. 그러나 Green과 동료들(2012)은 "학교는 학생과 교직원 모두의 웰빙 증진과 최적의 기능을 창출하는 수단으로 두 방법 중 하나를 선택할 수 있다. 하지만 2가지 방법을 전략적으로 통합하면 지속 가능성 측면에서 최선의 접근을 제공할 수 있으므로, 학교는 이를 적극적으로 고려해야 한다."(p. 124)라고 하였다. 그들은 또한 긍정심리학 원리들에 대한 교육을 할 때 일상생활에서 이러한 원리들의 지속적 적용과 교육적 변화 촉진이 코칭을 통해 강화될 수 있다고 주장하였다. 예를 들어, 학생이 성격 강점들에 대하여 배우게 된다면, 학생들은 자신의 성격 강점을 바탕으로 개인 목표를 세울 수 있다. 학습이 더욱 개별화되면서 학생들은 자신에게 적합한 목표를 설정할 수 있다. 학생에게 계속해서 코칭을 제공하면서(개별 또는 집단별 모두), 학생의 목표 성취 과정을 추적할 수 있게 된다. Green과 동료들(2012)은 "코칭 목표는 감사, 친절, 용서 등 긍정심리학 개념의 적용과 관련하여 설정할 수 있다."(p. 125)라고 제시하였다. 이러한 방식으로 그들은 코칭의 목표 설정 및 목표달성 방법을 설명하면서, 그 개념들이 의미 있고 실제적으로 적용될 때 긍정심리학이 생활 속에서 적용되어 실현된다고 보았다.

이처럼 긍정교육 프로그램은 긍정심리학, 코칭심리학/증거 기반 코칭의 교육 및 구현을 모두 포함한다. 예를 들어, 뉴사우스웨일스의 녹스 그래머스쿨(Knox Grammar School)과 로레토 키리빌리(Loreto Kirribilli)에서 개발되고 구현된 긍정교육 프로그램에서, 전 교직원은 긍정심리학 및 코칭심리학 모두에 대하여 3일간 입문 교육을 받고, 학습한 지식과 기술의 유지 및 개발을 촉진하기 위한 고급 마스터 수업을 받는다. 또한 녹스 그래머 스쿨에서는 고등학생을 위한 학업 멘토링/코칭 프로그램에서 개별 코칭을 활용하며, 모든 멘토(전통적으로 교사 역할)는 수업에서 코칭을 활용한다. 이러한 수업은 긍정심리학을 학생의 생활 속에 적용하는 것이라 할 수 있다.

녹스 그래머 스쿨에서는 긍정교육 프로그램의 일환으로 교사-학생 멘토링 프로그램을 통해 '행동의 긍정적인 관계'에 대해 중점적으로 다룬다. 교사-학생 멘토링 프로그램은 긍정심리학의 원칙을 채택한다. 멘토는 학생들의 요구에 맞게 프로그램을 제작하고, 상호 이해, 존중, 격려, 안전, 포용 및 동등한 참여 기회를 토대로 집단 상호작용을 위한 구조화된 틀을 제공한다. 각각의 멘토는 안내서, 수첩, 읽기 쉬운 긍정교육 활동지, 교육 프로그램, 긍정교육 대상의 관심 분야, 독서 목록 등이 포함된 멘토 자료집을 제공받는다. 녹스의 멘토링 프로그램의 핵심 주제는 "그들이 있는 곳에서가 아니라, 그들이 있기를 원하는 곳에서 만나라."이다(녹스 그래머 스쿨의 긍정교육 책임자인 Steve Zolezzi의 개인적인 커뮤니케이션). 또한 녹스 그래머 스쿨 직원의 전문성 개발에는 Jim Knight의 수업 코칭(Knight, 2007) 접근법에서 강조된 코칭 접근법을 활용한다.

로레토 키리빌리에서는 교리 수업 시간(pastoral-care class time)에 활용할 맞춤형 긍정교육 과정을 개발 중이다. 이 프로그램은 과학적인 긍정심리학을 기초로 하고 있다. 하지만 긍정교육을 용이하게 하는 교사들은 학생들이 그들의 삶에 긍정심리학 개념을 어떻게 적용할 수 있는지 숙고하여 학습이 개인적으로 의미 있게 이루어지도록 코칭 접근법을 활용할 수 있다. 코칭의 1차 목표는 개인이 환경에 대한 인식을 제고하고, 그 인식을 활용하여 개인적인 목표를 향해 나아갈 수 있는 자원을 확인하도록 하는 것이다. 학생들은 코칭을 통해 목표를 설정하고 (자체 생성된) 행동 계획을 개발한 다음, 진행

과정을 모니터링하고 평가하는 자기조절 주기에 따라 체계적으로 작업할 수 있다. 이와 같이 전략적, 통합적, 맞춤형의 긍정교육 프로그램에 긍정심리학 및 코칭심리학을 적용하는 것이 학생과 교직원들의 웰빙을 창출하고 가능하게 하는 데 어떻게 도움이 될 수 있는지에 대해 앞으로도 주의 깊게 고려하고 검증할 필요가 있다.

5. 향후 연구와 시사점

앞으로 학교 기반 PPI 및 증거 기반 코칭에 대한 향후 연구가 필요하다. 학교에서 PPI 및 증거 기반 코칭 활용을 지원하는 것 이외에도, 요구와 특성이 다른 학생들을 대상으로 보다 많은 연구가 이루어져야 한다. 이러한 연구들이 2가지 접근법의 이점에 대한 깊이 있는 이해를 통해 잠재적으로 가장 효율적인 개입을 가능하게 할 수 있다. 이 같은 질문에 대한 답을 구하기 위해, 저자와 그의 동료들은 호주 시드니의 고등학생을 대상으로 무작위 통제 실험을 포함한 2개의 분야에 대한 비교 연구를 현재 수행 중이다(하버드 대학교, 코칭 그랜트 연구소, 2011). 이 연구는 일반적인 청소년 집단 내에서 웰빙을 향상시키는 인지행동적 해결 중심(CB-SF) 코칭 개입과 긍정심리학 개입(PPI)의 비교에 대한 것이다. 두 개입 모두 교사가 구현하게 되며, 시드니에서 선정된 2개 고등학교의 학생들이(남학생, 여학생 포함) 연구에 참여하고 있다.

더 중요한 것은, 긍정교육 범주에서 이 2가지 상호보완 분야가 어떻게 긴밀하게 통합될 수 있는지에 대한 연구가 필요하다는 것이다. 호주 시드니의 녹스 그래머 스쿨과 로레토 키리빌리에서 진행되고 있는 대규모 긍정교육 사업은 학생, 교직원 및 전체 학교 웰빙 증진을 위해 2가지 접근법을 통합하여 활용하고 있다(Green et al., 2011). 이 프로그램에 대한 독립적이고 과학적 평가는 앞으로 이러한 유형의 프로그램을 제공하는 데 추가적 근거가 될 수 있다.

한편, PPI와 증거 기반 코칭 개입이 일반적으로 비임상적 집단을 대상으로 한다는 점을 유의해야 한다. PPI 시작 전에 정신건강 검진은 시행되지 않으며, 따라서 이러한 프로그램에 참여하는 사람들은 주로 비임상적 범위에 속한다고 가정한다. 이것은 특히 코칭과 관련된 것으로 코칭에서는 코칭을 받는 사람들은 심리적 고통이 없다고 가정한다. 그러나 이 가정은 선행된 과학적 연구들에 의해 의문이 제기되었다. 먼저, 간편 증상 검사지(brief symptom inventory)를 통해 평가한 결과, 코칭 개입에 참여한 사람들 중 25~52%가 유의미하게 높은 수준의 심리적 고통을 보인다는 연구가 있었다(Derogatis & Melisaratos, 1983; Green, Oades, & Grant, 2006; Kemp & Green, 2010; Spence & Grant, 2007 참조). 또한 긍정심리학 문헌이나 PPI 대상을 선별하는 측면에서 사전에 이러한 정신건강 또는 선별 문제가 적절하게 제기되거나 논의되지 않았기 때문에(Green & Norrish, 2013), 이러한 개입이 부정적인 결과로 이어질 수 있다는 현실적인 우려가 있다. Green과 동료들(2011)은 이러한 문제점을 강조하면서 강점 기반 코칭 개입을 수행할 때 우울증과 같은 임상적 장애 때문에 목표를 달성하거나 강점을 적절하게 적용하는 것에 실패할 수도 있는 학생의 사례를 제시하였다. 이 사례를 통해 잠재적으로 아동·청소년의 웰빙을 향상시키기보다는 오히려 임상적 장애를 악화시킬 수 있다는 점을 제시하고 있다.

전반적으로, 임상적 집단에 속해 있는 청소년 대상 PPI의 효과에 대한 이해에는 한계가 있다. 따라서 긍정교육을 적용하거나 연구를 수행할 때 우선해야 할 것은 정신질환 증상이 있는 학생을 더 많이 이해하고, 이러한 학생들이 학교 전반의 웰빙 정책에서 소외되지 않고 그들의 요구에 대한 지원과 도움을 얻을 수 있는 방법을 찾아 지원하는 것이다. 웰빙 증진 노력과 정신건강 치료 노력이 상호보완되고 통합적이며 지속적인 방식으로 적용될 때, 긍정적 교육은 가장 효과적으로 작동하게 될 것이다(Norrish & Vella-Brodrick, 2009).

앞에서 언급했듯이, 긍정교육은 명백하고 구조화된 교육과 이러한 교육 활동을 비공식적인 방법으로 지원하는 암묵적 실행 모두를 포함하고 있다. 예를 들어, 학생들은 긍정교육 프로그램의 한 부분으로 자신의 성격 강점을 탐구할 수 있다. 이 학습은 부모에게 성격 강점의 중요성을 교육하거나 자주 성격 강점 언어를 사용하여 학교 문화를 조성하고 집단에서 성격 강점을 탐구하는 것과 같은 학교 차원의 암묵적 실행을 통해 지원되고 개발될 수 있다(Fox-Eades, 2008). 마찬가지로, 학생들이 코칭 프로그램의 일환으로 배우는 목표 설정 전략은 학생들이 다양한 수업 및 특별 활동에서 목표를 설정하고 작업하면서 개발될 수 있다. 이러한 주요 메시지가 여러 수준의 학교 환경에서 강화되고 교직원, 가족 및 더 넓은 공동체에 전달될 때 학생들의 학습이 가장 효과적으로 이루어질 수 있다(Weare, 2000).

전체 학교 접근법은 잠재적으로 학생의 웰빙을 촉진하는 측면에서 가장 영향력 있는 방법이지만, 자연 발생적 요인과 통제집단의 결과가 배제되기 때문에 최근에는 무작위 통제 실험과 같이 엄격한 연구 기술을 통해 측정하는 것이 더욱 어려워졌다. 앞으로 엄격한 연구 기술을 활용하여 검증하면서 학습을 지원하고 심화시키기 위해 전 학교 차원에서의 교육 실행을 균형 있게 발전시켜 나가는 것이 긍정교육이 앞으로 해 나가야 할 가장 큰 과제 중 하나이다.

긍정교육의 미래

점차 많은 학교가 긍정심리학의 응용을 고려하고 맞춤식 긍정교육 프로그램을 개발해 나가기 위해서는 절롱 그래머 스쿨과 녹스 그래머 스쿨과 같은 긍정교육 개척자들이 긍정심리학의 정신을 갖고 지식과 경험을 공유하는 것이 중요하다. 대화와 상호작용을 통해 그들의 연구 결과를 보급하고 다른 학교가 자신의 긍정교육 프로그램을 개발하여 실행하도록 격려할 필요가 있다. 예를 들어, 절롱 그래머 스쿨은 정기적으로 긍정교육 방문자의 날을 개최한다. 이 방문자의 날에는 방문하는 기관에게 긍정심리학과 긍정교육에 대한 개요를 제공한다. 또한 녹스 그래머 스쿨은 2013년도에 제1회 호주 긍정교육 컨퍼런스를 후원하였는데, 긍정교육에 대한 연구를 수행한 연구자들과 실무자들 모두 그들의 작업을 발표할 수 있는 기회를 제공하였다. 모든 학교가 외부 컨설턴트에 의한 광범위한 교육을 제공할 수 있는 재원(예산 또는 기타)을 가지고 있는 것은 아니다. 따라서 학교는 시간과 에너지를 투자하여 긍정교육 제공의 필요성과 이전에 절롱 그래머 스쿨과 녹스 그래머 스쿨에서 실시된 프로그램들로부터 배울 수 있는 점을 검토해야 한다. 일부 학교에서는 단순히 무엇이 잘 작동하는지 확인하기 위해 감사 조사 방법(Cooperrider & Srivastva, 1987)을 이용하여 웰빙 감사를 실시할 수 있다. 다른 학교가 실시하는 프로그램을 조사하는 것도 도움이 될 수 있으며, 자신만의 프로그램을 실행하는 것도 고려해야 한다.

또한 긍정교육 프로그램의 개발을 돕기 위해서 호주의 많은 학교에서는 긍정심리학의 원리를 적용하고 배우는 데 적극적으로 동기화된 교직원으로 이루어진 긍정교육 프로그램팀(PEP teams)이 구성되었다. 긍정교육의 책임자(HOPE)로 확인된 리더는 학교 맞춤식 긍정교육 프로그램을 개발하고 구현하기 위해 이 팀과 함께 작업한다. 팀의 성공적인 결과를 향상시키는 하나의 방법은 리더와 함께 일할 긍정교육 코치를 참여시키거나, 팀 안에서 장기간에 걸쳐 책임 있는 성과에 초점을 맞추고 긍정교육에서 얻은 전문 지식과 자원을 서로 제공하는 것이다.

6. 결론

지금까지 긍정교육 프로그램은 학생, 교직원 및 전체 학교 공동체의 최적의 기능을 향상시킴으로써 웰빙을 증진시키기 때문에 학교에서 이를 제공할 필요가 있다고 주장하였다. 그리고 긍정심리학과 코칭심리학 모두 긍정교육을 뒷받침해야 하며, 긍정교육 프로그램 안에서 전략적으로 통합될 필요가 있다.

Clonan과 동료들(2004)은 "다른 학교 체제에서 동일한 방식으로 학교 긍정심리학을 구현하는 것은 불가능하다."(p. 105)라고 주장한다. 따라서 긍정교육 프로그램의 측면에서, 교육자는 이미 잘 작동하고 있는 프로그램을 기초로 자기 학교의 개별화된 요구 사항을 반영한 프로그램을 만드는 것이 바람직하다. 그리고 학생, 교직원 및 학교 전체 공동체의 전반적인 번영을 증진시키기 위해 호주뿐만 아니라 전 세계적으로 학교에서 긍정교육 프로그램의 보급을 지원하는 연구가 추가적으로 이루어져야 할 것이다.

참고문헌

Adi, Y., Killoran, A., Janmohamed, K., & Stewart-Brown, S. (2007). *Systematic review of the effectiveness of interventions to promote mental wellbeing in primary schools: Universal approaches which do not focus on violence or bullying.* London, UK: National Institute for Clinical Excellence.

Armstrong, K. H., Missall, K. N., Shaffer, E. I., & Jojnoski, R. L. (2009). Promoting positive adaptation during the early childhood years. In R. Gilman, E. S. Huebner, & M. J. Furlong (Eds.), *Handbook of positive psychology in schools* (pp. 339-352). New York, NY: Routledge.

Bargh, J. A., & Morsella, E. (2008). The unconscious mind. *Perspectives on Psychological Science, 3,* 73-79.

Benson, P. L., & Scales, P. C. (2009). The definition and preliminary measurement of thriving in adolescence. *Journal of Positive Psychology, 4,* 85-104. doi:10.1080/17439760802399240

Biswas-Diener, R., & Dean, B. (2007). *Positive psychology coaching: Putting the science of happiness to work for your clients.* Hoboken, NJ: Wiley.

Brunwasser, S. M., Gillham, J. E., & Kim, E. S. (2009). A meta-analytic review of the Penn Resiliency Program's effects on depressive symptoms. *Journal of Consulting and Clinical Psychology, 77,* 1042-1054. doi:10.1037/a0017671

Clonan, S. M., Chafouleas, S. M., McDougal, J. L., & Riley-Tillman, T. C. (2004). Positive psychology goes to school: Are we there yet? *Psychology in the Schools, 41,* 101-110. doi:10.1002/pits.10142

Cooperrider, D. L., & Srivastva, S. (1987). Appreciative inquiry in organizational life. In R. W. Woodman & W. A. Pasmore (Eds.), *Research in organizational change and development* (Vol. 1, pp. 129-169). Stamford, CT: JAI.

Derogatis, L. R., & Melisaratos, N. (1983). The Brief Symptom Inventory: An introductory report. *Psychological Medicine, 13,* 595-605. doi:10.1017/S0033291700048017

Fox-Eades, J. (2008). *Celebrating strengths: Building strengths-based schools.* Coventry, UK: CAPP.

Froh, J. J., Sefick, W. J., & Emmons, R. A. (2008). Counting blessings in early adolescents: An experimental study of gratitude and subjective well-being. *Journal of School Psychology, 46,* 213-233. doi:10.1016/j.jsp.2007.03.005

Gill, S. (2009). *Monitoring and promoting well-being in education principles and possible approaches to child well-being indicators.* Working paper, Education for Well-Being Europe Consortium, July 2009.

Grant, A. M. (2007). Past, present and future: The evolution of professional coaching and coaching psychology. In S. Palmer & A. Whybrow (Eds.), *Handbook of coaching psychology* (pp. 23-39). New York, NY: Routledge.

Grant, A. M., Green, L. S., & Rynsaardt, J. (2010). Developmental coaching for high school teachers: Executive coaching goes to school. *Consulting Psychology Journal: Practice & Research, 62,* 151–168. doi:10.1037/a0019212

Grant, A. M., & Stober, D. R. (2006). Introduction. In D. R. Stober & A. M. Grant (Eds.), *Evidence based coaching handbook: Putting best practices to work for your clients.* Hoboken, NJ: Wiley.

Green, L. S., Grant, A. M., & Rynsaardt, J. (2007). Evidence-based coaching for senior high school students: Building hardiness and hope. *International Coaching Psychology Review, 2,* 24–31.

Green, L. S., & Norrish, J. M. (2013). Enhancing well-being in adolescents: Positive psychology and coaching psychology interventions in schools. In C. Proctor & P. A. Linley (Eds.), *Research, applications and interventions for children and adolescents: A positive psychology perspective.* New York: Springer. doi:10.1007/978-94-007-6398-2_13

Green, L. S., Oades, L. G., & Grant, A. M. (2006). Cognitive-behavioural, solution focused life coaching: Enhancing goal striving, well-being and hope. *Journal of Positive Psychology, 1,* 142–149. doi:10.1080/17439760600619849

Green, L. S., Oades, L., & Robinson, P. (2011). Positive *education: Creating flourishing students, staff and schools, InPsych, the Bulletin of the Australian Psychological Society,* April. Available from http://www.psychology.org.au/publications/inpsych/2011/april/green/

Green, L. S., Oades, L. G., & Robinson, P. L. (2012). Positive education programmes: Integrating coaching and positive psychology in schools. In C. van Nieuwerburgh (Ed.), *Coaching in education: Getting better results for students, teachers and parents* (pp. 115–132). London, UK: Karnac.

Green, L. S., & Spence, G. B. (in press). Evidence-based coaching as a positive psychology intervention. In A. C. Parks (Ed.), *The Wiley-Blackwell handbook of positive psychological interventions.*

Harvard University, Institute of Coaching Grant. (2011). *Enhancing well-being and self-regulation in a general adolescent population: Comparing evidence-based coaching and positive psychology interventions.* Investigators: L. S. Green, A. Norrish, D. Vella-Brodrick, & A. M. Grant. Boston, MA.

Huitt, W. (2010). Analyzing paradigms used in education and schooling.

Educational Psychology Interactive. Valdosta, GA: Valdosta State University. Retrieved from http://www.edpsycinteractive.org/topics/intro/paradigm.html

Kauffman, C. (2006). Positive psychology: The science at the heart of coaching. In D. R. Stober & A. M. Grant (Eds.), *Evidence-based coaching handbook: Putting best practices to work for your clients* (pp. 219-253). Hoboken, NJ: Wiley.

Kemp, T., & Green, L. S. (2010). *Executive coaching for the normal "non-clinical" population: Fact or fiction?* Paper presented at the Fourth Australian Conference on Evidence-Based Coaching, University of Sydney.

Knight, J. (2007). *Instructional coaching: A partnership approach to improving instruction.* Thousand Oaks, CA: Corwin.

Kyriacou, C. (1987). Teacher stress and burnout: An international review. *Educational Research, 29,* 146-152. doi:10.1080/0013188870290207

Kyriacou, C. (2001). Teacher stress: Directions for future research. *Educational Review, 53,* 28-35. doi:10.1080/00131910120033628

Linley, P. A., & Harrington, S. (2005). Positive psychology and coaching psychology: Perspectives on integration. *The Coaching Psychologist, 1*(1), 13-14.

Linley, P. A., Nielsen, A. M., Gillett, R., & Biswas-Diener, R. (2010). Using signature strengths in pursuit of goals: Effects on goal progress, need satisfaction, and well-being, and implications for coaching psychologists. *International Coaching Psychology Review, 5,* 8-17.

MacConville, R. (2008). *Teaching happiness: A ten-step curriculum for creating positive classrooms.* London, UK: Optimus Education.

MacKenzie, S. V., & Marnik, G. F. (2008). Rethinking leadership development: How school leaders learn in action. *Schools: Studies in Education, 5,* 183-204.

Madden, W., Green, S., & Grant, A. (2011). A pilot study evaluating strengths-based coaching for primary school students: Enhancing engagement and hope. *International Coaching Psychology Review, 61,* 71-83.

Marques, S. C., Lopez, S. J., & Pais-Ribeiro, J. L. (2011). "Building Hope for the Future": A program to foster strengths in middle-school students. *Journal of Happiness Studies, 12,* 139-152. doi:10.1007/s10902-009-9180-3

McGrath, H. (2009). *An evidence-based positive psychology approach to student wellbeing.* Paper presented at the First Australia Positive Psychology in Education Symposium, University of Sydney.

Neil, A. L., & Christensen, H. (2007). Australian school-based prevention and early intervention programs for anxiety and depression: A systematic review. *Medical Journal of Australia, 186,* 305-308.

Norrish, J. M., & Vella-Brodrick, D. A. (2009). Positive psychology and adolescents: Where are we now? Where to from here? *Australian Psychologist, 1,* 1-9. doi:10.1080/00050060902914103

Oades, L. G., Robinson, P., Green, L. S., & Spence, B. B. (2011). Towards a positive university. *Journal of Positive Psychology, 6,* 432-439.

Quartz, K. H., & The TEP Research Group. (2003). "Too angry to leave": Supporting new teachers' commitment to transform urban schools. *Journal of Teacher Education, 54,* 99-111.

Sawyer, M. G., Arney, F. M., Baghurst, P. A., Clark, J. J., Graetz, B. W., Kosky, R. J., . . . Zubrick, S. R. (2000). *The mental health of young people in Australia.* Mental Health and Special Programs Branch, Commonwealth Department of Health and Aged Care. Canberra, ACT, AU: Available from http://www.health.gov.au/internet/publications/publishing.nsf/Content/mental-pubs-m-young-toc

Seligman, M. E. P. (2011). *Flourish.* New York, NY: Simon & Schuster.

Seligman, M. E. P., & Csikszentmihalyi, M. (2000). Positive psychology: An introduction. *American Psychologist, 55,* 5-14. doi:10.1037//0003-066X.55.1.5

Seligman, M., Ernst, R., Gillham, K., & Linkins, M. (2009). Positive education: Positive psychology and classroom interventions. *Oxford Review of Education, 35,* 293-311. doi:10.1080/03054980902934563

Seligman, M. E. P., Park, N., & Peterson, C. (2004). The Values In Action (VIA) classification of character strengths. Ricerche di Psicologia. *Special Positive Psychology, 27*(1), 63-78.

Shucksmith, J., Summerbell, C., Jones, S., & Whittaker, V. (2007). *Mental wellbeing of children in primary education (targeted/indicated activities).* London, UK: University of Teesside, School of Health and Social Care. Available from http://

www.nice.org.uk/nicemedia/pdf/MentalWellbeingChildrenReview.pdf

Spence, G. B., & Grant, A. M. (2007). Professional and peer life coaching and the enhancement of goal striving and well-being: An exploratory study. *Journal of Positive Psychology, 2,* 185-194. doi:10.1080/17439760701228896

Spence, S. H., & Shortt, A. L. (2007). Research review: Can we justify the widespread dissemination of universal, school-based interventions for the prevention of depression among children and adolescents? *Journal of Child Psychology and Psychiatry, 48,* 526-542. doi:10.1111/j.1469-7610.2007.01738.x

van Nieuwerburgh, C. (2012). *Coaching in education: Getting better results for students, teachers and parents.* London, UK: Karnac.

Weare, K. (2000). *Promoting mental, emotional and social health. A whole school approach.* London, UK: Routledge. doi:10.4324/9780203270059

Weare, K. (2010). Mental health and social and emotional learning: Evidence, principles, tensions, balances. *Advances in School Mental Health Promotion, 3*(1), 5-7.

Wiley, C. (2000). A synthesis of research on the causes, effects and reduction strategies of teacher stress. *Journal of Instructional Psychology, 27*(2), 80-87.

Wyn, J. (2007). Learning to become somebody well: Challenges for educational policy. *Australian Educational Researcher, 34*(3), 35-52. doi:10.1007/BF03216864

Yeager, J. M., Fisher, S. W., & Shearon, D. N. (2011). *Smart strengths: Building character, resilience and relationships in youth.* New York, NY: Kravis.

요약: 호주의 사례

- 호주에서는 학생 웰빙과 관련하여 특히 학교에서 긍정심리학을 채택해야 한다는 인식이 증가하고 있다.
- 호주에서는 특별히 절롱 그래머 스쿨과 녹스 그래머 스쿨과 같은 대규모 맞춤식

전략적 긍정교육 프로그램(PEPs)의 개발 및 실행과 '긍정교육' 분야에 대한 관심이 증가하고 있다.

- 저자는 긍정교육에 대해 "학생, 교직원 및 전체 학교 공동체의 회복탄력성과 웰빙 증진을 목표로 교육 환경에서 웰빙과학을 적용하는 것"이라는 새롭고 정교한 정의를 제안하였다.
- 긍정교육에서는 명시적인 웰빙 교육을 제공하는 것뿐만 아니라, 이를 보완하고 지원할 암묵적 접근 또한 필요하다는 인식이 증가하고 있다. 암묵적 접근이란 자연스럽게 경험하게 되면서 정규 과목과 병행하는 활동(예: 교육과 스포츠), 학교 환경(긍정적 또는 부정적 영향을 주도록 만들어진), 학교 전체의 긍정적 분위기 조성 등을 말한다.
- 전략적 긍정교육 프로그램은 증거 기반 코칭을 핵심 구성 요소로 통합한다. 교육의 변화를 지원하기 위한 증거 기반 코칭을 활용하고 이를 통해 긍정교육은 발전될 수 있다.
- PEP의 관점에서, 학교에서는 이미 잘 작동하고 있는 다른 프로그램을 기반으로 학교의 개별화된 요구를 반영하여 맞춤식 프로그램을 만드는 것이 바람직하다.

호주의 사례 추천자료

Fox-Eades, J. (2008). *Celebrating strengths: Building strengths based schools*. Coventry, UK: CAPP.

이 책은 Seligman과 Peterson(2004)의 덕목 분류표를 참조하여 학교 환경에서의 성격 강점 적용의 개요를 제공한다.

Knight, J. (2007). *Instructional coaching: A partnership approach to improving instruction*. Thousand Oaks, CA: Corwin.

이 책은 변화를 촉진하고, 수업을 향상시키며, 학교 문화를 변화시키는 혁신적인 전문 개발 전략인 수업 코칭을 소개한다.

MacConville, R. (2008). *Teaching happiness: A ten-step curriculum for creating*

positive classrooms. London, UK: Optimus Education.
이 책은 긍정심리학의 핵심 개념을 실제적 10회기 프로그램으로 초등학생과 중학생 모두에게 적절하게 구성하여 제시하고 있다.

van Nieuwerburgh, C. (2012). *Coaching in education: Getting better results for students, teachers and parents*. London, UK: Karnac.
이 책은 학생, 교사 및 학부모를 위한 코칭을 포함하여 교육 분야에서의 코칭 응용에 대한 광범위하고 풍부한 개요를 제공한다.

Yeager, J. M., Fisher, S. W., & Shearon, D. N. (2011). *Smart strengths: Building character, resilience and relationships in youth*. New York, NY: Kravis.
이 책은 활동, 자료 및 실례를 포함하여 사용자에게 친숙한 내용으로 학교 환경에서 성격 강점 적용을 위한 개요를 제공한다.

제26장

아동 · 청소년의 행복 증진: 영국교육의 긍정심리 개입 사례

1. 서론

최근 영국에서는 아동과 청소년의 행복에 대한 관심이 증가하고 있다. 2007년 UNICEF에서 경제 선진국 아동 · 청소년의 생활과 안녕에 대해 5가지 측면(예: 물질적-교육적 안녕, 가족과 동료 관계, 행동과 위험성, 주관적 행복감)에 걸쳐 실시한 종합 평가에서 영국은 21개국 중 최하위를 기록하였다(UNICEF, 2007). "모든 아동이 중요하다(The Every Child Matters)."라는 교육부 의제(DfES, 2004)에서 학생의 안녕감 증진을 위한 학교의 책무가 강조되었다(Challen, Noden, West, & Machin, 2011). 아동 법령(The Children Act, 2004)에서는 아동 · 청소년이 19세가 될 때까지 안녕과 복지를 보호하고 증진하는 일을 국가적 의무로 규정하였다(DfES, 2004, p. 20). 그러나 실제적인 영국 청소년 정신건강에 대한 연구 동향 분석에 의하면, 1974년에서 1999년까지 25년 동안 영국 아동과 청소년의 정서 · 행동적 문제는 점진적으로 증가한 것으로 나타났다(Collishwa, Maughan, Goodman, & Pickles, 2004).

2005년부터 수집된 자료에 기초하여 영국 아동의 전반적 행복 상태를 다룬 첫 번째 시리즈인 「건강한 아동기 보고 2012(The Good Childhood Report 2012)」(The Children's Society, 2012)에 의하면, 대부분의 아동은 평소 자신의 생활에 대체로 만족하지만, 11명 중 1명 정도(약 9%)는 그렇지 않은 것으로 나타났다. 이는 8~15세의 50만여 명의 아동·청소년의 행복이 낮은 수준임을 보여 준다. 또 이 연구에서 아동의 행복 정도가 개인이나 가족 특성에 따라 많은 변화가 없으며, 성별과 주거 형태에 따른 행복 차이도 거의 없었다. 하지만 연령이 증가함에 따라 행복 정도가 감소하는 것으로 나타났다. 예컨대, 8세 아동 중 4%의 아동이 낮은 수준의 안녕감 수준을 보였으나, 15세 청소년의 경우 14% 정도가 낮은 수준을 보였는데, 이는 기존 연구에서 보고된 결과들과 일치한다(Gilman & Huebner, 2003; Proctor, Linley, & Maltby, 2009 참조). 그런데 이는 존재하는 다양한 변인을 모두 고려한 조사 결과는 아니다.

아동·청소년 안전, 권리, 안녕감 증진을 위한 캠페인 및 관련 연구를 수행하는 자선 기관인 아동연구회(Children's Society)는 2012년도에 「좋은 아동기 보고(The Good Childhood Report 2012)」를 발표하였다. 제시된 자료들은 10가지 주요 영역(가족, 가정, 경제력, 교우관계, 학교, 건강, 외모, 시간 사용, 선택과 자율성, 미래)의 전반적 행복 지수를 측정하는 건강한 아동기 지표(Good Childhood Index) 활용을 통해 수집되었다. 이 연구 자료는 영국 아동·청소년의 행복의 특징을 분명하게 보여 줄 뿐 아니라 기존 연구 문헌에서 보고된 연구 결과와 일치하고 있어 연구 결과의 일반화 가능성을 보여 주고 있다. 다음 절에는 이 연구 보고서에 실린 연구 결과들의 예시와 주요 내용을 제시할 것이다(The Children's Society, 2012).

2. 영국 아동 · 청소년의 행복에 영향을 미치는 요인들

아동 · 청소년의 안녕감은 모든 측면에서 중요하다(Proctor et al., 2009). 특히 부모와의 관계와 가족 구조의 안정성이 가족의 구조(가족 형태)와 상관없이 아동 · 청소년의 안녕감을 구성하는 중요한 요소로 나타났는데, 이는 기존 연구 결과와 유사한 결과이다. 가족 구조의 변화를 경험한 아동이 낮은 안녕감을 경험할 가능성은 2배나 높은 것으로 나타났다(Demo & Acock, 1996; Greenberg, Siegel, & Leitch, 1983; Grossman & Rowat, 1995).

아동 · 청소년의 안녕감에는 가정환경이 매우 중요한 역할을 하는데, 안전 문제, 빈곤 및 빈번한 이사는 아동의 안녕감에 부정적 영향을 미치는 것으로 나타났다(Brown & Orthner, 1990; Homel & Burns, 1989). 경제적 어려움도 안녕감에 부정적 영향을 미치는데, 경제 수준이 하위 20%인 가정의 아동들은 평균 수준 가정의 아동들보다 낮은 안녕감을 보였다. 경제 수준이 평균 수준 이상인 가정 아동들의 경우에는 안녕감 수준에 대한 차이가 거의 나타나지 않았다(Wilson et al., 1997). 교우관계 또한 안녕감에 중요한 역할을 하는 것으로 나타났는데, 교우관계의 수와 질이 안녕감에 영향을 주고 있었다. 예를 들어, 조사 대상 아동 중 6%의 아동은 스스로 충분한 교우관계를 형성하지 못했다고 보고하였는데, 이들은 낮은 안녕감을 보였으며, 따돌림을 경험한 아동들의 경우 따돌림을 한 번도 당하지 않았던 아동보다 무려 6배 이상의 낮은 안녕감 지수를 나타냈다(Asher & Hopmeyer, 1997; Diener et al., 2010; Flouri & Buchanan, 2002; Rigby, 2000). 학교 만족감, 학교 공부 수행 및 학교생활의 안전에 대한 만족감 역시 아동 · 청소년 안녕감의 중요한 요인들이다. 조사 대상 아동의 80%가 학교에서 잘 지내는 것이 매우 중요하다고 응답하였으나, 7%의 아동은 학교에서 불안감을 느끼고 있었다(Park, 2005; Valois, Paxton, Zullig, & Huebner, 2006). 아동의 안녕은 또한 그들의 신체 건강 상태와 관계가 있었다. 자신의 건강에 대해 '매우 나쁘다'고 평가한 아동들은 건강 상태에 만족하는 아동들보다 경제적으로 어려운 가정에서 살고 있는 것으로 나타났다(Zullig, Valois, Huebner, & Drane, 2005). 외모에 대한 만족도 역시 중요한 요인이었는데, 연령이 증가함에 따라 그 중요성이 증가하였고, 15세인 남학생의 32%, 여학생의 56%가 자신의 외모를 걱정하는 것으로 나타났다. 스스로의 외모에 불만을 가진 아이들은 그렇지 않은 아이들보다 따돌림의 희생자가 될 가능성이 훨씬 높았다(Blom-Hoffman, Edwards George, & Franko, 2006; Valois, Zullig, Huebner, & Drane, 2003).

또한 연구 결과에 의하면, 가족이나 친구들과 함께하는 시간이 지나치게 적거나 친구들과 함께하는 시간은 거의 없고 가족들과만 너무 많은 시간을 보낸다고 느끼는 아동 · 청소년들의 안녕감이 낮게 나타났다. 자율성이 줄어들수록 안녕감이 낮았는데, 선택의 경험에 있어서 아동의 바람과 기대와 불일치(mismatch)한 경험이 많을수록 안녕감이 낮았다. 마지막으로, 90%의 아동 · 청소년은 자신의 미래에 대해 낙관적으로 생각하고 있었으나, 나머지 10%는 그렇지 않았다. 여학생들의 경우 남학생보다 낙관적인 경향이 낮았고, 연령이 높아질수록 점점 긍정적인 감정이 줄어드는 경향을 보였다. 또한 가난과 기대치 사이에도 연관이 있었는데, 경제적으로 어려운 가정의 아동 · 청소년의 약 40%만이 대학 진학을 희망했다.

전체적으로, 이 보고서에서는 6가지 주요 주제를 강조하고 있다. 이 6가지는 국회, 중앙 정부, 지역사회 관계자들이 아동의 행복 관련 정책을 평가하고 설정할 때 고려할 점으로 제안될 수 있다. 아동 · 청소년 욕구에 있어서 가장 우선시해야 하는 첫 번째 요인은 그들이 배우고 발전할 수 있는 여건인데, 이는 자유롭게 놀 수 있는 기회를 갖는 것, 양질의 적절한 교육을 받는 것, 그리고 교사와 긍정적인 관계를 갖는 것을 뜻한다. 두 번째는 스스로에 대한 긍정적 관점을 갖는 것과 존중받는 자아정체성을 갖는 것이다. 이것은 스스로의 외모에 만족할 줄 알며, 신체 · 정신적으로 건강함과 동시에, 존재만으로도 자신이 가치 있는 존재로 존중받는 것이다. 이는 "모든 아동이 중요하다."라는 교육부 의제(The Department of Education's Evert Child Matters agenda)와 일치하는 것으로, 학교는 이 2가지의 중요한 우선 요인이 충족될 수 있는 가장 이상적인 장소가 될 수 있다.

3. 학교에서의 긍정적 안녕의 증진

최근 긍정심리 연구자들은 "학교에서 행복을 가르쳐야 하는가?"(Seligman, Ernst, Gillham, Reivich, & Linkins, 2009, p. 294)와 같은 질문을 한다. Seligman과 동료들(2009)은 "예"라고 응답하는데, 그 이유는 안녕감 증진이 더 높은 학습 성취를 가져오는 시너지 효과를 내기 때문이다. 또한 안녕감 증진과 행복은 모든 부모가 자녀들에게 가장 바라는 결과이기 때문이다. 많은 아동 · 청소년이 자신이 행복하다고 보고하지만, 실제로는 그들이 긍정적인 정서를 풍부하게 누리고 사회적 · 정신적으로 적절하게 기능하면서 번영하고 있지는 못한 것으로 드러나고 있다(Diener & Diener, 1996; Huebner, Drane, & Valois, 2000). 사실, 부모들은 자녀들이 부정적인 행동(예: 마약, 술, 폭력, 따돌림, 우울증 등)을 피하는 것만으로 만족하지 않고 자녀들이 행복하게 삶의 모든 영역에서 충분히 번영하기를 바란다(Moore & Lippman, 2005). 그럼에도 불구하고 앞서 언급했듯이 많은 아동 · 청소년은 불행하다고 느끼며 스스로의 생활에 불만족하고 있다. 행복, 안녕과 같은 건강한 심리적 상태는 긍정적 인성, 행동, 심리사회적 성과의 원인이며 동시에 이러한 성과의 결과가 되기도 하기 때문에(Lyubomirsky, King, & Diener, 2005), 행복하지 않은 아동 · 청소년들이 최적의 상태로 기능할 수 있도록 조력할 수 있는 방법을 찾는 일(Sin & Lyubomirsky, 2009)은 매우 중요한 과제가 되고 있다.

학교는 학생들이 많은 시간을 보내면서 그들의 행복에 영향을 미치는 다양한 측면과 상호작용하는 장소임을 고려할 때, 이들의 행복을 증진시키기 위한 새로운 계획을 세워 실천하기에 매우 이상적인 공간이다(Seligman et al., 2009). 사실 이미 학습의 사회정서적 측면(Social and Emotional Aspects of Learning: SEAL)을 강조하는 국가 교육 정책은 정서적 · 개인적 안녕을 인성, 사회, 건강 교육(Personal, Social, and Health Education: PSHE) 등의 기존 교육과정을 통해서 가르치도록 하고 있다. 최근 긍정심리학 운동에 자극을 받아 이제는 학교를 행복한 공간으로 만들기 위해서 무엇을 해야 하는지에 대해 관심이 집중되고 있다(Linley & Proctor, in press; Noddings, 2003). 그러나 지난 10년 동안 영국의 아동 · 청소년의 행복을 증진시키기 위한 국가적인 노력에도 불구하고 영국의 아동 · 청소년 안녕감 상태에 대한 보고서에서는 그 효과에 의문을 제기하고 있다.

그동안 행복을 증진시키고자 했던 대부분의 국가적 노력의 많은 부분이 지나치게 처방적인 계획이었다는 면에서 우려가 되고 있으며, 또한 이러한 계획의 초점이 실제적인 연습과 모델링을 통해서 긍정적인 품성과 도덕적 행동의 증진을 가져오기보다는 학생에게 무엇을 해야 하고 하지 않아야 하는가에 대한 정보를 주는 것에 치우쳐 있었다는 비판이 제기되어 왔다(Park & Peterson, 2009). 이러한 맥락에서 향후 학교에서 아동 · 청소년의 행복을 증진시키는 적절한 대안으로 긍정심리학적 개입(긍정적 정서, 행동, 사고를 계발하기 위해 의도된 활동; Sin & Lyubomirsky, 2009)을 고려할 필요가 있다. 실제로 긍정심리학 개입과 이론을 학교에 적용하기 위한 탐색적 개입 연구들을 통해서 학생의 행복과 삶에 대한 만족이 신뢰할 만한 수준으로 향상되는 결과들이 나타나고 있기 때문이다(예: Proctor et al., 2011; Seligman et al., 2009; Waters, 2011 참조).

이 장의 나머지 부분에서 영국의 학교 기반 긍정심리학 개입을 살펴볼 것인데, 이는 기존에 국가적인 차원에서 긍정심리학과 관련 없이 실시되었던 국가 주도 행복 교육의 전략과는 다른 것이다. 스코틀랜드와 아일랜드에서 진행된 긍정심리 개입의 예를 포함하여 영국에서 시행된 교육과정 기반 프로그램의 9가지 예를 살펴보고자 한다.

4. 학교 기반 긍정심리 개입

긍정심리학적 개입은 교육적 맥락에서 성공적으로 적용되었으며, 청소년기 학생들에게서 행동적, 사회적, 심리적 그리고 학업적 측면에서도 좋은 성과를 가져오고 있다. 이러한 개입과 전략들은 다양한 형태와 활동으로 나타나고 있다. 일반적으로 긍정심리개입(Positive Psychology Interventions: 이하 PPI)은 감사 프로그램처럼 1가지 주요 핵심 강점에 초점을 둔 단일요인 PPI와 여러 긍정심리 개념을 통합한 다요인 PPI로 개념화될 수 있다(Green & Norrish, 2013).

1) 단일요인 PPI 기반 교육과정

(1) 들어 주기를 좀 더 특별하게

특별하게 경청하기(Making Listening Special: 이하 MLS)는 글로스터셔에 위치한 마일스톤(Milestone) 학교에서 진행되고 있는 프로젝트이다. 이 프로젝트는 아동 · 청소년의 목소리를 들어 주는 데 집중하는 아동 · 청소년 경청하기 전략의 일부로서 그들의 목소리가 구체화될 수 있도록 촉진한다. 마일스톤 학교는 2~16세 아동 중 특수한 도움이 필요한 아동을 대상으로 하는 특수학교이다. 프로젝트 MLS는 부드러운 가르침(Gentle Teaching; McGee & Menolascino, 1991)에서 교수 기법을 빌려 왔으며, 특수한 도움이 필요한 학생의 안녕을 촉진하려는 접근법이다(Fox Eades, Proctor, & Ashley, 2013). 이 프로젝트는 아이들이 안전한 관계에 기초할 때 강하고 독립적인 성향을 익힐 수 있다는 전제를 갖고 있다. 그래서 자폐증 및 복합 학습장애가 있는 아동 · 청소년들의 학습이 촉진되도록 안전하고 편안한 환경을 조성하려고 노력한다(Thompson, 2009). 프로젝트 참여 학급은 자폐증 및 중증 학습장애가 있는 6명의 아동과 상시로 이들을 지원하는 3명의 직원으로 구성되어 있다. 이 프로젝트는 아이들을 위해 다음과 같은 성과 달성을 목표로 한다.

- 새로운 교실 환경에서 행복하고 안전함 느끼기: 자신감과 자존감 키우기
- 학급에서 소중한 구성원 되기: 타인과 함께하기 원하고 타인과의 의사소통에서 편안해지기
- 스스로에 대한 가치감을 갖기: 협동 활동에 참여하는 데 자신감 갖기
- 상대의 개인적 요구에 반응하며 상대방이 특별하고 가치 있음을 알기: 동료의식을 느끼고 교우관계를 만들며 타인을 존중하고 또한 타인에게 존중받기
- 내면의 만족감 느끼기: 외상의 경험에서 해방되어 내적 조화를 느끼기
- 매일 의미 있는 활동하기: 하루를 즐기고 특별한 흥미와 욕구를 반영하는 평소의 활동 진행하기
- 구조화된 일상생활 경험하기: 규칙적으로 하루를 지내며, 다른 이에게 존중받는 개인적 신념과 의식(ritual)을 갖기

프로젝트는 기존에 설정된 교육과정에 학생을 맞추는 방식보다, 학생 개인의 강점과 능력을 고려하여 개인별로 맞춤 교육과정에 배정하는 방식으로 구성되었다. 프로젝트의 평가는 활동사진이나 영상 분석, 관찰, 진행자(교사, 학부모, 학교 등)와의 토의, 학교 평가 절차 등 다양한 방법을 사용하여 이루어졌다. 운영 결과를 볼 때, 교사들이 다음과 같은 기술(능력)을 개발함으로써 전체적 교수 기법이 향상된 것으로 나타났다.

- 아이들과의 모든 상호작용에서 완전히 몰입하거나 온전히 함께하기: 명료한 마음으로 아동에게 온전히 주의 집중하여 함께하기
- 무조건적으로 수용하기: 아이들 그 자체로 귀중히 여기고 그들 그대로가 될 수 있는 공간을 주기
- 아동에 대한 모든 가정(편견)을 버리고 마음을 열고 경청하기: 모든 아이들에게 동등한 가치를 두고, 의도하는 바를 집중하여 듣기
- 머리와 마음으로 함께 가르치기: 사랑, 친절, 자비심으로 가르치기
- 소속감을 길러 주어 아동이 내면의 조화와 여유를 갖게 하기
- 편안하게 다가서도록 돕기: 스스로 성찰하는 시간을 주고, 아동 내면의 특별한 필요에 민감해지기
- 아동을 신뢰하기: 이해와 존중으로 대하기

교실에서 이러한 결과가 효과적으로 나타나도록 진행자는 학생들을 자신의 삶의 전문가로 인정하고 긍정적인 정서와 학습을 증진시키고자 각 개인이 선호하는 활동에 초점을 맞추었다(Fox Eades et al., 2013). 학생들이 힘들어하는 영역에서는 개인의 강점을 이끌어 내었으며 학생들에게 선택권을 주는 접근을 취했다. 이러한 결과, 개별 교실과 학교 환경 전체에서 긍정적 변화가 나타났다.

(2) 마음챙김

마음챙김은 호기심, 개방성, 수용의 특성을 갖는 마음 상태로 현재 순간에 대한 자각에 초점을 둔 의도적 자기 통제 의식 상태이다(Bishop et al., 2004). 마음챙김은 변화하는 내·외부의 연속적인 자극을 인식하고 관찰하는 명상의 한 형태이다. 명상의 과정에서 스스로의 경험에 마음을 열고 지속적으로 변화하는 내부 및 외부 자극을 인식하고 이에 대한 관찰을 통해 자신의 경험에 대해 개방성을 갖게 된다(Bishop et al., 2004). Huppert와 Johnson(2010)은

영국의 두 사립학교 청소년기 남학생들을 대상으로 마음챙김 명상 훈련 실험을 실시했다. 개입 집단에 참여한 학생들은 종교 교육의 일환으로 참여했으며, 4주에 걸쳐 4번의 마음챙김 강의가 이루어졌다(Waters, 2011). 참가 대상들은 마음챙김, 회복탄력성, 그리고 심리적 행복 측정을 통해 비교 분석되었다. 두 그룹의 차이가 통계적으로 의미 있게 나타난 것은 아니지만, 마음챙김 개입 그룹 내 학생들에게서는 교실 밖 개인적 마음챙김 실천과 심리적 안녕감 증진 간에 의미 있는 긍정적 관계가 있는 것으로 나타났다(Huppert & Johnson, 2010). 전반적으로 대부분의 학생들은 훈련이 즐거웠고, 도움이 되었다고 답했으며, 74%의 학생들은 미래에도 마음챙김 훈련을 계속 이어 나가고 싶다고 응답했다.

2) 다요인 PPI 기반 교육과정

(1) 웰링턴 대학 사례

버크셔에 위치한 웰링턴(Wellington) 대학은 2006년부터 4, 5학기 학생들의 행복과 안녕감 증진을 위한 과정을 실행하고 있다. 3학기와 6학기 이하 학생을 위한 과정도 마련되어 있다. 이 과정의 목표는 학생들에게 그들의 강점과 잠재력을 어떻게 활용할 것인가를 교육함으로써 그들의 번영과 탁월성을 증진시키는 것이다(Wellington College, 2012). 이 과정은 안녕감을 촉진하기 위한 6가지 요소에 기반을 두고 있다.

- 신체적 건강: 안녕감과 신체적 건강의 기초
- 긍정적 관계: 타인과 관계 맺기
- 조망능력(perspective): 탄력성을 기르고 역경 극복을 위한 확장 · 조망적 사고 능력 키우기
- 강점: 스스로 지닌 성격 강점을 확인하고 실생활에 적용하기

- 세계: 지속 가능한 삶과 세계 속에서 우리 장소가 갖는 특성과 가치 숙고하기
- 의미와 목적: 의미 창출과 삶에서 직면하는 질문에 대한 응답 탐색하기

각 요소는 학습될 수 있는 특성의 형태로 명시적으로 제시되어 있으며 학교 전체 공동체에 반영되었다(Morris, 2013). 학교 입학 후 첫 3년 동안, 학생들은 1주일에 1번, 1시간씩 행복에 대한 수업을 듣는다. 이 수업에서 학생들은 실생활에서 안녕감을 증진시키기 위해 사용할 인지적 방법과 실제적인 기술을 배우게 된다. 학생들은 또한 그들의 삶을 가장 잘 살아갈 수 있도록 돕기 위해 마련된 영감을 주는 강사들의 강의를 통해 유익을 얻는다. 마음챙김은 웰링턴 대학의 행복 프로그램 초기부터 통합 프로그램이 되었고, 짧은 명상은 행복 수업의 일부분으로 실행된다. 전반적으로 웰링턴 대학에서 행복을 가르치는 접근은 "개인적 탁월성을 발휘하여 각자의 일들을 잘 수행하는 것이 행복을 증진시킨다."라는 아리스토텔레스(Aristotle)의 철학에 기반을 두고 있다. 이처럼 웰링턴 대학에서는 학교가 행복을 위한 교육을 해야 한다고 믿는다. 즉, 학교는 학생들의 강점과 재능을 발견, 성취, 발전시키고 실천하기 위한 정규 교육과정을 마련해야 하며, 학생들의 행복 경험을 증진할 수 있는 의사결정 기술을 가르쳐 주어야 한다고 보고 있다.

(2) 강점 축하하기

초등학교 수준에서 강점 축하하기(Fox Eades, 2008)는 행복에 대한 전 학교적 접근이다. 이 접근은 "교사가 학생들의 번영을 위한 조건을 만들었을 때 학급의 번영이 일어난다."라는 믿음에 기반을 두고 있다. 강점 축하하기 프로그램은 학생의 VIA(Values in Action; Peterson & Seligman, 2004) 강점들을 학교의 특정한 행사나 이벤트와 연계하고 강점 기반 학급(모든 학급 멤버의 강점 인식하기), 성취 기록(학생들의 성공 기록하기), 축하하기(잘 이루어진 것)

등의 활동을 통해 강점 축하 프로그램이 모든 교육과정에 스며들게 한다. 프로그램은 강점, 축제, 이야기의 3가지 주제로 구성되어 있고, 개인, 학급, 전체 학교의 3단계 작업으로 이루어진다. 강점 축하하기의 학습 원칙은 강점의 개념을 강화 · 강조하기 위해 주변 환경을 이용하는 것이다. 예컨대, 희망과 같은 추상적 개념을 오랜 전통과 연결해 보고, 어린이들을 위한 철학을 통해 추상적 개념을 탐색해 보며, 연습을 통해 강점과 개념을 직접적으로 강화하고, 또한 스토리텔링을 통해 강점과 개념을 연결하면서 간접적으로 강화시키는 방식을 활용한다. 프로그램의 모든 측면이 교육과정에 완전히 스며들기 위해서는 대략적으로 3년의 시간이 걸린다. 이 프로그램에 대한 평가 결과 이미 여러 번 긍정적인 결과가 나타났는데, 아동의 자신감과 성취동기 증진, 가정과 학교에서 향상된 행동 양상 등과 같이 인지, 정서, 행동 발달의 전반적인 면에서 긍정적 효과가 있었다(Govindji & Linley, 2008).

(3) 강점 운동

중등학교 수준에서 진행되는 강점 운동(Proctor & Fox Eades, 2009a)은 VIA 분류에 포함된 성격 강점을 중심으로 구성된 접근법이다(Peterson & Seligman, 2004). 이 접근 방법은 개인 초점 접근(예: 특정 강점 기반 활동을 통해서)과 교육 기관 초점 접근(예: 교육과정 전반에 걸쳐 학급 수업 계획과 적용 방안을 제공함으로써)을 결합하는 것을 목표로 한다(Fox Eades et al., 2013). 이 프로그램은 24개 VIA 강점의 각각에 대해 학생들이 자기 수준(연령)에 맞게 강점 기반 연습을 수행할 수 있도록 구성되어 있다.

이 프로그램은 학생들이 그들의 강점을 구축하고, 새로운 강점을 배우며, 타인의 강점을 이해하도록 하도록 하는 것을 목표로 한다. 총 3수준으로 구성되어 있는데, 이는 영국 학교 교육과정(7학년, 8학년, 9학년—11세에서 14세)과의 통합 운영을 위해서이다. 학생은 자신의 학년에 맞게 제작된 학생용 소책자(Proctor & Fox Eades, 2009b, 2009c, 2009d)와 워크북(Proctor & Fox Eades,

2011)을 받는다. 학생용 소책자는 각 개인이 자신의 5가지 상위 대표 성격 강점을 발견하는 활동으로 시작한다. 각각의 소책자에는 24개의 성격 강점을 각각 다루는 24개의 수업이 제시되어 있다. 각 수업은 그 시간에 다루는 강점의 정의 및 2가지 '강점 세우기'와 1가지 '강점 도전(활용활동)' 연습으로 구성된다. 각 단계의 연습들은 각 연령 수준에 맞게 특별히 고안되었으며, 프로그램은 다음의 3단계 학습으로 이루어진다.

- 강점에 대한 일반적 이해와 강점 관련 표현 발달시키기
- 자신의 강점 사용을 확인하기
- 다른 사람의 강점 사용을 인식하고 강화하기

각 소책자에는 자신에게 익숙하지 않지만 계속 배우고 싶은 강점의 목록을 적고 스스로 성취를 하여 자랑스러운 일들을 적는 공간, 24개의 모든 강점을 배운 뒤 자신의 상위 강점 5가지를 스스로 재평가하는 활동이 제공된다(Proctor et al., 2011). 또한 이 프로그램의 전체 개요를 파악할 수 있는 교사 매뉴얼(Proctor & Fox Eades, 2009a)과 학급의 상황과 필요에 따라 다양한 활동을 탄력적으로 재구성하여 활용할 수 있는 수업 계획안이 제공된다. 매뉴얼은 교사에게 운영의 유연성을 제공하고 3단계 수준별 학습 과정에 필요한 충분한 활동 자료들(materials)을 제공하기 위해 만들어졌다. 각 교사용 매뉴얼에 있는 강점 수업은 강점의 정의, 강점 활용의 유익, 유명한 인용 문구, 사고 질문(철학적인), 마무리 활동, 제안 제시, 기존의 인성, 사회, 건강 교육(personal, social, health education) 교육과정과의 관련성, 강점 이야기 그리고 교육과정에의 적용 등의 주요 요소로 이루어져 있다. 319명의 12~14세 청소년을 대상으로 한 Proctor와 동료들(2011)의 선행 연구에서 프로그램에 참여한 학생들은 참여하지 않은 학생과 비교했을 때 삶의 만족에 있어서 의미 있는 효과가 나타났다[차이=0.18, $t(14)=2.20$, $p=.045$, $r=0.51$].

(4) 영국 회복탄력성 프로그램

영국 회복탄력성 프로그램(The U.K. Resilience Program: 이하 UKRP)은 펜실베이니아 대학교 회복탄력성 프로그램(이하 PRP)을 영국에서 실행한 것이다. 2007년부터 3년간의 연구가 런던 경제대학(London school of Economics) 연구팀에 의해 시작되었다. 2007년에 PRP 연구팀은 남부 타인사이드, 하트퍼드셔, 맨체스터의 3곳의 지자체에 있는 약 90명의 교사를 대상으로 PRP 과정을 훈련시켰다(University of Pennsylvania, 2007). 본래 PRP 프로그램은 아동 · 청소년의 우울증을 예방하기 위해 고안된 18단계의 교육과정이다. PRP 프로그램의 주요 목표는 학생들의 일상적인 스트레스와 청소년기에 발생할 수 있는 문제를 다루는 능력을 증진하는 것이다(Seligman et al., 2009). PRP는 현실적이고 유연한 사고 기법을 통해 낙관주의를 고취시키고 학생들의 주장, 창의적 브레인스토밍, 의사결정 능력, 대처 능력, 문제해결 능력을 가르친다(Seligman et al., 2009). 이 프로그램은 일반적으로 학생들이 자신의 사고 패턴을 이해하고 그것이 자신의 감정과 행동에 어떻게 영향을 미치는가에 대한 이해를 돕는 긍정심리학 체계를 적용한 증거 기반(evidence-based) 인지행동 프로그램이다.

PRP 프로그램의 주요 구성요소는 발생한(Activating) 사건에 대한 사고(Belief)가 결과로 나타나는(Consequent) 감정에 영향을 끼친다는 Albert Ellis의 ABC 모델(Activating-Belief-Consequences Model)을 바탕으로 한다. 전반적으로 UKRP 프로그램은 어린 학생들이 회복탄력성을 갖고 학교 안팎에서 마주치는 여러 상황을 잘 다루기 위한 기술을 제공하는 것을 목적으로 한다.

UKRP는 22개의 학교에서 7학년 학생을 대상으로 회복탄력성과 안녕을 증진시키기 위한 시범 운영으로 이루어졌는데, 각 학교 교사는 5~8일의 연수 과정에서 학생들에게 프로그램을 어떻게 지도할지에 대해 배웠다. UKRP 교육과정의 특성상 성인 수준의 인지행동 치료 기술이 요구된다. 따라서 연수 기간 동안 교사는 어떻게 이 프로그램을 학생들에게 가르칠 것인가를 학습하기 전에 먼저 교사 입장에서 성인 수준의 회복탄력성 기술 발달 교육을 받는다. 이 프로그램의 실제 적용에 대한 대규모 평가는 영국 정부의 지원과 위임을 받은 Challen과 동료들(2011)에 의해 이루어졌다. 이 연구 결과는 양적 요소와 질적 요소로 구성되었다.

양적 연구 결과에 의하면, 우울감과 불안감이 유의미하게 개선되었으며, 출석률, 영어 및 수학 점수에서 효과가 나타났다. 전체적으로 학생의 특성에 따라 효과가 다양하게 나타났는데, ① 무상 급식을 받고 있는 학생, ② 2단계 국가적 교육 목표 수준에 도달하지 못했던 학생, ③ 우울이나 불안 관련 심한 초기 증상이 있었던 학생들에게 광범위한 영향을 끼쳤다.

질적 연구 결과에서 교사들은 프로그램의 기초가 되는 아이디어와 그들이 받은 훈련에 대해서 매우 긍정적 반응을 보였으며, 학습한 여러 가지 기술을 스스로에게 적용했다고 보고하였다. 학생들 역시 프로그램에 호감을 표시하였는데, 첫 번째 단기 면담 보고에서는 PRP 기술을 실제 생활에 적용하고 있음을 알 수 있었고, 몇몇 면담에서 일부 학생들은 프로그램의 구성요소를 잘 이해하고 있는 모습을 보여 주었다. 추가적으로, 2009년 가을에 실시된 재방문을 통한 사례 연구에서 9개 중 7개 학교에서 UKRP 프로그램을 7학년 학생 모두에게 지속적으로 적용하고 있었다.

전반적으로 UKRP의 평가에서 알 수 있는 핵심적인 내용은 다음과 같다. ① 우울 증상, 학교 출석률, 영어 학업 성취의 경우 단기적인 적용에서도 의미 있는 효과가 있었다. ② 참여도가 증가할수록 효과가 증가되었다(매주 참여가 격주 참여보다 더 효과가 있었음). ③ 프로그램 효과는 1년 정도는 유지되었으나, 실시 1년 후부터는 약해지기 시작하고 2년 후부터는 사라진다. 그러므로 오랜 기간 참여하는 것이 효과적이다. ④ 행동 점수나 삶의 만족도 점수에서 워크숍만의 효과는 없었다. ⑤ 참가 학생들은 이 프로그램에 대해서 그리고 학습한 기술을 실생활에서 활용할 수 있었다는 점에서 전반적으로 긍정적 평가를 하였다. 이러한 결과들은 PRP와 비슷하며, 아동·청소년의 우울 증상을 줄이고 예방할 수 있었다는 점에서 그러하다(Seligman et al., 2009).

(5) Haberdashers' Aske's 해첨(Hatcham) 대학

Haberdashers 기업의 후원을 받고 있는 동런던(East London) 대학은 긍정심리학의 연구와 이론을 바탕으로 1~13학년의 아동 · 청소년을 위한 행복 교육과정을 자체적으로 개발했다. 이 프로그램은 런던의 Haberdashers' Aske's 해첨(Hatcham) 대학에서 실행되었다. 이 프로그램의 개발 목적은 안녕감과 상관이 있으며 안녕감을 예측할 수 있는 모든 변인을 목표로 학습을 증진할 수 있는 종합적인 긍정심리 기반 행복 교육과정을 만드는 것이었다. 그리고 개별적으로 입증된 개입을 통해 학습을 강화하는 방법을 사용하였다. 이 프로그램에서 1학년에서 9학년까지는 행복, 긍정적 정서, 몰입, 회복탄력성, 성취, 긍정적 대인관계, 의미와 같은 긍정적 개입에 초점을 둔다. 10학년, 11학년에서는 학생들이 그들의 안녕과 발달에 대해 성찰하고 선택을 하는 능력을 증진시키는 긍정적 개입에 초점을 둔다.

이 프로그램은 5개의 주요 단계로 구성되어 있으며, 각 학년별로 목표하는 결과와 초점이 다르다. 주별 수업 과정은 최근의 긍정적인 심리학적 이론에 근거한 비공식 토론, 집단 작업, 실습, 역할 놀이의 형태로 이루어진다. 1학년에서 3학년의 기초 단계 프로그램에는 무엇이 행복인지 알기, 감정을 인지하기, 즐거움, 재미, 관심/호기심, 사랑, 평온하고 인내심 가지기, 슬픔, 분노, 몰입, 좋은 기억, 향유하기, 축하하기, 놀이, 좋은 것을 알아차리고 감사하는 마음 가지기, 희망, 기분 전환하기 등의 주제가 포함된다.

7~9학년 학생들은 1주일에 1번씩 프로그램 교사가 진행하는 2단계의 하위 프로그램에 참여하게 된다. 예를 들어, 행복의 주요 기술, 행복 측정하기, 행복의 효과, 행복의 최적화하기, 긍정적인 감정과 부정적인 감정, 부정적 정서를 줄이며 감정을 관리하기, 긍정적 정서 증진하기, 타인과 어울리기,

갈등 해결하기, 즐거운 추억 회상하기, 심호흡 배우기, 마음챙김, 명상 기본 과정, 운동의 효과, 영양의 중요성, 숙면하기, 책임감 갖기(being in charge) 등을 배울 수 있다.

10~11학년의 학생들 또한 1주일에 1번씩 과외 교사가 진행하는 2단계의 상위 프로그램에 참여한다. 이 프로그램에서 다루는 주제에는 자기 자각과 수용, 개인적인 변화, 자기 평가(인정과 존중), 느낌(feeling), 감정(emotion)과 기분(mood), 추론, 창의적 사고, 신념, 용기와 자신감, 걱정, 안전, 생동감, 즐거움(pleasure), 학습, 죽음 등이 포함된다.

프로그램의 효과성 분석은 프로그램이 시작되는 연초와 마무리되는 연말에 자아실현 정도와 종합적이고 다차원적인 삶의 만족도 및 정서를 측정하는 표준화된 설문지를 사용하여 측정하고 그 결과를 비교하는 방식으로 이루어졌다. 초기 프로그램 결과는 프로그램의 중재가 없었던 학교와 비교하여 분석하였다. 첫 해(2008~2009년) 동안 수집된 데이터에 의하면, 프로그램을 받지 않은 학생들과의 비교에서 긍정 정서, 친구-자기-가족 만족도, 자기실현에서 의미 있는 증가가 있었고, 부정 정서는 의미 있는 감소가 나타났다.

3) 스코틀랜드와 아일랜드의 긍정심리 개입 사례

(1) 회복

회복(bounce back) 프로그램은 Young 재단의 후원을 받은 호주의 '안녕과 회복탄력성 프로그램'인데, 최근 스코틀랜드의 16개 학교에서 실행되었다. 회복은 다음의 두문자법(acronyms)에 기반을 둔다.

- **B**ad times don't last. Things always get better. Stay optimistic.
  (힘든 시간은 오래가지 않는다. 모든 것은 나아지기 마련이다. 낙관적인 자세를 유지하라.)

- **O**ther people can help if you talk to them. Get a reality check.

(다른 이에게 말만 한다면 누구든 너를 도울 수 있다. 실제로 한번 시도해 보라.)

- **U**nhelpful thinking makes you feel more upset. Think again.

(도움이 되지 않는 생각은 너를 더욱 힘들게 한다. 다시 생각해 보라.)

- **N**obody is perfect—not you and not others.

(아무도 완벽하지 않다. 너 그리고 다른 어떤 사람도.)

- **C**oncentrate on the positives, no matter how small, and use laughter.

(아무리 작더라도, 긍정적인 부분에 집중하고 웃으라.)

- **E**verybody experiences sadness, hurt, failure, rejection, and setbacks sometimes not just you.

(사람이라면 누구나 슬픔, 고통, 실패, 거절, 퇴보를 때때로 경험한다. 너만 그런 것이 아니다.)

- **B**lame fairly—how much was due to you, to others, and to bad luck?

(비판을 공정하게 하라. 너 자신 탓을, 다른 사람 탓을, 그리고 나쁜 운 탓을 얼마나 했나?)

- **A**ccept the things you can't change, but try to change what you can first.

(네가 바꿀 수 없는 건 받아들이라. 그렇지만 네가 먼저 바꿀 수 있는 것은 시도해 보라.)

- **C**atastrophizing exaggerates your worries—Don't believe the worst possible picture.

(파국으로 치닫는 생각은 너의 걱정만 키운다. 네가 생각하는 최악의 장면을 믿지 말라.)

- **K**eep things in perspective—It's only one part of your life.

(모든 것을 균형 잡힌 관점에서 바라보라. 그것은 그저 너의 삶의 한 부분일 뿐이다.)

이 프로그램은 9개의 요소(핵심 가치, 사람들의 회복, 용기, 밝은 면 찾기, 정서, 대인관계, 유머, 왕따 금지, 성공)로 구성되어 있는데, 유치원에서 8학년에 이르기까지 각 학년의 책에서 연령에 적합한 활동으로 반복되어 구성된다. 프로그램은 아동 문학 작품을 읽고 쓰는 활동을 활용하여 진행하는데, 전 과목에 걸쳐서 통합되어 구성된다. 활동 형태는 동아리 시간, 협동 학습, 교육적인 게임 등으로 이루어진다. 또한 이 프로그램은 사회정서학습(Social and Emotional Learning: SEL)과 통합되어 있으며, 긍정심리 및 인지행동 요법들을 포함한다. 통합된 교수 전략에는 읽고 쓰는 활동, 게임, 생각 도구(thinking tools)와 활동(activities), 드라마, 매체와 예술, 산술 계산 활동 등이 있다. 예를 들어, '공정하게 비판하기(blame fairly)' 활동의 경우 '귀인 수레바퀴(attribution wheel)'를 사용하여 각자의 귀인 스타일(예를 들면, 자신의 삶에서 일어나는 불행한 사건을 설명하는 방식)을 탐색하고 낙관적 사고를 키우는 방법을 배울 수 있다.

스코틀랜드에서 실시된 이 프로그램에 대한 평가는 프로그램 시작 전 조사와 18개월 후 추가 조사를 통해서 수집된 양적 및 질적 자료의 비교를 통해서 이루어졌고, 평가를 통한 결론은 다음과 같다.

학생들은

- 학교에 좀 더 친숙해지고 연결된 기분이 들었다.
- 학교가 더 행복하고 친절한 장소가 되어 학교에서 외롭고 분리되었다고 느꼈던 학생들이 줄고, 더 많은 학생이 학교에서 받아들여지고 있다고 느꼈다.
- 학생 스스로 자신의 감정과 행동을 더 잘 조절할 수 있는 법을 배웠다.
- 자신감과 사회적 기술이 좀 더 향상된 것 같다고 느꼈다.

교사는

- 학생과 더욱 긍정적인 관계를 맺고 상호작용을 할 수 있었다.
- 좀 더 회복탄력적이고 자신감이 느껴졌다.
- 교직 수행과 개인적인 삶에서 문제가 될 수 있는 도전적인 상황을 좀 더 잘 대처할 수 있는 효과적 기술을 갖게 되었다.
- 전체적인 안녕감 수준이 향상되었다.

이상의 결과를 종합해 보면, 회복 프로그램이 학생과 교사 모두에게 긍정적인 영향을 주었으며 희망적임을 알 수 있다.

(2) 블랙록(Blackrock) 대학

2012년도 아일랜드 더블린에 위치한 블랙록(Blackrock) 대학은 리더십 가치와 행동 정책을 미래 전략 발달(future strategic development) 과제의 일환으로 발표하였다. 이 과제의 핵심은 72명의 학생 대표(2~6학년, 나이는 13~18세)를 위한 긍정심리 훈련 프로그램을 개발하는 것이었다. 이 긍정 리더십과 행복 프로그램의 목표는 긍정 리더십 증진의 필요성을 이해하고 이의 계발을 위해 필요한 기술을 증진시키는 것이었다. 구체적으로 이 프로그램에서는 자기 인식, 성격 강점, 개인적 가치와 덕목, 마음 성장, 학구열(love of learning), 참된 의지와 욕구(true grit and drive), 용기와 동정심, 성장을 위한 목표, 의지력과 내재적 동기, 자기통제, 자기조절, 효과적 의사결정, 수준 있는 리더십에 필수가 되는 진정한 자기존중감과 건강한 자신감, 창조의 습관 등을 증진시킨다.

이 활동의 목표는 도전적이고 창의성을 증진시키기 위한 게임과 놀이를 통하여 참여적인 상호작용과 역동적인 즐거움, 그리고 과제수행과 팀워크 형성을 지향하는 최고-최적의 참여를 이끌어 내는 것이었다. 짧은 영상과 예화를 통해 시각적 사고를 활성화함으로써 시각적 감각과 유머를 통한 학습이 이루어지도록 하였다. 다양성과 참신함을 발휘하며, 지속적인 참여가 이루어지도록 실제 학교생활의 모습을 반영한 공개 토론(forum theatre) 또는 역할 놀이가 활용되었다. 그리고 이러한 활동은 인기 있는 초청 강사를 통해서 보완되기도 하였다.

이러한 다양한 수업을 통해 배운 내용은 개괄적으로 보고하고 협의하는 활동과 소규모 및 전체 그룹 토론을 통해 구체적으로 강화되었다. 또한 모든 참가자는 프로그램 시작 전에 준비 과제를 부여받았고, 진행 중인 과제들은 다음 세션에서 검토되고 논의되었다. 준비 작업 때 배부되는 과제에는 VIA-Youth(Peterson & Seligman, 2004)의 온라인 검사와 그 결과에 대한 개인적 의미 평가가 포함된다. 과제에는 미리 사전에 고지된 책을 읽는 것과 수업의 핵심 사항을 요약 정리하는 일도 포함된다. 세션 안에는 긍정적이고 적극적인 개입이 이루어지는데, 예컨대 감사를 표현하고, 낙관성을 계발하고, 목표에 전념하고, 친절한 행동을 실천하고, 용서하는 것을 배우고, 삶의 기쁨을 만끽하기 등이 포함된다. 대학 생활에서 학생들이 특정 리더십을 발휘한 사건을 찾아내기 위해 스토리 보드 포스터를 만들게 하는데, 이러한 포스터들은 리더십에 대한 인식을 증진시킬 목적으로 대학 캠퍼스 내에 전시된다.

긍정 리더십과 행복 프로그램은 리더십과 개인적 잠재력을 향상시키기 위한 개인 강점 기반 및 긍정 문화적 접근 프로그램이다. 전체적으로 이 프로그램은 '힘과 진실' '용감하고 담대함' 그리고 '돌봄의 신념'이 촉진될 수 있는 환경과 문화를 형성하기 위해 구성되고 실행되었다. 프로그램에 대한 전반적 피드백은 긍정적이고 고무적이며 블랙록(Blackrock) 대학의 향후 발전을 위한 견고한 출발점이 될 수 있었다.

5. 학교에서의 긍정심리 개입의 적용: 고려할 사항

학교에서 긍정심리 개입의 적용과 관련하여 행복 프로그램의 개발과 실행에 관심을 가진 사람들이 고려해야 할 사항은 다음과 같다. 첫째, 학교장(head teacher)의 지원이 필수적이다. 둘째, 학교 상담자, 교사와 함께 일하는 컨설턴트들과 학교는 교사에게 '긍정심리 교육'을 제공할 필요가 있다. 교사들이 활용할 기법에 대해 통찰력을 얻는 일은 긍정심리 교육의 성공을 극대화하기 위해서 매우 중요하다. Waters(2011)의 긍정적 교육 개입에 대한 평가에서 언급된 바와 같이, 대부분의 PPI(Positive Psychology Intervention)는 교사들에 의해 실행되고 있다. 따라서 긍정심리 교육 훈련을 교사가 직접 경험할 필요가 있다. 긍정심리 접근법을 이해하고, 실제 교육 환경에서 학생들에게 적용하기 위해 교사들이 직접 긍정심리의 가치를 발견해야 한다. 일례로 PRP의 성공에 대한 연구 보고에서 교사의 훈련이 필수적인 것으로 드러났으며, 교사들이 받은 긍정심리학적 훈련과 슈퍼비전의 수준에 따라 PPI 개입의 효과가 다양하게 나타났음을 보여 주었다(Gillham, Brunwasser, & Freres, 2007; Seligman et al., 2009).

그러나 충분한 긍정심리 교육을 실행하는 데 있어서 큰 장애물은 긍정심리 프로그램을 가장 필요로 하는 학교들 대부분이 재원과 자원 부족 문제에 직면하고 있다는 사실이다. 실제로 긍정심리 프로그램의 인상적인 효과성을 보여 준 학교는 사적으로 기금을 지원받은 덕분에 학교 전체 프로그램을 수행할 수 있는 능력과 자원을 갖출 수 있었다[Seligman et al., 2009; 예: 버크셔의 웰링턴 대학, 호주의 절롱 그래머 스쿨(Geelong Grammar School)]. 이러한 한계점을 극복하기 위한 방안은 다음과 같다. 첫째, 특별한 교사 훈련이 제공되지 않았거나 제공될 수 없는 학교에서 긍정심리 프로그램이 실행되기 위해서는 긍정심리 프로그램의 구현을 돕는 충분히 유용하고 사용자 친화적인 자료가 교사에게 제공되어야 한다. 이를 위해 교육 컨설턴트가 할 일은 교사에게 어떻게 가르칠 것인가를 지도하는 것이 아니라 긍정심리 기법을 교사의 수업 속에서 잘 활용할 도구들을 제공해 주는 것이다. 그러므로 학교와 협업을 진행하는 컨설턴트들은 그들이 학교를 떠난 후에도 학교에서 유지·적용될 수 있는 것들을 알려 주기 위해 고민할 필요가 있다. 실제로 학교의 현실에서 '순수한(pure)' 긍정심리학이란 거의 없으며, 교육 현장에서는 학교의 요구에 맞게 재조정되어 활용된다. 이에 따라 두 번째로 학교 환경에서 긍정심리학을 성공적으로 적용하기 위해서는 기존 기법과 기술에 긍정심리학적 부분을 추가·접목하여 진행할 필요가 있다. 예컨대, 미술 선생님들이 긍정심리를 창의성에 응용하게 하면 좋은 반응이 나타날 수 있을 것이다. 핵심적인 부분은 긍정심리 기술을 기존 학교 과목에 스며들게 하는 것이다.

셋째, 긍정심리학이 더 넓은 관점에서 학교 문화의 일부가 되기 위해서는 학교 전체 차원으로 접근해야 한다(Waters, 2011). 이를 위해 교사들에게 교육과정 전반에 걸쳐 긍정심리학적 아이디어와 기법을 적용하는 법과 이를 교실에서 실제로 구현할 수 있는 구체적 방법이 제공되어야 한다. 또한 긍정심리 프로그램의 실행이 학기 전체 단위로 확장될 필요가 있다. 기존의 연구들은 더 오랜 시간 장기적으로 개입할 때 행복 증진 효과가 더 높다는 점을 보여 주고 있다(Sin & Lyubomirsky, 2009). 하지만 불행히도 많은 이들은 긍정심리학을 효과 빠른 치료제로만 바라보고 있다. 학교는 PPI 프로그램을 불행한 상태에 대한 빠른 일회성 치료제가 아닌, 존재하고 실행되는 하나의 교육 방법으로 생각할 필요가 있다. 그래서 긍정심리학적 개입이 학교 전체의 교육과정에 걸쳐 연간 단위로 확장되어 실행될 수 있게 하되, 교직원과 학생 사이에서 구조적이고 지속적인 통합 학습이 일어날 수 있도록 지원할 필요가 있다.

마지막으로, 연구 결과에 의하면 학생 개인이 복합적이고 다양한 PPI 활동을 실행하는 분산된 접근이 단일 접근법보다 더욱 효과적으로 나타난다(Sin & Lyubomirsky, 2009). 그러므로 학교에서는 가능한 한 다양한 활동과 기법을 교육과정 전반에 적용할 필요가 있다. 사실 다양한 PPI 프로그램은 이미 개별적 프로그램에서 행복을 증진시켜 주는 데 효과적임이 입증되었다. 예를 들어, 축복 헤아리기(counting blessing)와 자기주도적 감사 연습 참여하기(Emmons & McCullough, 2003; Froh, Sefick, & Emmons, 2008), 1주일 동안 자신의 친절 행동 세어 보기(Otake, Shimai, Tanaka-Matsumi, Otsui, & Frederickson, 2006), 감사 일기 쓰기(Froh et al., 2008), 매일 잘 이루어진 3가지 좋은 일 적어 보기와 1주일 동안 매일 새로운 방식으로 자신의 강점을 활용하기(Seligman, Steen, Park, & Peterson, 2005), 마음챙김 훈련(Huppert & Johnson, 2010), 명상(Nidich et al., 2011) 등이 그렇다. 교사들은 이와 같은 다양한 기법과 프로그램을 교육 현장에 적용하기에 가장 적합한 위치에 있다.

6. 결론

영국에서 아동과 청소년의 행복에 대한 관심이 증가하고 있다. 최근 연구에 따르면, 아동 · 청소년의 행복 증진을 위한 국가적 전략에도 불구하고 약 50만여 명의 아동 · 청소년이 행복하지 않다고 느끼고 있는 것으로 보고되었다. 낮은 안녕감을 갖고 있는 아동 · 청소년을 위해서 가장 먼저 필요한 일은 양질의 교육을 제공하는 것, 교사와 긍정적인 관계를 맺게 하는 것, 자신에 대해 긍정적인 관점을 갖는 능력을 길러 주는 것이다. 최근 긍정심리학 기반 개입은 독자적인 적용과 기존 교육과정 전반에 통합되는 적용을 통해서 아동 · 청소년의 행복 증진에 기여하는 것으로 나타났다. 이 장에서 지금까지 살펴본 여러 기법은 학생들이 자신의 삶의 전문가가 되도록 하여 스스로 선호하는 활동을 통해 자신의 삶에 긍정적인 정서들을 느끼도록 도울 수 있다. 예컨대, 마음챙김 훈련과 명상을 통한 심리적 안녕감 증진하기, 학교 전반에 긍정심리 기법을 적용하여 번영과 탁월성 증진시키기, 학생들의 강점과 잠재력을 증진하는 공동체 환경 조성하기, 한 해 동안의 축제와 학교 행사에 학생들의 개인적인 강점을 연결시켜 학생이 성장할 수 있는 여건 조성하기, 학생들이 자신의 강점을 탐구하고 확인하여 자신의 행복 증진을 위해서 강점을 활용할 수 있는 방법 배우기, 스트레스나 문제 상황을 효과적으로 다룰 수 있는 실제적이고 유연한 사고 기술을 학습해 낙관성 증진하기, 학교 전반에 걸쳐 긍정교육을 실행하여 학생들이 자신을 성찰하고 자신의 안녕과 발전을 위한 선택을 할 수 있는 능력을 키우기, 회복탄력성을 증진시키기 위해 긍정심리 적용에 인지 행동 요법을 활용하기, 안녕을 증진하고 촉진하기 위해서 긍정적 리더십을 적용하기 등을 통해 도울 수 있다. 이러한 적용과 개입은 교육에서 긍정심리 개입의 지속적인 발달과 적용에 활력을 불어넣어 주는 지지 역할을 할 수 있을 것이다.

참고문헌

Asher, S. R., & Hopmeyer, A. (1997). Loneliness in childhood. In G. G. Bear, K. M. Minke, & A. Thomas (Eds.), *Children's needs II: Development, problems and alternatives* (pp. 279-292). Bethesda, MD: National Association of School Psychologists.

Bishop, S. R., Lau, M., Shapiro, S., Carlson, L., Anderson, N. D., Carmody, J., . . . Devins, G. (2004). Mindfulness: A proposed operational definition. *Clinical Psychology: Science and Practice, 11,* 230-241. doi:10.1093/clipsy.bph077

Blom-Hoffman, J., Edwards George, J. B., & Franko, D. L. (2006). Childhood overweight. In G. G. Bear & K. M. Minke (Eds.), *Children's needs III: Development, prevention and intervention* (pp. 989-1000). Bethesda, MD: National Association of School Psychologists.

Brown, A. C., & Orthner, D. K. (1990). Relocation and personal well-being among early adolescents. *Journal of Early Adolescence, 10,* 366-381. doi:10.1177/0272431690103008

Challen, A., Noden, P., West, A., & Machin, S. (2011). *UK Resilience evaluation: Final report.* Retrieved from https://www.gov.uk/government/publications/uk-resilience-programme-evaluation-final-report

Children Act (2004). London, UK: HMSO.

Collishaw, S., Maughan, B., Goodman, R., & Pickles, A. (2004). Time trends in adolescent mental health. *Journal of Child Psychology and Psychiatry, 45,* 1350-1362. doi:10.1111/j.1469-7610.2004.00335.x

Demo, D. H., & Acock, A. C. (1996). Family structure, family process, and adolescent well-being. *Journal of Research on Adolescence, 6,* 457-488.

Department for Education and Skills (2004). *Every child matters: Change for children.* Nottingham, UK: DfES Publications.

Diener, E., & Diener, C. (1996). Most people are happy. *Psychological Science, 7,* 181-185. doi:10.1111/j.1467-9280.1996.tb00354.x

Diener, E., Wirtz, D., Tov, W., Kim-Prieto, C., Choi, D., Oishi, S., & Biswas-Diener, R. (2010). New well-being measures: Short scales to assess flourishing and positive and negative feelings. *Social Indicators Research, 97,* 143-156. doi:10.1007/s11205-009-9493-y

Emmons, R. A., & McCullough, M. E. (2003). Counting blessings versus burdens: An experimental investigation of gratitude and subjective well-being in daily life. *Journal of Personality and Social Psychology, 84,* 377-389. doi:10.1037/0022-3514.84.2.377

Flouri, E., & Buchanan, A. (2002). Life satisfaction in teenage boys: The moderating role of father involvement and bullying. *Aggressive Behavior, 28,* 126-133. doi:10.1002/ab.90014

Fox Eades, J. M. (2008). *Celebrating strengths: Building strengths-based school.* Coventry, UK: CAPP Press.

Fox Eades, J. M., Proctor, C., & Ashley, M. (2013). Happiness in the classroom. In S. A. David, I. Boniwell, & A. C. Ayers (Eds.), *Oxford handbook of happiness* (pp. 579-591). Oxford, UK: Oxford University Press.

Froh, J. J., Sefick, W. J., & Emmons, R. A. (2008). Counting blessings in early adolescents: An experimental study of gratitude and subjective well-being. *Journal of School Psychology, 46,* 213–233. doi:10.1016/j.jsp.2007.03.005

Gillham, J. E., Brunwasser, S. M., & Freres, D. R. (2007). Preventing depression early in adolescence: The Penn Resiliency Program. In J. R. Z. Abela & B. L. Hankin (Eds.), *Handbook of depression in children and adolescence* (pp. 309–332). New York, NY: Guilford.

Gilman, R., & Huebner, E. S. (2003). A review of life satisfaction research with children and adolescents. *School Psychology Quarterly, 18,* 192–205. doi:10.1521/scpq.18.2.192.21858

Govindji, R., & Linley, P. A. (2008, August). *An evaluation of Celebrating Strengths Prepared for North Lincolnshire Local Education Authority.* Coventry, UK: Centre for Applied Positive Psychology, University of Warwick.

Green, L. S., & Norrish, J. M. (2013). Enhancing well-being in adolescents: Positive psychology and coaching psychology interventions in schools. In C. Proctor & P. A. Linley (Eds.), *Research, applications and interventions for children and adolescents: A positive psychology perspective* (pp. 211–222). New York, NY: Springer.

Greenberg, M. T., Siegel, J. M., & Leitch, C. J. (1983). The nature and importance of attachment relationships to parents and peers during adolescence. *Journal of Youth and Adolescence, 12,* 373–386. doi:10.1007/BF02088721

Grossman, M., & Rowat, K. M. (1995). Parental relationships, coping strategies, received support and well-being in adolescents of separated or divorced and married parents. *Research in Nursing & Health, 18,* 249–261. doi:10.1002/nur.4770180308

Homel, R., & Burns, A. (1989). Environmental quality and the well-being of children. *Social Indicators Research, 21,* 133–158. doi:10.1007/BF00300500

Huebner, E. S., Drane, J. W., & Valois, R. F. (2000). Levels and demographic correlates of adolescent life satisfaction reports. *School Psychology International, 21,* 281–292. doi:10.1177/0143034300213005

Huppert, F. A., & Johnson, D. M. (2010). A controlled trial of mindfulness training in schools: The importance of practice for an impact on well-being. *Journal of*

Positive Psychology, 5, 264–274. doi:10.1080/17439761003794148

Linley, P. A., & Proctor, C. L. (in press). Applied positive psychology: An introduction and applications in childhood and adolescence. In M. Salama & A. D. Fave (Eds.), *Positive psychology for all: Introduction, concepts, and applications in school age* (Vol. 1). Cairo, Egypt.

Lyubomirsky, S., King, L., & Diener, E. (2005). The benefits of frequent positive affect: Does happiness lead to success? *Psychological Bulletin, 131,* 803–855. doi:10.1037/0033-2909.131.6.803

McGee, J., & Menolascino, F. J. (1991). *Beyond gentle teaching: A nonaversive approach to helping those in need.* New York, NY: Plenum.

Moore, K. A., & Lippman, L. H. (2005). Introduction and conceptual framework. In K. A. Moore & L. H. Lippman (Eds.), *What do children need to flourish? Conceptualizing and measuring indicators of positive development* (pp. 1–10). New York, NY: Springer.

Morris, I. (2013). A place for well-being in the classroom? In C. Proctor & P. A. Linley (Eds.), *Research, applications and interventions for children and adolescents: A positive psychology perspective* (pp. 185–198). New York, NY: Springer.

Nidich, S., Mjasiri, S., Nidich, R., Rainforth, M., Grant, J., Valosek, L., . . . Zigler, R. (2011). Academic achievement and transcendental meditation: A study with at-risk urban middle school students. *Education, 131,* 556–564.

Noddings, N. (2003). *Happiness and education.* New York, NY: Cambridge University Press.

Otake, K., Shimai, S., Tanaka-Matsumi, J., Otsui, K., & Frederickson, B. L. (2006). Happy people become happier through kindness: A counting kindnesses intervention. *Journal of Happiness Studies, 7,* 361–375. doi:10.1007/s10902-005-3650-z

Park, N. (2005). Life satisfaction among Korean children and youth: A developmental perspective. *School Psychology International, 26,* 209–223. doi:10.1177/0143034305052914

Park, N., & Peterson, C. (2009). Strengths of character in schools. In R. Gilman, E. S. Huebner, & M. J. Furlong (Eds.), *Handbook of positive psychology in schools* (pp. 65–76). New York, NY: Routledge.

Peterson, C., & Seligman, M. E. P. (2004). *Character strengths and virtues: A classification and handbook.* Washington, DC: American Psychological Association.

Proctor, C., & Fox Eades, J. (2009a). *Strengths gym: Teacher's manual.* St. Peter Port, Guernsey: Positive Psychology Research Centre.

Proctor, C., & Fox Eades, J. (2009b). *Strengths gym: Year 7.* St. Peter Port, Guernsey: Positive Psychology Research Centre.

Proctor, C., & Fox Eades, J. (2009c). *Strengths gym: Year 8.* St. Peter Port, Guernsey: Positive Psychology Research Centre.

Proctor, C., & Fox Eades, J. (2009d). *Strengths gym: Year 9.* St. Peter Port, Guernsey: Positive Psychology Research Centre.

Proctor, C., & Fox Eades, J. (2011). *Strengths gym: Build and exercise your strengths!* St. Peter Port, Guernsey: Positive Psychology Research Centre.

Proctor, C., Tsukayama, E., Wood, A. M., Maltby, J., Fox Eades, J. M., & Linley, P. A. (2011). Strengths Gym: The impact of a character strengths-based intervention on the life satisfaction and well-being of adolescents. *Journal of Positive Psychology, 6,* 377–388. doi:10.1080/17439760.2011.594079

Proctor, C. L., Linley, P. A., & Maltby, J. (2009). Youth life satisfaction: A review of the literature. *Journal of Happiness Studies, 10,* 583–630. doi:10.1007/s10902-008-9110-9

Rigby, K. (2000). Effect of peer victimization in schools and perceived social support on adolescent well-being. *Journal of Adolescence, 23,* 57–68. doi:10.1006/jado.1999.0289

Seligman, M. E. P., Ernst, R. M., Gillham, J., Reivich, K., & Linkins, M. (2009). Positive education: Positive psychology and classroom interventions. *Oxford Review of Education, 35,* 293–311. doi:10.1080/03054980902934563

Seligman, M. E. P., Steen, T. A., Park, N., & Peterson, C. (2005). Positive psychology progress: Empirical validation of interventions. *American Psychologist, 60,* 410–421. doi:10.1037/0003-066X.60.5.410

Sin, N. L., & Lyubomirsky, S. (2009). Enhancing well-being and alleviating depressive symptoms with positive psychology interventions: A practice-friendly meta-analysis. *Journal of Clinical Psychology, 65,* 467-487. doi:10.1002/jclp.20593

The Children's Society (2012). *The good childhood report 2012: A review of our children's well-being.* Available at http://www.childrenssociety.org.uk/what-we-do/research/well-being/publications

Thompson, J. (2009). *Making listening special.* Unpublished manuscript.

UNICEF (2007). *Child poverty in perspective: An overview of child well-being in rich countries (Innocenti Report Card 7).* Retrieved from http://www.unicef-irc.org/publications/445

University of Pennsylvania. (2007). *Resilience research in children.* Retrieved from http://www.ppc.sas.upenn.edu/prpsum.htm

Valois, R. F., Paxton, R. J., Zullig, K. J., & Huebner, E. S. (2006). Life satisfaction and violent behaviors among middle school students. *Journal of Child and Family Studies, 15,* 695-707. doi:10.1007/s10826-006-9043-z

Valois, R. F., Zullig, K. J., Huebner, E. S., & Drane, J. W. (2003). Dieting behaviors, weight perceptions, and life satisfaction among public high school adolescents. *Eating Disorders: The Journal of Treatment & Prevention, 11,* 271-288. doi:10.1080/10640260390242506

Waters, L. (2011). A review of school-based positive psychology interventions. *The Australian Educational and Developmental Psychologist, 28,* 75-90. doi:10.1375/aedp.28.2.75

Wellington College. (2012). *Well-being.* Retrieved from http://www.wellingtoncollege.org.uk/well-being

Wilson, S. M., Henry, C. S., & Peterson, G. W. (1997). Life satisfaction among low-income rural youth from Appalachia. *Journal of Adolescence, 20,* 443-459. doi:10.1006/jado.1997.0099

Zullig, K. J., Valois, R. F., Huebner, E. S., & Drane, J. W. (2005). Adolescent health-related quality of life and perceived satisfaction with life. *Quality of Life Research, 14,* 1573-1584. doi:10.1007/s11136-004-7707-y

요약: 영국 아동·청소년 행복 증진

- 부모와의 관계에 대한 자녀의 인식은 가족 구조와 상관없이 자녀의 안녕에 가장 중요한 요소이다.
- 가족 구조의 지속성과 안정성은 자녀의 안녕을 위해 중요하다.
- 안전하고 든든한 가정환경이 자녀의 안녕감 증진과 관련이 있다.
- 친구와 가족 모두와 질적인 시간을 보내며 좋은 우정을 갖는 것은 안녕감 증진과 관련이 있다.
- 낮은 안녕감을 갖고 있는 아동 · 청소년을 위해서 가장 필요한 일은 양질의 교육 제공하기, 교사와의 긍정적 관계 촉진하기, 자신에 대해 긍정적 관점을 갖는 능력 길러 주기 등이다.
- 교사가 긍정심리 접근을 이해하고 이를 성공적으로 적용할 필요가 있다.
- 학교 맥락에서 성공적인 적용을 위해서 긍정심리 접근을 기존 교육 방법에 통합할 필요가 있다.
- 긍정심리가 학교 정신의 일부가 되도록 학교 차원의 접근이 필요하다.
- 긍정심리가 습관화되어 익혀지도록 모든 학기에 걸친 개입이 이루어질 필요가 있다.
- 1가지 활동에 초점을 두는 것보다 복합적이고 다양한 활동과 기법을 적용하는 것이 더욱 효과적이다.

영국 긍정 심리교육 추천자료

Noddings, N. (2003). *Happiness and education*. New York, NY: Cambridge University Press.

이 책은 학교 체계 내에서 행복과 교육이 어떻게 상호 공존할 수 있는지에 대해 관심이 있는 사람들에게 도움이 되는 탁월한 책이다.

Proctor, C. L., Linley, P. A., & Maltby, J. (2009). Youth life satisfaction: A review of the literature. *Journal of Happiness Studies, 10*, 583-630. doi:10.1007/s10902-008-9110-9

소진되고 쇠퇴하는 사람들을 고양시키는 방법을 이해하기 위해서 그들의 삶의 만족도에 영향을 미치는 것이 무엇인지 먼저 이해할 필요가 있다. 이 영역에 대한 탐색의 기반을 마련하기 위해서 전체적 문헌 탐색이 필요하다.

Seligman, M. E. P., Ernst, R. M., Gillham, J., Reivich, K., & Linkins, M. (2009). Positive education: Positive psychology and classroom interventions. *Oxford Review of Education, 35*, 293-311. doi:10.1080/03054980902934563

긍정심리의 교육적 적용에 대한 개관으로 성공적 적용에 대해서 더 탐구하고 그 결과를 확인하고 싶은 사람들에게 좋은 자료이다.

Sin, N. L., & Lyubomirsky, S. (2009). Enhancing well-being and alleviating depressive symptoms with positive psychology interventions: A practice-friendly meta-analysis. *Journal of Clinical Psychology, 65*, 467-487. doi:10.1002/jclp.20593

이 논문은 긍정심리 개입에 대한 메타분석을 통하여 그 효과성을 밝혀 보고 임상가나 기타 사람들이 이를 활용할 수 있는 실천적 안내를 제공한다.

Waters, L. (2011). A review of school-based positive psychology interventions. *The Australian Educational and Developmental Psychologist, 28*, 75-90. doi:10.1375/aedp.28.2.75

이 논문은 긍정심리학 관점에서 학생의 안녕감을 증진하기 위해서 구성된 12회기 학교 기반 개입에 대해서 소개하고 학교에서 긍정심리 개입 프로그램을 개발하려는 사람들에게 조언과 시사점을 제공한다.

제27장

긍정심리 개입: 중국 학교의 사례

1. 중국에서의 긍정심리학 적용 개관

중국은 21세기 초 심리학 연구 분야에서 가장 관심을 받고 있는 영역 중에 하나인 긍정심리학을 도입하였다. 특히 2007년 이후 긍정심리학에 관한 논문들이 급속하게 늘어나고 있다(Fu, Yin, Wang, Tang, & Liao, 2012). 연구 과정에서 중국 학자들은 긍정심리학의 학문적 연구에 관심을 기울일 뿐 아니라, 연구 결과들을 현장에 적용하기 시작했다.

1) 긍정심리학에 대한 학문적 연구

중국에서는 경제, 경영, 교육, 사회학, 심리학, 그 외 여러 분야의 학자들이 긍정심리학에 대한 현장 적용 연구를 왕성하게 수행하고 있다. 이러한 연구들은 긍정적 주관 경험, 긍정적 개인 특성, 그리고 긍정 기관에 관한 연구로 나눌 수 있다(Seligman & Csikszentmihalyi, 2000).

주관적 경험 수준에서 주관적 안녕감(Subjective Well-Being: 이하 SWB)은 특히 인기 있는 주제이다(Yan, Zheng, & Qiu, 2003). 학자들은 청소년(R. Liu & Gong, 2000), 성인(예: 교사와 해고 근로자; Yang, 2003; H. Zhu, 2008), 그리고 아동(L. Zheng & Tao, 2001)과 같은 다양한 연령대 사람들의 SWB에 대해 연구하였다. 일반적인 SWB뿐만 아니라, 학생들의 학교에서의 SWB와 같은 영역별 SWB 연구도 수행되었다(Tian, 2008).

개인 특성 수준에서의 연구들은 주로 회복탄력성(S. Zeng & Li, 2003), 감사(C. Yu, Zhang, Li, & Xiao, 2010), 그 외에도 다양한 주제를 다루었다. 이러한 긍정 성격 특성들의 선행 사건과 결과들에 대해서도 연구하였다.

긍정 기관 수준에서는 긍정학교 정부 정책에 대한 연구가 주로 이루어졌다. 이 연구들은 긍정심리학 개념들을 조화로운 학교(Fu et al., 2012), 도시, 사회(Ren & Zhang, 2006)를 건설하는 데 어떻게 적용할 것인가에 대해 연구가 진행되었다. 기관에 적용하는 연구 중에서 긍정 학교생활에 관한 연구는 중국에서 가장 많이 다루어지는 주제이다.

서양 긍정심리학의 세 주제에 초점을 맞춘 연구를 넘어서 중국 학자들은 질 높은 교육(D. Zhang & Wang, 2012)이라는 맥락에서 심리적 소양(素養)이라는 개념을 제안하였다. 이 분야의 학자들은 심리적 소양(psychological suzhi)에 관한 교과서와 척도를 개발하였고, 심리적 소양 교육에 대한 실험적 고찰을 하였다. 이러한 실천적 활동은 중국에서의 정신건강 교육을 발전시켰다(D. Zhang, 2012).

2) 긍정심리학의 임상적 적용

인용된 학술 연구를 기반으로 다양한 분야의 중국 전문가들은 연구 결과를 적극적으로 실제에 적용하였다. 학교는 아동·청소년이 심리적 특성을 형성하고 발달시키는 곳이므로 긍정심리학의 개념은 특히 중국 교육자들의 관심을 불러일으켰다.

긍정심리학 관점은 2가지 주요한 방식으로 중국교육에 영향을 주었다. 첫째, 일상적 학교 수업이나 학교 상담에 새로운 관점을 제공하였다. 긍정심리학은 교사가 모든 학생을 존중하고, 개인차를 인정하며, 본래 갖고 있는 긍정적 특질을 더욱 증진시킴으로써 행복하고 건강할 수 있도록 조력해야 함을 가정하고 있다.

둘째, 긍정심리학은 일상 교실 수업과 학교 상담의 내용을 더욱 심화시켰다. 기존의 중국 교육자들은 학생들의 심리적 소양 증진이나 잠재력 개발에는 관심을 기울이지 않고, 심리적 문제 예방과 적절한 개입에만 초점을 맞추었다(Y. Liu & Xie, 2011). 근래 중국 교육자들은 학생들의 정서적 경험 촉진, 긍정적 성격 특성 함양, 긍정적 학교 분위기 형성을 강조하기 시작했다(Y. Shao, 2009). 긍정심리학과 관련된 개념, 이론, 연구를 기반으로 중국 교육자들은 학교에서 긍정심리학에 기반을 둔 다양한 실험을 진행하고 있다.

2. 중국 아동 · 청소년에 관한 긍정심리학 핵심 연구

중국 아동 · 청소년 연구 상황이나 문화적 특성을 고려하여, 이 장에서는 주관적 안녕감, 탄력성, 심리적 소양이라는 3가지 주제에 초점을 맞춘다.

1) 주관적 안녕감

대부분의 중국 심리학자들은 SWB에 대한 Diener(1984)의 개념적 정의를 인용하였다. 중국의 상황에서 학자들은 위계적이고, 다차원적인 학생들의 삶의 만족도 구조를 탐색하였다(Tao, Sun, Feng, Su, & Zhu, 2005; X. Zhang, He, & Zheng, 2004). SWB를 아동 · 청소년 학교생활에 초점을 맞춰 적용한

Tian은 학교 웰빙의 이론적 모델을 제안하였고, 학교 웰빙 척도를 개발하였다(ASW-BS; Tian, 2008).

(1) SWB 연구 현황

중국 학자들은 SWB와 다른 인구학적 변인(예: 학년/나이, 성별, 거주지)과의 관계를 연구하였다. 연구 결과, 중국 아동·청소년들의 SWB 수준은 중간 정도인 것으로 나타났는데(Yue, Zhang, Huang, & Li, 2006), 고학년이 될수록 SWB는 낮아졌다(X. Wang & Zhang, 2012a; S. Zhao, Cai, Zeng, & Chen, 2011). 성별과 SWB의 관계 연구에서는 일관된 결과를 보여 주지는 않았다(Long, 2010; S. Zhao et al., 2011). 중국은 현재 도시화가 진행되고 있어서 학자들도 두 집단의 아동·청소년에 대해 특히 관심을 기울였다. 한 집단은 부모가 일자리를 얻기 위해 멀리 떨어진 도시로 나가 있고, 아이들은 함께 가지 못한 채 시골에 남겨진 집단이다. 다른 한 집단은 이주해 온 집단으로, 도시에서 일하는 부모와 함께 살지만 고정된 거주지가 없는 집단이다. 이 연구에서 두 집단의 SWB는 도시에서 생활하는 안정된 가정의 아이들의 SWB보다 유의미하게 낮게 나타났고(R. Wang & Zou, 2010; Y. Yu & Zhang, 2010), 아동들이 시골에 남겨진 기간이 길수록 SWB 수준은 더 낮은 것으로 나타났다(L. Zhang, Shen, Wong, & Luo, 2011).

(2) SWB 선행요인

중국 학자들은 중국 아동·청소년 SWB의 개인차를 가져오는 선행요인들을 탐색하였다. 학자들은 주로 가족요인들에 초점을 맞추었다(예: 가족 구조와 의사소통). 연구 결과, 편부모 가정 아동은 일반 가정 아동보다 자신의 삶을 덜 긍정적으로 바라보고 있었다(Qi, Li, Chen, & Hao, 2008). 조화로운 가정의 학생들은 빈번한 가족 갈등을 경험하는 아동에 비해 더 높은 SWB를 보였다. 또한 긍정적 양육과 가족 간 원만한 의사소통은 학생들의 SWB에 긍정적인 영향을 주는 것으로 나타났다(D. Li et al., 2006; Long, 2010).

SWB와 개인차 요인(예: 성격, 대처, 자아개념)과 관련해서 중국 학자들은 성격과 대처 행동에 관심을 기울였다. 중국 학생의 성격과 SWB에 관한 연구 결과, 신경증이 SWB와 부적 상관이 있는 반면, 외향성은 정적 상관이 있었다(R. Wang & Zou, 2008; X. Zhang, He, & Jia, 2007). 대처에 관한 연구에서는 적극적 문제해결 전략, 인지 재훈련, 그리고 자기 이완 기술이 SWB에 긍정적 영향을 주는 것으로 나타났다(Yin, Gu, & Zhao, 2010; Yue et al., 2006). 중국 학자들은 SWB 결과에 대한 연구도 수행하였으나(예: 정신건강, 학교 소속감) 그보다는 SWB 선행요인에 더 많은 관심을 기울였다.

2) 회복탄력성

중국 학자들은 회복탄력성의 보호 효과뿐만 아니라 사회적 지지와 같은 선행요인에 대해서도 연구하였다. 쓰촨성 지진 이후 아동 희생자들의 회복탄력성 보호 효과에 많은 관심을 기울였다.

(1) 회복탄력성 선행요인

사회적 지지, 관계, 자기가치감과 같은 회복탄력성 선행요인에 대해 연구가 진행되었는데, 특히 사회적 지지에 관심이 집중되었다. 연구 결과, 3학년에서 5학년으로 올라감에 따라 사회적 지지 효과가 다르게 나타났는데, 시간이 지날수록 양육적 지원 효과는 증가된 반면, 학교 지지 효과는 점차 감소하는 것으로 나타났다(J. Wang et al., 2008). 다른 연구에서는 사회적 네트워크나 재정 지원과 같은 객관적 지지가 아동의 회복탄력성 발달에 긍정적 영향을 미치고 있음을 보여 주었다. 특히 사회적 지지를 잘 활용하는 학생들은 더 나은 수준의 회복탄력성을 나타냈다(Z. Li, 2009).

(2) 회복탄력성의 보호 효과

일상생활에서 탄력적인 학생들은 학업 스트레스를 덜 받고(Cai, Liang, & Zhou, 2010), 소진을 효과적으로 잘 관리하고(P. Wang & Zhang, 2011), 역경을 경험하는 시간도 단축하였다(Xi et al., 2011). 쓰촨성 지진을 경험한 경우 부모와의 친밀도와 특성 감사는 학생들의 회복탄력성을 증진시켰고, 청소년이 외상 후 스트레스 증상을 경험하지 않도록 보호해 주었다(S. Sun et al., 2012; Y. Zheng, Fan, Yu, & Luo, 2011). 또한 회복탄력성은 지진 후 경험한 부정적 생활 사건과 우울 사이의 관계를 완화시켜 주었으며(Q. Zhu et al., 2012), 아동 · 청소년 희생자들의 외상 후 성장을 촉진해 주었다(J. Zhang, Shi, Zhao, & Wang, 2012).

3) 심리적 소양(素養)

심리적 소양은 양질의 교육을 추구하는 상황에서 중국 학자들에 의해 고안된 토착적인 학문 용어이다(X. Wang & Zhang, 2012b). 심리적 소양은 중국 청소년들이 중국 학교 환경에 잘 적응할 수 있는 능력을 증진시키는 것과 관련된 개념으로, 긍정적인 심리적 특성을 반영한 것이다.

Dajun Zhang과 Xinqiang Wang이 제안한 심리적 소양의 이론적 모형이 현재 가장 널리 받아들여지고 있다(D. Zhang, 2010; D. Zhang, Wang, & Yu, 2011). 그들은 심리적 소양이 본질적이고 안정적이고 내재적인 정신적 특성이며, 개인과 환경의 상호작용을 통해 형성된다고 믿고 있다(예: 교육과 사회적 활동). 심리적 소양은 인지 특성, 성격 특성, 적응력으로 구성되며, 이 모든 것은 호기심, 자기 점검, 독립성, 스트레스 적응력과 같은 22개 요인으로 더 세분화될 수 있다(X. Wang & Zhang, 2012b). X. Wang과 Zhang(2012b)에 따르면, 인지 특성은 "객관적 현실에 대한 인지와 직접적으로 연관된" 것이고 (p. 321), 성격 특성은 개인의 인지를 촉발시키고 규제하는 것이며, 적응력은

"개인의 인지 특성과 성격 특성을 반영하는 관습적인 행동 경향성"(p. 321)을 의미한다. D. Zhang과 동료들(2011)은 심리적 소양을 내재적인 심리적 특성과 외재적 적응 행동을 포함하는 다차원적 자기 조절 체계라고 규정하고 있다.

심리적 소양이라는 개념은 Seligman과 동료들에 의해 제안된 6개의 덕목과 24개의 성격 강점 개념화와는 다르다(Park & Peterson, 2006; Peterson & Seligman, 2004). Seligman의 성격 강점은 전반적인 문화나 역사 속에서 나타나는 총체적인 긍정적 특질이며 개인의 좋은 삶에서 중요한 것이다. 성격 강점들은 도덕 철학자나 종교적 명상가들에 의해 높게 평가되는 핵심적 특성들로 구성되어 있으며, 철학, 종교, 여러 쟁점을 반영하고 있다. 성격 강점은 모든 문화와 국가에 걸쳐 모든 개인에게 적용될 수 있는 일반적이며 긍정적 심리적 특징을 반영한 것이다. 그러나 심리적 소양의 개념과 이론적 구조는 중국 문화에 기초하고 있으며, 특히 질을 중시하는 교육과 연관이 있다. 심리적 소양은 학생들이 가지고 있는 인지 특성, 성격 특성, 적응력을 주로 반영하는 것으로 그들의 행동에 영향을 주는 것이다(D. Zhang et al., 2011). 그러므로 성격 강점과 심리적 소양은 개념화나 적용 범위가 다르다.

(1) 심리적 소양 연구 현황

학자들은 심리적 소양과 인구학적 변인(예: 학년/연령, 성별, 학업 성취)과의 관계에 대해 연구하였다. 7학년에서 12학년에 이르는 학생을 대상으로 한 연구에서, 학년이 올라감에 따라 소양의 수준이 증가하였지만, 이러한 경향성은 9학년과 12학년에서 실시되는 입학시험에 대한 높은 압박의 영향을 많이 받았다(Feng, Zhang, & Fan, 2004). 성차에 대한 분석에서 중국 소녀들의 총체적인 심리적 소양은 소년들보다 높은 것으로 나타났다(Feng et al., 2004). 이론적 기대처럼, 한 연구에서 취학 아동의 심리적 소양은 학업 성취도 수준에 따라 다양하게 나타났다. 성취도가 높은 집단 학생들은 높은 심리적 소양 수준을 보여 주었고, 중간이나 낮은 수준의 학업 성취도를 보인 집단은 낮은 심리적 소양 수준을 보여 주었다(D. Zhang, Liu, & Guo, 2004).

(2) 심리적 소양 증진

D. Zhang과 동료들(2011)은 심리적 소양 훈련을 전통적인 학교 교육과정에 포함시킬 수 있는 방법을 개발하였다(T. Zeng, Jiang, & Zhang, 2007). 이 모델을 기반으로 연구자들은 관련 실험을 수행하였고, 학생들의 자기 점검 능력(D. Zhang et al., 2011)이나 자기효능감(C. Wang & Zhang, 2007)을 촉진시키며, 정서조절의 어려움을 완화하는 것(J. Shao, Zhang, Wang, & Yi, 2010)과 같은 몇 가지 긍정적 결과를 도출하였다.

3. 국가 간, 문화 간 고려사항

1) 연구 내용

문화 간 연구에서 연구주제들은 문화 간 공통성과 비교 가능성을 가지고 있어야 한다. 다시 말하면, 문화 간 연구에서 탐구되는 심리적 특성은 보편적이어야 하지만 문화적 차이에 따라 다르게 나타날 수 있다.

동서양의 가치 차이는 문화 유형 분류에서 일반적으로 수용되는 기준이다(Hofstede, 1980). 문화는 집단주의 문화와 개인주의 문화로 나눌 수 있다(Hofstede, 1980). 전통적인 중국 문화에서 집단주의 가치는 가족, 사회, 국가의 발전 안에서 개인적 목표 성취를 강조하고 있다. 대조적으로 서구 문화의 개인주의 가치는 개인의 독립성과 가능성을 강조한다. 두 문화의 차이는 개인에게 내재된 다른 심리적 특징의 발달을 지지하게 된다. 예를 들면, 중국 심리학자인 Guoshu Yang은 자아존중감이 양쪽 문화에서 모두 유용한 것이지만 개인주의 사회에서는 개인주의적 성향을 지닌 반면, 집단주의에서는 집단주의적 성향을 보인다는 점에서 차이가 있다고 보고 있다(X. Huang & Yin, 2012; Weng, Yang, & Xu, 2006). 자아존중감이 낮은 학생을 대상으로 한 연구에서 미국 학생들은 개인적 특성을 중국 학생들보다 더 긍정적으로 평가한 반면, 중국 학생들은 사회적 특성을 더 긍정적으로 평가하였다(Brown & Cai, 2010). 다른 예를 보면, 중국 문화에서는 겸양(self-modesty)을 이상적인 도덕적 지향이며 긍정적 강점이라고 인식하고 있다. 중국의 전통적 가치 체계에서는 개인이 자신의 환경을 통제하고, 자신을 드러내려고 하고, 자신의 잠재력을 적극적으로 펼치는 것을 선호하지 않는다. 오히려 전통적인 중국 문화에서는 사람과 환경과의 조화로운 관계를 권장하고, 집단을 위해 개인적 흥미를 희생하도록 권고한다(J. Hu & Huang, 2009; Lu, 2007). 중국 문화에서의 겸양은 자신을 낮추고 다른 사람들을 높게 평가하는 것을 의미한다. 그러나 유사한 개념인 겸손(humility)은 개인주의 문화에서는 다른 의미로 평가된다. 개인주의 문화에서 '겸손'은 개인이 신 앞에 겸손해져야(humble) 함을 강조한다. 그러므로 개인은 자신을 표현하고, 자신의 잠재력을 드러내야 한다. 요약하면, 동양과 서양의 문화적 차이는 유사한 심리적 특징에 다른 의미를 부여하는 것이다. 문화 간 연구를 수행할 때, 다양한 긍정심리학 개념과 관련된 의미나 가치에서의 차이를 이해하는 것이 중요하다. 다른 문화적 맥락 속에 있는 기관(예: 학교)은 '좋은 삶'에 대해 정의할 때 '긍정적' 정서, 성격 강점, 기관의 실재에 대해 다르게 정의할 수 있다.

앞에서 논의한 쟁점들은 외국이나 중국 학자들이 문화 간 연구를 수행할 때 강조될 필요가 있다. 예를 들어, 중국은 다민족 국가이기 때문에 '민족 정체성과 국가 정체성'은 중국에서 중요시되는 문화 간 연구주제이다. 더욱이 이 두 정체성은 자아존중감의 중요한 예측 요인이다(Liang, Gao, & Wan, 2010). 회족과 한족 고등학생 사이의 민족 정체성이나 국가 정체성에서는 유의미한 차이가 나타나지 않는다는 연구가 있다. 그러나 대학생을 대상으로 한 다른 연구에서는 소수민족 학생들은 한족 학생들보다 민족 정체성이 더 높게 나타났다(Gao, An, & Wan, 2011). 그러므로 소수민족 학생과 한족 학생 사이의 민족 정체성에서 유의미한 차이가 있는지에 대해 후속 연구가 필요하다.

연구주제의 문화 간 비교 가능성 못지않게, 소홀히 다루어서는 안 되는 중요한 쟁점이 있다. 예를 들어, 이론적 틀을 구성하는 핵심 개념의 의미는 국가 간 문화 간 연구에서 비교될 수 있어야 한다.

2) 연구척도

연구척도를 선택할 때 문화적 적용 가능성을 고려해야 한다. 문화 간 연구에서 중국 연구자들은 종종 외국 척도를 수정하여 중국 청소년 대상 연구에 그대로 적용한다(H. Li, Zhang, & Zhang, 2008; Shi & Tian, 2009). 그러나 외국의 척도를 사용할 때 중국 연구자들은 그 척도가 중국 문화에 적용될 수 있는지에 대해 먼저 주의 깊게 고려해야 한다.

3) 연구방법

자기보고식 척도는 문화 간 연구에서 중국 학자들이 사용하는 기본적인 방법이다. 예를 들어, Tian과 동료들은 중국판 다차원 학생 삶 만족도 척도(Multidimensional Students' Life Satisfaction Scale: MSLSS; Huebner, 1994)를 사용하여 중국과 외국 중학생들의 삶의 만족도에 관한 문화 간 비교 연구를 수행하였다(W. Liu, Tian, & Gilman, 2005; Tian, Liu, & Gilman, 2005). 그러나 만일 이 척도가 새로운 문화에 적용될 때 심리측정적 한계가 나타난다면 연구 결과를 일반화하는 데 문제가 발생할 수 있다. 따라서 문화 간 연구에서 중다 방법적인 측정을 하는 것이 필요하다. 일상 재구조화 방법

(Day Reconstruction Method: DRM)이나 시나리오 이야기 방법(scenario stories method)과 같은 추가적인 방법들이 문화 간 연구에서 자기보고식 방법을 보완해서 사용될 수 있다. 예를 들어, Tian은 DRM을 사용하여 중국 고등학생들의 정서 경험의 일상적 패턴을 출석, 복습, 학교 식사와 같은 특별 활동, 거주지, 학교생활에서 만나는 친구들을 비교하면서 연구를 진행하였다(Tian, 2010).

4) 연구 결과

다른 문화적 배경을 지닌 참가자를 대상으로 한 연구는 사람들의 심리적 경험과 일상 행동에 미치는 문화의 영향에 대해 밝힐 수 있다. 예를 들어, 중국 연구자들은 중국과 미국 대학생들의 행복을 비교해 왔다. 그 결과, 중국 대학생들은 긍정적 정서를 덜 표현했고, 더 낮은 삶의 만족도를 보고하였다(Yan et al., 2003). 그러나 문화적 차이는 이러한 결과를 해석하는 데 영향을 줄 수도 있다. 중국이 집단주의 지향 국가라는 것을 가정하면, 중국 사람은 미국 사람과 같은 범위에서 같은 방식으로 개인의 행복을 평가하지는 않는다는 것이다(Yan et al., 2003). 이러한 정보는 연구 결과를 해석하는 데 새로운 틀을 제공해 준다. 즉, 서로 다른 문화적 환경에서 연구가 이루어질 때 문화적 요인이 충분히 고려되고 이해되어야 한다.

4. 중국에 적용되는 척도 및 고려사항에 관한 쟁점

여기에서는 중국에서의 긍정학교심리학에 대한 개념 측정이나 이와 관련된 고려사항에 관한 쟁점들을 소개한다.

1) 중국에 적용된 긍정학교심리학 척도

(1) 긍정심리 경험 척도

긍정학교심리 경험 척도는 주요한 관심사인 전반적인 주관적 안녕감(SWB)과 학교 행복(well-being)을 반영한다. 일반 SWB는 삶의 만족도, 긍정 정서(Positive Affect: PA), 부정 정서(Negative Affect: NA)를 포함한다. 삶의 만족도 척도에는 Huebner(1994)에 의해 최초 개발된 중국판 다차원 학생 삶 만족도 척도(Multidimensional Students' Life Satisfaction Scale: MSLSS; Tian & Liu, 2005), 아동 · 청소년용 주관적 삶의 질 척도(Inventory of Subjective Life Quality for Child and Adolescent: ISLQ; Cheng, Gao, Peng, & Lei, 1998), 청소년 삶의 만족도 척도(Scale of Adolescent Students' Life Satisfaction: SASLS; X. Zhang et al., 2004)가 포함된다. MSLSS 중국판은 중국 청소년들에게 적합하고, ISLQ는 초 · 중학생들에게 중국 기준을 적용할 때 적합하다. 중국 학자들은 중국 청소년의 학습 및 생활 경험을 반영하는 SASLS를 개발하였다.

PA와 NA를 가장 빈번하게 적용한 척도는 Bradburn의 긍정 부정 정서 척도와 Schimmack, Diener, 그리고 Oishi(2002)가 개발한 중국판 쾌락 균형 척도(Hedonic Balance Scale: HBS; X. Zhang & Zheng, 2005)를 기반으로 한 중국판 학생용 긍정 부정 정서 척도(Chinese Positive and Negative Affect Scale for Students: CPNASS; W. Chen & Zhang, 2004)이다. 이 척도들은 중국 청소년들에게 안정적인 것으로 나타났다.

학교 행복의 주요 척도는 Tian(2008)에 의해 개발되어 청소년의 학교생활을 반영하고 있는 청소년용 학교 행복 척도(Adolescent's School Well-Being Scale: ASW-BS)이다. 이 척도는 학생들의 학교 만족도, 학교에서의 긍정 정서와 부정 정서로 구성되어 있다.

(2) 긍정적 인간 강점 척도

회복탄력성 척도에는 중국판 건강 아동 회복탄력성 평가(Healthy Kids Resilience Assessment: HKRA)가 포함된다. HKRA는 캘리포니아 건강 아동 연구의 하위 척도인 회복탄력성 발달 모듈(Resilience Youth Development Module: RYDM; H. Li et al., 2008)과 청소년 회복탄력성 척도(Resilience Scale for Adolescents: RSA; Y. Hu & Gan, 2008)를 수정한 것이다. 이 두 척도는 청소년에게 적합한 것이다. 수정된 HKRA의 몇 가지 차원은 원척도와는 다르지만, 이론적 모델에 여전히 적합하고, 외적 보호요인과 탄력성 특질 차원을 포함하고 있다. 원척도의 요인인 학교에서의 돌봄 관계와 학교의 높은 기대는 '교사 돌봄'이라는 하나의 요인으로 결합되어 있다. Hanson과 Kim(2007)이 '학교 지지'라고 명명한 요인과 유사한 것이다. 또한 집에서의 돌봄 관계나 사회의 높은 기대 요소는 '친척 돌봄(relatives' care)'이라고 명명된 하나의 요인으로 합쳐져 있다. 그 이유는 아동들의 돌봄 관계와 교사나 친척들의 높은 기대를 동일시하기 때문이다. 즉, 그 2가지는 모두 정서적 지지와 돌봄으로 인식하는 것이다. 중국 학자들에 의해 개발된 RSA는 목표 설계, 도움 정하기, 가족 지지, 정서조절, 긍정적 사고라는 5가지 요인을 포함한다.

감사 척도에는 McCullough's GQ-6 수정판(Gratitude Questionnaire; Hou & Zhang, 2009), 특정 지역에 개발된 청소년 감사 척도(Adolescent Gratitude Scale: AGS; Wen, Zhang, Li, Yu, & Dai, 2010), 중학생 감사 질문지(Gratitude Questionnaire of Middle School Students: GQMSS; G. Zhao & Chen, 2006)가 있다. 이 모든 척도는 청소년에게 적합하게 적용된다. GQ-6 수정판은 2가지 감사 차원을 평가한다. AGS는 중국의 문화적 가치를 반영하는 감사의 5가지 측면으로 모국/사회, 부모, 교사, 친구, 국가를 포함하고 있다. GQMSS는 학생들의 도덕적 가치 경향성을 반영하는 3가지 차원인 사람 지향성, 사물 지향성, 도덕 지향성을 포함한다.

(3) 긍정 학교 환경 척도

학교 풍토 척도는 중국 학자가 개발한 인지된 학교 풍토 척도(Perceived School Climate Inventory: PSCI; Ge & Yu, 2006)와 소속 학급 척도(My Class Inventory: MCI; Jiang, 2004)가 있다. 두 척도 모두 3가지 학교 풍토 측면인 학생 간 관계, 학업 압박, 학교 운영을 포함하고 있다.

학교 소속감 척도는 Goodenow(1993)가 처음 개발했는데, 수정된 학교 구성원 심리적 감각 척도(Psychological Sense of School Membership Scale: PSSM; Hoi & Sammy, 2003)와 청소년 학교 소속감 질문지(Adolescent School Belonging Questionnaire: ASBQ; B. Zhou, Yang, & Chen, 2011)가 있다. 두 척도 모두 중학생에게 적합하다. 홍콩 학자들은 기존의 PSSM에 소속감과 거절 차원을 포함시켜 중국판으로 개정하였다. ASBQ는 학생들의 학교 관련성 및 참여도를 평가하는 것이다.

(4) 심리적 소양 척도

중국 학자들은 심리적 소양을 측정하는 도구를 개발하였다. 청소년용 정신적 특성 척도(Mental Quality Scale of Adolescent Students: MQSAS; Feng et al., 2004)와 초등학생 정신적 특성 척도(Elementary School Students' Mental Quality: ESSMQ; D. Zhang et al., 2004)가 있다. MQSAS는 학업 능력, 성격, 그리고 적응력을 통하여 청소년의 심리적 소양을 평정한다. ESSMQ는 초인지, 성격, 적응력의 하위 척도로 구성되어 있으며, 초등학생에게 적합한 것이다.

2) 척도 쟁점

(1) 척도의 적용 가능성

국제적 척도를 중국에서 사용할 때, 문화적 적용 가능성을 고려해야 한다. 첫째, 보편성이 고려되어야 하는데, 연구자는 특정 변인이 중국에서 중요한 심리적 특성인지 결정해야 한다. 둘째, 특수성이 고려되어야 하는데, 연구자는 해당 변인이 중국에서 다른 의미를 가질 수 있는지 알아야 한다. 마지막으로, 연구자는 중국 문화를 기반으로 해당 변수들을 정의하고, 그 정의에 맞춘 일관성 있는 적절한 척도를 개발해야 한다.

(2) 척도 동질성

국제적 척도를 중국에 적용할 때, 척도 동질성(measurement equivalence)을 고려해야 한다. 다른 국가, 문화, 민족에 속한 개인들 사이에는 다양한 심리적 개념의 의미와 특징이 차이를 보일 수 있다. 개념이나 본질과 연관된 척도는 앞에서 언급한 HKRA나 GQ-6처럼 처음 적용한 외국의 척도를 그대로 번역하여 사용할 경우 다른 결과가 나타날 수 있다. 그래서 척도의 내용과 기능의 동질성을 고려하여 주의 깊게 평가해야 한다. 또한 문화 간 연구를 수행할 때, 연구자는 해당 척도가 다른 문화적 맥락에서도 똑같이 유사한 방식으로 잘 이해된다는 것을 보장할 수 있어야 한다. 이를 위해 문항 내용은 응답자에게 친숙해야 한다. 번역은 같은 의미를 지닌 문항을 만드는 방향으로 진행되어야 한다(Kagitcibasi, Bond, & Smith, 2006). 그러므로 두 언어에서 같은 의미를 가진 문구를 사용할 수 있도록 번역자의 문화적 지식을 유도해 내는 '탈중심화' 번역(Kagitcibasi et al., 2006)이나 역번역은 외국어에서 중국어로 척도를 번역할 때 권고된다.

(3) 반응 편향

문화 간 비교 연구를 수행할 때, 연구자는 실제적인 내용은 고려하지 않고 긍정적으로만 응답하려는 묵인 반응 편향 효과를 고려해야 한다. 연구자가 이러한 가능성을 알아채지 못하면, 문화 간 학생 점수의 묵인 편향의 편차가 문화적 차이를 반영하는 것으로 잘못 해석할 수 있다. 연구자들은 긍정 혹은 부정 반응을 요구하는 균형 문항을 사용하거나 대상 내 점수를 표준화함으로써 묵인 반응 편향을 통제하고 교정할 수 있어야 한다. 34개국에서 진행된 묵인 반응 편향 연구에서 집단주의 지향 국가의 참가자들은 가장 높은 점수를 보고하였다(Kagitcibasi et al., 2006). 중국은 집단주의 국가이기 때문에 중국 참가자들의 반응은 더 높은 수준의 묵인 반응 편향을 보일 가능성이 있다. 그러므로 연구자는 문화 간 연구를 설계하고 번역할 때 이 점을 고려해야 한다.

5. 중국에서의 교육적 적용

학교는 아동과 10대들이 배우고 다른 사람과 상호작용하는 생애 초기 환경이다. 중국의 학교 전문가들은 학생들의 심리적 건강을 매우 중요하게 생각한다(Y. Huang, 2012). 그러나 전통적인 중국의 심리 교육은 학생들의 심리적 문제에 초점을 맞춘 문제 기반적 특성을 지녀 왔다. 학생에 대한 관찰은 주로 교정이 필요하다고 판단될 때 주로 이루어졌다. 이러한 편협하고 단편적인 심리 교육 기조는 중국의 학교 교육 발달을 심각하게 제한해 왔다(D. Zhou, 2010).

긍정심리학의 부흥은 중국교육에 새로운 관점을 제시해 주었다. 아동의 긍정적 정서 경험, 긍정적 특성, 긍정 기관에 관한 긍정심리학 연구 기반은 중국 학교 전문가들의 일상적인 교실 수업이나 학교 상담 활동에 중요한 시사점을 제공하였다. 그러나 아직까지 긍정심리학을 중국의 초·중등학교 현장에 적용하는 것은 초기 단계에 머물러 있다.

1) 교실 수업에의 적용

교실 수업은 교사와 학생 사이의 양방향 활동이다. 긍정심리학 주창자들은 교사가 학생들의 잠재력을 발달시키고 종합적인 발달을 촉진시키는 긍정 심리학과 관련된 이론이나 진행된 연구 결과를 기반으로 학생들과 상호작용해야 한다고 주장한다(Q. Zhang & Tian, 2011).

(1) 정신건강 수업에의 적용

긍정심리학은 중국 정신건강 수업과 관련이 있다. 학생들의 긍정 정신건강을 촉진하는 수업을 설계하는데, 특히 긍정 정서 경험(C. Zhu, 2007), 긍정 성격 특성(Cao, 2011), 그리고 긍정 교실 분위기(J. Zhang, 2011)를 촉진하는 관점에서 수업이 설계되었다. 이 수업은 미국의 학교 기반 정신건강 서비스 적용과 일치한다. 예를 들어, Yichan Shao(2009)는 긍정심리학의 주요 원리를 중국 중학교 건강 교육 수업에 적용하였다. 그녀는 구체적인 수업 개입을 설계하였다. 처음 몇 차시는 학생들이 자신에 대해 더 배우고 몇 가지 대인관계 기술을 숙달하기 위한 이론적 지식을 학생들에게 가르쳐 주었다. 이는 긍정적이고 조화로운 교실 분위기를 만드는 토대를 만들었다. 그리고 학생들이 인생의 아름다움과 힘을 감상할 수 있는 색다른 교실 활동이 준비되었다. 예를 들어, 학생들이 더 감사하고 배려하는 행동을 배우기 위해 무능한 사업가에 대한 이야기를 들려주었다. 수업 후 학생들의 감사, 사랑, 용기가 증가하였다.

(2) 일반 교과과정에의 적용

긍정심리학 원리는 정신건강 수업이나 다른 가장 전통적인 교육과정에도 투입될 수 있을 것이다. 구체적인 예를 들어 보면 다음과 같다. 첫째, Hui Zhang(2011)은 긍정심리학 이론을 영어 수업에 적용하였다. 그녀는 학생들의 자투리 시간을 온전히 사용하도록 유도해 학생들을 위한 양호한 영어 학습 상황을 만들어 냈다. 학생들에게 고전 영국 영화를 감상하고 영어 말하기 활동을 하게 하였다. 이 활동은 학생들의 동기, 열정, 영어 학습에 대한 성취감을 유의미하게 증가시켰다. 둘째, Min Li(2011)는 긍정심리학 원리를 음악 수업에 적용하였다. 그녀는 학생들이 음악 수업 시간에서 아름다움을 느끼고, 경험하고, 창조하는 기회를 부여하여 학생들이 풍요로운 긍정적 정서를 경험할 수 있는 기회를 제공했다. 마지막으로, Bin Sun(2008)은 체육 수업에서 학생들의 긍정 경험에 관심을 기울였다. 그는 학생 개인의 건강 정도와 신체 능력에 따라 개인 목표를 설정하였다. 그래서 모든 학생은 자신의 개인적 성취와 관련된 즐거움과 자부심을 즐기는 경험을 가졌다.

중국 학자들은 역시 중국어나 수학과 같은 전통적인 교육과정에서 학생들의 심리적 소양을 발달시키려고 노력하였다. 예를 들어, 초등학교 중국어 교사는 Race-with-Time 단원을 가르칠 때 ① 학생들이 저자의 관점을 이해하도록 안내하고, ② 저자의 슬픔을 완화시킬 수 있는 방법을 자세하게 설명하기 위해 집단 토론을 하도록 진행하였다. 수업 활동을 통해 학생들은 정서를 조절하고 그들의 심리적 소양을 발전시키는 능력을 증진하였다(J. Shao et al., 2010). 더욱이 중국 학자들은 심리적 소양 교육과 중학교 수학 수업을 연결시키는 시도를 하였다. 한 연구에서 교사는 그들의 개인적 능력에 따른 수준별 문제를 준비하였다. 교사는 학생들에게 긍정적인 피드백을 제공하고 학생의 능력에 귀인하는 반응을 보였다. 그리고 긴장한 학생들에게는 질문에 대해 더 많이 생각할 시간을 주고 그들을 도울 몇 가지 팁을 제공하였다. 이런 방식으로 교사는 모든 학생이 성공을 경험하도록 도와주었다. 그 결과, 학생들의 학업 자기효능감, 심리적 건강, 그리고 학업적 성취가 증가되는 것으로 나타났다(C. Wang & Zhang, 2007).

2) 학교 상담에의 적용

긍정심리학을 학교 상담에 적용하는 것은 주로 다음 2가지 측면에서 이루어졌다. 첫째, 학교 상담의 본질과 목표이다. 긍정심리학은 인간 본성의 긍정적 측면의 발견과 증진에 중요성을 부여한다. 그러므로 긍정심리학 관점을 취하고자 하는 학교 상담자는 학생들이 건강한 전 생애적 발달을 촉진할 뿐만 아니라 심리적 문제도 '다룰 수' 있도록 긍정적 심리 특성을 증진하여 삶의 행복의 기초를 놓을 수 있도록 도와주는 것이다(Wu & Ma, 2008). 둘째로, 학교 상담의 방법론과 집단에 대한 관심 주제를 확대하는 것이다(Wu & Ma, 2008). 긍정심리학 연구는 사람들의 행복, 탄력성, 낙관성과 같은 긍정적 심리 특성 연구에 전념한다. 그러한 연구를 기반으로 중국 학교 상담자는 정직(Wei, 2010), 창조력(Tang & Guo, 2011), 부정적 압박에 대한 효과적 대응(H. Zheng, 2007), 자기신뢰(L. Li, Sun, Fu, Guo, & Li, 2012), 자아존중감과 행복(L. Liu & Wang, 2007)과 같은 학생 정신 발달의 기반 위에서 학생들의 성장 욕구 촉진과 관련된 훈련 과정을 개발해 왔다.

개인 심리 상담 영역에서 단기 상담, 문제해결 중심 상담(Fang, Liu, Zhang, & He, 2006)과 같은 새로운 모델들이 나타났다. 이러한 접근은 상담자가 학생들이 과거 성공 경험이나 자원들을 인식하고 확장하도록 돕는 노력을 통해 문제보다는 해결에 초점을 맞추고 행동하는 것을 강조한다(J. Chen & Wang, 2008).

개인 상담뿐만 아니라 긍정심리학 원리는 집단 상담 영역에도 폭넓게 적용되어왔다. 예를 들어, 이전의 성공 경험을 회고하는 집단 상담 활동은 학생의 자신감을 강화시킬 수 있다(L. Li et al., 2012). 더욱이 자기 탐색이나 의사소통 집단 상담 활동은 학생들의 자아존중감과 행복을 증진시켜 준다(L. Liu & Wang, 2007). 마지막으로 '인생은 좋은 것(Life Is So Good)' '감사하는 마음 배우기(Learn to Be Thankful)'와 같은 수업 활동은 학생들의 감사와 SWB를 증진시킬 수 있다(Shi & Zhu, 2008).

6. 결론

요약하면, 긍정심리학은 중국에서 활기를 띠고 있다. 중국 학자들은 중요한 연구 문제를 탐구하고, 국가 간(cross-national), 문화 간(cross-cultural) 긍정심리학 연구를 위한 적절한 중국어 척도를 개발하고 있다. 많은 학교 전문가는 긍정심리학 원리를 열성적으로 적용하고 있으며, 교실 수업이나 학교 상담의 실제에 투입하고 있다.

참고문헌

Brown, J. D., & Cai, H. (2010). Self-esteem and trait importance moderate cultural differences in self-evaluations. *Journal of Cross-Cultural Psychology, 41,* 116-123. doi:10.1177/0022022109349509

Cai, Y., Liang, B., & Zhou, Y. (2010). Relationship among stress of entrance examination, resilience and stress distress of middle school students. *Chinese Journal of Clinical Psychology, 2,* 180-182, 179.

Cao, H. (2011). The enlightenment of positive psychology on school mental health education. *Folk Art and Literature, 9,* 176-177.

Chen, J., & Wang, Z. (2008). The enlightenment given by the sense-of-well-being research to school psychological consultation. *Psychological Science, 31,* 408-410.

Chen, W., & Zhang, J. (2004). Factorial and construct validity of the Chinese Positive and Negative Affect Scale for students. *Chinese Mental Health Journal, 18,* 763-765, 759.

Cheng, Z., Gao, B., Peng, J., & Lei, L. (1998). The Inventory of Subjective Life Quality for child and adolescent: Development, reliability, and validity.

Chinese Journal of Clinical Psychology, 6, 11-16.

Diener, E. (1984). Subjective well-being. *Psychological Bulletin, 95,* 542-575. doi:10.1037/0033-2909.95.3.542.

Fang, J., Liu, X., Zhang, Y., & He, W. (2006). A new mode of counseling: Solution-focused brief counseling. *Psychological Science, 29,* 430-432.

Feng, Z., Zhang, D., & Fan, H. (2004). A study of the characteristics of the mental quality of adolescent students. *Psychological Science, 27,* 890-895.

Fu, Y., Yin, K., Wang, J., Tang, J., & Liao, J. (2012). Bibliometric analysis of the positive psychology in China. *Journal of Dali University, 11*(2), 93-96.

Gao, C., An, J., & Wan, M. (2011). On the relationship between the ethnic identity, acculturation and the psychology well-being of the multi-ethnic university students. *Contemporary Education and Culture, 3*(5), 106-113.

Ge, M., & Yu, Y. (2006). The development of junior high school students' Perceived School Climate Inventory. *Psychological Science, 29,* 460-464.

Goodenow, C. (1993). The psychological sense of school membership among adolescents: Scale development and educational correlates. *Psychology in the Schools, 30,* 79-90. doi:10.1002/1520-6807(199301)30:1〈79::aid-pits2310300113〉3.0.co;2-x

Hanson, T. L., & Kim, J. O. (2007). *Measuring resilience and youth development: the psychometric properties of the Healthy Kids Survey.* (Issues & Answers Report, REL 2007-No. 034). Washington, DC: U.S. Department of Education, Institute of Education Sciences, National Center for Education Evaluation and Regional Assistance, Regional Educational Laboratory West. Retrieved from http://ies.ed.gov/ncee/edlabs/regions/west/pdf/REL_2007034.pdf

Hofstede, G. (1980). *Culture's consequences: International differences in work-related values* (Vol. 5). Thousand Oaks, CA: Sage.

Hoi, Y. C., & Sammy, K. F. H. (2003). Mainland immigrant and Hong Kong local students' psychological sense of school membership. *Asia Pacific Education Review, 4*(1), 67-74. doi:10.1007/bf03025553

Hou, X., & Zhang, L. (2009). Applicability of GQ-6 in middle school students. *Educational Measurement and Evaluation, 2*(2), 37-39.

Hu, J., & Huang, X. (2009). Preliminary study on self-modesty: One significant behavioral style of Chinese. *Acta Psychologia Sinica, 41,* 842-852.

Hu, Y., & Gan, Y. (2008). Development and psychometric validity of the Resilience Scale for Chinese adolescents. *Acta Psychologica Sinica, 40,* 902-912. doi:0.3724/SP.J.1041.2008.00902

Huang, X., & Yin, T. (2012). On cultural differences in zi zun (self-esteem). *Journal of Psychological Science, 35*(1), 2-8.

Huang, Y. (2012). Strengthen the psychological education to promote physical and mental health. *Teaching Reference of Middle School Politics, 9,* 74-75.

Huebner, E. S. (1994). Preliminary development and validation of a multidimensional life satisfaction scale for children. *Psychological Assessment, 6*(2), 149-158. doi:10.1037/1040-3590.6.2.149

Jiang, G. (2004). Class environment in the Chinese school system: Structure and measurement. *Psychological Science, 27,* 839-843.

Kagitcibasi, C., Bond, M. H., & Smith, P. B. (2006). *Understanding social psychology across cultures: Living and working in a changing world.* Thousand Oaks, CA: Sage.

Li, D. Yu, M., Wang, C., Xie, X., Zhou, L., & Zhu, X. (2006). Self-disclosure and self-concealment in adolescence and the relationship between them and subjective well-being. *Psychological Development and Education, 22*(4), 83-90.

Li, H., Zhang, W., & Zhang, J. (2008). The Chinese version of Healthy Kids Resilience Assessment. *Studies of Psychology and Behavior, 6*(2), 98-102, 111.

Li, L., Sun, H., Fu, Y., Guo, Y., & Li, J. (2012). Experimental research on the effect of group instruction in improving the level of college students' self-confidence, acceptance of others and self consistency and congruence. *China Journal of Health Psychology, 20,* 705-707.

Li, M. (2011). *Research of primary school music teaching under the concept of positive psychology* (master's thesis). Shandong Normal University.

Li, Z. (2009). Relationship between ego-resiliency and social support of parent-absent children. *China Journal of Health Psychology, 17,* 440-442.

Liang, J., Gao, C., & Wan, M. (2010). The influence of ethnic identity, national identity on Hui and Han middle school students' self-esteem. *Contemporary*

Education and Culture, 2(6), 63–67.

Liu, L., & Wang, X. (2007). Effects of group counseling on sense of security, self-esteem and psychological well-being of university students. *Chinese Journal of Behavioral Medicine Science, 16,* 642–643.

Liu, R., & Gong, Y. (2000). Research on subject well-being and its influence factors among old people. *Chinese Journal of Clinical Psychology, 8*(2), 73–78.

Liu, W., Tian, L., & Gilman, R. (2005). A cross-cultural study on life satisfaction between Chinese and American middle school students. *Chinese Mental Health Journal, 19*(5), 29–31.

Liu, Y., & Xie, G. (2011). Positive psychology and college mental health education. *Journal of Higher Education Management, 5*(1), 82–85.

Long, L. (2010). Relationship between subjective well-being and parenting mode of junior school students. *Science of Social Psychology, 25*(7), 25–28.

Lu, L. (2007). Individual and social-oriented self views: Conceptual analysis and empirical assessment. *US-China Education Review, 4*(2), 1–23.

Park, N., & Peterson, C. (2006). Character strengths and happiness among young children: Content analysis of parental descriptions. *Journal of Happiness Studies, 7,* 323–341. doi:10.1016/j.adolescence.2006.04.011

Peterson, C., & Seligman, M. E. P. (2004). *Character strengths and virtues: A handbook and classification.* Oxford, UK: Oxford University Press.

Qi, L., Li, Y., Chen, Y., & Hao, J. (2008). Subjective well-being of divorced children and its influencing factors. *Psychological Research, 1*(2), 62–65.

Ren, J., & Zhang, Y. (2006). Positive psychology movement and its revelation to building a harmonious society in China. *Academic Forum, 12,* 67–71.

Schimmack, U., Diener, E., & Oishi, S. (2002). Life satisfaction is a momentary judgment and a stable personality characteristic: The use of chronically accessible and stable sources. *Journal of Personality, 70,* 345–384. doi:10.1111/1467-6494.05008

Seligman, M. E. P., & Csikszentmihalyi, M. (2000). Positive psychology: An introduction. *American Psychologist, 55,* 5–14. doi:10.1037/0003-066X.55.1.5

Shao, J., Zhang, D., Wang, J., & Yi, Q. (2010). An experimental study on enhancing pupils' difficulties in emotion regulation in Chinese teaching. *Psychological Development and Education, 26,* 390-394.

Shao, Y. (2009). Research on the influence of positive psychology on psychological education in schools. *Journal of Teaching and Management, 5,* 36-38.

Shi, G., & Tian, L. (2009). The reliability and validity of The Trait Hope Scale (TTHS) in middle school students. *Studies of Psychology and Behavior, 7,* 203-206.

Shi, G., & Yang, M. (2006). Subjective well-being of middle school students. *China Journal of Health Psychology, 20,* 238-241.

Shi, G., & Zhu, W. (2008). The intervention of gratitude and subjective well-being for junior middle school students. *Psychological Exploration, 28*(3), 63-66.

Sun, B. (2008). Positive expectation: Application of positive psychology to sports teaching in elementary school. *China School Physical Education, 10,* 44-45.

Sun, S., Fan, F., Zheng, Y., Zhu, Q., Chen, S., Zhang, L., & Tan, Y. (2012). Mediating effect of resilience between parenting styles and PTSD symptoms in adolescents. *Chinese Journal of Clinical Psychology, 20,* 502-505.

Tang, H., & Guo, F. (2011). Enlightenment of positive psychology on cultivating students' creativity. *Innovation and Entrepreneurship Education, 2*(1), 31-33.

Tao, F., Sun, Y., Feng, E., Su, P., & Zhu, P. (2005). Development of school life satisfaction rating questionnaire for adolescents and its reliability and validity. *Chinese Journal of School Health, 26,* 987-989.

Tian, L. (2008). Developing scale for school well-being in adolescents. *Psychological Development and Education, 24*(3), 100-106.

Tian, L. (2010). Experience of school life in senior high school students: Based on the day reconstruction method. *Psychological Development and Education, 26,* 473-481.

Tian, L., & Liu, W. (2005). Test of the Chinese version of Multidimensional Students' Life Satisfaction Scale. *Chinese Mental Health Journal, 19,* 301-303.

Tian, L., Liu, W., & Gilman, R. (2005). A cross-cultural comparison study of middle school students' life satisfaction. *Chinese Journal of Applied Psychology, 11*(1), 21-26.

Wang, C., & Zhang, D. (2007). Experimental research on the effect of psychological education to middle school students, academic self-efficacy in the teaching of mathematics. *Psychological Development and Education, 3,* 62-67.

Wang, J., Zhang, H., Xu, J., Gao, M., Wang, M., & Wu, Z. (2008). Relationship between resilience and social support of primary school students in Hefei. *Chinese Mental Health Journal, 21*(3), 162-164.

Wang, P., & Zhang, S. (2011). Relationship between life events, resilience, and learning burnout in junior school students. *Science of Social Psychology, 26*(8), 95-98.

Wang, R., & Zou, H. (2008). The influencing effect of personality to immigrant children's subjective well-being. *Psychological Exploration, 28*(3), 82-87.

Wang, R., & Zou, H. (2010). Subjective well-being of immigrant children in Beijing. *Chinese Mental Health Journal, 24,* 131-134.

Wang, X., & Zhang, D. (2012a). The change of junior middle school students' life satisfaction and the prospective effect of resilience: A two-year long study. *Psychological Development and Education, 1*(6), 91-98.

Wang, X., & Zhang, D. (2012b). The criticism and amendment for the dual-factor model of mental health: From Chinese psychological suzhi research perspectives. *International Journal of Clinical Medicine, 1,* 7-13. doi:10.4236/ijcm.2012.35063

Wei, Z. (2010). Blending positive psychology with the integrity education, improving the effect of ideological education of college students. *Higher Education Forum, 6,* 4-7.

Wen, C., Zhang, W., Li, D., Yu, C., & Dai, W. (2010). Relationship between junior students' gratitude and academic achievement: With academic engagement as the mediator. *Psychological Development and Education, 26,* 598-605.

Weng, J., Yang, G., & Xu, Y. (2006). Conceptual analysis of Chinese multiple self-esteem and scale development. In Y. G. & L. L. (Eds.), *Chinese self-esteem: Analysis psychology* (pp. 356-398). Chongqing, P. R. China: Chongqing University Press.

Wu, Z., & Ma, Z. (2008). Positive psychology and its education enlightenment. *Shanghai Research on Education, 6,* 30-32.

Xi, J., Sang, B., & Zuo, Z. (2011). A study of stress/adversity perception of resilient children. *Psychological Science, 34*(1), 102–107.

Yan, B., Zheng, X., & Qiu, L. (2003). A comparison of SWB in college students of Chinese mainland, Hong Kong and USA. *Psychological Exploration, 23*(2), 59–62.

Yang, W. (2003). Research on subject well-being of primary and secondary school teachers. *Journal of Health Psychology, 11,* 243–244.

Yin, X., Gu, G., & Zhao, X. (2010). Relationships among life events, coping pattern and subjective well-being in senior three students. *China Journal of Health Psychology, 18,* 1113–1115.

Yu, C., Zhang, W., Li, D., & Xiao, J. (2010). Gratitude and its relationship with well-being. *Advances in Psychological Science, 18,* 1110–1121.

Yu, Y., & Zhang, F. (2010). Study on the subjective well-being of "Left-at-home children" and the affecting factors. *China Journal of Health Psychology, 18,* 738–741.

Yue, S., Zhang, W., Huang, H., & Li, D. (2006). The adolescent's subjective well-being and mental health and relationships with stress coping. *Psychological Development and Education, 22*(3), 93–98.

Zeng, S., & Li, Q. (2003). Review of the development of children's mental flexibility. *Psychological Science, 26,* 1091–1094.

Zeng, T., Jiang, Q., & Zhang, D. (2007). The problem of the mental quality education embody to subject teaching and countermeasures. *Journal of Zhangzhou Normal University (Philosophy & Social Sciences), 21*(4), 160–164.

Zhang, D. (2010). Psychological suzhi and its structure. *Advances in Psychology Research, 70,* 239–250.

Zhang, D. (2012). Research on the integration of adolescent mental health and psychological suzhi cultivating. *Psychological Science, 35,* 530–536.

Zhang, D., Liu, Y., & Guo, C. (2004). A research of the relationship between elementary school students' mental quality and their academic achievement. *Psychological Development and Education, 20*(1), 64–69.

Zhang, D., & Wang, X. (2012). An analysis of the relationship between mental health and psychological suzhi: From perspective of connotation and structure. *Journal of Southwest University (Social Science Edition), 38*(3), 69–74.

Zhang, D., Wang, J., & Yu, L. (2011). *Methods and implementary strategies on cultivating students' psychological suzhi*. New York, NY: Nova Science.

Zhang, H. (2011). Application of positive psychology. *Intelligence, 29*, 107.

Zhang, J. (2011). Exploration of positive psychology in the teaching practice. *Journal of Campus Life and Mental Health, 9*(3), 174-176.

Zhang, J., Shi, Z., Zhao, P., & Wang, L. (2012). Posttraumatic growth and related factors in junior middle school students after the Wenchuan earthquake. *Chinese Mental Health Journal, 26*, 357-362.

Zhang, J., Shen, J., Wong, S., & Luo, M. (2011). Left-home children's belief in a just world: Its characteristic and relationship with well-being with different duration of left time. *Psychological Development and Education, 27*, 484-490.

Zhang, Q., & Tian, L. (2011). Effective construction of classroom teaching based on the theory of positive psychology. *Basic Education Research, 5*, 44-45.

Zhang, X., He, L., & Jia, L. (2007). The structural relationship among big five personality, demography variable and SWB. *Psychological Development and Education, 23*(1), 46-53.

Zhang, X., He, L., & Zheng, X. (2004). Adolescent students' life satisfaction: Its construct and scale development. *Psychological Science, 27*, 1257-1260.

Zhang, X., & Zheng, X. (2005). The relationship between big five personality and subjective well-being of adolescent students. *Psychological Development and Education, 21*(2), 98-103.

Zhao, G., & Chen, X. (2006). A study on the gratitude dimensions of middle school students. *Psychological Science, 29*, 1300-1302, 1286.

Zhao, S., Cai, T., Zeng, X., & Chen, Z. (2011). Subjective well-being of senior high school students and its relationship to school-work achievement. *Chinese Journal of Clinical Psychology, 19*(1), 128-129.

Zheng, H. (2007). Constructing pressure replying tactics for college students by positive psychology education theory. *Chinese Journal of Health Education, 23*(4), 312-314.

Zheng, L., & Tao, G. (2001). Research on influence factors of life satisfaction of children. *Chinese Journal of Clinical Psychology, 9*(2), 105-107.

Zheng, Y., Fan, F., Yu, C., & Luo, T. (2011). Relationship between gratitude and symptoms of post-traumatic stress disorder among adolescents: Mediation of social support and resilience. *Psychological Development and Education, 27,* 522-528.

Zhou, B., Yang, X., & Chen, X. (2011). Development of the Adolescent School Belonging Questionnaire. *Psychological Exploration, 31*(1), 74-78.

Zhou, D. (2010). Difference between positive psychology education and traditional education on mental health. *Journal of Chifeng University (Natural Science Edition), 10,* 174-175.

Zhu, C. (2007). Shallow discussion of application of positive psychological education to classroom teaching. *Shanghai Research on Education, 8,* 50-51.

Zhu, H. (2008). Correlates of general subject well-being and social support among laid-off workers. *China Journal of Health Psychology, 16,* 802-804.

Zhu, Q,. Fan, F., Zheng, Y., Sun, S., Zhang, L., & Tian, W. (2012). Moderating and mediating effects of resilience between negative life events and depression symptoms among adolescents following the 2008 Wenchuan earthquake in China. *Chinese Journal of Clinical Psychology, 20,* 514-517.

요약: 중국 학교의 사례

- 중국 학자들은 긍정심리학 학문 연구에 주의를 기울이기 시작했을 뿐만 아니라 그 결과를 실제에 적용하려고 시도하고 있다.
- 중국에서 아동 · 청소년 긍정심리학의 핵심 연구는 주관적 안녕감, 탄력성, 심리적 소양이다.
- 국가 간, 문화 간 연구를 수행할 때, 연구 내용의 공통성과 비교 가능성, 척도의 문화적 적용가능성, 방법의 다양성, 결과의 비교 가능성이 고려되어야 한다.
- 국제적 척도의 타당성과 적용 가능성을 고려하고 중국에서 활용하기 전에 수정이 이루어져야 한다.
- 긍정심리학은 중국 교육자들에게 일상적인 교실 수업과 학생 상담 활동에 새로운 관점을 제시했다.

중국 학교의 사례 추천자료

O'Mara, E. M., Gaertner, L., Sedikides, C., Zhou, X., & Liu, Y. (2012). A longitudinal-experimental test of the panculturality of self-enhancement: Self-enhancement promotes psychological well-being both in the west and the east. *Journal of Research in Personality, 46*, 157-163. doi:10.1016/j-jrp.2012.01.001
문화 간 연구 방법의 좋은 예를 제시해 준다.

Tian, L. (2008). Developing scale for school well-being in adolescents. *Psychological Development and Education, 24*(3), 100-106.
청소년 학교 행복 척도 개발에 대해 기술한 자료이다.

Tian, L., & Liu, W. (2005). Test of the Chinese version of Multidimensional Students' Life Satisfaction Scale. *Chinese Mental Health Journal, 19*(5), 301-303.
중국판 다차원 학생 삶 만족도 척도(MSLSS)의 신뢰도와 타당도에 관한 보고서이다.

Zhang, D., Wang, X., & Yu, L. (2011). *Methods and implementation strategies on cultivating students' psychological suzhi*, New York, NY: Nova Science.
심리적 소양의 개념과 학교생활에의 적용에 대해 소개한 책이다.

Zou, Q. (2005). A review of the research on the relation between subjective well-being and culture. *Psychological Science, 28*, 632-633, 631.
주관적 안녕감에 대한 문화 간 연구에 대한 탁월한 고찰이 드러나 있는 자료이다.

제28장

정서지능: 이탈리아의 학교 기반 연구와 실제

1. 정서지능과 긍정심리학

역사적으로 여러 심리학 연구와 적용에서 결핍에 초점을 둔 접근이 특징적이었던 것과는 대조적으로, 긍정심리학은 개인의 특성 중 긍정적인 점을 증진시키고 사람들의 성장과 발달을 지원하고자 예방과 치료에서 강점 기반 접근을 취하고 있다(Snyder & Lopez, 2002). 강조점에 있어서 다소 차이가 있지만, 청소년 긍정 발달은 최적의 발달을 촉진하여 개인이 학교, 직장, 가정, 공동체 그리고 여러 다른 환경에서 번영하게 하려는 점에서 긍정심리학과 같은 목적을 갖고 있다. 청소년 긍정 발달은 청소년의 강점을 발견하여 문제나 위험을 감소시키는 것을 넘어서 보다 더 풍요롭고 생산적인 사회적 참여를 할 수 있도록 그들의 강점을 강화하고자 한다(Catalano, Berglund, Ryan, Lonczak, & Hawkins, 2004).

생태학적 접근(Bronfenbrenner, 1979) 및 발달 맥락적 이론들(Lerner, 2002)과 같이, 청소년 긍정 발달을 강화하는 것은 청소년들이 개인적 · 맥락적 강점을 확인하고 증진시키며 다양한 삶의 상황에서 보다 성공적으로 살아갈 수 있도록 돕는다. 학습 부진, 정신건강 문제, 약물 남용, 불완전 취업 상태와 같은 여러 부정적 발달의 결과가 상호 관련이 있는 것처럼, 학업, 사회 및 정서, 그리고 진로 분야에서의 긍정적 발달 결과들 역시 서로 밀접하게 관련된다(Lerner, 2002). 삶의 다양한 분야의 발달 결과들 사이의 밀접한 연관성을 고려해 볼 때, 중요한 발달 역량의 강화를 통해 학업적, 사회적, 정서적, 직업적 발달을 촉진하려는 아동·청소년 초기 예방 및 긍정 발달 프로그램들은 개인뿐만 아니라 넓게는 사회 전체의 장기적인 유익에 기여할 수 있다(Hage et al., 2007).

여러 다른 나라의 청소년들과 마찬가지로, 이탈리아의 청소년들은 현대의 급격한 변화 속에서 불안전한 사회와 직업 환경에 직면하고 있다. 또한 세계화와 자동화로 인해 고급 기술과 능숙한 대인관계 기술이 필요하지 않은 단순한 직업들은 사라지고 있다(Savickas, 2000). 이러한 상황 속에서 개인의 사회적·정서적 기술의 발달은 심리적인 안녕감과 노동력 준비 측면에서 필수적이다(Lapan, 2004). 오늘날 경제적·사회적 도전에 대응하여 이탈리아의 학자들, 교육자들 그리고 정신보건 실무자들은 회복탄력성과 긍정적인 발달, 정신건강 예방에 도움이 되는 개인적인 요인들을 찾기 위해 노력하고 있다(Kenny, 2009).

최근 정서지능은 변화 가능한 개인적 요인 중 하나로서 학문적, 사회적, 행동적, 직업적인 영역에서 긍정적 발달을 나타내는 지표들과의 관련성이 밝혀지면서 관심의 초점이 되고 있다(Di Fabio & Kenny, 2011). 정서지능은 학문적, 심리적, 직업적 발달 요인에 긍정적 영향을 미치는 요인으로, 교육이나 훈련을 통해 변화 가능한 영역으로 밝혀지면서 이에 대한 관심이 점점 더 높아지고 있다(Di Fabio & Kenny, 2011; Di Fabio & Palazzeschi, 2009b). 정서지능은 1990년대 Goleman(1995)의 베스트셀러 『Emotional Intelligence』의 출판과 함께 대중적으로 유명해졌다. 그 시대와 그 후의 연구자들은 정서지능이 성격 요인과 중첩되거나 혹은 이와는 별개의 순수한 능력으로 잘 이해될 수 있다고 주장하면서 정서지능의 개념과 측정도구의 정교화를 위해 노력하였다.

Bar-On(1997)은 정서지능이 성격과 중첩된다는 혼합 모델 관점을 예시화하였다. 반면, Mayer, Salovey와 동료들(Mayer & Salovey, 1997; Mayer, Salovey, & Caruso, 2002, 2008)은 정서지능의 능력 기반 관점을 옹호하였다. 다음에서는 이탈리아를 비롯한 여러 나라의 정서지능 연구 및 개입의 토대가 되었던 정서지능 모델과 측정에 대해 기술하고자 한다.

1) Bar-On의 혼합 정서지능 모델

Bar-On(1997)은 정서지능을 사람들이 얼마나 자신과 타인을 이해하고, 그들의 감정을 잘 표현하며, 다른 사람과 어떻게 관계를 맺고, 일상의 갈등과 스트레스를 대처하는지를 결정짓는 개인의 성격 특성과 사회적·정서적 능력의 결합체로 이해하고 개념화하였다. Bar-On은 기존 문헌 자료에 대한 검토와 그의 임상적인 경험에 기반을 두고 정서지능을 측정하고자 정서지능 검사(Emotional Quotient Inventory: 이하 EQ-i; Bar-On, 1997)를 개발하였다. 미국과 캐나다의 성인 3,381명을 대상으로 표준화된 이 검사는 전 세계에서 수집된 유의미한 표준화 자료를 기반으로 30개가 넘는 언어로 번역되었다(Bar-On, 2007).

7~18세 아동과 청소년의 정서사회 지능 행동을 측정하기 위해 고안된 Bar-On 청소년용 검사(Emotional Quotient-Youth Version: 이하 EQ-i:YV)와 EQ-i는 17세 이상을 위한 133개의 자기보고 형식의 질문으로 구성되어 있다(Bar-On, 2007). 두 버전 모두 5개의 메타요인과 15개의 하위 요인을 측정한다. 5개의 메타요인은 개인 이해 지능(감정에 대한 자기 자각 및 감정 표현 능력), 대인관계 지능(공감, 사회적 책임, 상호 만족스러운 관계 형성 능력), 스트레스

관리(스트레스 내성 및 충동 조절), **적응 능력**(유연성, 문제해결, 감정의 타당화 및 현실감 있는 사고), **보편적 기분**(낙관성과 만족) 등이다. 간편형 정서지능 검사(Emotional Quotient Inventory:Short: EQ-i:S; Bar-On, 2002)는 51개의 문항으로 구성되며, 총 점수와 4개 하위 요인인 개인 이해 지능, 대인관계 지능, 적응 능력, 스트레스 관리의 점수를 제공한다.

2) 능력 기반 정서지능

Mayer와 동료들(Mayer et al., 2002, 2008)은 혼합 모델을 비판하며 능력을 기반으로 하는 정서지능의 개념이 보다 넓은 개념과 측정 명료성 및 과학적 타당성을 갖는다고 주장한다. Mayer와 동료들은 정서지능을 정서에 대한 사고 능력과 사고 향상을 위한 정서 활용 능력이 포함된 것으로서 정보처리 과정에 초점을 두고, 정서와 사고의 상호관련성이 강조되는 지능의 한 형태로 보았다. Mayer와 동료들은 먼저 1990년대 중반에 다중요인 정서지능 검사(Multifactor Emotional Intelligence Scale: MEIS)를 개발하였고, 10년 후에 Mayer-Salovey-Caruso 정서지능 검사(Mayer-Salovey-Caruso Emotional Intelligence Test: MSCEIT)를 개발하였다(Mayer, Salovey, & Caruso, 2000). 141개 질문으로 구성된 MSCEIT는 수행 기반 능력을 측정하는 검사로, 성인을 위해 개발되었다. 180개의 질문으로 구성된 청소년 버전의 MSCEIT-YV(Mayer, Caruso, & Salovey, 2005)는 11~17세의 청소년들을 위해 개발되었다(Rivers, Brackett, & Salovey, 2008).

MSCEIT(Mayer et al., 2002)는 **정서인지**(Perceiving Emotions: PE; 자신과 다른 사람의 감정뿐만 아니라 개체, 예술, 이야기, 음악과 다른 자극 등을 인식할 수 있는 능력), **사고촉진**(Facilitating Thought: FT; 감정을 소통하기 위해서 혹은 다른 사고 과정에 정서를 활용하기 위해서 정서를 생성하고 사용하며 느끼는 능력), **정서이해**(Understanding Emotions: UE; 관계 전환을 통해 정서를 결합하고 발전시키는 방법, 즉 정서적 정보를 이해하는 능력, 그리고 그러한 정서적인 의미를 이해할 수 있는 능력), **정서관리**(Managing Emotions: ME; 느낌에 열려 있고 개인의 이해와 성장을 촉진하기 위해 자신과 다른 사람의 느낌을 조절할 수 있는 능력)을 포함한 정서지능의 4가지 차원을 측정한다. 정서인지를 측정하기 위해 피검자에게 사람의 표정, 예술적 디자인, 풍경 등의 사진을 제시하고, 사진에 표현된 정서를 식별하도록 한다. 정서활용을 측정하기 위해서는 피검자에게 정서와 다른 감각 양상을 비교하게 하고 다른 인지행동 활동을 촉진하거나 방해하는 정서를 식별하게 한다. 또한 정서이해를 위해서 피검자에게 특정한 정서적 반응을 야기하는 사건들을 확인하고 종종 서로 관련되는 기분을 식별하는 작업을 통해서 측정한다. 마지막으로, 정서관리를 측정할 때에는 피검자들이 정서적 사건에 대처하는 전략과 다른 사람의 감정에 반응하는 전략을 평가한다(Rivers et al., 2008).

기존 문헌에서도 정서지능의 개념과 측정에 대한 내용을 포함하고 있었지만, Bar-On(1997)과 Mayer와 Salovey 모델(1997)들은 미국, 이탈리아 그리고 여러 나라에서 완성되어 온 정서지능 학설에 토대가 되어 왔다.

2. 측정 시 고려해야 할 사항들

이탈리아에서 진행된 정서지능에 관한 연구는 미국과 영국에서 개발되어 이탈리아어로 번역된 측정도구의 발전으로 가능했다. 이 도구들은 기존에 가장 많이 사용되는 측정도구, 기존 문헌과 정서지능에 대한 토론에서 압도적으로 우세한 정서지능의 개념과 측정도구를 반영하고 있다. 문화에 따라 정서표현과 정서조절에 대한 규범이 다양하지만(Hoffman, 2009), 이탈리아와 다른 서구 유럽 문화권에서 진행된 연구에 의하면, 정서지능이 번역의 과정을 거쳤지만 측정 시 변형되지 않는 탄탄한 개념으로 밝혀졌다. 예를 들어, 영어로 개발된 측정도구들은 안정적인 요인구조를 갖고 높은 수렴타당도와 변별타당도를 확보하며 여러 언어로 번안되었다(Bar-On, 2007). 우리는 이제 이탈리아에서 유용하게 사용된 정서지능 측정도구에 대해서 심리측정적 특성과 함께 기술하고자 한다.

1) Mayer-Salovey-Caruso 정서지능 검사(MSCEIT)의 이탈리아 버전

D'Amico와 Curci(2010)는 능력 기반 정서지능 검사지인 이탈리아 버전 Mayer-Salovey-Caruso 정서지능 검사를 개발하였다(MSCEIT; Mayer et al., 2002). 이탈리아 버전은 본래의 검사지의 번역과 역번역 과정을 거쳐 개발되었다. 동일한 과정을 거쳐 스페인 버전도 개발되었다(Extremera, Fernández-Berrocal, & Salovey, 2006). 이탈리아 버전은 원 버전 검사지에 사용되었던 문구와 그림을 그대로 사용한다. 또한 원 버전 검사지와 일관되게 이탈리어 버전에서도 총 점수와 요인분석을 통해 확증된 4가지 하위 점수가 제공된다(D'Amico & Curci, 2010). 이탈리아 버전은 17살부터 83세의 다양하고 폭넓은 표집을 통하여 개발되었다. 하위 척도의 반분 신뢰도는 PE(정서인지)가 .90, FT(사고촉진)가 .77, UE(정서이해)가 .75, ME(정서관리)가 .72로 나타났다(D'Amico & Curci, 2010).

Di Fabio와 Kenny(2012b)는 이탈리아 고등학생을 대상으로 반분신뢰도를 확인하였다. D'Amico와 Curci(2010)는 정서지능과 성격 5요인 검사(Big Five Questionnaire: BFQ; Caprara, Barbaranelli, & Borgogni, 1993)의 쾌활성과 정서적 안정감 및 표준 진보 행렬(Standard Progressive Matrices: SPM; Raven, 1941)의 전체 척도와의 관계 분석을 통해 수렴타당도를 보고하고 있다.

2) 정서지능 검사(EQ-i)의 이탈리아 버전

133개의 문항으로 구성된 이탈리아 버전 EQ-I(Franco & Tappatà, 2009)는 정서지능의 혼합 모형을 측정하기 위한 자기보고식 검사지이다(EQ-i; Bar-On, 1997). 원래 버전의 검사지와 마찬가지로, 이탈리아 버전의 검사지는 총점수와 5가지 차원의 점수, 15가지 하위 차원의 점수를 제공한다. 확인적 요인분석을 통해 5가지 요인구조가 입증되었다(Franco & Tappatà, 2009). 이 검사지는 감정 식별, 감정 표현의 어려움을 측정하는 Toronto Alexithymia Scale(TAS; Bagby, Parker, & Taylor, 1994)의 하위 척도와의 부적 상관을 통해서, 그리고 성격 5요인 검사(Di Fabio & Palazzeschi, 2009a)의 외향성, 쾌활성, 신중성, 정서적 안정성 및 개방성 하위 척도와의 정적 상관을 통해 구성타당도가 입증되었다.

이탈리안 버전 검사지의 신뢰도는 다음과 같다. 개인 이해 지능 .91, 대인관계 지능 .84, 스트레스 관리 .87, 적응 능력 .81, 보편적 정서 .83, 전체 신뢰도는 .95이다(Franco & Tappatà, 2009). Di Fabio와 Kenny(2012a)는 고등학생들 대상 좋은 내적 일관성을 보고하였다.

Di Fabio와 Palazzeschi(in press)는 51문항의 이탈리아 버전 간편형 정서지능 검사(EQ-i:S; Bar-On, 2002)를 개발하였고, 원검사의 4요인 구조를 입증하였다. Di Fabio와 Blustein(2010)은 고등학생들을 대상으로 개인 이해 차원 .79, 대인관계 차원 .79, 적응 능력 차원 .78, 스트레스 관리 차원 .84의 신뢰도(Cronbach's α)를 보고하고 있다.

3) 정서지능 검사(EIS)의 이탈리아 버전

정서지능 검사(Emotional Intelligence Scale: 이하 EIS; Schutte et al., 1998)의 이탈리아 버전(Di Fabio, Giannini, & Palazzeschi, 2008)은 정서지능의 3가지 차

원을 측정하는 22개의 자기보고 검사로 구성되어 있다. 이 3가지 차원은 4가지 차원의 능력 기반 모델보다 먼저 개발되었던 Salovey와 Mayer의 이론적 모델에 기반을 두고 있다(Mayer & Salovey, 1997). MSCEIT와 같이 EIS는 정서에 대한 사고와 사고 과정에 정서를 통합시키는 것이 사고를 증진시키는 데 기여하는 방법들에 초점을 두고 있는데, 수행 기반 형식보다는 자기보고 방식으로 되어 있다.

이탈리아 버전(Di Fabio et al., 2008)은 본래 검사지를 번역하고, 역번역하는 과정을 거쳐 개발되었다. 요인분석을 통해 3가지 하위 요인 구조가 확인되었다. Salovey와 Mayer(1990)의 이론 모델을 기초로 하위 요인을 살펴보면, 첫 번째 요인은 감정의 표현과 평가, 두 번째 요인은 감정의 조절, 세 번째 요인은 문제해결에서의 감정의 활용이라고 명명된다.

이 측정도구는 이탈리아의 청년층과 고등학생들을 대상으로 높은 내적 신뢰도가 확인되었다(Di Fabio et al., 2008, Di Fabio & Kenny, 2012a). 공인타당도와 관련하여 이탈리아 버전의 EIS와 개정판 삶의 정향 검사(Life Orientation Test-Revised: LOT-R; Scheier, Carver, & Bridges, 1994) 그리고 이탈리아 버전(Prezza, Trombaccia, & Armento, 1997)의 자존감 검사(Rosenberg, 1965)와 간편형 정서지능 검사(Bar-On, 2002) 사이에 정적 상관관계가 나타났으며, 감정 식별 및 감정 표현의 어려움을 측정하는 이탈리아 버전(Bressi et al., 1996)의 Toronto Alexithymia Scale(TAS; Bagby, Parker, & Taylor, 1994)과는 부적 상관관계가 나타났다.

3. 중요 연구 개관

정서지능에 대한 관심은 정서지능이 학업적 성공, 심리적 안녕, 적응적 사회 기능, 직장에서의 능력 발휘 등과 같이 다양한 영역에서의 성공적인 수행에 기여를 한다는 믿음에서 시작되었다. 지금까지 진행된 정서지능 연구 결과에 따르면, 이탈리아뿐만 아니라 전 세계적으로 정서지능과 적응적 발달 결과 간에 정적 상관관계가 있음이 밝혀지고 있다.

예를 들어, 미국의 중학교 학생을 대상으로 MEIS의 청소년 버전에 의해 측정된 정서지능은 흡연과 음주 사용 및 태도와 부적 상관관계를 보였다(Trinidad & Johnson, 2002; Trinidad, Unger, Chou, & Johnson, 2004). 또한 행동적 상관관계를 고려해 볼 때, Mayer, Perkins, Caruso, 그리고 Salovey(2001)는 13~17세 청소년 중 MEIS 점수가 높은 사람이 낮은 사람보다 동료의 압력에 저항할 수 있는 능력이 높았다는 것을 알아냈다. 학업적인 결과를 살펴보면, Parker와 동료들(2004)은 EQ-I 점수가 높은 고등학생은 평균 성적 점수(GPA)가 높아 둘 사이에 긍정적 관계가 나타나는 것을 발견하였다.

다른 나라의 연구 결과를 살펴보면, MSCEIT에 의해 측정된 스페인의 고등학교 학생들의 정서지능은 부적응 행동과 부적 상관관계가 나타났고(Márquez, Martin, & Brackett, 2006), 친사회적 행동, 사회적 능력, 또래 지명과는 정적인 상관관계가 있었다(Márquez et al., 2006; Mestre, Guil, Lopes, Salovey, & Gil-Olarte, 2006). 정서지능은 또한 과제 완수, 수업 참여(Mestre et al., 2006) 그리고 기말 성적, 언어적 능력(Márquez et al., 2006) 등의 긍정적인 학업 행동과 관계가 있었다. 말레이시아 중학생을 대상으로 한 연구에서는 정서지능이 내현화 및 외현화 행동과 부적 상관관계가 있는 것으로 나타났다(Liau, Liau, Teoh, & Liau, 2003).

전 세계적으로 정서지능과 긍정적 청소년 발달 지수 간의 정적 상관을 지지해 주는 수많은 연구 결과가 있지만(Bar-On, 2007), 우리는 이탈리아에서 Di Fabio와 동료들에 의해 진행된 핵심적인 연구를 중점적으로 살펴보고자 한다. Di Fabio와 동료들은 이탈리아 맥락에서 정서지능 구성요인의 수렴타당도와 변별타당도를 측정하고 정서지능 개입 개발의 토대를 제공할 수 있도록 고안된 프로그램 연구 의제를 추구했다. 미국에서 진행된 정서지능의 개념을 타당화하고 정교화한 연구(Rivers et al., 2008)와 일관되게 Di Fabio와 동료들은 정서지능이 일반적 지능, 성격과는 명백히 구분되지만 관련이 있으며, 또한 학문적, 사회적, 직업적 측면의 긍정적인 발달 결과와 관련 있는 능력이라는 것을 입증하기 위해서 노력하였다. Di Fabio와 동료들은 이 전제들을 정서지능의 능력 기반과 혼합 모델 개념의 양쪽 모두의 관점에서 탐구하였다.

1) 뚜렷한 개념으로 구분되는 정서지능

Di Fabio와 Palazzeschi(2009b)는 투스카니의 고등학교 2학년을 마친 남녀 학생들을 대상으로 이탈리아 버전의 MSCEIT와 EQ-i:S를 활용하여 측정한 정서지능과 그들의 지능 및 성격특성과의 관계를 조사하였다. 연구 결과에 의하면, 지능은 MSCEIT의 총 점수와 의미 있는 관련이 있었지만($r=.23$, $p<.01$), EQ 총 점수와는 상관이 없었다($r=.14$, $p>.05$). MSCEIT는 성격과 의미 있는 관계가 없는 것으로 나타났다. 간편형 EQ의 경우, 외향성은 EQ 총점수($r=-.20$, $p<.05$), 간편형 EQ의 개인 이해($r=-.24$, $p<.05$), 대인관계($r= -.31$, $p<.05$) 점수와 의미 있는 부적 상관이 있었다. 신경증은 또한 EQ 총 점수($r=-.25$, $p<.01$), 간편형 EQ의 개인 이해($r=-.23$, $p<.01$), 스트레스 관리($r=-.49$, $p<.01$) 점수와 의미 있는 부적 상관이 있었다. 작거나 보통의 상관관계는 정서지능이 지능 및 성격과 겹치지만 명백히 구분된다는 가설을 지지해 준다. 정서지능과 관련된 2가지 모델을 고려해 보면, 밝혀진 연구들은 혼합 모델의 정서지능이 성격과 의미 있게 겹친다는 것을 시사하고 있다. 그리고 능력 모델의 정서지능은 혼합 모델에 비해 일반적 지능과 더 관련이 있다는 것을 밝히고 있다. 지능의 언어적 측정이 감정지능과 어느 정도 중첩될 것이라고 예상되기 때문에, 혼합 모델은 언어적 지능과의 관계를 설명해 주고 있다.

2) 이탈리아의 연구: 정서지능과 학업 발달

정서지능이 학업에서의 성공과 관련이 있을 것이라는 기대처럼, MSCEIT와 Bar-On EQ-I의 하위 요인 모두 GPA 성적과 유의미한 정적 상관관계가 나타났다. MSCEIT의 총 점수($r=.31$, $p<.01$), 사고촉진($r=.28$, $p<.01$), 정서이해($r=.28$, $p<.01$), 정서관리($r=.38$, $p<.01$) 하위 점수가 GPA 성적과 상관이 있었다. EQ-I 경우는 GPA 성적이 총 점수($r=.22$, $p<.05$)와 개인 이해($r=.19$, $p<.05$), 적응 능력($r=.24$, $p<.01$) 등의 하위 요인과 의미 있는 상관이 있었다. 이러한 연구 결과는 정서지능의 다양한 하위 요인이 학업적 성공과 각각 다르게 연관될 수 있음을 암시하는데, 앞으로 보다 많은 수의 표본으로 심화된 연구가 이루어질 필요가 있다.

Di Fabio와 Palazzeschi(2009b)는 정서지능이 지능과 성격처럼 학업 성취에 영향을 주는지에 대해 조사하였다. 위계적 회귀 분석 결과, 예상한 대로 정서지능의 혼합 모델과 능력 기반 모델 모두 학생 GPA로 측정된 학업 결과를 유의미하게 설명하였다. EQ-I의 4가지 하위 요인의 투입은 지능과 성격만 투입했을 때보다 6% 더 높은 설명력을 나타냈다. MSCEIT의 4가지 하위 요인을 투입했을 때 지능과 성격만 투입했을 때보다 12% 더 높은 설명력을 나타냈다. 이러한 결과들은 지능 및 성격과 함께 정서지능의 중요성을 입증해 주었고, 정서지능을 증진하는 개입이 학업 성취를 촉진한다는 근거를 제공하기에 이론적으로도 중요하게 받아들여진다. 중기 또는 후기 청소년의 지능과 성격은 가변성이 낮기 때문에, 이 시기에 정서지능의 발달을 촉진하는 중재는 학업적 성공을 보장하는 좋은 방안이 될 것이다.

3) 이탈리아의 연구: 정서지능과 사회적 발달

정서지능과 적응력과 관련하여 Di Fabio와 Kenny(2012b)는 309명의 이탈리아 고등학생을 대상으로 정서지능과 사회적 기능의 관계를 측정하였다. Di Fabio와 Kenny는 학교 참여, 학업 동기(Kenny, Walsh-Blair, Blustein, Bempechat, & Seltzer, 2010), 성인의 멘토링에 대한 개방성(Larose et al., 2009) 등과의 연관성을 기반으로, 고등학생들의 사회적 기능의 지표로 지각된 사회적 지지에 관심을 가졌다. Di Fabio와 Palazzeschi(2009a)의 연구에서처럼 Di Fabio와 Kenny 또한 정서지능이 성격의 설명력을 초과해서 사회적 기능을 설명해 주는지 밝혀내고자 하였다. 이 연구를 위해 정서지능은 이탈리아 버전의 MSCEIT와 EQ-I에 의해 측정되었다.

Di Fabio와 Kenny(2012a)는 사회적 지지의 총점과 EIS의 총점($r=.45$, $p<.01$), MSCEIT의 총점($r=.30$, $p<.01$), 그리고 EIS, MSCEIT 하위 요인들 사이에 의미 있는 정적 상관관계를 밝혀내었다. 위계적 중다회귀분석 결과, 사회적 지지에 대해서 5가지의 BFQ 성격 하위 요인은 14%를 설명하고, 자기보고 차원의 EIS는 15%를 추가적으로 설명했다. BFQ 성격 하위 요인에 더해진 수행 기반의 MSCEIT는 4%를 추가적으로 설명했다. 이처럼 2가지 정서지능은 사회적 기능에 대해 개인의 성격 특성이 지닌 설명력을 초과하여 의미 있는 설명력을 가지므로 정서지능이 성격과 분명한 차이가 있음을 지지해 준다. MSCEIT에 비하여 자기보고식의 EIS가 자기보고식의 사회적 지지와 더욱 강한 관련성을 보였다. 이는 정서적 기술에 대한 자신감이 타인의 사회적 지지에 대한 기대에 영향을 미치기는 하겠지만, 자기보고라는 공통적인 방법 변량의 효과도 반영된 결과일 수 있다. 따라서 정서지능의 실제적인 기술이 지각된 사회적 지지와 관계가 있는 것처럼, 정서지능 기술에 대한 자기 인식도 수행 기반 정서지능만큼 혹은 그 이상으로도 중요함을 알 수 있다.

4) 이탈리아의 연구: 정서지능과 진로 의사결정

미국에서 성인을 대상으로 정서지능과 직업 유능성 간의 연관성에 대한 연구가 진행된 반면에, Di Fabio와 동료들은 고등학생과 대학생을 대상으로 정서지능과 진로 의사결정 간에 연관이 있음을 밝혀 의미 있는 기여를 하였다. Di Fabio와 Kenny(2012b)는 오랫동안 직업 발달 문헌과 진로 중재를 지배해 온 합리적 진로 의사결정 모델이 젊은 사람들이 예상할 수 없는 경제 세계화가 시작되어 다양한 이직이 요구되는 오늘날에는 진로 의사결정에 대해 제한적인 이해를 제공한다고 주장하였다. 개인의 욕구와 변화하는 노동 시장의 현실 사이의 선택에 직면하여, 적응력, 자기 인식, 모호함과 불확실성을 관리하고 수용하는 능력과 같은 정서적 기술이 요구되고 있다. Di Fabio와 동료들(Di Fabio & Blustein, 2010; Di Fabio & Kenny, 2011, 2012b)은 고등학생들의 정서지능과 의사결정 과정이 어떻게 연결되는지에 대해 이해하기 위해 정서지능과 진로 의사결정의 관계를 밝히고자 하였다.

학업적 성공과 사회적 기능에 대한 연구와 비슷하게, Di Fabio와 동료들은 정서지능의 경쟁 모델과 의사결정의 다양한 요인들과의 관계를 연구하였다. 예를 들면, Di Fabio와 Blustein(2010)은 528명의 고등학생을 대상으로 EQ-I:S와 의사결정 갈등 양식의 관계를 조사하였다. Di Fabio와 Blustein은 문제를 신중하게 분석하기 위해 적응적인 경계심 사용, 부적응적인 회피, 지연하기, 위험에 대한 민감성 등을 포함시켜서 학생들이 의사결정 갈등 상황에 어떻게 접근하는지를 탐구하였다. 회귀분석 결과, 정서지능의 적응 능력 요인이 회피하는 적응 스타일을 가장 잘 예측하는 변수로 나타났다. 의사결정 갈등에 대한 부적응적 반응 스타일은 개인의 감정에 대한 낮은 자기 지각(개인 이해 정서지능) 요인에 의해 가장 잘 설명되었다.

Di Fabio와 Kenny(2012b)는 206명의 대학 준비반과 기술 고등학교의 학생들의 정서지능과 의사결정 방식의 관계를 밝혀내기 위해 Bar-on의 EQ-i

와 MSCEIT를 둘 다 사용하였다. 합리적, 직관적, 의존적, 회피적, 즉흥적 등의 5가지 의사결정 방식이 연구되었다. EQ의 5개의 하위 요인은 5가지 의사결정 방식의 예측변인으로 설정되었다. Di Fabio의 연구 결과를 세부적으로 살펴보면, 낮은 개인 이해 정서지능이 회피와 타인에 대한 의존과 같은 부적응적 의사결정 접근과 관련이 있는 것으로 나타났다. 일상의 문제를 대처하는 데 있어 유연성이 있고 개인의 감정에 대한 지식과 통찰력이 있는 적응 능력이 적응적, 합리적 의사결정 방식과 관계가 있었다. 낮은 적응 능력과 빈약한 스트레스 관리 능력은 즉흥적이고 충동적인 의사결정 방식과 관련이 있었다. 고등학교 학생들 대상 정서지능 측정 결과 또한 성인 대상 선행 연구 결과와 비슷하게 나타났다(Di Fabio & Palazzeschi, 2008). 능력 기반의 MSCEIT는 회피적, 즉흥적 의사결정 방식과만 관계가 있었다(Di Fabio & Kenny, 2012b). 위계적 회귀분석에 따르면, MSCEIT가 EQ-i의 효과를 초과해서 의미 있게 의사결정 양식을 설명하지 못하는 것으로 나타났다. 정서지능을 성격과 정서적 기술의 혼합체로 보는 EI의 혼합 모델 개념화에 대한 비판(Mayer et al., 2008)과 관련하여 Di Fabio와 동료들의 연구는 혼합 모델이 정서지능 기술에 의해서뿐만 아니라 성격에 의해서도 설명되는 것을 보여준다.

전체적으로 이탈리아에서 이루어진 연구들은 성격이나 지능과 중첩되지만 이들과 정서지능이 구분되는 구성요인이라는 미국에서의 연구 결과와 일치된 결과를 보여 준다. 능력 기반 정서지능이 지능과 좀 더 중첩되고 혼합 모델 정서지능이 성격과 중첩되지만, 두 모델 모두 학업적, 사회적, 진로 발달의 다양한 영역에서 걸쳐서 정서지능이 청소년의 긍정적 기능과 관계가 있음을 보여 준다. Di Fabio와 동료들의 연구에 더하여 이탈리아에서 청소년과 대학생 대상으로 이루어진 추가적 연구에서 정서지능과 학업적 성공(Lanciano & Curci, 2012; Troncone, Labella, & Drammis, 2011) 및 학교에서의 심리적 안녕감(Gigantesco, Carbonari, Appelgren, Del Re, & Cascavilla, 2010)

간의 관계가 입증되었다. 정서지능을 증진하는 중재 개발을 위해 정서지능과 적응적 기능의 여러 영역 간의 관계에 대한 관심이 이탈리아와 여러 나라에서 일어났다.

4. 교육적 적용과 실제

미국을 비롯한 세계 전역에서 정서지능과 이와 관련된 성과를 증진시키려는 중재의 개발 및 평가에 대한 관심이 증가하고 있다. 몇몇 학자는 정서지능을 증진시키는 시도에 대해 의문을 제기하기도 하지만(예: Zeidner, Roberts, & Matthews, 2002), 많은 학자는 이러한 노력을 지지하고 있다. 예를 들어, Buckley와 동료들(Buckley, Storino, & Saarni, 2003)은 학교 상담가들에게 정서지능 증진에 대한 학교의 요구를 조사하고 이에 대해 조치할 필요가 있음을 주장하였다. 또한 교실 정서지능 커리큘럼을 포함한 교사 훈련과 개인 또는 집단 상담을 통해 정서지능이 증진될 수 있음이 증명되었다.

사회정서학습(SocioEmoitonal Learning: SEL) 프로그램이 지난 수십 년 동안 미국을 중심으로 개발되고 검증되었다. 1994년 Fetzer 연구소에서 높은 수준의 증거에 기반을 두고 있는 사회정서학습의 목표를 유치원부터 고등학교까지의 교육 속에 필수적인 목표로 포함시키려 했던(Elbertson, Brackett, & Weissberg, 2010, p. 1017) 연구가, 교육자, 지지자들의 협력 연구가 이루어졌다. 이 그룹은 학문, 사회 및 정서 학습, 또는 CASEL에 대한 협력 조직체라 불렸고, 그 이후 SEL 연구 및 개발에 중요한 역할을 수행하였다. CASEL은 자기 인식, 자기 관리, 사회적 인식, 관계 기술, 책임 있는 의사결정 등을 포함한 5개 영역의 사회정서 능력의 개발을 지지하고 있다. 이 5개 영역은 Bar-On(1997)과 Mayer와 Salovey(1997)에 의해 확인된 EI 요인들과도 중첩된다.

많은 특정 SEL 프로그램은 개인적, 사회적, 교육적 기능 및 성공의 극대화라는 목적을 갖고 개발되고 평가되었다. 대안적 사고 전략 증진(Promoting Alternative Thinking Strategies: PATHS)은 감정의 메타인지적 측면(예컨대, 정서인지의 단서들)인 정서어휘, 정서관리, 정서이해에 대해 가르치는 오래된 프로그램 가운데 하나이다. 하지만 Bar-On(1997)이나 Mayer와 Salovey(1997)의 EI 모델과는 직접적으로 연결되지 않는다. PATHS는 수년 동안 미국 내 및 국제적 상황에서 수행 · 평가되었고, 아동의 사회적 능력 향상, 문제행동 감소, 학업 성취 증진을 포함한 긍정적인 결과를 가져왔다(Greenberg, Kushce, Cook, & Quamma, 1995; Kelly, Longbottom, Potts, & Williamson, 2004).

최근 미국에서 개발되고 있는 개입들 중에서 RULER 프로그램은 Mayer와 Salovey(1997)의 EI 이론을 기반으로 하여 학교 현장에서 중학교 교사가 감정 단어 교육과정(feeling words curriculum)을 영어, 역사 수업에 적용하고 있다. 이 교육과정은 5가지 EI 기술(정서인식, 이해, 분류, 표현, 조절)을 가르치고, CASEL에서 정한 사회정서학습의 원리를 따른다. 가족, 교사, 교직원을 교육 프로그램 결과를 평가하고, 표준 교육과정과 사회정서학습을 통합하는 일에 참여시킨다(Rivers & Brackett, 2011). 현재 이 프로그램을 고등학교에 적용하기 위한 연구가 진행 중이다. 정서적으로 풍부한 학교를 만들기 위한 RULER 접근 방식은 학교 지도자와 학교 기반 팀도 훈련 시켰는데, 이들은 모든 교사와 다른 학교 관련 이해 당사자들(학생가족 포함)에게 상시적인 프로그램 지원 및 훈련을 제공하였다. Brackett 및 동료들(Brackett, Rivers, Reyes, & Salovey, 2012)은 향상된 학습동기와 학습 능력, 더 나은 성적, 더 나은 관계, 적은 문제행동, 학생들과 가족 사이의 원활한 의사소통 등 학생들로부터 다양한 긍정적인 결과를 발견했다.

이탈리아의 상황에서, Di Fabio(2010)는 Mayer와 Salovey의 이론적 모델에 기초하여 고등학교 학생들의 정서지능 증진을 목표로 하는 학교 기반 개입을 발전시켰다. 이 프로그램은 4주에 걸쳐 4회기, 회기당 2.5시간 동안 진행되는 10시간 교육 프로그램이다. 각 회기는 Mayer와 Salovey 모델(1997)의 영역 중 하나에 초점을 맞추고 있다. 첫 회기는 자신과 다른 사람뿐만 아니라 예술, 이야기, 음악 및 다른 자극 상황에서의 정서인지에 초점을 두어 진행한다. 2회기는 감정을 교류하고 사고 과정을 강화하기 위해 정서를 생성하고 활용하는 능력, 즉 사고 촉진에 초점을 맞추고 있다. 3회기는 정서 정보 해석과 정서가 관계 속에서 변화하고 결합되는 방식을 포함하는 정서이해에 초점을 맞춘다. 4회기는 정서적 각성 상황에서 감정을 조절하고 개인적 이해와 성장을 증진하기 위해서 자신과 타인의 정서적 경험에 개방하는 일과 같은 정서관리에 초점을 둔다.

무엇보다도 이러한 교육과정의 결과로 EI가 증진되는지의 여부와 개입을 통해 관련된 삶의 기술에 변화가 나타나는지를 파악하기 위한 평가가 이루어졌다. 이러한 평가를 위해 EI 훈련이 자신, 세계에 대한 정서 정보의 이해, 의사결정 기술에 긍정적인 영향을 미칠 것이라고 가정하였다. 중재에 참여한 학생들은 다단계 과정을 통해 선발되었다. 이탈리아의 토스카나 지방에서 고등학교 대학 입시 졸업반을 마친 4학급이 무작위로 선정되어 이탈리아 버전 MSCEIT(Mayer-Salovey-Caruso 정서지능 검사)와 이탈리아 버전 자기보고 EIS(정서지능 검사)를 통해 정서지능 평가가 실시되었다. 의사결정과 관련하여, 91명의 학생들은 진로 미결정 척도(Frost & Gross, 1993)의 이탈리아어 버전(Di Fabio, Busoni, & Palazzeschi, 2011)과 진로 의사결정 장애 척도(Gati, Krausz, & Osipow, 1996)의 이탈리아어 버전(Di Fabio & Palazzeschi, 2010, 2013)을 완료했다. 이러한 사전 검사에서 차이가 없는 두 학급이 무작위로 중재집단과 비교집단에 할당되었다. 한 달 간의 훈련이 끝난 뒤, 두 그룹의 학생들에게 4개의 검사가 2번 실시되었다.

사후 검사 결과, 능력 기반 및 자기보고 정서지능이 증가되고 진로 결정 장애와 진로 미결정 정도가 감소되는 효과가 나타났고, 이 효과는 중재 후 한 달이 지나서도 유지되었다(Di Fabio & Kenny, 2011). 이러한 연구 결과는 비록 좀 더 큰 표본 연구를 통해, 그리고 추가적인 객관적 척도로 더욱 확장된 기간 동안 평가될 필요성이 요구되지만 긍정적 결과로 볼 수 있다. 학생들의 자기보고 측정에서 EI의 성장이 중재 전후의 EI 기술 수행 평가에 의해 보고되었다. 앞으로 정서지능 증진으로 학업 성취 및 사회정서적 기능 증진 같은 결과가 시간이 흐름에 따라 나타나는지에 대해 연구할 필요가 있다. EI는 미국에서처럼 이탈리아의 상황에서도 변화가 가능한 구인으로 나타났고(Bar-On, 1997; Mayer et al., 2008), 또한 정서지능의 변화를 넘어서 다른 의미 있는 결과들을 가져오는 것으로 확인되었다. 예방과 긍정심리학의 관점에서 볼 때(Kenny, Horne, Orpinas, & Reese, 2009; Snyder & Lopez, 2002), 정서지능은 학교와 직장, 사회적 맥락에서 성공과 회복탄력성의 토대를 마련해 주는 요인임을 알 수 있다.

5. 결론

세계의 여러 지역에서와 같이 이탈리아에서 이루어진 연구들도 정서지능과 다양한 긍정적 청소년 발달 간에 관계가 있음을 보여 주었다. 현대 생활의 경제적 · 사회적 도전은 EI 기술의 가치와 필요성을 부각시키고 있다. 학업, 사회, 진로에서의 성공은 서로 관련되어 있으며, 학업 발달과 더불어 사회정서적 기술이 요구되고 있다. 이탈리아에서는 EI에 대해 높은 관심을 가지고 연구를 통해 EI가 타당한 요인구조를 갖고 있음을 밝혀 신뢰롭고 타당한 EI 측정도구를 만들어 내었다. 또한 사회적, 학업적, 진로 개발 영역에 걸쳐 긍정적인 발달을 촉진하려는 목표를 갖고 학교 기반 개입이 개발되어 시행되고 있다.

이탈리아의 많은 교육자, 연구자, 정신보건 실무자들은 이제 어린이와 청소년들의 EI 증진을 추구하고 받아들이고 있다. 학생들에 대한 직접적인 교수가 이러한 프로그램의 기본 요소가 되고 있지만, 또한 부모, 동료, 그리고 공동체도 이러한 기술 개발에 중요한 역할을 한다는 점에 주목할 필요가 있다. 따라서 아이들과 상호작용하는 성인은 EI 기술에 능숙해질 필요가 있다. 이탈리아 연구는 교사 EI를 촉진하기 위한 노력이 고등학교(Di Fabio & Palazzeschi, 2008)와 유치원 및 초등학교(D'Amico, 2008)의 이탈리아 교사들의 자기효능감과 연관이 있음을 보여 주었다. 또한 광범위한 예방의 관점(Kenny et al., 2009)에서 일상생활에서 정서지능 개발 및 활용에 영향을 주는 상황적 장애물을 줄이고 지원을 강화하는 데 주의를 기울일 필요가 있다.

참고문헌

Bagby, R. M., Parker, J. D. A., & Taylor, G. J. (1994). The twenty-item Toronto Alexithymia Scale—I. Convergent, discriminant, and concurrent validity. *Journal of Psychosomatic Research, 38,* 23-32.

Bar-On, R. (1997). *The Emotional Intelligence Inventory (EQ-I): Technical manual.* Toronto, ON, Canada: Multi-Health Systems.

Bar-On, R. (2002). *Bar-On Emotional Quotient Inventory: Short (EQ-i: S): Technical manual.* Toronto, ON, Canada: Multi-Health Systems.

Bar-On, R. (2007). How important is it to educate people to be emotionally intelligent, and can it be done? In R. Bar-On, J. G. Maree, & M. J. Elias (Eds.), *Educating people to be emotionally intelligent* (pp. 1-14). Westport, CT: Praeger.

Brackett, M. A., Rivers, S. E., Reyes, M. R., & Salovey, P. (2012). Enhancing academic performance and social and emotional competence with the RULER feeling words curriculum. *Learning and Individual Differences, 22,* 218-224. doi:10.1016/j.lindif.2010.10.002

Bressi, C., Taylor, G. J., Parker, J. D. A., Bressi, S., Brambilla, V., Aguglia, E., &

Invernizzi, G. (1996). Cross validation of the factor structure of the 20-item Toronto Alexithymia scale: An Italian multicenter study. *Journal of Psychometric Research, 41,* 551-559. doi:10.1016/S0022-3999(96)00228-0

Bronfenbrenner, U. (1979). *The ecology of human development: Experiments by nature and design.* Cambridge, MA: Harvard University Press.

Buckley, M., Storino, M., & Saarni, C. (2003). Promoting emotional competence in children and adolescents: Implications for school psychologists. *School Psychology Quarterly, 18,* 177-191. doi:10.1521/scpq.18.2.177.21855

Caprara, G. V., Barbaranelli, C., & Borgogni, L. (1993). *BFQ: Big Five Questionnaire. Manuale* [BFQ: Big Five Questionnaire. Manual] (2nd ed.). Firenze, Italy: Giunti O.S. Organizzazioni Speciali.

Catalano, R. F., Berglund, M. L., Ryan, J. A. M., Lonczak, H. S., & Hawkins, J. D. (2004). Positive youth development in the United States: Research findings on evaluations of positive youth development programs. *Annals of the American Academy of Political and Social Science, 591,* 98-124. doi:10.1177/0002716203260102

D'Amico, A. (2008). Conoscere il ruolo dei fattori cognitivi ed emotivo-motivazionali nell' apprendimento scolastico, per diventare un insegnante efficace [Know the role of cognitive and emotional-motivational factors in scholastic learning, for becoming an effective teacher]. In G. Zanniello (Ed.), *La formazione universitaria degli insegnanti di scuola primaria dell'infanzia [The university training of primary teachers and kindergarten teachers]* (pp. 225-259). Roma, Italy: Armando.

D'Amico, A., & Curci, A. (2010). *Mayer-Salovey-Caruso emotional intelligence test (MSCEIT).* Firenze, Italy: Giunti O.S.

Di Fabio, A. (2010). *Potenziare l'intelligenza emotiva in classe. Linee Guida per il training* [Enhancing emotional intelligence at school: Guidelines for training]. Firenze, Italy: Giunti O.S.

Di Fabio, A., & Blustein, D. L. (2010). Emotional intelligence and decisional conflict styles: Some empirical evidence among Italian high school students. *Journal of Career Assessment, 18,* 71-81. doi:10.1177/1069072709350904

Di Fabio, A., Busoni, L., & Palazzeschi, L. (2011). Indecisiveness Scale (IS):

Proprieta psicometriche della versione italiana [Indecisiveness Scale (IS): Psychometric properties of the Italian version]. *Counseling. Giornale Italiano di Ricerca e Applicazioni, 4,* 13–24.

Di Fabio, A., Giannini, M., & Palazzeschi, L. (2008). Intelligenza emotiva: Proprietà psicometriche della Emotional Intelligence Scale (EIS) [Emotional intelligence: Psychometric properties of the Emotional Intelligence Scale]. *Counseling. Giornale Italiano di Ricerca e Applicazioni, 2,* 61–71.

Di Fabio, A., & Kenny, M. E. (2011). Promoting emotional intelligence and career decision making among Italian high school students. *Journal of Career Assessment, 19,* 21–34. doi:10.1177/1069072710382530

Di Fabio, A., & Kenny, M. E. (2012a). Emotional intelligence and perceived social support among Italian high school students. *Journal of Career Development, 39,* 459–473. doi:10.1177/0894845311421005

Di Fabio, A., & Kenny, M. E. (2012b). The contribution of emotional intelligence to decisional styles among Italian high school students. *Journal of Career Assessment, 20,* 404–414. doi:10.1177/1069072712448893

Di Fabio, A., & Palazzeschi, L. (2008). Indécision vocationnelle et intelligence émotionnelle: Quelques données empiriques sur un échantillon d'apprentis Italiens [Career decision difficulties and emotional intelligence: Some empirical evidences in an Italian sample of wage-earning apprentices]. *Pratiques Psychologiques, 14,* 213–222. doi:10.1016/j.prps.2007.11.006

Di Fabio, A., & Palazzeschi, L. (2009a). Emotional intelligence, personality traits and career decision difficulties. *International Journal for Educational and Vocational Guideance, 9,* 135–146. doi:10.1007/s10775-009-9162-3

Di Fabio, A., & Palazzeschi, L. (2009b). An in-depth look at scholastic success: Fluid intelligence, personality traits or emotional intelligence? *Personality and Individual Differences, 46,* 581–585. doi:10.1016/j.paid.2008.12.012

Di Fabio, A., & Palazzeschi, L. (2010). Career Decision-Making Difficulties Questionnaire: Proprietà psicometriche nel contesto italiano [Career Decision-Making Difficulties Questionnaire: Psychometric properties in the Italian context]. *Counseling. Giornale Italiano di Ricerca e Applicazioni, 3,* 351–364.

Di Fabio, A., & Palazzeschi, L. (Eds.). (2013). *Adattamento italiano del*

CDDQ—Career Decision-making Difficulties Questionnaire [Italian adaptation of the CDDQ—Career Decision-making Difficulties Questionnaire]. Firenze, Italy: Giunti O.S.

Di Fabio, A., & Palazzeschi, L. (in press). Proprietà psicometriche del Bar-On Emotional Quotient Inventory: Short (Bar-on EQ-i:S) nel contesto italiano. [Psychometric properties of Bar-On Emotional Quotient Inventory: Short (Bar-On EQ-i:S) in the Italian context]. *Counseling: Giornale Italiano di Ricerca e Applicazioni.*

Elbertson, N. A., Brackett, M. A., & Weissberg, R. P. (2010). School-based social and emotional learning programming: Current perspectives. In A. Hargreaves, A. Lieberman, M. Fullan, & D. Hopkins (Eds.), *Second international handbook of educational change* (pp. 1017-1032). Dordrecht, Netherlands: Springer.

Extremera, N., Fernández-Berrocal, P., Salovey, P. (2006). Spanish version of the Mayer-Salovey-Caruso Emotional Intelligence Test (MSCEIT). version 2.0: Reliabilities, age and gender diffstandard. *Psicothema, 18,* 42-48.

Franco, M., & Tappatà, L. (2009). *EQ-i™ Emotional Quotient Inventory. Validazione e taratura Italiana.* Firenze, Italy: Giunti O.S.

Frost, R. O., & Gross, R. C. (1993). The hoarding of possessions. *Behaviour Research and Therapy, 31,* 367-381. doi:10.1016/0005-7967(93)90094-B

Gati, I., Krausz, M., & Osipow, S. H. (1996). A taxonomy of difficulties in career decision-making. *Journal of Counseling Psychology, 43,* 510-526. doi:10.1037/0022-0167.43.4.510

Gigantesco, A., Carbonari, P., Appelgren, E. C., Del Re, D., & Cascavilla, E. (2010). *La promozione della salute mentale, del benessere psicologico e dell'intelligenza emotiva nella scuola secondaria [Promotion of mental health, psychological well-being and emotional intelligence in high school].* Retrieved from http://www.hepatitis.iss.it/binary/publ/cont/ONLINEmaggio.pdf

Goleman, D. (1995). *Emotional intelligence.* New York, NY: Bantam Books.

Greenberg, M. T., Kusche, C. A., Cook, E. T., & Quamma, J. P. (1995). Promoting emotional competence in school-aged children: The effects of the PATHS curriculum. *Development and Psychopathology, 7,* 117-136. doi:10.1017/S0954579400006374

Hage, S. M., Romano, J. L., Conyne, R. K., Kenny, M., Matthews, C., Schwartz, J. P., & Waldo, M. (2007). Best practice guidelines on prevention practice, research, training, and social advocacy for psychologists. *The Counseling Psychologist, 35,* 493–566. doi:10.1177/0011000006291411

Hoffman, D. (2009). Reflecting on social emotional learning: A critical perspective on trends in the United States. *Review of Educational Research, 79,* 533–536. doi:10.3102/0034654308325184

Kelly, B., Longbottom, J., Potts, F., & Williamson, J. (2004). Applying emotional intelligence: Exploring the promoting alternative thinking strategies curriculum. *Educational Psychology in Practice, 20,* 221–240. doi:10.1080/02667360420002518O8

Kenny, M. E. (2009). Verso l'avanzamento della prevenzione nel Counseling [Toward the advancement of prevention in counseling]. *Counseling: Giornale Italiano die Ricerca e applicazioni, 2,* 127–137.

Kenny, M. E., Horne, A. M., Orpinas, P., & Reese, L. E. (Eds.). (2009). *Realizing social justice: The challenge of preventive interventions.* Washington, DC: American Psychological Association.

Kenny, M. E., Walsh-Blair, L., Blustein, L., Bempechat, J., & Seltzer, J. (2010). Achievement motivation among urban adolescents: Work hope, autonomy support, and achievement-related beliefs. *Journal of Vocational Behavior, 77,* 205–212. doi:10.1016/j.jvb.2010.02.005

Lanciano, T., & Curci, A. (2012). L'Intelligenza emotiva predice il successo accademico? Uno studio su un campione universitario Italiano [Does emotional intelligence predict academic success? A study on an Italian university sample]. *Psychofenia, 26,* 55–68. doi:10.1285/i17201632vXVn26p55

Lapan, R. J. (2004). *Career development across the K-12 years: Bridging the present to satisfying and successful futures.* Alexandria, VA: American Counseling Association.

Larose, S., Cyrenne, D., Garceau, O., Harvey, M., Guay, F., & Deschenes, C. (2009). Personal and social support factors involved in students' decision to participate in formal academic mentoring. *Journal of Vocational Behavior, 74,* 108–116. doi:10.1016/j.jvb.2008.11.002

Lerner, R. M. (2002). *Concepts and theories of human development* (3rd ed.). Mahwah, NJ: Lawrence Erlbaum.

Liau, A. K., Liau, A. W. L., Teoh, G. B. S., & Liau, M. T. L. (2003). The case for emotional literacy: The influence of emotional intelligence on problem behaviours in Malaysian secondary school students. *Journal of Moral Education, 32,* 51-66. doi:10.1080/0305724022000073338

Márquez, P. G., Martín, R. P., & Brackett, M. A. (2006). Relating emotional intelligence to social competence and academic achievement in high school students. *Psicothema, 18,* 118-123.

Mayer, J. D., Caruso, D. R., & Salovey, P. (2005). *The Mayer-Salovey-Caruso Emotional Intelligence Test-Youth Version (MSCEIT-YV), Research Version.* Toronto, Canada: Multi-Health Systems.

Mayer, J. D., Perkins, D. M., Caruso, D. R., & Salovey, P. (2001). Emotional intelligence and giftedness. *Roeper Review: A Journal on Gifted Education, 23,* 131-137. doi:10.1080/02783190109554084

Mayer, J. D., & Salovey, P. (1997). What is emotional intelligence? In P. Salovey & D. Sluyter (Eds.), *Emotional development and emotional intelligence: Educational implications* (pp. 3-31). New York, NY: Basic Books.

Mayer, J. D., Salovey, P., & Caruso, D. R. (2000). Selecting a measure of emotional intelligence: The case of ability scales. In R. Bar-On & J. D. Parker (Eds.), *The handbook of emotional intelligence* (pp. 320-342). San Francisco, CA: Jossey Bass.

Mayer, J. D., Salovey, P., & Caruso, D. R. (2002). *Mayer-Salovey-Caruso Emotional Intelligence Test (MSCEIT): User's manual.* Toronto, Canada: Multi-Health Systems.

Mayer, J. D., Salovey, P., & Caruso, D. R. (2008). Emotional intelligence: New ability or eclectic traits? *American Psychologist, 63,* 503-517. doi:10.1037/0003-066X.63.6.503

Mestre, J. M., Guil, R., Lopes, P. N., Salovey, P., & Gil-Olarte, P. (2006). Emotional intelligence and social and academic adaptation to school. *Psicothema, 18,* 112-117.

Parker, J. D. A., Creque, R. E., Barnhart, D. L., Harris, J. I., Majeski, S. A., Wood, L. M., . . . Hogan, M. J. (2004). Academic achievement in high school: Does emotional intelligence matter? *Personality and Individual Differences, 37,* 1321–1330. doi:10.1016/j.paid.2004.01.002

Prezza, M., Trombaccia, F. R., & Armento, L. (1997). La scala dell'autostima di Rosenberg: Traduzione e validazione Italiana. *Bollettino Di Psicologia Applicata, 223,* 35–44.

Rave, C. J. (1941). Standardization of progressive matrices, 1938. *British Journal of Medical Psychology, 19,* 137–150.

Rivers, S., & Brackett, M. (2011). Achieving standards in the English language arts (and more) using the RULER approach to social and emotional learning. *Reading and Writing Quarterly, 27,* 75–100. doi:10.1080/10573569.2011.532715

Rivers, S., Brackett, M., & Salovey, P. (2008). Measuring emotional intelligence as a menetal ability in children and adults. In G. J. Boyle, G. Matthews, & D. H. Saklofske (Eds.), *The SAGE handbook of personality theory and assessment. Volume 2: Personality measurement and assessment* (pp. 440–460). Los Angeles, CA: SAGE.

Rosenberg, M. (1965). *Society and adolescent self-image.* Princeton, NJ: Princeton University.

Salovey, P., & Mayer, J. D. (1990). Emotional intelligence. *Imagination, Cognition, and Personality, 9,* 185–211.

Savickas, M. L. (2000). Renovating the psychology of careers for the 21st century. In A. Collins & R. A. Young (Eds.), *The future of career* (pp. 53–68). New York, NY: Cambridge University Press.

Scheier, M. F., Carver, C. S., & Bridges, M. W. (1994). Distinguishing optimism from neuroticism (and trait anxiety, self-mastery, and self-esteem): A reevaluation of the life orientation test. *Journal of Personality and Social Psychology, 67,* 1063–1078. doi:10.1037/0022-3514.67.6.1063

Schutte, N. S., Malouff, J. M., Hall, L. E., Haggerty, D. J., Cooper, J. T., Golden, C. J., & Dornheim, L. (1998). Development and validation of a measure of emotional intelligence. *Personality and Individual Differences, 25,* 167–177. doi:10.1016/S0191-8869(98)00001-4

Snyder, C. R., & Lopez, S. J. (2002). *Handbook of positive psychology.* New York, NY: Oxford University Press.

Trinidad, D. R., & Johnson, C. A. (2002). The association between emotional intelligence and early adolescent tobacco and alcohol use. *Personality and Individual Differences, 32,* 95-105. doi:10.1016/S0191-*8869

Trinidad, D. R., Unger, J. B., Chou, C., & Johnson, C. A. (2004). The protective association of emotional intelligence with psychosocial smoking risk factors for adolescents. *Personality and Individual Differences, 36,* 945-954. doi:10.1016/S0191-8869

Troncone, A., Labella, A., & Drammis, L. M. (2011). Personalità, autostima e rendimento scolastico: quale relazione? [Personality, self-esteem and scholastic success: Which relation?]. *Psicologia Scolastica, 10,* 223-243.

Zeidner, M., Roberts, R. D., & Matthews, G. (2002). Can emotional intelligence be schooled? A critical review. *Educational Psychologist, 37,* 215-231. doi:10.1207/S15326985EP3704_2

요약: 이탈리아의 정서지능 연구와 실제

- 정서지능은 최근의 학문적, 사회적, 행동적, 직업적 영역에서의 긍정적인 발달을 나타내 주는 지표들과의 관련성으로 인해 관심이 증가되고 있으며 변화 가능한 개인적 요인의 하나이다.
- 이탈리아에서 과거 10여 년간 정서지능에 대한 연구, 측정, 중재가 증가되어 왔다.
- 이탈리아에서의 정서지능 연구는 EI의 혼합 모델과 능력 기반(ability-based) 모델 모두에 의해 이루어졌다.
- 이탈리아 상황에서 정서지능 요인구조의 타당성과 신뢰도가 높은 정서지능 혼합 모델 척도, 능력 기반 정서지능 모델 척도가 개발되었다.
- 이탈리아에서 이루어진 연구들은 성격이나 지능과 중첩되지만, 이들과 EI가 구분되는 구성요인이라는 미국에서의 연구 결과와 전체적으로 일치된 결과를 보여 준다.
- 이탈리아에서 더 많은 연구가 필요하지만, EI가 학교 기반 중재를 통해 증진될

수 있으며 학교, 사회적 관계, 진로 발달에서의 성공에 기여할 수 있다는 점을 보여 주고 있다.

정서지능 연구 추천자료

Bar-On, R. (2007). How important is it to educate people to be emotionally intelligent, and can it be done? In R. Bar-On, J. G. Maree, & M. J. Eloas (Eds.), *Educating people to be emotionally intelligent* (pp. 1-14). Westport, CT: Praeger.

이 장은 Bar-On 정서지능 척도 및 정서지능과 여러 개인적 성과와의 관계(예: 주관적 안녕감, 신체적 건강, 사회적 상호작용, 일과 학업에서의 수행)에 대해서 기술하고 있다. 또한 정서지능을 증진시키기 위해 구성된 프로그램의 성과에 대해서 기술하고 있다.

Brackett, M. A., Rivers, S. E., Reyes, M. R., & Salovey, P. (2012). Enhancing academic performance and social and emotional competence with the RULER feeling words curriculum. *Learning and Individual Differences, 22*, 218-224, doi:10.1016/j.lindif. 2010.10.002

이 연구는 사회정서학습(SEL) 프로그램인 RULER 감정 단어 교육과정의 사회적, 정서적, 학업적 능력에 대한 영향에 대해서 기술하고 있다. 미국의 5, 6학년 학생(273명)들이 참여하였는데, 이 연구는 사회정서학습(SEL) 프로그램이 학생의 중요한 성과를 증진시킬 수 있다는 주장을 지지해 주고 있다.

Di Fabio, A., & Kenny M. E. (2011). Promoting emotional intelligence and career decision making among Italian high school students. *Journal of Career Assessment, 19*, 21-34. doi:10.1177/1069072710382530

이 연구에서는 이탈리아에서 능력 기반 정서지능 모델에 기반을 둔 훈련 프로그램의 효과성 평가 결과를 기술하고 있다. 이 연구에서는 관련 문헌을 살펴본 후 이탈리아 고등학생들을 대상으로 정서지능과 의사결정 문제 변화를 포함하여 프로그램의 개입의 효과성에 대한 기술을 하고 있다.

Di Fabio, A., & Kenny, M. E. (2012). Emotional intelligence and perceived social support among Italian high school students. *Journal of Career Development, 39*, 459-473. doi:10.1177/0894845311421005

이 연구는 이탈리아 고등학생들을 대상으로 수행과 지각된 자기보고 정서지능 간의 관계와 성격 특성 결과와 지각된 사회적 지지의 관계에 대해서 조사하였다. 자기보고와 수행 기반 척도에 의해 측정된 정서지능은 성격 특성의 기여를 초과하여 사회적 지지를 설명하고 있다.

제29장
학생들의 희망: 포르투갈 학교의 적용 사례

1. 서론

포르투갈에서 긍정심리학이 번성하고 있다. 포르투갈 내외의 조직과 학회, 학부와 석사 과정에서는 긍정심리학 과목을 개설하고, 인간의 긍정적 기능을 연구하는 학회나 기구들은 긍정심리학의 발전과 가치를 뚜렷하게 나타내고 있다. 2010년 9월, 세계 7개국의 긍정심리학자들은 리스본에서 열린 제1회 포르투갈 긍정심리학회에 참석했다. 또한 2008년 이래로 많은 포르투갈 대학에서 긍정심리학 과정이 개설되고 있으며, 수강신청이 10배 증가했다. 최근에 리스본 공과대학에서 개설된 긍정심리학 석사 프로그램은 국내외에서 높이 인정받은 강의를 심리학자, 경제학자, 엔지니어, 마케팅 담당자, 매니저, 사회학자, 지리학자, 역사학자, 법학자 등의 다양한 배경을 가진 학생들에게 제공하고 있다. 이뿐만 아니라 긍정심리학의 내용과 이론들은 석사와 박사 과정을 통해 다른 전문적 영역(예: 간호, 교육, 경영, 인적 자원)과 통합되고 있다. 포르투갈에서 긍정심리학에 대한 관심이 높아짐에 따라, 점점 많은 연구 모임(예: 미뉴 대학교의 Freire와 동료들; 포르토 대학교의 Marques와 동료들, 리스본 대학의 Marujo와 동료들; 아베이루 대학의 Rego와 동료들)에서 긍정심리학의 증거 기반 실험 연구를 활발하게 증진시키기 위해서 여러 기관 및 지역사회와 함께 열심히 일하고 있다.

2. 학교에서의 희망

미래를 위한 아이디어와 에너지인 희망은 학생들의 성취를 가장 잘 예언하는 변인 중 하나이다. Snyder와 동료들(1991)은 심리학적 이론과 목표 지향적 사고에 기반을 둔 희망의 인지적 동기 모델을 발달시켰다. 희망이론은 다음과 같은 인간의 능력과 관련되어 있다.

- 목표사고(goals thinking): 목표를 명확히 개념화하는 것
- 경로사고(pathways thinking): 목표에 도달할 구체적 전략들을 발달시키는 것
- 주도사고(agency thinking): 구체적 전략들을 사용하기 위한 동기를 발현시키고 유지시키는 것

개인이 높은 희망 수준을 지니고 있을 때 그들은 "나는 이것을 끝낼 방법을 찾을 거야!" "나는 할 수 있어." "나는 포기하지 않을 거야." 등과 같은 메시지들을 떠올린다. 경로사고와 주도사고는 낮은 희망을 가지고 있는 사람보다 높은 희망을 가진 사람들에게 더 강하게 나타나며, 특히 목표가 중요할 때, 그리고 사람들이 도전과 장애에 직면했을 때 더욱 뚜렷이 나타난다.

지난 20년 동안 연구자들은 희망과 학생들의 삶의 중요한 영역 간의 관계에 대해 더욱 명확하게 이해할 수 있게 되었다. 포르투갈 학생들의 희망에

대해 연구한 결과(Marques, Pais-Ribeiro, & Lopez, 2009), 희망이 높은 학생이 낮은 학생보다 학교생활과 일상의 삶 속에서 더 잘 기능하는 것으로 나타났다(더 나은 학교 성적과 심리적 지표를 나타냄). 이는 여러 나라에 걸쳐 사실로 확인되고 있으며, 포르투갈 학생들을 대상으로 연구한 결과, 대부분의 영역에서 예상과 일치했다(예: Ciarrochi, Heaven, & Davies, 2007의 호주 청소년 대상 연구; Gilman, Dooley, & Florell, 2006의 북미 청소년 대상 연구, Merkas & Brajsa-Zganec, 2011의 크로아티아 아동 대상 연구). 이러한 결과들 중 일부는 다음 절에서 논의된다(여러 나라 학생의 희망에 대한 더 상세한 연구는 Marques, Lopez, Rose, & Robinson, 『학교긍정심리학 1』 제3장 '희망' 참조).

1) 희망과 학업

희망은 포르투갈 아동과 청소년들의 학업 성취와 긍정적 관련이 있으며(Marques, Pais-Ribeiro, & Lopez, 2009), 2년 후의 핵심 과목(포르투갈어, 영어, 프랑스어, 역사, 지리, 수학, 물리-화학, 자연 과학) 및 모든 과목(핵심 과목뿐만 아니라 뮤지컬, 체육, 시각적 기술적 교육)에서의 성과를 예측했다(Marques, Pais-Ribeiro, & Lopez). 반면에, 삶과 자기가치에 대한 만족은 희망만큼 학업 성취도 차이를 예측하지 못했다. 또한 최근의 연구에 의하면, 매우 높은 희망 수준을 지닌 포르투갈 청소년(상위 10%)들은 평균 집단(중위 25%)과 매우 낮은 희망을 지닌 집단(하위 10%)보다 훨씬 더 높은 학업 성취와 학교 출석률을 나타냈다(Marques, Lopez, Fontaine, Coimbra, & Mitchell, in press).

Marques, Lopez, Fontaine, Coimbra, 그리고 Mitchell(2013)의 초기 연구 결과에 의하면, 12세 때 희망 수준이 높았던 학생들은 17세 때 학교에서의 어려움이 증가될 위험(낮은 출석률)이 적었다. 이러한 연관성은 나이와 성별, 그리고 기존의 어려움을 통제한 후에도 유의미한 것으로 나타났다. 몇 가지의 스트레스 사건을 경험한 낮은 희망 수준의 초기 청소년들은 초기 성인기에 학교에서 어려움을 겪을 위험이 높은 반면, 희망과 삶의 만족도가 높은 청소년들은 이러한 취약성에 노출되지 않았다. 이러한 연구 결과들은 초기 청소년기에 희망이 심리적 강점으로 작용한다는 것과 부정적인 교육적 결과를 낳을 위험을 줄인다는 사실을 지지한다.

2) 희망과 사회정서 발달

희망이 포르투갈 학생들의 자기가치감, 삶의 만족도, 정신건강과 긍정적 관련이 있다는 연구 결과가 많다(예: Marques, Pais-Ribeiro, & Lopez, 2011; Marques, Pais-Ribeiro, & Lopez, 2007a; Marques, Pais-Ribeiro, & Lopez, 2011). 희망 수준이 매우 높은 학생들(상위 10%)은 희망 수준이 평균 정도의 학생(중위 25%)과 매우 낮은 학생들(하위 10%)보다 자존감과 삶의 만족도가 훨씬 더 높았다(Marques et al., in press). 또한 매우 높거나 평균 정도의 희망 수준을 지닌 청소년들은 매우 낮은 희망 수준을 지닌 청소년들보다 더 양호한 정신건강 상태에 있는 것으로 나타났다. 학생들의 정신건강을 구체적으로 살펴보면, 희망 수준이 매우 낮은 학생들만 지난 4주 동안 "매우 불안했다" "마음이 아팠다" "힘든 상황에서 어떤 것도 힘이 되지 않았다"라는 질문에 "때때로 그렇다"라고 답했다. 이러한 결과는 매우 낮은 희망 수준을 나타낸 그룹에서는 정신적 고통(불안, 우울, 행동 및 감정 조절의 손상을 측정하는 항목에 대한 평균 점수가 "때때로 그렇다" 또는 그 이상으로 나타남; Means-Christensen, Arnau, Tonidandel, Bramson, & Meagher, 2005)이 매우 높은 희망과 평균 정도의 희망을 가진 그룹(같은 질문에 "조금 그렇다"와 "전혀 그렇지 않다"로 응답함)과는 다르게 존재함을 보여 준다.

희망은 초기 청소년기에 심리적 강점으로 작용하며, 초기 청소년기에 높은 수준의 희망은 초기 성인기에 정신건강 문제를 일으킬 위험을 줄이는 것과 관련이 있었다(Marques et al., 2013a). 즉, 평균 연령 12세 정도에 높은 희망을 지닌 포르투갈 학생들은 평균 연령 17세 정도에 정신건강 문제를 일으킬 위험이 적었다. 이러한 관련성은 나이와 성별, 기존의 정신건강 문제를 통제한 후에도 유의미하게 유지되었다. 몇 가지의 스트레스 상황을 겪은 희망 수준이 낮은 초기 청소년들은 초기 성인기에 정신건강 문제가 나타날 위험이 높았다. 반면, 희망 수준과 삶의 만족도가 높은 초기 청소년들은 이러한 취약성에 노출되지 않았다.

희망이 포르투갈 청소년들의 영성과는 관련이 있지만 종교적 관행(예배 장소에 참석하는 것)과는 관계가 약하다는 선행 연구가 있다. 이러한 상관관계는 6개월과 1년 후까지 유지되었다(Marques, Lopez, & Mitchell, 2013). 또한 초기 연구 결과들에 의하면, 종교 행위를 하는 가정과 하지 않는 가정 간에 아동의 희망은 유의미한 차이가 없었다(Santos, 2012).

3) 희망, 인구통계학적, 사회적 맥락

최근의 연구는 희망이 가족 구조와 삶의 환경과는 무관한 것으로 나타났다(Santos, 2012). 그러나 다른 선행 연구에 따르면, 학생들의 희망은 부모의 교육 수준과 관련이 있었다(Marques et al., 2007b; Santos, 2012). 또한 부모 중에 한 사람만 취업 중이거나 맞벌이일 경우보다 부모가 모두 미취업 상태인 학생들의 희망이 유의미하게 낮았다(Santos, 2012). 아울러 10~15세의 포르투갈 청소년들의 성별 및 나이와 희망은 관련이 없었다(Marques, Pais-Ribeiro, & Lopez, 2011).

학생들의 희망이 시간이 흘러도 안정적이기는 하지만, 연구에서 나타난 1년 및 2년 간격의 검사-재검사 결과(Marques, Pais-Ribeiro, & Lopez, 2011)를 보면 학생들의 희망은 의도적 노력과 학교 맥락(희망 기반 프로그램이나 개입을 수행하기에 이상적인 학교)에 의해서 변화되기 쉬운 것으로 밝혀졌다(예: Feldman & Dreher, 2011; Lopez, Bouwkamp, Edwards, & Terramoto Pedrotti, 2000; Marques, Lopez, & Pais-Ribeiro, 2011).

3. 포르투갈 아동과 청소년의 희망 측정

아동에 대해 이해가 깊은 사람은 그들의 행동에서 희망을 감지할 수 있다. 일상의 대화, 서신, 이야기, 게임, 시, 일기, 그리고 일지들은 개인의 희망을 평가하는 의미 있는 자료이다. 또한 자기보고식 희망 검사도 희망 측정을 촉진시킬 수 있다. 여기서는 희망의 특성적인(상대적으로 안정된 성격 기질) 부분을 측정하기 위해 널리 사용되는 2개의 타당화된 척도를 소개한다.

1) 아동 희망 척도

Snyder, Hoza와 동료들(1997)은 8세에서 16세 사이의 아동 및 청소년의 특성 희망을 측정하기 위해 아동 희망 척도(Children's Hope Scale: 이하 CHS)를 개발하였다. 이 척도는 3개의 주도사고 문항(예: "나는 내 나이 또래의 다른 아이들처럼 잘 하고 있다.")과 3개의 경로사고 문항(예: "나는 문제에 부딪혔을 때 그것을 풀 수 있는 많은 방법을 생각해 낼 수 있다.")으로 구성되어 있다. CHS는 일반 학교에 다니는 신체와 정신이 건강한 학생들과 주의력결핍 과잉행동장애(ADHD)를 가지고 있는 남학생들, 다양한 의학적 문제를 가진 아동, 암이나 천식으로 치료받는 아동, 화상 환자, 겸상 적혈구병을 앓는 청소년, 그리고 폭력에 노출된 초기 청소년들에게 사용한 결과, 만족할 만한 측정학적 특성을 갖는 것으로 나타났다(Snyder, Hoza et al., 1997). 이러한 Snyder와 동료들(1997)의 CHS 척도는 포르투갈어(Marques et al., 2009), 세르비아어(Jovanović, 2013), 스페인어(McDermott et al., 1997)로 번역되고 타당화되었다. CHS 포르투갈어 버전(Marques et al., 2009)은 영어 버전과 유사한 측정학적 특성(신뢰도, 요인 타당도, 준거타당도, 동시타당도, 예언 타당도)을 보이는데, 이는 두 척도가 같은 방식으로 같은 구인을 측정한다는 것을 의미한다. 포르투갈어 CHS 버전은 〈표 29-1〉과 같다.

〈표 29-1〉 아동 희망 척도

		매우 그렇지 않다	그렇지 않다	조금 그렇지 않다	조금 그렇다	그렇다	매우 그렇다
1	나는 내 자신이 꽤 잘해 나가고 있다고 생각한다.	1	2	3	4	5	6
2	나는 인생에서 중요한 것들을 얻기 위한 많은 방법을 생각해 낼 수 있다.	1	2	3	4	5	6
3	나는 내 나이의 다른 아이들과 마찬가지로 일을 해내고 있다.	1	2	3	4	5	6
4	나는 문제가 있으면 그것을 해결할 많은 방법을 생각해 낼 수 있다.	1	2	3	4	5	6
5	나는 과거에 있었던 일에서 나의 미래에 도움이 될 일들을 생각한다.	1	2	3	4	5	6
6	다른 사람들이 포기할 때에도 나는 그 문제를 해결하는 방법을 찾을 수 있다는 것을 알고 있다.	1	2	3	4	5	6

※ 위의 문항은 포르투갈어 버전의 원본인 영문판 아동 희망 척도(Snyder et al., 1997)를 한국어로 번안한 것임—역자 주

2) 성인 희망 척도

성인 희망 척도(Adult Hope Scale: AHS; Snyder, Harris, et al., 1991)는 청소년과 성인(16세 이상)의 특성 희망을 측정한다. 이 척도는 4개의 주도사고 문항(예: "나는 활력 넘치게 나의 목표를 추구한다."), 4개의 경로사고 문항(예: "어떤 문제라도 해결할 수 있는 방법이 많이 있다."), 그리고 4개의 허위문항으로 이루어진다. 이 척도는 광범위하게 사용되어 왔으며 수용 가능한 측정학적 특성을 나타냈다. Snyder와 동료들(1991)이 개발한 AHS는 포르투갈어(Marques, Lopez, Fontaine, Coimbra, & Mitchell, 2013b; Marques & Pais-Ribeiro, 2007a)를 포함하여 독일어(Carifio & Rhodes, 2002), 프랑스어(Dube, Lapierre, Bouffard, &

Labelle, 2000), 슬로바키아어(Halama, 2001), 중국어(Ho, 2003), 한국어(Yun, 2003), 그리고 아라비아어(Abdel-Khalek & Snyder, 2007)로 번역되고 타당화되었다. 포르투갈어 버전 AHS(Marques et al., 2013b)는 많은 수의 포르투갈 고등학생을 대상으로 타당화되었는데, 수용 가능한 신뢰도와 2요인 구조를 나타내었고, 영어 버전과 비슷한 여러 가지 측정학적 특성을 보였다. 학생들의 희망(전체적인 희망과 경로사고, 주도사고 각각)은 삶의 만족도와 심리적 안녕감, 학업 성취도(표준화된 학업 성취도 평가)와 유의미한 정적 상관관계가 있고, 심리적 어려움과는 부적 상관관계가 있었다. 포르투갈어 AHS는 〈표 29-2〉와 같다.

〈표 29-2〉 포르투갈어 AHS

주의: 각 문장을 주의 깊게 읽은 후 자신을 가장 잘 나타낸다고 생각되는 번호를 아래에서 골라 문장 옆에 쓰시오.

1 = 전혀 그렇지 않다	2 = 매우 그렇지 않다
3 = 조금 그렇지 않다	4 = 약간 그렇지 않다
5 = 약간 그렇다	6 = 조금 그렇다
7 = 매우 그렇다	8 = 거의 그렇다

A. 나는 곤경에서 벗어날 많은 방법을 생각할 수 있다.
B. 나는 원기 왕성하게 목표를 추구한다.
C. 나는 자주 피로를 느낀다.
D. 어떤 문제라도 방법은 많이 있다.
E. 나는 논쟁에서 쉽게 수그러든다.
F. 나는 삶에서 나에게 중요한 것들을 얻을 많은 방법을 생각할 수 있다.
G. 나는 내 건강을 걱정한다.
H. 다른 사람들이 절망할 때라도 나는 내가 문제를 해결할 방법을 찾을 수 있다는 것을 안다.
I. 나의 과거 경험들은 나의 미래를 잘 준비하게 만들었다.
J. 나는 꽤 성공적인 인생을 살아왔다.
K. 나는 주로 무엇인가를 걱정하고 있는 나를 발견한다.
L. 나는 스스로 정한 목표를 따른다.

※ 위의 문항은 포르투갈어 버전의 원본인 영문판 성인용 희망 척도(Snyder et al., 1991)를 한국어로 번안한 것임. — 역자 주

4. 아동 · 청소년: 희망 기반 개입의 이상적인 대상

아동은 희망적이며 성인보다 높은 희망을 나타낸다(Snyder, 1994). 학창 시절이 학생들의 삶에서 가장 희망적인 시기가 되어야 하지만, 포르투갈 학생들을 대상으로 이루어진 최근 대규모 연구에 따르면, 후기 아동기(10~13세)에서 청소년기(14~17세; Marques & Lopez, 2013)로 갈수록 희망이 줄어드는 것으로 나타났다. 이러한 결과는 아동 · 청소년이 개인 및 집단 훈련 프로그램의 가장 이상적인 대상임을 암시한다.

희망 수준이 낮은 학생의 개인 상담 사례

다음에 소개하는 짧은 사례는 학업으로 고민하는 희망이 낮은 학생과 학교 상담자가 어떻게 그의 희망을 평가하는지 기술하고 있다.

(1) 배경

Carlos는 향후 3년간의 고등학교 시기 동안 자신이 공부하고 싶은 학업 분야(과학과 기술, 사회-경제학, 언어와 인문학, 그리고 예술 분야 중에 선택하는 것)를 결정해야 하는 15세의 포르투갈 고등학생이다. 포르투갈에서 10학년 학생들은 10학년에서 12학년까지 학습할 분야를 선택해야 하며, 그 선택은 그들의 대학 전공을 결정하게 된다. Carlos는 그의 진로를 결정하는 데 어려움을 겪고 있다. 그는 부모님의 권유로 학교 상담자에게 왔으며, 상담 과정에서 마음을 열었다.

(2) 희망적 관점을 사용한 학교 상담자 상담 내용

학교 상담자는 Carlos와의 대화를 통해 다음과 같이 그의 희망 수준이 낮음을 발견했다. "저는 제가 그것을 어떻게 할 수 있는지 알 수 없어요." "저는 수학을 잘할 수 있는 방법을 찾을 수 없어요." "저는 진퇴양난이에요." 첫 번째 상담이 끝날 무렵, 학교 상담자는 Carlos에게 목표라는 주제를 소개한다.

학교 상담자: 지금 네가 가지고 있는 목표를 조금 구체적으로 설명해 줄 수 있니?

Carlos: 저는 체육에 관심이 있어서 과학과 기술 분야를 선택해야 해요.

학교 상담자: 과학과 기술 분야를 선택하는 데 예상되는 장애물은 뭐지?

Carlos: 저의 어려움은 이 분야에 포함되어 있는 수학이에요. 저는 좋은 체육 선생님이 될 수 있다는 것을 알지만, 수학 과목을 잘할 수 있는 방법을 정말 찾을 수가 없어서 힘들어요. 저는 이 분야를 선택하고 싶어요. 하지만 제가 어떻게 그것을 할 수 있는지 알 수 없어요. 저는 진퇴양난이에요!

학교 상담자: 이 어려움을 어떻게 극복하려고 생각하고 있니?

Carlos: 음, 제게 2가지 대안이 있어요. 제가 원하는 것을 선택하면서 수학을 공부하는 것과 이 분야를 포기하고 제 목표에 도달하지 못하는 거요.

학교 상담자: 1～10까지 점수를 매기는데 1은 '전혀 아니다', 10은 '매우 그렇다'고 할 때, 너는 대학에서 체육을 선택하기 위해 이 분야를 공부하고 싶은 동기가 어느 정도니?

Carlos: 아마 10 정도요.

학교 상담자: 그래, 그렇구나! 너는 보통 원하는 것을 어떻게 해서 얻니?

Carlos: 저는 일반적으로 제가 포기할 때 원하는 것을 얻었던 것 같아요.

학교 상담자: 네가 수학 공부를 위해서 지금까지 어떤 전략을 사용했는지 궁금하구나.

Carlos: 제 친구들과 함께 수학을 공부해요. 그러나 좋은 성적을 받는 것이 저에게는 정말 힘든 일이에요.

학교 상담자: 목표에 도달하기 위한 다른 방법들을 쉽게 찾을 수 있겠니?

Carlos: 더 이상의 방법을 찾는 것은 저에게 정말 쉽지 않은 일이에요…….

학교 상담자: 그렇구나. 네가 이 문제를 극복하고 목표에 도달할 수 있도록 대안들에 대해서 이야기해 보자.

앞의 대화를 통해서 Carlos는 전략(경로사고 영역)을 찾는 것에 문제를 가지고 있으며, 그로 인해 목표 성취에 어려움을 겪게 되었음을 알 수 있다. 그는 동기(주도사고 영역)는 있지만 큰 장애물이 예상되자 경로사고가 부족했다. 흥미롭게도 그의 경로사고 결핍은 관심 분야를 선택하는 것에 대한 것이 아니라 수학에서 성공할 전략을 찾게 만든 것으로 보인다. 이러한 통찰은 적절한 전략을 찾는 데 도움이 된다.

5. 미래를 위한 희망 쌓기

2000년 이후, 희망을 증진시키기 위한 전략 및 프로그램, 개입에 초점을 맞춘 연구들이 늘어나기 시작했다. 이러한 초기 연구자들(예: Feldman & Dreher, 2011; Lopez, Bouwkamp, Edwards, & Terramoto Pedrotti, 2000; Marques, Lopez, & Pais-Ribeiro, 2011)은 희망이 증진될 수 있으며, 희망 수준이 낮은 학생들이 개입을 통해 가장 많은 혜택을 누릴 수 있다고 보고하였다(Bouwkamp, 2001). 사실상 모든 학생이 학교의 희망 프로그램에 참여하면 그들의 희망 수준을 높일 수 있다는 사실이 연구를 통해 드러났다(Lopez et al., 2000; Marques, Lopez, & Pais-Ribeiro, 2011). 이렇게 아동 및 청소년들의 희망을 증진시키는 프로그램 중의 하나가 포르투갈 학생들을 위해 개발된 '미래를 위한 희망 쌓기'이다(Marques, Lopez, & Pais-Ribeiro, 2011). 미래를 위한 희망 쌓기 프로그램과 비슷한 프로그램인 '희망 키우기 프로그램 만들기'(Lopez et al., 2000)는 학생들이 ① 명확한 목표를 개념화하고, ② 성취를 위해 다양한 경로를 생성하며, ③ 목표 추구 유지를 위한 에너지를 끌어내고, ④ 극복해야 할 도전 과제인, 극복하기 어려워 보이는 장애물을 재구성하도록 돕기 위해 집단적 개입으로 고안된 5주간의 프로그램이다.

'미래를 위해 희망 쌓기(Building Hope for the Future: 이하 BHF)'는 학부모

및 교사, 또래와 같은 주요 이해관계자 및 학생들과의 직접적인 작업으로 구성된 사회 생태적 프로그램이다(학생들의 개입의 첫 번째 주 동안 1시간). BHF 프로그램 주제는 〈표 29-3〉를 참조하면 된다.

포르투갈 중학생과 부모, 교사, 또래를 대상으로 이루어진 BHF 프로그램의 첫 번째 실행과 검증 결과(Marques, Lopez, & Pais-Ribeiro, 2011), 실험집단 학생들은 희망, 삶의 만족도, 자기가치감이 증가하였는데, 프로그램 종료 후 적어도 1년 6개월 후까지 그 효과가 유지되었다. 반면, 통제집단은 사후 및 추후 검사에서도 희망, 삶의 만족도, 자기가치감에 변화가 없었다. 이러한 결과는 중학생들의 희망을 증진시키기 위해 개발된 개입이 여러 이해관계자(부모, 교사, 또래)와의 협업을 통해 희망, 삶의 만족도, 자기가치감 같은 심리적 유익을 가져올 수 있음을 시사한다. 이러한 결과는 목표지향적 사고를 증진시키기 위해 수행되었던 선행 연구와 같은 맥락에 있다. 예를 들어, '희망 키우기 프로그램 만들기'(Lopez et al., 2000)는 여러 학년의 학생들에게 희망을 증진시켰다. 또한 BHF는 모든 학생의 희망적 사고를 높이기 위한 집단적 개입의 적용을 강하게 지지했다(예: 학생들을 위한 교육과정과 학교 환경은 희망적 사고를 지지하는 방향으로 조정되고 개선될 수 있다). 마지막으로 이러한 개입은 효과성 및 접근성(학생, 교사, 부모), 그리고 지속 가능성(단 5주간의 집단 개입에 따른 낮은 비용) 문제를 해결할 수 있는 잠재력을 가지고 있다.

〈표 29-3〉 희망 증진 프로그램 내용

1회기: 희망에 대한 학습
이 회기의 주요 목표는 희망이론을 이해하고 희망을 갖는 변화 과정과 긍정적인 성과들 간의 높은 관련성에 대한 이해를 높이는 것이다. 이 회기는 3가지 구성요소(경로사고, 주도사고, 목표사고)를 포함하여 희망에 대한 전체적인 개관을 제공한다. 또한 이 모델에서 사용되는 희망 관련 언어들을 확인하고, 학습하고, 연습하는 과정을 통해 일상 대화에서 희망이 얼마나 중요한 역할을 하는지 배운다.

2회기: 희망을 구조화하기

이 회기의 주요 목표는 학생들이 희망의 구성요소인 경로사고와 주도사고, 그리고 목표성취를 방해하는 장애물을 인식하는 방법을 학습하는 것이다. 또한 이 회기는 그들이 4주 동안 작업할 수 있는 개인적 목표(핵심적이고 성취 가능한)를 설정하도록 돕는다. 이 회기는 이야기 속 목표지향적 인물에 대해 토론하기, 과거의 삶에서 목표 지향적 아이디어를 브레인스토밍하기, 그들이 작업하고 싶어 하는 현재 목표의 설정이라는 3가지 주요 요소를 포함한다.

3회기: 긍정적이고 구체적인 목표 세우기

이 회기의 목표는 희망 이론을 연습하는 것이다. 즉, 개인의 작업 가능한 목표를 더 구체적이고, 긍정적이며 명확하게 정제시키고 각 개인의 목표를 위한 다양한 경로의 생성과 주도사고를 발견한다. 새로운 이야기의 소개와 그룹 활동을 통해 참가자들은 희망 모델을 실습하고 강화할 수 있다. 이 회기는 또한 개인 목표의 진전 상황을 보여 준다. 따라서 학교 상담자는 학생들과 협력하여 원하는 목표 달성에 방해가 되는 행동이나 사고의 불균형을 조정하거나 수정할 수 있다.

4회기: 완전함을 만드는 연습

이 회기의 목표는 다음과 같다. ① '희망찬 대화'를 판별하고 확인하며 만들어 내기, ② 희망 모델을 강화하기, ③ 개인의 희망 이야기에서 작업 가능한 목표를 살펴보고 소개하기. 역할극을 통해 학생들이 희망적인 소리를 더 잘 발견하고 이해하도록 돕기 위해 희망에 찬 의사소통 패턴과 희망적 대화 행위가 제시되고 지도된다. 개인적 목표의 진전 상황도 모니터링된다.

5회기: 미래를 위한 검토와 적용

이 회기의 주요 목표는 개인의 희망 이야기를 변화시키는 것과 다음 단계를 계획하는 것이다. 이 회기에서는 학생들이 그들의 독특한 삶의 경험 속에서 어떻게 희망이론을 사용했는지를 집단과 함께 나누도록 한다. 목표 추구 과정 속에서 성취나 다음 단계보다는 과정 자체를 더욱 강조한다.

5회기를 진행하는 동안 고려할 사항

- 각 회기는 프로그램에 대한 열정을 본받고 키우며 이전 회기에서 배운 아이디어를 강화시키는 데 도움을 주는 10분짜리 도입 활동으로 시작된다.
- 각 회기는 Snyder와 동료들(예: Lopez et al., 2000; McDermott & Snyder, 1999; Snyder, 1994; Snyder, McDermott, Cook, & Rapoff, 2002)의 이론 연구와 응용 연구에 근거하고 있다.
- 각 회기는 해결 중심, 이야기 치료, 인지-행동 치료 기법을 통합하고 있다.

- 각 회기는 정신 분석적, 기술 훈련적, 집단 상담적 기법을 제공하며, 구조화된 활동, 역할극, 브레인스토밍, 토론 활동을 포함한다.
- 이 프로그램은 집단 응집력, 사회적 지지, 희망에 대한 토론, 집단원들과 생각과 느낌 나누기, 그리고 회기별 활동에 대한 참여를 증진시키기 위해 성인에 의해 운영된다.

부모, 교사와 함께 하는 회기

부모, 교사와 함께 하는 직접적인 작업은 ① 부모와 교사가 희망의 원리를 더 잘 알도록 돕고 목표달성 행동을 증진시키며, ② 그들의 자녀와 학생들의 목표 세우기 행동을 촉진하기 위해 고안된 매뉴얼에 의해 지원된다. 매뉴얼은 세 부분으로 나뉜다. 첫 부분은 '희망 배우기'에 집중되어 있다(예: 희망의 개념, 희망에 대한 연구, 희망을 증진시키는 법, 반성적 질문). 두 번째 부분은 '희망 주입하기'로 참여자들이 '희망을 찾고'[예: Snyder(1991)가 개발한 희망 설문도구 검사], '희망적 관계 맺기'(어떻게 희망적인 관계를 맺을 수 있는지)를 도울 수 있도록 구성되어 있다. 마지막 부분은 '희망 증진하기'로 '희망 강화하기'(이 부분은 희망 증진과 관련된 기본 단계를 제공함)와 '희망 떠올리기'(이 부분은 그들 자신과 자녀 및 학생의 희망을 증진시킬 실제적 연습과 전략을 제공함)에 초점을 맞추고 있다.

* 후속 프로그램을 위한 '희망 증진' 관련 정보를 더 보기 원하면 Marques, Lopez, Pais-Ribeiro(2011) 참조.

6. 희망의 전파

희망이 변화 가능하고 희망이 없는 사람이 희망을 얻는 법을 배울 수 있다면, 청소년과 그들의 미래를 걱정하는 사람들은 청소년들의 희망 증진을 위해 집중적인 노력을 기울일 필요가 있다. 아동의 희망에 영향을 미치는 가장 중요한 대상은 부모이다. 그들은 그들의 대화(일상에서의 희망적 언어, 예를 들어 "네가 숙제를 끝낼 수 있다면 우리는 나갈 수 있어." 대신 "네가 숙제를 끝내면 우리는 나갈 수 있어."), 목표 설정, 도전 과제 파악, 문제 대처 방식에서 희망의 모델이 되기 때문이다. 같은 방식으로 교사들도 학생들이 목표를 성취하기 위한 그들의 능력과 발생 가능한 난관에 대처하는 능력을 인지하는 데 중요한 영향을 끼친다. 예를 들어, 교사는 학생들이 다양한 방법으로 미래에 관해 생각할 수 있는 역량을 기르는 것과 미래의 목표를 성취하는 방법에 대해 융통성 있게 사고하는 것, 그리고 의지가 고갈되었을 때 동기를 새롭게 하는 능력을 기르도록 학생을 도와야 한다. 또한 희망 수준이 높은 부모와 교사는 아동의 희망적 사고를 촉진시킨다. 학교 상담자들은 이러한 희망의 전이를 용이하게 할 수 있는 좋은 위치에 있다. 이 장의 요약 부분은 아동의 희망을 증진시키기 위해 어떻게 교사와 부모의 희망을 새롭게 할 수 있는지에 대한 몇 가지 제안 사항을 담고 있다. 학생과 학부모, 교사에게 경로사고와 목표사고, 목표 설정을 부여하는 것에 대한 더 상세한 정보는 McDermott와 Snyder(1999, 2000), Snyder와 동료들(2002), 또는 Lopez, Rose, Robinson, Marques, 그리고 Pais-Ribeiro(2009)를 참고하기 바란다.

부모와 교사 외에 다른 사람들, 예를 들면 또래집단도 아동의 희망에 영향을 미친다. 부모가 이러한 영향력을 유지하고 자녀의 관심사에 적극적으로 참여하는 것은 중요하다. 또래와의 상호작용을 통한 희망의 전이 또한 희망의 발달에서 주목할 필요가 있으며, 성인들이 의도적으로 아동의 희망 증진을 위해 개입할 때 또래를 포함시키는 것이 중요하다.

희망을 교육과정에 통합시키든 따로 희망 증진 프로그램을 분리해서 운영하든, 학교는 집단적으로 개입하고 또래를 포함시킬 수 있는 이상적인 장소이다. 희망적 사고를 학생들이 공부하는 과목에 녹여내는 방법을 찾는 것이 가능하다. 예를 들어, 역사는 높은 희망 수준을 가진 사람들로 가득 차 있다. 따라서 학생들은 그들의 목표, 극복해야 할 문제 및 목표를 달성하기 위해 취했던 주도성과 에너지를 탐구하는 방향으로 나아갈 수 있다. 문학에서 교사는 개인 서사의 도움을 받을 수 있으며, 희망 과정을 설명하기 위해 짧은 이야기를 사용할 수 있다. 수학에서 교사는 희망을 주입하고 동시에 수학 관련 기술의 학습을 자주 방해하는 문제인 수학 불안을 감소시킬 수 있다(Snyder, 1999). 이를 위해 작은 단계로 개념을 가르치고 각 단계에 대한 아동의 이해도를 인식하며 특히 성취보다 노력을 강조하는 것이 중요하다. 사실, 수학은 앞에서 언급했던 것처럼 희망을 강화하는 단계에서 학습과 수학 불안 감소의 유익을 얻는 가장 전략적인 과목 중 하나일 수 있다. 체육 또한 목표와 움직임이 직접적으로 인식되기 때문에 중요한 영역이다.

7. 결론

학교에서의 긍정심리학, 더 구체적으로는 희망에 관심이 있는 포르투갈과 전 세계의 연구자들에게 주어진 중요한 임무는 학생과 학교들의 긍정적 기능을 어떻게 촉진할 수 있는지에 대한 정보를 수집하고 통합하는 것이다. 국내를 벗어난 문화 간 연구와 체계적인 연구는 희망이 학교와 학생들의 삶에 가져올 차이점을 반영하는 데 필수적이다.

참고문헌

Abdel-Khalek, A. M., & Snyder, C. R. (2007). Correlates and predictors of an Arabic translation of the Snyder Hope Scale. *Journal of Positive Psychology, 2,* 228-235. doi:10.1080/17439760701552337

Bouwkamp, J. (2001). *Making hope happen: A program for inner-city adolescents.* Master's thesis, University of Kansas, Lawrence.

Carifio, J., & Rhodes, L. (2002). Construct validities and the empirical relationships between optimism, hope, self-efficacy, and locus of control. *Journal of Prevention, Assessment, and Rehabilitation, 19,* 125-136.

Ciarrochi, J., Heaven, P. C., & Davies, F. (2007). The impact of hope, self-esteem, and attributional style on adolescents' school grades and emotional well-being: A longitudinal study. *Journal of Research in Personality, 41,* 1161-1178. doi:10.1016/j.jrp.2007.02.001

Dube, M., Lapierre, S., Bouffard, L., & Labelle, R. (2000). Psychological well-being through the management of personal goals: A group intervention for retirees. *Revue Quebecoise de Psychologie, 21,* 255-280.

Feldman, D. B., & Dreher, D. E. (2011). Can hope be changed in 90 minutes? Testing the efficacy of a single-session goal-pursuit intervention for college students. *Journal of Happiness Studies, 13,* 745-759. doi:10.1007/s10902-011-9292-4

Gallagher, M. W., & Lopez, S. J. (2009). Positive expectancies and mental health: identifying the unique contributions of hope and optimism. *Journal of Positive Psychology, 4,* 548-556. doi:10.1080/17439760903157166

Gilman, R., Dooley, J., & Florell, D. (2006). Relative levels of hope and their relationship with academic and psychological indicators among adolescents. *Journal of Social and Clinical Psychology, 25,* 166-178. doi:10.1521/jscp.2006.25.2.166

Halama, P. (2001). The Slovak version of Snyder's Hope Scale. *Ceskoslovenska Psychologie, 45,* 135-142.

Ho, S. M. Y. (2003). *Hope in Hong Kong.* Unpublished manuscript. University of Hong Kong, China.

Jovanović, V. (2013). Evaluation of the Children's Hope Scale in Serbian adolescents: Dimensionality, measurement invariance across gender, convergent and incremental validity. *Child Indicators Research.* Online first doi:10.1007/s12187-013-9195-5

Lopez, S. J., Bouwkamp, J., Edwards, L. M., & Terramoto Pedrotti, J. (2000). *Making hope happen via brief interventions.* Paper presented at the second Positive Psychology Summit, Washington, DC.

Lopez, S. J., Rose, S., Robinson, C., Marques, S. C., & Pais-Ribeiro, J. L. (2009). Measuring and promoting hope in school children. In R. Gilman, E. S. Huebner, & M. J. Furlong (Eds.), *Handbook of positive psychology in the schools* (pp. 37-51). Mahwah, NJ: Erlbaum.

Marques, S. C., & Lopez, S. J. (2013). *Age differences and short-term stability in hope: Results from a Portuguese school sample aged 8 to 17.* Manuscript submitted for publication.

Marques, S. C., Lopez, S. J., Fontaine, A. M., Coimbra, S., & Mitchell, J. (in press). *How much hope is enough? Levels of hope and students' psychological and school functioning.* Manuscript submitted from publication.

Marques, S. C., Lopez, S. J., Fontaine, A. M., Coimbra, S., & Mitchell, J. (2013a). *Psychological strengths in early adolescence and a reduced risk of developing mental health problems and educational difficulties in early adulthood.* Communication presented at the Third World Congress on Positive Psychology, LA, United States.

Marques, S. C., Lopez, S. J., Fontaine, A. M., Coimbra, S., & Mitchell, J. (2013b). *Validation of a Portuguese version of the Adult Hope Scale.* Manuscript submitted for publication.

Marques, S. C., Lopez, S. J., & Mitchell, J. (2013). The role of hope, spirituality and religious practice in adolescents' life satisfaction: Longitudinal findings. *Journal of Happiness Studies, 14,* 251-261. doi:10.1007/s10902-012-9329-3

Marques, S. C., Lopez, S. J., & Pais-Ribeiro, J. L. (2011). "Building Hope for the Future"—A program to foster strengths in middle-school students. *Journal of Happiness Studies, 12,* 139-152. doi:10.1007/s10902-009-9180-3

Marques, S. C., Lopez, S. J., Rose, S., & Robinson, C. (2014). Measuring and promoting hope in schoolchildren. In M. J. Furlong, R. Gilman, & E. S. Huebner (Eds.), *Handbook of positive psychology in the schools* (2nd ed.). New York, NY: Taylor & Francis.

Marques, S. C., Pais-Ribeiro, J. P., & Lopez, S. J. (2007a). Validation of a Portuguese version of the Students' Life Satisfaction Scale. *Applied Research in Quality of Life, 2,* 83-94.

Marques, S. C., Pais-Ribeiro, J. P., & Lopez, S. J. (2007b). *Relationship between children's hope and guardian's hope.* Paper presented at the 10th European Congress of Psychology. Prague, Czech Republic.

Marques, S. C., Pais-Ribeiro, J. P., & Lopez, S. J. (2009). Validation of a Portuguese version of the Children's Hope Scale. *School Psychology International, 30,* 538-551. doi:10.1177/0143034309107069

Marques, S. C., Pais-Ribeiro, J. P., & Lopez, S. J. (2011). The role of positive psychology constructs in predicting mental health and academic achievement in children and adolescents: A two-year longitudinal study. *Journal of Happiness Studies, 12,* 1049-1062. doi:10.1007/s10902-010-9244-4

McDermott, D., Hastings, S. L., Gariglietti, K. P., Gingerich, K., Callahan, B., & Diamond, K. (1997). *A cross-cultural investigation of hope in children and adolescents.* Lawrence, KN: Resources in Education, CG028078.

McDermott, D., & Snyder, C. R. (1999). *Making hope happen.* Oakland, CA: New Harbinger.

McDermott, D., & Snyder, C. R. (2000). *The great big book of hope: Help your children achieve their dreams.* Oakland, CA: New Harbinger.

Peterson, S. J., & Byron, K. (1997). Exploring the role of hope in job performance: Results from four studies. *Journal of Organizational Behavior, 29,* 785-803. doi:10.1002/job.492

Santos (2012). *Hope, family changes, and the school context.* Unpublished master's thesis (in Portuguese).

Snyder, C. R. (1994). *The psychology of hope: You can get there from here.* New York, NY: Free Press.

Snyder, C. R. (1999). Hope, goal blocking, thought, and test-related anxieties. *Psychological Reports, 84,* 206-208. doi:10.2466/pr0.1999.84.1.206

Snyder, C. R., Harris, C., Anderson, J. R., Holleran, S. A., Irving, L. M., Sigmon, S. T., . . . Harney, P. (1991). The will and the ways: Development and validation of an individual-differences measure of hope. *Journal of Personality and Social Psychology, 60,* 570-585.

Snyder, C. R., Hoza, B., Pelham, W. E., Rapoff, M., Ware, L., Danovsky, M., . . . Stahl, K. J. (1997). The development and validation of the Children's Hope Scale. *Journal of Pediatric Psychology, 22,* 399-421.

Snyder, C. R., McDermott, D., Cook, W., & Rapoff, M. (2002). *Hope for the journey* (rev. ed.). Clinton Corners, NY: Percheron.

Stern, S. L., Dhanda, R., & Hazuda, H. P. (2001). Hopelessness predicts mortality in older Mexican and European Americans. *Psychosomatic Medicine, 63,* 344-351. doi:10.1016/j.jpsychores.2009.04.007

Yun, N. M. (2003). *Translating the Hope Scale into Korean.* Unpublished manuscript, Yonsei University, Seoul, Korea.

요약: 포르투갈 학교의 적용 사례

- 교사와 부모는 아동이 성인과의 상호작용 과정에서 예측 가능성과 일관적인 신뢰를 통해 희망을 배워 간다는 것을 알아야 한다.
- 아동에게 희망을 불러일으키기 위해서는 확고함과 공정성 및 일관성이 중요함을 설명할 필요가 있다.
- 학생들이 자신의 행동에 책임지고 성장하도록 이끄는 곧은 목표를 수립하는 데 도움이 되는 신뢰가 넘치는 분위기를 조성해야 한다.
- 아동이 자신의 노력과 성취에 대해 인정받고 보상을 받아야 함을 강조해야 한다.
- 교사와 부모가 구체적이며 이해하기 쉬운 세분화된 하위 목표를 추구하도록 장려해야 한다.
- 단기 목표와 반대로 장기 목표에 집중할 수 있도록 협력해야 한다.
- 준비와 계획의 중요성을 강조해야 한다.
- 단순히 좋은 결과(예: 높은 성적 또는 운동 기록)만을 얻으려고 하기보다 학생들이 노력하고 정보를 파악하는 데 집중할 수 있는 분위기를 조성해야 한다.
- 교사/부모-학생들 간에 주고받는 과정을 통해 희망적인 분위기를 장려해야 한다.
- 교사들은 교사로서가 아닌 그들 자신의 중요한 관심사와 인생의 목표에 투자하고 몰입할 수 있도록 격려받아야 한다.
- 희망적인 성인이 되면 여러 좋은 점이 있다는 것을 교사와 부모로 하여금 알게 해야 한다. 희망 수준이 높은 사람들이 직업 수행도 더 뛰어나고(Peterson & Byron, 2008), 더 행복하며(Gallagher & Lopez, 2009), 더 오래 산다(Stern, Dhanda, & Hazuda, 2001).

포르투갈 추천자료

Marques, S. C., Lopez, S. J., Fontaine, A. M., Coimbra, S., & Mitchell, J. (in press). How much hope is enough? Levels of hope and students' psychological and school functioning. *Journal of Positive Psychology*.

이 연구는 매우 높은 희망 수준을 지닌 학생들의 성격적 특성을 탐구한다. 요약하면, 매우 높은 희망 수준을 지닌 학생들은 심리적 기능 및 학교 관련 기능에서 적응력이 높게 나타난다는 사실을 밝혀냈다.

Marques, S. C., Lopez, S. J., & Pais-Ribeiro, J. L. (2011). "Building Hope for the Future"—A program to foster strengths in middle-school students. *Journal of Happiness Studies, 12*, 139-152. doi:10.1007/s10902-009-9180-3

이 연구는 중학생들의 희망과 삶의 만족도, 자기가치, 정신건강, 그리고 학업 성취를 증진시키기 위해 고안된 5주간의 희망 기반 중재 프로그램의 효과를 검증한다. 연구 결과, 간략한 희망 개입도 심리적 강점을 증진시킬 수 있으며 참여자들은 18개월 후에도 그 혜택을 계속 누리고 있음이 밝혀졌다.

Marques, S. C., Pais-Ribeiro, J. L., & Lopez, S. J. (2009). Validation of a Portuguese version of the Childrens' Hope Scale. *School Psychology International, 30, 538-551*. doi:10.1177/0143034309107069

이 연구는 포르투갈 버전의 아동 희망 검사 도구의 개발과 측정학적 특성을 기술한다. 포르투갈 아동 희망 검사의 타당화 절차는 영어 버전의 측정학적 특성과 유사한데, 이는 같은 방식으로 같은 구인을 측정한다는 것을 의미한다.

Marques, S. C., Pais-Ribeiro, J. L., & Lopez, S. J. (2011). The role of positive psychology constructs in predicting mental health and academic achievement in children and adolescents: A two-year longitudinal study. *Journal of Happiness Studies, 12,* 1049-1062. doi:10.1007/s10902-010-9244-4

이 종단적 연구는 긍정심리학의 구성요소와 포르투갈 학생들의 정신건강, 그리고 학업 성취 간의 관계를 처음으로 검증한다. 이 연구에서 살펴본 변수들은 1년 및 2년 동안 중간 정도와 높은 정도의 안정성을 나타냈다. 학생들의 학업 성취와 삶의 만족도를 예언하는 희망은 2년 후에도 가장 강력한 정신건강 지표인 것으로 나타났다.

제30장
미국 학교의 긍정심리학적 개입

1. 긍정심리학과 공공 보건 관점에 대한 개념적 기초와 가치

미국 심리학 분야의 현 시대정신은 긍정심리학(Gilman, Huebner, & Furlong, 2009; Linley, Joseph, Harrington, & Wood, 2006; Peterson, 2006; Snyder & Lopez, 2007)과 공공 보건 체계(Doll & Cummings, 2008; Merrell & Buchanan, 2006; Shinn & Walker, 2010; Strein, Hoagwood, & Cohn, 2003)를 반영한다. 긍정심리학은 병리적 증상의 부재보다 건강을 더욱 강조하며(Huebner & Gilman, 2003; Seligman & Csikszentmihalyi, 2000), 결점에 대한 집착에서 벗어나 정신건강과 웰빙을 촉진할 변화를 옹호한다(Miller, Gilman, & Martens, 2008). 공공 보건 체계는 건강의 사회적인 측면과 예방적 교육을 포함하여 공동체의 안녕을 강조한다.

이러한 틀에서 공동체의 구성원이 지닌 위험요인과 보호요인은 공동체 수준에서 중첩되어 나타나고 있으며, 유해한 결과를 야기하거나 유해한 결과로부터 보호해 주는 개인적 요인들과 상호작용한다(Strein et al., 2003). 미국의 경우 질병과 장애의 감소에만 초점을 두기보다 건강과 웰빙의 증진을 더욱 강화하기 위해 긍정심리학과 공공 보건 체계를 함께 반영하고 있다(Mason & Linnenberg, 1999; Masten, 2001; Miller et al., 2008).

1) 긍정심리학과 학교심리학

미국 심리학회의 특별 주제로서 긍정심리학을 공식적으로 소개함으로써(Seligman & Csikszentmihalyi, 2000), 학교심리학을 포함하여 미국의 다양한 응용 심리치료 분야에서 긍정심리학에 대한 관심이 증가되었다(Gilman et al., 2009; Huebner & Gilman, 2003; Jimerson, Sharkey, Nyborg, & Furlong, 2004; Miller & Nickerson, 2007). 학교심리학자들은 심리 평가, 실제, 연구에 있어 기존의 장애 기반 관점에 대한 대안을 인식해 왔다(Baker, Dilly, Aupperlee, & Patil, 2003; Chafouleas & Bray, 2004; Terjesen, Jacofsky, Froh, & DiGiuseppe, 2004). 이러한 인식은 아동 · 청소년, 가족, 그리고 공동체의 강점에 초점을 두고 '발달 자산(developmental assets)'의 촉진을 강조한다(Scales, Benson, Leffert, & Blyth, 2000). 발달 자산은 "긍정적 관계, 기회, 역량, 가치, 그리고 아동 · 청소년의 성공에 필요한 자기인식"으로 기술되어 왔다(Scales & Leffert, 1999, p. 1).

Wieck, Rapp, Sullivan, 그리고 Kisthardt(1989)는 아동 · 청소년 및 가족의 강점과 역량을 더욱 크게 강조하며 바라보는 틀로서 '강점 관점'을 확립했다. 이러한 접근은 학교심리학을 포함하여(예: Jimerson et al., 2004; Miller, 2010; Nickerson, 2007; Wellborn, Huebner, & Hills, 2012) 여러 훈육 및 훈련 과정에서 점차 그 활용이 증가되고 있다(Rapp, 1997; Seligman, 2002a; Seligman & Csikszentmihalyi, 2000). 예컨대, 강점 기반 접근은 정신건강 분야(예: 구성주의 치료법; Hoyt, 1996), 의료 분야(예: 건강 vs 질병) 그리고 예방과 교육 분야

(예: 회복탄력성과 강인성; Kaplan, 1999; Rutter, 2000 참조)에서 대두되어 왔다. 발달에 미치는 환경적 영향이 강조됨에 따라(예: Bronfenbrenner, 1989), 환경적 강점을 고려하는 것이 점차 중요해지고 있다.

2) 공공 보건 관점과 학교심리학

대부분의 미국 아동은 어린 나이에 입학하여 약 12년간 학교에 다닌다. 따라서 학교에서 학생의 건강한 발달과 적응을 촉진할 기회는 충분하다. Strein과 동료들(2003)은 학교심리학과 특히 관련된 공공 보건 모델의 특수성을 다음과 같이 기술하였다.

- 심리학 서비스 제공을 위해 과학적으로 도출된 근거를 적용함
- 문제행동의 감소에만 초점을 두지 않고 긍정적 행동을 강화함
- 치료뿐 아니라 예방에 강력한 초점을 둠
- 공동체의 협력 및 연결된 서비스를 강조함
- 학교심리학의 기초 지식을 높이고 학교심리학 서비스 평가를 위해 효과적인 틀을 제공할 수 있는 연구 전략을 사용함

Strein과 동료들(2003)은 학교심리학에 공공 보건 관점을 적용함에 있어 실제, 연구, 훈련의 측면에서 시사점을 기술하기도 했다(〈표 30-1〉 참조). 기초적인 원리는 앞서 기술한 긍정심리학 관련 고려사항과 중첩될 수 있고, 학교 기반 개입 서비스의 개발과 평가에 반영될 수도 있다.

미국에서 학생들에게 정신건강 서비스를 제공하는 과정에서 학생 지원 체제를 개발하기 위해 3단계의 공공 보건 모델을 적용하는 것이 점차 중요해지고 있다(Doll & Cummings, 2008; Merrell, Ervin, & Gimpel Peacock, 2012; Shinn & Walker, 2010). 정신건강 서비스를 받는 미국 학생 중에는 내재화(Mazza &

Reynolds, 2008; Miller, 2011)와 외현화(Furlong, Jones, Lilles, & Derzon, 2010; Swearer, Espelage, Brey Love, & Kingsbury, 2008) 문제를 지닌 학생이 포함된다.

〈표 30-1〉 공공 보건 관점을 학교심리학에 적용할 경우 실행, 연구 및 훈련에의 시사점

전형적인 현재 모델	공공 보건 개념 모델
전문 서비스의 실제 및 평가	
• 개인 내담자 • 개인에게 초점을 둔 작업 • 개별 평가 활동에 주된 초점을 둠 • 거의 특정 학생에게만 초점을 둠 • 개인적으로 의뢰된 아동에게 초점을 둔 (사후에 권고된) 개입 활동 • 아동 · 청소년을 위한 통합 서비스에 거의 불참 • 사례에 초점을 둔 평가(나열식 또는 성과 기반)	• 대중 내담자(교실, 학교 건물, 학교 체계) • 건물이나 시스템 수준에 초점을 둔 작업 • 개별 평가 활동에 대한 초점을 많이 줄임 • 전 학교를 위한 학교심리학 • 학교 전체의 개입이나 위기 아동을 위한 (보편적 및 선택적) 개입에 더 초점을 둠 • 학교 공동체와의 제휴 및 협력에 더 크게 참여 • 성과 기반 평가로서 전체를 더 강조(예: 학교 전체의 성취, 훈육 위탁 등)
연구	
• 도구 개발, 도구 평가, 치료적 특성 문제에 초점 • 실험적 또는 상관적 전통에 대한 방법론적 강조	• 대규모 자료 또는 교실, 학교, 또는 체계 수준의 현상 조사 • 프로그램 평가, 상황에 맞는 방법, 질적 방법 같은 비실험적 방법을 더 많이 포함
전문가가 되기 위한 준비	
• 조직심리학이나 체계이론을 강조하지 않음 • 기본적으로 개인이나 소그룹에 대한 평가 및 개입 기술 강조 • 기본적으로 추리 통계와 실험 설계를 사용한 연구 방법을 강조	• 조직심리학과 체계이론을 더 크게 강조 • 체계(학급, 학교) 수준의 자문 기술 및 프로그램을 더 크게 강조 • 프로그램 평가 방법을 강조하여 더 많이 훈련함

출처: Strein et al. (2003).

3) 내재화 및 외현화 문제[1)]에 대한 개념적이고 체험적인 학교 기반 개입

Walker와 동료들(1996)은 종합적인 3단계의 체계 안에서 논리적으로 계획되어 예방과 개입이 이루어질 것을 강조한다. 3단계는 연속된 개입을 나타낸다. 단계별로 학생의 필요를 반영하기 위해서 그리고 건강하고 적응적이며 친사회적인 행동을 촉진시키기 위해서 개입의 강도(노력, 개인화, 특성화)를 증가시킨다. 이 경험적인 방법은 특정 학군이나 학교 내 모든 학생의 발

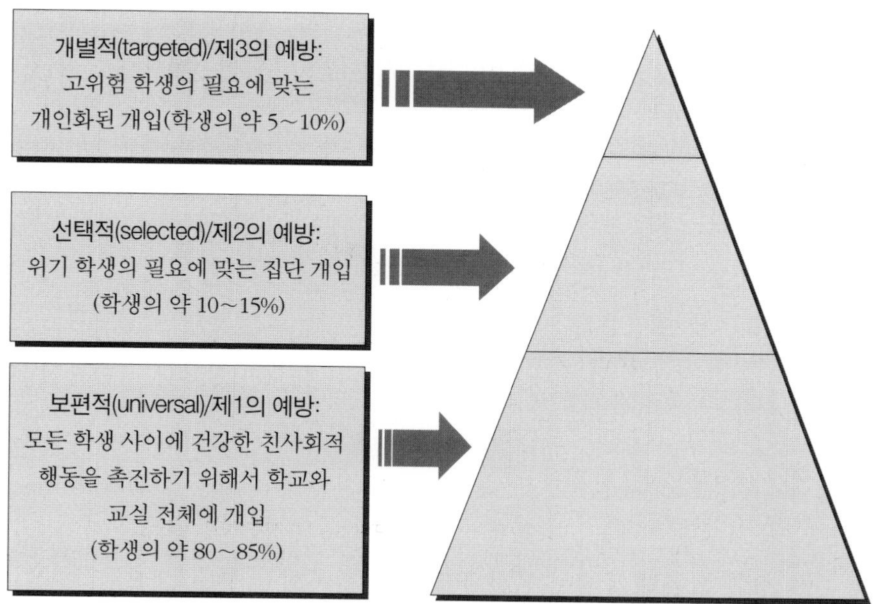

[그림 30-1] 예방과 개입을 논리적으로 계획하기 위한 시각적 표현(Walker et al., 1996)

1) 내재화 및 외현화 문제: 상담이 필요한 아동의 문제는 크게 내재화 문제와 외현화 문제의 2가지로 구분된다. 내재화 문제는 자신의 감정과 욕구를 지나치게 억제하고 표현하지 못하여 발생하는 문제이다. 반면에, 외현화 문제는 자신의 감정과 욕구를 통제하지 못하고 마구 분출함으로써 나타나는 문제를 가리킨다.—역자 주

달을 촉진하기 위해 고안된 보편적 개입 전략이 이후 소수 특정 학생의 요구에 맞춘 개별화 개입 전략의 토대가 됨을 명확하게 보여 준다([그림 30-1] 참조). 무엇보다 이 경험적인 방법은 내재화 및 외현화 문제를 지닌 학생의 필요에 부합하기 위한 토대로서 학교 전체 개입을 강조하는 공공 보건 관점과도 일치한다. 다음 절에서는 보편적 수준(즉, 학교 전체)의 긍정적 행동 지원과 사회정서학습 프로그램을 통해서 친사회적 행동을 촉진하는 방안에 대해 논의하고자 한다. 우선 내재화 및 외현화 장애에 대해 간략히 기술하고자 한다.

2. 긍정심리학과 내재화 및 외현화 문제 예방을 위한 프로그램

내재화 장애는 과잉통제(overcontrolled) 증상과 관련된 문제를 나타낸다. 과잉통제 증상을 나타내는 개인은 내면의 감정 및 인지적 상태를 부적응적으로 통제하거나 조절한다(Merrell, 2008). 임상적으로 유의미한 정도의 주관적인 고통을 특징으로 하는 내재화 장애는 개인 안에서 상당한 수준까지 발달되고 유지된다. 일반적으로 내재화 문제에는 우울, 불안, 자살 행동, 그리고 비자살성 자해가 포함된다.

반면에, 외현화 장애는 과소통제(undercontrolled) 행동 및 빈약한 자기조절과 관련된다. 외현화 문제에는 신체적 공격, 반사회적 행동, 괴롭힘, 그리고 과잉행동이 포함된다.

내재화 및 외현화 문제는 서로 다르고 고유한 2가지 정서 행동 장애 유형을 대표하지만, 아동 · 청소년의 경우 두 유형의 문제가 동시에 중복되어 나타나기도 한다(Merrell, 2008). 이러한 상황에서 학교는 예방과 개입의 노력을 기울일 수 있는 이상적인 장소이다. 긍정심리학 개입의 효과성을 실증적으로 지지하는 사례가 증가하고 있다(Seligman, Steen, Park, & Peterson, 2005). 하지만 아동 · 청소년을 위한 긍정심리학적 개입을 포함하여(Gilman et al., 2009), 긍정심리학을 학교 기반 개입에 적용한 사례에 대한 문헌은 특히 적은 편이다.

1) 학교 전체의 긍정적 행동 지원(SWPBS)

학교에 효과적으로 시행된 보편적 개입의 하나로 학교 전체의 긍정적 행동 지원(School Wide Positive Behavior Support: 이하 SWPBS)이 있다. SWPBS는 외현화 문제의 예방 및 대처에 특히 유용할 수 있다. SWPBS는 긍정심리학적 관점에 명확하게 부합하는 개입 모델이다(Carr, 2007; Sawka-Miller & Miller, 2007). SWPBS는 심리학적으로 건강한 교육 환경(Baker et al., 2003)과 긍정적인 학교(Huebner, Gilman, Reschly, & Hall, 2009; Snyder & Lopez, 2007)를 조성하는 측면에서 볼 때 긍정심리학적 관점에 특히 부합된다. 긍정심리학과 SWPBS는 최적의 능력 향상과 삶의 질 증진이라는 공통된 목적을 지닌다.

SWPBS는 "학교가 모든 학생에게 안전하고 효과적인 곳이 되도록 만드는 사회 문화 형성과 개별화된 행동을 지지하기 위한 체계적인 접근의 하나"로 정의된다(Sugai & Horner, 2009). SWPBS의 목적은 안전하게 학습을 유도하는 환경 속에서 아동 · 청소년이 학업 성취와 건강한 친사회적 발달을 촉진하는 것이다(Sugai & Horner, 2009). 이러한 목적은 긍정심리학과 명확히 일치한다. SWPBS는 다양한 환경(예: 교실, 식당, 버스, 복도)에서의 직접적인 개입(예: 교수 표현, 학생의 수행 점검, 특별하고 즉각적인 피드백 제공)을 강조하는 적극적인 프로그램이다(Sprague & Horner, 2012). SWPBS의 7가지 특징은 다음과 같다(Sprague & Horner, 2012).

- 전교생에게 기대하는 적절한 행동을 3~5가지 정하기
- 전교생에게 기대하는 행동을 적극적으로 가르치기
- 기대 행동 참여를 점검하고 인정해 주기
- 행동에 따른 결과를 일관되게 지도하여 문제행동 교정하기
- 의사결정을 평가하고 지도하기 위해 학생에 대한 정보를 수집하고 활용하기
- 적합한 지원과 자원을 제공할 관리자로부터 학교 전체에 실시할 수 있는 권한 위임 받기
- 지역 교육청의 지원 받기

SWPBS는 학업 향상과 공동체의 건강 및 안전뿐 아니라 문제행동 감소 및 기강 확립과도 관련된다(Horner, Sugai, & Anderson, 2010; Irvin, Tobin, Sprague, Sugai, & Vincent, 2004; Sprague & Horner, 2012). SWPBS는 다양한 교실 밖 환경(Newcomer, Colvin, & Lewis, 2009)을 비롯하여 교외(Metzler, Biglan, Rusby, & Sprague, 2001)와 도심(McCurdy, Mannella, & Norris, 2003) 그리고 대안학교(Miller, George, & Fogt, 2005)에서도 반사회적 행동이 감소되는 효과를 나타냈다. SWPBS는 아동·청소년의 우울증 같은 내재화 문제를 예방하는 데 있어서도 유용하다(Herman, Merrell, & Reinke, 2004).

SWPBS를 효과적으로 시행하려면 강하고 효과적인 리더십이 필수적이며, 리더가 직원들과 협력하면서 변화의 요구와 변화 방법에 대해 공유할 수 있는 명확한 비전을 수립하는 것이 중요하다(George, White, & Schlaffer, 2007; McIntosh, Horner, & Sugai, 2009). 강력한 이론적 근거와 비전은 "명확한 최종 목표, 목표달성을 위한 교직원 간 화합, 미래의 성공을 판단할 기준, 그리고 자원 분배를 위한 계획"을 고려한다(George et al., 2007, p. 47). 그 밖에 SWPBS의 시행에 요구되는 문제로는 조직적 재구조화(George et al., 2007), 처치의 무결성(integrity) 및 프로그램 평가(Miller & Sawka-Miller, 2011), 실행

과정에서 나타날 수 있는 장벽과 그 극복 방법(McIntosh et al., 2009) 등이 포함된다. SWPBS의 효과적인 시행을 위해서는 여러 해 동안 교직원의 지속적인 헌신과 노력이 필요하다(McIntosh et al., 2009).

마지막으로, 교사가 학생을 언어로 칭찬함으로써 교사와 학생 간 긍정적인 관계를 증진하는 것은 SWPBS의 성공적 이행을 위해 매우 중요하다(Sawka-Miller & Miller, 2007). Maag(2001)은 학생의 연령이 증가함에 따라 교사로부터 받는 언어적 칭찬과 긍정적 강화의 비율이 꾸준히 감소됨을 기술한 바 있다. 그러나 Flora(2000)는 교사가 고도로 훈련되고, 지지적이며, 효과적인 교실 환경을 조성하기 위해서는 학생과의 상호작용에서 긍정적 언어 대 부정적 또는 중립적 언어의 비율을 5:1 이상으로 유지해야 한다고 제안했다. 긍정적 학교 환경 조성은 '부정의 바다'(Jenson, Olympia, Farley, & Clark, 2001, p. 67)와 학교에서 볼 수 있는 과도한 처벌적 관행(Maag, 2001)을 감소시키는 중요한 요소이다. 보다 강하고 건강하며 긍정적인 관계를 강조하는 것은 SWPBS의 필수 요소일 뿐 아니라 학교에서 긍정심리학을 촉진하기 위해 중요한 요인이다(Sawka-Miller & Miller, 2007).

2) 사회정서학습 프로그램

최근 몇 년간 크게 주목받고 있는 또 다른 프로그램은 사회정서학습(Social and Emotional Learning: 이하 SEL) 프로그램이다. '사회정서학습'이라는 용어는 관계, 자기통제, 건강한 가치 및 일탈이나 위험 행동에 저항하는 역량을 기르기 위해 다양한 영역(예: 자아 인식, 사회적 인식, 책임감 있는 의사결정, 자기 관리, 관계 관리)에서의 기술 계발을 강조하는 기술 기반의 다양한 예방 프로그램을 기술하기 위해 사용되었다(Merrell et al., 2012, p. 215). 긍정적 행동 지원을 적용한 프로그램이 특히 학생의 외현화 문제를 예방하고 대응하는 데 가치가 있는 것과 반대로, SEL 프로그램은 우울증이나 불안과 같은 내재화 문제를 보다 효과적으로 예방하고 대응하기 위한 프로그램으로 유용할 수 있다(Merrell, 2008; Merrell & Gueldner, 2010a). SEL 프로그램의 주요 전제는 사회정서적 기술을 읽기와 수학 같은 학문적 기술과 같이 가르치고 배울 수 있다는 것이다(Merrell & Gueldner, 2010a). 최근에 유치원생부터 고등학생까지 270,000명 이상의 학생 대상 연구를 메타분석한 결과, SEL 프로그램에 참여한 학생은 통제집단에 비해 사회정서적 기술, 태도, 행동 및 학업 수행이 유의미하게 향상된 것으로 나타났다(Durlak, Weissberg, Dymnicki, Taylor, & Schellinger, 2011).

SEL 프로그램의 예로 스트롱 키즈(Strong Kids)가 있다. 이 프로그램은 유치원부터 12학년 학생에 이르기까지 회복탄력성과 대처 기술을 향상시키기 위해서 고안된 사회정서학습 교육과정이다(예: Merrell, Carrizales, Feuerborn, Gueldner, & Tran, 2007; Merrell, Parisi, & Whitcomb, 2007; Merrell, Whitcomb, & Parisi, 2009). 아동 발달에 있어서 민감한 내용을 전하도록 고안된 교육과정 시리즈는 발달 수준을 고려하여 5권으로 구성된다. 스트롱 키즈 교육과정은 전체 학교 또는 교실에서 사용할 수 있고, 학교심리학자 및 학교 상담자 같은 정신건강 전문가의 도움 없이 시행 가능하다. 교육과정 내용이 지도안으로 제시되어 준비 시간을 줄이고, 시행이 용이하며, 기본적인 요소와 내용이 의도대로 전달되었는지 확인할 수 있다(Merrell & Gueldner, 2010a).

스트롱 키즈는 건강 증진을 위한 5가지 경로 개념에 기반을 두고 있다. 5가지 경로에는 ① 건강한 애착 경험, ② 연령에 적합한 역량 개발, ③ 스트레스 대처, ④ 건강을 증진시키는 환경 속에 있기, ⑤ 자신의 삶을 주체적으로 개척해 나가는 경험하기가 포함된다. 스트롱 키즈는 우울이나 불안과 같은 내재화 문제를 야기할 수 있는 비합리적인 사고의 수정도 강조한다. 프로그램에 참여한 학생들은 특히 자신과 다른 사람들이 경험하는 감정 식별하기, 사고와 감정의 연결을 이해하기, 비합리적인 생각을 확인하여 보다 적절하고 적응적인 사고로 대체하기, 이완 기법과 스트레스 관리 방법, 문제해결 및 목표 설정 기술과 같은 내용을 배운다(Merrell & Gueldner, 2010a).

스트롱 키즈는 SEL 프로그램에 비교적 최근에 추가되었는데, 학생의 정신건강 증진 효과에 대한 초기 연구로서 전망이 밝으며(예: Merrell, 2010; Merrell, Juskelis, Tran, & Buchanan, 2008), 향후 더 많은 연구가 요구된다. 스트롱 키즈 및 SEL 프로그램에 대한 자세한 내용은 Merrell과 동료들의 연구(Merrell, 2008; Merrell & Gueldner, 2010a, 2010b)를 참조하기 바란다.

3. 긍정심리학과 선택적 및 개별적 개입

공공 보건 체계는 일반적 학생들을 위한 보편적 개입 외에 정서 행동 문제를 보이는 5~15%의 위기 학생을 위한 선택적 개입과 만성적인 정서 행동 문제를 경험하는 1~7%의 학생을 위한 개별적 개입이 필요함을 인식하고 있다(Sprague & Walker, 2005). 여기에서는 학생 고유의 특성을 고려하여 개입 강도를 조절해야 하지만 간결성을 위해 두 유형 모두에게 사용할 수 있는 개입 방법을 기술하고자 한다. 먼저 외현화 문제와 관련하여 긍정심리학적 구조와 일치하는 개입에 대해 기술한 후, 내재화 문제를 지닌 아동·청소년을 위한 치료에 포함될 수 있는 긍정심리학의 일부분을 요약하여 제시하고자 한다.

1) 외현화 문제에 대한 개입

외현화 행동은 공격적이고, 논쟁적이며, 비순응적인 행동화 등을 포함한다(Gresham, Lane, MacMillan, & Bocian, 1999). 이러한 행동에 대한 전형적인 반응은 정학과 같은 제재를 가하는 것이지만 점차 긍정적인 행동 개입을 취하는 데 대한 관심이 증가하고 있다(Chin, Dowdy, Jimerson, & Rime,

2012). 긍정적 전략의 한 예로 교실에서 나타나는 외현화 행동을 '좋은 행동 게임(Good Behavior Game)'으로 다루는 방법이 있다. 학생이 직접 목표 행동을 식별하고, 규칙을 알린 후, 게임을 위해 학급을 두 팀으로 나눈다. 쉬는 시간 동안 부정행위가 더 적은 팀 또는 미리 정한 부정행위 횟수보다 적은 팀이 승리하며, 승리한 팀은 좋아하는 활동을 상으로 받는다. 이 게임은 특정 학생뿐 아니라 일반 또는 특수 학급에도 사용 가능하고, 아동(Embry, 2002; McGoey, Schneider, Rezzetano, Prodan, & Tankersley, 2010) 및 청소년(Kleinman & Saigh, 2011)의 외현화 행동 감소에 효과적인 것으로 입증되었다.

정서 및 행동 장애를 가진 많은 학생은 학교를 벗어나 결국 퇴학당하기 때문에 아동·청소년과 학교의 유대 증진을 위한 개입이 개발되었다(Cheney et al., 2009; Sinclair, Christenson, Lehr, & Anderson, 2003). 모니터링 프로그램(Check & Connect)은 위기에 처한 학생과 학교 '모니터링' 사업을 진행하여 관계 구축과 문제해결을 지속함으로써 학생 참여를 촉진하는 종합적 개입 프로그램이다(Anderson, Christenson, Sinclair, & Lehr, 2004; Sinclair et al., 2003). 이 프로그램은 지속성이 필수적이기 때문에 학생이 전학을 가도 최소 2년간 모니터 담당자와의 관계가 유지된다(Sinclair et al., 2003). 이 프로그램에 참여한 학생은 통제집단에 비해 출석과 졸업 비율이 높고 교사에게 더 좋은 평가를 받았다(Anderson et al., 2004; Sinclair et al., 2003).

Cheney와 동료들(2009)은 모니터링 프로그램(Check & Connect)과 행동 교육 프로그램을 결합하여 모니터와의 점검뿐 아니라 학생이 카드를 가지고 다니며 모든 교사로부터 자신의 행동에 대해 피드백을 받는 모니터링 기대 프로그램(Check, Connect, & Expect)의 효과를 측정했다. 개입 결과 프로그램을 완수한 학생 중 60%가 사회적 기술이나 학업 성취 영역은 개선되지 않았지만 3가지 문제행동에 있어서는 정상적인 수준으로 되돌아왔다(Cheney et al., 2009).

만성적인 외현화 행동을 보이는 학생에게는 개별화된 강도 높은 개입이 필요하며, 바람직한 행동 개발에 초점을 맞추고, 환경적 지원을 최대화해야 한다. 기능적 행동 평가(Functional Behavioral Assessment: 이하 FBA)와 그에 따른 행동적 개입 계획(Behavioral Intervention Plans: 이하 BIPs)은 이러한 목표와 일치한다. 가장 심각한 행동장애를 지닌 학생에게 실시하는 표적 개입인 BIP의 첫 단계는 FBA를 실시하는 것이다. FBA에는 행동의 기능(즉, 이유)을 판단하기 위해 선행 사건, 행동 및 결과에 관한 정보를 수집하는 것이 포함된다. 일단 행동의 기능이 명확해지면, 선행 사건을 조작하고, 결과를 바꾸며, 행동 원칙을 사용하는 대체 기술을 가르치는 개입을 BIP 범위에서 시행한다(Steege & Watson, 2009). 「장애인 교육법」(2004)은 심각한 행동 장애가 있는 모든 학생에게 FBAs와 BIPs를 권장하며, 연간 10일 이상 정학 당한 학생의 경우에도 FBAs와 BIPs가 요구된다. 최근 메타분석 결과, 개별화된 긍정적 지지 개입이 학생의 장애 상태와 상관없이 문제행동 감소와 기술 향상에 큰 효과가 있는 것으로 나타났다(Goh & Bambara, 2012).

외현화 문제를 지닌 아동·청소년을 위한 개입 중에 긍정심리학 원칙과 매우 일치하는 또 다른 증거 기반 개입은 다중 체계 기법(Multisystemic Therapy: 이하 MST)이다(Henggeler, Schoenwald, Rowland, & Cunningham, 2002). MST는 잠재적으로 보호요인이 될 관계의 발달을 위해 가족과 또래 집단 같은 아동의 생활 체계와 함께 작업한다. 보호자의 양육과 모니터링 및 훈육의 방해 요인을 확인하여 아동의 변화를 이끌 보호자에게 능력을 부여하는 것은 장기적인 성과를 위해 중요한 요소이다. MST팀은 이러한 요소를 다루고 계획된 개입 실행을 촉진하기 위해 돌봄을 제공하는 보호자의 강점(예: 사회적 기술의 강점을 지닌 지지적 확대 가족)을 활용한다(Henggeler et al., 2002). MST는 가족의 응집력, 적응력 및 상호작용을 증가시킬(Bourduin et al., 1995) 뿐 아니라 만성적이고 심각한 행동장애를 지닌 학생의 행동문제, 임시 보호소 수감 및 재범 비율 감소에 성공적인 것으로 확인되었다

(Henggeler et al., 2002). Henggeler(2011)는 MST의 성과에 대해 철저히 검토한 바 있다.

2) 내재화 문제에 대한 개입

내재화 행동 문제는 주관적으로 괴로워하며, 전형적으로 억제된 반응을 보이는 것이 특징이다. 이 억제된 반응에는 자극에 대한 사회적 철수, 우울 또는 불안이 반영되어 있다(Gresham et al., 1999). 내재화 행동 문제에 대하여 학교 기반 심리 요법에 적용 가능한 긍정심리학의 구성요소는 많지만(Miller & Nickerson, 2007) 그중에서도 여기에서는 아동 · 청소년의 내재화 문제 처치와 특히 관련되어 있는 희망, 낙관성 및 마음챙김에 대해 논의하고자 한다.

희망은 더 정서적이고 낙관성은 더 순수한 기대(purely expectational)인 것처럼 보이지만 희망과 낙관주의는 매우 유사한 구조이며 겹치는 부분이 많다(Peterson & Seligman, 2004). 2가지 모두 정신건강 및 행복과 높은 상관을 나타내고, 부정적이거나 혐오스러운 사건에 따른 낙담을 더 잘 견디게 하며, 신체적 건강도 향상시킨다(Seligman, 2002b). 또한 희망 수준이 높을수록 청소년의 조기 퇴학을 막고(Worrell & Hale, 2001), 부정적인 생활 사건에 대한 완충 지대를 제공할 수 있다(Valle, Huebner, & Suldo, 2006).

희망 치료는 개인이 목표를 명확히 개념화하고, 이러한 목표를 달성하기 위한 수많은 경로를 알아보며, 목표에 도달하기 위해 힘을 얻고 전념하도록 돕는 시도이다(Snyder, Lopez, Shorey, Rand, & Feldman, 2003). 희망은 개인과 집단 및 아동과 성인 모두를 위한 개입으로 사용되어 왔다(Snyder et al., 2003; Snyder, Rand, & Sigmon, 2002). 희망적 사고 증진 치료에서 내담자와의 협력 작업은 적응 기술과 웰빙 수준의 향상뿐 아니라 우울과 불안 감소를 이끄는 것으로 확인되었다(Keyes & Lopez, 2002).

희망은 낙관성과 유사하게 학습, 수정되고, 강화될 수 있다(Seligman,

1998). 부정적 사건이 외부적이고 불안정하며 특정한 원인에 기인한 것으로 인식하는 사람은 대체로 낙관적인 반면, 내부적이고 안정적이며 포괄적 원인에 기인한 것으로 인식하는 사람은 대체로 비관적이다(Peterson & Seligman, 2004). Seligman(2002b)은 비관적이고 비합리적인 사고를 인식하고 그에 대해서 논박함으로써 낙관성을 구축하는 것이 스트레스를 줄이고 일과 놀이에 대한 만족을 증진시킨다고 제안했다. 그러나 최근 메타분석 결과, 희망 개입은 삶의 만족도 향상에서만 제한적으로 성공하고 심리적 스트레스를 감소시키지는 못했다(Weis & Speridakos, 2011).

Seligman과 동료들(1995, 1998)은 아동에게 낙관성을 가르치는 접근을 개발하였는데, 인상적인 장기간의 성과와 우울 예방 및 낙관성의 증가를 나타냈다. 펜실베이니아 낙관성 프로그램(Penn Optimism Program: 이하 POP)은 Seligman의 연구에서 나온 학교 기반 집단 개입 교육과정으로 12주 동안 이루어진다(Shatté, Gillham, & Reivich, 2000). 프로그램의 인지적 요소로는 참여자들에게 기본 신념과 불명확한 사고방식 간의 관련성을 소개하는 일이 포함된다. 또한 아동의 낙관성을 최대화하기 위해 비합리적인 신념에 대해 논박하고, 최악과 최상 및 가능성 높은 상황의 시나리오를 만들어 가능한 해결책의 영역을 확장하도록 가르친다. 기술 훈련의 구성 요소에는 종합적인 문제해결 모델에 따라 주장과 협상, 지연에 대한 대응, 의사결정 기술, 그리고 보다 낙관적인 사고로 이러한 기술들을 결합하는 것에 대한 교육을 포함한다(Shatté et al., 2000).

POP는 우울 증상을 유의미하게 감소시켰고, 우울증에 걸릴 위험이 있는 아동의 교실 행동 개선에 도움이 되었다(Jaycox, Reivich, Gillham, & Seligman, 1994). POP의 후속 연구로 펜실베이니아 회복탄력성 프로그램(Penn Resiliency Program)을 진행하였는데(Gillham & Reivich, 2004), 후속 연구에서도 아동·청소년의 희망과 낙관성이 향상되고(Gillham, Hamilton, Freres, Patton, & Gallop, 2006; Winder & Seligman, 2006) 우울증은 감소하여

(Brunwasser, Gillham, & Kim, 2009) 그 효과를 입증하였다.

내재화 문제를 지닌 아동 · 청소년을 위한 처치와 직접 관련된 또 다른 긍정심리학적 구조는 마음챙김 또는 현재의 순간을 의식적으로 알아차리고 경험하는 것이다(Perticone, 2007). 마음챙김에서 핵심적이고 상호의존적인 세 가지 요소는 ① 알아차리기, ② 현재를 경험하기, ③ 수용하기이다(Germer, 2005). Segal, Williams, Teasdale(2013)은 우울증 치료 초기에 인지치료로 호전된 후 심화된 정신 치료 요법을 필요로 하는 성인 내담자를 대상으로 우울증 재발 방지를 위한 마음챙김 기반 치료를 사용했다. 1가지 치료 방법은 3분 호흡 공간(Three Minute Breathing Space) 기법이다. 이 방법은 '① 달갑지 않은 경험도 인정하고 수용하기, ② 현재의 순간에 초점 맞추기 위해 호흡에 주의 집중하며 점차 방향 바꾸기, ③ 자신을 전체로서 느끼는 일에 신체 감각을 포함하기 위해 자신의 호흡을 둘러싸고 있는 알아차림 영역 확장하기'를 포함한다.

마음챙김 훈련은 다양한 장애와 문제(Germer, Siegel, & Fulton, 2005), 특히 우울증(Morgan, 2005; Segal et al., 2013), 불안(Brantley, 2003; Hayes, Follette, & Linehan, 2004), 자해(Walsh, 2012) 문제를 지닌 성인들에게 성공적으로 활용되어 왔다. 아동 · 청소년을 대상으로 마음챙김의 성과를 조사한 연구는 제한적이지만(Burke, 2010), 이것은 유망한 심리치료이다. 예를 들어, 최근 외래 환자 대상으로 무작위 처치를 실시한 결과, 내재화 증상이 감소하고 심리사회적 기능은 향상되어 마음챙김 기반 스트레스 감소 처치의 효과성을 입증하였다(Biegel, Brown, Shapiro, & Schubert, 2009).

4. 결론

미국 학교에서 학생의 약점과 강점을 포함한 인간행동의 모든 측면에 초점을 맞추는 개입이 점점 더 증가하고 있다(Froh, Huebner, Youseef, & Conte, 2011). 학교 기반 긍정심리학 개입의 전망도 밝다(Miller, 2010). 이 장에서는 학생들의 내재화 및 외현화 문제를 위한 학교 기반 긍정심리학 개입에 대하여 공공 보건의 관점에서 기술하였다. 학교 기반 긍정심리학 개입에서는 각 학생의 필요(Merrell et al., 2012; Shinn & Walker, 2010)에 따라 여러 수준의 개입이 제공된다. 그리고 이 서비스 제공 모델은 미국 내 학교들에 상당한 영향을 미치고 있으며, 그 영향은 점점 증가하고 있다. 증거 기반 개입이 적절한 수준의 치료 무결성과 강도로 적용될 때, 공공 보건 체제 내에서 긍정심리학적 개입의 통합은 내재화 및 외현화 문제를 나타내는 학생을 포함하여 모든 학생의 사회적, 정서적, 행동적 기능 수준을 잠재적으로 향상시킬 수 있을 것이다.

참고문헌

Anderson, A. R., Christenson, S. L., Sinclair, M. F., & Lehr, C. A. (2004). Check & Connect: The importance of relationships for promoting engagement with school. *Journal of School Psychology, 42,* 95-113. http://dx.doi.org/10.1016/j.jsp.2004.01.002

Baker, J. A., Dilly, L. J., Aupperlee, J. L., & Patil, S. A. (2003). The developmental context of school satisfaction: Schools as psychologically healthy environments. *School Psychology Quarterly, 18,* 206-221. http://dx.doi.org/10.1521/scpq.18.2.206.21861

Biegel, G. M., Brown, K. W., Shapiro, S. L., & Schubert, C. M. (2009). Mindfulness-based stress reduction for the treatment of adolescent psychiatric outpatients: A randomized clinical trial. *Journal of Consulting and Clinical Psychology, 77,* 855-866. http://dx.doi.org/10.1037/a0016241

Bourduin, C. M., Mann, B. J., Cone, L. T., Henggeler, S. W., Fucci, B. R., Blaske, D. M., & Williams, R. A. (1995). Multisystemic treatment of serious juvenile defenders: Long-term prevention of criminality and violence. *Journal of Consulting and Clinical Psychology, 63,* 569-578.

Brantley, J. (2003). *Calming your anxious mind: How mindfulness and compassion can free you from anxiety, fear, and panic.* Oakland, CA: New Harbinger.

Bronfenbrenner, U. (1989). Ecological system theories. *Annals of Child Development, 6,* 149-187.

Brunwasser, S. M., Gillham, J. E., & Kim, E. S. (2009). A meta-analytic review of the Penn Resiliency Program's effect on depressive symptoms. *Journal of Consulting and Clinical Psychology, 77,* 1042-1054. http://dx.doi.org/10.1037/a0017671

Burke, C. A. (2010). Mindfulness-based approaches with children and adolescents: A preliminary review of current research in an emergent field. *Journal of Child and Family Studies, 19,* 133-144. http://dx.doi.org/10.1007/s10826-009-9282-x

Carr, E. G. (2007). The expanding vision of positive behavior support: Research perspectives on happiness, helpfulness, hopefulness. *Journal of Positive Behavior Interventions, 9,* 3-14. http://dx.doi.org/10.1177/10983007070090010201

Chafouleas, S. M., & Bray, M. A. (2004). Introducing positive psychology: Finding a place within school psychology. *Psychology in the Schools, 16,* 1-5. http://dx.doi.org/10.1002/pits.10133

Cheney, D. A., Stage, S. A., Hawken, L. S., Lynass, L., Mielenz, C., & Waugh, M. (2009). Two year outcome study of Check, Connect, and Expect intervention for students at risk for severe behavior problems. *Journal of Emotional and Behavioral Disorders, 17,* 226-243. http://dx.doi.org/10.1177/1063426609339186

Chin, J. K., Dowdy, E., Jimerson, S. R., & Rime, W. J. (2012). Alternatives to suspensions: Rationale and recommendations. *Journal of School Violence, 11,* 156-173. http://dx.doi.org/10.1080/15388220.2012.652912

Cowen, E. L. (1994). The enhancement of psychological wellness: Challenges and opportunities. *American Journal of Community Psychology, 22,* 149–179. http://dx.doi.org/10.1007/BF02506861

Doll, B., & Cummings, J. A. (Eds.). (2008). *Transforming school mental health services: Population–based approaches to promoting the competency and wellness of children.* Thousand Oaks, CA: Corwin Press.

Durlak, J. A., Weissberg, R. P., Dymnicki, A. B., Taylor, R. D., & Schellinger, K. B. (2011). The impact of enhancing students' social and emotional learning: A meta–analysis of school–based universal interventions. *Child Development, 82,* 405–432. http://dx.doi.org/10.1111/j.1467–8624.2010.01564.x

Embry, D. D. (2002). The Good Behavior Game: A best practice candidate as a universal behavioral vaccine. *Clinical Child and Family Psychology Review, 5,* 273–297. http://dx.doi.org/10.1023/A:1020977107086

Flora, S. R. (2000). Praise's magic reinforcement ratio: Five to one gets the job done. *The Behavior Analysis Today, 1,* 64–69.

Froh, J. J., Huebner, E. S., Youseef, A., & Conte, V. (2011). Acknowledging and appreciating the full spectrum of the human condition: School psychology's (limited) focus on positive psychological functioning. *Psychology in the Schools, 48,* 110–123. http://dx.doi.org/10.1002/pits.20530

Furlong, M. J., Jones, C., Lilles, E., & Derzon, J. (2010). Think smart, stay safe: Aligning elements within a multilevel approach to school violence prevention. In M. R. Shinn & H. M. Walker (Eds.), *Interventions for achievement and behavior problems in a three–tier model including RTI* (pp. 313–336). Bethesda, MD: National Association of School Psychologists.

George, M. P., White, G. P., & Schlaffer, J. J. (2007). Implementing school–wide behavior change: Lessons from the field. *Psychology in the Schools, 44,* 41–51. http://dx.doi.org/10.1002/pits.20204

Germer, C. K. (2005). Teaching mindfulness in therapy. In C. K. Germer, R. D. Siegel, & P. R. Fulton (Eds.), *Mindfulness in psychotherapy* (pp. 113–129). New York, NY: Guilford.

Germer, C. K., Siegel, R. D., & Fulton, P. R. (2005). *Mindfulness and psychotherapy.* New York, NY: Guilford.

Gillham, J. E., Hamilton, J., Freres, D. R., Patton, K., & Gallop, R. (2006).

Preventing depression among early adolescents in the primary care setting: A randomized controlled study of the Penn Resiliency Program. *Journal of Abnormal Child Psychology, 34,* 203–219. http://dx.doi.org/10.1007/s10802-005-9014-7

Gillham, J., & Reivich, K. (2004). Cultivating optimism in childhood and adolescence. *Annals of the American Academy of Political and Social Science, 591,* 146–163. http://dx.doi.org/10.1177/0002716203260095

Gilman, R., Huebner, E. S., & Furlong, M. J. (Eds.). (2009). *Handbook of positive psychology in schools.* New York, NY: Routledge.

Goh, A. E., & Bambara, L. M. (2012). Individualized positive behavior support in school settings: A meta-analysis. *Remedial and Special Education, 33,* 271–286. http://dx.doi.org/10.1177/0741932510383990

Gresham, F. M., Lane, K. L., MacMillan, D. L., & Bocian, K. M. (1999). Social and academic profiles of externalizing and internalizing groups: Risk factors for emotional and behavioral disorders. *Behavioral Disorders, 24,* 231–245.

Hayes, S. C., Follette, V. M., & Linehan, M. M. (Eds.). (2004). *Mindfulness and acceptance: Expanding the cognitive-behavioral tradition.* New York, NY: Guilford.

Henggeler, S. W. (2011). Efficacy studies to large-scale transport: The development and validation of multisystemic therapy programs. *Annual Review of Clinical Psychology, 7,* 351–381. http://dx.doi.org/10.1146/annurev-clinpsy-032210-104615

Henggeler, S. W., Schoenwald, S. K., Rowland, M. D., & Cunningham, P. B. (2002). *Serious emotional disturbance in children and adolescents: Multisystemic therapy.* New York, NY: Guilford.

Herman, K. C., Merrell, K. W., & Reinke, W. M. (2004). The role of school psychology in preventing depression. *Psychology in the Schools, 41,* 763–775. http://dx.doi.org/10.1002/pits.20016

Horner, R. H., Sugai, G., & Anderson, C. M. (2010). Examining the evidence base for school-wide positive behavior support. *Focus on Exceptional Children, 42,* 1–16.

Hoyt, M. (1996). *Constructive therapies* (Vol. 2). New York, NY: Guilford.

Huebner, E. S., & Gilman, R. (2003). Toward a focus on positive psychology in school psychology. *School Psychology Quarterly, 18,* 99-102. http://dx.doi.org/10.1521/scpq.18.2.99.21862

Huebner, E. S., Gilman, R., Reschly, A. J., & Hall, R. W. (2009). Positive schools. In S. J. Lopez & C. R. Snyder (Eds.), *Oxford handbook of positive psychology* (2nd ed., pp. 651-658). Oxford, UK: Oxford University Press. http://dx.doi.org/10.1093/oxfordhb/9780195187243.013.0053

Individuals with Disabilities Education Act of 2004, H.R. 1350, 108th Cong. (2004) [Electronic Version].

Irvin, L. K., Tobin, T. J., Sprague, J. R., Sugai, G., & Vincent, C. G. (2004). Validity of office discipline referrals measures as indices of school-wide behavioral status and effects of school-wide behavioral interventions. *Journal of Positive Behavior Interventions, 6,* 131-147. http://dx.doi.org/10.1177/10983007040060030201

Jaycox, L. H., Reivich, K. J., Gillham, J. E., & Seligman, M. E. P. (1994). Prevention of depressive symptoms in school children. *Behaviour Research and Therapy, 32,* 801-816. http://dx.doi.org/10.1016/0005-7967(94)90160-0

Jenson, W. R., Olympia, D., Farley, M., & Clark, E. (2004). Positive psychology and externalizing students in a sea of negativity. *Psychology in the Schools, 41,* 67-79. http://dx.doi.org/10.1002/pits.10139

Jimerson, S. R., Sharkey, J., Nyborg, V., & Furlong, M. (2004). Strength-based assessment and school psychology: A summary and synthesis. *The California School Psychologist, 9,* 9-19.

Kaplan, H. (1999). Toward an understanding of resilience: A critical review of definitions and models. In M. Glantz & J. Johnson (Eds.), *Resilience and development: Positive life adaptations* (pp. 17-83). New York, NY: Plenum.

Keyes, C. L. M., & Lopez, S. J. (2002). Toward a science of mental health: Positive directions in diagnosis and interventions. In C. R. Snyder & S. J. Lopez (Eds.), *Handbook of positive psychology* (pp. 45-59). New York, NY: Oxford University Press.

Kleinman, K. E., & Saigh, P. A. (2011). The effects of the Good Behavior Game on the conduct of regular education New York City high school students. *Behavior*

Modification, 35, 95-105. http://dx.doi.org/10.1177/0145445510392213

Linley, A. P., Joseph, S., Harrington, S., & Wood, A. M. (2006). Positive psychology: Past, present, and (possible) future. *Journal of Positive Psychology, 1,* 3-16. http://dx.doi.org/10.1080/17439760500372796

Maag, J. W. (2001). Rewarded by punishment: Reflections on the disuse of positive reinforcement in schools. *Exceptional Children, 67,* 173-186.

Mason, M. J., & Linnenberg, D. M. (1999). Applying public science to the counselling profession: An initial examination. *British Journal of Guidance and Counselling, 27,* 527-537.

Masten, A. (2001). Ordinary magic: Resilience process in development. *American Psychologist, 56,* 227-238. http://dx.doi.org/10.1037/0003-066X.56.3.227

Mazza, J. J., & Reynolds, W. M. (2008). School-wide approaches to prevention of and treatment for depression and suicidal behaviors. In B. Doll & J. A. Cummings (Eds.), *Transforming school mental health services: Population-based approaches to promoting the competency and wellness of children* (pp. 213-241). Thousand Oaks, CA: Corwin Press.

McCurdy, B. L., Mannella, M. C., & Norris, E. (2003). Positive behavior support in urban schools: Can we prevent the escalation of antisocial behavior? *Journal of Positive Behavior Interventions, 5,* 158-170. http://dx.doi.org/10.1177/10983007030050030501

McGoey, K. E., Schneider, D. L., Rezzetano, K. M., Prodan, T., & Tankersley, M. (2010). Classwide intervention to manage disruptive behavior in the kindergarten classroom. *Journal of Applied School Psychology, 26,* 247-261. http://dx.doi.org/10.1080/15377903.2010.495916

McIntosh, K., Horner, R. H., & Sugai, G. (2009). Sustainability of systems-level evidence-based practices in schools: Current knowledge and future directions. In W. Sailor, G. Dunlap, G. Sugai, & R. Horner (Eds.), *Handbook of positive behavior support* (pp. 327-352). New York, NY: Springer. http://dx.doi.org/10.1007/987-0-387-09632-2_14

Merrell, K. W. (2008). *Helping students overcome depression and anxiety: A practical guide* (2nd ed.). New York, NY: Guilford.

Merrell, K. W. (2010). Linking prevention science and social and emotional learning: The Oregon Resiliency Project. *Psychology in the Schools, 47*, 55–70.

Merrell, K. W., & Buchanan, R. (2006). Intervention selection in school-based practice: Using public health models to enhance systems capacity of schools. *School Psychology Review, 35*, 167–180.

Merrell, K. W., Carrizales, D., Feuerborn, L., Gueldner, B. A., & Tran, O. K. (2007). *Strong Kids: A social and emotional learning curriculum.* Baltimore, MD: Brookes.

Merrell, K. W., Ervin, R. A., & Gimpel Peacock, G. (2012). *School psychology for the 21st century: Foundations and practices* (2nd ed.). New York, NY: Guilford.

Merrell, K. W., & Gueldner, B. A. (2010a). Preventive interventions for students with internalizing disorders: Effective strategies for promoting mental health in schools. In M. R. Shinn & H. M. Walker (Eds.), *Interventions for achievement and behavior problems in a three-tier model including RTI* (pp. 799–823). Bethesda, MD: National Association of School Psychologists.

Merrell, K. W., & Gueldner, B. A. (2010b). *Social and emotional learning in the classroom: Promoting mental health and academic success.* New York, NY: Guilford.

Merrell, K. W., Juskelis, M. P., Tran, O. K., & Buchanan, R. (2008). Social and emotional learning in the classroom: Evaluation of Strong Kids and Strong Teens on students' social-emotional knowledge and symptoms. *Journal of Applied School Psychology, 24*, 209–224. http://dx.doi.org/10.1080/15377900802089981

Merrell, K. W., Parisi, D., & Whitcomb, S. (2007). *Strong Start—Grades K–2: A social and emotional learning curriculum.* Baltimore, MD: Brookes.

Merrell, K. W., Whitcomb, S., & Parisi, D. (2009). *Strong Start—Pre-K: A social and emotional learning curriculum.* Baltimore, MD: Brookes.

Metzler, C. W., Biglan, A., Rusby, J. C., & Sprague, J. R. (2001). Evaluation of a comprehensive behavior management program to improve school-wide postive behavior support. *Educational and Treatment of Children, 24*, 448–479.

Miller, D. N. (2010). Assessing internalizing problems and well-being. In G.

Gimpel Peacock, R. A. Ervin, E. J. Daly III, & K. W. Merrell (Eds.), *Practical handbook of school psychology: Effective practices for the 21st century* (pp. 175-191). New York, NY: Guilford.

Miller, D. N. (2011). *Child and adolescent suicidal behavior: School-based prevention, assessment, and intervention.* New York, NY: Guilford.

Miller, D. N., George, M. P., & Fogt, J. B. (2005). Establishing and sustaining research-based practices at Centennial School: A descriptive case study of systemic change. *Psychology in the Schools, 42,* 553-567. http://dx.doi.org/10.1002/pits.20091

Miller, D. N., Gilman, R., & Martens, M. P. (2008). Wellness promotion in the schools: Enhancing students' mental and physical health. *Psychology in the Schools, 45,* 5-15. http://dx.doi.org/10.1002/pits.20274

Miller, D. N., & Nickerson, A. B. (2007). Changing the past, present, and future: Potential applications of positive psychology in school-based psychotherapy with children and youth. *Journal of Applied School Psychology, 24,* 147-162. http://dx.doi.org/10.1300/J370v24n01_08

Miller, D. N., & Sawka-Miller, K. D. (2011). Beyond unproven trends: Critically evaluating school-wide programs. In T. M. Lionetti, E. Snyder, & R. W. Christner (Eds.), *A practical guide to developing competencies in school psychology* (pp. 141-154). New York, NY: Springer. http://dx.doi.org/10.1007/978-1-4419-6257-7_9

Morgan, S. P. (2005). Depression: Turning toward life. In C. K. Germer, R. D. Siegel, & P. R. Fulton (Eds.), *Mindfulness and psychotherapy* (pp. 130-151). New York, NY: Guilford.

Newcomer, L., Colvin, G., & Lewis, T. J. (2009). Behavior supports in nonclassroom settings. In W. Sailor, G. Dunlap, G. Sugai, & R. Horner (Eds.), *Handbook of positive behavior support* (pp. 497-520). New York, NY: Springer. http://dx.doi.org/10.1007/978-0-387-09632-2_21

Nickerson, A. B. (2007). The use and importance of strength-based assessment. *School Psychology Forum, 2,* 15-25.

Perticone, E. X. (2007). *The art of being better.* Springfield, IL: Charles C. Thomas.

Peterson, C. (2006). Strengths of character and happiness: Introduction to special issue. *Journal of Happiness Studies, 7,* 289-291. http://dx.doi.org/10.1007/s10902-005-3645-9

Peterson, C., & Seligman, M. E. P. (2004). *Character strengths and virtues: A handbook and classification.* Washington, DC: American Psychological Association.

Rapp, C. A. (1997). Preface. In D. Saleeby (Ed.), *The strengths perspective in social work practice* (pp. iv-x). New York, NY: Longman.

Rutter, M. (2000). Resilience reconsidered: Conceptual considerations, empirical findings, and policy implications. In J. P. Shonkoff & S. J. Meisels (Eds.), *Handbook of early childhood intervention* (pp. 651-682). New York, NY: Cambridge University Press. http://dx.doi.org/10.1017/CBO9780511529320.030

Sawka-Miller, K. D., & Miller, D. N. (2007). The third pillar: Linking positive psychology and school-wide positive behavior support. *School Psychology Forum, 1*(3), 27-39.

Scales, P. C., Benson, P. L., Leffert, N., & Blyth, D. A. (2000). Contribution of developmental assets to the prediction of thriving among adolescents. *Applied Developmental Science, 4,* 27-46. http://dx.doi.org/10.1207/S1532480XADS0401_3

Scales, P. C., & Leffert, N. (1999). *Developmental assets: A synthesis of the scientific research on adolescent development.* Minneapolis, MN: Search Institute.

Segal, Z. V., Williams, J. M. G., & Teasdale, J. D. (2013). *Mindfulness-based cognitive therapy for depression* (2nd ed.). New York, NY: Guilford.

Seligman, M. E. P. (1998). *Learned optimism.* New York, NY: Pocket Books.

Seligman, M. E. P. (2002a). Positive psychology, positive prevention, and positive therapy. In C. R. Snyder & S. J. Lopez (Eds.), *Handbook of positive psychology* (pp. 3-9). New York, NY: Oxford University Press.

Seligman, M. E. P. (2002b). *Authentic happiness: Using the new positive psychology to realize your potential for lasting fulfillment.* New York, NY: Free Press.

Seligman, M. E. P., & Csikszentmihalyi, M. (2000). Positive psychology: An introduction [Special Issue]. *American Psychologist, 55,* 5-14. http://

dx.doi.org/10.1037/0003-066X.55.1.5

Seligman, M. E. P., Reivich, K., Jaycox, L., & Gillham, J. (1995). *The optimistic child.* New York, NY: Houghton Mifllin.

Seligman, M. E. P., Steen, T. A., Park, N., & Peterson, C. (2005). Positive psychology progress: Empirical validation of interventions. *American Psychologist, 60,* 410-421. http://dx.doi.org/10.1037/0003-066X.60.5.410

Shatté, A. J., Gillham, J. E., & Reivich, K. (2000). Promoting hope in children and adolescents. In J. E. Gillham (Ed.), *The science of optimism and hope* (pp. 215-234). Philadelphia, PA: Templeton Foundation Press.

Shinn, M. R., & Walker, H. M. (Eds.). (2010). *Interventions for achievement and behavior problems in a three-tier model including RTI.* Bethesda, MD: National Association of School Psychologists.

Sinclair, M. F., Christenson, S. L., Lehr, C. A., & Anderson, A. R. (2003). Facilitating student engagement: Lessons learned from Check & Connect longitudinal studies. *The California School Psychologist, 8,* 29-41.

Snyder, C. R., & Lopez, S. J. (2007). *Positive psychology: The scientific and practical explorations of human strengths.* Thousand Oaks, CA: Sage.

Snyder, C. R., Lopez, S. J., Shorey, H. S., Rand, K. L., & Feldman, D. B. (2003). Hope theory, measurements, and applications to school psychology. *School Psychology Quarterly, 18,* 122-139.

Snyder, C. R., Rand, K. L., & Sigmon, D. R. (2002). Hope theory. In C. R. Snyder & S. J. Lopez (Eds.), *Handbook of positive psychology* (pp. 257-276). New York, NY: Oxford University Press. http://dx.doi.org/10.1521/scpq.18.2.122.21854

Sprague, J. R., & Horner, R. H. (2012). School-wide positive behavioral interventions and supports. In S. R. Jimerson, A. B. Nickerson, M. J. Mayer, & M. J. Furlong (Eds.), *Handbook of school violence and school safety: International research and practice* (2nd ed., pp. 447-462). Mahwah, NJ: Erlbaum.

Sprague, J. R., & Walker, H. M. (2005). *Safe and healthy schools: Practical prevention strategies.* New York, NY: Guilford.

Steege, M. W., & Watson, T. S. (2009). *Conducting school-based functional behavioral assessments* (2nd ed.): *A practical guide*. New York, NY: Guilford.

Strein, W., Hoagwood, K., & Cohn, A. (2003). School psychology: A public health perspective I. Prevention, populations, and systems change. *Journal of School Psychology, 41*, 23–38. http://dx.doi.org/10.1016/S0022-4405(02)00142-5

Sugai, G., & Horner, R. H. (2009). Defining and describing schoolwide positive behavior support. In W. Sailor, G. Dunlap, G. Sugai, & R. Horner (Eds.), *Handbook of positive behavior support* (pp. 307–326). New York, NY: Springer. http://dx.doi.org/10.1007/978-0-387-09632-2_13

Swearer, S. M., Espelage, D. L., Brey Love, K., & Kingsbury, W. (2008). School-wide approaches to intervention for school aggression and bullying. In B. Doll & J. A. Cummings (Eds.), *Transforming school mental health services: Population-based approaches to promoting the competence and wellness of children* (pp. 187–212). Thousand Oaks, CA: Corwin Press.

Terjesen, M. D., Jacofsky, M., Froh, J., & DiGiuseppe, R. (2004). Integrating positive psychology into schools: Implications for practice. *Psychology in the Schools, 41*, 163–172. http://dx.doi.org/10.1002/pits.10148

Valle, M. F., Huebner, E. S., & Suldo, S. M. (2006). An analysis of hope as a psychological strength. *Journal of School Psychology, 44*, 393–406. http://dx.doi.org/10.1016/j.jsp.2006.03.005

Walker, H. M., Horner, R. H., Sugai, G., Bullis, M., Sprague, J. R., Brikcer, D., & Kaufman, M. J. (1996). Integrated approaches to preventing antisocial behavior patterns among school-age children and youth. *Journal of Emotional and Behavioral Disorders, 4*, 194–209. http://dx.doi.org/10.1177/106342669600400401

Walsh, B. W. (2012). *Treating self-injury* (2nd ed.): *A practical guide*. New York, NY: Guilford.

Weis, R., & Speridakos, E. C. (2011). A meta-analysis of hope enhancement strategies in clinical and community settings. *Psychology of Well-being: Theory, Research, and Practice, 1*, 5. http://dx.doi.org/10.1186/2211-1522-1-5

Wellborn, C., Huebner, E. S., & Hills, K. J. (2012). The effects of strength-based assessment information on teachers of diverse learners. *Child Indicators Research, 5*, 357–374. http://dx.doi.org/10.1007/s12187-011-9133-3

Wieck, A., Rapp, C., Sullivan, W. P., & Kisthardt, S. (1989). A strengths perspective for social work practice. *Social Work, 34,* 350-354.

Winder, B., & Seligman, M. E. P. (2006). Depression prevention for early adolescent girls: A pilot study of all girls versus coed groups. *Journal of Early Adolescence, 26,* 110-126. http://dx.doi.org/10.1177/0272431605282655

Worrell, F. C., & Hale, R. L. (2001). The relationship of hope in the future and perceived school climate to school completion. *School Psychology Quarterly, 16,* 370-388. http://dx.doi.org/10.1521/scpq.16.4.370.19896

요약: 미국

- 학교 기반 예방 프로그램 및 긍정심리학 개입은 공공 보건 체제와 잘 통합되고 일치될 수 있다.
- 학교 기반 중재에 대한 공공 보건 접근에는 특정한 내재화(예: 우울, 불안) 또는 외현화(예: 품행 장애, 주의력결핍 과잉행동장애) 문제가 있는 학생을 위한 보편적 개입이 포함된다. 결과적으로 학생의 고유하고 개인적인 요구에 기초한 여러 수준의 개입이 제공된다.
- '학교 전체의 긍정적 행동 지원(SWPBS)'과 '사회정서학습(SEL) 프로그램'은 제각기 외적 · 내적 문제를 감소시키는 데 잠재적으로 효과적이고 보편적인 전략이 될 수 있는 긍정심리학적 개입이다.
- 외현화 문제를 보이거나 나타낼 위험이 있는 학생을 위한 긍정심리적 개입에는 좋은 행동 게임(Good Behavior Game), 모니터링(Check & Connect), 다중 체계 치료가 포함된다.
- 내재화 문제를 보이거나 나타낼 위험이 있는 학생을 위한 긍정심리적 개입에는 펜실베이니아 회복탄력성 프로그램과 마음챙김 훈련이 포함된다.

미국 추천자료

Doll, B., & Cummings, J. A. (Eds.). (2008). *Transforming school mental health services: Population-based approaches to promoting the competency and wellness of children*. Thousand Oaks, CA: Corwin Press.
이 책은 내재화 및 외현화 문제를 다룬 유용한 장을 포함하여, 학교 내 정신건강 서비스에 대한 역량 및 접근 방법을 다룬다.

Merrell, K. W., & Gueldner, B. A. (2010). *Social and emotional leaning in the classroom: Promoting mental health and academic success*. New York, NY: Guilford.
여러 수준의 학교에서 사회정서학습 프로그램을 효과적으로 시행하는 방법을 기술하였다.

Miller, D. N., & Nickerson, A. B. (2007). Changing the past, present, and future: Potential applications of positive psychology in school-based psychotherapy with children and youth. *Journal of Applied School Psychology, 24*, 147-162. http://dx.doi.org/10.1300/j370v24n01_08
다양한 내재화 및 외현화 행동문제에 대한 긍정심리학의 잠재적 적용에 대하여 논의하였다.

Sprague, J. R., & Horner, R. H. (2012). School-wide positive behavioral interventions and supports. In S. R. Jimerson, A. B. Nickerson, M. J. Mayer, & M. J. Furlong (Eds.), *Handbook of school safety: International research and practice* (2nd ed., pp. 447-462). Mahwah, NJ: Erlbaum.
학교 장면에서 학교 전체의 긍정적인 행동 지원에 대해 매우 유용하고 실제적인 개관을 제공한다.

Strein, W., Hoagwood, K., & Cohn, A. (2003). School psychology: A public health perspective I. Prevention, populations and systems change. *Journal of school*

Psychology, *41*, 23–38. http://dx.doi.org/10.1016/s0022-4405(02)00142-5.
자주 인용되는 논문으로 공공 보건 관점에서 학교에서의 심리적 개입을 개념화하기 위한 개요와 근거를 제공한다.

제5부

학교긍정심리학의 미래와 전망

제31장
학교에서의 긍정심리학: 지속적 실천의 중요성

1. 학교긍정심리학의 실행

20년간의 긍정심리학 응용연구와 그동안 축적된 학교 기반 긍정심리학 개입들이 교육 시스템에 변화를 가져오고 있다. 그러나 이러한 새로운 개입에 대한 무지와 개입 실행에 대한 무관심 속에 긍정심리학 연구가 찾아낸 효과적인 발견들 모두가 성공적인 학교 기반 개입으로 이어지지는 못하고 있다. 교사, 부모, 학교장, 학교 자문 위원, 교직원들 모두는 최신의 긍정심리학 지식들과 혁신적인 긍정심리 개입의 전달과 보급을 방해하는 장벽들을 뛰어넘어야 한다. 이 장에서는 지금까지 이 책에서 소개된 긍정심리학적 지식과 개입들이 학교에서 어떻게 효과적으로 실행될 수 있는지를 논의하고자 한다. 긍정심리학 프로그램에 대해 알고 있다는 사실이 곧바로 성공을 보장하지는 못한다. 만약 효과적인 프로그램을 알고 있는 것만으로 성공할 수 있다면 오직 남은 문제는 프로그램의 보급일 것이다. 그러나 현실은 명백히 다르다. 오늘날 과학적으로 효과가 입증된 수많은 증거 기반 프로그램을 온라인상에서 쉽게 다운받을 수 있을 정도로 프로그램 보급 체계는 충분히 갖추어져 있다(예: What Works Clearinghouse, National Registry of Effective Programs). 하지만 많은 프로그램이 여전히 활용되기만을 기다리고 있는 실정이다.

이번 장의 주제는 프로그램의 실행이다. 구체적으로 프로그램 실행의 모델, 실제 예, 제안, 주의할 점들에 관해 논의할 것이다.

2. 정책

정책이란 미국교육에 직접적으로 관여하는 국가 교육 기준 기관이 교사, 학교심리학자들을 위해 마련한 합의된 규정을 말한다. 이 장에서는 여러 규정들 속에 내포된 긍정심리학적 기술, 지식들을 검토해 보고자 한다. 많은 규정이 교육 관련 새로운 연구 결과들을 현장에서 적용할 수 있는 전문성을 요구한다. 이 전문성에는 긍정심리학 분야의 최신 연구 결과들에 대해 지속적인 관심을 갖는 일도 포함된다. 긍정심리학 관련 지식은 학생의 학업 성취 및 웰빙과 직접적으로 연관되기 때문에 매우 중요하다.

긍정심리학은 "사람, 집단, 기관의 최적 기능(optimal functioning)과 번영(flourishing)에 기여하는 조건과 과정"(Gable & Haidt, 2005, p. 104)에 관한 연구이다. 개인의 긍정적 특질에 관한 긍정심리 연구는 개인적 재능, 사회적 기술, 성격 강점과 덕목에 초점을 두고 있다(Seligman & Csikszentmihalyi, 2000). 집단 수준의 긍정심리 연구는 시민의식, 직업윤리, 책임의식 등에 관심을 둔다(Seligman & Csikszentmihalyi, 2000). 긍정심리학은 아동 · 청소년이 지닌 여러 재능과 강점을 격려하고 강화한다는 점(Linley, Joseph, Maltby, Harrington, & Wood, 2009, p. 39), 학생의 주관적 안녕감과 인지적 · 학업적 능력을 증진시킨다는 점, 보호적 학교 환경을 만든다는 점, 학교생활 · 학생들 · 교육과정 개념의 확장에 기여하는 안녕감(wellness)을 제공한다는 점

(Huebner, Gilman, Reschly, & Hall, 2009, p. 566)에서 교육과 밀접한 관련이 있다.

국가전문교육규정위원회(National Board for Professional Teaching Standards)는 5가지 핵심 강령을 제시하고 있다. 이 강령은 뒤이은 25가지 영역 규정의 기초가 된다. 5가지 강령은 다음과 같다.

- 교사는 학생의 학습에 헌신한다.
- 교사는 가르칠 과목의 내용과 가르치는 방법을 알고 있다.
- 교사는 학생의 학습을 관리하고 점검할 의무가 있다.
- 교사는 교수 실행을 체계적으로 준비하고 그 경험으로부터 학습한다.
- 교사는 교육 공동체의 일원이다.

(National Board for Professional Teaching Standards, 2002)

첫 번째 강령은 국가교사자격위원회(National Board Certified Teachers: 이하 NBCTs)가 말한 교사의 성품 발달과 연관이 있으며, 시민의식처럼 긍정심리학 분야와도 직접적으로 관련된다(National Board for Professional Teaching Standards, 2002). 이뿐만 아니라 첫 번째 강령은 학생의 자아개념(self-concept)에 관한 교사의 관심을 요구한다. 긍정심리학 지식과 기술은 4, 5번 강령 속에 더 많이 내포되어 있다. 4, 5번 강령과 관련해 국가교사자격위원회(NBCTs)는 최신의 연구 발견들을 교육 현장에 적용해야만 한다고 말했다(강령 4). 그리고 교사는 학생의 교육 경험을 위해 학부모들을 어떻게 원만하게 참여시킬지를 배워야 한다고 말하고 있다(강령 5).

국가교사교육인증협의회(National Council for Accreditation for Teacher Education: 이하 NCATE)는 교사 육성 체계 규정, 프로그램 규정, 전문적 학교 발달 규정을 제시한다. 국가교사교육인증협의회(NCATE)의 교사 육성 체계 규정은 6가지 차원을 제시하는데, 이 6가지 차원은 교육 전문가로서 기대되는 지식, 기술, 전문가적 소양이 무엇인지를 확인하도록 돕는다(National Council for Accreditation for Teacher Education, 2008, p. 10).

- 교사 후보자의 지식, 기술, 전문가적 소양
- 평가 체계와 교사 교육 체계 평가
- 현장 경험, 임상적 실습
- 다양성
- 교사 후보자 교육자의 자격, 수행 능력, 발달
- 교사 육성 체계 관리능력, 자원

(National Council for Accreditation for Teacher Education, 2008)

각 6개 규정은 그 하위 규정들을 대표하는 지시문이다. 교사 후보자의 지식, 기술, 소양에 관한 내용인 규정 1은 긍정심리학의 기술, 지식과 가장 관련이 깊다. 이 규정에서 이상적인 교사 후보자는 "학교, 가족, 공동체적 맥락을 통합해 학생의 선행 경험을 이해해야 한다."라고 말한다(National Council for Accreditation for Teacher Education, 2008, p. 18). 또한 교사 후보자는 모든 학생의 학습에 긍정적인 영향을 끼쳐야 하며(규정 1-d), 학생의 학습 증진을 위해 연구 결과를 사용할 수 있어야 하며(규정 1-e), 지지적인 학습 환경을 조성해야 하고(규정 1-f), 서로 돌보고 지지하는 학습 환경 조성을 촉진하는 교실 행동의 실제 예를 몸소 보여 주어야 한다(National Council for Accreditation for Teacher Education, 2008, pp. 19-20). 이에 더해 규정 5-d는 교사 후보자가 학교, 국가, 국제 사회 수준의 리더십을 보여 주는 모델로서 행동할 것을 요구한다. 프로그램 규정은 각 전문 과목(예: 컴퓨터 교육, 유아교육)에 맞춰 세분화되어 있으나 앞의 6가지 교사 육성 규정을 반영하고 있다.

전국학교심리학자협회(National Association of School Psychologists: 이하 NASP)는 전국학교심리학자협회 2010 규정(NASP 2010 standards)으로 이루어

진 4가지 문서를 다음과 같이 제시하였다.

- 학교심리학자 졸업 준비 규정
- 학교심리학자 자격인정 규정
- 전문 직업윤리 규정
- 보편적이고 통합적인 학교심리학 서비스 모델

학교심리학자 졸업 준비 규정과 자격 인정 규정의 요소들에는 긍정심리학의 유익성을 보여 주는 긍정심리학의 지식과 기술들이 내포되어 있다. 두 규정 모두 학교심리학자들이 요구하는 사회적 기술과 삶의 질을 높여 주는 기술 개발을 돕는 개입, 정신건강 사업에 관한 지식(2-4), 정신건강, 예방, 위기 개입에 관한 지식(학교심리학자 졸업 준비 규정 2-5, 학교심리학자 자격인정 규정 2-7)을 다룬다. 그리고 두 규정 모두 학교심리학자들이 가정, 학교 협력 공동체를 돕기 위해 가족의 강점을 다루는 방법에 대해 배울 것을 요구한다(졸업 준비 규정 2-7, 자격 인정 규정 2-8; National Association for School Psychologists, 2000a, 2000b). 이 규정들은 직접적으로나 간접적으로 학생, 가족, 학교를 위한 종합적인 학교심리학 사업 모델에 포함되어야 할 요소들을 구성하여 제시하고 있다(National Association for School Psychologists, 2010).

NCATE와 NASP의 규정들은 포괄적으로 보면 긍정심리학의 목표를 지지하고 있다. 그러나 불행히도 긍정심리학 기반 개입을 실행해야 한다는 요구는 NCATE와 NASP의 규정과 정책 내에 아직 존재하지 않는다.

3. 예비 교사 훈련

예비 교사 훈련(preservice training) 프로그램 내에 긍정심리학적 지식과 실습이 어느 정도 포함되어 있는지 알아보는 일은 긍정심리학 교육의 실행이 얼마나 준비되었는지 가늠할 척도가 될 수 있다. 불행히도 미국 내 최고의 교사 훈련을 실시하는 대학이나 시설, 그리고 교사 훈련용 교재에서 긍정심리학은 아직 거의 찾아볼 수 없다. 우리는 긍정심리학의 흔적을 찾기 위해 U.S. New and World Report 2013 웹사이트(http://grad-schools.usnews.rankingsandreviews.com/best-graduate-schools/top-education-schools/edu-rankings)에 제시된 세계의 교사 훈련 프로그램들을 조사하였다. 목록의 20개 프로그램 중 오직 1개의 프로그램만이 긍정심리학 수업을 교사 교육에 포함시키고 있었다. 오직 1개의 선도적인 대학만이 긍정심리학을 가르치고 있다는 사실은 새로 발령받을 교사들이 긍정심리학을 수행할 후보자가 될 수 없다는 의미이다. 그러나 먹구름 꽉 찬 흐린 하늘에도 한줄기 빛은 있었다. 교육학 관련 상위 20개 대학 중 18개 대학이 적어도 1개 이상 긍정심리학 강좌를 개설하고 있었다. 예비 교사 지망생들 중 어느 정도는 긍정심리학 강좌를 수강했을 수도 있다.

대학 교사 훈련 프로그램 중 긍정심리학에 얼마나 노출되는지 측정할 수 있는 다른 방법은 교재를 조사하는 것이다. 예비 교사들을 위한 긍정심리학 수업이 매우 드문 데 반해, 긍정심리학이 기본적인 교사 교육 수업에 스며들어 있을 수도 있다. 전형적인 교사 교육에 사용되는 교육철학서, 교육역사서, 교육심리학 서적들을 검토해 본 결과, 긍정심리학에 대한 언급은 없었다. 2012년에 발간된 기초교육철학서의 교육 토의 부분에서 논쟁적인 주제로 '도덕, 성품, 가치 교육을 학교에서 가르칠 의무가 있는가?'에 대해 논의했을 뿐이다.

긍정심리학이 교육학 주류에 받아들여지고 있는지에 대한 우리의 마지막 조사는 2012 미국교육학회(American Educational Research Association: AERA) 프로그램을 검토하는 일이었다. 오직 한 발표만이 긍정심리학에 관해 다루었다. 규정, 예비 교사 교육과정, 대학 교재의 분석을 통합해 내릴 수 있는 결론은 예비 교사를 교육하는 과정에서 긍정심리학 지식이 매우 부족하다는 점이다.

긍정심리학 개입 혹은 철학이 곧 광범위하게 전달되고 실행될 것이라는 조짐을 찾지 못했기 때문에 우리는 학교긍정심리학 실행 모델에 관심을 돌렸다. 교사들이 긍정심리학 연구를 통한 발견들을 실천하지 않는다고 가정했을 때 현직 교사 연수 프로그램 그리고/혹은 학교 혁신에서 어떻게 큰 효과를 가져올 수 있을 것인가? 다음 절에서는 긍정심리 실행 모델을 설명하고 그것이 학교심리학자들에게 어떻게 도움을 줄 수 있는지를 논의하고자 한다.

4. 긍정심리 실행 모델

다행히 모델의 변환, 보급, 실행에 관한 연구가 최근 진행되고 있다(Elliott & Mihalic, 2004; Schoenwald & Hoagwood, 2001). 전국실행연구네트워크(National Implementation Research Network: NIRN; Fixsen, Naoom, Blase, Friedman, & Wallace, 2005)나 RE-AIM 그룹(Glasgow, Vogt, & Boles, 1991), 그리고 실행과 보급을 위한 상호교환 체제(Interative Systems Framework for Dissemination and Implementation: ISF; Wandersman et al., 2008)의 모델들에서 학교 변화를 위한 핵심 단계의 정보들을 용이하게 얻을 수 있다. 이 절에서는 학교에서 긍정심리학 전략을 수행할 수 있는 방법을 설명하기 위해 실행과 보급을 위한 상호교환 체제(ISF) 모델을 활용할 것이다. 이 모델이 체계적이고,

과거에도 학교 변화 모델로 사용되었기 때문이다(예: Moceri, Elias, Fishman, Pandina, & Reyes-Portillo, 2012). 다른 접근들도 효과적일 수 있으나, 우리는 충실히 실행되었던 체계적인 접근이 변화의 열쇠가 될 수 있다고 생각한다.

실행과 보급을 위한 상호교환 체제(ISF; Wandersman et al., 2008)는 청소년 폭력, 아동 학대 예방 및 증거 기반, 문제 교정 및 예방 프로그램 실행의 증진을 위해 개발되었다. 이 모델은 연구 결과들이 실천되는 3가지 시스템을 가지고 있다.

- 통합 및 변환 시스템(Synthesis and Translation System)
- 지원 시스템(Support System)
- 전달 시스템(Delivery System)

통합 및 변환 시스템은 연구를 통해 생산된 정보들을 교육 현장에서 수행할 수 있고 받아들이기 쉬운 형태로 변환시키는 시스템이다. 교육 현장에서 받아들이기 쉽도록 만들기 위해 연구 결과들과 개입 과정을 명확한 언어로 표현한다. 그리고 교사, 학부모, 아이들에게 유용한 방법들을 연구한다. 또한 이 과정에서 중재 대상에 대한 개입의 적절성 여부를 확인한다.

지원 시스템은 학교가 긍정심리학적 혁신을 수행하기 위한 일반적, 구체적 능력 개발을 지원한다. 혁신을 위한 구체적 능력 기르기(innovation-specific capacity building)란 긍정심리학적 혁신에 필요한 구체적인 지식과 기술 개발을 돕는 일을 말한다. 학교의 혁신을 위한 일반적 능력 기르기(general capacity building)란 공공 기반 시설 확충, 기술 향상, 더 큰 조직을 만들기 위한 동기 향상시키기 등을 돕는 일을 의미한다.

전달 시스템은 혁신적인 긍정심리 프로그램이 학교에서 공식적으로 실행되도록 돕고 잘 실행되는지 점검한다. 혁신의 성공을 위해 실행과 보급을 위한 상호교환 체제(ISF) 모델에서는 앞의 3가지 시스템을 구체적으로 명시하고 있다.

Wandersman과 그의 동료들(2008)은 더 큰 맥락에서의 대규모 정책과 재정 지원의 중요성을 강조했다. 그들의 모델은 환경(context)의 중요성을 강조하는 가정을 세웠다. 우리는 긍정심리학의 실행에 영향을 끼치는 학교 내 더 큰 환경이란 주제를 다룰 것이다. 이에 더해 Wandersman과 동료들은 교사들이 연구자들에게 연구할 가치가 있는 중요한 주제를 알려 주는 절차나 단계가 포함된 순환 모델의 중요성을 강조했다. 불행히도 실행과 보급을 위한 상호교환 체제(ISF)는 순환 모델과 같이 이론의 발달에 도움이 되는 행동의 중요성을 언급한 바가 없다.

5. 모델 실행의 예

좋은 소식은 이미 학교에서 실행되었던 긍정심리 프로그램이 존재한다는 것이다. 학급 단위의 개입도 무척 중요하다. 하지만 우리의 초점은 더 넓은 학교 문화와 학교 정체성을 변화시킨 학교 단위의 개입에 있다. 아마 지금까지 기록으로 남은 긍정심리 프로그램 실행의 최고의 예는 Martin Seligman의 책 『Floursh』(2011)에 소개된 내용이 될 것이다. 이 책에서 그는 긍정심리학 프로그램이 호주의 사립 기숙학교인 질롱 그래머 스쿨(Geelong Grammar School)에 끼친 변화를 기술했다. 질롱 그래머 스쿨에서는 교사, 교직원, 학교장까지 참여하는 종합적 긍정심리 개입을 기존 교육과정에 통합하였다. 또한 새로운 긍정심리 개입 수업을 개설하여 프로그램을 실시하였다. 이 사업은 재정이 풍부한 학교가 Seligman과 그 외 16명의 긍정심리 전문가들을 초대하여 학교 교육과정을 재정비한 사례이다. Seligman의 설명에 따르면, 이 사업은 교직원 100명과 회의적이었던 학교장이 사업 시행 이전에 먼저 그들의 개인적 삶과 직장 생활에 적용할 수 있는 긍정심리 기술들을 익히고 적용하는 9일의 긍정심리학 코스를 수강한 후 성사될 수 있었다. 이 사업을 진행하며 여러 긍정심리 전문가는 1년간 학교에 거주하며 학생들을 방문하고 프로그램 진행을 도왔다. 이 긍정심리 교육과정은 몇 개의 분리된 코스들, 전문가 강의, 기존 정규 교육과정과 통합된 긍정심리 개입으로 이루어져 있다.

실행을 위한 환경은 이상적이었다. 프로그램의 실행을 뒷받침해 주는 자원들이 거의 무한정 지원되었다. 프로그램 책임자들은 학생의 웰빙을 최우선으로 삼고 프로그램을 실행했다. 덕분에 전문가들의 학교 거주, 긍정심리 프로그램 실행에 필요한 자금 지원 등 매우 광범위하고 훌륭한 환경이 제공될 수 있었다.

통합 그리고 변환 시스템(절롱 그래머 스쿨 프로그램을 위해 이전 긍정심리 연구와 실행을 통해 얻어진 정보를 바탕으로 새로운 연구를 준비함)을 담당한 팀 역시 매우 이상적이었다. 이 집단은 경험이 풍부했고 이미 프로그램들을 테스트해 본 상태였다. 긍정심리 연구를 통해 학생, 학부모, 교직원을 대상으로 하는, 실행이 용이한 프로그램으로 변환되었다.

실행과 보급을 위한 상호교환 체제(ISF) 내의 지원 시스템은 긍정심리 혁신을 수행하기 위한 학교의 일반적(generally), 구체적(specifically) 능력을 기르기 위해 개발되었다. 학교의 혁신을 위한 일반적 능력 기르기는 공공 기반 시설 확충, 기술 향상, 더 큰 조직을 만들기 위해 동기를 향상시키는 일을 돕는다. 절롱 그래머 스쿨이 어떻게 기능했었는지에 관한 상세한 정보는 없지만, 학교가 무척 잘 기능하고 있었다는 인상을 주고 있다. 또한 학교의 교직원들은 선도적인 사립학교로서 이룩한 업적과 자신들의 노력과 능력을 자랑스러워했다. 그러나 학교장은 생경한 긍정심리 혁신에 대해 회의적인 입장을 취했다. 아마도 학교가 이미 잘 기능하고 성공을 경험하고 있었기 때문이었을 것이다. 듣기로는 이사회에서 긍정심리 혁신 수행의 결정 과정에서 학교장을 배제했고 이 일이 약간의 반발을 불러일으켰다고 한다. 혁신을 위한 구체적 능력 기르기의 성공을 위해서는 긍정심리학적 혁신의 구체적인 지식, 기술들을 개발하는 것뿐만 아니라 변화의 동기와 접근 용이성(acceptability)을 증진시키는 것이 필요하다. 비록 실제 혁신의 수행을 담당하는 사람은 대부분 교사이지만, 교사들은 학교 리더십의 지원과 격려를 필요로 한다. 다른 교직원과 비교해 교사들이 학생들과 함께 하는 시간이 절대적으로 많고 교육과정, 교육 정책, 오랜 시간이 걸리는 교육철학을 몸소 실행하는 일은 전적으로 교사에게 의지하기 때문에 이들에 대한 학교장의 지원이 필수적이다. 요컨대, 학교장과 교사 간 연대가 필요하다.

학교장과 교사 간 연대를 구성할 때 발생하는 어려움이나 장애는 교사와 학교장이 긍정심리 개입을 직접 경험해 봄으로써 극복될 수 있었다. 개입 경험을 통한 개인적 긍정 경험, 전문성 신장은 긍정심리 실행팀과 학교 교직원 간의 연대를 만들어 냈다(Seligman, 2011). 100명의 교직원과 회의적이었던 학교장이 함께 9일의 긍정심리 코스를 경험했다.

전달 시스템(Delivery System) 팀은 긍정심리 교육과정의 실행을 촉진하고 실행의 질을 점검하였다. 1년간 머물렀던 이 팀에 의해 9일의 긍정심리 코스가 실행되었고, 또한 학자들이 방문해 프로그램 개발을 지원했다. 변경된 교육과정에는 오직 긍정심리 교육만을 위한 독자적 긍정심리 코스, 학자의 방문 강연, 정규 교육과정에 통합된 긍정심리 주제들이 포함되었다. 교육과정에서 가장 두드러지는 부분은 대표 강점 개입, 감사 개입, 역경을 다루는 인지치료적 개입, 3:1 법칙의 긍정적 의사소통, 교실 활동에서 성공과 성장에 대해 초점 맞추기 등이 있다.

절롱 그래머 스쿨 프로젝트는 정책 결정자들에게 영향을 줄 수 있었고, 재정적으로 학교 변화를 지원할 수 있는 사립학교에서 긍정심리학을 실행한 흥미로운 예를 제공했다. 이 프로젝트는 이상적인 상황에서 무엇을 할 수 있는지를 보여 주었다. 학교장, 교사, 그 외 개인들은 한 장소에서 훈련을 받았다. 긍정심리학 전문가들은 상주하며 이 이상적인 모델의 충실성과 동기를 유지시키기 위해 지원을 아끼지 않았다.

이 책의 여러 저자는 이상적 환경에 한참 못 미치는 어려운 상황의 미국 초등학교에서 긍정심리학을 실행한 경험이 있다. 낮은 학업 성취로 인해 연방 정부의 관리가 필요한 초등학교 현실과 현장 연구를 실행하려는 대학교의 필요가 합쳐져 긍정심리 프로그램이 실시되었다. 이 초등학교 학생의 90%는 경제적 어려움을 겪고 있었고, 70% 이상은 영어가 미숙하며, 약 95%의 학생이 소수 인종이었다. 이 학교에서의 긍정심리 프로그램의 실행은 위협적인 상황, 실패에 대한 걱정, 변화에 대한 결심 그리고 희망이 뒤섞인 상태에서 시작되었다. 변화의 물결은 학교장의 변화에 대한 헌신, 재정적 지원을 기꺼이 받으려는 마음을 가지고 대학교에 직접 지원을 요청함으로써 시작되었다. 캘리포니아 산타바바라 게버츠(Gevirtz) 교육 대학교는 공동의 계획과 목표를 확인한 후 협조하기로 결심했다.

실행과 보급을 위한 상호교환 체제(ISF) 모델은 긍정심리학의 성공적인 수행을 기술하기 위해 사용할 수 있는 모델이다. 주목할 점은 이러한 변화가 충분한 재정적 지원, 훈련된 자원, 학교의 명망, 높은 성취의 학생들 없이도 실행 가능했다는 점이다.

대학교의 통합 및 변환 시스템(Synthesis and Translation System) 팀은 여러 연구를 통해 얻은 정보를 초등학교에 제공했다. 이 팀은 비슷한 작업을 했던 경험이 있었다. 긍정심리 연구정보는 교직원, 학부모, 아동을 위해 쉽게 접근 가능한 교육과정으로 변환되었다.

지원 시스템(Support System) 팀은 일반적인 학교 능력을 키울 필요가 있었다. 교직원 연수를 통해 공공 기반 시설, 기술, 더 큰 조직을 만들기 위한 동기를 향상시켰다. 많은 교사가 열악하고 '공부 못하는 학교의 교사'라는 꼬리표에 낙심했었고, 이는 교사의 수업의 질을 떨어뜨렸다. 실패의 경험은 변화를 두려워하게 만들었다. 학교장은 지도력을 발휘하고 적극적으로 개입하는 지지적 노력을 보여 주었다. 이러한 노력은 긍정심리를 실행하는 학교의 일반적 · 구체적 능력을 기르는 데 도움을 주었다. 하지만 구체적인 긍정심리 철학과 기술을 훈련할 시간은 매우 적었다. 긍정심리 철학과 기술의 대부분은 전문가와의 협의회를 통해 전달되었다.

전달 시스템 팀은 긍정심리 개입을 실행하도록 돕고 실행의 질을 점검했다. 이 팀은 초등학교에서 2년간 유지되었다. 교사들 사이의 변수로 실천이 중요하게 제시되었다. 긍정심리 개입 결과, 학교 학생들의 1년 단위 주(state) 교육청 표준화 평가의 성적 상승률이 매우 높았다. 같은 주 내에 비슷한 상승률을 보인 학교는 오직 1곳뿐이었다.

그 후 여러 불행한 사건이 뒤따랐다. 초등학교 학교장과 학교 고문이 은퇴했다. 그리고 이 사업의 자금 지원이 사라졌다. 모델을 실행하는 데 있어 문제점은 명확하다. 학교 지도부가 교체될 때 이 새로운 철학과 개입의 지속 가능성이 매우 낮아진다는 사실이다. 비슷한 생각을 가진 학교 지도자가 없다면 이 개입을 지지하는 종합적 지원 환경의 유지는 불가능하다.

독자들은 지금까지 살펴본 긍정심리학의 우수한 실행 사례들을 보고 기쁨을 느꼈을지 모른다. 하지만 이러한 사례가 앞으로 긍정심리학이 더 큰 규모로 실행될 것임을 보장하지 않는다. 앞서 이야기했던 어떤 내용도 일선 학교들이 긍정심리학 이론이나 개입을 완전히 이해하고 수용했음을 보여 주는 증거가 될 수 없다. 그러나 구체적인 실행 방법과 주체적 의지를 가지고 있다면 실행을 위한 희망은 존재한다(Snyder et al., 2002). 이 책을 읽었다는 점 자체가 당신의 주체적 의지(목표달성을 위한 에너지)를 입증한다. 이어지는 내용들은 목표 달성을 위한 길(목표를 위한 방법들)을 제시할 것이다.

6. 환경을 만들어 실행하기

긍정심리학을 실행 가능하게 만드는 길에는 희망과 실행 2가지 모두가 필요하다. 우리가 제시하는 긍정심리학 아이디어를 고려하여 변화의 계기로 삼기 바란다. 첫 번째 변화는 당신으로부터 시작된다. 그리고 당신과 주변의 상호작용이 변화를 촉진할 것이다. 이에 뒤따라야 할 것은 지원이 지속될 수 있는 더 큰 지지적 환경을 만드는 일이다. 우리는 독자들이 다음의 내용을 보고 실행, 적용할 수 있는 항목을 찾기를 희망한다.

- 긍정심리 콘퍼런스가 개최될 때 학교에서 긍정심리학이 실행될 수 있는 전략에 관한 토의 의제를 포함시키라. 발표자나 토론자로 교육 전문가를 초빙하라. 청중들은 이 토의를 살펴보며 각 지역 학교 현장에 적용할 수 있는 아이디어를 얻을 수 있을 것이다.
- 긍정심리 철학이나 개입을 미국교육학회나 그 밖의 다른 학회에서 발표하기 바란다.
- 실행과 보급을 위한 상호교환 체제(ISF) 모델의 제안과 같이 긍정심리 연구가 실제 적용될 수 있도록 변환하라. 학교에서 접근 용이하고 적용이나, 응용이 쉬운 개입을 제공하라. 교육철학, 교육역사, 교육심리에 관한 책에 긍정심리와 실행에 관한 챕터를 추가하기 바란다.
- 긍정심리 관련 워크숍, 연구 프로젝트, 계획서 작성 시, 교육학과 교수들을 포함시키라. 협력 작업 속에서 교육학과 교수들은 긍정심리학 도입을 옹호해 줄 수 있고, 교사 연수 시 긍정심리 철학과 개입에 관해 지도할 수 있다. 그리고 교육과 수업에 자진해서 긍정심리에 관한 특강을 하기 바란다.
- 비슷하게 주(state) 교육부의 교사 자격 검정 위원회와 함께 일하기 바란다. 이 협력 작업은 결국 교육 정책의 변화를 이끌고 긍정심리학에 대하여 널리 알릴 수 있는 기회가 될 수 있다. 이러한 과정이 아마도 교육 규정을 바꾸는 시범 사업에 대한 자금 지원으로 이어질 수도 있다.
- 당신이 긍정심리학이란 학문을 연구할 때 '학교 현장 적용' 이라는 주제

를 포함하라. 예를 들어, 긍정심리 개입을 통해 어려운 환경의 소수자 학생들의 졸업 비율이 어떻게 변하는가에 대한 연구, 읽기 · 수학 성취도 증진, 과학 · 기술 · 공학 · 수학 영역에 대한 흥미 증가, 교사의 건강, 인내심, 성취의 증가 등에 대한 연구들이 예가 될 수 있다.

- 지역 신문 등에 긍정심리 철학과 개입을 설명하는 칼럼, 기사를 기재하라.

7. 결론

성공적인 학교긍정심리 개입의 사례들이 긍정심리 지식들을 널리 알리는 데 공헌하였다. 개입 사례들은 모델들과 영감을 제공했다. 그러나 외떨어진 몇몇 지역에서만 시행된 점, 실행이 제한적이었다는 점들이 한계 및 해결 과제로 남아 있다. 긍정심리 기반의 체계적인 혁신이 지도자의 카리스마적 지도력에 전적으로 의존하는 한 지속 가능성 역시 큰 숙제로 남는다. 카리마스적 지도력은 쉽게 대체될 수 없기 때문이다.

긍정심리 개입이 증가하고 그 효과가 과학적으로 입증됨에 따라, 대학 교육, 부모 교육, 학교 시스템의 전략적인 변화의 시기가 다가오고 있다. 전략적인 변화를 위한 지식들이 실제 리더십으로 바뀌기 위해서는 교사 연구 모임, 교육학 교재 개발, 학회 연구 저널 출간, 선도하는 교사들을 위한 연수 프로그램 실행이 촉진되어야 한다. 이와 병행하여 학교 관리자 연수, 잡지나 각종 기사 및 칼럼 기고, 컨퍼런스 행사, 그리고 지역, 국가 단위의 정책 변경 등이 계속해서 뒤따라야 한다. 우리 학생들의 웰빙(well-being) 증진은 우리 모두가 인내심을 가지고 꾸준히 추구할 만한 큰 가치를 지닌 일이기 때문이다.

참고문헌

Elliott, D. S., & Mihalic, S. (2004). Issues in disseminating and replicating effective prevention programs. *Prevention Science, 5,* 47–52. doi:10.1023/B:PREV.0000013981.28071.52

Fixsen, D. L., Naoom, S. F., Blase, K. A., Friedman, R. M., & Wallace, F. (2005). *Implementation research: A synthesis of the literature.* Tampa, FL: University of South Florida, Louis de la Parte Florida Mental Health Institute, The National Implementation Research Network.

Gable, S. L., & Haidt, J. (2005). What (and why) is positive psychology? *Review of General Psychology, 9,* 103–110. doi:10.1037/1089-2680.9.2.103

Glasgow, R. E., Vogt, T. M., & Boles, S. (1999). Evaluating the public health impact of health promotion interventions: The RE-AIM framework. *American Journal of Public Health, 89,* 1323–1327. doi:10.2105/AJPH.89.9.1322

Huebner, E. S., Gilman, R., Reschly, A. L., & Hall, R. (2009). Positive schools. In S. J. Lopez & C. R. Snyder (Eds.), *Oxford handbook of positive psychology* (2nd ed., pp. 561–568). New York, NY: Oxford University Press.

Linley, P. A., Joseph, S., Maltby, J., Harrington, S., & Wood, A. W. (2009). Positive psychology applications. In S. J. Lopez & C. R. Snyder (Eds.), *Oxford handbook of positive psychology* (2nd ed., pp. 35–48). New York, NY: Oxford University Press.

Moceri, D. C., Elias, M. J., Fishman, D. B., Pandina, R., & Reyes-Portillo, J. A. (2012). The urgency of doing: Assessing the system of sustainable implementation model via the schools implementing towards sustainability (SITS) scale. *Journal of Community Psychology, 40,* 501–519. doi:10.1002/jcop.21477

National Association for School Psychologists. (n.d.). *NASP professional standards (adopted in 2010).* Retrieved from http://www.nasponline.org/standards/2010standards.aspx

National Association for School Psychologists. (2000a). *National Association for School Psychologists: Standards for graduate preparation of school psychologists.* Retrieved from http://www.nasponline.org/standards/2010standards.aspx

National Association for School Psychologists. (2000b). *National Association for School Psychologists: Standards for training and field placement programs in school psychology, standards for the credentialing of school psychologists.* Retrieved from http://www.nasponline.org/standards/2010standards.aspx

National Association for School Psychologists. (2010). *Model for comprehensive and integrated school psychological services.* Retrieved from http://www.nasponline.org/standards/2010standards.aspx

National Board for Professional Teaching Standards. (2002, August). *What teachers should know and be able to do.* Retrieved from http://www.nbpts.org/five-core-propositions

National Council for Accreditation for Teacher Education. (2008, February). *Professional standards for the accreditation of teacher preparation institutions.* Retrieved from http://www.ncate.org/Standards/tabid/107/Default.aspx

Schoenwald, S. K., & Hoagwood, K. (2001). Effectiveness, transportability, and dissemination of interventions: What matters when? *Psychiatric Services, 52,* 1190-1197. doi:10.1176/appi.ps.52.9.1190

Seligman, M. E. P. (2011). *Flourish.* New York, NY: Simon & Schuster.

Seligman, M. E., & Csikszentmihalyi, M. (2000). Positive psychology: An introduction. *American Psychologist, 55,* 5-14. doi:10.1037//0003-066X.55.1.5

Snyder, C. R., Shorey, H. S., Cheavens, J., Pulvers, K. M., Adams, V. H., & Wiklund, C. (2002). Hope and academic success in college. *Journal of Educational Psychology, 94,* 820-826. doi:10.1037//0022-0663.94.4.820

U.S. News and World Report. (2013). *U.S. News & World Report; 2013* http://grad-schools.usnews.rankingsandreviews.com/best-graduate-schools-top-education-schools/edu-rankings

Wandersman, A., Duffy, J., Flaspohler, P., Noonan, R., Lubell, K., Stillman, L., . . . Saul, J. (2008). Bridging the gap between prevention research and practice:

The Interactive Systems Framework for Dissemination and Implementation. *American Journal of Community Psychology, 41,* 3-4. doi:10.1007/s10464-008-9174-z

요약: 학교에서의 긍정심리 전망

- 긍정심리학이 학교 교육에 유익한 영향을 주기 위해서는 유용한 프로그램과 실행 전략이 필요한데, 이를 위해서는 지지적인 환경이 필수적이다. 하지만 현재 지지적인 환경은 충분치 못하다.
- 학교에 영향을 주는 규정을 만드는 정책들은 넓게는 긍정심리학을 지지한다. 하지만 긍정심리학의 구체적인 실행에는 아직 도움이 되지 못하고 있다.
- 미국의 교사 훈련을 담당하는 최고의 대학들에 긍정심리학 관련 교재는 존재하지 않는다. 긍정심리학에 대한 교육이 거의 없기에 대부분의 교육대학교 학생들은 긍정심리학을 잘 알지 못한 채 졸업한다. 따라서 현재 긍정심리학을 도입하고 시행하는 학교의 교직원들이 교체되기 전에 학교 긍정심리학 추진의 연속성을 위해 교사 훈련 방식의 변화가 필요하다.
- 정교한 실행 모델, 성공적인 실행의 실제 예들은 학교에서 긍정심리학을 적용하는 방법을 안내해 준다. 훌륭한 기법, 헌신, 노력, 실행이 있었지만, 장기적 실행이 과제로 남아 있다.
- 이 장에서는 여러 제안이 상술되었는데, 이 제안들은 긍정심리학 기반의 학교로 변화하도록 돕는 지지적인 환경을 만들어 내는 데 기여할 수 있다.

학교에서의 긍정심리 추천자료

Donaldson, S. I., Csikszentmihalyi, M., & Nakamura, J. (2011). *Applied positive psychology: Improving everyday life, health, schools, work, and society*

(Applied Psychology series). New York, NY: Taylor and Francis.
이 책에서는 긍정심리학의 권위자들이 긍정심리학의 핵심 주제를 요약하여 서술한다. 이 중 2개의 장에서는 긍정심리학 교육을 설명하고, 긍정심리학 교육의 관점들을 제공한다.

Fox-Eades, J. (2010). *Celebrating strengths*. Dallas, TX: CAPP Press.
교사 출신인 저자는 긍정심리학의 태도, 개입들의 실제 예를 보여 준다. 대표 성격 강점에 대한 스토리텔링도 포함한다. 저자는 또한 결과보다는 노력에 초점을 맞추어 칭찬하는 일을 중요하게 다룬다.

Seligman, M. E. P. (2011). *Flourish*. New York, NY: Simon & Schuster.
이 책에서는 학교에서 실행된 긍정심리학의 실제 예를 읽기 쉽게 소개한다. 또한 저자는 개입의 높은 충실도(fidelity)가 담보되어야만 긍정적 효과를 얻을 수 있다고 말한다. 긍정심리 개입이 어떻게 수월하게 이루어졌는지와 도출된 긍정적 연구 결과가 이 책의 가장 중요한 내용이다. 또한 이 책은 효과적인 실행에 참고가 된다.

찾아보기

인명

A

B

J

K

L

M

내용

ㅈ

ㅊ

ㅋ

ㅌ

ㅍ

ㅎ

¤ 편저자 소개

◆ Michael J. Furlong

미국 캘리포니아 대학교 상담심리, 임상심리, 학교심리학과 교수

◆ Rich Gilman

미국 신시내티 대학교 메디컬 스쿨 소아과 교수. 신시내티에 위치한 아동병원 메디컬 센터의 아동청소년 정신과에서 근무

◆ E. Scott Huebner

미국 사우스캐롤라이나 대학교 심리학과 학교심리프로그램 교수

¤ 공저자 소개

◆ David J. Shernoff

Department of Leadership, Educational Psychology, and Foundations at Northern Illinois University, DeKalb, Illinois, USA

◆ Beheshteh Abdi

Department of Leadership, Educational Psychology, and Foundations at Northern Illinois University, DeKalb, Illinois, USA

◆ Brett Anderson

Department of Leadership, Educational Psychology, and Foundations at Northern Illinois University, DeKalb, Illinois, USA

◆ Mihaly Csikszentmihalyi

Distinguished Professor of Psychology, Claremont Graduate University, Claremont, California, USA

◆ Bonnie L. Barber

School of Psychology and Exercise Science, Murdoch University, Perth, Australia

◆ Bree D. Abbott

School of Psychology and Exercise Science, Murdoch University, Perth, Australia

◆ Corey J. Blomfield Neira

School of Psychology and Exercise Science, Murdoch University, Perth, Australia

◆ Jacquelynne S. Eccles

Psychology Department, University of Michigan, Ann Arbor, Michigan, USA

◆ Tyler L. Renshaw

Department of Psychology, Louisiana State University, Baton Rouge, Louisiana, USA

◆ Kathryn Wentzel

Department of Human Development, University of Maryland, College Park, Maryland, USA

◆ Shannon Russell

Department of Human Development, University of Maryland, College Park, Maryland, USA

◆ Sandra Baker

Department of Human Development, University of Maryland, College Park, Maryland, USA

◆ Beth Doll

University of Nebraska—Lincoln, Lincoln, Nebraska, USA

◆ Robert A. Spies

University of Nebraska—Lincoln, Lincoln, Nebraska, USA

◆ Anne E. Thomas

University of Nebraska—Lincoln, Lincoln, Nebraska, USA

◆ Jonathan D. Sikorski

University of Nebraska—Lincoln, Lincoln, Nebraska, USA

◆ Mindy R. Chadwell

University of Nebraska—Lincoln, Lincoln, Nebraska, USA

◆ Brooke A. Chapla

University of Nebraska—Lincoln, Lincoln, Nebraska, USA

◆ Erika R. Franta

University of Nebraska—Lincoln, Lincoln, Nebraska, USA

◆ Oahn K. Tran

Department of Educational Psychology, California State University, East Bay, Hayward, California, USA

◆ Barbara A. Gueldner

Steamboat Springs, Colorado, USA

◆ Douglas Smith

Department of Psychology, Southern Oregon University, Ashland, Oregon, USA

◆ Keith J. Zullig

Department of Social and Behavioral Sciences, School of Public Health, West Virginia University, Morgantown, West Virginia, USA

◆ Molly R. Matthews-Ewald

Behavioral Medicine, Pennington Biomedical Research Center, Baton Rouge, Louisiana, USA

◆ Meagan O'Malley

Health and Human Development Program, WestEd, San Francisco, California, USA

◆ Adam Voight

Health and Human Development Program, WestEd, San Francisco, California, USA

◆ Jo Ann Izu

Health and Human Development Program, WestEd, San Francisco, California, USA

◆ George G. Bear

School of Education, University of Delaware, Newark, Delaware, USA

◆ Maureen A. Manning

Department of Psychology, Towson University, Towson, Maryland, USA

◆ Shannon M. Suldo

Department of Psychological and Social Foundations, University of South Florida, Tampa, Florida, USA

◆ Lisa P. Bateman

Department of Psychological and Social Foundations, University of South Florida, Tampa, Florida, USA

◆ Cheryl D. Gelley

Department of Psychological and Social Foundations, University of South Florida, Tampa, Florida, USA

◆ Amy Kranzler

Rutgers, The State University of New Jersey, Piscataway, New Jersey, USA

◆ Lauren J. Hoffman

Graduate School of Applied and Professional Psychology, Rutgers University, Piscataway, New Jersey, USA

◆ Acacia C. Parks

Psychology Department, Hiram College, Hiram, Ohio, USA

◆ Jane E. Gillham

Psychology Department, Swarthmore College, Swarthmore, Pennsylvania, USA

◆ Suzy Green

The Positivity Institute, Sydney, NSW, Australia

◆ Carmel Proctor

Positive Psychology Research Centre, Guernsey, Great Britain

◆ Lili Tian

School of Psychology, South China Normal University, Shipai, Guangzhou, Guangdong, P.R. China

◆ Zhaorong Li

School of Psychology, South China Normal University, Shipai, Guangzhou, Guangdong, P.R. China

◆ Huan Chen

School of Psychology, South China Normal University, Shipai, Guangzhou, Guangdong, P.R. China

◆ Mengmeng Han

School of Psychology, South China Normal University, Shipai, Guangzhou, Guangdong, P.R. China

◆ Dushen Wang

School of Psychology, South China Normal University, Shipai, Guangzhou, Guangdong, P.R. China

◆ Siyuan Huang

School of Psychology, South China Normal University, Shipai, Guangzhou, Guangdong, P.R. China

◆ Xiaoting Zheng

School of Psychology, South China Normal University, Shipai, Guangzhou, Guangdong, P.R. China

◆ Annamaria Di Fabio

Department of Psychology, University of Florence, Florence, Italy

◆ Maureen E. Kenny

Lynch School of Education, Department of Counseling, Developmental, and Educational Psychology, Boston College, Chestnut Hill, MA, USA

◆ Kelly A. Minor

Lynch School of Education, Department of Counseling, Developmental, and Educational Psychology, Boston College, Chestnut Hill, MA, USA

◆ Susana C. Marques

Faculty of Psychology and Educational Sciences, Porto University, Porto, Portugal

◆ Shane J. Lopez

Gallup/Clifton Strengths School, Omaha, Nebraska, USA

◆ David N. Miller

Department of Educational and Counseling Psychology, University at Albany, State University of New York, Albany, New York, USA

◆ Amanda B. Nickerson

Graduate School of Education, Alberti Center for Bullying Abuse Prevention, University at Buffalo, State University of New York, Buffalo, New York, USA

◆ Shane R. Jimerson

Department of Counseling, Clinical, and School Psychology, University of California at Santa Barbara, Santa Barbara, California, USA

◆ Collie W. Conoley

Counseling, Clinical, and School Psychology Department, Gevirtz Graduate School of Education, University of California Santa Barbara, Santa Barbara, California USA

◆ Jane C. Conoley

Counseling, Clinical, and School Psychology Department, Gevirtz Graduate School of Education, University of California Santa Barbara, Santa Barbara, California USA

◆ Kathryn Z. Spaventa-Vancil

Counseling, Clinical, and School Psychology Department, Gevirtz Graduate School of Education, University of California Santa Barbara, Santa Barbara, California USA

◆ Anna N. Lee

Counseling, Clinical, and School Psychology Department, Gevirtz Graduate School of Education, University of California Santa Barbara, Santa Barbara, California USA

¤ 역자 소개

◆ **김광수**(Kim Kwangsoo)
서울대학교 교육상담 석사
서울대학교 교육상담 박사
현 서울교육대학교 교육전문대학원 교수

〈대표 저서 및 역서〉
학교폭력의 예방과 상담(2판, 공저, 학지사, 2016)
용서를 통한 치유와 성장(공저, 학지사, 2016)
아동성격강점검사 전문가 지침서(공저, 인싸이트, 2016)
아동성격강점카드 전문가 지침서(공저, 인싸이트, 2017)
아동과 청소년 인성교육의 실제(공저, 학지사, 2017)
용서하는 삶(공역, 시그마프레스, 2014)
학교긍정심리학 1: 학생의 긍정적 심리특성과 발달(공역, 학지사, 2017)

◆ **김경집**(Kim Kyongjib)
서울대학교 교육상담 석사
연세대학교 교육상담 박사
현 서울교육대학교 겸임교수

〈대표 저서 및 역서〉
담임교사와 함께 하는 학급상담(공저, 공동체, 2010)
선생님과 함께 하는 우리반 독서치료(공저, 학지사, 2012)
아동성격강점검사 전문가 지침서(공저, 인싸이트, 2016)
아동성격강점카드 전문가 지침서(공저, 인싸이트, 2017)
셀프 슈퍼비전(공역, 학지사, 2012)
학교긍정심리학 1: 학생의 긍정적 심리특성과 발달(공역, 학지사, 2017)

◆ **하요상**(Ha Yosang)
서울교육대학교 상담교육 석사
University of Central Florida Counselor Education 박사
현 공주교육대학교 교육학과 교수

〈대표 저서 및 역서〉
용서를 통한 치유와 성장(공저, 학지사, 2016)
아동성격강점검사 전문가 지침서(공저, 인싸이트, 2016)

아동성격강점카드 전문가 지침서(공저, 인싸이트, 2017)
아동과 청소년 인성교육의 실제(공저, 학지사, 2017)
학교긍정심리학 1: 학생의 긍정적 심리특성과 발달(공역, 학지사, 2017)

◆ **양곤성**(Yang Gonsung)

서울교육대학교 상담교육 석사
현 서울신우초등학교 교사

〈대표 저서 및 역서〉
심리학 교실을 부탁해(우리교육, 2016)
아동성격강점검사 전문가 지침서(공저, 인싸이트, 2016)
아동성격강점카드 전문가 지침서(공저, 인싸이트, 2017)
선생님도 아프다(팜파스, 2017)
학교긍정심리학 1: 학생의 긍정적 심리특성과 발달(공역, 학지사, 2017)

◆ **기경희**(Ki Kyunghee)

서울교육대학교 상담교육 석사
서울교육대학교 상담교육 박사과정 수료
현 서울당곡초등학교 교사

〈대표 저서 및 역서〉
아동성격강점카드 전문가 지침서(공저, 인싸이트, 2017)
학교긍정심리학 1: 학생의 긍정적 심리특성과 발달(공역, 학지사, 2017)

◆ **한선녀**(Han Seonnyeo)

가톨릭대학교 상담교육 석사
서울교육대학교 상담교육 박사과정 수료
현 서울양진초등학교 교사

〈대표 저서 및 역서〉
용서를 통한 치유와 성장(공저, 학지사, 2016)
아동성격강점검사 전문가 지침서(공저, 인싸이트, 2016)
아동성격강점카드 전문가 지침서(공저, 인싸이트, 2017)
학교긍정심리학 1: 학생의 긍정적 심리특성과 발달(공역, 학지사, 2017)

학교긍정심리학 2

-긍정적 학교환경 조성과 긍정심리의 교육적 적용-

Handbook of Positive Psychology in Schools (2nd Edition)

2018년 8월 1일 1판 1쇄 인쇄
2018년 8월 10일 1판 1쇄 발행

엮은이 • Michael J. Furlong · Rich Gilman · E. Scott Huebner
옮긴이 • 김광수 · 김경집 · 하요상 · 양곤성 · 기경희 · 한선녀
펴낸이 • 김진환
펴낸곳 • (주) 학지사
04031 서울특별시 마포구 양화로 15길 20 마인드월드빌딩
대표전화 • 02)330-5114 팩스 • 02)324-2345
등록번호 • 제313-2006-000265호

홈페이지 • http://www.hakjisa.co.kr
페이스북 • https://www.facebook.com/hakjisa

ISBN 978-89-997-1388-0 93370

정가 22,000원

이 도서의 국립중앙도서관 출판시도서목록(CIP)은 서지정보유통지원시스템 홈페이지(http://seoji.nl.go.kr)와 국가자료공동목록시스템(http://www.nl.go.kr/kolisnet)에서 이용하실 수 있습니다.
(CIP 제어번호: CIP2018021849)